KB066030

청소년복지론

김향초 저

학지사

 머리말

21세기를 가리켜 지식기반, 정보화, 세계화의 시대라고 한다. 역사적으로 그 어느 때보다도 빠르고 복잡하게 변화하고 있는 사회에 적응하며 살아가는 것은 성인에게조차 어지럽게 느껴질 지경이다. 우리나라는 지난 십여 년에 걸쳐 저출산·고령화의 영향으로 청소년 인구는 지속적으로 줄고 있는 반면, 노년층은 급속히 증가하고 있고 가족갈등과 가족해체가 증가하고 있으며 국제결혼이 확산되면서 다문화청소년의 비중도 빠르게 늘어나고 있다.

이와 같은 급속한 사회 변화 속에서 오늘날의 청소년은 세계화·정보화를 어떻게 이해하고 있을까? 학업에 충실히 매진하는 것만도 벅찬 청소년에게 있어서 미래사회에 필요한 인재가 되기 위해 준비해야 한다는 주장은 공허하고도 버거운 요구로 다가온다. 또한 청소년에게 가장 중요한 보호처가 되어야 할 가정이 해체됨에 따라 청소년은 빠르게 발전하는 사회에 적응하지 못하는 문제를 겪으면서 점점 고달프고 힘든 삶을 살아가고 있는 것이 사실이다.

분명한 점은 오늘날의 청소년은 이전 세대의 청소년이 겪은 것보다 더 많은 모험과 위기, 요구 및 기대에 직면하고 있다는 사실이다. 즉, 고령화 사회의 급진전으로 인하여 미래 성장 동력으로서의 청소년의 사회적 역할 및 책무에 대한 중요성이 강조됨에 따라 청소년이 건강한 성인으로 성장하는 것 자체가 점점 더 어려운 과제가 되고 있다. 따라서 장기적으로 볼 때 다음 세대는 현재와는 완전히 다른 세계, 전혀 다른 문제를 다루는 사회 환경 속에서 성장하게 될 것이므로 이전과는 다른 시각에서 청소년 발달에 접근해야 한다.

    이러한 사회 변화를 읽어 내면서 청소년이 건강한 성인으로 성장할 수 있도록 이끌어 주기 위해서는 청소년복지의 중요성을 아무리 강조해도 지나치지 않다. 따라서 이 책에서는 사회 변화 속에서의 청소년의 삶에 대한 종합적인 이해를 통해 청소년의 욕구를 충족시키는 다양한 청소년복지의 실천 방법을 구체적으로 살펴보고자 한다. 또한 최근 들어 많이 거론되는 청소년문화, 청소년 활동은 물론, 이에 따른 국가 차원의 정책과 제도를 살펴봄으로써 개선 방안을 모색하고, 이슈가 되고 있는 심각한 청소년 문제를 다룸으로써 청소년복지가 해결해야 할 과제를 살펴보고자 한다.

    이 책은 크게 2부 15개장으로 구성되어 있다. 1부에서는 청소년에 대한 이해는 물론이고 청소년복지의 실천과 관련 정책 및 법 등을 주로 다루었으며, 2부에서는 다양한 청소년 문제를 다루었다.

    1부의 1장에서는 가장 기본이 되는 청소년의 이해를, 2장에서는 청소년을 둘러싼 사회 환경의 변화를 자세히 다룸으로써 청소년에 대한 전반적인 이해를 돕고자 하였다. 또한 3장에서는 청소년에게 적용되는 사회복지 전반을, 4장에서는 아직 많이 언급되지는 않고 있지만 중요한 주제인 청소년문화를, 5장에서는 청소년의 가장 큰 관심사인 청소년 활동을 살펴보았다. 그리고 6장과 7장에서는 청소년복지를 실천함에 있어서 반드시 알고 있어야 할 청소년 관련 정책 및 법과 제도를 설명하였고, 마지막으로 8장에서는 청소년복지가 해결해야 할 과제를 다루었다.

2부는 각종 매체에서 다루는 다양한 청소년 문제 중 가장 많이 언급되는 주제 위주로 내용을 구성하였다. 우선, 9장에서는 북한이탈청소년 문제를 다루었고, 10장에서는 청소년의 인터넷 중독 문제를, 11장에서는 청소년의 성문제를, 12장에서는 청소년의 약물남용 문제를 살펴보았다. 그리고 13장과 14장에서는 각각 청소년의 학업중단 및 가출 문제를 다루었고, 마지막으로 15장에서는 시설보호청소년 등 보호체계에 놓인 청소년 문제를 살펴보았다. 특히 각 장에서 다루고 있는 주제와 관련해서는 그 실태와 문제점 및 개선 방안에 대해 중점적으로 다루고자 하였다.

끝으로, 이 책을 준비하는 데 많은 시간이 걸렸지만 흔쾌히 책을 만들어 주시고 그간 여러 책의 출간을 지지해 주신 학지사 김진환 사장님께 진심으로 감사드린다. 또한 방대한 원고 분량에도 꼼꼼히 읽고 세세히 검토하여 말끔한 원고로 태어날 수 있도록 도와준 편집부 이지예 님에게도 깊은 감사를 전한다. 이 책이 전공 학생은 물론이고 청소년 관련 업무를 담당하는 실무자에게도 청소년을 더 깊이 이해하고 청소년복지의 중요성을 인식할 수 있게 하는 계기가 되었으면 한다. 아울러 청소년이 보다 많은 복지의 혜택을 누리면서 행복하고 건강한 삶을 살아갈 수 있기를 기대해 본다.

2015년 여름에
김향초

차 례

머리말 _ 3

PART 01 청소년복지의 이해

chapter 01 ── 청소년의 이해 ──────────────── 13
　　1. 청소년의 개념 및 특성 / 14
　　2. 청소년의 발달 특성 / 20

chapter 02 ── 청소년과 사회 변화 ──────────── 39
　　1. 변화하는 환경 / 40
　　2. 우리나라 청소년의 현실 / 53
　　3. 변화에의 대처 방안 / 60

chapter 03 ── 청소년복지 ──────────────── 67
　　1. 청소년복지의 개념 및 특성 / 68
　　2. 청소년복지의 발달 과정 / 81
　　3. 청소년복지서비스의 내용 / 88

chapter 04 ─ 청소년문화 --- **91**

    1. 청소년문화의 개념 및 특성 / 93

    2. 대중매체와 청소년 / 101

    3. 청소년문화활동의 실태 및 문제점 / 105

    4. 청소년문화의 활성화를 위한 제언 / 109

chapter 05 ─ 청소년 활동 --- **117**

    1. 청소년 활동의 개념 및 특성 / 118

    2. 청소년 활동의 발달 과정 / 124

    3. 청소년 활동의 유형 / 129

    4. 청소년 활동의 실태 및 문제점 / 137

    5. 청소년 활동의 활성화를 위한 제언 / 141

chapter 06 ─ 청소년 관련 법과 제도 ------------------------------------ **147**

    1. 청소년 관련 법 / 148

    2. 청소년 관련 제도 / 160

chapter 07 ─ 청소년복지정책 -- **171**

    1. 청소년복지정책의 개념 및 특성 / 172

    2. 청소년복지정책의 발달 과정 / 175

    3. 청소년복지정책의 내용 / 184

    4. 청소년복지정책의 문제점 / 188

    5. 청소년복지정책의 활성화를 위한 제언 / 192

chapter 08 ─ 청소년복지의 과제 --- **201**

    1. 청소년의 역량 강화 / 202

    2. 위기청소년 지원 강화 / 217

PART
02 청소년 문제의 이해

chapter 09 ─ 북한이탈청소년 -- 227

  1. 문제제기 / 227

  2. 개념 및 특성 / 228

  3. 실태 및 문제점 / 232

  4. 해결 방안 / 246

chapter 10 ─ 청소년과 인터넷 중독 --- 253

  1. 문제제기 / 253

  2. 개념 및 특성 / 255

  3. 원인 / 262

  4. 실태 및 문제점 / 264

  5. 해결 방안 / 271

chapter 11 ─ 청소년과 성 -- 279

  1. 문제제기 / 279

  2. 개념 및 특성 / 281

  3. 유형 / 284

  4. 실태 및 문제점 / 289

  5. 해결 방안 / 299

chapter 12 ─ 청소년과 약물남용 -- 309

  1. 문제제기 / 309

  2. 개념 및 특성 / 310

  3. 원인 / 317

  4. 실태 및 문제점 / 320

  5. 해결 방안 / 327

chapter 13 ─ 학업중단청소년 -------------------------------- 335

　　1. 문제제기 / 335

　　2. 개념 및 특성 / 337

　　3. 원인 / 342

　　4. 실태 및 문제점 / 345

　　5. 해결 방안 / 355

chapter 14 ─ 청소년과 가출 -------------------------------- 363

　　1. 문제제기 / 363

　　2. 개념 및 특성 / 364

　　3. 원인 / 369

　　4. 실태 및 문제점 / 372

　　5. 해결 방안 / 383

chapter 15 ─ 보호체계청소년 -------------------------------- 393

　　1. 문제제기 / 393

　　2. 개념 및 특성 / 394

　　3. 실태 및 문제점 / 401

　　4. 해결 방안 / 414

참고문헌 _ 422

찾아보기 _ 445

PART 1
청소년복지의 이해

chapter 01 청소년의 이해
chapter 02 청소년과 사회 변화
chapter 03 청소년복지
chapter 04 청소년문화
chapter 05 청소년 활동
chapter 06 청소년 관련 법과 제도
chapter 07 청소년복지정책
chapter 08 청소년복지의 과제

chapter 01 청소년의 이해

"세상에서 가장 아름다운 단어는 청소년입니다."

우리는 흔히 청소년기를 인생의 어느 시기보다도 활기차고 생기발랄하며 열정과 꿈으로 가득 차 있고 자신감과 용기를 보이는 시기로 여기면서 생애 발달단계에 있어서 다시 돌아가고픈 시기로 꼽곤 한다. 그러나 청소년기를 막 지난 청년에게 청소년기에 대해 물어보면 긍정적인 단어보다는 부정적인 단어를 더 많이 떠올리면서 행복했던 시기로 느끼는 경우가 그다지 많지 않아서 놀라곤 한다.

과연 청소년은 '청소년'이라는 단어를 접하면서 아름답다고 느낄까?

청소년은 아이도 아니고 어른도 아닌 존재로서, 청소년기는 아동기에서 성인기로 넘어가는 시기이자 성적 미성숙에서 성숙으로, 의존에서 독립으로 나아가는 과도기다. 따라서 청소년은 스스로 고민해야 할 것도 많고 수행해야 할 과업도 많다 보니 이 시기를 행복하게만 느끼지는 않는다. 뿐만 아니라 아직까지도 대다수의 사람은 '청소년'이라고 하면 으레 '문제'라는 단어부터 떠올리곤 한다. 이는 일반적으로 청소년에 대해 '청소년은 아직 미숙하고 덜 성숙한 임시적 존재이며, 자라면서 점차 성인의 모습을 닮아 가야 한다.'는 부정적 고정관념을 갖고 있기 때문이다. 또한 '청소년은 대개 사회규범을 잘 지키려 하지 않고, 문제행동을 저지르기 쉽다.'고 오해하면서 '청소년은 항상 부모나 교사 또는 성인의 보호와 지도를 받아야 하는 존재'라고 믿는 경향이 있다.

실제로 많은 경우 청소년의 행동 자체에 문제가 있는 것이 아니라 기성세대가 자기 자신의 가치관과 행동양식을 기준으로 그들을 판단하여 이와 다른 것은 무조건 일탈적인 것으로 간주하기 때문에 그렇게 보이는 것이다. 하지만 청소년의 성장 환경과 경험은 기성세대와 다르고 시대도 획기적으로 변하고 있어서 기성세대의 틀에 맞추어 청소년을 평가하는 것은 더 이상 옳지 못하다. 청소년은 기성세대의 과거의 삶과는 다를 뿐만 아니라 그들이 살아갈 미래도 다르기 때문이다.

따라서 이 장에서는 청소년의 개념과 청소년기의 발달 특성을 구체적으로 살펴보고자 한다.

1. 청소년의 개념 및 특성

1) 청소년의 개념

청소년기에 나타나는 변화는 여러 영역에 걸쳐 다양하게 나타나므로 관심 영역이나 보는 시각에 따라 청소년기에 대한 정의도 달라진다. 즉, 청소년의 개념은 사회적 · 문화적 · 시대적 상황에 따라 상이하게 이해되고 있고, 한 국가 내에서도 법률과 제도에 따라 각기 다르게 규정되고 있다. 일반적으로 신체적 특성에 따른 생물학적 관점과 연령에 의거한 법적 관점의 정의가 주로 사용되고 있다.

(1) 생물학적 관점

청소년기를 구분하는 가장 일반적인 방법은 개인에게 나타나는 신체적 징후나 사춘기의 특성을 그 기준으로 삼는 것인데, 사춘기와 청소년기라는 용어는 별다른 구분 없이 같은 의미로 사용되곤 한다. 사춘기(puberty)는 라틴어의 'pubertas', 즉 '성장하다' '발모하다'에서 유래된 말로 2차 성징과 생식능력의 발달로 대표되는 신체적 변화 및 호르몬의 변화에 초점을 맞춘 용어다. 반면, 청소년기(adolescence)는 라틴어의 'adol'과 'scent'에서 유래된 말로 방향성과 성장의 의미를 동시에 지니고 있는 합성어로서, 아동기에서 성인기로 접어들기 위한 과도기적 시기이자 성인의 인지·행동 특성을 형성해 나가는 시기라고 할 수 있다. 즉, 청소년기는 생물학적·심리적·사회적·경제적 측면에서 변화가 일어나며 아동이 미성숙에서 성숙으로 옮겨 가는 과정에서 성숙한 성인으로서의 역할을 맡기 전에 개인이 통과해야 할 하나의 다리로 아동기와 성인기를 연결하는 단계다. 따라서 청소년기와 사춘기는 '어른으로 성장하는 시기'라는 점에서 공통점을 갖고 있지만, 사춘기는 신체적·생리적 측면에서의 성장이 강조되는 반면에 청소년기는 신체적·생리적 성장보다 더 포괄적인 의미에서의 성장을 포함한다고 볼 수 있다(한상철, 2006).

한편, 청소년기의 정의와 관련하여 청소년기를 아동기에서 성인기로 넘어가는 과도기라고 정의할 때 아동기가 끝나는 시점과 성인기가 시작되는 시점을 어떻게 설정할 것인가 하는 문제가 제기되곤 한다. 우리는 흔히 생물학적 관점에서 아동기의 끝은 청소년기의 시작을 알리는 사춘기적 징후가 나타나는 시기로 이해하는데, 이는 청소년의 다양한 개인차 때문에 정확하지 않다 보니 일반화하기에는 무리가 있다.

(2) 법적 관점

연령으로 청소년을 구분하는 법적 관점은 국가에 따라 청소년의 연령 규정이 다양하여 일반화하기가 쉽지 않다. UN은 1985년 이후 공식적으로는 15세부터 24세 사이의 연령 집단을 청소년으로 범주화하고 있다. 반면, 우리나라에서 현재 시행되고 있는 국내법에서 사용되는 청소년 관련 용어를 살펴보면 아동, 미성년자, 연소자, 소년, 청소년, 근로청소년 등으로 다양한 용어가 사용되고 있다. 「청소년기본법」에서는 청소년을 '9세 이상 24세 이하의 자'로 정의하고 있고, 「청소년보호법」과 「민법」에서는 법의 적용 대상이 되는 청소년의 연령을 만

19세 미만으로 규정하고 있으며, 「아동복지법」에서는 아동을 18세 미만의 자로 규정하는 등 법에 따라 사용하는 용어와 연령이 상이하다. 참고로, 「청소년기본법」에서는 9세 정도부터 스스로 규율을 따르거나 수련활동을 할 수 있다고 보았고, 상한선을 24세로 정한 것은 국회의원 피선거권이 국제적으로 대략 25세인 점을 고려한 것이다(임상록 외, 2010). 그 밖에도 일반적으로 성인의 표시로 삼고 있는 운전면허증과 주민등록증의 경우 각각 취득 하한 연령, 발급 연령이 만 18세로 규정되어 있다. 따라서 통상적인 수준에서 청소년기는 사춘기부터 성인기 이전까지의 기간으로서 교육과정을 기준으로 중·고등학교의 연령층이 속하는 시기로 구분하고 있다.

외국의 경우, 미국은 청소년과 관련한 각종 연령 규정이 아직도 많은 논란을 낳고 있지만, 대부분의 주에서는 18세를 성인과 청소년을 구분 짓는 연령으로 보고 있고 일부 주의 경우 19세 또는 21세까지로 상향된 규정을 갖고 있다(천정웅, 2009). 그 밖에 영국은 8세 이상 17세 미만, 이탈리아·노르웨이·스위스·호주는 14세 이상 18세 미만, 캐나다는 7개 주에서는 16세까지, 3개 주에서는 18세까지를 청소년으로 규정하고 있다(김성이 외, 2010, p. 21).

한편, 청소년을 지칭하는 표현으로는 'adolescent'와 'youth'라는 용어가 혼용되고 있다. 아이뎀(Idem, 1991; 김진화 외, 2002)은 'adolescent'란 발달심리학에서 도출된 단어로, "육체적으로 급성장하고 정신적으로 부모로부터의 독립성 및 자아개념이 성숙하는 시기로서, 아동기에서 성인기로 이행하는 발달단계"라고 지칭하였다. 반면에, 'youth'는 후기 산업사회가 만들어 낸 사회심리적 부산물로, 시민에게 높은 수준의 교육적 성취를 요구하면서 생겨난 새로운 인생주기로서 청소년의 자율성, 책임성, 권익 옹호와 참여 및 시민성 등을 강조하였다(김성이 외, 2010, p. 14).

최근에는 청소년기를 좀 더 자세하게 전기, 중기, 후기로 구분하기도 한다. 청소년 전기는 9세부터 중학교 졸업 전인 15세로, 신체적·지적 발달이 급격하게 진행되고 자아정체성을 형성하며 처음으로 가족과 정서적으로 분리를 시도하는 시기다. 청소년 중기는 고등학생 시기인 16세부터 18세로, 청소년 전기의 변화를 통합하고 적응하여 더 안정되는 시기다. 청소년 후기는 19세 이상으로 성인기로의 전환기로서 성인기의 책임, 선택 및 기회에 대한 관심이 커지는 것으로 특징지을 수 있다.

청소년기는 아동의 특성과 성인의 특성을 부분적으로 갖고 있으면서 양자의 어디에도 속하지 않는 과도기적인 시기다. 즉, 청소년은 현재 계속해서 성장하고 있는 존재로 신체적 · 지적 · 정서적인 면에서 미성숙한 상태에서 성숙의 상태로 발달되어 가는 과정에 놓여 있다. 또한 청소년기는 생애 발달 과정의 어떤 시기와도 다른 독특성을 지니고 있으므로 청소년의 독특성과 가치를 인정하고 수용해 주어야 한다.

2) 청소년기의 특징

(1) 청소년에 대한 역사적 시각

청소년이라는 용어는 20세기에 들어와 심리학자 스탠리 홀(G. Stanley Hall)이 사용하기 시작하였는데, 역사적으로 볼 때 성인이 보는 청소년에 대한 시각은 고대와 지금이 크게 다르지 않았다. 어느 시대든지 어른에게 청소년은 버릇이 없는 존재로 인식되었다.

> 우리가 요즘의 변덕스러운 청소년에게 의존한다면 우리에게 미래는 없을 것이다. 지금의 청소년은 이루 다 말할 수 없이 무분별하다. 내가 어렸을 적에는 어른을 존경하도록 배웠으나 지금의 청소년은 지나치게 약삭빠르고 규율을 참지 못한다(Hesio, 기원전 18세기경).

역사적으로 살펴보면, 농경사회에서는 인간이 어른 아니면 아이였고 청소년이라는 용어는 존재하지 않았지만 고대사회에서도 청소년 연령층에 관심이 있었다. 고대 그리스 시대에 플라톤(Platon)과 아리스토텔레스(Aristoteles)는 청소년기의 중요성을 강조하였다. 플라톤은 이성(가장 높은 차원)은 오늘날 '청소년기'라고 부르는 연령 시기에 최초로 발달하므로 이성, 즉 합리적 사고를 요구하는 과학과 수학을 지도해야 한다고 주장하였다. 반면, 아리스토텔레스는 청소년 초기의 개인은 성숙한 사람에 비해 불안정하고 인내심이 부족하며 자기통제 능력이 부족하지만 약 21세 무렵이 되면 대부분의 사람은 자기통제 능력이 훨씬 더 개선된다고 믿었다. 아리스토텔레스는 청소년의 증가된 자기결정의 중요성을 기술하기 위해 독립성, 정체감, 직업 선택과 같은 용어를 사용하였는데, 이는 현대의 견해와 크게 다르지 않다(한상철, 2006).

한편, 중세에는 청소년에 대한 사회적 시각이 매우 냉소적이었고 이들은 단지 '축소된 성인(miniature adult)'으로 간주되었을 뿐 이들 나름의 독자적인 문화와 사고방식은 허용되지 않았다. 따라서 산업혁명 이전까지는 청소년기를 아동기 성장 특성의 연속선상에서 다루어 왔다.

그러나 산업혁명과 의무교육의 등장은 사회에서 청소년의 특수성과 그 중요성을 부각하기 시작하면서 인간 발달단계에서 청소년기를 고유한 발달 시기로 인식하는 데 결정적인 영향을 미쳤다. 산업화를 위해서는 교육받은 노동력이 필요하였고, 특히 학교교육의 의무화는 청소년에게 교육 기간 동안 노동시장에 유입되지 않고 경제활동에서 제외되는 특권을 제공하면서 청소년이 아동과는 구별되지만 아직 성인의 책임을 맡을 준비는 되지 않은 그들만의 또래문화를 형성할 수 있게 만들었다. 이것을 계기로 본격적으로 청소년이 인식되기 시작하였다(홍봉선, 남미애, 2013).

이후 1904년에 홀은 『청소년기(Adolescence)』라는 책을 출간하면서 '청소년'이라는 개념을 사용하였다. 홀에 따르면, 청소년기는 14세에서 25세까지의 연령 범위에 해당하며 '질풍과 노도(storm and stress)'로 특징지어지는데, 이러한 '질풍과 노도'는 청소년기가 갈등과 정서 혼란으로 가득 찬 격변기임을 나타내기 위해 명명한 개념이다.

홀의 의견과는 달리, 많은 학자는 대다수의 청소년이 크고 작은 갈등을 겪지만 질풍노도로 표현할 정도의 심각한 갈등을 겪지는 않는다는 사실에 동의하고 있다. 이들은 청소년기가 모든 사람에게 질풍노도의 시기는 아니지만 자신의 정체성을 추구하는 시기인 것은 확실하고, 다만 정체성의 확립과 정체 혼미 사이에서 싸우는 시기라고 설명하고 있다. 따라서 자신을 발견하려는 노력이 다양한 모습으로 드러나 반항행동으로 나타나기도 하고 비행과 범죄의 형태로 나타나기도 하는데, 이러한 행동의 근원은 독립된 정체성을 확립하려는 욕구에서 비롯된다. 한 예로, 반두라(Bandura, 1964)는 성인이 청소년을 판단할 때 주로 청소년의 옷차림, 말씨 등의 행동거지에서 나오는 피상적 현상만을 보고 지나치게 저항적으로 잘못 해석하고 있다고 주장하였다. 또한 피터슨(Petersen, 1993)은 조사를 통해 미국의 10대 청소년의 25%만이 실제로 혼란을 경험했을 뿐, 대다수의 청소년은 부모세대와 작은 갈등은 겪지만 대체로 좋은 관계를 유지하고 있다고 보고하였다.

현대사회에서 청소년은 최상의 시기이면서 동시에 최악의 시기를 거친다. 과거 그 어느 때보다 풍요로운 사회에서 많은 것을 누리며 살아가고 있지만, 빠른 속도로 변화하는 사회에서 습득해야 할 과업이 많아짐에 따라 실제로 청소년은 활기찬 시기로 여기지 않고 있는 것이 현실이다. 청소년은 부모에게 의존하는 아동기의 특성과 부모에게서 분리되고 개별화되어 자립하는 성인기의 특징을 동시에 지니고 있음에도 아동도 아니고 성인도 아닌 양 집단 사이에 존재하는 주변인으로 간주되고 있고, 실제로 부모조차도 종종 청소년 자녀에게 아동의 역할과 성인의 역할을 동시에 기대하여 모순적인 모습을 보이곤 한다(한상철, 2008). 이와 같이 청소년은 자신이 성장해 온 가정 및 사회적 환경과 문화적 요소의 영향을 받으며 성장해 나간다.

(2) 청소년기의 발달과업

청소년의 발달이 순조롭게 이루어지기 위해서는 지켜야 할 행동양식이 있는데, 이를 해비거스트(Havighurst, 1972)는 발달과업(development task)이라고 하였다. 이러한 발달과업은 신체적 성숙, 사회적 기대 및 개인적 노력을 통해 개인이 삶의 특정 시점에서 획득해야만 하는 기술, 지식, 기능 및 태도 등을 포함한다. 이때 각 발달단계에서 그 과업을 숙달하면 개인은 적응을 잘하고 앞으로의 보다 힘든 과제를 잘 준비하게 되면서 성숙해지는 반면, 과업에서 실패하면 성숙한 사람으로서 제대로 기능할 수 없게 된다(정영숙 외 역, 2009).

청소년기에 성공적으로 발달과업을 성취하는 것은 청소년 자신의 행복을 얻을 수 있게 만드는 것은 물론이고 사회적으로도 중요한 의미를 갖는다. 이와 관

표 1-1 해비거스트의 청소년기 발달과업

발달과업 종류	발달과업 내용
정체감 확립	• 자신의 체격을 타고난 그대로 인정하고 신체를 효율적으로 사용 • 자신의 능력, 적성을 객관적으로 인지하고 수용 • 자신이 처한 가족적·사회적·국가적 현실을 수용
사회적 역할 획득	• 동성과 이성을 포괄하는 또래와 새롭고도 성숙한 친구관계 형성 • 남성 또는 여성으로서 그 사회에서 기대되는 성 역할을 획득
자립 성취	• 부모나 다른 성인에게서 정서적으로 독립 • 적성에 맞는 진로를 선택 • 경제적 자립을 위해 직업을 준비 • 결혼과 가족생활을 준비
윤리적 체계 획득	• 사회적으로 책임질 수 있는 행동을 추구 및 이행 • 행동의 지침이 되는 가치관을 획득해 윤리적 이념체계를 발달시킴

출처: 이소희 외(2005)에서 재인용.

런하여 해비거스트가 제시한 청소년기의 발달과업을 살펴보면 〈표 1-1〉과 같다.

표에서 보는 것과 같이 청소년기의 최종 발달과업은 자신의 정체성을 확립하고, 부모는 물론 가족에게서 정서적으로 분리되어 더 이상 의존하지 않고 자립하는 성인이 되는 것이다.

이 외에도 발달과업은 직업을 선택하고 준비하는 일, 시민 생활에 필요한 지적 기능과 개념을 발달시키는 일 등을 포함할 수 있다. 그러나 시대, 문화 및 청소년이 생활하는 가정의 계층에 따라 차이가 있으므로 발달과업에 있어서는 청소년 개인이 지닌 개인차를 유념해야 한다.

2. 청소년의 발달 특성

청소년기는 성숙한 성인이 되기 위해 반드시 거쳐야 하는 과정으로 다른 발달단계와는 달리 신체적·생리적 특성, 정서적 특성, 인지적 특성, 도덕적 특성 및 사회적 특성이 두드러지는 시기다.

1) 신체적 · 생리적 발달

청소년기의 가장 두드러진 특징 중의 하나는 신체적 발달이 급격한 속도로 진행되는 것으로 이러한 발달은 사춘기와 함께 시작된다. 이 시기에는 호르몬의 활발한 분비로 인하여 성적 성숙이 이루어져 외관상 남성과 여성의 특징이 뚜렷하게 나타나게 되는데, 이러한 현상을 2차 성징이라고 한다. 2차 성징에는 여드름, 음모와 같이 남녀에게 공통적으로 나타나는 특징과 남자는 턱수염이 나고 여자는 가슴이 커지는 등 남녀 차이가 두드러지는 특징이 있는데, 이러한 2차 성징이 나타나는 시기와 속도는 개인차가 크다.

또한 개인이 생물학적 변화에 따라 생식능력을 갖게 되면서 신장과 체중의 현저한 증가 및 골격과 뇌의 비약적 성장을 경험하므로 이 시기를 '제2의 성장 급등기'라고도 한다(허혜경, 김혜수, 2010). 사춘기의 성장 호르몬은 이전 시기에 비해 2~3배 증가하는데, 여아는 12세 무렵, 남아는 14세 무렵에 가장 급격히 증가하고, 이러한 성장 호르몬의 영향으로 신장, 체중 및 골격 등에 변화가 초래된다(한상철, 2006). 요즘은 건강과 영양 상태가 좋아서 성장 급등기가 점차 빨라지고 있다. 또한 신장과 체중의 급성장은 신체 구조의 변화를 수반하여 골격 구조를 변화시키고 근육과 지방 조직을 발달시켜서 신체 순환계통과 호흡기를 변화시키며 운동능력을 증가시킨다. 이러한 신체적 성장과 생리적 발달은 신체 각 부분의 진행 속도가 다름에 따라 일시적으로 균형이 잡히지 못하고 어색한 모습을 보이기도 하지만 결국 정상적인 모습으로 균형을 잡아가는데, 일반적으로 여자가 남자보다 신체적 변화가 빠르게 나타나기 시작한다.

이러한 신체적 · 생리적 변화는 청소년에게 큰 영향을 미치고 있다. 첫째, 청소년에게 있어서 가장 중요한 도전 중의 하나는 자신의 신체적 변화에 적응하는 것으로 외모가 성인과 비슷하게 되어 감에 따라 성인처럼 행동하려고 노력하는 것이다. 특히 생리적 변화에 대한 불안과 갈등이 줄어들어 어느 정도 안정을 되찾게 되면 자신의 신체에 관심이 많아지고 성에 대한 관심과 호기심이 싹트게 되면서 이성이나 타인에게 잘 보이려는 의식이 생겨난다. 따라서 옷차림이나 행동 등이 타인, 특히 이성의 관심을 끌기 위해 요란해지는데, 이런 현상은 어떻게 보면 허례허식에 속하는 것이지만, 한편으로는 성적 호기심의 발로이며 이성에 대한 관심의 표현이기도 하다.

둘째, 청소년기에 2차 성징의 발달로 신체에 대한 관심이 커지면서 신체상(body image)이 평가의 대상이 되기도 하는데 일반적으로 자신의 신체에 만족해하는 청소년은 자기 자신에 대해 긍정적인 느낌과 생각을 갖게 된다. 여기서 신체상이란 개인이 자신의 신체를 어떻게 지각하고 평가하며 이에 따라 어떤 태도를 보이는가 하는 심리적 경험을 의미하는데(김애순, 2005), 이는 신체적 매력에 대한 사회문화적 기준의 영향을 받는다.

청소년은 삶의 주된 환경이 가정에서 학교로 바뀌고 가족 중심의 관계가 친구로 확대되면서 다른 사람에게 보이고 평가받는 자신의 모습에 더 많은 관심을 갖게 되는데, 청소년의 자신의 신체에 대한 평가는 청소년의 성격, 자아존중감, 대인관계 형성에 커다란 영향을 미친다.

그러나 우리나라의 경우 급속한 서구화와 대중매체의 발달로 외모를 강조하게 되면서 청소년 사이에 부정적인 신체상이 심각한 수준으로 나타나고 있다. 한국청소년정책연구원(2007)이 약 1만 명의 고등학생을 대상으로 실시한 연구에서는 70.9%가 자신의 외모에 불만족하는 것으로 나타났고, 최근의 조사(최인재, 모상현, 강지현, 2012)에서는 그 경향이 약 83%로 높아진 것으로 나타나서 우리나라 청소년이 날이 갈수록 단순히 자신의 신체상에 불만족하는 경향이 높아지고 있다는 것을 알 수 있다.

특히 외국 청소년과의 비교연구(김영지 외, 2008) 결과에서는 5개국(한국, 중국, 일본, 미국, 스웨덴)의 연구 대상 중에서 우리나라 청소년이 외모에 따른 차별을 가장 많이 경험하는 것으로 나타났는데, 이로써 최근의 우리 사회가 개인을 평가하는 기준으로 외모를 매우 중요시하고 있으며 이로 인해 개인이 경험하는 스트레스가 적지 않음을 알 수 있다.

청소년이 자신의 신체를 긍정적으로 지각할수록 자아존중감이 높고(김갑숙, 강연정, 2007; 박지현, 최태산, 2008) 생활만족도도 높은 편(유안진 외, 2005)으로 나타나, 일상생활에서 좀 더 적극적이고 능동적인 태도를 갖게 된다. 반대로 자신의 신체에 대해 부정적인 이미지를 가지면 부정적 자아개념을 형성하게 되고 열

등의식을 갖게 되며, 대인관계가 불안해지고 소극적이고 수동적인 태도를 보일 수 있다. 따라서 신체상은 청소년의 정신건강에 영향을 미치는 요인이 되기도 한다.

셋째, 청소년은 자신의 신체 변화와 친구의 신체 변화 정도를 비교함으로써 자신의 신체 발달이 정상적인지 아닌지를 고민하게 되고 심지어는 신체적 열등감을 갖기도 한다. 특히 개인차가 심한 신체적·생리적 발달은 청소년에게 심리적 영향을 미치는데, 대표적으로 빠른 성숙(조숙) 청소년과 늦은 성숙(만숙) 청소년은 큰 차이를 보인다. 또래보다 성숙이 빠르거나 늦게 되면 주변 사람으로부터 그리고 자기 스스로 또래와는 다른 반응과 기대를 갖게 되면서 친구와 다르게 행동하려는 경향을 강하게 나타낸다. 연구조사에 따르면, 조숙 청소년은 또래 사이에서 인기가 더 많고 리더 지위를 갖는 경향이 있으며 실제적이고 자제력이 강하고 사회적으로 적합한 행동을 하는 것으로 나타난 반면, 늦게 성숙한 청소년은 덜 안정적이고 자의식이 강하며 과장된 행동이 많고 더 충동적이고 인기가 적은 것으로 나타났다(정영숙 외 역, 2008). 그러나 이러한 차이는 예외적인 사례가 매우 많다는 사실을 명심해야 한다. 또한 이러한 성숙 속도와 시기의 개인차는 남녀 간에 차이가 있으며, 소요 기간에 따라서도 다른 결과를 초래한다. 따라서 일찍 성숙하는 것이 늦게 성숙하는 것보다 더 나은 것이 아님을 명심하고 성숙의 개인차를 충분히 인식해야 한다(한상철, 2006).

마지막으로, 청소년의 성장 급등은 성적 성숙을 동반하는데, 이 시기의 성적 성숙은 성적 욕구의 발달과 더불어 죄의식과 충동 조절의 문제를 초래하기도 한다. 청소년이 성에 관심을 보이는 것은 성 호르몬의 분비가 왕성해지는 청소년기에 지극히 당연한 일이지만, 많은 청소년은 자신이 성적 욕구를 가지고 있는 것에 대해 불안감, 수치심, 죄책감 등 부정적인 정서를 가지고 있다(홍봉선, 남미애, 2013). 또한 청소년기에 성적 충동을 제대로 조절하지 못할 경우 성병 감염, 임신, 성폭행 등의 문제를 일으킬 수 있다(이혜원 외, 2008).

2) 정서 발달

청소년기는 급격한 신체 발달과 사고체계의 변화, 사회적 역할 등에 의해 정서적으로 불안정한 상태이며, 역할 혼란을 겪기도 한다. 즉, 감수성이 풍부해져서 작은 일에도 감정의 변화가 크게 나타나는데, 쉽게 화를 내거나 불쾌해하는 등 정서적 변화가 심하여 충동적으로 행동하기 쉽고 남과 비교하여 열등감이나 지나친 우월감을 가지기도 한다. 또한 부모나 친구의 이야기에 쉽게 분노하고 얼굴을 붉히며 슬픔에 잠기기도 하고, 지나치게 남을 의식해 수줍음이 많으며, 종종 이를 감추기 위해서 과장된 행동을 보이기도 한다. 그 밖에도 어떤 일에 쉽게 열성을 보이고 호기심이 많거나 모방성이 강해 우상을 만들어 맹목적으로 추종하는 경향도 있다.

이러한 정서적 변화를 초래하는 원인은 청소년 초기의 급속한 신체 발달과 호르몬의 변화, 인지적 변화로서 형식적 조작능력의 획득, 자아의 발달, 사회적 역할의 확대와 그에 따른 복잡한 적응 문제 등을 들 수 있다. 즉, 청소년은 급격한 신체 발달로 신체 균형이 깨지고 새로운 인간관계, 진로, 이성친구 등 이전에 경험하지 못했던 상황을 접하면서 정서의 불안정한 상태가 나타나게 된다. 이러한 정서의 불안정 상태는 대다수의 청소년이 겪는 과도기적 현상이지만 이를 제대로 해소하지 못할 경우 학교와 사회 적응에 어려움을 겪을 수 있다. 특히 청소년기의 정서는 의식적으로 억제되는 경우가 많아 공포심이 불안 혹은 우울로 나타나거나 우울 감정이 분노 표현 및 비행 등의 형태로 나타나기도 한다(이혜원 외, 2008).

이처럼 청소년기에는 성적 욕구와 같은 새로운 욕구가 발생하고, 자신이 활동하는 사회 환경이 확대됨에 따라 불안정감을 느끼게 된다. 또한 지나치게 큰 기대와 자신의 무능, 타인의 무관심 등으로 실망하거나 낙담하게 되므로 쉽게 기분이 변하게 된다. 그 밖에도 청소년은 대부분의 시간을 학업에 투자하다 보니 자신의 감정을 인식·표현하고 타인과 정서를 나누는 데 부족함을 보이면서 다양한 문제에 직면하기도 한다(김성이 외, 2010).

청소년기는 다른 연령대보다 급격한 정서 변화를 경험하는 것으로 알려져 있

방학 맞은 청소년 성형 열풍 "나만 안 하면 손해 아닌가요?"

올해 고등학교에 진학하는 김보람(가명·16) 양은 겨울방학이 오기만을 학수고대했다. 성형수술을 하기 위해 한 달 전 병원에 예약을 했기 때문이다. 김 양은 "우리 반만 해도 3명이 이전에 성형수술을 했고, 2명은 이번 겨울에 쌍꺼풀 수술을 한다고 들었다"며 "다들 예뻐지는데 나만 안 하면 손해라고 생각해서 엄마를 졸랐다"고 말했다.

– 중략 –

황상민 연세대 심리학과 교수는 "요즘 세대에 성형은 미용실에 가서 파마를 하거나 쇼핑을 하는 것만큼 친숙한 일"이라며 "TV만 틀면 나오는 인형 같은 연예인들의 외모를 찬양하는 매스컴의 보도 행태는 특히 유행에 민감한 청소년 사이에 외모지상주의를 만드는 데 일조하고 있다"고 분석했다.

– 중략 –

수술비 문제가 가정불화의 원인이 되기도 한다. 자녀의 성형 요구에 고민하는 부모도 많다. 고등학교 2학년 딸을 둔 주부 강화정(45) 씨는 "아이가 쌍꺼풀 수술을 시켜 달라고 2년여를 졸랐다. 대학을 가기 전에는 안 된다고 했더니 얼마 전에는 기어코 학원을 나가지 않고 그 시간에 빵집 아르바이트를 하더라"며 "대학입시에 지장을 줄까 두려워 다음 방학 때 꼭 해 주겠다고 약속을 하고서야 겨우 아르바이트를 그만두게 했다"고 토로했다.

청소년상담 전문가들은 성형은 나쁜 것이라고 무조건 반대하는 것은 오히려 청소년의 반발심을 불러일으킨다고 경고한다. 몸이란 무엇이며 내 몸으로 행복하고 건강한 삶을 산다는 것은 무엇인지에 대한 답을 함께 찾아가고 외모 가꾸기의 본질과 확실한 자기 주관을 갖도록 꾸준히 지도하는 것이 필요하다.

출처: 여성신문(2012. 1. 13.).

다. 아동기와 비교하여 청소년기에 나타나는 정서적 특징은 격렬함과 동요성을 보인다는 점인데, 청소년은 사소한 상황 변화 혹은 주변 사람의 반응에 대해 쉽게 감정을 유발하거나 정서 표현을 하곤 한다. 이러한 격동성은 청소년 초기에 더욱 두드러지고, 후기로 갈수록 자신의 감정에 대해 점차 여유를 찾게 된다.

청소년기에 나타나는 정서 변화를 단계별로 살펴보면, 청소년기 초기(사춘기)에는 성적 충동을 강하게 경험한다. 따라서 이 시기의 청소년들은 성에 대한 높은 호기심과 이성에 대한 관심을 갖지만 동시에 수치심을 느끼고 주변 사람에게 허세적인 반항을 하는 등의 이중적 정서를 표출한다. 그러므로 이들의 정서는 일관성이 없고 불안정하며, 정서의 기복이 격렬하다. 반면, 청소년 중기(중학교 말부터 고등학교 말까지)에 이르면 초기보다 더욱 강력한 정서를 느끼지만 의식적으로 억압하려는 경향을 강하게 보인다. 이에 따라 기성세대, 사회 구조, 사회의 도덕과 법률에 의혹을 품고 이러한 것들에 대해 자기 나름의 독특한 구조와 권리를 갖는다. 한편, 청소년기 후기(대학 시기)에 접어들면 사회적으로 안정적인 방향으로의 정서 경험을 하게 된다. 이 시기에는 주관과 객관의 결합, 자기와 사회의 타협, 현실과 이상의 조화를 꾀하며 이를 통해 완성된 자아의식을 가지려 한다(천정웅, 2009). 이처럼 청소년 초기의 불안정한 정서 상태는 청소년 후기로 가면서 안정을 찾고 현실에 적응해 나가게 된다.

3) 인지 발달

(1) 형식적 조작 사고의 발달

청소년기는 추상적인 개념을 이해하고, 가능성을 염두에 두며, 이론적 가설을 설정하는 등 형식적 조작이 가능해지는 단계다. 피아제(Piaget)에 따르면 인지능력은 연령이 증가하면서 단계적으로 발달하는데, 특히 청소년은 뇌 구조가 발달하고 사회적 환경의 폭이 넓어짐에 따라 다양한 현상과 사상을 실험해 볼 수 있는 기회를 갖게 되면서 인지적 성숙이 촉진된다. 즉, 사춘기를 전후해 인간의 인지능력이 질적으로 변화하면서 형식적 조작에 기반을 둔 사고가 처음으로 가능해지는데 이는 11, 12세부터 가능하다(이혜원 외, 2008).

형식적 사고는 매우 논리적 · 합리적 · 추상적인 것으로서 청소년의 사고의 중심이 눈앞에 주어진 구체적인 사태를 넘어서 보이지 않는 모든 가능한 것에 대한 고려에 맞춰질 수 있으며 전체적인 맥락을 고려할 수 있게 한다. 이러한 형식적 사고의 발달은 자기의식의 증대를 가져오고 자신과 타인의 생각을 객관화해 논리적으로 평가하는 능력을 발달시키며 논리적 사고가 가능해지면서 사회, 정치, 종교, 철학 등의 전 영역에서 이상주의적 경향을 띠게 되어 자신의 생각과 일치하지 않는 것을 비판하게 만든다. 따라서 청소년은 문제 상황에 대한 다양한 해결 방안을 체계적으로 모색함은 물론 현 사회의 변화와 개혁을 통해 더 나은 사회를 요구하는 성향을 갖게 된다(김영화, 최영진, 2012, p. 34). 그 밖에도 시간 개념을 현재의 경험에 국한하지 않고 과거와 미래의 연속선상에서 인식함으로써 과거의 자신을 돌아보면서 현재의 자신을 점검하며 미래의 자기 모습을 계획할 수 있는 능력이 생긴다(이혜원 외, 2008). 물론 청소년기에는 자아중심적 사고로 인지적 미숙함을 보이지만 차차 도덕적 문제와 자신의 미래 설계에 대해 폭넓게 사고할 수 있는 능력을 갖추게 된다.

이에 덧붙여, 청소년기에는 이전 시기보다 정보처리 능력이 더 발달하는데, 정보처리 능력은 크게 정보처리 속도, 작업 기억, 문제해결 능력으로 구성된다(박재홍, 김성환, 2011). 첫째, 정보처리 속도는 특징적으로 청소년기 초기(12세)부터 중기(15세)까지 증가하다가 이후 안정된 상태로 유지되는데, 이러한 정보처리 속도가 증가하면 정해진 시간 내에 보다 많은 과제를 처리할 수 있게 된다. 둘째, 작업 기억은 청소년기 초기부터 중기까지 가장 눈에 띄게 향상되며, 청소년 후기(19세)까지 계속 향상되는데, 이러한 작업 기억의 향상으로 한 번에 여러 기억 및 개념을 처리해야 하는 과제를 원활히 수행할 수 있게 된다. 작업 기억의 향상으로 청소년은 복잡한 과제를 보다 효율적으로 처리할 수 있게 된다. 셋째, 문제해결 능력은 가장 서서히 발달하기 시작하는 인지능력으로 정보처리 속도가 증가하면서 작업 기억 내에 이전 정보가 사라지기 전에 다른 정보가 도달할 수 있게 되고, 작업 기억의 향상으로 많은 양의 정보를 동시에 처리할 수 있게 되면서 여러 측면을 함께 고려하여 문제를 해결할 수 있는 능력도 향상된다.

(2) 사회적 인지 발달

청소년기에는 형식적 조작 사고가 발달하면서 자신과 타인의 역할이나 관계, 감정, 의도 등을 관찰하고 추론하며 개념화하는 능력이 발달하여 타인의 생각을 추론하고 이해하는 능력이 더 정확해지고, 대인관계와 인간 행동에 대한 이해의 폭도 넓어진다. 또한 자신의 인지 과정을 이해하는 상위인지가 발달함으로써 자기성찰에 몰두하게 되고 정체감 획득이 가능해지게 되는데, 이러한 인지 발달은 청소년의 정체감 형성, 도덕성 발달 그리고 사회적 상호작용에 영향을 미친다(천정웅, 2012).

그러나 이러한 변화 속에서 청소년은 자신이 특별한 존재라고 생각하는 독특성에 대한 착각에 빠져들게 되며, 자신이 우주의 중심이 된다고 믿을 만큼 강한 자의식을 보이게 된다. 엘킨드(Elkind, 1978)는 이러한 청소년기 특유의 사회 인지적 특성을 청소년기 자아중심성(egocentrism)이라고 하였다. 자아중심성은 자신의 가치와 생각을 타인의 것과 구분하지 못하고, 자신의 독특성을 객관적으로 이해하지 못하는 것에서 발생한다. 즉, 보편적인 세계와 자신의 세계를 동일 선상에서 보지 못하고, 자신의 세계가 중요하고 가치가 있다고 생각하며, 이를 중심으로 모든 것이 흘러간다고 믿는다(김영화, 최영진, 2012, p. 35). 이러한 자아중심성은 청소년기 전기에 많이 보이다가 후기로 갈수록 다양한 대인관계 경험을 통해 자신과 타인에 대한 객관적인 이해 및 사회 중심적 사고가 증가하면서 차츰 감소하게 된다.

청소년기의 자아중심적 사고는 '상상적 관중'과 '개인적 우화'로 나타난다. 먼저, 상상적 관중은 청소년이 스스로를 타인의 관심과 주의의 대상으로 생각하여 그들의 반응에 민감하게 반응하는 것을 의미한다. 즉, 과장된 자의식 때문에 자신이 타인의 집중적인 관심과 주의의 대상이 되고 있다고 믿는 것인데, 자신을 항상 지켜본다고 생각하는 타인이 바로 상상 속의 청중이다. 다시 말해서, 자신은 무대 위의 주인공이며 다른 사람은 모두 자신을 바라보고 있는 구경꾼이라고 생각하여 자신만의 상상적 관중을 만드는 것을 의미한다. 따라서 다른 사람의 시선을 의식하여 외모에 많은 관심을 갖게 됨에 따라 거울을 보는 시간이 많아지고 모든 행동에 많은 신경을 쓰게 된다. 또한 청소년은 지나치게 외모에 관심을 갖고 타인도 자기처럼 용모에 관심이 많다고 생각한다.

다음으로, 개인적 우화는 자신의 경험과 감정은 독특한 것이라서 다른 사람은 자신의 기분과 감정을 절대 이해하지 못할 것이라고 생각하는 것을 의미한다. 즉, 청소년은 자신이 특별하고 독특한 존재라고 생각하며, 자신의 감정이나 경험 세계는 다른 사람의 그것과 근본적으로 다르다고 믿는 경향이 있다. 따라서 자신의 우정, 사랑 등은 다른 사람이 결코 경험하지 못하는 것이라고 믿을 뿐만 아니라 다른 사람이 경험하는 죽음, 위험 및 위기는 자신에게 일어나지 않으며, 설사 일어나더라도 자신은 피해를 입지 않을 것이라고 확신한다. 예를 들어, 자신의 이성친구와의 관계는 누구의 것보다도 아름답고 낭만적이며 이별했을 때의 슬픔은 아무도 이해할 수 없는 특별한 것이라고 생각한다. 이러한 개인적 우화는 청소년 자신의 독특성에 대한 비합리적이고 허구적인 관념을 지칭한 것이다.

기성세대나 부모에 대한 청소년의 비판, 생떼를 쓰는 듯한 고집, 우유부단함과 이중적인 사고 등은 대부분 이러한 자기중심적 사고에서 비롯된다. 이러한 자기중심적 사고는 어른이 되어 가면서 점차 사라지게 된다.

(3) 정체감 형성

흔히 청소년기를 제2의 탄생기라고 한다. 이는 청소년 스스로 신체적 · 성적 · 정서적 · 인지적 · 사회적 측면에서 급격한 변화를 경험하고 인식하면서 새로운 자신을 찾고 만들어 가는 시기를 의미한다. 형식적 조작 사고가 발달하면서 청소년은 가설적 사고가 가능해지고 자아에 대한 관심이 증가하면서 미래의 자신의 모습을 상상하기도 하고 구체적인 계획을 세우기도 한다. 또한 자신의 존재에 의문을 갖기도 하며 자신이 처한 환경이나 자신의 역할을 통해 자아를 발견하기도 한다. 즉, '나는 누구인가?' '남들은 나를 어떻게 생각하는가?' '나는 남과 무엇이 다르며, 그들에게 어떤 의미인가?'에 대한 끊임없는 질문을 통해 형성되는, 타인과는 다른 개인적 독특성과 자아의 통일성을 의미한다(김영화, 최영진, 2012).

청소년기는 이러한 질문을 통해 어느 시기보다도 자아에 대해 많은 관심을 갖고 자신의 정체감을 탐색하고자 노력한다. 특히 에릭슨(Erikson)에 따르면, 정체감은 다양한 역할에 따른 자아의 공간적 일관성이라고 할 수 있으며, 주체적 자아와 객체적 자아의 완전한 조화로서 자신의 존재감을 인식함과 동시에 타인과의 원만한 관계를 발전시킬 수 있는 상태, 즉 '나와 너의 관계'를 확립하는 것이다(한상철, 2006, p. 154). 청소년기에 정체감 성취를 촉진시킬 수 있는 방법으로는 체험과 경험 교육이 가장 효과적인데, 다양한 체험활동, 여가활동, 대인관계의 양적·질적 확대 등이 필요하다. 그런데 우리나라의 경우, 학교 교육과정이 교과 중심의 지적 교육에 치중되어 있어 정체감 확립이 쉽지 않은 과제가 되고 있다.

그렇다면 청소년기에 와서 정체감의 위기가 왜 가장 크게 문제시되며, 정체감 확립은 왜 중요시되는가?(한상철, 2006, pp. 165-166) 첫째, 청소년기에 들어오면서 내적 충동의 질적·양적 변화가 일어나는데 아직까지는 자아 구조를 통합할 능력이 부족하기 때문에 근본적으로 자기 존재감에 대해 회의적이고 부정적이어서 정체감 위기에 부딪히기 때문이다. 둘째, 청소년이 경험하는 상충된 사회적 요구 때문인데, 청소년은 아이도 성인도 아닌 이른바 주변인으로서의 존재적 특징으로 인해 다양한 양가적인 상황에 처하게 된다. 한 예로, 아직은 경제적 독립이 어려워 부모에게 의존할 수밖에 없지만 부모는 나이와 체격에 걸맞게 성인과 같은 책임 있는 행동을 요구한다. 사회에서도 성인으로서의 책임이 유보되고 있는 이른바 유예기(moratorium)인 만큼 사회문제에 대해 어떠한 관심이나 참여도 하지 않도록 보호되고 경계되는가 하면, 다른 한편으로는 사회문제에 대해 관심과 책임을 갖도록 자극한다. 이러한 양가적인 상황적 요구에 빈번히 부딪히면서 정체감의 위기 극복을 위해 노력하게 된다. 마지막으로, 청소년기에 증대되는 인지능력의 발달은 자신에 대한 탐색 과정, 예컨대 자신의 역할, 가능성, 가치 및 이념 등에 대한 검토와 확인, 재규정 등에 영향을 미치게 된다. 따라서 다른 어떤 시기보다 자신의 문제를 깊이 있고 다면적으로 검토함으로써 정체감 확립 과정에 더 많은 고민과 갈등을 경험한다.

청소년은 추상적 사고능력이 발달하면서 자신의 존재나 미래에 대해 상상할 수 있는 능력을 갖추고 동시에 사회문화적으로 다양한 역할을 부여받음으로써 내적 혼란과 방황을 겪곤 한다. 이러한 변화는 청소년으로 하여금 자신의 위상과 역할을 재정립할 것을 요구하며, 청소년은 보다 성숙한 인격체로서의 자신의 모습을 정립해야 하는 과제에 직면하게 된다(한상철, 2006). 이러한 과제 수행을 통해 긍정적인 정체감을 형성한 청소년은 자아존중감이 높고, 자신의 특성을 바르게 인지하며, 대인관계가 원만하고, 심리적으로도 안정감을 가지면서 사춘기의 심한 갈등이 나타나지 않는다. 반면, 부정적인 정체감을 형성한 청소년은 사회에서 요구하는 가치관과 정반대가 되는 행동을 하고 주체성이 부족하여 또래에 휩쓸리기 쉽다 보니 주변 사람들과 관계를 맺는 데 어려움을 겪기도 하고, 스스로도 심리적으로 안정되지 못하여 혼란을 느끼게 된다.

4) 도덕성 발달

청소년의 도덕성은 아동과는 다른 몇 가지 특징이 나타난다. 아동은 자기중심적으로 생각하고 행동의 과정보다는 결과를 중요시하며 다른 사람으로부터 칭찬이나 벌을 받는 여부에 따라 옳고 그름을 판단한다. 반면, 청소년은 타인을 배려할 줄 알고 행동의 과정과 결과 모두를 중요하게 생각하며 양심의 발달로 옳고 그름을 스스로의 기준에 따라 생각하는 자율적 판단에 의해 행동한다. 도덕적인 생각만으로 도덕성을 갖추게 되는 것은 아니며, 도덕적 판단을 행동으로 옮길 때 비로소 도덕적인 사람이라고 할 수 있다.

청소년기에 자기중심적에서 사회중심적으로 사고가 발달하는 것은 도덕성 발달에도 영향을 미친다. 콜버그(Kohlberg)는 개인의 도덕성 발달수준을 도덕적 딜

표 1-2 콜버그의 도덕성 발달단계

1수준	전관습적 수준: 처벌, 권위, 욕구 의존	
	1단계	복종과 처벌 지향: 벌을 받는 행위는 나쁜 것으로 본다.
	2단계	도구적 쾌락주의: 보상을 얻기 위해 규칙을 따른다.
2수준	관습적 수준: 사회의 관습, 덕목, 법규, 규정의 수호	
	3단계	착한 소년·소녀 지향: 좋은 행동이란 상대방을 기쁘게 해 주거나 도와줌으로써 상대방에게 인정받는 행동이다.
	4단계	법과 질서 지향: 좋은 행동이란 자신의 의무를 지키고 권위에 대해 존경심을 가지며 사회적 질서를 자기 목적으로 유지하는 것이다.
3수준	후관습적 수준: 법을 유동적으로 파악, 법을 초월한 상위 가치 추구	
	5단계	사회계약 또는 양심 지향: 전기에는 전체에 의해 합의된 권리나 기준으로 생각한다. 후기에는 양심에 의한 내면의 결단에 중점을 둔다.
	6단계	보편적 윤리 지향: 추상적 윤리 원칙을 구축해 행동하려 한다.

출처: 김애순(2005)에서 재인용.

레마의 상황에서 보이는 행동이 아니라 도덕적 사고와 추리능력에 근거해 평가해야 한다고 보았다(김애순, 2005). 콜버그는 도덕성 발달단계를 3수준 6단계로 구분했는데, 이 도덕성의 발달은 인지 발달수준에 맞추어 진행되고, 연령이 높아지면서 더 높은 수준으로 발달한다.

전관습적 수준은 행위의 결과가 가져오는 보상이나 처벌에 따라 옳고 그름을 판단하는 수준으로, 행동의 의도보다는 결과를 중요하게 고려하며 자신이나 타인의 욕구를 충족하는 것이 옳다고 생각한다. 관습적 수준은 사회적 기대와 규칙을 중요한 판단 근거로 사용하고, 올바른 일이란 사회적 질서를 유지하는 것이라고 여긴다. 후관습적 수준은 도덕적 가치와 원리에 초점을 두면서도 개인의 권리를 존중한다.

콜버그에 따르면 도덕성의 발달은 청소년기를 지나 성인기까지 지속되는데, 초기에는 처벌을 받거나 승인(인정)받지 못할지도 모르는 데 대한 불안에 기초하지만 후기로 갈수록 권위 및 공공의 선에 대해 동조해야 한다는 의무감을 발달시켜 간다. 대신 이상주의적 경향이 강한 청소년 시기에는 기성세대의 현실주의를 폄하하는 경향이 나타난다. 콜버그는 대체로 청소년기에 전관습적 수준에서 관습적 수준으로 이행하게 되는데, 이후 성인기에 모든 사람이 후관습적 수준으로 발달하는 것은 아니며, 성인 대부분은 관습적 수준에 머물러 있다고 설명하였다.

5) 사회성 발달

한 개인이 다른 사람이나 주변 환경과 관계를 맺어 가는 것을 사회성이라고 한다. 청소년기에는 아동기보다 활동 범위가 넓어짐에 따라 청소년이 다양한 인간관계를 경험하게 되면서 자신이 지금까지 바람직하다고 생각했던 것에 대해 의문을 가지게 되고, 자신의 위치, 역할은 물론 옳고 그름에 대한 가치와 태도를 새롭게 정립하고자 노력한다. 즉, 청소년은 사회성이 발달하면서 부모로부터 정서적으로 독립하려는 마음이 강해지고, 동성이나 이성 친구 등 또래집단에 몰입하며 사회적 인정에 대한 욕구가 강해진다.

(1) 부모와의 관계

청소년기는 부모로부터 분리되어 독립성과 자율성을 획득하려고 시도하는 시기로서, 청소년은 부모로부터 개별화되고자 하는 욕구가 커짐에 따라 부모와 정서적 유대를 지속하면서도 자신을 부모와 다른 독특한 인격체로 인식하고 경험해 가는 과정을 겪곤 한다. 즉, 가족 내에서 보내는 시간이 감소하고, 부모와의 대화 시간이나 활동의 공유, 역할 분담에의 참여가 약화되면서 가족관계가 이전에 비해 소원한 특징을 보인다. 부모-자녀 관계가 요즘은 과거의 부모에 의한 일방적 · 지시적 관계에서 벗어나 대화와 협상의 관계로 변화됨에 따라 청소년은 자녀를 통제하려는 부모와의 관계에서 갈등을 빚으면서 가족생활보다는 또래집단 활동에 몰두하곤 한다. 청소년은 부모와 정서적인 유대를 지속하면서도 자신을 부모와는 다른 독특한 한 사람의 인격체로 인식하고 경험함에 따라 애착 대상이 부모에서 친구로 바뀌며 부모와는 다른 가치관이나 생각을 하게 되고 그것을 내면화하게 된다. 이러한 과정은 성인으로 독립하는 데 절대적으로 필요한 요소이지만, 부모가 이러한 과정을 인정하지 않고 부모에 대한 도전이나 반항으로 인식할 경우 부모-자녀의 갈등이 증폭될 수 있다.

그럼에도 청소년기는 모든 영역에서 부모로부터 독립과 자율성을 획득해야 하는 시기가 아니라 부모와 안정된 애착관계를 유지해야 하며, 의사결정 능력이 부족한 분야에서는 부모로부터 지속적인 조언을 받아야 하는 시기다. 특히 청소년기의 부모에 대한 애착은 사회적 유능성, 정서적 적응, 자아존중감, 신체적 건강 등 여러 측면에서 청소년의 행복한 삶을 촉진하는 요인으로 밝혀지고 있다(김희수 외, 2005).

분명한 점은 또래에의 집중은 사회적 관계망에서 친구가 부모를 대체한다는 의미가 아니라, 관계의 순위가 일시적으로 변화한다는 것이라는 점이다(허혜경, 김혜수, 2010, p. 278). 부모와의 관계와 또래와의 관계는 반드시 서로 배치되는 것이 아니고, 두 집단이 영향을 미치는 영역은 각기 다르다. 즉, 또래가 현재의 활동, 여가생활에 큰 영향을 주지만, 청소년은 교육과 진로 등과 같은 미래 지향적인 영역에서는 여전히 부모의 영향을 크게 받는 경향이 있다(한상철, 2006). 우리나라 청소년이 향후 진로 설정을 하게 된 계기를 조사한 연구에서는 어머니가

진로 결정에 가장 큰 영향을 미치는 인물인 것으로 나타났다(김혜래, 2007). 물론 청소년 자녀는 부모와의 세대 차이 때문에 갈등을 빚기도 하지만 부모의 사랑을 받고 부모와 신뢰감을 형성할 때 정체감 형성과 사회성 발달에 긍정적인 영향을 받게 된다. 또한 부모로부터 지원을 많이 받는 청소년이 사회적으로도 유능하게 성장할 수 있으므로 부모는 자녀에게서 나타나는 신체적 · 정서적 변화, 또래집 단의 압력, 부모로부터 독립하려는 자녀의 마음을 이해하고 수용하여 적극적인 지원자의 역할을 수행하는 것이 바람직하다.

(2) 또래관계

옛말에 "부모 팔아 친구 산다"는 말이 있다. 이는 사춘기에 접어든 청소년의 인간관계와 친밀한 관계에 극적인 변화가 일어남을 말해 준다. 이 시기에 대다수 의 청소년은 삶의 많은 부분에서 부모에게 여전히 의존적이지만 점차 가족과의 관계에서 벗어나 보다 넓은 사회적 교류를 맺기 시작하면서 친구를 넓게 그리고 깊게 사귀는 것을 선호한다. 친구가 부모보다 덜 위압적이고 덜 비판적이며 잔 소리도 하지 않고 자신이 원하는 것을 기꺼이 제공해 주기 때문에 또래집단이 지 지와 애착의 원천이 됨에 따라 청소년의 인간관계에서 우정이 중요한 요소로 등 장하게 된다. 특히 우리나라는 입시 위주의 교육제도와 문화가 조성됨에 따라 학교에서 친구와 함께 보내는 시간이 많다 보니 일부 청소년에게는 가족원보다 친구가 더 영향력이 있다.

청소년의 지지적인 우정은 부모의 무조건적인 지지와는 다른 종류의 애착으 로서 청소년의 성장 · 발달에 필수적인 요소가 되고 있다. 청소년은 또래와 친밀 감을 매우 강하게 느끼고 감정을 공유하면서 심리적 안정을 얻고, 친구관계를 통 해 세상을 살아가는 방법과 사회를 이해할 수 있는 능력을 배우며, 보다 큰 안목 을 키워 나간다. 이러한 또래 애착의 증대는 청소년의 지지적인 우정의 형성으 로 극대화되며, 이 시기에 형성된 지지적인 우정은 이후 오랫동안 이어질 친밀 한 관계의 기초가 된다. 이와 같이 또래가 마음이 통하는 친구로서 충고자, 지원 자, 피드백 제공자, 정보 제공자로서의 중요한 역할을 담당함에 따라 또래관계 는 청소년의 자아개념과 정체감의 발달, 사회적 성취와 사회적 기술의 획득, 갈등해결 능력 증대, 장래 직업적 성취, 가족생활, 성역할 확립 등에 긍정적인 영향을 미친다(한상철, 2006).

또래와의 관계는 청소년으로 하여금 자신의 정체감을 형성하고 유지하는 데 필요한 심리적·사회적 지지를 얻게 한다. 청소년은 성장하면서 성인과 자신의 관계를 수직적이라고 인식하는 한편, 또래와 함께 있을 때는 수평적 관계, 평등한 대인관계 형태를 배우게 된다. 따라서 또래관계 속에서 시야를 넓히고 더 큰 사회를 익히며, 성인의 권위에서 독립적으로 행동할 수 있는 능력을 신장하는 데 도움을 받는다(이혜원 외, 2008). 또래집단은 청소년의 생각이나 행동의 준거 틀이 되고, 또래집단에 수용되고 인정받고 싶은 욕구 때문에 친구와 같은 옷을 입는 것과 같은 집단의 행동양식을 추구하는 경향이 있으며, 친구와의 이질적 특성 때문에 갈등과 수용을 반복해서 경험하게 된다.

청소년은 또래집단 속에서 소속감을 얻고자 하므로 또래의 관심과 의견에 예민하고 그들에게서 많은 것을 배워 자신의 발전에 유익한 기회로 활용한다. 반면에, 청소년기에 또래집단으로부터 심리적·사회적 지지를 받지 못하면 부정적인 자아상을 형성하기도 하며, 사회적 거부와 배척의 감정 또는 고립감을 갖게 되기도 한다. 한편, 청소년이 또래집단에 수용되기 위해서 부정적인 행동(예: 흡연, 음주, 마약, 가출)을 하도록 또래 압박을 받는 경우도 있어 내적 갈등을 겪기도 한다(김성이 외, 2010, p. 30).

(3) 학교에서의 관계

청소년기에는 대부분의 시간을 학교에서 보내기 때문에 학교생활에 얼마나 잘 적응하는가 하는 문제는 건전한 성인으로 성장할 수 있느냐 없느냐를 판가름하는 중요한 요인이다. 즉, 학교는 각 개인의 성장 욕구를 충족해 줄 수 있는 사회적 기관이며, 청소년에게 있어서 학교는 삶 그 자체라고도 할 수 있다.

학교는 학생의 바람직하지 못한 행동을 애정으로 고쳐 주는 역할을 하고 학생에게 지식과 기술을 가르침으로써 개인적 기능과 대인관계 기술을 습득하도록 도와준다. 따라서 학교에서 청소년은 공동생활을 위한 규범을 익히고, 또래나 교사 등의 의미 있는 타인과 원만한 관계를 유지하고 수업에 참여하며, 학교 규범에 순응하여 독립된 한 개인으로서의 역할을 수행해 나간다. 또한 학교는 개개인이 사회 속에서 타인과 함께 살아야 하는 사회적 존재로서의 삶을 배워 나가는 장으로 청소년의 인지적 · 심리사회적 발달에 큰 영향을 미치고 있다. 따라서 청소년이 학교생활에서 적응하느냐 그렇지 못하느냐의 문제는 향후 미래사회의 한 구성원으로서 사회에 잘 적응하며 살아가기 위한 역량을 검증해 보는 중요한 기준이 되고 있다(김웅수, 주석진, 2010). 그 밖에도 학교는 청소년의 발달에 있어 매우 중요한 환경이자 적응 유연성 증진을 위한 개입의 장으로, 학령기의 학업 성취나 학교생활에서의 성패 여부는 학령기 이후의 개인적 · 사회적 성취, 성인기의 직업, 삶의 질과도 밀접하게 관련되어 있다.

또한 학교는 학생의 기본적 교육권을 보장해야 한다. 즉, 학교에서 수업을 받을 수 있는 학습의 권리, 학교와 집을 오갈 수 있는 통학의 권리, 학습에 필요한 준비물을 보장받을 수 있는 권리, 학교에서 생활하는 동안 점심을 제공받는 급식의 권리, 자신의 능력과 장애에 따라 개별화된 교육을 받을 수 있는 특수교육의 권리 등을 모두 포함해야 한다(홍봉선, 남미애, 2013, p. 42).

그러나 학교가 청소년의 성장 욕구를 충족해 줄 수 있는 사회기관으로서의 기능을 제대로 수행하지 못하고 있는 것이 우리 교육의 현실이다. 획일적 입시 위주의 교육과 교육정책의 잦은 변화에 따라 학생 개개인의 독특성과 인성적 측면은 무시당하고 있는 실정이다. 특히 입시 위주의 현행 교육제도는 청소년의 개인적 · 정서적 욕구를 무시한 채 과도한 경쟁을 유발함으로써 실패감을 안겨 주며, 학교교육에서 소외되는 청소년을 양산하고 있다. 즉, 충분한 학습능력이 있음에도 학습부진, 학습 의욕 저하, 학습 무능력을 보이거나 학교생활에서 친구 또는 교사와의 관계를 만족스럽게 형성 및 유지하지 못하여 학교에 대한 소속감을 가지지 못하거나 부정적인 태도를 취하는 학생들이 생겨난다.

학교에서 소외된 학생은 자신의 가치를 존중받고 정체감을 확립하는 데 어려움을 겪기도 하며, 심지어 학교부적응을 일으키게 되기도 한다. 학교부적응은 학업 관련 부적응, 대인관계 부적응, 학교규칙 관련 부적응 등 다양하다. 청소년은 학교생활에서 자신의 욕구를 충족하지 못하게 됨에 따라 일탈행동이나 중도 탈락을 초래하기도 한다. 한 예로, 학교 안팎에서 벌어지는 학교폭력은 폭력에 대한 인식 부족, 폭력의 잔인화로 심각한 사회문제가 되고 있다.

　학교에서의 청소년 이탈은 국가의 미래 경쟁력 강화에 큰 부담으로 작용하고, 청소년 개인적으로는 건전한 발달과 건강한 사회인으로 성장하는 데 도움이 되지 못한다. 즉, 학업을 중단함에 따라 청소년은 발달 과정에 필요한 기술 습득 및 기회의 상실로 향후 저소득과 빈곤에서 벗어나기 어렵고, 가정은 부모와 자녀 간에 심각한 갈등요소를 갖게 되며, 사회적으로는 범죄에 쉽게 노출되면서 사회 안전이 위협받기도 한다. 따라서 학업중단을 예방하기 위해 학교를 떠나 있는 청소년의 특성과 욕구, 환경적 제약을 고려하여 다양한 학업복귀 프로그램을 통한 개입으로 적극적인 예방과 개입을 함으로써 지속적으로 학업을 수행할 수 있도록 도와야 한다. 무엇보다도 학령기 인구는 줄어드는 반면에 학업중단청소년은 증가한다는 점과, 이들이 학업중단 이후 건강한 사회인으로 입문하기까지 많은 어려움과 문제를 가지게 된다는 점에서 학업중단청소년을 소중한 우리의 미래 자원으로 보고 지원책을 마련해야 한다.

(4) 대중매체

　대중매체(mass media)란 신문, 잡지, 라디오, TV 등과 같이 많은 사람에게 대량으로 정보와 생각을 효과적으로 전달하는 수단이다. 오늘날 대중매체의 영향력은 사회의 변화와 발전을 주도하고 있다고 해도 과언이 아니다. 청소년이 이러한 대중매체에 하루 중 많은 시간을 할애함에 따라 대중매체는 이들의 삶에 매우 큰 영향력을 발휘하고 있으며, 일부 내용은 청소년의 가치관 형성에 가정이나 학교보다 더 큰 영향을 미치고 있다는 것을 부인하기 어렵다.

　지식정보화 사회의 도래로 컴퓨터, 모바일, 스마트폰이 발달하고 이를 이용한 소셜 네트워크 서비스(SNS)가 확산됨에 따라 다양한 정보를 공유할 수 있게 되었고 전 세계에서 벌어지는 일을 실시간으로 접할 수 있게 되었으며, 또한 일상생활에서 편리함을 누리며 살 수 있게 되었다. 청소년에게 대중매체는 입시교육의 중압감에서 벗어날 수 있는 일종의 해방구이자 놀이의 부재 속에서 찾은 대안이다. 즉, 대중매체는 청소년에게 위협적인 한편 새로운 가능성을 제공하기도 한다. 또한 청소년은 이러한 대중매체를 통해 역할모델을 관찰함으로써 직간접적으로 자신의 태도나 가치, 행동 등을 학습한다.

그러나 대중매체는 청소년의 문화를 창조 또는 변화시키는 순기능보다는 비행화를 촉진하는 역기능을 보이고 있다. 매체 간의 경쟁적 격류 속에서 대중매체는 광고 수입의 증대와 판로의 확장을 노린 나머지 극단적인 상업주의에 빠지게 되었고, 그 결과 선정적인 자극은 감수성이 예민한 청소년에게 부정적인 영향을 미치고 있다. 즉, 경쟁적인 상업주의와 향락주의, 가치관 전도를 조장하는 프로그램은 건전한 청소년문화를 창조하기보다는 성적 · 공격적 호기심을 자극하고, 그들의 모방심리를 강화하며, 환상적 세계에 대한 동경심을 촉진함으로써 다양한 청소년 문제를 양산하고 있다(한상철, 2006).

대중매체가 하루가 다르게 급성장하는 현실 속에서 영화와 온라인 게임 등의 콘텐츠 산업이 미래 국가 성장의 동력이라는 이름 아래 상업주의로 치닫고 있다. 특히 사이버 시대의 필수 디지털 기기인 인터넷, 스마트폰 등의 디지털 매체에 무방비 상태로 노출되어 있는 청소년은 그 부작용에 의한 피해를 고스란히 입게 될 가능성이 가장 큰 연령층이다. 이들의 피해를 방치할 경우 우리나라의 장래도 암울해질 수밖에 없을 것이다.

이러한 콘텐츠 산업의 부작용으로부터 청소년을 보호하기 위해서는 대중매체가 가치를 전달하기 위한 것이 아니라 정보와 메시지를 전달하기 위한 것임을 명심해야 한다. 또한 아동 · 청소년 및 학부모를 대상으로 유해매체가 아동 · 청소년에게 끼치는 단기적 · 장기적 악영향을 잘 인식할 수 있도록 교육하는 것이 필요하다.

그 밖에도 청소년을 대중매체의 역기능으로부터 보호하기 위해서는 대중매체에 대한 규제를 민간의 자율 규제에게 맡길 것이 아니라 정부 차원의 적극적 주도 하에 다양한 정책을 실시해야 한다. 특히 청소년이 대중매체를 사용하되 건강한 문화 속에서 사용하며 매체가 제공하는 순기능을 극대화하는 방향으로 사용하도록 관련 지침을 마련해야 한다. 아울러 각급 학교를 대상으로 대중매체의 역기능, 유해매체 등의 내용과 문제점 등에 대한 윤리교육 실시를 의무화하여야 한다. 더불어 유해매체물 차단 소프트웨어 설치를 의무화하여 청소년의 유해매체 접근 자체를 차단해야 한다.

chapter 02 청소년과 사회 변화

청소년이 우리의 미래임을 그 누가 부인할 수 있을까? 우리 모두는 청소년기를 지나왔다. 그 시절이 활기차고 풍요로웠던 기억으로 남은 이들도 있을 것이고, 불행하고 슬픔 가득한 기억으로 남은 이들도 있을 것이다. 그 시절은 다시금 되돌릴 수 없는 시기이자 누군가 대신 살아 줄 수도 없는 영역이다. 그러하기에 '오늘 이곳에서' 우리 청소년의 삶을 풍요롭게 해 주려고 노력한다면, 나아가 청소년으로 하여금 자신의 삶에 적극 참여할 수 있도록 성원해 준다면, 그들은 장차 성숙함과 책임감을 갖춘 어른으로 성숙해 갈 것이고, 모두의 삶의 질을 향상시키는 데 실질적으로 기여하게 될 것이다. 결국 청소년의 미래는 '지금-여기'에 달려 있다(Corsaro, 1997, p. 277: 함인희, 2011 재인용).

1. 변화하는 환경

청소년을 둘러싼 사회 환경은 매우 빠른 속도로 변하고 있다. 저출산·고령화의 영향으로 청소년 인구는 지속적으로 줄고 있는 대신 노년 인구는 급속히 증가하고 있다. 또한 이혼율의 급속한 증가로 가족이 해체됨에 따라 보호체계에서 생활하는 청소년이 늘고 있으며, 국제결혼이 확산되면서 다문화 청소년의 비중도 빠르게 늘어나고 있다. 교육 분야에서도 우리나라 청소년의 대학 진학률이 세계에서 가장 빠른 속도로 증가하고 있어 고졸자의 80% 이상이 대학에 진학하는 고등교육의 보편화 시대에 접어든 반면, 교육 확대와 지식기반 산업화, 고용 없는 성장 등에 따라 경제활동 참여가 점점 늦어지고 경제활동 참가율은 갈수록 낮아지는 상황이다. 게다가 소득의 양극화에 따라 아동·청소년의 빈곤율이 지속적으로 증가하고 있다(김기헌, 2012).

이러한 사회 변화 속에서 오늘날의 청소년은 이전 세대의 청소년이 겪었던 것보다 더 많은 모험과 위기, 요구 및 기대에 직면하고 있다. 즉, 고령화 사회로 급진전함으로써 미래 성장 동력으로서 청소년의 사회적 역할 및 책무에 대한 중요성이 증가하고 있지만 자녀 수의 감소에 따른 부모의 과잉보호로 청소년의 자립심은 오히려 약화될 가능성이 크다. 또한 장기적으로 볼 때 현재와는 완전히 다른 세계에서 성장할 다음 세대는 지금과는 전혀 다른 문제를 다루는 사회 환경 속에서 살아가야 하므로 현재의 청소년의 성장과 발달은 이전과는 다른 시각에서 접근해야 한다.

1) 청소년 인구 현황

우리나라는 결혼 연령 상승, 자녀 출산 기피 등으로 2001년부터 초저출산 사회로 진입했다. 또한 청소년 인구는 지속적으로 줄고 있는 반면에 평균수명 연장으로 65세 이상 노인 인구는 지속적으로 증가하여 2018년에는 고령사회로의 진입이 예상되고 있다. 즉, 고령사회가 점차 도래하면서 우리나라 생산 가능 인구 대비 노년 인구의 비율은 2002년 10%에서 2030년 36%로 증가할 예정이다(김기헌 외, 2006).

우리나라의 청소년(9~24세) 인구는 1980년에 1,401만 명으로 가장 높은 수준을 기록한 이후 출산율이 감소하면서 서서히 줄어들기 시작하여 2010년에는 1,029만 명까지 감소했다. 청소년 인구의 구성비는 1960년에 전체 인구의 31.8%를 기록한 이후 계속 증가하여 1980년에 36.8%를 기록하였고, 이후 감소세로 돌아서서 1990년에 31.6%, 2000년에 24.5%를 나타내었으며, 2011년 기준 우리나라 총인구 5,000만 명 중 20.0%를 차지하고 있다. 향후에도 이와 같은 감소추세는 지속되어 2015년에는 19.0%, 2020년에는 16.3%, 2030년에는 13.7%로 줄어들 것으로 전망된다. 청소년 인구의 연평균 증가율은 2015년에서 2025년까지 10년 동안 -2%대의 높은 감소율을 나타낼 것으로 보인다(여성가족부, 2013).

이와 같이 장래의 경제활동을 짊어질 청소년이 점차 줄어들고 있는 반면, 부양을 받아야 하는 노년층은 급속히 증가하고 있는 추세에서 청소년의 잠재역량 계발을 위한 노력은 매우 중요하다. 즉, 사회를 이끌어 갈 미래의 성장 동력으로서 청소년의 사회적 역할 및 책임이 중요함에도 불구하고 인력 부족 현상을 겪게 될 것이므로 청소년의 인적자원 개발과 관리가 사회의 가장 중요한 키워드로 등장하고 있다. 특히 청소년 인구의 지속적인 감소는 교육체계와 가족체계의 변화는 물론, 노동시장과 경제 구조 등 사회 전반에 큰 변화를 초래할 것으로 예상된다.

따라서 향후 청소년정책은 그 대상이 감소함에 따라 과거의 청소년 문제의 예방과 대응이라는 소극적 정책에서 벗어나 청소년 잠재역량 강화라는 질적 수준의 향상을 위해 노력해야 한다. 또한 새로운 변화에 대응하기 위해 종합적인 청소년 정책이 마련되어야 할뿐만 아니라 청소년 관련 인프라 분야에서도 질적 개선이 이루어져야 한다.

2) 개인적 요인

청소년기는 신체적 · 정신적으로 급격한 성장이 이루어지면서 신체와 정신의 건강한 발달은 청소년기의 적응뿐만 아니라 이후 성인기의 건강한 삶에도 중요한 영향을 미친다. 그러나 대다수의 청소년은 대학입시 위주의 사회구조로 인해 스트레스, 만성 피로, 운동 부족, 음주 및 흡연 등의 문제를 겪고 있으며, 청소년의 삶에서 건강의 문제는 대부분 후순위로 밀려나 있다. 특히 정신건강 측면에서 인성교육의 부재로 공격성, 폭력성, 불안, 우울 등을 경험하고 있다. 이와 같이 청소년의 신체적 · 정신적 건강이 약화되고 있어 국민 건강 차원에서 우려를 낳고 있다. 청소년의 신체적 건강은 학업으로 인한 운동 부족과 육류 위주의 식습관, 외식의 확대 등에 따라 많은 문제점을 안고 있다. 특히 영양 과다로 비만청소년이 증가함은 물론 성인병으로 불리던 고혈압, 당뇨병, 동맥경화 등에 걸리는 청소년도 증가하고 있다. 또한 청소년의 체격은 점차 좋아지고 있으나 체력은 나빠지고 있는 추세를 보여 주고 있다. 우리나라 청소년(만 6~17세)의 체격검사 결과, 17세의 남자 청소년과 여자 청소년의 평균 신장은 각각 173.6cm와 161.1cm인 것으로 나타나 과거 10년 전과 비교해 볼 때 남학생은 2.3cm, 여학생은 1.8cm 증가하였으며, 체중은 과거 10년 전에 비해 남학생은 5.4kg, 여학생은 1.9kg 증가하였다. 그러나 체력과 관련하여 청소년의 오래달리기 및 걷기 시간은 13세 남학생을 제외하고 남녀 모두 뚜렷하게 기록이 저하되고 있다(17세 남학생 1999년 7분 40초 → 2009년 8분 23초)(김기헌, 2012).

그 밖에도 청소년의 건강과 관련하여 문화체육관광부(2012)가 조사한 바에 따르면 전혀 운동을 하지 않는 10대가 절반 이상(59.9%)을 차지하였고, 그중에서도 10대 여자 청소년의 72.9%가 운동 참여를 전혀 하지 않는 것으로 밝혀져(김미숙, 2013) 체력 저하의 심각성을 짐작케 한다.

한편, 학업, 진로 등에 대한 스트레스로 많은 어려움을 겪으면서 정신건강에 문제가 있는 청소년의 수가 증가하고 있다. 특히 가정불화, 인터넷 및 게임 중독, 또래집단으로부터의 왕따와 학업 스트레스 등에 따라 청소년의 자살률이 증가하고 있으며, 또한 정신질환을 가진 청소년도 늘어나고 있다. 이러한 변화 추세는 청소년이 정신건강 문제로 상당한 심리적 · 정서적 위협에 노출되어 있음을 시사한다.

보건복지부(2010c)의 조사 결과 우리나라 청소년(13~18세)의 스트레스 인지율이 전체 응답자 중 43.2%(남학생 37.3%, 여학생 50.0%)로 나타났는데, 이는 우리나라 성인(만 19세 이상)의 스트레스 인지율인 28.9%보다 매우 높은 수준이다. 이 조사에 따르면, 스트레스의 원인은 학업 문제와 진로 문제가 가장 큰 비중을 차지하고 있고, 연령 증가에 따라 스트레스의 정도도 증가하고 있는 것으로 나타났다. 특히 청소년의 우울감과 관련한 여성가족부(2012a)의 조사에서 '연속적으로 2주 이상 일상생활에 지장이 있을 정도로 슬프거나 절망감을 느낀 적이 있다.'를 가끔·자주 경험하는 청소년이 전체의 13.5%였으며, 특히 13~24세 청소년은 15.5%로 나타났다.

통계청(2011)에 따르면 청소년의 자살 건수는 꾸준히 증가하여 1999년 10.1명, 2008년 13.5명에서 2009년 15.3명으로 증가하였다. 이를 OECD 회원국 청소년(15~19세) 자살률과 비교해 보면 평균인 6.8명을 크게 상회하여 매우 심각한 상태라고 할 수 있다. 특히 통계청과 여성가족부(2013)의 조사에 따르면, 13~25세 청소년의 11.2%가 지난 1년 동안 한 번이라도 자살을 하고 싶다는 생각을 한 적이이 있으며, 자살충동의 원인으로는 성적 및 진학 문제(39.2%), 가정불화(16.9%)의 순으로 응답함에 따라 스트레스가 이러한 자살 충동의 원인임을 알 수 있다. 청소년의 자살은 사고로 처리되는 경우가 많기 때문에 종종 공식적인 수치에서 제외된다는 것을 감안해 보면, 훨씬 더 많은 청소년이 스스로 삶을 포기하고 있다는 것을 알 수 있어 매우 심각한 사회문제가 아닐 수 없다. 외국 청소년과는 달리 우리나라 청소년은 대학입시에 따른 중압감 및 학업 성적과 관련된 좌절로 자살하는 비율이 전체의 약 11%를 차지하는 것으로 보고되고 있다(교육과학기술부, 2011a).

이제는 청소년의 정신건강 문제를 한 개인의 문제가 아닌 사회적 문제로 접근해야 한다. 그러나 정신건강에 문제가 있는 청소년을 조기에 발견할 수 있는 지원체계의 부재와 개입 및 치료의 방치는 청소년의 교육 기회 감소로 이어지면서 인지능력 저하 및 학업중단, 대인관계에서의 어려움, 문제행동 및 사회적 부적응 등과 같은 다양한 문제를 발생시키고 있다. 또한 이러한 문제행동은 성인기 이후 생활능력의 저하와 실업에 처할 수 있는 가능성으로 사회적 비용의 손실을 초래할 수 있으므로 청소년의 정신건강 문제를 사회적인 문제로 인식하고 해결방안을 모색해야 한다.

3) 가족체계의 변화

가치관의 변화, 경제적 위기 및 사회경제적 문제 등으로 가족해체 현상이 지속됨에 따라 가족 구성원이 다양화되는 구조적 변화는 물론 기능상의 변화도 진행되고 있다. 이러한 추세가 지속된다면 앞으로 핵가족으로의 전환을 넘어서 1인 가구의 증가에 따른 가족의 해체와 개인화로 변화하게 될 것이고, 청소년은 전통적인 혈연관계에 의한 핵가족보다는 재혼 부모로 구성된 재구조화된 가족에서 성장할 가능성이 있다. 동시에 국제결혼가정의 자녀 및 외국인 노동자 자녀, 북한이탈 가족의 자녀 등 다문화 청소년의 비중도 매우 빠르게 늘어나 가족 형태의 다양화가 진행되고 있다.

이혼의 급속한 증가 경향에 따라 해체가정을 경험하는 청소년 수가 증가하고 있다. 통계청(2012a)의 조사에 따르면, 2011년 우리나라의 이혼 건수는 11만 4,300건으로 전년도보다 2.2% 감소하였으나, 전체 이혼가정 중 52.6%가 이혼 당시 미성년자 자녀가 있었고, 결혼 지속 기간이 10년 이상 19년 미만인 부부의 이혼율이 32.6%로 높은 비율을 보이고 있다. 이러한 결과는 최근 이혼율이 다소 감소 추세를 보이지만 이혼가정의 절반 이상이 아동·청소년 자녀를 둔 가정이므로 해마다 상당수의 아동·청소년이 부모의 이혼에 직접적으로 영향을 받고 있음을 보여 준다(정규석 외, 2013).

한편, 최근 저출산 현상이 확대되면서 적어진 자녀 수로 인해 부모-자녀 관계는 더욱 밀착되고 부모는 자녀에 대해 더 개방적이거나 정서적 투자를 많이 하는 것으로 나타났다. 또한 청소년은 과거의 부모세대와는 달리 부모로부터 더 많은 사랑과 애정을 받고, 개방성과 독립성을 더 많이 보장받으며, 보다 적극적인 성격에 대한 강화를 더 많이 받을 가능성이 높다(김혜원, 2010). 반면에 이혼가정의 증가는 가족 간 소통 및 유대감의 감소로 이어져 자녀에 대한 가족의 보호 및 지지 기능의 약화를 초래하게 된다. 그리고 이는 다시 부모와의 갈등 내지는 가정에 대한 불만에 따른 학교부적응으로 이어져 가출이나 학업중단청소년의 지속적인 증가를 낳는다(허신도, 2012). 그 밖에도 가족 구조의 다양화에 따른 가족의 통제력 약화로 가족간 의사소통이 감소하고 있고 유대감 역시 약화되고 있다.

또한 다문화가정 청소년은 일반적으로 가정 내에 이질문화가 공존하면서 가치관의 혼돈과 정체감의 상실을 느끼고, 가정폭력과 같은 가정 문제에 노출되면서 부정적인 자아상을 가질 가능성이 증대되고 있다. 더불어 이들은 기초학력 미달이나 중도 탈락 등 적응상의 어려움을 겪으면서 가족 문제를 야기하고 있다.

이와 같이 전통적인 의미의 가족체계의 약화로 가족 불안정이 가속화되면서 통제력이 약한 청소년 자녀가 비행이나 일탈과 같은 문제를 경험할 가능성이 높아지므로 이러한 변화에 부응하여 새로운 가족 윤리와 가치관을 정립하는 정책적 노력이 요구되고 있다.

4) 사회적 요인

(1) 생활환경의 악화

청소년의 조화로운 성장은 청소년이 자신에게 주어진 생활 시간을 어떻게 적절하게 배분·관리하느냐에 따라 결정된다. 우리나라 청소년의 생활 시간의 배분을 살펴보면, 입시 위주의 교육에 따른 과도한 학습 시간과 부족한 여가 시간 간의 불균형이 청소년의 조화로운 성장을 저해하고 있다. 이를 자세히 살펴보면, 첫째, 과도한 입시경쟁 및 사교육 증가 등으로 청소년의 학습 시간이 매우 길다 보니 사회활동, 자원봉사 활동, 스포츠 등 청소년기 성장에 중요한 활동에 할애할 시간이 부족하다. 한 예로, 10~24세 청소년의 경우 평일 24시간 중 운동 시간은 1999년 14분 36초에서 2009년 12분 4초로 감소하였고, 특히 단체 스포츠 운동 시간이 가장 크게 감소(9분 4초 → 6분 18초)하였다(김기헌, 2012).

또한 OECD의 2009년 학업 성취도 국제조사(PISA) 결과를 보면, 우리나라 청소년의 학업성취도는 높으나 학업에 대한 흥미, 자신감과 학교 소속감은 최하위권으로 역량 강화를 위한 동기가 부족한 것으로 나타났다. 또한 여가 시간의 부족으로 자원봉사, 동아리활동, 문화활동 등 다양한 체험 및 사회 참여 기회가 미흡해지면서(공동체 활동 참가율: 미국 21.4%, 스위스 6.1%, 한국 0.7%) 지식기반사회가 요구하는 창의력 등 새로운 지식 창출 능력의 신장이 곤란한 것으로 나타났다.

이러한 결과는 입시 위주의 교육이 이루어짐에 따라 청소년이 학업에 대한 중

압감을 가지며 입시 이외의 활동에 할애할 시간이 절대적으로 부족하다는 것에
서 비롯된 것이다. 따라서 우리나라 청소년의 행복도는 다른 국가의 청소년에
비해 낮은 수준을 보여 주고 있는데, 이러한 사실은 일상생활 경험 중에 성취감,
몰입감, 자기발견의 경험이 적음을 의미하며, 이런 경험의 부족은 낮은 자존감
과 낮은 자기효능감으로 이어져 미래세대의 경쟁력 약화의 원인이 될 수 있다.

한편, 청소년의 건전한 성장을 위협하는 유해환경은 지속적으로 증가 추세에
있다. 폭력적 · 선정적 내용의 유해매체 증가 및 인터넷 게임중독 확산 등으로
청소년의 인성과 언어 습관에 심각한 문제가 생겨났으며, 인터넷 중독 청소년의
수 역시 증가하고 있다. 또한 유해매체 이용 및 노출 시기가 저연령화되는 추세
이고, 청소년 성 접촉 경험의 증가 및 가출청소년 문제도 심각한 수준에 이르고
있다. 가출청소년들은 어린 나이에 유해매체를 접하면서 신체적 · 정서적 손상
을 입음은 물론, 가정 밖으로 나와 거리를 배회하게 되면서 거리에 산재해 있는
각종 위험에 노출될 기회가 많고 비행 및 유해환경을 접할 기회가 잦다. 그러다
보니 귀가가 어려워지면서 만성 가출자로 전락할 가능성이 크고, 심한 경우에는
성인 노숙자와 유사한 위험성을 안은 채 살아가게 된다.

따라서 위기청소년에 대한 사회 안전망 구축 및 운영상의 활성화 필요성이 증
대되고 있다.

(2) 교육과 직업 환경의 변화

주 5일 근무제의 시행에 이어서 2012년부터 이루어진 주 5일 수업제의 확대
시행은 청소년의 여가 시간을 증가시킬 것으로 보였지만, 수업 시간의 감소가 여
가 시간의 확대로 이어질 것으로 단정 짓기는 어렵다. 통계청(2012b)의 생활시간
조사 자료에 따르면, 청소년의 하루 생활 시간 중 여가 시간이 차지하는 비율은
토요일에 약간 증가하였으나 그 수준은 미약한 것으로 나타났다. 또한 늘어난
여가 시간을 어떻게 보내는가 하는 문제가 제기되고 있다.

교육 분야에 있어서 우리나라 청소년의 대학 진학률은 세계에서 가장 빠른 속
도로 증가하고 있다. 대학 진학률이 1990년 33.2%에서 2005년 82.1%로 증가함
으로써 고졸자의 80% 이상이 대학에 진학하는 고등교육의 보편화 시대에 접어

들고 있다(김기헌 외, 2006). 또한 정보기술의 혁명과 지식산업화 사회의 도래에 따라 고도화된 신기술, 진로교육의 연장 등이 요구되면서 교육 기간과 취업을 위한 준비 기간이 연장되어 사회로의 진출 시기가 점점 늦추어짐은 물론, 대부분의 청소년이 고학력 상태로 취업시장에 진출하지만 제한된 일자리로 인하여 고학력 실업자가 꾸준히 증가하고 있다.

한편, 변화하는 교육 환경에 적응하지 못하면서 학업을 중단하는 청소년도 늘고 있다. 이들은 학업, 교사 및 또래와의 관계의 어려움 속에서 학교부적응을 경험하게 되고, 이는 다시 학업중단으로 이어지면서 결국 성장과 발달을 위한 기회를 갖지 못한 채 문제아 혹은 실패자라는 낙인과 소외감, 좌절감을 겪게 되며, 이로 인해 심리적으로 많은 어려움을 겪는다(정규석 외, 2013). 또한 다문화가정 청소년과 북한이탈청소년이 증가하면서 학교부적응에 따른 학업중단청소년이 늘고 있다.

다음으로, 지식기반 경제로의 전환과 산업 구조의 변화, 정보화 사회의 도래 등으로 청소년을 둘러싼 근로 환경이 크게 변화하고 있다. 즉, 산업 구조의 변화는 직업 구조에도 많은 변화를 가져오고 있고, 직업의 종류와 기능도 다양화·전문화·세분화되어 가고 있어서(정규석 외, 2013) 청소년이 갖추어야 할 지식과 기술이 더 다양해지고 있고, 지식 습득 기간도 점점 길어지고 있다. 또한 고학력 근로자에 대한 수요가 증가하는 동시에 다양한 직업능력을 위해 더 많은 교육과 훈련이 요구되고 있다.

청소년기는 직업교육을 통해 직업인으로서의 역할을 수행하기 위한 자질과 기술을 습득하여 자립을 준비하는 과정으로 성인기와는 달리 노동시장에의 참여를 통해 완벽한 자립이 가능한 시기라 할 수 없다. 따라서 지금까지는 청소년기의 노동이 사회적 주요 관심 대상이 아니었다. 그러나 최근 들어 취업을 통한 경제활동 참여에 대한 청소년의 관심이 높아지면서 정확한 규모를 파악하기는 어려우나 대략 청소년의 15~30%가 아르바이트를 하는 것으로 추정하고 있다(이경상 외, 2011). 그럼에도 대부분의 아르바이트가 미래의 진로 결정을 위한 탐색의 기회가 되기보다는 생계와 경제적 문제 해결을 위한 용돈 벌이 수준에 그치고 있어서 직업의식을 확립시키고 직업역량을 기르기에는 많이 부족하다.

우리나라 청소년의 경제활동 참가율은 OECD 평균보다 21.9% 낮은 25.5%의 최하위 수준으로 호주(68.6%), 캐나다(64.5%), 영국(62.9%) 등의 국가와 비교해 낮은 경제활동 참가율을 보이고 있다. 또한 비경제활동 인구의 추이도 주목해야 하는데, 특별히 최근 관심을 끌고 있는 것은 '교육도 받지 않고 취업도 하지 않으며 훈련도 받지 않는(Not in Education, Employment or Training: NEET)' 청소년 층을 의미하는 '니트'가 급격히 증가하고 있다는 것이다. 15~34세 인구 중 니트는 2004년에 49만 3,000명에서 2007년 1/4분기에 67만 4,000명으로 증가하였다(김기헌 외, 2007).

또한 청년실업의 증가로 경제적 자립 시기가 지연되는 어려움 속에서 취업의 불확실성이 확대되면서 청소년의 고민거리에도 커다란 변화가 이루어졌다. 2008년 연구에 따르면, '직업'에 대한 고민은 2002년 6.9%에서 2006년 22.9%로 16.0%나 증가하였다(김기헌, 2012). 따라서 진로 및 직업 역량 강화의 필요성이 증대되고 있으나 학교 교육과정 내에서의 진로교육은 크게 미흡한 실정이다. 또한 직업체험활동은 청소년의 진로개발 역량을 촉진할 수 있는 중요한 수단임에도 불구하고 여전히 활성화되지 못하고 있어 청소년 직업체험활동 참가 비율은 19.7%, 참가 빈도는 일회성이 67.0%를 차지하고 있다(국가청소년위원회, 2006).

직업체험활동의 중요성을 인식하여 진로교육이 학교 안팎에서 활발히 이루어지지 않는다면 청소년의 원활한 직업 세계로의 이행은 더욱 어려워질 것이다(김기헌 외, 2007). 이러한 직업 환경의 변화 속에서 늦은 경제활동 참가는 성인기로의 이행을 늦추면서 결과적으로 출산율 감소와 노동인구의 감소를 유발하는 악순환으로 이어질 수도 있다. 또한 취업의 불확실성은 빈곤 및 사회 부담의 문제와 직결되면서 사회문제가 되고 있다.

(3) 사회적 · 경제적 · 문화적 양극화 심화

1998년 외환위기와 2008년 글로벌 경제위기에 따른 경제 침체의 가속화로 중간층이 감소하고 있고, 이에 따른 실업 증가 및 소득 하락으로 빈부격차가 커지면서 소득 양극화 현상이 벌어지고 있다. 특히 빈곤가정으로 대표되는 취약가정이 증대하고 있고, 이러한 가정에서 성장하는 청소년의 수가 증가하고 있으며,

이들을 둘러싼 성장 환경 또한 악화되고 있다. 경제적 빈곤은 단순히 가지지 못한 것에 대한 불편함만 존재하는 것이 아니라 건강, 부모의 양육 태도, 교육의 빈곤으로까지 확대될 수 있다. 즉, 경제적 빈곤으로 겪는 스트레스와 갈등으로 자녀에 대한 의도하지 않은 방임 및 학대가 빈번하게 발생하고, 자녀양육에 대한 관심이 낮아지며, 자녀의 문제행동에 대한 대처가 적절하지 못하여 자녀가 성장함에 따라 부모-자녀 간의 올바른 관계 형성이 어려워지면서 청소년기에 비행으로 발전하는 경향이 있다.

이러한 빈곤가구의 증가는 청소년의 삶의 질에 부정적 영향을 미치고 있다. 참고로 여성가족부(2013)의 조사에 따르면, 중산층 중위 소득(50~150%)의 비중이 1996년 68.7%에서 2008년 56.4%로 나타났으며 상대빈곤율은 1996년 9.3%에서 2008년 14.3%로 나타났는데, 이러한 경제적 격차는 다른 영역의 격차로 이어지는 경향이 있다. 2012년 조사에서 계층 간 격차는 경제적 하층과 상층 간에 약 2배 가까운 차이를 보였으며, 대화를 하지 않는다는 부정적 반응도 2012년 기준 상층과 중상층이 각각 3.7%, 2.7%에 불과한 반면, 하층은 15.8%를 차지하였다. 이러한 결과는 가정 배경에 따라 가족과의 대화 빈도에도 차이가 있음을 보여 준다.

또한 가정의 불안정한 자녀양육 기능과 관련된 주요 지표인 인구 1,000명당 이혼 건수(조이혼율)도 1996년 1.7건에서 2007년 2.5건으로 크게 증가하였으며, 한부모 가구 수도 1990년 88만 9,000가구에서 2006년 137만 가구로 크게 증가하였는데(통계청, 2009), 이러한 증가 추세를 볼 때 위기청소년의 증가 추세를 예상할 수 있다. 또한 청소년이 친아버지와 새어머니 또는 친어머니와 새아버지로 구성된 재구조화된 가족체계에서 복잡한 문제를 겪을 가능성 역시 커지고 있다.

이와 같이 가족해체가 가속화되고 가족 기능이 저하되면서 위기청소년에 대한 우려가 커지고 있다. 1차적 사회 안전망인 가정이 붕괴됨에 따라 많은 청소년이 빈곤, 학업중단, 가정폭력 등의 다양한 위험요인에 노출되고 있다. 이것은 심리적 · 신체적 손상에 따라 위기청소년의 수가 증가 추세를 보이면서 가정은 물론 사회 전체의 문제로 확대되고 있다. 여성가족부의 자료에 따르면, 전체 인구 중에서 만 9세부터 18세 사이의 아동 · 청소년 중에 위기 대상은 93만 6,626명으로동 연령 아동·청소년 중 13.7%를 차지하고 있고, 이 중에서 초등학생은 1만 6,408명, 중·고등학생은 72만 218명으로 추정하고 있다(이유진, 2011).

대다수의 위기청소년은 열악한 가정환경과 사회적 지원의 부족으로 신체적· 정서적·인지적 발달 면에 있어서 어려움을 경험하다 보니 이 시기에 성공적인 성인이 되기 위해 필요한 지식, 행동, 태도 및 기술을 습득하지 못한 채 자신의 삶의 방향성을 상실하고 미래에 대한 막막함과 불안감을 안고 살아가고 있다. 또한 저소득가정의 청소년은 다양한 교육을 접하기 어려워 학습능력이 부족하고 가정에서 사회화를 경험할 기회가 거의 없다 보니 사회적 성숙도가 낮으며, 사회성도 부족하여 학교생활에 적응하지 못하면서 학업중단을 초래함은 물론, 청소년비행으로까지 연결되는 악순환적인 구조를 형성하고 있다.

(4) 컴퓨터·인터넷 의존도의 심화

정보화의 발달에 따라 디지털 미디어 기기는 PC를 기반으로 한 인터넷 휴대전화, 인터넷과 휴대전화의 기능이 결합되어 '한 손의 인터넷'이라 불리는 스마트폰으로까지 진화한 상태다. 따라서 컴퓨터와 인터넷에 대한 청소년의 의존도가 심화되고 휴대전화의 이용이 확대되면서 청소년의 생활방식이 변화하고 있다.

우리나라는 OECD 국가 중 가정 내 인터넷 이용 가구가 86%로 1위를 차지하고 있는데, 이러한 결과는 청소년에게 인터넷과 모바일이 단순한 매체가 아니라 하나의 생활로 자리 잡고 있음을 보여 준다. 즉, 우리나라 청소년의 인터넷 이용률은 거의 100%에 이르고 있고, 우리나라 청소년 중 97.3%가 하루 1회 이상 인터넷을 사용하며, 주 평균 이용 시간은 12.4시간으로 조사되었다(통계청, 2011). 또한 초·중·고등학생의 TV 시청 시간은 줄었지만 컴퓨터 게임 이용 시간은 크게 늘어나고 컴퓨터 게임 산업의 확장과 함께 청소년 생활에서 게임이 차지하는 비중은 앞으로도 계속 증가할 것으로 예상된다.

더불어 청소년 모바일 이용 시간이 확대되고 있다. 우리나라의 모바일 시장은 1997년 후반을 기점으로 급격히 증가하여 현재는 인구 대비 70% 이상으로 성장했는데, 젊은 층일수록 휴대전화에 대한 인식이 긍정적이고 이용에 적극적이다. 이들은 휴대전화를 이용하여 부모의 감시와 통제로부터 벗어나 자기만의 소통

공간을 확보하며, 휴대전화를 다양한 자기표현의 욕구를 분출시키는 통로로 사용하고 있다. 특히 기성세대와 달리 청소년에게 휴대전화는 편리한 통신 수단일 뿐 아니라 자기 자신을 보다 잘 표현하는 소지품으로 인식되고 있고, 또래집단과의 접촉을 강화하고 원만한 친구관계를 유지하는 수단으로서의 역할을 하고 있다(김기헌 외, 2006). 그 결과 청소년에게 휴대전화를 포함한 인터넷은 단순한 매체가 아니라 사회생활과 문화생활을 누릴 수 있는 생활 영역으로 나타나고 있고, 유비쿼터스 기술의 확장과 함께 이러한 경향은 앞으로도 꾸준히 증가할 것으로 예상된다.

그러나 이러한 디지털 기기의 발전은 역기능도 초래하고 있다. 인터넷 보급의 확대는 '인터넷 중독'이라는 역작용 현상을 가져왔다. 인터넷 중독 실태조사(한국정보화진흥원, 2010a)에 따르면, 전체 인터넷 이용자의 약 8.0%(174만 3,000명)가 인터넷 중독 현상을 겪는 것으로 조사되었다. 특히 전 연령대 중 10대(11.7%, 72만 2,000명), 20대(9.5%, 64만 8,000명)의 인터넷 중독 위험군 비율이 상대적으로 높았으며, 이들의 고위험군 비율도 각각 2.8%, 2.7%로 높았다. 게다가 초등학생의 인터넷 중독률이 증가하면서 인터넷을 비롯한 디지털 미디어 기기를 본격적으로 사용하게 될 저연령층의 인터넷 중독의 심각성에 대한 우려가 높아지고 있다.

따라서 국가 차원에서 인터넷 중독을 해소하고자 청소년의 야간 게임 이용을 금지하는 '셧다운제'를 실시하고 있고, 청소년 보호를 위한 게임 회사의 자정 노력을 유도하고 있다. 그 밖에도 인터넷 중독에 대한 예방교육을 확대하고 있으며, 유해정보 차단서비스 개발 및 보급 강화에 주력하고 있다. 또한 인터넷 중독 고위험군의 재발률이 높아 기술형 치료학교 프로그램도 실시하고 있다.

(5) 청소년 참여와 인권 보장에 대한 국제적 노력

'UN 아동권리협약(UN Convention on the Rights of the Child)'은 청소년 권리에 대하여 기존의 권리선언이 천명하고 있는 '특별한 보호 개념'으로서의 권리를 '개인의 보편적인 인권 개념'으로서의 권리로 전환시키는 계기를 마련한 것으로서, 청소년을 권리 행사의 주체적 존재로 이해하고 있다. 이 협약에서 제시하고 있는 네 가지 기본권은 생존권, 보호권, 발달권 및 참여권으로, 특히 참여권

2 청소년과 사회 변화

은 자신의 국가와 지역사회 활동에 적극적으로 참가할 수 있는 권리로서 자신의 의견을 표현하고, 자신의 삶에 영향을 주는 문제에 대해 발언권을 지니며, 단체에 가입하거나 평화적인 집회에 참여할 수 있는 권리를 의미한다. 이러한 기본권에 대한 사회적 공감대가 형성됨에 따라 청소년은 자신의 권리를 향유하고 주장할 수 있는 주체적이고 독립적인 존재라는 인식이 확산되었으며, 청소년이 느끼는 주관적 권리 인식에 대한 관심도 높아지게 되었다.

또한 UN이 채택한 '2000년대 청소년을 위한 세계 실행 프로그램(World Programme of Action for Youth to the Year 2000 and Beyond)'의 목적은 청소년의 지위 향상을 위한 국가적 노력과 국제적 지원을 실행하기 위한 정책 기조를 설정하고, 이의 실천적 지침을 제공하며, 청소년의 삶의 질을 높이는 것이다. 특히 이 프로그램은 10대 중점 영역(10 priority areas)을 제시하고 있는데, 교육 · 고용 · 기아와 빈곤 · 보건 · 환경 · 약물남용 · 미성년 비행 · 여가활동, 그리고 소녀 및 젊은 여성 · 청소년의 사회 및 의사결정에의 완벽하고도 효과적인 참여를 보장해야 한다는 것이다. '세계 실행 프로그램'은 이러한 중점 영역들을 추진함에 있어서 종래의 국가나 성인 중심의 추진 방식보다는 특히 청소년에게 참여 기회를 확대 부여하자는 데 역점을 두고 있다.

이러한 분위기 속에서 청소년의 권리와 사회 참여 요구도 증대되고 있다. 즉, 지식정보화 사회의 도래와 함께 청소년이 새로운 문화산업의 생산 · 소비 주체이자 사회 참여의 동력으로 부상함에 따라 게임 및 각종 미디어 산업에 있어서 청소년은 선도적인 생비(prosumer)의 역할을 수행하고 있다. 즉, 자본주의 상업 시장의 영향으로 청소년의 개별화된 생활방식이 등장함과 더불어 각 개인의 취향과 욕구가 일상생활에 다양하게 반영되고 있으며, 청소년은 대중문화의 주체적 소비자로 자리를 잡기 시작하였다. 그 밖에도 유무선 인터넷 사용의 보편화로 청소년 의견의 사회적 영향력이 확산되고 있다.

그럼에도 청소년의 권리 수준에 대한 여러 가지 국제 비교 자료를 보면, 우리나라 청소년의 권리 수준은 아직 낮은 편에 속하고 권리 보장의 필요성에 대한 사회적 인식도 낮은 수준이다. 따라서 국가 차원에서 2008년에 아동 · 청소년권리센터 4개소를 시범 운영하였으며, 2011년에 중앙 차원의 청소년권리 보호전담기구로서 '청소년희망센터'를 개소하여 아동·청소년의 권리 증진 및 사회적 인식 제고를 위한 모니터링, 권리교육, 교육홍보 등의 업무를 수행하고 있다(여성가족부, 2013).

2. 우리나라 청소년의 현실

현대사회에서 청소년은 최상의 시기이면서 동시에 최악의 시기를 살아가고 있다. 과거 어느 때보다 풍요로운 사회에서 많은 것을 누리며 살아가고 있지만, 빠른 속도로 변화하는 사회 속에서 습득해야 할 과업이 많아지면서 실제로 청소년에게는 이 시기가 활기찬 시기로 여겨지지 않는 것이 현실이다. 청소년은 부모에게 의존하는 아동기의 특성과 부모에게서 분리되고 개별화되어 자립하는 성인기의 특징을 동시에 지니고 있음에도 아동도 아니고 성인도 아닌 양 집단 사이에 존재하는 주변인으로 간주되고 있고, 부모 또한 청소년 자녀에게 아동의 역할과 성인으로서의 역할을 동시에 기대하여 모순적 모습을 보이곤 한다(한상철, 2008).

또한 오늘날의 청소년은 청소년기가 연장되면서 과거 어느 때보다 긴 이행기를 통과하고 있고, 이 과정에서 많은 청소년이 혼란과 갈등을 경험하고 있다. 가정과 사회 그리고 학교 환경의 변화 속에서 청소년기가 연장되면서 사회적·심리적 독립성과 자율성의 제약으로 인한 좌절감, 불만이 증대되고 있다.

1) 가치관의 비교

OECD에서 발표한 '청소년의 주관적 행복지수'에 관한 보고서(2013)를 보면, 우리나라는 최하위에 머물렀고 우울증과 자살 상담의 비중이 2008년보다 6배 상승했으며, 서울 시내 중·고등학생 41%가 평소에도 스트레스를 많이 받고 있는 것으로 나타났다(김미숙, 2013). 2011년 여성가족부에서 실시한 청소년가치관 국제비교 조사 결과 역시 우리나라 청소년의 행복지수가 다른 국가에 비해 낮은 수준을 보이고 있는 것으로 나타나 우리나라 청소년의 삶이 결코 행복하지 않다는 것을 보여 주고 있다(최인재, 김지정, 임희진, 강현철, 2011). 반면, 우리나라 청소년은 중국이나 일본의 청소년에 비해 성공에 관해서는 정도 이상의 강박관념을 갖는 동시에 매우 획일적인 성공관을 내면화하고 있는 것으로 밝혀졌다.

우리나라, 중국 및 일본의 중·고등학교에 재학 중인 학생을 대상으로 한 청소년 가치관 국제비교 조사(최인재 외, 2011)를 통해 우리나라 청소년의 현실을 파악하면 다음과 같다.

첫째, 인생관과 관련하여 현재의 삶(여가 만족, 생활 만족, 행복감, 신체적 건강, 정신적 건강)에 대한 만족도는 전반적으로 긍정적 응답률이 높게 나타났으나, 우리나라 청소년이 중국이나 일본 청소년에 비해 삶의 만족(여가 만족, 전반적 삶, 행복감, 주관적인 신체 건강) 정도가 상대적으로 낮은 것으로 밝혀졌다. 우리나라 청소년이 이 시기에 고민이나 대화의 폭이 비교적 좁은 것은 대다수가 대학입시라는 한 가지 과정에 따라 자신의 인생이 모두 결정된다고 믿기 때문이다. 또한 학교 공부에 대한 흥미는 중국의 긍정 응답률이 83.2%로 가장 높게 나타났고, 다음으로 우리나라(51.3%), 일본(48.4%) 순으로 나타났다. 특히 개인 중심의 가치가 심화되는 추세와 청소년기 최대 목표로 대학입시를 꼽고 이에 몰두하도록 강요하는 사회 현상은 청소년으로 하여금 다양한 삶의 과정보다는 획일적인 삶을 살아갈 수밖에 없도록 함으로써 우려를 자아내고 있다.

둘째, 가족관과 관련하여 가족 중 대화 상대가 누구인지 묻는 질문에 어머니라는 응답이 가장 많았고, 가족과의 대화가 다양해지고 부모와의 대화가 늘어나고 있음에도 중국과 일본 청소년에 비해 우리나라 청소년이 가족관계에 대해서 상대적으로 만족도가 낮게 나타났다. 이러한 점은 앞으로 청소년이 성인이 되어서 형성하게 될 결혼, 가족에 대한 가치관에도 영향을 미칠 것으로 보인다.

셋째, 진로 및 직업관과 관련하여 우리나라 청소년의 경우 진로 및 직업 선택에 있어서 주도성이 상대적으로 낮게 나타난 반면, 분명한 인생 목표를 갖고 있다고 응답한 비율은 높게 나타났다. 이러한 결과는 대다수의 학생이 고등학교를 졸업하고 있고, 이들 가운데 대학 진학을 목표로 하고 있는 학생 또한 매우 많다는 현실, 그리고 특히 우리 교육 경로의 경직성에 기반을 둔다. 즉, 개인적인 성찰과 주변 세계에 대한 탐색에 기초한 것이라기보다는 사회적으로 규정된 교육 경로에 기인한 것이라는 해석이 적절하다.

그 밖에도 우리나라 청소년의 행복수준은 OECD 국가 중 최하위를 보이고 있다. 이를 자세히 살펴보면, '나는 지금 행복하다'고 응답한 비율은 우리나라 69.2%, 중국 89.5%, 일본 78.4%로 우리나라 청소년의 행복수준이 가장 낮은 수준을 보여 주고 있다(한국청소년정책연구원, 2007). 특히 핵심역량 중에서 지적 역량은 최상위인 반면, 사회적 역량은 최하위 수준이어서 영역 간 불균형이 심각한 것으로 나타났다. 또한 스스로 목표를 정하고 계획을 세워 살아가는 자율적 역량수준 역시 OECD 국가 중 7위로 중위권 수준으로 나타났다(김기헌, 2012).

이와 같은 가치관 국제비교조사를 통해서 볼 때, 우리나라 청소년은 삶이 만족스럽지 못하고 점점 더 수동적·획일적으로 살게 되면서 힘든 삶을 보내고 있음을 잘 알 수 있다. 이러한 결과는 상급학교 진학을 목표로 학업 이외의 생활에 있어서는 절제를 요구하는 문화, 선행학습과 사교육 때문에 성취감이 적은 교육환경, 여가 및 문화 체험을 강조하는 모험의 기회가 부족한 사회 인프라에 기인한다(김기헌, 장근영, 2012). 따라서 문화적·교육적·사회적 인프라를 향상시켜 청소년의 행복도를 증진함으로써 삶의 질을 향상시키기 위해 노력해야 한다.

2) 학업 스트레스

청소년은 성적 경쟁에서 극심한 학업 스트레스를 겪고 있고, 이것이 감당하지 못할 수준에 이를 경우 혹은 입시 위주의 교육에 적응하지 못할 경우 학업중단은 물론 약물남용, 우울증, 자살 등의 비행행동의 유혹에 빠지기도 한다.

한국교육개발원(2010)의 『교육통계연보』에 따르면, 2009년 학업중단 초등학생은 1만 1,634명(0.4%), 중학생 1만 5,736명(0.8%), 일반계열 고등학생 1만 7,419명(1.2%), 전문계열 고등학생 1만 7,121명(3.7%) 등으로 총 6만 1,910명(0.9%)이었다. 매해 학교를 그만두는 전국 초·중·고등학생의 수가 6~7만 명에 달하고 특히 고등학생의 학업중단 비율은 매년 높아지고 있는 것으로 나타났는데, 이는 전체 초·중·고등학생의 약 1%에 불과하지만 이들이 매년 누적되고 있는 점을 고려하면 그 수는 훨씬 많을 것으로 예상된다.

　　학교 환경에서의 입시 위주의 교육과 과잉 경쟁은 학생 간에 인간적인 관계를 형성하는 것을 어렵게 하고 있다. 입시에 대한 과도한 관심과 집중으로 학생은 열악한 교실 환경 속에서 오직 입시를 위한 학습을 장시간 강요받음으로써 청소년기에 갖는 대부분의 욕구를 억압할 수밖에 없다. 오직 입시를 위한 교육 환경 속에서는 경쟁에서 이기는 자가 뒤처지는 자를 포용하고 배려하는 능력을 배울 기회가 없어 개인주의, 더 나아가 이기주의적 가치관이 팽배해지고 있다. 이러한 입시경쟁에서 오는 스트레스와 욕구불만에 따라 학교폭력이 심화되고, 약물남용이 증가하며, 우울증 발병률이나 자살률이 증가하는 문제가 심화되어 나타나고 있다(김영화, 최영진, 2012). 이러한 문제점을 해결하고자 정부에서는 인성교육을 강조하지만 아직까지는 효과를 못 보고 있다.

　　그 밖에도 급속한 산업화로 계층 간 소득 격차가 심화되면서 교육에 투자할 수 있는 재원에 있어서도 차이를 가져와 교육 기회의 불평등 현상을 초래하고 있다. 특히 사교육비를 부추기는 학벌사회에서의 입시 위주의 교육, 과도한 성적 경쟁은 사교육비 지출을 증가시키고 궁극적으로 가정경제를 위협하고 있다. 이에 국가 차원에서 사교육비 경감을 위한 대책을 제시하고 있으나 이 역시도 단편적인 정책에 불과하다.

3) 청소년의 유해환경

　　청소년의 유해환경 접촉은 심리적·정서적 성장의 저해요인일 뿐만 아니라 문제행동이나 비행으로 연결되는 주요 경로의 하나로 간주되고 있다. 즉, 유해매체 및 유해환경에의 접촉이 증가하면서 학교폭력의 수위가 높아지고 청소년 성 접촉 경험이 증가하고 있으며, 가출청소년 문제도 증가하고 있다.

(1) 유해환경에의 노출 증가

　　청소년 유해환경이란 청소년에게 유해한 영향을 미칠 가능성이 있는 사회 환경 전반을 의미하는 것으로 유해행위, 유해물품, 유해시설 자체는 유해환경은 아니지만 보는 시각에 따라 청소년에게 유해한 환경으로 간주되는 것으로 분류할 수 있다. 이러한 유해환경 속에서 청소년이 건강하게 성장하지 못할 경우 개인적으로 많은 피해를 입는 것은 물론, 사회적으로도 막대한 비용을 치르게 된다. 여성가족부(2012a)의 조사를 토대로 유해환경을 자세히 살펴보면 다음과 같다.

첫째, 매체 이용과 관련하여 청소년의 생애 경험률은 컴퓨터 성인물(45.5%)이 가장 높았고, 이어서 성인용 간행물(40.0%), 성인용 게임(32.3%), 성인용 영상물(27.5%), 케이블 TV 성인용 프로그램(26.9%), 지상파 TV 성인용 프로그램(23.5%), 온라인 사행성 게임(21.5%), 모바일 성인물(20.5%)의 순이었다. 대부분의 가구에 인터넷망이 설치되어 있고 만화 및 잡지 등의 간행물은 휴대성이 뛰어나기 때문에 컴퓨터(인터넷) 성인물과 성인용 간행물은 청소년이 성인물을 접하는 가장 대표적인 통로라고 할 수 있다. 특히 청소년의 휴대전화 사용이 일반화되고 스마트폰 보급이 증가하면서 휴대전화를 통해 성인물을 열람하는 청소년이 증가하고 있다. 즉, 스마트폰과 케이블 TV의 확산에 따른 매체 환경의 변화가 청소년의 유해환경 접촉 방식에 큰 영향을 미치고 있음을 알 수 있다.

둘째, 업소 이용과 관련하여 노래방과 PC방, 전자오락실은 대부분 생활권 주변에 위치해 있고 비교적 저렴한 비용으로 이용할 수 있기 때문에 청소년의 과반수 이상이 이용 경험이 있는 것으로 나타났다. 청소년의 생애 경험률은 노래방(90.9%)과 PC방(85.8%)이 가장 높은 수준이었고, 다음으로 전자오락실(60.6%), 만화방(29.9%), 멀티방 및 룸카페(24.4%), 성인용 주점(13.8%), 비디오방 및 DVD방(12.3%)의 순이었으며, 성인용 무도장(1.9%)이 가장 낮았다.

이 조사에서는 성인용 매체의 이용이 중학교 1학년 때 시작되는 것으로 나타났는데, 이 시기에는 급격한 신체적·정신적 변화를 겪게 되면서 성인 세계에 대한 막연한 호기심으로 생활 주변에서 쉽게 접할 수 있는 성인용 매체에 접근하게 되는 것으로 볼 수 있다. 또한 유해환경 접촉과 관련하여 전체적으로 청소년은 환각성 물질을 가장 유해하고 이용하면 안 되는 것으로 생각하는 반면, 성인용 음란물 및 폭력물은 상대적으로 유해성이 낮은 것으로 평가하여 허용도가 비교적 높은 수준으로 나타났다. 또한 청소년은 흡연과 음주의 사교적 기능을 상대적으로 높이 평가하였으며, 음주가 흡연보다는 유해하지 않은 것이라고 판단하여 보다 관용적인 태도를 나타내었다.

(2) 청소년 범죄와 재범률의 증가

유해매체 및 유해환경 접촉이 증가하면서 학교폭력의 수위가 높아짐은 물론 폭력을 행사하는 연령이 낮아지고 집단화 현상을 보이고 있다. 또한 성에 대한 개방성에 따라 청소년 성 접촉 경험은 증가 추세이고, 대다수의 가출청소년의 경우 학업중단은 물론 상습적인 흡연, 음주, 영양 결핍 등을 경험하며, 절도나 강도, 폭력 등 비행 경험이 있고, 여자 청소년의 경우 성매매, 임신, 낙태 등을 경험하는 것으로 나타났다(김지혜, 2005).

한 예로, 초등학교 4학년부터 고등학교 3학년까지의 학생 558만 명 중 12.3% 인 17만 명이 최근 1년 이내에 폭력피해를 경험했는데, 이 중 초등학생이 15.2% 로 가장 높았고, 중학생 13.4%, 고등학생 5.7%의 순이었다(2012년 3월 한국교육 개발원「학교폭력실태조사」중간 발표). 특히 폭력피해 사실을 알리지 않는 성향이 높았는데(32.5%), 피해 사실을 은폐하는 주된 이유는 '알려 봐야 소용없으니까' (52.1%)가 가장 높았다(여성가족부, 2011a).

한편, 여성가족부(2013)의 조사에 따르면, 지난 5년간 전체 범죄자 대비 소년 범죄자의 구성 비율이 2008년에 5.5%였다가 이후 감소세를 나타내 2011년 4.4%를 나타냈고, 2012년에는 약간 증가하여 5.1%를 기록하였다. 그러나 소년 범 구성 비율이 2009년부터 감소한 것은「소년법」개정으로 소년범의 범위에서 19세가 제외되었기 때문인 것으로 풀이되고, 2012년에 비율이 약간 증가한 것은 학교폭력이 사회적 문제로 다루어지면서 학교폭력에 대한 강력 대응 등이 수치 증가에 영향을 미친 것으로 보인다. 특히 우려할 만한 사항은 청소년 재범률이 지속적으로 증가하고 있다는 점인데, 최근 5년간 전과가 있는 소년범죄자의 비율은 계속 증가 추세다. 2012년에 전과가 없는 소년범죄자의 비율은 58.4%인 데 비해, 전과가 있는 소년범죄자의 비율은 41.6%로 전년도에 비하여 0.9% 상승하였다. 특히 4범 이상 소년범의 비율이 2008년 7.1%에서 2012년 13.6%로 계속 증가하였는데, 이는 소년범죄의 상습화 문제가 심각해지고 있음을 보여 주고 있어 이를 통해 재범률이 높은 소년범죄자에 대한 사후 관리가 미흡함을 알 수 있다.

또한 미디어산업의 발전으로 청소년의 유해매체에 대한 노출 가능성이 상승하였다. 즉, 인터넷, 휴대전화 등의 통신매체를 통한 유해매체물 이용이 증가하여 중 · 고등학생의 모바일 성인매체 이용률은 2009년 7.3%에서 2010년 7.5%로, 또 2011년 12.3%로 전년 대비 64% 상승하였다(여성가족부, 2012a). 이러한 증가 추세 속에서 최근 몇 년 동안 사이버범죄는 급격히 증가하였으며, 사이버 범죄자 중 10대와 20대가 차지하는 비율이 70%를 상회하고 있다.

4) 성인기로의 이행의 연장

오늘날 성인기로의 이행 과정은 전보다 더 복잡해지고 어려운 과정이 되고 있다. 직업 세계는 세분화 · 전문화되어 있고 또 급속하게 변화하고 있어서 자신에게 맞는 직업을 찾고 직업에 적합한 자격을 갖추기까지 상당히 오랜 시간과 노력이 요구되고 있다. 따라서 오늘날의 청소년은 학교체계를 늦게 떠나고, 부모의 집에 더 오랜 기간 머물고 있으며, 노동시장에 늦게 진입하고, 자녀양육을 연기함에 따라 부모와 조부모를 포함한 가족에 대한 의존도는 더욱 심화되고 있다(Stein, 2008). 이에 덧붙여 가치관이나 생활 태도를 확립하는 것도 쉽지 않다 보니 10대 후반부터 20대 초반에 있는 청소년의 경우 생물학적으로는 성인이라 할 수 있지만 사회학적으로는 자립을 하지 못한 청소년에 더 가깝다고 할 수 있다.

성인기로의 이행이 연장되는 것은 다음과 같은 이유를 배경으로 한다. 첫째, 고등교육 기간의 연장으로 청소년이 과거에 비해 경제적 · 사회적 성숙에 도달하는 시기가 늦어지고 있다. 1980년대 이후 고등교육이 일반화되면서 대학에 진학하는 청소년이 증가함은 물론 교육과정의 다양화 및 평생교육의 증대로 교육을 마치는 시기가 점점 늦어지고 있다. 특히 첨단 지식의 중요성이 더욱 강조되는 후기 지식사회에서 청소년은 기술 발달과 정보가 집약된 경제가 필요로 하는 기술 및 교육을 얻기에 적합한 기관인 학교에서 더 많은 시간을 보내고 있다. 문제는 이러한 고등 학력을 추구하다 보니 비싼 등록금을 부모에게 의존하게 되면서 사회에서는 이들을 자립된 존재로 여기지 않고 있다는 점이다. 둘째, 취업시장의 변화로 경제적 · 사회적 독립을 위한 정규 직장의 확보에 더 많은 시간을 소요하고 있다. 특히 직업 세계는 점점 더 세분화 · 전문화되면서 복잡해짐에 따라 자신에게 맞는 직업을 찾고 그 직업에 적합한 자격을 갖추기까지 상당히 오랜 시

간과 노력을 요구한다. 또한 고용주는 좀 더 높은 학력의 소지자를 고용하고자
하여 사회 전반에 걸쳐 더 높은 학력을 추구하는 양상이 나타남에 따라 교육은
사회적 계층화의 요인이 되고 있고, 사회적으로 가진 자와 가지지 못한 자의 간
격을 더 넓히고 있다(Settelsten & Ray, 2010).

문제는 사회에서 요구하는 경제적 · 심리적 자율성을 획득하기 위해 더 많은
발달과제를 수행해야 하면서 성인기로의 이행 과정이 길어짐에 따라 청소년이
많은 혼란을 겪고 있다는 점이다. 즉, 동서양을 막론하고 대부분의 청소년은 다
양한 발달과제의 수행을 요구하는 사회적 분위기로 인하여 가치관이나 생활 태
도를 확립하는 것이 쉽지 않다. 청소년기가 길어진다는 것은 단순히 기간의 문
제가 아니다. 이는 가정과 국가에 경제적 부담을 지우는 것은 물론, 청소년에게
는 사회 구성원으로 흡수되지 못함으로써 소외감을 갖게 하고 자율성의 제약으
로 인해 좌절감, 불만 등을 유발하는 심각함을 낳고 있다. 아울러 사회적 측면에
서도 이들이 경제 인구로 활동하는 기간이 짧아지면서 국가 차원에서 적지 않은
인력 손실을 초래하고 있다.

3. 변화에의 대처 방안

'현재 행복하지 못한 청소년은 미래에도 행복할 수 없다.'

고령화 사회의 급진전으로 미래 성장 동력으로서 청소년의 사회적 역할에 대
한 중요성이 증가하고 있다. 그러나 급격히 변화하는 사회 환경 속에서 자립에
필요한 취업, 대학 입학, 결혼, 가족 구성 등의 발달과제 수행과 같은 많은 도전
에 직면하면서 청소년은 어려운 시기를 거쳐 가고 있다. 따라서 국가 차원에서
청소년이 발달과업을 성공적으로 수행하도록 적극적으로 지원함으로써 향후 인
적자원 개발이나 사회통합에 기여할 수 있도록 키워 내야 한다.

1) 생활환경의 개선

미래사회에는 청소년이 인터넷과 소셜미디어 등의 정보통신을 통해 관계를 형성하고 자신을 표현할 기회가 많아지지만, 이에 못지않게 청소년의 안전을 위협하는 인터넷 중독과 유해업소나 유해매체의 증가로 인해 범죄의 피해자가 될 가능성도 커지고 있다. 현재 청소년의 음란물 접근을 차단하기 위해 성인인증제를 도입하는 등의 여러 가지 장치가 마련되어 있음에도, 현실적으로 청소년은 원하든 원치 않든 인터넷 사이트에서 선정성 및 폭력성이 강한 유해광고 선전물을 손쉽게 접할 수 있다. 또한 청소년이 뛰어놀고 공부하며 어울릴 수 있는 공간이 학교를 제외하고는 매우 부족하고, 학교나 가정 역시 폭력 및 학대 문제로 인해 청소년에게 더 이상 안전지대로서의 역할을 담당하지 못하고 있다.

따라서 가정과 학교 및 지역사회가 힘을 합해서 청소년에게 안전한 환경을 제공하는 것은 물론 온라인 공간에서도 청소년이 안전하게 생활할 수 있는 여건을 조성하는 것이 매우 중요하다.

또한 사회 차원에서 단순히 유해환경을 규제하기보다는 좀 더 유익한 환경을 조성하는 적극적인 실천이 요구되고 있다. 즉, 유해환경으로부터 청소년을 보호하기 위해 법적 규제와 더불어 사회 안전망을 구축함으로써 유해환경에의 접촉을 예방해야 한다. 특히 청소년에게 부정적인 영향을 주는 유해매체, 약물, 업소, 행위 등에 대한 규제에 국한하지 않고, 청소년 자신이 속한 지역사회에의 참여를 통해서 청소년에게 친화적인 환경을 마련하는 것이 가장 중요하다. 이에 덧붙여 청소년이 유해매체 및 환경을 스스로 판단하고 그에 대처해 나갈 수 있도록 역량을 키워 주는 정책을 병행할 필요가 있다.

2) 성인으로의 전환기 대책 마련

청소년은 과거에 비해 더 높은 희망과 큰 꿈을 갖고 과거보다 더 많은 자유를 느끼고 있음에도 성인으로서의 책임감, 자신의 미래에 대한 불안 및 불확실함으로 힘들어한다. 또한 청소년기는 많은 가능성이 열려 있지만 아직까지는 삶의 방향이 결정된 것이 거의 없다 보니 희망과 기대의 시기임과 동시에 탐색과 불안정의 시기이기도 하다.

청소년은 완전한 성인이 되기 위해 다양한 도전에 부딪혀야 한다. 예컨대, 이전의 부모에의 의존 및 복종의 관계가 가족과 지역사회 내에서 증대된 성숙과 책임이 반영되는 관계로 옮겨 가고 직업, 파트너십, 부모 되기, 시민을 포함하는 성인기로의 성공적인 이행을 위해 필요한 기술과 가치를 획득하는 것이다(Zarret & Eccles, 2006 재인용). 즉, 청소년은 자신의 강점과 약점을 분명하게 인지하여 사회로부터 요구되는 다양한 역할을 조화롭게 성공적으로 수행할 수 있는 기술을 정립해야 하고, 획득된 역할과 관련하여 필요한 삶의 변화를 사정하며 이러한 변화에 대처할 줄 알아야 한다.

이를 위해서 청소년은 심리적·신체적·인지적 자산은 물론이고 활용 가능한 사회적 지지를 갖추고 있어야 하는데, 성인과의 의미 있는 관계 형성은 학업 성취, 성공적인 직장생활, 정서적 성숙함, 삶에의 만족감, 약물남용과 같은 문제행동에 대한 점검 등을 강화시켜 준다(Settersten & Ray, 2010). 특히 부모가 아닌 다른 성인과의 관계는 이들이 들어가야 할 좀 더 크고 유연하게 연계된 사회적 네트워크에 연결하는 기회와 자원을 제공하고 있어서 중요하다.

또한 청소년기는 모든 영역에서 반드시 부모로부터 독립과 자율성을 획득해야 하는 시기는 결코 아니다. 오히려 부모와 안정된 애착관계를 유지하면서 필요한 도움을 받는 시기로 부모-자녀 관계에 있어서 안정된 애착과 신뢰가 유지되는 것은 청소년기의 긍정적인 심리적 발달에 중요한 요인이 된다(이혜연, 2011). 따라서 빠르게 변화하는 사회적·경제적 환경 속에서 대다수의 청소년이 건강한 성인의 역할과 태도를 갖추도록 가정, 학교, 지역사회 등의 주변 환경이 절대적인 지지와 도움을 제공해야 한다.

3) 21세기 인간형 개발

급격한 정보화 사회의 도래와 더불어 사회 환경이 빠르게 변하면서 개개인의 생활환경이 완전히 바뀜에 따라 21세기 청소년의 가치관과 행동양식이 크게 달라지고 있다. 즉, 과거에는 경제적 가치를 무엇보다 중요시했다면 최근에는 오히려 문화적 가치를 더 중시하는 경향으로 바뀌고 있고, 사회적 의식에서도 물질적 성장주의에서 벗어나 비물질적 생태환경주의를 강조하는 경향을 보이고 있다. 또한 뉴미디어의 보급과 더불어 개인의 영향력이 크게 증대했을 뿐 아니라 집단이나 공동체보다는 개성을 중시하는 개인주의가 확산되고 있다(배규한, 2012).

특히 21세기에 창의성을 존중하는 지식정보화 사회로 발전하면서 세계적으로 글로벌 인재의 육성 및 확보가 주요한 이슈가 되고 있다. 이미 미국과 중국은 교육혁신과 과학기술 육성을 21세기 전략으로 수립하고 이를 실천하고 있다. 즉, 글로벌화, 네트워킹, 급속한 기술 발전 등으로 학교에서 습득하던 지식과 정보를 체계적으로 네트워킹하여 활용할 수 있는 감수성, 창의성, 자기주도형 학습능력을 지닌 인재가 절실히 요구되고 있다. 따라서 21세기는 이전과는 다른 새로운 삶의 양식과 제도를 요구하고 있다.

미래의 사회제도가 갖추어야 할 핵심적 특성을 요약해 보면 다음과 같다(배규한, 2012). 첫째, 21세기의 사회제도는 보다 수평적인 인간관계에 바탕을 두어야 한다. 정보사회에서는 전문직, 기술직, 행정관리직 및 사무직 종사자의 구성비가 계속 높아지면서 계급 간 차이나 성별 차이는 더 이상 사회적으로 받아들여지지 않을 것이므로, 불평등에 기초한 사회제도는 그 기능을 제대로 수행할 수 없을 뿐만 아니라 유지되기도 어려울 것이다.

둘째, 21세기의 사회제도는 자연을 정복하는 것이 아니라 자연과의 조화를 추구하고 자연을 즐길 수 있는 것이어야 한다. 경제 수준이 향상되고 생활양식이 변함에 따라 여가생활 및 문화에 대한 관심이 더욱 높아지고, 일에 쫓기던 삶은 여가를 즐기는 삶의 양식으로 바뀌게 될 것이다. 그러므로 21세기에는 자연생태학적 휴머니즘을 강조하는 환경주의가 새로운 신념과 가치관으로 등장하게 될 것이며, 모든 사회제도는 이러한 가치관에 맞게 바뀌어야 할 것이다.

셋째, 21세기의 사회제도는 소셜미디어 등과 함께하는 상호작용 방식에 바탕을 두어야 한다. 산업사회는 기본적으로 자유경쟁을 통한 효율성의 제고를 발전의 원동력으로 삼았다. 그러나 모든 사회 구성원이 중요한 전문적 기능을 담당하는 그물망 사회에서는 서로 존중하고 협조하는 가운데에서만 창의력이 발휘되고 효율성이 높아질 수 있다.

따라서 21세기의 변화를 파악하면서 사회가 필요로 하는 인재를 키워야 한다.

청소년이 신체적·정신적 건강을 되찾을 수 있도록 국가 차원에서 입시 위주의 교육체계를 개선하고, 여가활동을 통해 다양한 활동에 참여할 기회를 제공하여 청소년이 자기개발을 할 수 있도록 도와야 한다. 아울러 가족체계의 변화에 발맞추어 새로운 가족 윤리와 가치관을 정립하는 정책을 마련함으로써 가족해체를 예방해야 한다. 그 밖에도 유해환경으로부터 청소년을 보호하기 위해 법적 규제를 설정하고 사회 안전망을 구축하여 유해환경에의 접촉을 예방해야 한다. 최근 SNS를 비롯한 스마트 미디어의 영향력이 커지면서 청소년의 SNS 이용률이 증가하고 있는데, 2011년 5월 기준 청소년 스마트폰 가입자는 100여만 명으로 전체 스마트폰 이용자 중 10%를 차지하고 있다. 따라서 청소년이 인터넷 매체를 적절하게 활용할 수 있도록 적극적인 대책을 마련해야 한다. 이에 덧붙여 위기 청소년을 위한 사회 보호망을 구축하여 필요한 서비스를 신속하게 제공함으로써 청소년이 위기에서 벗어날 수 있게 도와야 한다.

한편, 청소년 인구가 감소하고 고령화 사회로 진입하면서 청소년의 경제활동 참여 촉진 및 자립지원 등이 주요한 청소년정책의 과제로 등장하고 있다. 다행히 최근에는 청소년을 수동적인 존재로 보는 경향에서 벗어나 자율성, 책임성을 가진 존재로 보는 시각이 확산되면서 청소년의 권리 보장에 대한 인식이 확대되고 있다. 즉, 청소년을 더 이상 기성세대에게서 보호받아야 할 존재가 아닌, 스스로 결정할 수 있는 능력을 지닌 존재로 바라보기 시작하였다. 따라서 청소년을 다른 사람과 더불어 살아가는 세계 속의 시민으로 키우고자 하는 요구가 증대되고 있다.

그러므로 사회와 국가 차원에서 청소년 인권에 관심을 가지고 인권 제도가 개선될 수 있게 노력해야 하며, 청소년을 대상으로 한 인권교육을 강화함으로써 인권에 대한 지식과 태도 등을 함양시킬 필요가 있다. 또한 청소년이 사회적 이슈와 정치 문제에 대해 자신의 의사를 표현할 수 있도록 기회를 많이 제공하고 다양한 교육방법을 통해서 그들이 의사표현 능력을 기를 수 있게 해야 한다. 더불어 청소년의 정치 관심과 참여는 시민으로서 갖추어야 할 덕목이라는 점에서 청소년이 합리적인 정치에의 관심과 참여의식을 가질 수 있도록 제도와 문화, 교육 프로그램을 만들 필요가 있다. 이를 위해 청소년으로 하여금 자원봉사활동, 동아리활동, 문화활동 등 다양한 체험활동을 통해 능동적·적극적으로 자신의 역량을 강화하고 창의력을 길러 국제화에 부응할 수 있도록 준비시켜야 한다.

아이들이 살아가는 이유

"왜 학교에 가느냐?"고 물으면 아이들은 어떻게 대답할까? 행복한 일이어서? 공부가 하고 싶어서? 한때 행정가들이 즐겨 쓰던 말 그대로 '가고 싶고, 머물고 싶은 곳'이어서? 장차 어른들처럼 '멋지게' 살고 싶어서? 아니면, 딱히 다른 할 일이 없어서? 다들 가니까? 일단 시키는 대로 하려고? 어른들 성화에 비위를 맞추려고? 어쩔 수 없어서? 죽지 못해…?

그 대답은 우리의 예상과 얼마나 같거나 다를까? 전혀 혹은 너무나 달라서 아주 실망스럽다면 어떻게 해야 할까? "쓸데없는 말하지 말고 하라는 공부나 해!" "학생이란 모름지기 공부에 매진하는 게 기본!"이라고 다그치고 꾸짖고 타이르면 될까? 그 따위 꾸중, 부탁쯤은 우습다고 외면해 버리면? "어린 것들이 감히!" "다 너희들을 위한 거야!"라고 하면 그만일까?

우리 기성세대로서는 이런 '한가한' 질문과 '엉뚱한' 대답 같은 것에 관한 화제는 애초에 꺼내지도 말고 오늘도 내일도 어제처럼 그냥 그대로 지내는 게 속 편할지도 모른다. 그렇지만 저 아이들에게는 정말로 심각한 주제가 바로 이것이다.

공부는 열심히 하지만 재미는 너무나 없다. 다른 나라 아이들은 오전 9시부터 오후 3시까지 하면 되는 공부를 오전 8시부터 오후 11시까지 해야 한다. 놀 시간은 거의 없다. 심지어 유치원생들도 '놀이처럼' 영어를 배운다. 놀이 대신 영어를 배운다. 그냥 놀면 될 나이에 놀이 대신 영어를 배워서 자칫하면 놀이조차 싫어하거나 일찌감치 놀 줄도 모를 가능성을 갖게 된다. "우리는 언제 놀아야 하지요?" 물을 수도 없다면 공부가 지긋지긋하고 하루하루가 지겨울 수밖에 없다.

우리나라 청소년 사망 원인 1위는 질병이 아닌 자살이고, 성적 때문에 스트레스를 받는 비중을 보면 일본 44.7%, 미국 54.2%, 중국 59.2%인 데 비해 우리는 무려 72.6%나 된다(한국청소년정책연구원, 2011). 나머지 27.4%의 아이들이 그런 스트레스를 받지 않는다는 것이 오히려 신기할 지경이다.

우선 학교 풍토부터 바꿔야 한다. 성적이 꼴찌인 아이에게도 학교에 가는 명분을 주어야 한다. 주눅 들지 않도록 해 주어야 한다. 그 아이도 학교에 가고 싶어 해야 마땅하고, 그 아이도 학교생활이 '괜찮은 것'이라고 여길 만한 근거를 마련해 주어야 한다.

– 중략 –

아이들이 행복하지 않다면 행복하게 해 주어야 한다. 나중에? 행복이 뭔지 알아야 행복할 수 있다! 그게 뭔지도 모르는데 어떻게 행복해질 수 있겠는가! 아이들은 지금 행복하게 살아가고 싶어 한다.

출처: 경기신문(2014. 3. 30.).

chapter 03 청소년복지

산업사회로 오면서 사회 구성원 모두의 행복을 추구하는 복지에 대한 욕구와 기대가 높아짐에 따라 우리의 미래를 짊어질 청소년이 행복하게 잘 살아갈 수 있도록 돕는 청소년복지에 대한 관심도 커지고 있다. 특히 급속한 사회적 변화 속에서 청소년이 갖고 있는 고유한 정체성과 잠재력을 발굴해 나가는 것이 오늘의 청소년을 미래의 인적자원으로 키우는 것이라는 인식이 확대되고 있다.

청소년복지는 사회복지의 한 분야로서 해방 이후 1980년대까지는 아동복지와 개념 구분이 없이 통합적으로 사용되면서 청소년이 아동에 비해 다소 소홀하게 취급되었다. 그러다가 1990년대에 들어오면서 청소년에 대한 관심이 증가하고 사회문제에 있어서 청소년의 비중이 커짐에 따라 아동복지와는 구분되는 청소년복지에 대한 인식이 확대되기 시작하였다. 또한 과거에는 청소년이라 하면 흔히 미성숙하고 과도기적인 존재로서 가정이나 사회로부터 보호받고 지원되어야 할 대상으로 인식하였으나, 오늘날에는 자신의 삶과 관련된 중요한 문제에 대하여 스스로 결정할 수 있는 존재로 인식함에 따라 국가와 사회가 청소년의 인권이나 참여에 대해 최대한 지지를 제공하고자 노력하고 있다(김경준, 2005).

특히 과거의 요보호청소년에 대한 관심이 점차 일반 청소년에 대한 관심으로 넓어지고 있다. 1990년대 이후 청소년복지의 대상 범위는 문제청소년 중심에서 전체 청소년으로 확대되고 있으며, 단순히 보호 차원의 접근에서 벗어나 건전한 성장·발달을 위한 환경 조성과 정치적·경제적·사회적 분야에서의 청소년의 영향력 확대를 위한 지원에 초점을 두고 있다. 이러한 경향은 외국의 청소년복지정책이 요보호청소년을 대상으로 선별적으로 실시되던 것에서 전체 청소년을 대상으로 하는 보편주의적 접근이 일반화되고 있는 추세의 변화에서도 알 수 있다.

현대사회에서 청소년은 저출산·고령화, 입시 위주의 교육 환경, 전통적인 가족 구조의 해체, 취업의 불확실성 확대 등에 따라 지금까지의 사회 환경과는 다른 변화 속에서 성장하고 있다. 따라서 이들을 이러한 사회 환경에 적합한 청소년으로 길러 낼 수 있는 청소년복지가 요구되고 있다.

1. 청소년복지의 개념 및 특성

1) 개념

청소년복지를 정의하는 것은 시대, 사회 그리고 학자에 따라 차이가 있다. 특히 오랜 기간 아동복지와 관련하여 정의하다 보니 그동안 아동·청소년복지, 청소년복지, 청소년정책, 청소년복지정책, 청소년복지활동 등 여러 용어가 혼용되어 왔다. 그러나 청소년은 아동과는 다른 욕구를 갖고 있고, 발달과업상의 문제도 달라서 청소년복지는 아동복지와 구별되어야 한다.

특히 청소년복지는 과거에는 청소년 보호에 치중하였으나 점차 청소년 개발 또는 청소년 육성에 관심을 갖고 있다. 따라서 청소년복지를 정의할 때 청소년기가 인생주기상 아동기에서 성인기로 이행해 가는 과정에 있다는 점에 유의하여 청소년의 교육, 보건, 직업 등에 관한 욕구를 충족하면서 일탈, 불평등,

사회해체와 같은 사회문제를 극복하도록 돕는 사회복지서비스에 초점을 두어
야 한다.

사회복지는 인간의 행복을 실천적으로 추구하는 활동이며, 이러한 사회복지
의 한 대상 분야인 청소년복지는 청소년과 복지의 합성어로 청소년이 행복하게
살아갈 수 있도록 돕는 제도와 실천적 기술이라고 정의할 수 있다. 홍봉선과 남
미애(2013, p. 47)에 따르면, 청소년복지는 청소년의 기본적 욕구를 충족하고 건
강한 성장·발달을 촉진하는 것은 물론이고 청소년이 현재 사회 구성원의 한 사
람으로서 주체적인 삶을 영위하도록 하며, 더 나아가 청소년을 둘러싼 환경이 청
소년의 성장을 돕는 데에 최적의 기능을 발휘할 수 있도록 청소년과 가정, 사회
를 통해 직간접적으로 제공되는 모든 사회정책과 관련 제도 및 전문적 활동이다.

좀 더 구체적으로 말하면, 청소년복지는 청소년의 올바른 성장과 발달에 목적
을 두고 사회복지 실천의 가치, 원칙 및 기술을 적용하여 청소년이 행복하게 잘
살아갈 수 있도록 돕고자 국가와 사회에서 공동의 노력과 참여를 전제로 사회복
지서비스를 제공하는 것을 의미한다. 따라서 청소년이 자신의 발달단계에 맞추
어 적절하게 성장하고 사회집단의 한 구성원으로서 요청되는 기능과 역할을 잘
수행할 수 있도록 도움을 제공함은 물론 필요한 자원에 접근할 수 있도록 해야
한다(임상록 외, 2010). 또한 청소년복지는 청소년 문제의 해결과 예방, 청소년의
사회적 기능 수행의 활성화와 참여, 생활의 질적 향상 등에 직접적으로 관심을
갖는 사회복지서비스로서 청소년 개인과 가족에 대한 서비스뿐만 아니라 청소
년 인권과 참여에 관련된 각종 사회제도의 지원을 포괄하고 있다(김경준, 2008).

한편, 청소년복지라는 용어는 1991년 「청소년기본법」의 제정으로 정의되기 시
작하였다. 2011년에 개정된 같은 법 제3조에 따르면, '청소년복지'는 청소년이 정
상적인 삶을 영위할 수 있는 기본적인 여건을 조성하고 조화롭게 성장·발달할
수 있도록 제공되는 사회적·경제적 지원을 말한다. 그리고 제8조에서는 국가 및
지방자치단체는 청소년 활동의 지원, 청소년복지의 증진 및 청소년 보호의 수행
에 필요한 법적·제도적 장치를 마련하여 시행하여야 한다고 명시하고 있다.

또한 「청소년복지지원법」에서는 청소년복지를 "청소년이 정상적인 삶을 영위
할 수 있는 기본적인 여건을 조성하고, 조화롭게 성장·발달할 수 있도록 제공

되는 사회적 · 경제적 지원이다."라고 정의함으로써 특별보호청소년뿐만 아니라 일반 청소년에 대한 포괄적인 지원을 규정하고 있다(김경준, 2005). 특히 같은 법에서는 "가정문제가 있거나 학업수행 또는 사회적응에 어려움을 겪는 등 조화롭고 건강한 성장과 생활에 필요한 여건을 갖추지 못한 청소년을 위기청소년이라 정의하고 국가 및 지방자치단체는 대통령령으로 정하는 바에 따라 위기청소년에게 필요한 사회적 · 경제적 지원(이하 "특별지원"이라 한다)을 할 수 있다."고 명시하고 있다.

다시 말해서, 청소년복지는 특별지원을 필요로 하는 청소년 집단을 포함하는 일반 청소년을 대상으로 이들이 안전하고 행복한 삶을 영위할 수 있도록 직간접적으로 제공되는 모든 정책과 제도를 통해 청소년의 생활 여건 향상과 복지 증진에 기여하는 사회복지 실천의 한 분야다.

청소년복지의 개념은 두 가지 차원에서 정의되어 왔다. 좁은 의미에서의 청소년복지는 부적절한 양육 환경에서 자라는 청소년 혹은 가정 및 사회로부터 버려지거나 적응하지 못하는 청소년을 대상으로 이들의 정상적인 발달을 지원하기 위한 제도적 · 전문적 활동을 일컫는다. 이러한 좁은 의미의 청소년복지는 삶의 질에 대한 인식이 증대되면서 대다수의 청소년을 대상으로 하는 넓은 의미의 정의로 옮겨 가고 있다. 즉, 넓은 의미의 청소년복지는 위기청소년이라는 특정 집단에 국한되는 것이 아니라 일반 청소년 및 청소년의 생활에 직접적인 영향을 주는 가족까지 포함하는 대상에게 행복과 사회 적응을 위해 심리적 · 사회적 · 생물학적 잠재력을 계발해 주기 위한 각종의 활동을 의미한다(김혜래, 2010).

그 밖에도 노혁(2010)은 청소년복지를 소극적 측면과 적극적 측면으로 구분하여 설명하고 있다. 소극적 측면은 사회적으로 소외되거나 적응에 실패한 청소년에게 사회복지정책과 개별 서비스의 제공을 통해 사회 구성원으로서 정당하게 생활하고 나아가 심리적 · 사회적 자립능력을 갖도록 돕는 복지를 의미한다. 그리고 적극적 측면은 성과, 능력, 사회적 조건에 관계없이 모든 청소년이 인간답게 생활하는 데 필요한 권리와 책임을 갖게 하여 청소년으로서의 삶을 풍요롭게 누리고 잠재적 능력을 계발하도록 돕는 복지를 의미한다. 현재 청소년복지는 소극적인 측면이 아닌 보다 적극적인 측면에서 이해되고 있다.

이와 같은 정의를 종합해 보면, 청소년복지는 국가나 사회가 모든 청소년을 대상으로 기본적 욕구를 충족하는 청소년복지에 대한 책임을 인식하고 청소년 복지 증진에 적극적이고 주도적으로 개입함으로써 청소년이 욕구를 충족하며 국가적·사회적·문화적 권리와 의무를 수행할 수 있도록 돕는 것이다. 이에 덧붙여, 노혁(2010)은 청소년복지 활동은 지식정보화 사회에서 청소년에게 일정의 사회적 역할과 책임을 부과하는 동시에 현재 청소년의 삶을 이해하여 보다 나은 여건을 마련해 주고, 미래에 보다 좋은 환경에서 생활할 수 있도록 복지를 통해 자립 기반과 자기계발을 할 수 있는 능력 및 기회를 마련해 주는 제반의 복지활동이라고 설명하고 있다.

2) 특성

(1) 대상

청소년복지는 문제를 겪고 있는 청소년부터 일반 청소년까지 모든 청소년을 대상으로 하며, 치료나 재활뿐만 아니라 예방적 차원에서의 다양한 서비스를 포함한다. 일반 청소년은 심리적·환경적으로 특별한 문제가 없는 24세 이하의 청소년을 말하며, 보호를 필요로 하는 청소년은 양육·보호를 필요로 하는 청소년, 장애청소년, 사회적·법적 보호청소년, 학교부적응청소년, 학교 밖 청소년, 근로청소년, 특별보호청소년을 포함한다. 「청소년복지지원법」(2003)에서는 사회경제적으로 특별한 지원을 필요로 하는 청소년과 교육적 선도가 필요한 비행청소년 등에 대한 기초생활보장, 학업·의료 지원, 직업능력 강화와 상담·수련·체육 활동 등의 다양한 복지서비스 제공을 강조하고 있다. 따라서 전체 청소년 중에서도 사회적 필요와 욕구가 크며 상대적으로 더 열악한 상황에 처해 있는 청소년에 대한 개입과 지원이 더 우선되어야 하며, 지원수준에 있어서도 최저의 생활보장 수준에서 벗어나 건강하고 문화적인 삶이 영위될 수 있는 최적의 수준이 되어야 한다. 다시 말해서, 청소년복지는 위기청소년과 일반 청소년 모두를 대상으로 이들의 삶의 질을 향상시키고 잠재력을 최대한 활용할 수 있도록 도우며, 최상의 발달을 보장할 수 있는 모든 활동을 의미한다.

표 3-1 청소년복지의 주요 대상과 지원 내용

출처	청소년복지의 주요 대상과 지원 내용
「청소년기본법」 (1991)	1. 청소년의 삶의 질 향상 2. 특별지원청소년: 기초생활의 보장, 직업재활훈련, 청소년 활동 지원 3. 청소년의 가출 및 비행 예방 4. 청소년 유익환경의 조성: 정보화 역량 배양, 유익매체의 제작 · 보급, 청소년 시설 배치 5. 청소년 유해환경의 규제: 유해업소, 유해행위, 유해매체, 약물, 업소, 행위
「청소년복지지원법」 (2004)	1. 청소년의 인권 보장: 자치권 확대, 시설 사용 청소년 우대, 청소년증 발급 2. 청소년의 건강 보장 3. 특별지원청소년 지원: 기초적인 생활지원, 학업지원, 의료지원, 직업훈련 지원, 청소년 활동 지원 등 4. 교육적 선도

(2) 청소년복지의 목표와 관련 서비스

청소년복지는 사회복지의 한 분야로서 사회복지의 기본 이념이나 가치, 방법 등을 그대로 이어받지만 청소년기의 특성과 청소년 계층에 초점을 둠으로써 차별화된 독특성을 갖고 국가를 비롯한 사회 구성원 전체가 청소년의 복지를 증진시키는 것이 목적이다. 따라서 궁극적으로 청소년복지는 청소년의 사회적 안정과 자아정체감 확립에 일차적 목표를 두어야 한다. 또한 청소년복지는 단순히 청소년을 대상으로 한 복지만이 아니라 청소년과 함께하는 복지도 포함하여야 한다(노혁, 2010). 이에 덧붙여 바람직한 환경 조성을 통해 청소년이 원만한 인격체로 성장하도록 해야 한다.

청소년복지란, ① 목적 면에서 청소년의 생존과 생활에 대한 복지권의 기본 이념에 입각하여 청소년의 행복과 성장을 도모시킴과 동시에 청소년의 독립성, 주체성을 인정해 주고, ② 주체 면에서 청소년 및 청소년을 포함한 가족과 사회 구성원 전체가 되고, ③ 대상 면에서 모든 청소년이 되고, ④ 수단 면에서 제도적 · 정책적 · 기술적 서비스 등 조직적인 제반 활동이 되며, ⑤ 범위 면에서 사회복지의 한 분야가 되고 있다.

이러한 청소년복지는 다음과 같은 기본 원칙을 갖고 있다. ① 청소년에게 안전한 사회 환경을 제공하여 기본적인 성장 기반을 마련하고(보호), ② 성숙을 위한 다양한 자발적 기회를 제공하여 사회적 책임감을 높이고(참여), ③ 이를 토대로 스스로 사회적 기능을 하고 생활능력을 향상하여 자기만족을 하는 한 인간으로서 설 수 있도록 하며(자립), ④ 사회적 역할과 기여를 함으로써 궁극적으로 다른 사람과 더불어 행복을 느끼고 살아갈 수 있는 기초(연대)를 마련하는 데 있다. 이를 통해 청소년은 안전감과 소속감을 얻게 되어 그것이 자존감으로 연결되고, 궁극적으로 자아실현을 구현하는 기초가 될 수 있다.

청소년복지의 목표는 다음과 같다. 첫째, 사회적 환경과 물리적 환경에 대한 사회제도적 개선을 통해 실현될 수 있다. 사회문화적 환경의 개선은 청소년의 가치관 형성에 부정적 영향을 미치는 환경을 극복하여 바람직한 환경을 조성하기 위한 제도적 개선을 지향한다. 물리적 환경의 개선은 노후 불량시설의 개선을 포함하여 청소년의 정신과 신체에 부정적 영향을 미치는 유해 시설·장소·인쇄매체·영상매체의 유해성을 타파함으로써 성과 폭력의 문화가 난무하는 부정적 환경을 생명주의 문화가 옹호되는 환경으로 변화시키고, 쾌락적인 문화를 양산하는 향락매체와 시설들의 정비를 통한 저질문화의 추방을 목표로 한다.

둘째, 왜곡된 사회화를 바로잡아 정상적 사회화를 도모하는 것이다. 특히 청소년의 특성별로 그들이 처해 있는 상황을 고려하여 전반적인 사회화 과정을 잘 파악하고, 그 문제점을 시정할 수 있도록 구체적인 서비스를 제공하는 것을 의미한다. 이 영역에서 제공되는 서비스는 청소년 비행이나 문제를 미연에 방지하기 위한 예방적 성격이 강하다. 동시에 체계적인 서비스 제공을 위해서 복지서비스의 제도화가 필요하다. 특히 예방적 복지는 학생청소년, 근로청소년, 군인청소년, 실직청소년 등 청소년의 특성에 따라서 적절한 복지서비스를 제공함으로써 그 목표를 실현할 수 있다.

셋째, 왜곡된 사회화의 부정적 결과로서 나타나는 청소년 문제, 즉 비행청소년 및 불우청소년 문제와 관련하여 사후적이고 치료적인 방법을 적용하거나 그들을 실질적으로 지원하는 것이다. 소년소녀가장, 시설보호청소년, 빈곤청소년 등 요보호 대상이 되는 불우청소년이 사회의 보호 속에서 떳떳하게 살 수 있도록 사회부조 제도를 내실화하고 각종 후원제도를 마련하여 인간적 생활의 영위가 가능하도록 하는 것이 중요하다.

다음으로, 김성이 등(2010)이 청소년 관련 서비스를 서비스의 기능에 따라 구분한 내용은 다음과 같다. 첫째는 지원서비스다. 지원 또는 지지 서비스는 아동이 가정 내에 거주하는 것을 원칙으로 하고 있으며, 부모가 아동과 함께 거주하면서 부모로서의 역할을 감당할 의지와 능력은 어느 정도 갖추고 있지만, 부모-자녀 간의 갈등이나 부부갈등으로 부모-자녀의 관계가 역기능적인 경우에 제공된다(김성이 외, 2010). 이러한 서비스에는 청소년상담실, 미혼모시설 그리고 개인 · 집단 · 가족 상담 등이 포함된다.

둘째는 보완서비스다. 보완 또는 보충적 서비스는 지원서비스와는 달리 가족체계의 한 구성원으로 제공되는 서비스다. 즉, 이 서비스는 부모의 역할을 어느정도 제한한 상태에서 제공되며, 부모의 역할을 기관을 대표하는 보충적인 부모(supplementary parents)가 일부분 대행하게 된다. 따라서 지원서비스와 보완서비스는 부분적으로 중첩되어 있고 직업훈련, 자립지원시설이 여기에 해당된다.

마지막은 대리서비스다. 대리서비스는 부모가 아닌 제3자가 아동 · 청소년의양육 및 보호에서 부모의 역할을 전적으로 대신하는 것을 의미하는데 부모가 최소한의 아동 · 청소년 양육 및 보호 역할을 다하지 못할 때 제공되는 서비스다. 따라서 청소년이 부모와 전적으로 분리되어 새 가정이나 시설로 이주해야 하며, 필요에 따라서는 전학, 친구관계의 변화, 형제자매의 분리 등의 경우가 발생하기도 한다. 청소년쉼터, 그룹홈, 보육시설, 입양 등이 이에 포함된다.

(3) 의의

20세기의 급속한 산업화와 도시화는 가족은 물론 가족 내의 청소년에게도 상당한 영향을 끼쳤으며, 앞으로도 많은 영향을 끼칠 것으로 보인다. 따라서 세계 각국은 국가 차원에서 국가 경쟁력 창출을 위한 인적자원 개발에 많은 노력을 쏟고 있는데, 특히 청소년에 주목하면서 자국 청소년의 역량개발을 위한 혁신적인정책들을 개발하여 추진 중에 있다(World Bank, 2006; 김경화, 2008 재인용).

특히 우리나라에서는 경제, 사회, 노동시장의 양극화 현상이 가속화되고 있고, 저출산, 고령화로 인한 연령 구조의 재편도 매우 빠른 속도로 진행되고 있으며, 급속한 개방화 추세에 따른 다문화사회로의 이행도 빠르게 추진되고 있다. 이러한 추세 속에서 청소년이 새로운 문화산업의 생산과 소비 주체로 등장하고 이전의 청소년보다 훨씬 큰 사회적 영향력을 가지며, 주 5일제 수업에 따른 청소년의 여가 시간 증대와 욕구의 다양화, 청소년의 사회 참여 및 경제활동 참여에 대한 요구 증대 등이 진행되고 있다.

　이러한 사회 변화 속에서 청소년을 바라보는 시각 자체가 변화하고 있다. 즉, 청소년은 단순히 기성세대로부터 도움을 받기만 하고 권리만 누리는 존재가 아닌, 권리를 주장할 수 있게 되면서 스스로 결정할 수 있는 능력을 지닌 존재로 인식되고 있다. 따라서 청소년복지는 아동복지와는 차별화되어야 한다. 최근 정보화 사회로 변화하면서 사회 생활양식 및 가치관 변화 등의 영향으로 아동과 청소년 사이에 정보 습득능력이나 경험 그리고 요구 측면에서 간격이 더 넓어지고 있다. 대표적인 예로, 8세의 아동과 선거권이 주어지고 있는 19세의 청소년은 사고나 행동 그리고 자립심과 책임감 등에서 확연한 차이가 있고, 무엇보다도 청소년기는 성인기로의 전이를 준비하는 과정에 있으므로 취업 문제, 결혼 문제, 거주지 문제 등 아동기와는 질적으로 다른 발달과업을 갖고 있다(윤철경 외, 2008).

　따라서 청소년복지 분야는 청소년을 성인과 동등한 자주적이고 독립적인 인격체인 동시에 어떠한 상황에서도 존중되어야 할 사회적 존재로 인식하고 청소년기의 특성에 초점을 둠으로써 다른 사회복지 분야와 차별되는 독립된 영역으로 자리 잡고 있다. 또한 클라이언트의 자기결정의 존중과 관련하여 청소년은 가족으로부터의 독립, 동성 및 이성 친구의 선택, 진로 결정 등을 스스로 수행할 수 있는 주체임을 인정하여 청소년의 자발적인 참여를 권장해야 한다.

　이러한 청소년복지는 1990년대에 들어오면서 아동복지와는 구분되는 동시에 그에 대한 인식이 확대되기 시작하였다. 아동복지와 청소년복지의 구분이 필요한 이유는 다음과 같다. 아동복지는 가족을 기반으로 보호에 초점을 두고 친사회적 적응을 위한 기반 마련에 역점을 두어야 하는 반면, 청소년복지는 아동기의 연장에서 가정에서의 보호와 더불어 자아정체성을 확립하는 데 필요한 사회적 참여의 기회를 확대하고, 아울러 청소년 후기에 직면하게 될 경제적·사회적 자립에 중점을 두어야 하기 때문이다. 따라서 노혁(2010)은 아동과는 달리 청소년은 가정의 역할과 영향이 비교적 적고, 청소년 스스로 생산과 소비 그리고 문화 등 다양한 사회 분야에 영향을 미칠 수 있다는 점에서 아동복지와 구분된 청소년 복지의 개념이 정립되어야 한다고 설명하고 있다.

물론 청소년은 아직 완전히 성숙된 존재가 아니고, 법적으로도 청소년복지와 아동복지는 연령 면에서 중복된다. 즉, 청소년의 연령을 9세에서 24세로 규정하면서 9세부터 18세까지인 아동복지에서의 아동의 연령과 겹치고 있다. 또한 청소년을 미래의 주역이라고 말하면서도 청소년과 관련된 법과 제도를 살펴보면 청소년 보호라는 미명 아래 청소년을 규제하고 청소년의 사회 전반에의 참여와 활동을 가로막는 경우가 허다하다. 즉, 우리 사회에서는 청소년이 가지고 있는 여러 가지 능력과 장점을 발견하여 사회 발전에의 원동력으로 활용하기보다는 청소년을 불안정하고 미숙한 존재로 인식하면서 청소년의 복지나 권리를 옹호하기보다는 청소년을 통제의 대상으로 여겨 왔다.

그럼에도 민주화에 따른 인권의식의 고양, 복지에 대한 관심, 경제 성장과 세계화 및 정보화의 발달은 사회적 제도를 청소년이 갖고 있는 자유와 성장의 욕구를 충족하는 방향으로 변화시키고 있다. 따라서 아동이 아닌 청소년의 이해에 대한 관심이 증가하고 청소년과 관련된 사회문제에 대한 우려가 커지면서 청소년복지에 대한 논의가 활발하게 진행되고 있다. 아울러 청소년을 바라보는 시각 자체가 과거의 보호 및 육성의 패러다임에서 벗어나 청소년의 입장에서 청소년의 욕구와 권리, 발달적 특성을 이해하는 방향으로 바뀌고 있다(김경준, 2005).

한편, 청소년을 둘러싼 급격한 사회문화적 환경의 변화는 가정과 지역사회의 교육적 기능을 지속적으로 약화시키면서 다양한 청소년 문제를 야기하고 있다. 또한 향락산업의 팽창 등 청소년 유해환경이 증대하고 사이버 공간을 통한 폭력과 일탈이 증가하면서 특별 지원을 필요로 하는 위기청소년이 증가하고 있다. 그 밖에도 청소년을 둘러싼 환경이 지나치게 열악한 것뿐만 아니라 복합적으로 얽혀 있는 각종 사회문제로 인하여 청소년의 보호와 육성이 단순히 부모의 책임만으로 감당해야 하는 것이라기보다는 사회적 책임으로 간주해야 한다는 인식이 확산됨에 따라 청소년복지가 국가적 차원에서 조직적 · 통합적 · 정책적으로 다루어지게 되었다.

이러한 추세 속에서 국가와 사회는 청소년복지에 대한 책임을 인식하고 청소년복지 증진에 적극적·주도적으로 개입함으로써 청소년이 가정적·사회적 위험요소로부터 보호받으면서 자신의 과업이나 문제를 원만하게 해결할 수 있도록 도와야 한다. 또한 청소년으로 하여금 잠재능력을 최대한 발휘하여 자아실현은 물론 책임 있고 건강한 사회 구성원으로 기능할 수 있도록 돕고(홍봉선, 남미애, 2013, p. 49), 사회복지서비스를 통해 복지가 하나의 권리임을 인식하게 하여 스스로의 인권과 권리를 중시하도록 도와야 한다. 그 밖에도 청소년의 참여를 통해 사회적 연대의식을 높임으로써 사회의 복지수준을 높일 수 있는 책임감 고취의 기반을 마련해 주어야 하고, 나아가 청소년을 사회복지의 객체가 아닌 주체로서 대해야 한다.

(4) 필요성

1990년대 전까지만 하더라도 청소년은 질풍노도의 시기를 겪으면서 주변인의 역할을 담당하는 등 가정과 사회로부터 보호·육성되어야 할 존재로 인식되어 왔다. 그러나 「청소년기본법」의 제정 이후 청소년에 대한 사회적 책임이 인식됨에 따라 청소년복지가 국가적 차원에서 정책적으로 다루어지게 되었다. 이는 위기청소년이 늘어나면서 보다 조직적이고 통합적이며 강력한 접근이 필요하게 되었기 때문이다.

국가가 정책적 차원에서 청소년복지에 개입한 것은 사회 변화에 따른 청소년 문제의 심각화와 청소년을 둘러싼 교육적·복지적 환경의 악화에서 비롯된 것이다. 즉, 도시화, 산업화 그리고 정보화 사회로의 급격한 변화는 청소년의 발달 환경을 열악하게 하였고, 청소년을 둘러싸고 있는 유해환경과 과도한 입시 위주의 교육 환경은 청소년의 건강한 성장과 발달을 위협하는 요인으로 작용함으로써 청소년 문제는 국가 차원에서 해결해야 할 정도로 악화되었다(임상록 외, 2010).

① 가족 구조의 변화

부모는 청소년이 생활하는 제반 환경을 마련하고 일상적인 상호작용을 통해 청소년의 발달에 많은 영향을 미친다. 따라서 안정적인 가정환경은 청소년의 올바른 성장 및 인격 형성에 바람직한 기초를 마련해 주는 역할을 담당하는데, 바로 이러한 환경이 변화하고 있다. 즉, 가족의 핵가족화에 따라 형제자매 간뿐만 아니라 조부모나 친척과의 관계가 소원해지는 것과 하나나 둘인 자녀에게 과다 애정을 부여하는 과잉보호 문제 등은 가정양육 기능의 약화를 초래하고 있다. 또한 저출산 · 고령화의 영향으로 노인 1명을 부양하는 노동인구의 비율은 2006년 1대 7.6명에서 2030년에는 1대 2.7명으로 감소하게 될 것으로 전망되며, 여성의 경제활동 참여 및 이혼과 재혼 등으로 가족 구조 역시 다양화되고 있다. 이혼가구는 1990년 17만 가구에서 2010년 127만 가구로 증가하였고, 조부모와 손자녀가 함께 사는 조손가정도 2000년 4만 5,225가구에서 2010년 6만 9,175가구로 증가하였다(김성이 외, 2010).

부부불화, 경제 문제 등으로 인한 이혼율의 증가로 가족해체가 진행됨에 따라 가족 구조는 물론 가족 기능이 변화하면서 청소년은 정서적으로 불안정하여 다양한 문제를 일으키고 있다. 이혼은 당사자인 부부는 물론이고 해당 자녀와 확대가족에게도 심각한 심리적 · 정서적 문제와 위기를 야기할 수 있다. 이혼가정에서는 자녀의 심리사회적 적응의 문제뿐 아니라 죄책감, 갈등, 분노 등 정신적인 고통을 겪곤 하는데, 특히 청소년 자녀에 대한 직접적 보호와 통제 기능의 상실로 청소년범죄의 증가를 초래하기도 한다. 뿐만 아니라 이혼에 따른 가족의 변화는 한부모 가족으로의 전환을 의미하기도 하는데, 한부모 가족은 100만 가구를 넘어서서 증가 추세를 보이고 있다. 이 과정에서 경제적 손실, 정서적 안정의 상실, 자녀양육이나 교육 문제, 자녀가 동일시할 대상의 상실 등에서 오는 다양한 문제가 등장하고 있다. 이에 덧붙여 여성 가구주의 비율이 2009년 기준 전체 가구의 22.2%로 나타나 이들 가족에 대한 사회복지서비스의 필요성이 대두되고 있다(김성이 외, 2010).

이러한 가족해체로 가족이 청소년에 대한 직접적인 통제의 기능을 상실함으로써 청소년이 비행을 저지르거나 범죄에 연루될 가능성이 높아지기 때문에 가족해체를 예방하기 위한 근본적인 사회적 대책 마련이 요구된다. 또한 양육 가치관의 변화로 부부 중심 내지는 자기지향적인 가치가 지배적이 되면서 가족해체의 위기 상황에서 청소년이 부모로부터 적절한 양육을 받지 못하고 방임되는 사례가 빈번히 발생함에 따라 이러한 청소년에 대한 국가의 책임이 증대되고 있고, 청소년의 심리적 · 사회적 욕구를 충족해 줄 복지서비스가 요구되고 있다.

② 학교 환경의 변화

청소년이 많은 시간을 보내고 있는 학교는 지식 습득은 물론 성장에 필요한 물적 · 정신적 지원을 제공하여 청소년의 잠재능력을 계발하고 사회 발전에 기여할 수 있는 건전한 인간으로 성장시키는 곳이다. 그러나 우리의 현실은 오히려 학교생활이 청소년의 건강한 발달에 장애를 초래하고 사회 적응력을 떨어뜨리거나 청소년 문제를 초래하기도 하여 우려를 낳고 있다.

과밀교실, 체격에 맞지 않는 책상과 의자, 냉난방 및 위생시설의 취약성은 물론, 방대한 학습량, 건전한 휴식의 부족, 우범성 학교 주변 환경 등은 청소년에게 유해한 교육 환경을 제공하고 있다. 특히 과도한 입시경쟁과 비정상적인 사교육 열풍 등 학교교육의 역기능적인 부분은 청소년에게 스트레스, 비행 등 부정적인 요인으로 작용하여 심각한 사회적 문제가 되고 있다. 따라서 현실적인 입시 위주의 학교교육의 변화를 꾀할 수 있는 환경 모색이 필요하다.

③ 청소년 문제와 욕구의 변화

청소년의 생활환경 변화를 살펴보면, 가장 뚜렷한 부분은 지나친 학습 시간과 여가 시간의 결핍이다. 청소년(10~24세)의 평일 24시간 중에서 운동에 쓰는 시간은 1999년에 14분 36초에서 2009년에 12분 4초로 2분 28초 감소했고, 주 5일 수업제 전면 도입 이후에도 여가의 확대와 건전한 청소년 활동 증가로 이어질 개연성이 높지 않다(김기헌, 2012). 이러한 현실 속에서 우리나라 청소년의 행복도는 다른 국가의 청소년에 비해 낮은 수준을 보여 주고 있는데, 이러한 결과는 일상생활 경험 중에 성취감, 몰입감, 자기발견의 경험이 적음을 의미하며, 이러한 경험의 부족은 낮은 자존감과 낮은 자기효능감으로 이어져 미래 세대의 경쟁력 약화의 원인이 될 수 있다.

이러한 환경 속에서 청소년 문제가 저연령화되고 있고 여자 청소년의 문제행동 증가 및 청소년범죄의 폭력화에 따라 청소년 문제의 심각성이 도를 넘고 있다. 특히 청소년의 욕구가 커지고 청소년의 관심사가 다양해짐에 따라 과거의 청소년비행, 약물남용, 입시 스트레스 등의 문제보다는 학교부적응, 청소년 자살, 인터넷 중독, 사이버폭력, 10대 성매매 등의 다양한 청소년 문제가 등장하면서 사회적 우려를 자아내고 있다. 한 예로, 우리나라는 세계적으로 손꼽히는 높은 인터넷의 보급률로 인터넷 사용률이 높아지면서 청소년의 대인관계가 점차 사이버 공간에서의 상호작용으로 치우치고 있고, 이에 따른 부작용으로 인터넷 중독과 사이버상의 언어적 · 성적 폭력이 신체적 폭력으로 이어지고 있는 실정이다(김성이 외, 2010). 그러나 사이버상의 유해매체로부터 청소년을 보호할 장치가 미비하여 청소년을 보호하는 데 한계가 있다. 또한 쾌락주의적 성행동 추구, 혼전 성관계 등 성에 대한 개방적인 태도로 인하여 성 가치관이 변화하면서 미혼모 및 10대 낙태율이 증가하고 있다.

뿐만 아니라 특수 욕구를 가진 청소년이 지속적으로 증가하면서 청소년복지 대상이 다양해지고 있다. 즉, 최근에 이혼가정 청소년, 근로청소년, 북한이탈청소년, 외국인 노동자의 자녀, 10대 미혼모와 그 자녀, 동성애청소년 등 특수 욕구를 가진 청소년이 증가하고 있고, 이들에 대한 다체계적인 개입이 요구되고 있다.

이에 덧붙여, 청소년 문제와 욕구의 복합성이라는 특징이 나타난다. 이전에는 청소년 문제가 단순한 형태였고 해결 방안도 개별적인 접근을 중심으로 모색되었으나, 오늘날의 청소년 문제는 다양한 형태로 얽히고 있어 해결의 실마리를 찾기가 쉽지 않다. 예를 들어, 청소년 성매매의 경우 단순히 성을 사고파는 것이 아니라 가출 후 생활의 어려움 때문에 성매매를 하는 사례가 늘고 있다.

이 외에도 폭력적이고 음란한 대중매체로의 접근이 용이하고 학교 주변에 유흥업소가 산재하는 등 청소년의 성장 및 발달을 해치는 유해환경이 청소년에게 부정적인 영향을 미치고 있지만 다양한 문제가 서로 얽혀 있어서 해결책 마련에는 어려움이 있다. 한 예로, 청소년가출의 원인으로 가정폭력, 학업 문제, 유해환경에의 접촉 등이 복합적으로 연결되어 있어서 이들을 위한 복합적인 서비스가 요구되고 있다.

④ **사회경제적 위기**

1997년 말 경제위기 이후 대량실업과 빈곤계층의 증가, 가정해체, 시설보호아동의 증가, 노숙자 문제 그리고 자살 등과 같은 다양한 사회문제가 유발되었다. 이러한 취약함은 청소년에게도 직간접적으로 영향을 미치면서 청소년복지에 대한 욕구가 증가하게 되었다. 즉, 빈곤과 실직은 가정 파괴 및 해체를 초래하고, 이러한 가정의 청소년이 적절한 보호를 받지 못한 채 사회적 위험에 노출되거나 방치되며, 일부 청소년은 사회복지시설에 입소하게 되었다. 이러한 경제적 위기는 가족 문제와 청소년 문제를 증가시켜 청소년복지의 필요성을 가중시키고 있다(김성이 외, 2010).

결론적으로, 청소년복지는 개인적 노력으로 문제를 해결하게 하기보다는 국가와 사회 차원에서 복잡한 가정 및 사회 환경 요인을 바람직한 방향으로 조성하게 하는 노력을 선행해야 하고, 위기청소년만이 아니라 모든 청소년을 대상으로 밝고 건강하게 성장·발달할 수 있는 환경을 조성하기 위해 노력해야 한다. 특히 전 세계적으로 청소년을 보호해야 하는 국가 및 사회의 책임은 점차 증대되고 있으므로, 국가 차원에서 청소년이 다양한 경험을 갖도록 기회를 제공하여 창의적이고 혁신적이며 청소년이 주도하는 문화적 기회를 창조하도록 제도적인 측면에 힘을 기울여야 한다.

2. 청소년복지의 발달 과정

20세기에 들어와 두 차례의 세계대전을 거치면서 세계 각국에서는 국민의 행복을 국가의 책임으로 인식하여 관련 법 및 정책을 마련하기 시작하였는데, 특히 산업사회의 도래로 청소년기에 대한 인식이 새롭게 대두되면서 청소년복지에 대한 관심 역시 점차 증대되고 있다. 따라서 청소년복지의 내용도 전통사회에서의 생존을 위한 제한적인 복지에서 청소년의 건전한 발달과 자발적인 사회 참여를 지향하는 포괄적인 복지로 확대되고 있다.

1) 청소년복지의 잠복기(해방 이후~1961년)

이 시기에는 해방과 한국전쟁으로 혼란한 사회 분위기 속에서 요보호아동을 위한 생존 문제 해결이 급선무였기 때문에 청소년 보호활동은 고아원의 설립을 통한 시설 중심의 복지서비스와 거리를 배회하는 청소년을 위한 긴급구호적 보호활동에 중점을 두었다(이소희 외, 2005). 따라서 당시 청소년은 단지 '나이가 많은 아동'으로서 상당 기간 아동복지의 연장선상에서 다루어짐에 따라 청소년의 발달심리적 특수성과 청소년이 갖는 고유한 권리는 전혀 인식하지 못한 채 아동복지와 청소년복지가 혼재된 상황이었다(김경준, 2005, p. 26).

또한 법제도의 발달을 살펴보면, 미군정에 의해 「아동노동법규」(1946)가 제정되어 18세 미만 아동의 노동을 보호하기 위한 시도를 하였고, 이후에 「소년법」(1958)이 제정되면서 반사회적 성향을 지닌 20세 미만 소년의 생활환경 조정과 성행교정을 위해 보호처분을 행사하였으며, 형사처분에 있어 특별조치를 하게 되었다. 특히 요보호아동에 대한 국가의 책임을 인식하여 「아동복리법」을 제정하였는데, 요보호아동의 연령을 13세에서 18세까지로 높여 수용시설에서 생활할 수 있는 연령에 청소년도 포함시켰다. 그 밖에도 「미성년자보호법」(1961)이 제정되어 만 20세 미만의 흡연, 음주, 기타 선량한 풍속을 해하는 행위를 금지하고, 미성년자에게 필요한 사항을 규정하여 청소년의 건강보호와 선도를 도모하고자 하였다. 이 법은 문제청소년에 대한 통제와 선도, 그리고 일반 청소년의 탈선을 막기 위한 내용을 목적으로 제정되었다. 그러나 통제, 처벌 위주의 법 집행을 함으로써 청소년의 보호와 선도보다는 청소년이라는 지위 때문에 성인과 다른 불이익을 받고 비행청소년으로 낙인찍히는 등 청소년의 인권이 침해되는 부작용이 초래되기도 하였다(홍봉선, 남미애, 2013, p. 54). 따라서 여전히 청소년은 문제를 일으키는 대상으로 인식되고 있다.

이 시기에는 청소년의 권리와 복지라는 인식보다는 긴급구호의 방편이나 사회 안정이라는 목표에 더 많은 초점이 맞추어져서 별도의 청소년정책으로 명명된 정책은 존재하지 않았다. 또한 문제청소년의 통제와 선도에 대한 관심이 증가하면서 청소년복지는 문제·비행청소년에 대한 대책이 주류를 이루었고, 청소년 보호 업무는 검찰과 경찰의 통제 및 선도를 위주로 한 문제청소년에 대한 대책 차원에서 이루어졌다(이소희 외, 2005).

2) 형성기(1962~1987년)

이 시기에는 청소년에 대한 관심이 증가하면서 청소년복지를 태동시킬 수 있는 긍정적인 기틀을 마련하였다. 또한 이 시기에는 문제청소년에 대한 통제와 선도 위주의 보호활동에서 벗어나 일반 청소년에 대한 잠재력 계발, 전인적 성장 도모 등의 개발 기회 제공을 위한 토대를 갖추었다(이소희 외, 2005).

먼저, 정부는 중앙청소년보호대책위원회(1964)를 설치하여 명시적으로 '청소년'을 정책의 대상으로 인식함으로써 아동과 다른 '청소년 영역'을 설정하였다. 이후 이 위원회가 청소년대책위원회(1977)로 개칭되면서 청소년정책이 처음으로 국가정책의 하나로 인정받게 되었다. 이 위원회에서는 청소년 선도 및 보호에 관한 종합적 사항을 심의 · 건의하고, 이를 시행하고자 관계 기관이나 단체와의 연락 · 협조 · 조정 업무를 담당했음에도 청소년 보호활동은 여전히 불우청소년에 대한 보호와 문제청소년에 대한 통제 및 선도에 높은 비중을 두고 있었다.

또한 「아동복지법」의 테두리 내에서 청소년에 대한 보호와 지원이 이루어진 시기로, 특히 근로청소년, 비행청소년, 장애청소년 등 요보호청소년에 대한 복지 지원에 초점이 맞추어짐에 따라 근로청소년과 장애청소년 등에게 경제적 지원뿐만 아니라 교육적 지원을 시작함으로써 청소년복지의 잠재적 기반을 마련하였다. 즉, 「특수교육진흥법」(1977)이 제정되어 장애청소년의 교육받을 권리가 확대되었고, 근로청소년을 위한 야간학교 부설(1977)은 근로청소년의 교육 기회를 증진시켜 교육권이라는 권리가 신장되었다. 그러나 장애청소년의 경우 청소년 후기 연령층의 장애청소년에 대한 교육 기회와 여건은 여전히 열악했으며, 근로청소년도 산업체 부설학교를 통해 학업 기회를 확보하였고, 근로청소년회관과 임대아파트를 건립하는 등 많은 지원이 있었지만 최소한의 복지를 지원하는 데 그침으로써 근로청소년의 행복한 생활과 복지권을 고려한 충분한 지원은 못 되었다(노혁, 2010, p. 36). 그 밖에도 1980년대에 이르러 「아동복리법」이 「아동복지법」(1981)으로 전면 개정되면서 요보호아동 중심의 선별주의에서 보편주의적 아동복지를 추구하게 되었다.

1980년대에 들어서서 청소년 문제의 대상이 일반 청소년으로 확대되면서 국가에서는 일반 청소년을 대상으로 청소년비행에 대한 예방 및 건전 육성 확대, 정서적·문화적 공간 제공, 일반 아동의 복리 증진 등에 대한 종합적인 대응의 필요성이 절실해졌다. 따라서 1984년 '청소년 문제 개선 종합대책'이 마련되었고 이어서 정부계획 하에 청소년 문제에 대한 종합적이고 체계적인 대책으로 1985년 '청소년 문제 개선 종합대책 세부추진계획'이 추진되기 시작하였으며, 세계청소년의 해(1985)를 계기로 하여「청소년육성법」(1987)을 제정함으로써 청소년정책의 법적 토대가 마련되었다. 제9차 개헌「헌법」의 제34조 제4항에서는 "국가는 노인과 청소년의 복지향상을 위한 정책을 실시할 의무를 진다."라고 명시하여 청소년의 복지 향상을 국가의 책임으로 간주하게 되었다.

「청소년육성법」은 청소년의 인격 형성, 보호 육성의 효율화, 청소년이 건실하고 유능한 국민으로 성장하도록 지원하는 것을 골자로 하고 있다. 이 법이 제정됨으로써 청소년의 보호, 육성, 선도 및 지원에 관한 사업을 효율적으로 시행하는 것이 가능해졌다. 이 법은 청소년과 관련된 최초의 종합 법률로 우리나라에서 아동복지와 구분되는 청소년복지의 영역이라는 점에서 의의가 있으나, 실질적으로 이 법의 어느 조항에도 '청소년복지'라는 표현은 없다(이소희 외, 2005).

이렇듯 다양한 법제도의 정비에도 불구하고 청소년을 문제나 비행으로부터 보호한다는 개념 때문에 청소년복지정책의 핵심은 청소년 육성이나 청소년 권리 차원과는 차이가 있었다. 이에 따라 1980년대까지는 청소년복지에 대한 개념 및 인식이 부족하였다.

3) 확립기(1988년~현재)

1987년을 기점으로 청소년복지는 새로운 전기를 맞이하여 청소년정책이 종래의 문제청소년을 중심으로 한 '선도와 보호'라는 고정관념에서 벗어나 일반 청소년을 대상으로 한 '육성, 보호, 참여, 권리, 복지'로 확장되면서 급속한 성장을 하였고, 「청소년기본법」을 비롯한 관련 법 제정 등을 통해 청소년 보호를 위한 법적 토대도 마련하였다. 특히 문제청소년에 대한 통제와 선도 위주의 '청소년대책'이 일반 청소년을 위한 개발 기회의 제공이라는 더욱 적극적이고 긍정적이며 진취적인 내용으로 방향을 전환하였다(이소희 외, 2005). 또한 국립 청소년 수련시설을 비롯한 다양한 시설의 물적 인프라 구축과 대학에 관련 학과를 설치하거나 전문 자격을 제도화하는 등의 인적 인프라 구축을 통해 정부정책으로서 독자적인 지위를 확보해 왔다.

천정웅(2012)은 이 시기를 세분하여 성장기(1988~1997년)와 전환기(1998년~현재)로 나누어 설명하고 있는데, 내용은 〈표 3-2〉와 같다.

1987년에 「청소년육성법」이 제정되고 이 법에 의해 1988년 체육부에 청소년국이 설치된 이후 시·도에도 청소년 관련 부서가 신설되는 등 건국 후 최초로 청소년정책을 수행하는 행정 전달체계가 구축되었다. 또한 '청소년대책' 수준에 머물고 있던 청소년정책이 선도, 보호, 단속, 규제 위주에서 지원, 육성, 권장 위주의 적극적이고 진취적인 내용으로 전환되었으며, 1991년에 발표된 '한국청소년기본계획'에서는 10개년 계획의 수립, 청소년센터 등 수련시설의 확충, 장단기 청소년지도자의 양성, 청소년육성정책 연구기관의 설치 등을 주요 내용으로 명시하였다.

표 3-2 청소년복지의 발달 과정

구분	성장기(1988~1997)	전환기(1998~현재)
기본 시각	육성, 수련, 보호(청소년)	참여, 활동(시민, 청소년)
정책 대상	전체 청소년	전체 청소년(위기청소년)
정책 목표	문제 예방	개발과 참여
법령	「청소년기본법」 「청소년헌장」 「청소년보호법」	「청소년헌장」 개정 「청소년활동진흥법」 「청소년복지지원법」 「청소년기본법」 개정 「청소년보호법」 개정
종합	체계화	특성화

출처: 천정웅(2012), p. 57.

그 밖에도 1990년 「청소년헌장」이 제정되어 청소년의 권리와 의무, 가정의 역할, 학교의 올바른 지위, 사회의 책임, 국가의 책임, 세계적 주역으로서 청소년의 위치 등을 천명하였다. 이 헌장의 주요 정신을 이어받아 1991년에는 「청소년육성법」을 개정한 「청소년기본법」을 제정하여 9~24세의 연령층을 청소년으로 규정하고 이들에 대한 복지적 지원 근거를 공식적으로 마련함으로써 청소년복지와 관련된 독립적 법체계를 마련하였다. 이러한 법적 장치를 통해 청소년을 위한 복지정책의 근간을 마련하였음에도 청소년복지 실천을 위한 통로는 아직까지 미흡하다(김선애, 2010).

우리나라에서 아동복지와 분리하여 정책적으로 청소년복지라는 단어가 사용되기 시작한 것은 「청소년기본법」(1991년)의 제정 이후로, 이 법에서 청소년 육성은 청소년의 복지를 증진하고 청소년의 수련활동을 지원하며, 청소년 교류를 진흥하고 사회 여건과 환경을 청소년에게 유익하도록 개선하여 청소년에 대한 교육과 상호 보완함으로써 청소년의 균형 있는 성장을 돕는 것으로 규정하고 있다. 그러나 같은 법 제6장에서는 국가 및 지방자치단체는 수련활동 및 교육 등의 시책을 추진함에 있어서 경제적 · 정신적 · 신체적으로 특별한 보호 · 지원을 필요로 하는 청소년에 대해서 우선적으로 배려하여야 한다고 규정함으로써 이 당시까지도 청소년복지는 특별한 보호 및 지원을 필요로 하는 청소년을 대상으로 하는 잔여주의적 개념이 지배적이었다.

이후 2005년에 「청소년기본법」이 개정되면서 제3조에서는 청소년복지를 "청소년이 정상적인 삶을 영위할 수 있는 기본적인 여건을 조성하고, 조화롭게 성장 · 발달할 수 있도록 제공되는 사회적 · 경제적 지원을 말한다"로 정의하고 있다. 이러한 법 개정을 계기로 청소년복지는 그 대상이 요보호청소년 등 특정 집단에 국한되는 것이 아니라 일반 청소년을 포함하고 있고, 다양한 서비스의 제공을 통해 생활 여건 향상과 증진에 기여하는 것으로 정의되고 있다(김혜래, 2010).

한편, 「청소년보호법」은 자유화와 개방화 추세에 따라 청소년의 성장에 유해한 각종 유해환경으로부터 청소년을 보호하기 위해 기존 법률에 분산되어 있거나 규제가 없었던 사항을 종합하여 제정되었다. 이 법에 따라 '청소년보호위원회' 가 설치되어 유해환경으로부터 청소년을 보호하기 위한 각종 계획의 수립 ·

추진·평가, 유해매체물의 심의 결정, 유해약물 및 유해업소의 단속, 청소년 유해환경에 대한 신고 접수 및 처리, 민간 시민활동 지원 등의 기능을 수행하고 있다.

그 밖에도 「청소년복지지원법」(2004)을 제정하여 「청소년기본법」의 보완 및 청소년의 권리 보장을 명시하고 있다. 이 법에서는 특히 실질적인 보호자의 보호를 받지 못하는 청소년 또는 학업중단, 비행의 위험이 있어 조화로운 성장에 어려움이 있거나 어려움이 예상되는 청소년을 특별지원청소년이라는 명칭하에 사회·국가 차원에서 지원하도록 명시하였다(조성연 외, 2008). 「청소년복지지원법」은 과거의 문제 중심의 청소년 보호 및 육성 정책에서 탈피하여 청소년이 사회의 당당한 구성원으로 살아가기 위해 필요한 기본적인 요소를 강조함으로써 권리협약에 관한 세계적 기준에 근접한 정책 내용을 담았다고 할 수 있다. 더욱이 「청소년복지지원법」은 비록 청소년 관련 복지의 제한적인 규정을 제시하고 있지만, 청소년복지를 위한 별도의 법률로서 본격적인 청소년복지를 전개할 수 있는 발판을 마련해 주었다(김경준, 2005).

역사적으로 전개되어 온 청소년복지 변천 과정의 성격을 정리해 보면 다음과 같다. 첫째, 청소년을 보호하는 차원에서 벗어나 권리보장의 차원을 강조하고 있다. 둘째, 가정보호 중심에서 지역사회 중심 내지는 국가 중심으로 변화하고 있다. 셋째, 청소년복지서비스의 전문화가 이루어지면서 물질이나 여가 선용 제공 등의 단순 보호 및 육성에서 벗어나 분화된 다양한 전문가에 의한 프로그램 활용을 통해 구체적이고 체계적인 서비스가 제공되고 있다. 넷째, 청소년의 자발적인 사회 참여가 확대되고 있다. 즉, 제2차 청소년육성 5개년 계획(1997~2002년)의 일환으로 청소년 참여가 부각되면서 2004년에 청소년특별회의가 마련되어 청소년이 오늘의 사회 구성원으로서 당당한 동반자적 사회 지위와 권리를 획득하고 이를 통해 삶의 질을 향상할 수 있도록 하기 위한 정책으로 전환되었다. 마지막으로, 사회보장적 개념에서 출발한 청소년복지에서 벗어나 문화, 예술, 교육, 여가 등이 망라된 복리(well-being)의 개념으로서의 청소년복지가 전개되어 오고 있다(김경준, 2005).

이처럼 청소년복지는 소수의 요보호청소년에 대한 제한적인 사회적 개입으로부터 전체 청소년에 대한 포괄적인 사회적 개입을 지향하는 방향으로 발전해 오

고 있다. 즉, 과거의 요보호청소년에 대한 시설보호 위주에서 지역사회를 기반
으로 하는 재가복지나 대인적 서비스의 개발과 추진이 요청되고 있다. 또한 청
소년복지의 내용도 전통사회에서의 생존을 위한 제한적인 복지로부터 오늘날에
는 청소년의 건전한 발달과 자발적인 사회 참여를 지향하는 포괄적인 복지로 확
대되고 있다.

3. 청소년복지서비스의 내용

1) 건강한 가정을 위한 노력

　가정은 청소년의 성장에 가장 많은 영향을 미치는 곳으로 청소년 생활의 중요
한 근거인 동시에 일차적 사회화 집단의 기능을 갖고 있다. 따라서 민주적인 가
정 분위기와 부모의 건전한 가치관은 청소년 자녀가 밝고 건강하게 성장하는 데
도움이 된다. 그러나 가족 간의 불화와 갈등, 가정폭력, 권위적이고 지시적인 부
모의 양육 태도 등은 청소년의 일탈적인 행동을 부추기곤 한다.

　청소년기 동안의 부모에 대한 애착은 청소년이 새로운 환경에 적응하고 자신
의 세계를 넓혀 갈 때 안전기지로서의 역할을 하고, 부모와의 안전 애착은 과도
기와 관련된 불안, 우울, 정서적 혼란 등을 완화시켜 주는 역할을 한다(정옥분,
1998). 그러나 부모-자녀 간의 유대관계가 아무리 강하다 할지라도 자녀가 청소
년기에 들어서면서 부모-자녀 간의 갈등이 불가피해짐에 따라 가정 문제가 많은
청소년 문제의 원인이 되고 있다. 한 예로, 가출청소년의 경우 바람직하지 못한
부모의 양육 태도가 청소년을 집 밖으로 배회하도록 한다.

　따라서 청소년이 가족으로부터 충분한 지지를 받으며 건강하게 성장할 수 있
도록 가족 기능을 강화하고 건강한 삶의 터전을 만들어 주어 건전하게 성장할 수
있는 기회와 동기를 제공함으로써 바람직한 성인으로 성장하도록 도와야 한다.
이를 위해서는 자녀를 있는 그대로 인정하고 자녀의 의견을 존중해 주며, 합리
적이고 일관성 있는 규율을 적용하고, 청소년 자녀에 대한 관심과 지원을 지속

적으로 제공해야 한다.

또한 온라인 부모교육 교재 개발·보급, TV를 통한 부모교육 공익광고 방영
등을 통해 바람직한 부모교육 프로그램을 확대 실시함으로써 부모가 올바른 가
치관과 양육관을 갖추도록 지도하고, 가족에 대한 상담서비스를 제공함으로써
청소년과 관련된 사회문제를 예방해야 한다. 이에 덧붙여 안전, 건강, 자녀교
육, 대화법 등 주제에 따라 생애주기별 부모교육 교재를 개발하는 것이 시급
하다.

2) 창의적인 교육 풍토 조성과 공평한 교육 기회 제공

학교는 가정과 더불어 가장 중요한 사회적 활동의 장이다. 현대사회에 들어오
면서 가정의 교육적 기능이 약화됨에 따라 학교는 사회화 과정에서 더욱 중요한
역할을 하게 되었다. 뿐만 아니라 청소년의 90% 이상이 학생으로, 청소년기의
대부분을 학교에서 보내게 됨에 따라 학교는 청소년의 성장과 발달에 절대적인
영향을 미치는 곳이 되었다(정옥분, 1998).

청소년은 학교생활을 통해 자신의 미래를 설계하고 진로를 결정하기 때문에
적성에 맞는 재능을 계발하고 민주시민으로서의 책임과 의무를 학습하며 올바
른 가치관을 형성할 수 있는 인성교육이 강조되어야 한다. 아울러 창의성을 이
끌어 낼 수 있는 자율적·민주적인 교육 풍토는 무엇보다 중요하다. 이러한 의
미에서 입시 위주의 교육 프로그램을 실시하기보다는 청소년 각자의 재능과 적
성을 계발하고 창의적이고 건전한 인격을 기를 수 있는 교육 풍토를 조성해야
한다.

또한 학교생활에서 낙오되는 청소년이 없도록 배려함은 물론 청소년의 능력
과 적성에 적합한 진로교육 및 다양한 교육 기회가 제공되어야 한다. 다시 말해
서, 청소년을 위한 교육시설의 확충, 교육 기회의 확대, 교육 내용의 충실화 등을
통해 청소년이 양질의 교육을 받을 수 있도록 다양한 사회복지서비스가 제공되
어야 한다.

3) 지역사회의 유해환경 정화

청소년 문제는 유해한 사회 환경과 관련이 많다. 청소년에게 유해한 환경인 성인 위주의 접객업소와 숙박업소, 퇴폐적인 음란출판물, 성인 대상 프로그램의 난무 등은 청소년의 성장에 많은 피해를 입히고 있다. 특히 대중매체는 청소년의 모방 심리를 부추기고 건전한 사고를 저해할 수 있기 때문에 폭력적이고 범죄를 유발하는 대중매체에 자주 노출된 청소년은 비행에 쉽게 빠지는 경향이 있다. 따라서 청소년을 둘러싼 제반 환경을 정화하고 이를 통해 청소년의 올바른 성장에 긍정적인 여건을 조성하는 등 국가와 지역사회가 적극적이고 체계적인 노력을 해야 한다.

4) 건전한 여가문화의 조성과 봉사활동의 기회 제공

여가활동은 청소년의 인격 형성, 인간관계 수립, 비행 예방 등에 많은 도움을 주기 때문에 청소년이 건전한 여가를 즐길 수 있는 기회를 제공해야 한다. 즉, 청소년 수련시설 및 체육시설의 확충, 청소년 자원봉사단의 활성화, 청소년 여가 프로그램의 개발 및 보급에 지속적인 노력을 기울이는 것이 무엇보다 바람직하다.

특히 학교생활에서의 스트레스를 해소할 뿐만 아니라 보다 향상된 사회성을 함양하기 위해서는 각종 사회적 활동에 청소년을 참가시키고, 이를 통해 사회성을 기르고 사회봉사활동의 기회를 갖게 하는 것이 바람직하다.

그 밖에도 청소년기에는 청소년 자신이 갖고 있는 에너지를 건전하게 발산할 수 있도록 사회적 지지체계를 마련해 줌으로써 비행이나 일탈을 예방할 뿐만 아니라 청소년 각자의 장점을 살리고 단점을 장점화할 수 있다. 이때 이를 위해서는 에너지 활용을 극대화할 필요가 있다. 또한 부정적인 정서 영향을 줄이고 문제 해결력을 키워 자신감을 형성하는 데 도움을 줄 수 있는 다양한 사회적 경험의 기회를 제공해야 한다.

청소년문화

문화는 우리의 삶의 방식이고 가치관이며 사회가 만들어 낸 역사적 산물로서 늘 변화하고 진화하여 왔다. 우리는 일상생활에서 문화시설, 대중문화와 같이 문화(culture)라는 용어를 자연스럽게 사용하고 있지만 전통적으로 문화라고 하면 클래식 음악이나 미술전시 등과 같은 고급문화를 떠올리곤 한다. 그러나 이제는 문화가 미디어, 광고, 영화, 음악 등의 대중문화는 물론이고 운동, 취미활동, 의식주 등과 같은 일상적인 활동까지 포괄하는 것으로 받아들여지면서 문화의 다양성을 추구하고 있다(박진규, 2012).

문화는 청소년이 성장과 개발을 지속하고 역량을 성취하게 할 수 있는 강력한 기제로, 우리는 청소년문화라는 용어가 낯설지 않은 시대에 살고 있다. 청소년문화는 긍정적이든 부정적이든 비주류문화로 분류되고 있음에도 청소년은 소비자인 동시에 생산자로서 새로운 형태의 문화적 코드를 만들어 내고 있다. 최근에 청소년은 대중문화 시장에서 가장 중요한 고객으로서, UCC를 비롯하여 SNS 등을 활용하는 청소년문화는 대중문화 시장에서 주변이 아닌 주류의 역할을 수행하고 있다고 해도 과언이 아니다.

현대사회는 고도의 경제 성장과 정보화에 따른 급격한 사회 변화로 생계 유지 중심의 문화에서 삶의 질 향상을 위한 문화로의 전환을 맞이하고 있다. 아널드 토인비(Arnold Toynbee)는 "인류의 미래는 여가를 어떻게 수용하느냐에 달려 있다."고 언급하였는데, 여기서 여가란 인간이 문화적인 삶을 즐기는 시간으로서, 이때 문화는 인간을 인간답게 만들어 주는 가장 중요한 요인이다. 따라서 21세기는 문화의 범람시대라고 할 정도로 문화에 대한 관심이 커지고 있고, 최후 승부처가 바로 문화산업이라는 드러커(Drucker)의 말처럼 문화를 잘 형성하고 잘 향유하는 자가 자신의 삶 또한 주도적으로 이끌어 나가게 될 것이며, 그러한 민족이 세계를 주도하게 될 것이다.

특히 최근에는 테크놀로지의 발전과 과학의 진보가 결합하여 '문화(culture)'와 '상품(product)'의 합성어인 '컬덕트(cul-duct)'라는 말까지 사용되면서 문화가 국가 발전의 원동력이자 새로운 시대의 중심으로 부상하고 있다. 한 예로, 미국이 영화 〈쥬라기공원〉 한 편으로 올린 수익은 우리나라가 한 해 동안 자동차 수출을 해서 벌어들인 총액을 능가하였고, 할리우드 영화산업은 미국의 국부를 지탱하고 있는 등 문화산업은 국가 경쟁력의 원동력인 동시에 미래 발전의 관건이 되고 있다.

이와 같이 문화는 우리의 일상 속에 뿌리내리고 있지만 사실 문화라는 개념에는 매우 복잡하고 다양한 의미가 포함되어 있다. 특히 문화의 범람시대 속에서 생활하는 청소년이 적극적으로 다양한 영역에서 문화를 향유할 수 있도록 하는 것은 삶의 질을 향상시키는 데 직접적인 영향을 미치므로 청소년의 문화활동에 대한 적극적인 개입이 요구되고 있다.

1. 청소년문화의 개념 및 특성

1) 개념

원래 문화라는 용어는 라틴어의 'cultura'에서 파생된 것으로, 본래의 뜻은 '경작이나 재배', 즉 자연 그대로의 것이 아니라 인간의 작용으로 변화되거나 창조된 것이라는 의미다. 이는 사회의 구성원이 공유하고 있고 역사적으로 전승된 것으로서 최근에는 '교양이나 예술' 등의 뜻을 갖게 되면서 '문화인'은 '교양인'이나 '예술인'과 비슷한 의미로도 사용되고 있다. 따라서 문화는 개별 인간 또는 집단의 언어, 생활양식, 행동과 가치 등을 이해하고 예측할 수 있는 가장 중요한 요소다.

이러한 문화를 윌리엄스(Williams)는 세 가지로 설명하고 있다(조애리 역, 2008). 첫째는 예술과 예술활동으로서의 문화다. 이는 음악, 문학, 회화, 조각, 연극, 영화 등을 지칭한다. 이런 의미의 문화는 흔히 교양 있는 사람이 관여하는 세련된 활동을 의미하고 이러한 세련성 때문에 격조 있는 것으로 받아들여지곤 한다. 둘째는 삶의 방식으로서의 문화다. 문화는 우리가 일상에서 부딪히는 문제를 효율적으로 해결하는 방식의 하나로, 앞선 세대에 의해 만들어져 사회생활 곳곳에 퍼져 있다. 그리고 문화는 이어지는 세대 속에서 끊임없이 전수되고 학습된다. 우리나라의 경우 한복, 한옥 등은 우리나라 사람의 삶의 방식을 나타내는 말이자, 그 자체가 바로 문화를 의미한다. 마지막은 과정과 발전으로서의 문화다. 문화는 자연의 일정 부분에 인간의 의도와 작용이 가미되어 조작되고 변화된 상태로 사회화의 한 과정으로 간주할 수 있다.

한편, 문화에 접근하는 방법에는 두 가지가 있다. 좁은 의미의 문화는 특수집단의 사람들이 일반 대중과 차별화해서 추종하여 즐기는 생활에서의 멋, 우아함, 고매한 취미와 예술을 지칭하는 것으로 '좋은 취미로서의 문화(culture as good taste)'다. 이처럼 훌륭한 예술을 알고 오페라를 관람하고 프랑스 음식을 즐기는 사람을 문화인이라고 한다면, 이때의 문화는 '고급스러운 취향'이라는 의미의 문화다. 넓은 의미의 문화는 "사회 구성원을 일정한 기준, 즉 출신 지역, 민족, 세대, 계층, 학력 등으로 구분하여 집단화할 때 각각의 집단이 다른 집단과 구분되어 갖게 되는 삶의 총체적 유형"을 지칭한다(박진규, 2012, p. 19). 이는 한 사회 및 그 사회와 관련된 모든 것을 지칭하는 '넓은 의미로서의 문화(culture as everything)'인데, 가령 프랑스 문화, 서구문화 등의 용어에서 사용되는 문화다.

이러한 문화의 특성을 살펴보면 다음과 같다(박진규, 2012). 첫째, 문화는 특정 집단이 아닌 보편적이고 일반적인 사회 구성원이 공유하는 것으로, 특수성을 배제하고 보편성과 일반성을 지향하며 일반 사회 구성원의 관습에 따라 발전하게 된다. 둘째, 문화는 역사적 산물로서, 일시적으로 생성되었다가 소멸되는 것이 아니라 끊임없이 축적·발전함으로써 수년 혹은 수세기에 걸쳐 축적되어 온 사회 경험의 결과물이기에 흔히 사회적 유산(social heritage)이라고 부른다. 셋째, 문화는 변동에 의해 전승되는 것으로 사회 구성원의 요구에 따라 소멸되기도 하고 변화·축적·발전하기도 한다. 넷째, 문화는 학습되는 것으로서, 유전되거나 선천적으로 이루어지는 것이 아니라 후천적인 학습과 창조적 노력에 의해서 이루어진다. 마지막으로, 문화는 사회 구성원의 생각, 언어, 행동, 인지, 지식 등의 생활양식 전체를 포괄하고 사회 구성원의 공통된 가치를 중심으로 다양한 영역의 발전을 도모한다.

일반적으로 청소년문화란 "청소년이 생활하면서 얻거나 만들어진 습관, 능력 등이 무의식적으로 이뤄진 것"(정하성, 유진이, 2012, p. 21)으로서, 오늘날 청소년 집단이 살아가는 총체적 삶의 유형이자 특정 시간과 공간에서 살아가고 있는 청소년이 함께 공유하는 그들만의 특별한 문화를 말한다. 즉, 성인이나 아동과 달리 청소년만이 공유하는 행위양식이나 사고방식으로, 청소년기를 지내면서 비슷한 공감대를 형성하는 청소년집단이 그들의 가치관, 언어, 몸짓, 여가 시간 활용, 취향, 인간관계 등에서 일상으로 나타내 보이는 특징적 생활 유형을 지칭한다(박진규, 2012). 간단히 말해, 청소년집단의 생활양식의 총체 내지는 청소년이 공유하는 의미체계로 정의할 수 있고, 이들은 기성세대와는 다른 청소년만의 독특한 행동양식을 갖고 있다.

이에 덧붙여 「청소년활동진흥법」에서는 청소년문화활동을 "청소년이 예술활동, 스포츠활동, 동아리활동, 봉사활동 등을 통하여 문화적 감성과 더불어 살아가는 능력을 배양하는 체험활동"으로 정의하고 있다. 따라서 청소년문화활동은 청소년이 여러 방법을 통해 자신의 사고와 감성을 표현하고, 이를 타인과 공유하면서 삶을 풍족하고 여유롭게 하는 모든 활동을 의미한다(김영화, 최영진, 2012).

이러한 청소년문화는 신세대가 기성세대로부터 전수받은 전통문화적 특성을 토대로 그들 나름의 이질적인 문화 특성을 가미해서 만들어 낸 결과물이다. 특히 최근의 청소년문화는 기성세대와 분리된 채 그들만의 독특성과 이질성을 갖는 이색의 문화지대를 만들어 내고 있다.

2) 특성

(1) 청소년문화를 바라보는 관점

우리가 일상생활에서 청소년문화라는 표현을 자주 사용하고 있고 청소년문화에 대한 관심과 논의 역시 활발해지고 있지만, 청소년문화의 존재 여부에 대해서는 아직도 논란이 많다. 즉, 청소년문화의 독자성을 인정하고, 그것을 육성·발전시켜야 한다는 주장에 동의하면서도 청소년의 독자적 문화를 인정하지 않으려는 주장도 여전히 존재하고 있다. 청소년문화가 존재한다는 주장은 청소년이 성인과 구별되는 독자적인 집단을 형성하고 있고, 성인이 접근할 수 없는 그들만의 문화적 공간과 영역을 확보하고 있다는 의미다. 반면, 청소년문화의 존재를 인정하지 않는 사람은 청소년이 미성년자로서 성인 중심의 문화 속에서 살고 있으므로 청소년문화란 존재하지 않으며, 사회의 기존 문화에 입문하기 위한 준비 과정을 거치고 있을 뿐이라고 주장한다.

그렇다면 청소년문화를 바라보는 관점에는 어떤 것이 있을까? 첫째, 미성숙한 문화로 보는 관점이다. 청소년이 만들어 내는 삶의 양식은 정신적으로 더 성숙되어야 한다고 보고, 사회적으로 그들에게 아직 기회가 주어지지 않았으므로 준비하는 단계의 문화로 본다. 이는 청소년을 미숙한 존재로 여기고 청소년문화 자체를 거의 경시하거나 무시하는 입장으로, 청소년에게는 그들 나름대로의 독특한 문화가 있는 것이 아니라 성인문화를 모방한 미성숙한 부분문화만이 존재한다고 보는 것이다. 이는 어른의 시각에서 보는 청소년문화를 의미한다.

둘째, 비행문화로 보는 관점이다. 이는 청소년을 문제행동을 일삼는 존재로 파악하여 청소년문화가 기존 문화와 질서를 파괴한다고 보는 부정적 시각에 기반을 둔 관점이다. 즉, 청소년을 항상 부모나 교사 또는 성인의 감독과 관리하에 두어야 하고 청소년들끼리 어울리게 한다면 문제만 일으킨다고 믿으면서 청소년문화를 바람직하지 못한 문제투성이의 문화 또는 기존의 질서를 파괴하거나 무시함으로써 수많은 사회적 문제를 야기하는 일탈과 비행의 부정적인 문화로 인식한다.

셋째, 저항의 문화 혹은 반문화로 보는 관점이다. 이는 성인세대의 문화를 주류문화로 보고, 비주류문화인 청소년문화를 주류문화에 반하는 저항과 돌풍의 문화로 보는 시각이다. 즉, 기존의 질서와 기성세대의 모든 문화적 틀을 거부하고 부정하며 무시하는 문화를 청소년문화의 전형으로 간주하는 것이다. 한 예로, 힙합 패션, 머리 염색, 각종 희한한 장신구 착용 등은 성인세대의 문화적 틀을 깨뜨리려는 그들의 욕구를 표현하는 것이다.

넷째, 하나의 하위 문화로 보는 관점이다. 이는 청소년을 사회의 하위 집단으로 여기고 청소년문화를 독립적이고 주류적인 문화, 즉 기성문화와 대등한 또 하나의 문화로서가 아니라 기성문화의 아류 문화로 보려는 시각이다. 예를 들어, 여성문화나 노인문화, 근로자문화 등 여타의 사회집단이 모든 하위 문화를 가지고 있듯이 청소년문화가 존재한다고 보는 입장이다.

마지막으로, 대안 문화로 보는 관점이다. 이는 청소년을 새로운 사회 변화에 민감하게 반응하며 독창적인 삶을 살아가는 존재로 여기고 청소년문화를 새롭고 독립적인 영역을 지니는 또 하나의 문화, 즉 성인문화와 대등한 또 하나의 영역을 형성하고 있는 새로운 문화로 보려는 입장이다. 이는 청소년문화를 기존의 성인문화의 틀에 비추어 부정적으로 인식하는 것이 아니라 보다 새로운 대안적 문화로 인정하고 수용하려는 입장이다.

사회가 세대를 거듭하면서도 핵심적인 문화요소는 크게 변하지 않고 항상 유지 및 보존되지만 세대가 바뀌어 감에 따라 새로운 문화요소가 생성되어 문화에 변화를 가져오며, 결국 이런 변화는 사회의 발전을 가져온다. 따라서 청소년문화는 한 사회의 생동적 발전을 위하여 없어서는 안 될 귀중한 자극인 동시에 활력소다.

(2) 현대사회와 청소년문화

청소년문화는 청소년만이 갖고 있는 사고와 이념, 감정, 포부, 이상 등을 나타내는 수단으로서, 이를 통해 청소년이 독창적인 생활과 세계를 체험하고 잠재능력을 자유롭게 표현하여 창조하도록 한다는 점에서 매우 중요한 의미를 갖는다.

이를 자세히 살펴보면, 청소년문화는 청소년기에 안정감과 소속감을 제공하여 이탈행위를 줄여 주는 기능을 하는 것은 물론 기성세대로 하여금 젊은이를 이해하게 하고 기성세대의 이해타산적인 생활을 반성하게 함으로써 생활의 활력소 역할을 한다. 따라서 청소년문화는 아동에서 성인으로 발달하는 과정에서 경험하게 되는 여러 위험요소를 배제하는 동시에 성인으로서의 자격을 갖추는 데 필요한 소양을 쌓아 가는 인큐베이터와 같은 역할을 한다(김영화, 최영진, 2012).

이러한 청소년문화는 몇 가지 특징을 갖고 있다.

첫째, 현대사회에서 청소년은 문화의 소비자일 뿐 아니라 생산자로서 더 이상 수동적 소비와 수용의 대상이 아니며, 오히려 생산과 참여의 대상이 되고 있다. 예를 들어, 청소년은 대중문화를 수동적으로 소비하는 태도에서 벗어나 대중문화의 생산 과정에 참여하고자 하고, 더 나아가 의도적이고 계획적으로 게임, 만화, 영화, 음반 등과 같은 문화산업 분야에 뛰어들어 대중문화의 지형 변화에 영향을 미치고 있다. 이와 같이 청소년은 문화를 소비하는 데 그치지 않고, 문화를 생산하는 과정에도 참여하는 문화 생비자(prosumer)로서의 특징을 보여 주고 있다. 특히 청소년은 문화산업의 주요 수단인 테크닉을 다루는 데 능숙하며, 문화산업의 컨텐츠를 구성하는 데 있어서 나름대로의 문화적 감수성을 활용하고 있다. 따라서 문화적 감수성을 공유하고 교환하여 문화적 생산물을 만들어 나갈 수 있도록 도와주는 아마추어 동아리나 동호회, 인터넷 커뮤니티들이 활성화됨에 따라 청소년이 보다 새롭고 창의적인 문화 컨텐츠를 만들어 나갈 것으로 예상된다.

둘째, 청소년문화는 사회의 신드롬을 주도하고 있다. 청소년은 문화산업뿐만 아니라 일상생활 속에서도 나름대로의 문화를 생산·실천해 나가고 있고, 이러한 일상생활 속에서의 문화적 실천 행위는 대중적인 유행으로 번져 나가기도 한다. 이처럼 청소년의 일상 행위가 사회적·문화적 유행을 만들어 내거나 신드롬을 가속화하고 있는 현상은 사이버 공간에서 청소년이 사용하던 인터넷 용어나 은어·속어가 현재 대다수의 사회 구성원이 사용하는 언어로 전환되어 가는 현상에서 알 수 있다.

셋째, 청소년문화는 기술문명의 발달과 밀접한 관련을 맺고 있다. 문화의 특성이 사회 발전과 밀접한 관련을 맺고 있는 것처럼, 청소년문화도 사회의 기술 및 문명의 발전과 밀접한 관련을 맺으면서 형성·변화하고 있다고 할 수 있다. 특히 오늘날의 청소년은 TV나 비디오 등 영상매체에 익숙한 세대이며, 컴퓨터와 인터넷, 휴대전화, MP3 등과 같은 기술문명의 산물을 일상적인 생활도구로 사용하는 세대다. 청소년이 구성하는 문화의 내용이나 방식도 이러한 기술문명의 내용과 형식을 그대로 반영하고 있다고 할 수 있다. 예를 들어, 청소년은 모바일이나 인터넷 공간에서 특이한 용어를 만들어 내기도 하고, 이모티콘처럼 감정을 드러낼 수 있는 기호를 사용하는 등 독특한 문화를 만들어 내고 있다.

마지막으로, 청소년문화에서는 국경(경계) 개념이 파괴되고 있다. 오늘날의 청소년문화는 정보통신 기술의 발달과 같은 새로운 기술문화의 영향으로 국가나 지역의 경계 내에서뿐만 아니라 국경을 거슬러 다른 국가의 청소년과도 공유되고 있고, 국경을 넘어 공유되는 문화는 각 지역으로 퍼지면서 지역문화로 토착화되기도 하고 있다. 그 밖에도 청소년의 아이디어나 관련 상품이 쉽게 국경을 넘으며 온갖 종류의 구조와 의미를 형성하고 있으므로 청소년문화는 국경을 넘는 교류와 관련하여 지구화의 최전방에 놓여 있다고 해도 과언이 아니다. 이러한 분위기 속에서 현대사회에서의 청소년문화는 다국적이고 혼성적인 퓨전문화의 특성도 갖고 있다고 할 수 있다.

(3) 우리나라 청소년문화의 특징

우리 사회의 저출산과 고령화, 입시 위주의 교육 환경, 전통적인 가족 구조의 해체, 정보기술의 빠른 확산 등은 청소년문화에 영향을 미치고 있는데, 이러한 청소년문화의 특징을 살펴보면 긍정적인 면도 있고 부정적인 면도 있다. 첫째, 대부분의 청소년이 학생의 신분으로 학교라는 공간에 속해 있다는 점에서 기본적으로 청소년문화는 학교 혹은 학습이라는 영역과 밀접하게 관련되어 있다. 학교문화는 청소년이 자발적으로 선택한 것이 아니라 우리나라의 교육제도와 입시 환경 때문에 강제된 문화임에도 청소년은 학교로 대표되는 삶의 환경에 그들 나름대로의 방식으로 반응하며 독특한 문화적 정체성을 형성하고 있다(김영화, 최영진, 2012).

대다수의 청소년은 학생 신분이어서 생활 시간의 대부분을 상급 학교에 진학하기 위한 입시 공부에 매달려 학업 중심의 삶을 영위하고 있고, 시험과 성적의 압박을 받으면서 학업 성취를 가장 중요한 목표로 강요받고 있다. 따라서 청소년문화는 어떤 식으로든 학교생활과 학습, 입시제도 등의 조건과 관련되어 있다. 예를 들어, '범생이' '날라리' 등과 같은 은어는 청소년문화의 한 단면을 보여주는 것으로 주로 학교생활이나 학업에 대한 태도와 관련된 것이 많다. 또한 최근 사회적 문제로 대두되는 학교폭력이나 왕따 현상 역시 학교라는 공간에 갇혀 있는 청소년의 삶의 조건과 밀접한 연관이 있다. 이러한 여건은 청소년이 주어진 자율성을 갖고 스스로 의도하는 삶을 유지해 나가는 것이 얼마나 어려운지 보여 주고 있다.

둘째, 청소년문화는 대중문화에 대한 의존성이 높다. 대중문화는 청소년을 둘러싸고 있는 가장 중요한 문화 환경이고 청소년이 스스로의 정체성을 형성하고 표현하는 가장 중요한 기제로서, 청소년이 자신의 문화를 자발적으로 창조하기 어려운 여건에서 대중매체가 제공하는 대중문화는 문화적 정체성을 형성하는 데 가장 중요한 도구다(김영화, 최영진, 2012, p. 292). 특히 대중문화는 청소년이 입시제도와 성적 중심의 교육체계에 따른 심한 중압감으로부터 벗어나는 통로의 역할을 하고 있는데, 청소년이 대중문화 상품을 적극적으로 소비하고 대중문화의 스타에 열광하는 것은 청소년에게 가해지는 억압이 심하다는 것을 의미한다. 이러한 대중문화와 관련된 경험은 긍정적 측면에서 자아정체감 및 집단적 정체감, 소속감의 형성과 수립은 물론 다양한 문화 경험을 체득할 수 있게 하는 기회가 되고, 스트레스 및 현실 불만의 해소 기능을 하며, 소비자뿐만 아니라 문화적 생산자로서의 경험도 제공한다. 그러나 지나친 수용과 의존적 경향은 편집증적 성향을 야기하고, 이에 따라 다른 발달과업에도 지장을 주며, 문화산업이 갖는 상업성의 희생자가 되도록 만들 수 있는 부정적 기능도 갖고 있다.

셋째, 청소년문화는 감각적이고 감성적인 성향이 강한 경향이 있다. 청소년문화는 1990년대 이후의 청소년집단이 어린 시절부터 전자게임과 컴퓨터, 인터넷 등의 새로운 영상매체에 익숙해져 있어서 이전 세대에 비해 상대적으로 논리성이 약한 대신, 감각적이고 감성적인 성향이 강하다는 특성을 지니고 있다.

넷째, 청소년문화는 시장에서 지배적 위치를 차지하는 주류문화이면서도 사회적으로는 억압의 대상이고 기성문화에서 소외된 하위 문화다. 1980년대 후반 청소년의 구매력이 크게 신장되면서 1990년대 이후 청소년문화는 대중문화 전반에 가장 큰 영향력을 행사하는 사실상의 주류문화로 등장하였다. 그러나 이러한 사실은 청소년문화가 독자적인 창조성에 기초하기보다는 주어진 대중문화에 의존할 수밖에 없는 현실에서 나타나는 필연적 결과다.

다섯째, 오늘날의 청소년문화는 다양성이 강화되고 있다. 정보통신 기술과 인터넷의 발달로 등장한 사이버 공간은 청소년이 개인의 다양한 욕구를 분출할 수 있는 대체 공간으로 자리매김하면서 현실 공간에서 할 수 없었던 다양한 일을 가능하게 하고 있으며, 다양한 정보의 획득을 통해 그들이 다양성에 대한 긍정적 의미를 지니게 하고 있다. 예를 들면, 다양한 언어 형태(표준어, 채팅용어, 이모티콘 등), 다양한 동호회, 다양한 게임, 다양한 복장, 다양한 삶의 목표 등 청소년문화는 자신의 욕구를 중심으로 다양성을 증가시키는 방향으로 나아가고 있다. 또한 사회적 행위 규범의 틀이 넓어지고 문화 교류와 소비 패턴이 급속하게 확산·다양화되면서 청소년의 행위나 사고, 문화행위 양식도 다양하게 나타나고 있다(정하성, 유진이, 2012, p. 29).

여섯째, 현대사회의 물질주의적 경향이 청소년의 의식에 영향을 미치고 있다. 가상 공간으로의 접근 도구인 컴퓨터, 인터넷부터 의상, 휴대전화에 이르기까지 행위와 의식의 모든 부분이 물질주의의 지배를 받아 가고 있고, 청소년에게 물질적 가치가 중요해지면서 역으로 그들에 의한 소비문화가 전체 문화를 주도할 만큼 강조되기도 하였다. 또한 청소년문화는 사회 풍조를 반영하여 감각적이고 즉각적인 것만을 추구하는 경향을 보이는데, 문화적 성숙도가 낮은 청소년의 경우 이를 있는 그대로 흡수하여 감각 지향적인 문화를 향유하려는 태도를 지니게 된다.

마지막으로, 청소년은 사이버문화 세대로서 문화 변동을 주도하고 있다. 오늘날 우리나라의 청소년은 인터넷으로 대표되는 사이버 네트워크를 삶의 중요한 한 측면으로 누리는 세대로 그 속에서 새로운 사이버문화를 창조하고 있고, 이를 바탕으로 전체 문화의 변화 방향을 주도하는 문화의 주류 세대라는 특징을 지니고 있다. 즉, 청소년은 단순히 인터넷에 친숙한 세대라는 의미로부터 벗어나, 이제는 지금까지 존재하지 않았던 새로운 문화의 실천 및 실험을 담당하고 있다. 그러나 한편으로 이들은 가상 공간에 종속되어 주체적 의미를 상실한 채 가상과 현실을 혼동하는 극단적인 사례도 보이는 등 사이버문화의 부작용 또한 체험하고 있는 세대이기도 하다.

2. 대중매체와 청소년

청소년문화는 빠르고 다양하며 변화된 대중매체 환경 속에서 많은 부분 대중문화의 영향을 받고 있는데, 특히 우리나라 청소년에게 있어서 대중문화는 억압적인 입시문화에서 벗어나 자유로운 '나'를 찾는 해방 공간을 제공하고 있다. 따라서 청소년을 제대로 이해하고 그들에게 다가가기 위해서는 그들의 삶의 방식인 청소년 대중문화에 진지하게 접근할 필요가 있다(정하성, 유진이, 2012).

1) 현대사회와 대중매체

오늘날 대중매체의 환경은 새로운 대중매체의 등장과 급속한 보급은 물론 대중매체의 통합으로 변화하고 있다. 대중문화에 대한 시각이 긍정적이든 부정적이든 이러한 환경 변화는 청소년의 대중문화에도 많은 영향을 미치고 있다.

여기서 대중매체란 매스미디어(mass media)를 번역한 말로 사회적 배경에 관계없이 불특정한 다수의 사회 구성원 간에 의사를 소통시키는 매체의 총합을 지칭한다. 최근에 들어서는 사이버 공간을 지배하는 사이버 매체까지 등장하여 '사이버크라시(cybercracy)'라는 말까지 생겨났다. 특히 신문, 방송, 출판, 광고, 영화, 음반 같은 대중매체는 모두 복제기술을 전제로 하며 대규모의 자본을 바탕으로 운영되므로 대중매체가 만들어 내는 콘텐츠는 한 사람의 힘으로 제작되기 어렵다. 또한 대중매체가 의사소통하려는 대상은 특정한 부류의 사람이 아닌 불특정 다수(대중)이고, 대중매체를 통해 생산되는 의사소통 산물(콘텐츠)은 모두 상품적 가치(교환 가치)를 지니고 유통된다(박진규, 2012, p. 106).

현대사회에서 대중매체로부터 자유로울 수 있는 사람은 아무도 없다고 할 만큼 대중매체는 현대인의 일상생활 속에 깊숙이 자리 잡으며 정치, 경제, 사회, 문화 등 사회 전 분야에 영향을 미치고 있다. 즉, 정보를 제공하고 휴식과 오락의 수단을 제공하며 사회규범, 가치관, 특정한 태도나 행위를 창조하고 형성하는 사회화 도구로서 작용하고 있다. 특히 문화는 이러한 대중매체를 통해 세대 간 또는 지역 간에 전승되고 보급된다. 또한 대중매체는 새로운 문화를 창출하는 기능을 수행하고 있고, 특히 직접 경험할 수 없는 여러 생활양식을 간접적으로 경험할 수 있게 하며, 다른 사회 상황에 있는 가치들을 수용자에게 제공한다(박진규, 2012, p. 109).

따라서 대중매체는 현대인의 원만한 사회생활과 생존을 위해서 필수적인 수단이 되고 있다. 그러나 이러한 매체 환경에 따른 사회문화적 순기능과 역기능은 다양하게 발생하고 있다. 이를 자세히 살펴보면, 대중매체로 공간 개념이 보다 확장됨에 따라 과거에 비해 전 세계의 정보를 실시간으로 접할 수 있는 장점이 있다. 반면, 대중매체를 통한 매스커뮤니케이션의 일반화 속에서 정보의 홍수 문제는 물론 언어의 편향적 섭취에 따라 개인 간의 내적 감정이나 사상을 주고받는 인간 커뮤니케이션이 거의 사라지고 있다. 또한 대중매체는 동일한 생각과 행동을 하도록 수용자의 자세를 획일적으로 이끌어 냄으로써 틀에 박힌 가치관을 조장하고 물질만능 현상을 조장하기도 한다. 특히 매체에 무방비 상태로 노출되면서 발생하는 문제가 적지 않다. 즉, 대중매체는 획일성을 은근히 강조함으로써 모든 사람에게 동일한 생각과 행동을 하게 하는 인도자로서의 역할을 담

당하게 되었다. 한 예로, TV 프로그램은 청소년의 사고와 행동을 좌지우지하면
서 염려스러운 단계를 넘어서고 있다. 또한 대중매체는 종종 물질적이고 외형적
인 면에 치우치면서 가치관의 혼란을 야기하고 물질주의를 조장하기도 한다.

최근에는 장소와 물질을 기반으로 하고 있는 현실세계와는 달리 새로운 정보
통신 기술, 네트워크와 컴퓨터의 발달로 탄생한 가상 공간에 대한 관심이 커지
고 있다. 이러한 가상현실은 몇 가지 특징을 갖고 있다(천정웅, 2000, pp. 80-84).

첫째, 익명성과 비대면성 유지의 특성을 지닌다. 가상현실은 자신의 신분을 노
출시키지 않은 채 활동하는 것이 가능한 매체 공간이다. 둘째, 리셋신드롬(reset
syndrome)과 공동체 유대감 결여의 특징을 지닌다. 가상현실은 언제 어디서든지
관계의 고리를 끊고 사라질 수 있으며 언제든지 리셋하여 새로이 시작할 수 있는
리셋신드롬의 특징을 갖는다. 사이버 공간에서의 공동체 구성원의 무책임성 및
책임 소재의 불분명과 같은 특성은 공동체적 유대를 결여시킴으로써 일탈행위에
대한 사회적 통제력을 약화시킨다. 셋째, 시공을 초월한 새로운 공동체적 특징을
지닌다. 가상현실은 물리적 장소가 갖는 제한성과 구속성을 벗어나 새로운 사회
적 관계를 갖는 하나의 공동체로서의 의미를 갖는다. 특히 인터넷의 경우 시공간
에 구애를 받지 않는 탈공간성과 비동시성의 특징을 지닌다. 넷째, 놀이 공간적
특성을 지닌다. 가상현실은 현실 세계에서 자신의 존재를 인정받지 못하고 소외
되거나 불만이 있는 청소년의 경우 더욱 활발히 이용할 수 있다. 입시의 중압감
때문에 놀이 시간이 부족하고 사회적으로 제공되는 놀이 공간이 부족한 것은 청
소년에게 사이버 공간을 또 다른 놀이 공간으로 만들도록 유인하고 있다.

2) 대중매체가 청소년에게 미치는 영향

우리나라 청소년은 부모나 교사보다 대중매체의 영향을 더 강하게 받고 있다.
그 이유는 청소년이 사회심리적·정서적 특성상 외적 자극에 대해 보다 민감하
게 반응하고, 쉽게 영향을 받으며, 변화되기 쉽기 때문이다. 또한 대중문화는 청
소년이 억압되고 강요된 일상생활의 패턴에서 벗어나 도피할 수 있는 중요한 기
제가 되고 있다.

 따라서 청소년은 대중매체가 만들어 내는 대중문화의 흐름 속에서 자신의 억압된 상태에서 벗어나기 위한 저항의 한 방법으로 독특한 삶의 방식을 만들어 내는데, 이것이 청소년이 향유하는 하위 문화의 한 형태가 된다. 이러한 대중문화는 청소년의 가치관 형성에 영향을 미치고 있는데, 그 내용을 살펴보면 다음과 같다(박진규, 2012, pp. 118-119).

 첫째, 소비 지향적 배금주의 가치관을 심어 주고 있다. 대량생산, 대량소비를 추구하는 대중문화는 청소년을 주로 소비자로 취급하고 있고, 청소년은 제품화된 문화상품을 그저 선택하거나 대중적 취향에 동조하도록 요청받을 뿐이다. 청소년은 이러한 문화에 익숙해져서 필요한 물품의 질, 용도를 따지기보다는 상품의 가격, 상표에만 주로 관심을 두게 되므로 소비 지향의 대중문화는 결국 청소년에게 배금주의적 가치관을 심어 주게 된다.

 둘째, 쾌락과 오락 지향의 가치관을 심어 주고 있다. 대중문화가 제공하는 재미는 생산성이나 창의성이 상대적으로 적으므로 재미 중심의 대중문화에 물든 청소년은 쉽게 싫증을 느끼면서 새롭고 더욱 자극적인 프로그램을 찾게 된다.

 셋째, 감성적 가치관을 심어 주고 있다. 지금 청소년을 사로잡고 있는 새로운 영상매체는 그들을 감각적·비사고적·비이성적으로 만드는 경향이 있어서 이러한 대중매체 중심의 문화에 젖어 있는 청소년은 충동적이고 자제력이 약하며 정서적으로 불안하다.

 마지막으로, 비자주적인 가치관을 형성한다. 외래문화를 내용으로 하는 대중문화는 비자주적이고 비주체적인 청소년을 양산한다.

 한편, 청소년이 대중매체에 빠지는 원인을 살펴보면 다음과 같다. 첫째, 매체 자체의 재미와 편의성으로 디지털 미디어는 시각과 청각의 자극을 동시에 제공하면서 깊게 생각할 필요 없이 즐길 수 있고 접근성이 매우 뛰어나다는 장점을 지니기 때문이다. 둘째, 생산 주체가 청소년을 주 대상으로 한 마케팅에 있어서 청소년 중심의 감성 마케팅을 집중적으로 사용하기 때문이다. 셋째, 입시교육의 중압감과 놀이의 부재로 청소년의 활동적인 놀이가 거의 사라지고, 입시교육과 성적의 부담 때문에 청소년의 놀이 참여도가 낮아짐에 따라 활동이 사라져 가면서 표출 방식이 디지털 미디어로 이어지고 있기 때문이다.

　이러한 대중매체는 청소년에 대해 긍정적인 영향과 부정적인 영향의 가능성을 모두 갖고 있다. 먼저, 긍정적인 측면에서 대중매체는 급격한 기술의 발전과 더불어 우리의 삶과 뗄 수 없는 존재가 되고 있다. 특히 청소년에게 유익한 정보를 제공함은 물론 건전한 가치관 형성에 도움을 제공하고 사회성을 길러 줄 뿐만 아니라 시각적·공간적 기술과 같은 인지적 능력을 향상시키고, 다양한 간접 경험의 제공과 같은 교육적 기능을 수행하고 있다. 청소년은 이러한 매체를 즐기고 새로운 기술을 이용한 새로운 유형의 대중문화를 적극적으로 수용하면서 기성세대와는 전혀 다른 성격의 문화를 창조해 내고 있다.

　반면, 대중매체를 통해 홍수처럼 쏟아져 나오는 내용물 가운데 상당수가 청소년에게 유해한 영향을 끼치고 있고, 청소년의 일탈행동, 폭력행위 등을 유발하는 자극제가 되고 있다. 증대되고 있는 청소년비행과 관련된 정보의 대부분이 대중매체를 통해 유포되고 있는데, 이는 청소년의 가치관에 많은 영향을 미치고 감각을 둔화시키며, 가치 기준의 저하, 현실 왜곡, 범죄 기술의 전파 등을 통해 비행행위의 직접적 동기가 될 수 있는 가능성이 있다. 예를 들면, 이성적 판단능력이 부족한 청소년은 영상매체를 통해 제공되는 정보를 무비판적으로 받아들이고, 영상 속의 허상을 실제 사실인 것으로 받아들이거나 이를 모방할 위험이 있다. 특히 음란성·폭력성 정보에 노출될 경우 성에 대한 잘못된 가치관과 반사회적 행동을 유발할 수 있다는 문제점이 지적되어 왔다.

　따라서 선진국에서처럼 청소년을 대상으로 한 매체교육을 통해 청소년이 매체 환경을 정확히 이해하고 이를 주체적으로 활용케 함으로써 청소년이 자율적인 활용자가 되도록 도와야 한다.

3. 청소년문화활동의 실태 및 문제점

1) 실태

「청소년활동진흥법」 제2조에 따르면, 청소년문화활동은 청소년이 예술활동,

스포츠활동, 동아리활동, 봉사활동 등을 통하여 문화적 감성과 더불어 살아 가도록 하는 능력을 함양하는 체험활동을 말한다. 이러한 활동은 지방자치단체와 연계하여 운영되고 있는데, 대표적인 사업으로는 청소년문화존과 청소년동아리 활동 지원사업을 들 수 있다. 또한 청소년정책 전담 부처에서는 건전하고 창의적·주체적인 청소년문화를 조성하기 위하여 다양한 사업을 전개하고 있고, 청소년의 문화활동을 지원해 줄 수 있는 문화기반 시설을 단계적으로 확충하고 있으며, '미지센터' '하자센터' '스스로넷' 등 대안적인 청소년문화 공간을 지원하고 있다.

주 5일 수업제의 확대 실시와 더불어 청소년이 생활권 주변에서 문화적 감수성을 높일 수 있는 다양한 문화·예술·놀이 체험 프로그램을 접할 수 있도록 청소년을 위한 상시적 문화 체험의 장인 청소년문화존이 마련되어 있다. 청소년문화존이란 '지역 단위의 시설, 공간, 프로그램, 기타 다양한 문화적 자원이 연계·결합되어, 청소년의 문화향수, 문화감성, 문화창조 능력을 계발하게 하는, 청소년문화 인프라로서의 지역적 공간'이라 할 수 있다. 이 활동은 청소년이 상시적이고 자율적인 참여를 통해 지역사회 중심으로 청소년 건전 문화를 형성하는 것을 목적으로 하며, 청소년에게 문화적 감수성 증진을 통하여 입시 위주의 환경 속에서 청소년의 삶의 질을 향상시키고자 추진되고 있다. 또한 청소년의 생활공간인 지역사회를 청소년의 문화활동 공간으로 적극 개발하고 다양한 문화활동과 체험활동이 상시 운영되도록 함으로써 궁극적으로 지역 중심의 청소년문화를 활성화하는 데 목적을 두고 있다. 따라서 청소년이 주체가 되어 기획하고 진행하는 청소년의 다양한 문화표현의 장으로 운영될 수 있도록 하고 있으며, 모니터링을 통해 청소년 눈높이에서 청소년의 욕구가 적극 반영될 수 있도록 하고 있다. 이러한 청소년문화존사업은 2003년에 계획되어 2004년부터 8개 시·도(서울, 부산, 대구, 인천, 광주, 경기, 충북, 전북)에서 시범적으로 청소년문화존을 조성·운영하기 시작하였고, 단계적으로 확산되어 현재 16개 시·도에 대표문화존이 운영되고 있다.

다음으로, 문화·예술·스포츠 등 다양한 취미활동을 통해 청소년이 건강한 또래관계를 형성하고 자신의 특기와 소질을 계발할 수 있도록 청소년동아리활동을 지원(선정 동아리당 100만 원 지원)하고 있다. 특히 자율적이고 능동적인 청소년동아리활동 문화를 활성화하기 위하여 청소년동아리연맹을 중심으로 다양한 청소년동아리활동 지원사업을 전개하고 있다. 그 밖에도 청소년책읽기사업, 국제청소년축제 지원, 청소년 방과후아카데미 운영, 청소년 어울마당 등과 같이 건전한 문화활동의 기회 및 여건을 마련하기 위한 사업들을 확대하고 있다.

또한 청소년문화교육의 필요성이 대두되고 있다. 문화교육은 문화적 감수성이 가장 예민한 청소년기에 예술적 소양을 일깨우는 촉매가 될 뿐만 아니라 청소년 자신이 원하는 생애 설계를 할 수 있는 정신적 여유를 제공한다는 장점이 있다. 또한 지금까지 성인 중심이었던 청소년문화 정책, 천편일률적인 프로그램, 부족한 청소년 전용시설 등의 열악한 환경에 길들여져 수동적으로 문화활동에 참여해 온 청소년을 대상으로 청소년문화의 올바른 인식을 돕고 청소년의 권리와 자발적 참여를 강화하는 데 기여할 수 있는 통로의 역할을 담당하고 있다.

이러한 문화교육의 필요성과 관련한 실태조사에 따르면, 문화교육에 관한 정보를 얻은 경험이 있는 경우가 35.7%이고, 교육 제공자는 친구(38.1%), 가족(31.6%), 문화강습사(13.4%), 학교 교사(9.4%), 선후배(4.3%)의 순으로 제공자의 전문성이 떨어져 체계적인 문화교육이 제공되었다고 보기 어렵다(이강일, 2007).

2) 문제점

현대는 문화의 시대로 청소년에게 큰 영향을 미치는 제반 문화 및 여가 환경이 빠르게 변화하고 있으나, 이를 정확하게 진단하여 미래사회에 대한 체계적인 전망을 제시하려는 노력은 상대적으로 부족하다. 또한 우리나라의 대중문화는 주로 라디오 및 TV 수상기의 보급과 더불어 잡지, 주간지 등 인쇄매체의 폭발적인 증가와 함께 확산되어 왔다. 청소년을 대상으로 한 신문, 잡지, 만화는 물론 교육용 비디오, CD 등의 매체가 크게 성장하였으나 대부분이 청소년용 매체와 성인용 매체가 잘 구분되지 않고 있다. 실제로 시중에 나와 있는 대부분의 상품은 주로 성인 대중문화의 복제품에 불과하다(박진규, 2012, p. 116).

첫째, 우리 사회의 놀이 여건은 청소년에게 건강한 놀이문화를 실천하도록 하고 만족스러운 놀이 경험을 제공하기에는 열악한 수준으로 청소년이 즐길 수 있는 놀이 여건이 양적·질적으로 미비하다(김영화, 최영진, 2012). 청소년이 자신의 놀이활동에 대해 갖고 있는 불만족의 주된 이유는 '놀이 시설과 장소의 부족' '놀이 비용과 놀이 시간의 부족' 등으로 조사되고 있다. 근래 청소년을 위한 놀이시설과 공간이 많이 마련되고 있으나 여전히 그 내용 면에서 프로그램의 다양성이 부족하고, 운영 면에서 관리·감독이 소홀하여 많은 문제점을 보이고 있다.

둘째, 청소년이 문화활동을 즐기기에는 시간적·공간적 제약이 크다. 입시 위주의 교육으로 많은 청소년이 여가 시간을 사교육에 쓰다 보니 청소년 활동을 위한 시간을 마련하기가 쉽지 않다. 즉, 우리나라 대다수의 청소년은 자기 시간을 갖지 못하고, 자신의 생활이라 할 만한 것을 누리지 못하며, 자신의 목소리를 내기 어렵다 보니 청소년문화라고 부를 만한 것이 별로 없다고 해도 과언이 아니다. 뿐만 아니라 청소년을 둘러싸고 있는 사회적 환경이 매우 열악한데, 한 예로 청소년을 위한 문화 공간이 절대적으로 부족하다. 그 밖에도 청소년 관련 시설이 지역사회보다는 외부에 많이 설치·운영됨으로써 접근성이 낮고 내부 시설도 노후된 경우가 적지 않아서 청소년의 청소년기관 이용률이 낮은 편이다.

셋째, 성인문화의 영향으로 긍정적인 면보다는 부정적인 면이 많이 나타나 심각성이 대두되고 있다. 먼저, 청소년이 즐겨 찾는 문화 공간이 청소년을 위한 공간이라기보다는 성인 중심의 상업적인 공간으로서 이윤 추구의 수단으로 이용됨에 따라 청소년의 욕구를 제대로 충족하지 못하고 있다. 따라서 이러한 문화 공간을 즐겨 찾는 청소년은 창조적이고 건설적인 문화보다는 감각적이고 쾌락 지향적인 문화를 경험하기 쉽고, 이러한 공간 속에 빠지게 되면 자신의 문화 생산성을 잃어버릴 가능성이 크다.

넷째, 고급문화보다 대중문화 위주의 문화 편식 현상이 나타나고 있는데, 이는 청소년이 누리는 문화가 대중매체에 매우 큰 영향을 받고 있다는 사실과 관련이 있다. 이러한 대중문화 편식 현상은 단순히 대중문화가 고급문화에 비해 질이 낮다는 이유보다는 대중문화가 중독성이 있다는 점과 창작 같은 능동적인 문화활동보다 수동적이고 수용성이 높은 활동이라는 점 때문에 발달 과정에 있는 청소년의 정서에 부정적인 영향을 끼칠 수 있다. 특히 우리나라의 대중문화는 그 내용이 주로 외래문화로부터 도입되었다 보니 청소년을 무국적 집단으로 만들고 있다. 즉, 우리의 전통예술이나 민속문화와는 관계가 소원하고 오히려 서구문화나 다국적의 정체 불명의 퓨전문화에 더 가까운 색채를 띠고 있다(박진규, 2012).

마지막으로, 청소년의 문화활동은 대부분 생산적인 활동이라기보다는 스트레스를 해소하기 위한 소비성 문화의 성격을 지니고 있다. 청소년은 학업이나 부모와의 갈등으로 갖게 되는 스트레스를 해소하기 위해 노래방이나 오락실, 공연장 등의 공간을 이용하는 것으로 나타났는데, 이러한 공간이 생산적인 문화활동을 위한 장소로 활용되기보다는 단지 시간을 때우기 위한 장소로 활용되고 있다.

4. 청소년문화의 활성화를 위한 제언

청소년문화는 하루가 다르게 변화하고 있고, 청소년 역시 새로운 문화 영역을 끊임없이 개척하고 있다. 그러나 정부의 청소년문화 관련 정책은 여전히 과거의 낡은 틀에서 벗어나지 못하고 있다. 최근 들어 청소년문화 관련 사업이 자율적인 청소년의 문화활동에 관심을 보이고 있는 것은 사실이지만, 문화 영역에서 새로운 활동의 기회를 제공하는 적극적인 사업은 극히 미약한 수준이다.

새로운 문화란 늘 새로운 것을 도전하고 시도할 때 생겨나는 것으로, 청소년이 적극적으로 자신을 표현하고 기성세대가 시도하지 않았던 새로운 행동과 태도를 모색하는 것은 바람직한 현상이라고 볼 수 있다. 아울러 국가와 기성세대는 청소년이 적극적 · 능동적으로 자신의 사고를 표현하고 아이디어를 창출할 수 있도록 도와야 할 책임이 있다. 또한 청소년의 건전한 성장에 긍정적인 영향을 미치는 다양한 청소년문화를 경험하도록 기회를 제공하고 영상매체의 부정적인 영향으로부터 청소년을 보호하는 것은 가장 중요한 과제다. 이를 위해 대중문화의 수용 과정을 폭넓게 이해하고, 청소년에게 수용되는 방식에 관심을 기울여야 할 것이다.

청소년문화를 올바로 이해하고 활성화하기 위한 몇 가지 제언으로는 다음과 같은 것이 있다.

1) 문화복지의 확대

1980년대 초반 국민의 삶의 질을 증진하고자 향유자 중심의 문화정책 사업을 추진하는 과정에서 문화복지라는 용어를 사용하기 시작하였다. 문화복지란 정부가 국민 모두에게 인간다운 삶을 누리게 하기 위하여 최소한의 문화적 향유를 누릴 수 있도록 다양한 지원을 하는 새로운 복지정책이다. 복지적 차원에 입각하여 문화소외계층이 문화예술의 정서적·지적·예술적 감수성을 접하면서 심리사회적인 문제로부터 탈피할 수 있도록 기회를 제공한다면 문화정체성 형성 및 사회통합의 효과를 가져올 수 있다(현택수, 2006). 따라서 문화적 환경 조성, 문화예술교육 지원 및 문화예술 프로그램 제공 지원을 통해 사회적 취약계층을 포함한 전 국민의 문화적 접근 기회를 확대하고, 문화적 감수성과 창의성을 배양함으로써 궁극적으로 삶의 질을 향상시킬 수 있다.

최근 들어서는 소수 상류계층의 전유물이었던 오페라, 연극, 발레, 오케스트라 등의 고급 문화예술을 보다 많은 국민에게 보급·확산함으로써 다수의 대중이 누릴 수 있도록 접근성을 확대하고자 노력하고 있다. 이는 세계적인 문화복지 흐름에 따른 것으로, 문화체육관광부는 소외계층에게 문화 향유의 기회를 확대함으로써 문화 격차를 해소하고 소외계층의 삶의 질을 높이고자 문화예술, 관광 및 스포츠 등의 분야에서 문화복지 지원을 확대하고 있다(문화체육관광부 보도자료, 2012. 3. 29.; 정무성, 김은아, 2013 재인용).

한편, 문화활동은 청소년 문제를 해소하기 위한 대안으로 떠오르고 있다. 설민희(2009)는 청소년문화활동 경험 및 문화활동 참여 만족도가 청소년의 불안, 우울, 공격성을 낮춘다고 설명하였다. 이러한 경험은 청소년이 성장 과정에서 자아를 체득하고 인격을 형성할 뿐만 아니라 인간관계에서의 상호작용을 통해 긍정적인 사회화를 할 것으로 기대할 수 있기 때문이다(강소영, 정철우, 2013). 한 예로, 문화체육관광부는 문화예술을 접목한 학교폭력 치유 프로그램이 기존의 일방적인 강의 방식이 아닌 청소년의 감수성을 자극하는 방식으로 이루어져 청소년이 스스로에 대한 성찰을 통해 학교폭력 문제에 대한 인식을 개선하는 데 기여할 것으로 기대하고 있다(정책뉴스 2013. 3. 25.). 또한 서혜은(2009)은 정서적으로 산만했던 청소년이 문화복지 프로그램에 참여함으로써 리더로서의 자질을 향상하고 사회적 관계성을 형성함으로써 자아존중감이 높아지는 삶의 질의 변화를 나타냈다는 사례 등을 통해 문화복지의 효과성을 실증적으로 검증하였다.

따라서 청소년이 다양한 문화교육 프로그램의 개발을 통해 다양한 체험의 장을 경험할 수 있게 기회를 제공함으로써 그들이 자신의 정체성을 더욱 확고히 하고, 궁극적으로는 자신의 삶의 질을 높일 수 있도록 해야 한다.

2) 청소년문화의 개념에 대한 새로운 방식의 이해

그동안 청소년 세대는 기성세대와의 대립관계 속에서 구별되어 왔고, 그들에 대한 가치판단도 특정 사회 현상이나 사건에 따라 일방적으로 결정되곤 하였다. 한 예로, '서태지와 아이들'이 등장한 이후에 모든 십 대는 새로운 감각과 자유분방함을 가진 주체로 인식되었고, 1996년 학교폭력 조직인 일진회 사건 발생을 계기로 비행과 일탈을 범하는 무서운 주체로 인식되었다. 또한 2002년 월드컵 경기 때에는 참여와 열정의 세대로 명명되기도 하였다. 이러한 변화를 통해서 볼 때 기성세대는 자신의 편견과 기준에 따라 청소년문화를 사적인 영역, 소비문화의 영역 혹은 미성년자의 문화적 비행과 일탈의 공간으로 규정하는 경향이 많았다.

따라서 건전한 청소년문화를 정착시키기 위해서는 성인 중심적인 시각으로 청소년문화를 무시하거나 부정적으로 보는 관점에서 벗어나 청소년문화가 내포하고 있는 긍정적이고 적극적인 요소를 존중하고, 청소년의 입장에서 청소년문화를 이해하려는 태도를 지녀야 한다. 특히 청소년이 문화의 주체로 설 수 있도록 훈련과 교육과정을 통해 주체적이고 비판적인 문화의 향유자, 자율적이고 창의적인 문화의 창조자로 성장하도록 도와야 한다.

청소년은 주류문화나 지배문화와 관련하여 나름대로의 대응 전략을 끊임없이 개발해 내고 있으므로, 문화 형성 과정에서 수동적인 대상이 아닌 능동적인 행위 주체로 인식되어야 한다. 즉, 청소년이 문화의 주체적 참여자로 충분히 기능함을 인식하고, 그들을 자발적이고 자생적인 문화 향유 및 생산과 소비의 주체로 인식하여 청소년이 대중문화와의 관계를 통해 자신의 내부에 잠재되어 있는 창의적인 에너지를 생산적인 방향으로 이끌어 갈 수 있도록 도와야 한다.

또한 청소년문화는 청소년의 건강하고 주체적인 성장과 발달을 지원하고 촉진해 주는 주요한 요소이므로 청소년문화를 비판하거나 문제시하기보다는 그것이 청소년 사이에서 왜 유행하게 되었는지, 그리고 어떻게 수용되고 있는지에 대해 청소년의 입장에서 파악하려는 노력이 필요하다. 따라서 청소년의 삶과 생각, 문화적 성향 등을 독립적으로 인정하고 존중해 줌으로써 청소년 특유의 바람직한 문화를 가꾸어 가도록 도움을 주어야 할 것이다. 또한 청소년에게 문화적 자율성을 최대한 보장하고 정당화하기 위해서는 청소년을 사회적 주체이자 인권을 가진 주체로 인정하고, 그들의 문화활동을 보장하는 데 필요한 공공 재원을 마련하는 데 관심을 기울여야 한다.

3) 청소년문화 여건의 조성

청소년은 문화예술 관람활동을 원하지만 정보의 부족, 접근성의 문제, 흥미를 끌 만한 프로그램의 부재로 문화예술 향유의 권리를 누리지 못하고 있는 상황이다(박설희, 2013). 따라서 문화 프로그램을 양적으로 증대시키는 것은 물론, 문화활동을 할 수 있는 시간과 공간을 제공함으로써 청소년이 자신의 문화를 자연스럽게 즐길 수 있도록 도와야 한다. 특히 청소년이 쉽게 접근할 수 있고 불특정 다수가 이용할 수 있는 소규모의 문화 공간을 확대함은 물론 문화활동에의 적극적 참여 방법을 교육시켜 청소년이 스스로 만드는 문화 활동을 적극적으로 지원해야 한다. 한 예로, 청소년이 주체가 되어 기획하고 진행하며, 청소년이 다양한 문화표현을 할 수 있는 장으로서 현재 16개 시·도에서 운영되고 있는 청소년문화존사업과 관련하여 청소년문화존의 정체성 확립과 지역적 특수성을 반영한 차별적인 모델을 적극적으로 개발·활용해야 한다.

또한 문화예술 단체 및 청소년단체가 제한된 문화공간이 아닌 청소년을 찾아나서는 현장에서 전개할 수 있는 프로그램을 활성화하는 것이 바람직하다. 가령, 최근 주말에 각 지역에서 전개되고 있는 청소년거리문화축제를 활성화할 필요가 있다. 이러한 프로그램을 기획할 때는 청소년이 스스로 만들고 실험하고 실천하는 체험적 문화활동을 통해 문화에 대한 이해와 의식을 고양하도록 종합적인 청소년문화 육성 및 지원 전략을 구축하여야 한다.

4) 대중문화의 개선

청소년문화를 지배하고 있는 대중문화의 문제를 개선해야 한다. 최근에는 청소년이 상업 목적으로 주로 오락성을 강조하는 낮은 수준의 문화에 노출되어 있어서 자신의 전통문화를 제대로 배우지 못한 채 외래문화에 심취할 경우 문화적 정체성마저 상실할 수 있다는 우려감을 낳고 있다. 따라서 대중문화가 청소년의 문화적 성장에 긍정적인 역할을 할 수 있도록 대중문화 매체의 교육적 역할을 증대시켜야 하고, 대중문화에 대한 지속적이고 체계적인 감시를 통해 점차 수준 높은 내용이 개발 및 유통되도록 해야 한다.

또한 청소년이 자신의 문화를 스스로 만들고 실험하고 실천하는 체험적 문화활동을 통해 적절한 대중문화를 수용할 수 있도록 유도하고 지원하는 방안이 검토되어야 한다. 이에 덧붙여 국가 차원에서 청소년으로 하여금 전통문화에 대한 이해와 의식을 고양하고자 다양한 문화 경험을 하도록 종합적인 청소년문화 육성 및 지원 전략을 구축하여야 한다.

5) 청소년문화교육의 활성화

급변하는 매체 환경 속에서 청소년은 옳고 그른 것을 판단하기가 쉽지 않다. 따라서 1990년대 중반에 들어 모든 청소년을 대상으로 문화교육을 실시함으로써 문화활동을 누릴 권리를 부여하고, 청소년 스스로가 옳고 그른 것을 자율적으로 분별하며 자신을 보호할 수 있는 능력을 키우도록 문화교육에 대한 논의가 이루어졌다. 다행히 최근 청소년의 문화활동이 적극적·생산적 양상으로 변화함에 따라 정부나 지방자치단체에서는 이를 지원하는 데 관심을 기울이고 있고 청소년문화와 관련된 기반 시설들을 확충하고 있다. 그러나 아직까지는 미약한 수준에 그치고 있고, 청소년에게 새로운 문화활동의 기회를 제공하는 적극적인 사업 역시 극히 미약한 수준이다.

문화활동은 개인에게 사회에 통합할 수 있는 적합한 인성과 감수성을 발달시키고, 이를 토대로 전반적인 사회통합을 가능케 한다. 또한 이러한 활동을 통한 다양한 문화 경험이 공동체의식을 조성하고 강화하는 데 긍정적인 기능을 갖고 있으므로 이미 많은 국가에서 문화예술 활동을 촉진하기 위한 제도를 마련하여 창의성 개발이나 청소년 문제의 해결 방안으로 활용하고 있다.

지식정보사회에 접어들면서 창의성과 감성의 중요성이 강조됨에 따라 2004년 문화관광부에서는 정책적으로 어려서부터 문화교육을 받고 자유로운 분위기 속에서 창의적으로 성장한 문화시민을 기르는 문화사회의 정착을 주요 문화비전 과제 중 하나로 제시하였다. 이러한 분위기에서 문화활동은 인간의 창의성 개발을 촉진하고, 문화교육은 인간을 조화롭게 발달하게 하는 전인교육의 역할을 수행하고 있다. 따라서 어린 시절부터 문화교육을 통해 예술적 감성을 키워 성인이 되어서도 문화활동에 적극적·자발적으로 참여할 수 있도록 유도해야 한다.

청소년문화교육은 지적 교육의 범주를 넘어 청소년의 체험을 통해서 이루어져야 하고, 동시에 가치관 교육도 진행되어야 한다. 따라서 학교에서의 문화교육은 예능교육이나 특기적성 활동을 강화하는 것뿐만 아니라 모든 교과과정에 문화적 관점이 포함될 수 있도록 교과과정이 마련되어야 한다. 이를 통해 학교가 청소년문화의 중요한 공간 및 청소년문화의 확대·발전에 중요한 디딤돌이 될 수 있게 해야 한다. 또한 사회문화교육 차원에서 대안학교, 청소년문화시설, 평생학습센터, 기타 공공문화 기반시설 등 학교 이외의 다양한 사회적 영역과의 연계하에 청소년의 문화적 감수성을 함양하고, 문화활동을 활성화하기 위한 교육 프로그램을 마련하고 실시하여야 한다. 이에 덧붙여 선진국과 마찬가지로 청소년을 대상으로 한 매체교육을 실시하여 청소년이 미디어 환경에 대한 정확한 이해와 주체적인 매체 활용을 통해 문화 향유자뿐만 아니라 창조적인 문화 생산자가 될 수 있도록 도와야 한다.

더불어 다양성을 강조하는 다문화교육을 확대해야 한다. 전 영국 수상 토니 블레어(Anthony Blair, 2001)는 "우리는 우리나라의 다양성을 기쁘게 생각하며, 다양한 인종과 문화로부터 강인함을 얻어 오늘날의 영국을 만들었다."고 언급하면서 다문화를 강조하였는데, 다문화란 국제화 및 세계화 시대에 각 국가와 민족의 문화를 연결, 반영, 적용함으로써 근본적으로 각 문화의 다양성을 추구하는 것이다.

다양성이 강조되는 21세기를 살아가는 데 필요한 세계시민으로서의 지식, 기능, 태도를 갖추기 위해서는 다문화를 포용하는 자세를 배워야 한다. 즉, 최근에는 세계화되어 가는 사회에서 문화적 편견을 극복하고 차별을 해소하기 위해 다문화교육의 중요성을 점차 강조해 가고 있는데, 다문화교육이란 다양한 문화와 가치, 태도를 형성하고 다양한 구성원의 공통점 및 고유한 특성을 인식함과 동시에 서로 공존하고 협력하는 것을 의미한다. 나아가 궁극적으로는 다문화나 다양한 사고방식이 존재함을 당연한 것으로 간주하고 서로 다른 문화로 인한 행동의 차이나 사고방식의 차이를 수용 및 이해하는 교육이 필요한데, 정석원과 정진철(2012)에 따르면 다문화교육 경험이 많을수록 다문화 수용성의 수준은 긍정적으로 높아진다.

다문화사회에서 살아가게 될 청소년에게 다문화교육은 민주시민으로 성장하는 데 필수적인 요소이므로 다문화교육 프로그램 개발을 통해 다양한 경험을 제공함으로써 다양한 문화를 이해하고 포용하게 하여 궁극적으로 우리 사회의 역량을 키워 나가야 한다.

표 4-1 다문화주의에 필요한 8가지 목표

1. 다양성은 무엇으로도 대체할 수 없는 원천임을 높이 평가하라.
2. 다양성을 당신의 정체성에 통합하라.
   - 자신을 개체 간의 차이를 존중하고 자신의 역사적·문화적 유산을 높이 평가할 수 있는 한 개인으로 간주하라.
   - 다른 사람들의 역사적·문화적 유산을 존중하고 좋은 점을 인정하라.
   - 자신과 관련 있는 모든 집단을 연합할 수 있는 상위 개념적 정체성을 발전시키라.
3. 다양한 개인과의 긍정적인 관계를 형성하기 위해 자신의 고정관념이나 편견과 같은 인지적 장애를 지속적으로 줄이도록 노력하라.
4. 다양한 집단, 특히 고권력 집단과 저권력 집단 간의 상호작용에서 나타날 수 있는 뜻하지 않은 위험을 피하도록 노력하고, 구성적인 내그룹 상호작용의 조건을 만들도록 노력하라.
5. 사회적 판단을 형성하고 인정하는 과정을 창출하고, 거절의 과정을 회피하라.
6. 다양한 개인 사이에 긍정적인 관계가 형성될 수 있는 맥락을 창출하기 위한, 경쟁적이고 개인적인 노력과는 상반되는 협동적 노력을 만들도록 노력하라.
7. 논쟁적인 갈등과 중재자 프로그램(peacemaker program)을 구성적으로 관리하라.
   - 논쟁: 학습과 의사결정 상황의 일부로서 지적 갈등을 장려하라.
   - 중재자 프로그램: 문제해결을 위한 협상과 이해관계가 얽힌 갈등을 해결하기 위한 중재에 관여하라.
8. 자신의 삶에서 모든 인간의 동등한 가치 수행, 각자의 삶, 자유 그리고 행복 추구에 관해 누구나 양도할 수 있는 권리의 수행을 포함한 다원론적이고 민주적인 가치를 표명하라.

출처: 이미정 외 역(2010), p. 41.

6) 청소년문화활동 예산의 확대

청소년이 자신의 생각의 틀을 구축하고 개성과 건전하고 생동적인 문화를 형성 및 분출할 수 있도록 특성화된 문화 공간 설립과 운영 확충, 청소년 수련시설의 평가체계 확보, 청소년문화 포털사이트 구축 및 데이터베이스 관리, 청소년문화예술교육 확대 실시, 문화예술교육센터 건립, 청소년 참여 프로그램 공모전 확대 등의 소프트웨어적인 예산의 확대·전환이 요구되고 있다. 또한 가정과 학교, 사회, 국가에서는 체계적이고 유기적인 협력체제를 갖추어 문화교육의 장을 확대하고, 다양한 문화교육 프로그램을 개발하여 실질적인 문화 형성의 기회를 대폭 확장해야 한다.

05 청소년 활동

청소년기는 내적 능력을 발전시키고 다양한 경험을 통해 자신의 가능성을 찾아가는 시기로, 이 시기에 학교와 지역사회에서 경험하는 다양한 체험활동은 청소년이 자신의 미래에 대한 계획을 수립하는 데 매우 중요한 요인이다. 특히 21세기는 자신의 역경과 상황을 극복하면서 집단에서도 사회생활을 유지할 수 있으며, 창의적이고 인성을 갖춘 사람을 필요로 하고 있다. 이러한 추세에 맞추어 청소년 활동은 청소년의 균형 있는 성장을 위하여 필요한 예술활동, 스포츠활동, 동아리활동, 봉사활동 등을 통해 자신의 성장에 필수적인 기초 능력을 갖추게 해 줌과 동시에 더불어 살아가는 능력을 얻게 함으로써 스스로 미래사회의 인재가 되도록 돕고 있다.

최근 들어 물질적 풍요와 더불어 보다 건강하고 행복하게 살고 싶은 인간 욕구가 커짐에 따라 2004년부터 공공기관 등을 중심으로 주 5일 근무제가 실시되면서 건강, 웰빙(well-being), 즐거움, 행복 등 삶의 질 향상과 건전한 여가문화에 대한 관심이 증가하고 있다. 청소년도 예외는 아니어서 인간으로서 행복한 삶을 누리고 싶어 하지만, 우리나라의 청소년은 기본적인 발달과업 습득 외에도 과도한 학업경쟁에 따라 학업에 많은 시간을 할애하고 있다. 따라서 청소년의 학습과 진로에 대한 부담을 덜어 주고 다양한 체험활동을 통해 올바른 인간성을 갖춘 미래 인재를 육성하고자 2012학년도부터 전국 초ㆍ중ㆍ고등학교에 주 5일 수업제를 전면 자율 도입함으로써 삶의 질 향상과 삶의 균형을 지향하게 되었다.

청소년 활동의 관점에서 볼 때 주 5일 수업제는 학교와의 연계 여부를 떠나 청소년에게 다양한 장소에서 다양한 사람과의 상호작용을 통해 다양한 체험학습의 기회를 제공함으로써 생각의 폭을 넓힐 수 있게 해 준다. 또한 스스로 계획하여 활동하게 함으로써 자기주도적인 능력을 기르는 데도 도움을 주며, 가족과 함께하는 시간을 마련해 줌으로써 가족 간의 유대관계를 증진하는 등 여러 장점을 갖고 있다. 특히 주 5일 수업제는 학교교육에서 실시하기 어려운 문화ㆍ예술ㆍ스포츠 활동을 비롯한 사회ㆍ자연 체험 등 다양한 활동의 기회를 휴일을 통해 학생들에게 제공함으로써 스스로 배우고 생각하는 힘, 다른 사람을 이해하고 배려하는 바른 품성과 인성을 갖춘 창의적인 미래 인재를 육성하는 데 목적이 있다(교육과학기술부, 2012).

특히 「청소년기본법」의 도입과 제정 이후 청소년 개발에 대한 관심이 커지면서 청소년 활동이 수련활동이나 체험활동 수준에서 벗어나 이제는 개인의 창의적 사고와 균형 있는 성장 및 역량(competency) 개발에 주안점을 두어야 한다는 필요성이 급증하면서, 여성가족부에서는 청소년 활동 활성화를 청소년정책의 주요 과제로 채택하고 다양한 사업을 추진하고 있다. 따라서 청소년이 학교를 포함한 지역사회에서 보다 적극적인 활동에 참여함으로써 궁극적으로 삶의 질을 높일 수 있도록 지원해야 한다.

1. 청소년 활동의 개념 및 특성

청소년 활동은 청소년기의 발달과업 수행으로 얻을 수 있는 내적인 능력과 힘을 통해 궁극적으로 자신만이 아닌 타인을 위해 헌신과 봉사하는 자세를 실천에

옮기는 힘을 가짐으로써 타인과 더불어 살아갈 수 있는 인재를 양성하는 데 필수적인 요인이다.

1) 개념

청소년 활동은 청소년정책에서 차지하는 비중이 매우 큼에도 불구하고 시대를 달리하면서 청소년 육성, 청소년 수련활동, 청소년 활동 등으로 구분되어 지칭되면서 명목상으로 설명되어 왔다.

「청소년기본법」 제3조에서는 '청소년 활동'을 균형 있는 성장을 위하여 필요한 활동과 이러한 활동을 소재로 하는 수련 · 교류 · 문화 활동 등 다양한 형태의 활동으로 명시하고 있다. 또한 「청소년활동진흥법」에서는 '청소년 활동시설'을 수련 · 교류 · 문화 활동 등 청소년 활동에 제공되는 시설로 규정하고 있다.

이 밖에도 조영승(2003)은 청소년 활동을 청소년이 조화로운 인격체를 형성하기 위하여 자발적으로 공동체를 구성하고, 생활권이나 자연권 속에 마련된 수련터전의 수련거리에 참여하여 청소년지도사의 도움을 받아 심신단련 · 자질배양 · 취미개발 · 정서함양 · 봉사활동 등 배움을 실천하는 전문적 · 의도적 · 집단적 · 체계적 체험활동이라고 정의하고 있다.

그러나 점차 청소년의 역량에 관심이 높아지면서 청소년 활동의 개념도 확대되었다. 문성호와 문호영(2009)은 청소년 활동이 청소년의 균형 잡힌 성장을 위해 필요한 자발적이며 제도적으로 체계화된 실천적인 활동이라고 정의하고 있다. 그리고 김윤나와 박옥식(2009)도 청소년이 발달과업 및 성인으로서의 성공적인 삶을 위해 필요한 역량을 발전시키는 행동 또는 상호작용으로 정의 내리고 있다. 이러한 역량은 기본 역량, 실천 역량 및 시민적 역량이라는 세 가지 구성요소가 통합적으로 연결된 것으로 청소년이 각종 활동을 통해 안정되고 긍정적인 방향으로 이끌어 낼 수 있는 힘을 의미한다.

한편, 김현철 등(2010)은 청소년 활동을 긍정적인 청소년 개발 개념에 입각해서 좀 더 구체적으로 정의 내리고 있다. 즉, 청소년 활동을 청소년 체험활동으로 명명하면서 청소년기의 발달과업을 수행하기 위해 자발적으로 참여하는 제반의 활동이라고 규정하였다.

그 밖에도 권일남과 김태균(2010)은 야외에서 주로 이루어지는 교육으로서 야외라는 장소를 이용하여 주제를 찾고 교육을 수행할 목적으로 이루어지는 활동이라고 설명하고 있다. 또한 청소년 개인의 역량을 강화하고, 청소년이 다양한 능력을 보유할 수 있도록 하며, 청소년이 자신의 삶의 질을 개선하여 자신의 변화 및 도움뿐만 아니라 더 나아가서는 가정, 사회 및 국가 차원의 효율성에 적극적으로 대처할 수 있는 힘을 키우는 것이라고 설명하고 있다.

그동안 청소년 활동의 개념은 주로 수련활동의 의미와 결합되어서 사용되어 왔으나, 최근에는 청소년기의 발달과업을 수행하기 위해 자발적으로 참여하는 체험활동이라는 의미로 사용되고 있다. 즉, 체험활동이란 청소년이 다양한 체험, 경험, 활동 등을 통해 청소년기에 당면한 기본적 욕구를 충족하고, 성공적인 성인으로서의 삶을 위해 필요한 사회적 · 도덕적 · 정서적 · 신체적 · 인지적 · 직업적 측면에서의 역량을 발달시켜 나가는 일련의 과정이라고 할 수 있다(여성가족부, 2012b).

청소년 활동은 청소년이 가정이나 학교에서 체험하기 어려운 다양한 경험을 통하여 인성을 계발하고 사회 적응력을 강화시킴으로써 질 높은 삶을 누리도록 하는 활동으로서, 이를 통해 청소년의 개인 발달, 사회적 욕구 수용, 국가 및 사회에 기여하는 것을 추구한다. 이러한 청소년 활동의 기본 과정은 야외활동, 대인 및 집단 관계 개선, 학교 및 지역사회 개발활동을 통해 개인적 능력, 창조적 능력, 과학적 정보수집 능력 등 청소년의 지위와 기초 소양능력을 심화시켜 행동에 대한 책임감을 인식하고 개인적인 삶과 타인과의 조화로운 삶을 살아가는 인격체로 성장하게 하는 것이다(도종수, 성준모, 2013).

이러한 내용을 종합해 볼 때, 청소년 활동은 청소년의 성장과 발달에 도움이 되는 활동으로 청소년의 발달과 욕구에 기초하여 균형 있는 성장과 적응, 사회 적응력 향상, 발달과업의 수행 그리고 성공적인 삶을 위해 필요한 역량 등의 개발은 물론 가정과 사회 및 국가 차원에서 도움이 되는 필요한 역량을 발달시켜 나가는 과정이라고 정의할 수 있다.

2) 특성

청소년에게 여가는 긴장과 스트레스의 해소를 통해 균형 잡힌 정서 형성에 도움을 주고, 청소년 인지 발달의 촉매재 역할을 하며, 청소년이 긍정적 정체감을 갖게 해 준다(권영길, 차상운, 2013). 따라서 단순히 휴식을 취하거나 시간을 허비하기보다는 청소년기를 개인 생활의 재충전과 자기발전을 위한 기회로 만들 수 있도록 여가활동을 활성화해야 한다.

(1) 의의

현대사회에서는 단지 지식 중심의 능력만이 아닌 다방면의 체험을 기초로 자신의 잠재능력을 최대한 발휘할 수 있는 청소년을 요구하고 있는데, 입시 위주의 학교교육만으로는 청소년이 올바른 자질을 함양하고 전인적 성장 및 발달을 이루는 데 한계가 있다. 따라서 다양한 체험활동을 통한 다양한 문화와 역사, 지역사회에 대한 이해력이 필요하다.

최인재 등(2011)의 조사에 따르면, 우리나라 청소년의 행복지수는 다른 국가에 비해 낮은 수준으로서 우리나라 청소년의 삶이 결코 행복하지 않다는 것을 보여 주고 있다. 특히 입시 위주의 학교 및 사회 분위기가 청소년에게 스트레스로 작용하고 있는데, 이러한 스트레스가 자칫 문제행동(도벽, 공격성, 우울 등)으로 이어져(심은실, 김영혜, 2011) 건강한 성인기로의 이행에 걸림돌이 될 수도 있다. 따라서 청소년이 일상생활에서 스트레스를 해소하며 자신의 삶을 즐겁고 행복하게 살아갈 수 있도록 다양하고 체계적인 청소년 활동을 활성화해야 한다. 이러한 활동을 통해 학업과 입시에 의한 스트레스를 해소할 수 있는 통로를 마련해 주고, 가정과 학교에서의 일상을 벗어나 자유로움을 경험할 수 있는 기회를 제공하여 긍정적인 행동으로의 변화를 이끌어 낼 수 있다(진은설, 임영식, 2011).

청소년의 건전한 사회성 발달을 위해서는 가정과 학교에서 입시 위주의 경쟁적 교육 풍토를 지양하고 의미 있는 활동 참여를 유도하는 것이 매우 중요하다. 학교가 더 이상 학생청소년의 전인적 성장을 지원해 주지 못하고 교육 본래의 기능을 상실해 가는 현대사회의 현실 속에서 청소년의 사회적 가치에 대한 공감이 확산됨에 따라 이들의 역량개발을 위한 학교 밖 교육의 필요성이 강조되고 있다.

청소년 활동은 청소년이 학업과 입시에 따른 스트레스를 해소할 수 있는 통로가 될 뿐만 아니라 가정이나 학교에서 체험하기 어려운 다양한 경험을 통해 인성을 계발하고 사회 적응력을 강화시킴으로써 질 높은 삶을 누리도록 하는 활동을 말한다. 이는 학교에서의 지식교육 이상으로 중요한 의미를 가지며, 청소년기 이후의 삶인 성인기와 노년기를 가치 있고 의미 있게 보낼 수 있도록 도와주는 데 중요한 역할을 담당한다(김지혜, 2009). 또한 청소년의 적극적인 활동에의 참여는 개인에게 주어진 여가 시간의 활동능력을 향상시키고 원만한 대인관계 및 공동체의식을 형성하는 데 도움이 되며, 긍정적인 사회성 함양과 더불어 성인의 원만한 일상생활을 영위할 수 있는 준비단계로서의 경험을 얻을 수 있게 해 준다(이명숙, 2002).

그 밖에도 청소년 활동은 청소년으로 하여금 자주적 · 합리적 사고를 통해 당면 과제를 자발적 · 능동적으로 실천하는 능력을 향상하도록 한다. 또한 사회 내의 자주적 구성원임을 지각하여 책임감과 사회성을 기르게 하고, 단체생활을 통해 준법정신을 함양하여 지도성, 협동성, 봉사정신 등의 자질을 키울 수 있도록 한다. 아울러 다양한 취미활동을 통해 보다 폭넓은 생활 태도를 익히고 다양한 직업적 경험의 기회를 가져 현명한 진로 선택의 능력을 증진시킬 수 있게 한다.

한 예로, 스포츠활동에의 자발적 참여는 정서 순환, 성취감 등을 경험하게 함으로써 원만한 교우관계 형성, 학급활동, 교사와의 관계 형성 등 학교 적응에 긍정적인 영향을 미치고 있다(이영오, 김영주, 2011). 또한 청소년 봉사활동은 학교에서 배운 지식을 현장에서 실천함으로써 응용력과 창의력을 키우고 자신과 이웃을 새롭게 조망하며 민주시민을 훈련하는 계기가 되고 있다. 특히 청소년이 지역사회를 돕는 경험을 통해 지역사회 공동체에서의 소속감을 새롭게 인식하고 이웃과 더불어 사는 의미를 몸소 체험함으로써 긍정적 자아정체감을 형성하도록 하는 데 도움이 되고 있다.

따라서 정부에서는 청소년의 체험활동을 통한 전인적 발달을 위해 교육적 정책개발과 예산의 투입, 그리고 다양한 체험활동 교육 프로그램의 개발과 지원 같은 교육적 노력을 지속적으로 추진하고 있다. 학교 안 차원에서는 2010년부터 교육과학기술부의 주관하에 창의적 체험활동이 교육과정의 일환으로 이루어져 오고 있으며, 학교 밖 차원에서는 지역사회 및 지역 자원과 연계된 청소년 체험활동 교육 프로그램이 다양하게 이루어져 오고 있다(김현철 외, 2010). 이러한 체험활동은 문화 · 예술활동, 과학 · 정보활동, 모험 · 개척활동, 자원봉사활동, 직업 · 진로활동, 정책참여활동, 국제교류활동, 동아리활동 등 다양한 영역에서 이루어지고 있다.

최근 「청소년기본법」 개정 이후 청소년 활동이 수련활동이나 체험활동 수준에서 벗어나 개인의 창의적 사고와 역량개발에 주안점을 두어야 한다는 필요성이 급증하고 있고, 청소년의 균형 잡힌 성장을 목표로 하는 청소년 활동에 대한 인식도 강화되고 있다. 따라서 정부에서는 청소년정책의 주요 과제로 청소년 활동 활성화를 채택하고, 교육적 정책개발, 다양한 체험활동 프로그램 개발 및 지원을 지속적으로 추진하고 있음은 물론, 청소년수련인증제, 국제청소년성취포상, 청소년종합정보시스템 구축, 청소년 상담사 및 지도사의 지도 인력 양성 등에 주력하고 있다. 이러한 다양한 청소년 체험활동은 청소년의 창의성과 인성을 비롯하여 협동심, 배려심, 개척심, 리더십 등의 역량개발에 기여하고 있다(이주석 외, 2013).

(2) 효과

청소년기의 다양한 체험활동은 청소년의 신체적 · 정신적 피로를 풀어 주고 생활 속의 욕구불만과 갈등, 좌절, 불안 등을 해소시켜 정서적 안정을 찾게 함은 물론, 사고의 깊이를 더해 주고 적성을 발견할 기회를 주며, 진로 선택의 폭을 넓히는 데 도움을 제공함으로써 자신에 대한 긍정적 인식과 태도를 형성하는 데 매우 중요한 역할을 한다. 특히 청소년은 집단활동을 통해 민주시민의 자질을 함양하고, 다양한 자기표현의 기회를 통해 타인과의 관계를 개선하며, 개인의 능력 및 삶의 가치를 고양함으로써 전인적 성장과 사회적 연대감의 중요성을 깨닫게 된다.

청소년은 이러한 활동을 통해 자신에 대해 더 알아가고, 자신을 소중하게 여기며, 스트레스 상황에서도 자신을 조절할 수 있게 되는 등 자신에 대한 긍정적

인 시각을 키우면서 자아정체감 형성과 자아존중감 향상을 도모하고 있다. 진은
설과 임영식(2009)의 연구에서는 청소년 활동이 새로운 경험과 또래관계 및 학교
생활에 대한 만족을 향상시키는 데 긍정적인 영향을 미쳤으며, 조아미와 신택수
(2012)의 연구에서도 청소년 활동이 사회성을 증진시킴으로써 또래 간의 갈등 조
정 능력과 문제해결 능력을 향상시켰음이 관찰되었다. 또한 체험활동은 교우관
계, 사제관계, 학습활동 등 학교생활 적응 수준을 높이고 있다(고관우, 남진열,
2011). 그 밖에도 청소년기의 동아리활동은 사회활동 참여를 통해 대인관계와 소
속감을 갖게 하고 타인으로부터 인정을 받게 만듦으로써 사회적 효능감 증진에
도 영향을 미치고 있다(이순자, 2006).

지금까지 내용을 종합해 보면, 긍정적인 체험활동 경험은 청소년의 신체적·
심리적 건강 증진에 도움을 주고 타인과 더불어 활용할 경우 사회적 욕구를 충족
하는 등의 기능을 담당하므로 청소년에게는 매우 중요한 삶의 요소다.

2. 청소년 활동의 발달 과정

1980년대에 들어오면서 청소년을 바라보는 시각이 문제와 보호 중심에서 벗
어나 예방의 중요성을 강조하면서 청소년정책이 소수 및 문제 청소년의 선도와
보호 위주의 정책에서 청소년의 건전 육성 중심 정책으로, 사후 교정보다는 사
전 예방으로, 청소년을 정책 대상으로 보는 관점에서 정책 파트너로 보는 관점
으로, 중앙 및 공급자 중심 정책에서 지역, 현장 및 수요자 중심 정책으로 방향
전환을 이루었고, 이에 대한 사회적 공감대가 형성되기 시작하였다(권일남 외,
2012). 이러한 분위기 속에서 청소년 활동은 청소년의 체험과 활동의 기회를 제
공하는 중요한 토대가 되었음에도 불구하고 여가생활 이상의 가치를 부여하지
못하고 있다.

이러한 문제점을 극복하고자 제4차 청소년정책 5개년 계획(2008~2012년)에서
는 새로운 시대적 변화에 능동적으로 대응하고자 새로운 용어인 '역량
(competency)'을 제시하면서 청소년 활동이 수련, 문화, 교류라는 활동영역 수준

에서 벗어난 청소년의 균형 있는 성장이자 역량이라는 점을 강조함으로써 청소년 활동의 의미를 확대하고 있다.

1) 청소년 활동정책 부재기(1964~1984년)

이 시기에는 문제청소년에 대한 대책 중심의 청소년정책이 주를 이루었기 때문에 문제청소년 중심의 정책 및 극빈계층의 아동 · 청소년 등 어려운 여건의 청소년에 대한 사회적 구호 위주의 매우 제한된 복리 증진 중심의 정책에 중점을 두었다. 따라서 청소년정책은 급격한 산업화에 따른 청소년 문제의 심각성에 대응하고자 일부 문제청소년에 대한 선도 · 보호를 중심으로 하였다. 또한 청소년의 건전육성을 표방하고 있긴 하지만 비행청소년이나 문제청소년에 대한 교화의 의미를 내포하고 있어 청소년 활동을 조장하고 지원하는 청소년 활동정책을 다루고 있다고 보기는 어렵다. 따라서 1985년 이전에는 일부 문제청소년을 대상으로 하는 청소년정책으로 인해 청소년 활동정책이 존재했거나 거의 이루어지지 않았다고 볼 수 있다.

2) 청소년 활동정책 전개기(1985~2004년)

1980년대 중반부터 청소년 문제는 다수의 일반 청소년에게까지 확산되어 가는 추세를 보임에 따라 1985년 '청소년 문제 개선 종합대책 세부추진계획'이 발표되면서 과거 일부 청소년의 문제 대응에서 벗어나 다수 청소년의 건전 육성이라는 정책적 패러다임으로 변화하는 계기를 맞이하게 되었다(김광웅 외, 2009; 정효진, 2010).

1991년에 제정된 「청소년기본법」은 청소년 수련활동을 보장하여 청소년의 여가생활을 풍요롭게 하고 지속적인 활동 여건을 마련해 줌으로써 청소년이 자기주도적 생활역량을 배양하는 데 큰 도움을 제공하였다. 초기의 청소년 활동은 청소년 수련활동이라는 용어를 사용하였는데, 당시 '수련'은 청소년이 건강한 심신을 단련하고 건강한 인격체를 갖추도록 하되 스스로의 능력을 배양하기보다는 주어진 틀 속에서 양육되는 의미가 강했다. 특히 이 법령의 2/3 정도를 청소년 수련활동과 관련한 사항으로 규정함으로써 당시 청소년 수련활동이 '청소년 육성'의 중심 영역이었음을 보여 주고 있다. 따라서 1990년대 초의 '청소년기본계획'과 「청소년기본법」은 기존의 청소년정책 관련 영역을 청소년(수련) 활동을 중심으로 하고, 청소년복지와 교류 등으로 한정하여 집중시켜 놓은 셈이다.

이러한 법적 근거의 마련은 청소년 담당 부처 설립, 청소년수련시설 마련 및 청소년 지도사 양성 등 수련활동 여건을 제도적으로 구축하는 전환점이 되었고, 청소년 활동을 수행하는 각종 인프라를 구축하였으며, 청소년에게 경험의 기회를 제공하였다. 또한 법적 지원하에 민간 차원에서 실시되었던 청소년 활동을 법 제정 이후 국가 차원에서 추진하게 되면서 청소년 활동이 제도권으로 흡수되었다. 그 밖에도 1~3차 청소년육성5개년계획에서도 청소년수련시설의 확장, 청소년지도사의 꾸준한 배출 등과 같은 외형적 성장을 이룩하였다.

한편, 1990년 이전까지 청소년 활동은 청소년 단체를 중심으로 전개되었던 청소년 단체활동을 지칭하였으나, 「청소년기본법」 제정 이후 청소년 육성과 관련하여 국가가 청소년에게 체계적으로 활동 기회를 제공하고 지원하는 청소년 수련활동이 중점적으로 논의되었다. 이후에 학교 밖의 활동이 청소년 수련활동 중심으로 진행된 반면, 학교교육에서는 특별활동 중심으로 논의가 이루어져 왔다.

그러나 청소년 활동 면에서 청소년정책의 핵심 영역으로서의 구체적인 정책 방향이나 성과는 찾아보기 힘들다(김윤나 외, 2008). 또한 청소년 문제 개선 종합대책 세부추진계획에서 청소년 활동을 직접적으로 언급하지 않은 것을 보면 청소년 활동이 핵심적인 정책 영역으로 채택되지 않았음을 알 수 있다. 이후 청소년육성종합계획에서는 '청소년 건전육성'이 '청소년 건전활동지원'으로 명시되면서 청소년 활동의 중요성을 인식하게 되었지만, 아직까지는 청소년의 성장과 지원에 있어서 성인 중심적 시각에서는 벗어나지 못하였다.

3) 청소년 활동정책 태동기(2005년~현재)

청소년에 대한 시각은 '사회 변화의 동반자(youth as partner)' 혹은 '자원으로서의 청소년(youth as resource)'으로 바뀌었으며(이광호, 2005), 사회 속에서 기여할 수 있는 인간으로서의 성장을 지향하는 청소년정책의 방향이 유지되어 오고 있다. 특히 청소년정책에 있어서 청소년 활동은 가장 중요한 영역으로 자리매김함과 동시에 2005년 「청소년활동진흥법」의 제정으로 청소년 활동을 위한 제도적 지원이 가능해졌고, 국가청소년위원회의 출범과 더불어 '새로운 통합적 청소년정책'에서 청소년 존재에 대한 새로운 인식을 바탕으로 한 청소년정책의 새로운 방향이 모색됨으로써 청소년 역량개발을 주요 정책 목표로 하는 청소년 활동정책이 시작되었다. 과거의 청소년 활동정책이 여가활동 중심의 청소년 활동을 지원하는 형태로 발전해 왔다면, 2005년 이후 청소년 활동정책의 방향은 청소년의 사회적 자립을 지원하기 위한 청소년 역량개발을 핵심으로 하는 청소년 활동정책을 통해 청소년 활동의 사회적 필요성과 잠재력을 높이는 계기가 되었다(조남억, 2011).

2004년 「청소년기본법」의 개정과 「청소년활동진흥법」의 제정을 통해 '청소년 활동'은 청소년의 균형 있는 성장을 위하여 필요한 활동 및 이러한 활동을 소재로 하는 수련·교류·문화 활동 등 다양한 형태의 활동을 의미하고 있다. 1991년 제정된 「청소년기본법」은 2004년에 청소년 관련 3법으로 제정·개정되어, 「청소년기본법」은 청소년 육성의 기본 원리와 정책적 근간에 관한 사항 중심으로 규정하고, 청소년 활동과 관련된 규정은 「청소년활동진흥법」으로, 청소년의 복지에 관한 규정은 「청소년복지지원법」으로 보완·제정함으로써 청소년 관련 법의 체계와 내용을 갖추어 청소년 활동·청소년복지·청소년 보호에 대한 정책적 지원이 유기적이고 종합적으로 이루어지게 되었다(정효진, 2010).

특히 「청소년활동진흥법」은 미래사회의 주역이 될 청소년이 수련활동을 비롯한 문화와 교류활동 등 다양한 청소년 활동을 수행하기 위한 제도적 기반을 마련함으로써 본격적인 청소년 활동정책 추진을 가능하게 하였다. 같은 법 제2조에서는 '청소년 수련활동'을 청소년이 청소년 활동에 자발적으로 참여하여 청소년 시기에 필요한 기량과 품성을 함양하도록 하는 교육적 활동으로서 청소년지도자와 함께 청소년 수련거리에 참여하여 배움을 실천하는 체험활동으로 명시하였다. 또한 '청소년 교류활동'이란 청소년이 지역 간·남북 간·국가 간의 다양한 교류를 통하여 공동체의식 등을 함양하는 체험활동이고, '청소년문화활동' 이란 청소년이 예술·스포츠·동아리·봉사 활동 등을 통하여 문화적 감성과 더불어 살아가는 능력을 함양하는 체험활동을 의미한다. 이에 덧붙여, 이 법에 근거해서 청소년 활동의 제도화와 신뢰성을 높이기 위해 2006년부터 청소년수련활동인증제를 실시하고 있다.

「청소년활동진흥법」의 성과를 살펴보면 다음과 같다. 첫째, 주 5일 수업제와 같은 새로운 사회적·제도적 환경 변화에 주목하면서 「청소년기본법」에서 청소년수련활동 위주로 규정되어 있던 청소년 활동을 수련·교류·문화 활동 등으로 확대하여 정책적 범위를 확대하였으며, 청소년 스스로 다양한 청소년 활동에 참여하게 함으로써 자기 자신의 기량과 품성을 함양하도록 하기 위한 제도적 기반을 마련하였다. 둘째, 학교 및 평생교육기관과의 협력체계 구축을 명시함으로써 지역사회 내에서 청소년 활동의 공동 책임을 강조하였다. 셋째, 청소년 수련활동의 체계적인 관리와 지원을 위한 청소년수련활동인증제의 도입, 한국청소년활동진흥원(구 한국청소년활동진흥센터)의 역할과 지방센터의 설립 등을 명시함으로써 청소년활동정책사업의 제도화와 청소년 관련 사업의 효율적인 집행을 가능하게 하였다. 그러나 같은 법에서 청소년 활동을 보장하기 위한 내용을 명시하였음에도 불구하고 이를 위해 국가가 무엇을 어떻게 지원해 줄 것인가에 대한 근거 조항이 미흡하고, 청소년수련활동 인증 프로그램의 사후 관리에 관한 내용 역시 미비한 수준이다.

그 밖에도 교육과학기술부(2009)에서는 재량활동과 특별활동으로 구분하였던 비교과 영역의 활동을 자율활동, 동아리활동, 봉사활동, 진로활동으로 통합 운영함으로써 청소년의 체험을 강조하는 '창의적 체험활동'을 강조하였다. 창의적 체험활동이란 '미래사회가 요구하는 창의적인 인재 양성'을 목적으로 학생의 핵심역량 강화, 폭넓은 인성교육 추구, 학교의 다양화 유도, 학습의 효율성 제고라는 네 가지 영역을 기초로 현행 특별활동과 창의적 재량활동을 통합한 것이며, 세부 영역으로 자율·진로·봉사·동아리 활동을 포함하고 있다. 현재 청소년 분야에서 추진하고 있는 수련활동인증제와 국제성취포상제, 방과후아카데미, 청소년 자원봉사활동 등은 창의적 체험활동과 연계될 수 있는 프로그램이다

(권일남, 최창욱, 2011).

　2010년 여성가족부로 청소년 업무가 이관됨과 더불어 수정·보완된 제4차 청소년정책기본계획에서도 청소년의 자기주도적 역량 증진을 핵심 분야의 하나로 선정하고, 세부 영역을 '다양한 체험활동 기회 확대' '시민역량 증진 및 인성교육 강화' '자기주도적 진로개척지원'으로 설정함으로써 새로운 통합적 청소년 정책의 기조를 유지하고 있다.

3. 청소년 활동의 유형

　1995년에는 입시 위주의 학교교육의 문제점을 해결하고자 학교 수업이 아닌 체험 위주의 다양한 활동을 마련하여 청소년으로 하여금 민주시민으로서의 자질 향상과 사회생활에 필요한 직업에 대한 탐색 및 준비의 기회를 갖도록 하였다.

1) 봉사활동

　봉사활동은 바람직한 인성계발은 물론 사회 참여의 기회를 통해 성인기로의 이행 과정에 놓여 있는 청소년의 개인적·사회적 발달에 도움을 제공하고 청소년이 책임있는 민주시민으로 성장하도록 돕는다. 즉, 청소년은 봉사활동을 통해 지식 중심의 교육에서 벗어나 지역사회의 다양한 활동 터전에서 실천적 활동을 체험함으로써 이타성, 공동체의식 등의 사회성과 민주시민 의식을 키운다. 또한 봉사활동을 통해 적성을 발견할 뿐만 아니라 타인을 돕는 즐거움을 경험함으로써 삶의 전반적인 만족도 향상도 경험하게 된다.

　입시 위주의 교육환경으로 인한 병폐를 개선하고, 청소년의 건전한 인성과 공동체의식 함양을 위한 방안의 하나로 청소년 자원봉사활동이 1995년 이후 현재까지 제도화되어 운영되고 있다. 이러한 봉사활동의 중요성을 인식하면서 2011년 12월 말까지 전국 청소년활동진흥센터를 통해 자원봉사활동에 참여한 청소년의 수는 총 264만 9,290명으로, 이것은 2010년에 비해 8.3% 증가한 수치다(여성가족부, 2012b). 이후 정부는 봉사활동 결과를 학교생활기록부에 반영하도록 하고 있고(문성호, 문호영, 2009) 그 결과를 상급학교 진학 시 반영하도록 함으로써 개인적인 차원에서 이루어지던 청소년 봉사활동을 제도화하였다. 이러한 국가의 노력으로 청소년 봉사활동에 대한 참여도는 점차 증가하고 있다.

청소년기의 자원봉사활동은 학교교육 이외의 활동을 통하여 새로운 경험을 획득하게 하고, 무보수의 활동을 통하여 타인에게 도움을 줄 수 있는 보람 및 성취감을 체험하게 함으로써 청소년의 긍정적인 인성개발에 도움을 주는 교육적 의미가 강조된다(이성은, 2009). 이러한 청소년 자원봉사활동은 여러 연구에서 자아존중감, 이타성, 사회성, 진로 선택에 유익한 영향을 미치는 것으로 밝혀짐에 따라 궁극적으로 청소년의 삶의 질을 향상시키거나 청소년의 삶에 대한 행복도를 증진시키고 있음을 알 수 있다(김윤나, 박옥식, 2009; 도종수, 2011; 정준교, 2005). 이를 좀 더 자세히 살펴보면 다음과 같다.

첫째, 청소년의 자아존중감을 향상시킬 수 있다. 많은 선행 연구에서 청소년 봉사활동의 효과로 자아존중감, 자기효능감, 자아탄력성 등 자아개념 향상을 보고하고 있다(김선숙, 안재진, 2012; 문성호, 문호영, 2009; 박재숙, 2010; 이성은, 2009). 봉사활동은 자아를 찾아가는 청소년 시기에 그들의 내적 특성을 보다 견고하게 하여 자아존중감, 자기신뢰감과 같은 자아개념의 발달에 기여한다(허성호, 정태연, 2010). 즉, 청소년은 봉사활동을 통해 자신의 노력을 인정받음으로써 자기 자신을 바라보는 태도와 타인이 자신을 바라보는 태도에 있어 모두 긍정적 강화를 받게 되며, 이러한 과정이 긍정적 자기가치 형성에 도움을 주어 자아존중감의 향상을 가져올 수 있다. 또한 청소년은 봉사활동을 통해 집단에 기여하고 새로운 기술과 책임을 배우게 되며, 프로그램의 실행에 있어서 자신의 생각과 아이디어를 제안할 수 있는 기회를 갖는 등 많은 책임과 통제권을 부여받는다. 궁극적으로 자원봉사활동은 청소년이 삶의 의미 혹은 가치를 확립하는 데에도 긍정적으로 작용하고, 봉사활동에 적극적으로 참여하는 청소년은 자신의 삶에 대해 만족해하는 경향을 보인다(문성호, 문호영, 2009).

둘째, 봉사활동은 청소년의 대인관계 능력에 긍정적인 영향을 미친다. 허성호와 정태연(2010)이 한국청소년패널조사 데이터를 활용하여 중학교 2학년부터 대학교 1학년까지 6년간의 종단 자료를 분석한 바에 따르면, 자원봉사활동은 부모 애착, 친구 애착과 같은 관계 형성 및 정서적 발달에 긍정적인 효과를 발휘하는 것으로 분석되었다. 뿐만 아니라 봉사활동은 청소년이 이타적인 삶을 살아가는 습관을 갖도록 하는 데 도움을 준다. 이와 유사하게, 남을 돕기 위한 동기를 가지고 봉사활동에 참여한 청소년이 성적이나 진학 및 취업 때문에 봉사활동에 참여한 청소년보다 이타성이 높은 것으로 나타났다(이현숙, 2000).

셋째, 봉사활동은 청소년이 진로 및 직업을 선택할 경우에도 긍정적인 영향을 미친다. 봉사활동을 통해 청소년은 직업 선택에 영향을 줄 수 있는 통찰력을 얻게 되고 미래 직업을 탐색할 수 있는 기회를 경험한다(김범수, 2001). 또한 자신의 적성을 발견하거나 새로운 기술을 학습할 수 있게 되고, 이미 가진 기술을 더욱 발전시킬 수 있으며, 장래 진로 선택에도 도움을 받는 것으로 나타났다(문영희, 2003; 유승엽, 이영주, 2004).

넷째, 청소년의 지역사회 공동체의식에 긍정적인 영향을 미치는 것으로 나타났다(박재숙, 2010; 이성은, 2009). 봉사활동은 청소년으로 하여금 가치 있는 삶을 직접 체험하여 그 의미를 깨닫고 실천 과정에서 기쁨과 보람을 느끼면서 이상적인 공동체의 삶과 사회적 연대감의 중요성을 인식하도록 도와준다(문영희, 2003). 다시 말하면, 청소년은 봉사활동을 통하여 봉사활동 대상인 공동체와의 상호 의존관계를 이해하며, 단순히 봉사자-수혜자라는 관계를 초월하여 자신이 공동체와 연관되어 있다고 느끼는 연대감, 타인을 배려하는 의식, 공동체의 규범을 준수하는 질서의식 등을 함양하게 된다(은지용, 2002). 또한 봉사에 참여한 청소년은 지역사회 공동체의식이 증가하여 지역사회에 대한 애정과 문제해결 의지 및 사회적 책임감도 높아진다.

종합해 볼 때, 봉사활동은 청소년의 진로 및 직업 선택에 긍정적으로 영향을 미치고, 자아존중감과 자기효능감 외에도 공동체의식, 이타성, 사회적 책임감의 향상 등 사회에 대한 긍정적 태도를 형성하는 데에도 도움을 준다. 또한 봉사활동은 청소년이 성숙한 사회성을 기를 수 있게 함으로써 청소년의 삶을 더욱 풍요롭게 하고, 궁극적으로 그들이 전인적인 인간으로 성장하도록 하는 데 기여하고 있다.

'생색내기 봉사'는 가라 … 대학생 팀장 따르며 '솔선수범'

중·고생 자원봉사 新모델 제시한 '해피프렌즈'

대한생명이 운영하는 청소년봉사단 '해피프렌즈'는 중·고등학생 봉사활동의 새로운 지평을 열었다는 평가를 받고 있다. 그동안 청소년 봉사활동은 대학입시에 도움을 받기 위한 생색내기에 그치거나 의욕을 갖고 참여하더라도 어떻게 해야 할지 방법을 몰라 흐지부지되고 말았던 경우가 많았다. '해피프렌즈 청소년 봉사단'은 이런 문제점을 해결하기 위해 2006년 1월 출범했다.

◆ 대학생 팀장의 가이드

대한생명이 구호단체 월드비전과 함께 설립한 해피프렌즈는 전국 10개 지역 30개 중·고등학교의 학생 330여 명이 참여해 월 1회 이상 자발적이고 창의적인 봉사활동을 벌이고 있다. 방학기간에는 다양한 형태의 봉사캠프도 실시한다.

눈여겨봐야 할 대목은 대학생 팀장이다. 중·고등학생들은 시간에 제약이 많고 신체적 한계로 일반 성인과 같은 봉사활동을 하기가 쉽지 않다. 이 때문에 복지단체가 꺼리는 경우가 많아 1회성 행사로 끝나는 일이 다반사였다. 이 같은 문제점을 개선하기 위해 청소년들이 알차게 봉사활동에 참여할 수 있도록 대학생 팀장을 둔 것이다. 대학생 팀장은 사전에 봉사활동 관련 교육을 충실히 받은 뒤 봉사단원을 모집할 때부터 학교와 학부모를 직접 찾아 봉사활동의 의의와 배경을 설명한다. 매달 봉사활동 기획회의를 소집하고 연락을 담당하며 봉사활동 장소를 물색하는 것도 대학생 팀장의 몫이다. 청소년 봉사단원들이 오롯이 봉사에만 집중할 수 있도록 도와주는 것이다. 단원들은 팀장을 구심점으로 믿고 따르며 더욱 생산적인 활동을 할 수 있다고 회사 측은 설명했다.

– 중략 –

◆ 연탄배달부터 집짓기까지

여름방학을 이용한 여름 봉사캠프는 다양한 봉사활동을 할 수 있는 장이었다. 기름 유출 피해 복구에 주력하고 있는 충남 태안을 찾아 해변정화활동을 벌이기도 했고 해비타트 사랑의 집짓기 현장에서 건축자재를 나르는 등 집짓기도 도왔다. 지난 8월에는 일손이 부족한 농가를 찾아 감자 캐기, 농작물 제초 작업 등의 농촌봉사를 실시했다. 폭우로 피해를 입은 노인 가정을 방문해 집 안 정리와 수리도 도왔다. 매년 겨울 방학 때는 강원도 태백지역을 찾아 독거노인 분들이 겨울을 따뜻하게 날 수 있도록 연탄을 전달한다. 설을 맞아 사골국물, 떡국 떡, 만두 등의 명절음식을 전달해 드린다.

◆ 최우수팀에는 해외봉사 기회

1년 동안 열심히 봉사활동을 벌인 최우수 봉사팀에는 해외 자원봉사의 기회가 주어진다. 아프리카 케냐를 찾아 야생동물들이 어린이를 해치지 못하도록 울타리 공사도 하고 4km를 걸어 직접 물을 긷기도 한다. 캄보디아 · 베트남 · 엘살바도르 · 인도 등을 방문해 현지 청소년들과 문화교류의 시간을 갖고 초등학교 담장 페인트칠 등의 봉사활동을 벌이기도 한다.

출처: 한국경제(2011. 12. 22.).

2) 동아리활동

최근 들어 학교 차원에서 교과 외 학생활동이 교과활동만으로는 성취하기 어려운 부분을 보충해 줄 수 있는 교육적 가치가 있음을 인식하고 체험적인 접근으로 이루어지는 자발적 · 자율적 활동을 강조하고 있다. 이러한 학생활동의 대표적인 것이 동아리활동이다.

동아리는 공통의 목적과 관심사에 따라 형성 · 운영되는 작은 모둠이라는 의미로, 동아리활동은 취미나 소질, 가치관이나 문제 등을 공유하는 청소년에 의해 자생적 혹은 공식적으로 조직되어 공동의 목표를 가지고 학교 정규 수업 시간 이외의 시간에 지속적으로 이루어지는 자치활동이다(김정주 외, 2003). 동아리활동은 교사 주도의 교과활동과는 달리 학생의 자발적 참여와 공동의 노력으로 동아리 운영을 준비하고 경험하기 때문에 성취감을 얻을 수 있고, 또래와의 활동을 통해 자신과 자신의 역할에 대한 이해를 키우며, 사회적 관계를 배워 나갈 수 있다. 이러한 과정을 통해 청소년은 사회 · 학업 · 자아개념 영역에서 긍정적인 자아상을 발견하게 된다.

표 5-1 청소년동아리활동 영역별 내용

영역	내용
문화감성활동	만화, 무용, 연극, 뮤지컬, 전통문화 활동, 미술, 댄스, 힙합, 영화 감상, 오케스트라(관악), 코스프레 등
과학정보활동	모형, 생명과학, 생활과학, 인터넷 정보, 천체관측, 영상매체 활동, 사진, 영상(편집) 활동 등
봉사협력활동	봉사활동, 수화 등
모험개척활동	탐사 · 등반 활동, 야영 활동, 해양 활동, 오지탐사, 극기훈련, 수상훈련, 병영체험, 호신술, 인공암벽, 인라인스케이트, 서바이벌 등
환경의식활동	생태 활동, 환경 탐사, 숲 체험, 친환경용품 만들기, 환경 살리기, 환경 · 시설보존 활동 등

출처: 허철수, 강옥련(2010).

이러한 동아리활동은 자아개념의 발달, 사회성 함양, 리더십 계발, 삶에 대한 만족도 향상 등 다양한 측면에서 청소년기 발달에 도움을 주는 것으로 알려져 있다(김정주 외, 2003; 허철수, 강옥련, 2010). 특히 체험의 지속성을 강조하는 청소년 동아리활동은 사회적 기술과 재능을 발전시키는 기회인 동시에 현장 중심의 다양한 활동을 통해 성취감을 경험하게 하고, 창의력과 문제 해결력을 키우는 데 큰 도움을 준다. 또한 청소년으로 하여금 신체적 · 감정적으로 안전감을 느낄 수 있게 하며, 소속감을 경험하고 자아역량을 계발하게 한다.

그 밖에도 청소년은 집단 내의 관계 속에서 의사소통 방법을 터득하고 집단 구성원으로서 서로가 책임을 공유하고 협동하는 과정을 경험함으로써 책임 있는 지도자와 시민이 되는 기회를 가지게 되어 자신의 잠재력을 최대한 발휘할 수 있게 된다. 다시 말해서, 동아리활동은 청소년의 사회적 정체성 획득, 사회성 발달 및 인간관계에 긍정적인 영향을 주어 진로 성숙에서 중요한 자아에 대한 인식 및 자신의 흥미를 발견하고 진로를 계획하는 데 영향을 준다.

동아리활동의 효과를 자세히 살펴보면 다음과 같다. 첫째, 개인적 효능감을 증진시킨다. 선행 연구를 살펴보면, 동아리활동은 긍정적인 자아상을 형성하는 데 도움을 주며(김성규, 2011), 자아존중감과 학업 성취도에도 긍정적인 영향을 미치고 있다(김정주 외, 2003). 송수지 등(2012)이 중학교 1학년 학생을 대상으로 고등학교 3학년이 될 때까지 자아개념 성장에 동아리활동이 미치는 영향을 분석한 결과에 따르면, 동아리활동은 사회 자아개념과 학업 자아개념의 성장에 긍정적인 역할을 하는 것으로 파악되었다. 또한 최형임 등(2012)은 학교 안팎에서 동아리활동을 하는 중학생의 적응 유연성(자아탄력성)이 향상되었고, 동아리활동이 학교생활 적응에도 긍정적인 영향을 미치고 있다고 설명하였다.

둘째, 사회적 효능감을 증진시킨다. 청소년기의 동아리활동은 참여의식이나 성취감 등을 부여할 수 있기 때문에 청소년의 개인적 효능감 증진에 기여할 뿐만 아니라 사회활동 참여를 통한 대인관계와 소속감을 갖게 하고 다른 사람에게서 인정을 받게 함으로써 사회적 효능감 증진에도 기여한다(이순자, 2006). 김정주 등(2003)은 전국의 중·고등학생을 대상으로 조사한 결과, 동아리활동에 적극적으로 참여하는 집단이 리더십 생활기술, 즉 대화기술, 의사결정, 인간관계, 학습능력, 조직관리, 자기이해, 집단활동 기술이 더 높고, 진로탐색 행동이나 진로탐색 정보를 얻는 기회도 더 많다고 밝혔다.

청소년이 동아리를 조직하고 회원으로 가입하는 것은 단순히 취미를 즐기고 여가생활을 보내는 것이 아니라 또래 간 혹은 연령 간의 동아리활동을 통하여 새롭고 폭넓은 인간관계를 형성하고 새로운 지위와 역할을 경험하게 한다(김예선, 2006). 이들은 동아리라는 집단활동을 통하여 집단 구성원으로서 서로가 책임을 공유하고 협동하는 과정을 경험하게 되며, 이러한 경험을 통해 개인이 성장하고 책임 있는 리더와 시민이 되는 기회를 가지게 될 뿐만 아니라 문제해결 방법을 습득하고 자신의 잠재력을 최대한 발휘할 수 있게 되는 것이다.

마지막으로, 청소년의 진로 선택에도 큰 도움을 준다(김예선, 2006). 청소년은 자신이 관심을 갖는 만화나 영상매체, 음악, 댄스, 봉사활동 등 특정 영역을 중심으로 하는 동아리활동을 통하여 그 분야의 전문성과 직업적 특성을 이해할 수 있게 되고, 관련 전문가들과 접촉하는 기회를 가짐으로써 향후 자신의 진로를 결정하는 데 영향을 받기도 한다.

이와 같은 내용을 종합해 보면, 청소년은 동아리활동을 통해서 자주적·합리적 사고와 자발적·능동적 실천으로 모든 문제를 자율적으로 처리하는 능력을 향상할 수 있다. 또한 자신의 소질을 신장하고 창조력을 계발하여 개인 인격 형

성을 도모하는 것은 물론, 자신이 사회 내의 자주적 구성원임을 지각하고 책임감
과 사회성을 배양한다. 그 밖에도 단체생활을 통하여 준법정신을 함양하며, 지
도성, 협동성, 자치능력, 봉사정신 등의 자질을 기르고, 많은 직업적 경험의 기
회를 가져 현명한 진로를 선택할 수 있는 능력을 배양한다. 따라서 청소년의 자
아상은 물론 사회 적응, 학교 적응, 리더십, 생활기술 등에 긍정적인 효과를 미치
는 동아리활동을 활성화하여야 한다.

3) 교류활동

청소년 국제교류는 청소년의 글로벌 리더십 함양과 국가 간의 우의 및 협력 도
모를 목적으로 하는 국제적 활동으로 중앙정부 차원의 국가 간 청소년 교류와 다
양한 해외 체험 행사, 교류 프로그램 등이 이에 해당하며, 민간 차원에서의 교류
프로그램 역시 다양하게 전개되고 있다. 이러한 교류활동은 해외 청소년과의 교
류를 통해 국제적인 역량을 증진하는 것을 목적으로 청소년에게 문화 간 이해능
력, 소통능력, 책임감, 글로벌 사회에 대한 이해심 등을 길러 줄 수 있을 뿐만 아
니라 청소년의 글로벌 리더십 함양을 위해서도 매우 중요한 역할을 수행한다(윤
철경 외, 2010).

2006년부터 실시되고 있는 청소년 해외체험 프로그램은 청소년이 스스로 기
획하고 집행하는 청소년 자율 프로그램과 해외자원봉사 프로그램으로 구성·실
시되며, 이를 통해 청소년의 글로벌 역량을 강화함으로써 창의력과 국제적인 능
력을 배양하고 세계 시민의식을 갖춘 청소년으로 성장할 수 있도록 지원하고 있
다. 그 내용으로는 청소년 기관 및 시설 방문, 양국 청소년 간 토론, 가정방문, 역
사·문화 유적지 답사, 산업시설 견학 등을 통한 청소년 관련 정보 및 경험 교환,
각국 문화를 체험할 수 있는 기회 제공 등이 있다. 현재 국가 간 청소년 교류 차
원에서 '대한민국 청소년 세계를 가다, 조사·연수단' '청소년을 세계의 주역으
로, 국제회의·행사 참가단' '꿈과 사람 속으로, 대한민국 청소년 해외자원봉사
단' '대한민국 청소년 발전프로젝트, 해외테마체험단'의 4개 세부 프로그램이
진행되고 있다.

해외 청소년과의 교류를 통해 국제적인 역량을 증진시키는 교류활동은 여러 장점을 지닌다. 가장 활동적인 청소년기에 다변화되는 사회의 일원으로 성장하는 청소년은 세계화 시민사회를 살아가기 위한 의식과 가치관을 형성하고, 세계라는 넓은 영역을 바탕으로 사고하는 데 기여할 수 있다(이지은, 2010). 특히 청소년의 팀워크 증진에 중요한 영향을 미칠 뿐만 아니라 청소년의 세계시민으로서의 태도와 의지, 관심과 같은 세계시민의식에 대한 동기 등을 향상시킨다(조남억, 김고은, 2014). 더불어 청소년에게 학습의 연장선상에서 풍부한 국제 경험을 제공함으로써 건전한 모험심을 기를 수 있게 하고 자신감을 고취시키는 것은 물론, 다른 국가 청소년과의 공동체 생활을 통해 진취적이고 적극적인 사고방식을 함양할 수 있게 한다(이태자, 유운식, 2012).

4. 청소년 활동의 실태 및 문제점

2012년 학교 주 5일 수업제가 전면 실시되면서 청소년의 여가 시간이 점차 확대되어 가고 있는 추세임에도 불구하고, 우리나라 청소년이 여가 시간을 보내는 것을 살펴보면 전반적으로 TV 시청, 컴퓨터 게임, 영화 감상 등 소극적인 활동에 치우쳐 있다.

1) 실태

우리나라 초 · 중 · 고등학생의 여가생활 시간은 각각 4시간 17분, 3시간 46분, 2시간 57분으로 학년이 올라갈수록 감소하는 것으로 나타났다(통계청, 2009b). 그리고 청소년은 여가생활의 대부분을 미디어 이용이나 취미활동 등을 하는 데 보내는 것으로 나타났고, 고등학생은 상대적으로 적은 여가 시간 동안 TV나 인터넷 등의 미디어를 이용한 여가활동에 집중하고 있는 것으로 나타났다. 또한 성별로는 여자 청소년이 TV 시청이나 다른 사람과의 교제활동에 남자 청소년보다 조금 더 많은 관심을 쏟고 있는 반면, 남자 청소년은 컴퓨터 게임이나 스포츠활동에 여자 청소년보다 훨씬 많은 시간을 보내고 있는 것으로 나타났다(김기헌, 이경상, 2006).

청소년의 여가활동을 활성화하고자 실시한 주 5일 수업제의 효과에 대한 찬반이 엇갈리고 있다. 맹영임 등(2012)의 조사에 따르면, 청소년과 학부모는 청소년의 자유 시간(여가 시간)이 많아져서, 교사는 학생들이 학교 공부 외에 다른 활동을 할 수 있어서 만족해하는 것으로 나타났다. 반면, 청소년은 주중 수업 시간이 많아져서, 주말에 특별히 할 수 있는 활동이 없어서 등으로 불만족을 나타내고 있었다. 이러한 청소년의 주말 여가활동 실태를 조사한 결과, 가장 많이 하고 있는 활동은 '숙제나 부족한 공부하기'(19.0%)인 것으로 나타났으며, 학교에서 운영하는 주말 프로그램 참여(1.8%)나 청소년수련시설에서 운영하는 주말 프로그램 참여(0.3%) 비율은 낮은 것으로 나타났다. 또한 주말 여가 시간에 가장 많이 하고 싶은(하길 바라는) 활동으로 청소년은 '친구들과 놀기'(19.8%)를, 학부모는 '숙제나 부족한 공부하기'(32.0%)를 가장 높은 비율로 응답하였다.

한편, 이민희(2012)의 조사에 따르면, 주 5일 수업제도 시행 이후 여가 시간이 많아졌다고 한 학생이 46.6%인 반면, 사교육 시간이 늘어났다고 한 학생은 35.2%로 나타났다. 주목할 사실은, 여가 시간이 늘어났음에도 불구하고 주말에 특별히 하는 일이 없다고 한 학생이 전체의 25% 정도나 된다는 것이다. 그나마 응답 청소년이 주말 여가활동을 한다고 한 기관을 살펴보면 학교나 학교 밖 청소년기관의 경우가 10%도 되지 않는다. 또한 여가활동 선호 장소로 집이 45.2%로 압도적인 우위를 차지하는 것도 앞서 주말에 하는 일이 없다고 응답한 내용과 유사한 결과다. 청소년이 하고 있는 주말의 여가활동 유형은 대부분 집에서 TV를 보는 경우가 35.6%로 가장 많았고, 다음이 잠자기와 휴식, 게임하기, 음악 듣기 순으로 나타났다. 그 이유는 대부분의 청소년이 학업에 따른 정신적·심리적·신체적 스트레스로 피곤한 상태에 있거나 여가활동을 집 밖에서 할 수 있는 제반 여건이 갖추어져 있지 않기 때문이다. 이러한 결과는 청소년이 늘어난 여가 시간을 학교나 청소년기관에서 활용하지 않고 대부분 집에서 보내고 있어 청소년의 발달에 필요한 여가 선용이 이루어지지 못하고 있음을 보여 준다.

특히 응답 청소년이 주 5일 수업제도의 시행 이후 주말 여가활동의 문제점으로 가장 많이 지적한 사항은 프로그램이 재미가 없음(29.1%), 홍보가 부족한 것(28.8%)이었다. 이러한 결과는 우리나라 청소년이 여가 시간의 활용 경험이 없고 방법도 잘 모르고 있으며, 이들의 욕구에 따른 프로그램도 부재함을 보여 주고 있다.

다음으로, 봉사활동과 관련한 여성가족부(2011b)의 조사에 따르면 조사 대상 청소년(중1~고3)의 65% 이상이 지난 1년 동안 봉사활동 경험이 있고, '일손 돕기'에 가장 많이 참여했으며, 청소년의 연간 평균 봉사활동 참여 횟수는 5.8회, 연간 평균 봉사활동 참여 시간은 17시간 41분인 것으로 나타났다. 이처럼 봉사활동 참여율과 참여 시간이 높은 편임에도 불구하고 응답 청소년의 76%는 우리나라 청소년 봉사활동이 잘 이루어지지 않는다고 생각하는데, '청소년의 욕구 미반영'이 가장 큰 문제점이라고 지적하고 있다. 그 밖에도 봉사활동에 대해 '재미가 없어서' '보람이 없어서' 등으로 만족하지 못하고 있다. 또한 자발적인 봉사활동보다는 학교에서 이루어지는 비교적 의무적이거나 단순한 봉사활동이 주를 이루고 있어 많은 경우 주변의 어려운 사람을 돕기보다는 좋은 내신 성적을 받기 위해 봉사활동에 참여하는 것으로 간주된다(문성호, 문호영, 2009).

한편, 청소년은 동아리활동에 대해 매우 중요하게 인식하고 만족하고 있으나 학업에의 지장, 주변의 부정적 인식 등을 우려하고 있다. 즉, 입시 중심의 교육 정책으로 인하여 청소년은 대부분이 학업 이외의 다른 활동에 관심을 가질 시간적·정신적 여유가 없고, 교사나 부모가 동아리활동에 대해 긍정적으로 생각하지 않는다고 인식하고 있다. 한국청소년진흥센터(2008)가 전국의 청소년 1만 5,204명을 대상으로 조사한 결과에 따르면, 우리나라 청소년은 청소년 활동이 중요하다고 느끼고 있으나 시간이 부족하여 청소년 활동에 참여하는 데 방해를 받고 있으며, 청소년 활동의 활성화를 위해서는 학업 중심의 교육에서 탈피해야 한다고 느끼고 있는 경우가 상당수를 차지했다.

(2) 문제점

주 5일 수업제가 자리매김하기 위해서는 청소년 스스로가 중심이 되어 여가 시간에 자신의 관심과 즐거움을 누리면서 자율적으로 보내야 한다. 그러나 최근

주 5일 수업제가 확대되었음에도 체험학습 위주의 교육이 증가하기보다는 사교육, 내신과 대입 준비를 위한 시간 할애가 증가하는 추세 속에서 학교 내 청소년 활동이 활성화되지 못하고 있다. 뿐만 아니라 청소년이 즐겨 찾는 공간이 성인 전용시설과 무질서하게 섞여 있어서 여가 시간에 마땅히 갈 수 있는 시설과 공간이 부족하고, 청소년 여가의 대부분이 인터넷, TV 등과 같은 대중매체에 집중되어 있어 균형 잡힌 성장과는 거리가 멀다. 이를 자세히 살펴보면 다음과 같다.

첫째, 주 5일 수업제가 제대로 효과를 발휘하지 못하고 있다. 주 5일 수업제 전면 시행은 주 2일간은 학생이 개인적으로 자신의 시간에 대한 활용 방법을 결정·이용하도록 하여 청소년에게 자립 기회를 제공함으로써 교육 및 복지 격차를 해소하고 건전한 청소년문화 창출에 기여하도록 하는 데 그 의의가 있다(김혁진, 2012). 그러나 주 5일 수업제 시범학교 운영 결과를 살펴보면 여가 시간이 오히려 감소하였고(여성가족부, 한국청소년정책연구원, 2011), 토요일 등교학생을 위한 프로그램이 학생과 학부모 대다수가 만족하는 프로그램이 되지 못하였으며, 프로그램의 대부분이 청소년 중심의 활동이기보다는 교육활동의 연장선상에서 이루어지는 활동으로 토요돌봄교실, 토요방과후학교 등으로 이루어져 있었다. 또한 대다수 프로그램이 이미 짜인 상태에서 소극적인 참여로 이루어지다 보니 프로그램에 대한 흥미나 호응도가 낮은 수준이었다. 즉, 청소년이 주말을 활용할 수 있는 자율적 활동 지원이나 청소년 감각에 적합한 프로그램 개발 및 운영 체제가 많이 부족한 편이다.

둘째, 법과 제도상의 문제가 있다. 「청소년활동진흥법」은 청소년 활동을 보장하기 위한 내용을 명시하고 있으나 이를 위해 국가가 어떻게 지원해 줄 것인가에 대한 근거 조항은 미흡하다. 또한 청소년수련활동인증제를 도입하여 프로그램의 질적 향상을 도모하기 위한 인증 절차, 방법 등에 대한 내용을 명시하고 있으나 인증 프로그램의 사후관리에 관한 내용은 미흡하다. 그 밖에도 청소년 교류 및 문화 활동을 청소년 활동의 범주로 규정하고 있음에도 활동에 참여하는 청소년에 대한 지원 및 관리에 관한 내용이 미비하다(한국청소년개발원, 2005). 특히 청소년 감각에 적합한 프로그램을 개발·운영하는 체계가 미비하여 주어진 프로그램을 답습하는 수준이어서 청소년이 소극적으로 참여하는 등 호응도가 낮다.

셋째, 실효성 있는 지역 연계체계 구축이 미비하다. 주말에 주로 진행되는 청소년 활동이 활성화되고 경쟁력을 갖기 위해서는 독자적인 운영 기반하에 전문화된 콘텐츠와 인력을 바탕으로 지역사회 내 자원과의 연계 속에서 실행되어야 한다. 그러나 제한된 자원을 갖고 있는 특정 기관에서 다양한 청소년의 욕구를 모두 수용할 수 없으므로 고유의 전문화된 콘텐츠를 중심으로 지역 내 또는 다른 지역과의 연계망이 요구되고 있다.

마지막으로, 현재 청소년 봉사활동은 그 취지나 기대 효과에도 불구하고 학습과 연계되지 못하고 진학을 위한 실적 중심의 활동으로 전락하고 있다. 즉, 자원봉사를 점수로 매겨 입시에 반영하면서 봉사활동의 참여 시간만이 학교 성적, 입시 등에 반영되다 보니 형식적인 시간 때우기식의 봉사활동이 진행되거나 단순 노력 봉사에 그치는 경우가 적지 않다. 이러한 경험 때문에 학생의 봉사활동에 대한 동기부여는 낮을 수밖에 없다.

5. 청소년 활동의 활성화를 위한 제언

청소년은 적극적인 여가활동을 통해 행복감을 느낄 수 있으므로 학업에 치우친 일상에서 벗어나 적극적인 여가활동을 즐길 수 있는 기회를 제공하여 청소년의 행복감을 증진시켜야 한다. 즉, 청소년은 다양한 활동에 참여함으로써 현장에서 몸으로 부딪히면서 자신의 미래를 계획하고 살아가는 존재감을 얻을 수 있게 되므로 청소년 활동의 중요성을 간과하지 말아야 한다. 아울러 앞에서 살펴본 바와 같이 청소년 체험활동은 공동체의식을 키우게 하고, 교우 및 사제 관계, 학습활동 등 학교생활 적응 수준을 높이는 데도 도움이 되는 것으로 확인되었다. 이를 통해 청소년 활동은 청소년의 성인으로서의 삶을 준비하는 데 매우 중요한 역할을 담당하고 있으므로 보다 적극적·체계적으로 청소년 활동을 활성화할 필요가 있다.

이에 덧붙여 청소년 역량개발 중심의 청소년 활동에 대한 관심이 커지고 있다. 이제는 청소년의 자기결정을 바탕으로 구체적인 성장의 기회를 제공하고, 사회에

서 공유할 수 있는 성과를 제공할 수 있는 포괄적이고 통합적인 의미에서의 청소
년 역량개발 중심의 청소년 활동정책으로의 변화가 요구되고 있다(조남억, 2011).

1) 청소년 역량개발 지원을 위한 법과 제도의 정비

청소년 활동은 청소년정책의 중요한 영역으로 자리매김하면서 기존의 여가생
활 중심의 청소년 활동정책에서 청소년의 역량개발을 지원하는 방향으로 전환
되고 있다. 이는 청소년이 청소년 활동을 통해 삶에 있어서 의미 있는 도전과제
를 찾고 스스로 노력함으로써 자신만의 새로운 가능성을 발견하고, 그것을 향후
의 진로와 연계하여 개발할 수 있도록 지원하는 제도적 장치를 마련하고자 함이
다. 따라서 이러한 변화에 발맞추어 청소년의 역량개발을 적극적으로 지원할 수
있도록 법과 제도를 정비해야 한다.

청소년 활동에 관한 내용은 현재 「청소년활동진흥법」에서 규정하고 있으나,
이 법을 수정 · 보완하여 청소년수련시설이나 단체 및 기관에서 청소년 역량개
발을 위한 구체적인 사업을 추진하고 이를 국가와 지방자치단체에서 지원할 수
있도록 제도화해야 한다. 즉, 국가나 지방자치단체의 청소년 활동 지원의 책임
을 명시하고, 예산 지원에 관한 규정을 강화하여야 한다. 또한 지역 내에서 학교
와의 협력적 관계 형성이나 사회적 영향력 확보를 위해 방과 후 활동과 관련하여
지역별로 '청소년(교육)활동기관 인증제' 등과 같은 제도적 장치를 통해 공공적
지원의 성격을 강화하고, 학교가 믿고 협력할 수 있는 교육활동의 협력자로서의
역할을 수행할 수 있도록 제도적 장치를 마련하여야 한다(조남억, 2011).

또한 청소년활동진흥센터는 청소년 활동의 진흥을 위한 청소년정책 전달체계
상의 정책기관으로서 일선의 청소년 시설이나 단체와는 다른 역할과 기능을 수
행하여야 한다. 이를 위해서 센터의 정체성 확립과 함께 센터의 설립 근거, 형태,
기능과 업무, 사업 추진 방식의 통일 등 전국에서 공통적으로 지켜야 할 명확한
기준을 마련하여야 한다. 그리고 중앙-지방-지역으로 연계되는 청소년 활동 진
흥을 위해서는 단계별로 관련된 정책기관이 공통의 비전과 전략에 따라 사업을
수행할 수 있도록 구체적인 계획을 수립해야 한다.

2) 물적 · 인적 인프라 구축

청소년 활동의 활성화를 위해서는 지역사회를 기반으로 하는 체험활동을 위한 독자적 운영 전략과 운영 시스템을 갖추어 청소년이 다양한 여가문화 활동을 접할 수 있도록 청소년 수련시설 및 프로그램을 활성화 · 다양화하고, 수련활동 인증제 등의 청소년 여가문화 정책을 마련해야 한다(김기헌, 이경상, 2006). 이를 위해서 청소년이 다양한 활동을 경험해 볼 수 있는 청소년 전용 여가 공간 및 시설의 확충이 시급하다. 이러한 시설은 무엇보다도 청소년의 접근성이 반드시 고려되어야 하고, 공간 구성도 청소년이 선호하는 방식으로 설계될 수 있도록 청소년의 의견을 수렴해야 하며, 지역사회의 모든 구성원을 참여시키는 것이 바람직하다. 아울러 학교에 다양한 여가시설을 확충해 줌으로써 청소년이 여가와 학업을 병행할 수 있게 하고, 나아가 교육과 여가의 시너지 효과가 나타나도록 하는 것이 바람직하다.

다음으로, 전문성을 지닌 청소년지도사를 양성해야 한다. 그리고 청소년지도사의 자질 향상을 위해서는 자격 취득 후 지속적인 연수 과정을 통해 관련 분야에 대한 전문성을 높여야 하고 안정적인 처우를 뒷받침하여야 한다. 이러한 청소년지도사의 전문성과 관련 분야에서의 경험 축적 그리고 근무 여건 향상을 통한 프로그램 개발 시간의 확보를 통해 양질의 프로그램이 개발될 수 있다. 한 예로, 청소년을 위한 다양한 봉사활동 프로그램 개발과 청소년 봉사활동을 전담할 청소년 자원봉사 전문가 양성이 필요하다(박관숙, 2012). 청소년 봉사활동에 참여하는 인구는 해마다 늘어나고 있지만 이들을 관리하고 청소년의 성장에 도움을 줄 수 있는 다양한 프로그램을 개발할 수 있는 청소년 자원봉사 전문가는 거의 없는 실정이다. 또한 자원봉사활동기관에 청소년 자원봉사 담당자가 있기는 하지만 여러 가지 업무의 중복 때문에 청소년 자원봉사 관리에 대한 비중은 상당히 낮고, 전문적인 프로그램 개발 또한 전혀 이루어지지 않고 있다. 따라서 청소년기의 특성을 이해하고 그에 맞는 청소년 봉사활동 전문 프로그램을 개발하며, 청소년 봉사활동을 전담할 수 있는 전문가 양성이 시급하다.

3) 활동 유형의 다양화

청소년 활동의 유형과 프로그램 선정 시 대상 청소년의 특성과 욕구를 고려하여 다양한 활동 유형을 마련해야 한다. 전반적으로 체험활동은 학교급이 낮을수록 활발하고 학교급이 높을수록 덜 활성화되어 있는데, 이러한 현상은 무엇보다도 중·고등학교로 갈수록 상급학교 입시경쟁에 노출됨에 따라 교과학습에 집중해야 하는 교육 환경에서 기인한다.

따라서 청소년 활동에 보다 많은 청소년이 참여할 수 있도록 청소년의 욕구를 반영한 다양한 프로그램을 개발함은 물론, 청소년이 주도적으로 활동할 수 있도록 활동계획 단계에서부터 종결 및 사후관리에 이르기까지 체계적인 지원체계를 마련해야 한다. 이에 덧붙여 청소년 활동이 학업에 긍정적인 영향을 미침에 따라 교과목과 연계된 청소년 활동 프로그램과 진로 탐색 같은 전문적인 활동 프로그램 역시 요구되고 있다.

4) 청소년 활동 관리체계 구축

지방자치단체에 설치되어 있는 청소년활동진흥센터의 활동 관련 기능을 재정비하여 학교와 지역사회 조직 간의 긴밀한 네트워크 형성을 핵심적 기능으로 추진해야 한다. 즉, 사회복지사, 청소년수련관의 실무자, 학교 교사, 공공기관 실무자, 청소년, 학부모 등으로 구성된 지원 네트워크를 통해 기관 간에 프로그램을 공유함은 물론 지속적으로 청소년 욕구를 파악하여 청소년 활동에 대한 참여도를 높여야 한다. 아울러 지역사회 자원의 활용 방안을 확대하는 것이 매우 중요하다.

또한 청소년 체험활동의 활성화를 위해서는 지역사회 내 학교와의 연계가 필수이므로 학교와 지역사회 간의 동등한 파트너십을 구축하여 청소년 활동시설 및 이용시설, 청소년 활동 프로그램, 청소년지도사 등을 활용한 창의적 체험활동과의 연계 방안을 모색해야 한다. 이러한 연계를 통해 학교에서는 창의적 체험활동 시행 시 부족한 인적·물적 자원의 지원을 통한 다양한 프로그램을 실시하여 청소년 활동의 질을 향상시켜야 한다(여성가족부, 2012b). 다시 말해서, 청소년의 여가활동을 위해 학교, 학부모, 지역의 사회교육 담당자 사이의 활발한 네트워크를 구성하고 학교, 학부모 및 지역사회가 주 5일 수업제 실시에 적극적으로 참여해야 한다.

5) 청소년 활동에 대한 홍보 강화

교육과 대중매체를 이용한 홍보를 통하여 청소년과 학부모를 대상으로 체험활동의 효과에 대한 적극적인 홍보활동을 강화해야 한다(여성가족부, 2012b). 많은 청소년이 지역사회에서 전개되고 있는 체험활동에 대한 정보가 부족하여 제대로 참여하지 못하는 경우가 적지 않으므로 학교에서 지역사회의 다양한 프로그램에 대한 적극적인 홍보가 필요하다. 또한 체험활동이 제대로 자리 잡기 위해서는 학부모의 인식 개선이 매우 중요하므로 중앙정부와 지방자치단체는 다양한 대국민 홍보 전략을 수립하여 올바른 자녀교육을 위한 부모교육을 강화해야 한다.

chapter 06 청소년 관련 법과 제도

청소년 관련 법은 청소년의 건강한 성장과 발달을 위한 지원, 보호 및 육성과 직간접적으로 관련되고, 청소년의 복지 향상을 목적으로 하는 모든 법령과 규칙을 포괄한다. 특히 청소년 관련 법은 청소년이라는 특정 대상에 적용되어 그들의 신체적 · 정서적 성장과 발달은 물론 일상생활과 제반 활동을 촉진 · 보호 · 장려 · 규제하는 규범과 제도로서 사회가 청소년을 바라보는 기본적인 시각과 관심도를 반영하고 그 내용을 결정한다는 점에서 매우 중요한 의미를 갖는다(김성이 외, 2010, p. 290). 이러한 법적 기반 위에서 청소년의 기본적인 욕구 충족은 물론 건전한 발달과 성장을 도모하는 청소년복지서비스가 제공되고 있다.

우리나라에서는 1961년 「미성년자보호법」과 「아동복리법」의 제정을 시작으로 청소년복지 관련 법이 등장하게 되었다. 이후 「아동복리법」은 1981년 「아동복지법」으로 전면 개정되었고, 1987년 청소년정책을 위한 근거로 「청소년육성법」이 제정되었으며, 1991년 이 법의 대체 법으로 「청소년기본법」이 제정됨으로써 비로소 청소년복지가 시행될 수 있는 법적 기반이 마련되었다. 또한 각종

유해환경으로부터 청소년을 보호하고 건전한 인격체로의 성장을 돕고자 1997년
「청소년보호법」이 제정되었고, 청소년의 성을 보호하고자 2000년 「청소년성보
호에관한법률」이 제정되었다. 그리고 청소년 활동의 중요성에 입각해서 「청소
년활동진흥법」이 제정되었고, 증가하는 위기청소년의 심각성을 인식하고 이들
을 지원하기 위한 「청소년복지지원법」이 제정되었다.

이 장에서는 청소년복지 관련 법의 입법 배경, 목적 및 주요 내용을 살펴보고,
청소년복지와 관련된 서비스 체계를 중점적으로 살펴보고자 한다.

1. 청소년 관련 법

1) 헌법

「헌법」은 우리나라 법 체계에서 최상위에 있는 규범으로서 무엇보다도 청소
년 육성을 포함한 국민 개개인의 일상생활을 규율하고 기본권을 보장하는 국가
의 기초가 되는 규범이다. 이 법에서 청소년복지와 관련해서 직접 언급하고 있
는 조항은 제34조 제4항으로, "국가는 노인과 청소년의 복지 향상을 위한 정책
을 실시할 의무를 진다."라고 명시하여 청소년의 복지권에 대한 정책이 제시되
고 실행되어야 함을 밝히고 있다.

한편, 같은 법에서 직접 청소년을 언급하고 있지 않더라도 많은 내용이 청소
년에게도 적용된다. 즉, 제34조 제1항은 "모든 국민은 인간다운 생활을 할 권리
를 가진다."라고 규정함으로써 청소년도 행복을 추구할 권리가 있음을 제시하고
있고, 제2항은 "국가는 사회보장·사회복지의 증진에 노력할 의무를 가진다."라
고 하여 청소년의 복지를 위한 국가의 역할과 책임을 명시하고 있다.

2) 청소년기본법

청소년정책은 과거 일부 문제청소년 위주의 단기적·산발적 처방에 그쳐 대

다수 청소년의 전인적 성장과 바람직한 청소년상을 형성하기 어렵다는 인식이 확산됨에 따라 청소년에 대한 지원과 육성에 초점을 두고 심각해지는 청소년 문제에 효과적으로 대처하고자 하였다. 그 후 전체 청소년을 대상으로 한국청소년기본계획을 수립하고 이를 효과적으로 추진하기 위해 「청소년육성법」에서 미비하였던 청소년 수련활동의 필수 요소인 청소년지도자 양성 및 지원, 청소년단체육성, 수련거리 개발, 청소년육성기금의 조성 등과 관련한 내용을 전면적으로 개정·보완하여 1991년에 「청소년기본법」을 제정하였다.

이 법은 청소년에 관한 기본적인 사항을 정한 법률로서 청소년 육성정책에 관해서는 「헌법」을 제외한 모든 법률에 우선한다. 특히 2004년 개정 시 청소년 육성의 기본 원리와 정책적 근간에 관한 사항을 규정함으로써 청소년 육성에 대한 정책적 지원이 유기적·종합적으로 이루어질 수 있는 기반을 마련하였고, 일부 내용은 「청소년활동진흥법」「청소년복지지원법」의 제정으로 이어졌다.

이 법의 기본 이념은 청소년이 사회 구성원으로서 정당한 대우와 권익을 보장받음과 동시에 스스로 생각하고 자유롭게 활동할 수 있도록 하며, 보다 나은 삶을 누리고 유해한 환경으로부터 보호될 수 있도록 함으로써 국가와 사회가 필요로 하는 건전한 민주시민으로 성장할 수 있도록 하는 데 있다. 특히 청소년 육성에 관련되는 모든 영역에서 타 법률에 우선되어 적용된다고 규정함으로써 청소년정책의 수립과 시행에 기본이 되고 있다.

「청소년기본법」의 주요 내용을 살펴보면 다음과 같다(김영화, 최영진, 2012, p. 327). 첫째, 청소년에 대한 가정과 사회의 책임을 강조하고 있다. 청소년은 안전하고 쾌적한 환경 속에서 자기발전을 추구하고 정신적·신체적 건강을 해치거나 해칠 우려가 있는 모든 형태의 환경으로부터 보호받을 권리를 가지며, 가정은 학교 및 청소년 관련 기관 등에서 실시하는 교육 프로그램에 청소년과 함께 참여하는 등 청소년을 바르게 육성하기 위하여 적극적으로 노력하여야 한다고 가정의 책임을 규정하고 있다. 또한 사회의 책임과 관련하여 모든 국민은 청소년을 대상으로 하거나 청소년이 쉽게 접할 수 있는 장소에서 청소년의 정신적·신체적 건강에 해를 끼치는 행위를 하여서는 안 되고, 청소년에게 유해한 환경을 정화하고 유익한 환경이 조성되도록 노력하여야 함을 규정하고 있다.

둘째, 국가 및 지방자치단체의 책임을 강조하고 있다. 제8조에서는 청소년 활동의 지원, 청소년복지의 증진 및 청소년 보호의 수행에 필요한 법적·제도적 장치를 마련하여 시행해야 한다고 규정함으로써 재원 마련을 포함하여 청소년의 육성을 위한 적절한 환경을 마련할 책임을 명시하고 있다. 또한 국가는 청소년 육성에 관한 기본계획을 5년마다 수립해야 한다고 규정하고 있다.

셋째, 청소년지도사, 청소년상담사와 청소년단체에 관한 기본적인 사항을 규정하고 있다. 국가 및 지방자치단체가 청소년지도자의 양성과 자질 향상을 위해 필요한 시책을 강구하여야 함을 규정하고 있다. 또한 청소년시설 및 청소년단체는 대통령령이 정하는 바에 따라 청소년 육성을 담당하는 청소년 지도사 및 상담사의 자격을 부여한다.

넷째, 청소년 활동과 복지에 관한 국가의 책임을 선언적으로 명시하고 있다. 특히 청소년복지의 향상과 관련하여 국가는 청소년의 의식·태도·생활 등에 관한 사항을 정기적으로 조사하고, 이를 개선하기 위하여 청소년의 복지 향상 정책을 수립·시행하여야 한다. 또한 국가 및 지방자치단체는 기초생활의 보장, 직업재활훈련, 청소년 활동 지원 등의 시책을 추진함에 있어서 정신적·신체적·경제적·사회적으로 특별한 지원을 필요로 하는 청소년에 대하여 우선적으로 배려하여야 하고, 청소년의 삶의 질을 향상시키기 위하여 구체적인 시책을 마련하여야 한다.

이 법은 건전한 청소년의 보호, 육성을 위해 법적 근거가 마련되어야 정책의 입안 및 행정의 집행이 가능하다는 인식하에 제정됨으로써 그동안 산발적으로 수립·제정·시행되어 오던 청소년 육성 업무 영역을 새롭게 정립하고 정책사업의 내용과 범위를 분명히 하였으며, 한국청소년기본계획의 실효성을 확보하였다. 특히 청소년의 연령을 9세 이상 24세 이하로 정의하면서 기존 법에서 제시된 다양한 청소년 연령의 통일을 모색하고자 하였다. 그 밖에도 청소년의 건전 육성을 위한 여건을 마련하고자 청소년지도자의 양성과 청소년단체에 관한 규정의 보완 및 청소년 수련시설의 신규 설치를 위한 법적 근거의 제시 등을 명확히 하고 있다. 특히 청소년복지에 대한 새로운 조항을 도입하고 청소년 건전 육성정책을 수행할 한국청소년개발원과 한국청소년상담원에 대한 근거를 마련한 것도 주요 성과라 할 수 있다.

그러나 이 법을 살펴보면 청소년 복지 및 보호를 위한 근거 조항은 매우 미약하고 선언적 수준에 그치고 있는 반면에 청소년 수련활동과 관련한 내용이 대부분을 차지하고 있어 청소년 관련 사업을 총체적으로 규정했다고 보기는 어렵다.

3) 청소년보호법

1990년대에 자율화·개방화로 대표되는 시대적 변화와 물질만능주의의 경향에 따라 음란성·폭력성을 띤 청소년 유해매체물, 각종 청소년 유해 약물·물건 등의 광범위한 유통이 이루어지고, 유흥주점 등 각종 청소년 유해업소에 청소년 고용 및 출입이 빈번해지면서 청소년 문제가 사회적 이슈로 등장하였다. 따라서 성장 과정에 있는 청소년을 각종 유해한 사회 환경으로부터 보호·구제하고, 나아가 청소년이 건전한 인격체로 성장하도록 성장 과정에 악영향을 미치는 유해환경을 척결하고자 날로 심각해지고 있는 음란성·폭력성 청소년 유해매체물 및 유해약물 등의 청소년을 대상으로 한 유통과 유해업소 출입 등을 규제하는 「청소년보호법」이 1997년에 제정되었다.

이후 정보통신 분야의 발달과 유해약물, 신종·변종 유해업소의 증가 등 아동·청소년을 둘러싼 위험·유해 환경이 크게 변화함에 따라 2011년 「청소년보호법」 전부 개정을 통하여 청소년 유해매체물의 다양화 및 신종·변종 업소의 확산 등에 적극 대응하는 내용으로 청소년 보호를 한층 강화하는 계기를 마련하였다. 또한 음주·흡연 예방의 기반을 마련하기 위하여 주류·담배의 청소년 대리구매 행위를 금지하고 술·담배 등 청소년 유해약물 피해청소년 치료재활 지원 근거를 마련하였으며, 주류의 '19세 미만 청소년 판매금지' 경고 문구를 개선하여 주류 용량에 따라 표기 기준을 정하는 등 누구에게나 눈에 잘 띄도록 하였다. 더불어 시민·사회단체와 연대하여 주류·담배 판매업소의 청소년 상대 판매실태조사 및 개선활동도 지원하고 있다.

이 법은 국가가 청소년 보호를 위하여 청소년 유해환경의 정화에 필요한 모든 시책을 강구·시행하는 노력을 하도록 하고, 청소년 보호를 위한 지방자치단체·사회·가정의 역할과 책임을 명시함으로써 청소년 보호에 광범위한 국민적 참여장치를 법적으로 마련하였다. 단, 이 법에서는 청소년을 19세 미만으로 정의하고 있어 「청소년기본법」의 연령과는 차이를 보이고 있다.

「청소년보호법」의 주요 내용을 살펴보면 다음과 같다. 첫째, 청소년에게 유해한 매체, 약물, 물건, 출입금지 업소, 고용금지 업소 등을 유해환경으로 정의하고 있다. 둘째, 청소년을 유해환경 접촉으로부터 보호하고 규제할 수 있도록 가정, 사회, 국가 및 지방자치단체의 책임과 의무를 규정해 놓고 있다. 셋째, 청소년 유해매체물의 심의·결정을 위해 청소년보호위원회의 역할, 심의 기준, 심의 범위, 재심의 등의 사항을 규정하고 있다. 또한 유해매체물로 지정되었을 경우 포장·판매 금지, 구분·격리·제한과 기존에 청소년 유해매체물로 결정된 것에 대한 취소에 관한 사항을 포함하고 있다. 넷째, 청소년 유해약물 등 청소년 유해행위 및 청소년 유해업소 등의 규제 방법에 대한 사항과 청소년종합대책의 수립, 대응능력의 제고 등 청소년 보호사업에 관한 규정을 담고 있다(김영화, 최영진, 2012, p. 330).

이 법은 아동·청소년의 정신건강에 있어서 그 내용에 대한 직접적인 규정이나 증진 방안이라기보다는 정신건강의 사회적 인자에 관한 규율과 규제를 담은 포괄적인 보호 법이라 할 수 있다. 또한 법의 범위가 매우 광범위하여 그 정의에서 규정하고 있는 관련 사항만도 다양한 규제 대상을 포함하고 있다.

특히 2005년 개정 및 신설 조항을 통해 가정의 역할과 책임을 강조하고 있다. 즉, "청소년에 대하여 친권을 행사하는 자 또는 친권자를 대신하여 청소년을 보호하는 자(이하 "친권자 등"이라 한다)는 청소년이 청소년유해환경에 접촉이나 출입을 못하도록 필요한 노력을 하여야 하며, 청소년이 유해한 매체물과 유해한 약물 등을 이용하고 있거나 유해한 업소에 출입하고자 하는 때에는 이를 즉시 제지하여야 한다."라고 명시하고 있다.

또한 사회의 책임을 강조하면서 청소년 보호를 위해 청소년 보호센터를 설치할 수 있음을 명시하고 있다. 이에 덧붙여 청소년 보호를 위해 가정의 역할을 우선적으로 강조하지만 가족이 제 기능을 하지 못할 경우에는 국가나 지방자치단체에서 청소년 보호를 위한 제반 지원과 시설을 지원하여야 함을 명시하고 있다.

이 법의 제정과 법적 근거하에 마련된 청소년보호위원회의 출범 이후 청소년 정책에 있어서 미미한 위치를 차지하던 청소년 보호 분야가 본격적으로 발전하기 시작하였다. 즉, 이 법이 제정된 이후에 청소년 유해환경과 행위, 성매매, 유해매체, 유해물건 등으로부터 청소년을 보호하기 위한 광범위한 활동과 사업을 실시하게 되었다. 또한 청소년 보호에 대한 국민의 사회적 인식을 증대시키는 데에도 크게 기여하였고, 급변하는 사회 환경 속에서 청소년에게 가해지는 사회적 위해요인을 발견하고 그것에 대응하여 청소년을 건강하고 안전하게 성장시키는 환경 개선에도 커다란 영향력을 발휘하였다.

한편, 「청소년보호법」의 문제점을 살펴보면 각 매체물에 대한 심의기관이 유형별로 다원화되어 있기 때문에 이중 규제의 문제가 있다. 예를 들면, 간행물윤리위원회에서 사전 심의가 이루어져 청소년 유해매체물로 결정된 것이 인터넷상에서 공개적으로 유통될 때에는 정보통신윤리위원회의 심의 대상이 되어 이중적인 규제를 받게 된다(이유진, 배규한, 2014). 이와 같이 보호의 성격에 따라 다양한 법률에 내용이 규정되어 있어 전체적인 법체계를 파악하기가 쉽지 않다. 또한 이 법은 만연한 청소년 유해환경에 대한 위법성 인식이 부재하고 도덕적 해이로부터 적극적으로 청소년을 보호하는 데 한계가 있다.

4) 아동 · 청소년성보호에관한법률

1990년대에 10대 초반의 청소년까지 업소에 고용되어 자신의 성을 파는 사례가 늘었고, 특히 가출청소년 또는 학교부적응청소년이 성매매의 대상이 되는 사례가 증가하면서 원조교제와 같은 청소년의 성을 매매하는 행위가 심각한 사회문제로 등장하였다. 또한 2000년도 이후 지속적으로 증가하는 아동 · 청소년에 대한 성폭력 범죄의 규제 필요성에 따라 기존의 「성폭력범죄의처벌등에관한특례법」을 기본으로 「아동 · 청소년성보호에관한법률」이 제정되었다. 당시 성매매를 규제하고자 마련된 「청소년보호법」 「윤락행위방지법」과 같은 기존의 법은 성매매와 성폭력 전반에 관한 사항을 다루고 있었음에도 청소년의 성폭력 및 성매매에 효과적으로 대응하기 어렵다는 인식하에 2000년에 「아동 · 청소년성보호에관한법률」을 제정하였다.

이 법의 제정으로 청소년의 성을 사는 행위, 성매매를 조장하는 온갖 형태의 중간 매개행위 및 청소년에 대한 성폭력행위를 하는 자를 강력하게 처벌하고, 성매매와 성폭력행위의 대상이 된 청소년을 보호 · 구제하는 장치를 마련함으로써 청소년의 인권을 보장하고 그들이 건전한 사회 구성원으로 복귀할 수 있도록 하였다. 또한 청소년을 대상으로 하는 성매매 및 성폭력 행위자의 신상을 공개함으로써 범죄예방 효과를 극대화하였다.

더불어 2004년 일부 조항의 개정을 통해 성매매된 자 및 성을 파는 행위를 한 자의 사회복귀를 돕기 위한 지원시설 및 상담소의 설치 및 운영을 활성화하였고, 이용자의 의사에 따라 지원시설 및 상담소에서 제공하는 의료 지원, 취업교육 및 법률 지원 등을 자유롭게 이용할 수 있도록 하여 원활한 사회복귀와 성매매행위의 재발을 방지하고자 하였다.

「아동 · 청소년성보호에관한법률」의 주요 내용을 살펴보면 다음과 같다. 첫째, 아동 · 청소년의 연령을 19세 미만의 자로 규정하고, 아동 · 청소년 대상 성범죄와 성폭력, 성을 사고파는 행위에 대한 개념을 정의 내리고 있다. 둘째, 사회, 국가 및 지방자치단체가 아동 · 청소년 대상 성범죄로부터 아동 · 청소년을 보호하고, 성범죄 예방에 대한 책임과 의무를 질 것을 규정하고 있다. 셋째, 아동 · 청소년에 대한 강간, 강제추행 등의 성범죄자의 경우 3년 이상의 유기징역에서 무기징역까지 처벌을 행할 수 있도록 하고 있다. 넷째, 친고죄의 폐지로 아동 · 청소년을 대상으로 한 일정 성범죄에 대해서는 피해자의 고소 없이도 공소를 제기할 수 있도록 하고 있다. 다섯째, 아동 · 청소년 대상 성범죄 피해자를 대상으로 한 상담, 치료, 교육, 재활에 대한 사항을 규정하고, 관련 기관의 설립, 프로그램의 운영 등에 대한 국가 및 지방자치단체의 책임을 명시하고 있다. 여섯째, 아동 · 청소년 대상 성범죄로 유죄 판결이 확정된 자의 경우 신상정보 등록 및 공개와 취업 제한 등이 이루어지도록 하고, 대상 성범죄자의 등록정보는 등록 기간 동안 정보통신망을 이용하여 공개하도록 하고 있다.

또한 그동안 실효성 논란이 있어 왔던 청소년 대상 성범죄자 신상공개제도를 폐지하고, 대신 신상정보 등록 · 열람 제도를 도입함으로써 성범죄자의 청소년에 대한 접근성을 차단하고자 하였다. 그 밖에 청소년 대상 성폭력 범죄를 친고 죄에서 반의사불벌죄로 변경하여 피해청소년의 신고 없이도 수사가 가능하도록 하였고, 청소년 이용 음란물의 경우 단순 소지만으로도 처벌하는 규정을 신설하는 등 다양한 측면에서 같은 법을 수정 · 보완함으로써 실효성을 제고하였다.

그러나 몇 가지 문제점이 나타나 이에 대한 개선이 필요하게 되었다. 즉, 청소년 관련 기관 종사자의 아동 · 청소년 대상 성범죄 발견 시 신고의무가 부과되었지만, 그 위반 시 제재 수단이 없어서 실효성에 의문이 제기되고 있다. 따라서 불이행에 대해서는 과태료를 부과함으로써 실효성을 확보할 수 있도록 하여야 하고, 알면서도 신고하지 않은 경우에는 상응하는 책임을 부과함으로써 신고의무의 실효성을 확보할 필요가 있다.

5) 청소년활동진흥법

청소년의 인성교육을 장려하여 주입식 교육의 폐해를 예방하고, 주 5일 수업제의 도래 등 사회문화적 여건 변화에 맞추어 청소년의 균형 잡힌 성장에 필요한 다양한 청소년 활동의 제도적 기반을 마련하고자 2004년에 「청소년활동진흥법」이 제정되었다. 특히 「청소년기본법」(2004) 개정 시 청소년 육성의 기본 원리와 정책적 근간에 관한 사항을 중심으로 규정하면서 청소년 활동과 관련되는 규정은 「청소년활동진흥법」으로, 그리고 청소년복지에 관한 규정은 「청소년복지지원법」으로 이관하여 청소년정책을 종합적 · 체계적으로 관리 · 추진할 수 있는 기틀이 마련되었다.

이 법은 「청소년기본법」의 규정에 따라 다양한 청소년 활동을 적극적으로 진흥하기 위하여 필요한 사항을 정하고자 제정되었다. 즉, 「청소년기본법」 중 청소년 활동시설, 수련활동, 교류활동, 문화활동에 관한 부분을 별도로 범주화하여 새로이 제정한 법률로, 미래사회의 주역이 될 청소년이 다양한 활동을 통하여 자신의 기량과 품성을 함양하고 꿈과 희망을 마음껏 펼칠 수 있도록 제도적 기반을 마련하였다. 또한 이 법에서는 국가가 모든 청소년이 청소년 활동을 보장받도록 지원할 것을 명시하고 있다.

「청소년활동진흥법」의 주요 내용은 다음과 같다. 첫째, 청소년 활동을 청소년 수련활동, 청소년 교류활동 및 청소년 문화활동으로 범주화하여 다양한 청소년 활동에 대한 정책적 지원이 가능하도록 하고 있다. 둘째, 청소년 활동의 지원에 대한 국가 및 지방자치단체의 책임과 의무를 명시하고, 한국청소년활동진흥원 (중앙 및 지방), 청소년 수련시설의 설치와 운영에 관한 사항을 규정하고 있다. 셋째, 국가 및 지방자치단체는 청소년 수련활동을 지원하기 위해 이용 대상, 연령, 이용 장소 등을 종합적으로 고려하여 유형별로 균형 있게 개발 · 보급하도록 하고 있다. 또한 수련활동이 청소년의 균형 있는 성장에 기여할 수 있도록 그 내용과 수준을 향상시키기 위한 청소년수련활동인증제를 운영하도록 규정하고 있다. 그리고 수련시설 운영자 및 단체는 한국청소년수련시설협회(중앙 및 지방)를 설립함으로써 청소년 수련시설을 통한 청소년 수련활동의 활성화를 기할 수 있도록 하고 있다. 넷째, 청소년 교류활동의 활성화를 위해 국가 및 지방자치단체의 책임과 의무를 명시하고 있다. 다섯째, 청소년 문화활동을 진흥시키기 위해 국가 및 지방자치단체가 문화활동 프로그램 개발, 문화시설 확충 등 문화활동에 대한 청소년의 참여 기반을 조성하는 시책을 개발 · 시행하도록 하고 있다.

「청소년활동진흥법」의 성과를 살펴보면 다음과 같다. 첫째, 「청소년기본법」에서 청소년 수련활동 위주로 규정되어 있던 청소년 활동에 수련활동 · 교류활동 · 문화활동 등 대부분의 활동이 포함되도록 확대하여 정책적 지원 범위를 확대하였다. 둘째, 주 5일 수업제 실시와 같은 사회적 · 제도적 환경 변화 속에서 청소년이 수련활동뿐만 아니라 문화활동, 교류활동 등 다양한 청소년 활동을 통해 자신의 기량과 품성을 함양하도록 제도적 기반을 마련하였다. 셋째, 청소년 수련시설 종류에 청소년특화시설을 추가하여 현실에 맞게 시설을 구분하고, 청소년 수련시설에 청소년운영위원회를 설치하여 청소년의 참여를 강화하였다. 넷째, 수련활동에 대한 체계적인 관리와 지원, 청소년수련활동인증제 도입, 그리고 이러한 정책과 사업의 효과적인 집행을 위해 중앙에는 청소년진흥센터를, 지방에는 지방청소년활동지원센터를 설치하도록 하는 등 청소년 활동에 관한 제반 사항을 체계화하였다.

그러나 몇 가지 문제점이 나타나 이에 대한 개선이 필요하게 되었는데, 그 내용은 다음과 같다. 첫째, 청소년 활동을 보장하기 위한 내용은 명시되어 있으나, 이를 위해 국가가 무엇을 그리고 어떻게 지원해 줄 것인가에 대한 근거 조항이 미흡하다. 둘째, 청소년수련활동인증제도를 도입하여 프로그램의 질적 향상을 도모하기 위한 인증 절차, 방법 등에 관한 내용은 명시되어 있으나, 인증 프로그램의 사후관리 등에 관한 내용이 미흡하다. 셋째, 청소년 교류 및 문화 활동을 청소년 활동의 범위로 규정하였으나, 이러한 활동에 참여하는 청소년을 어떻게 지원·관리하고 수련시설 및 단체 등에서 수용할 것인가에 대한 내용이 누락되어 있다. 넷째, 수련시설의 설치와 관련한 조항은 의무 조항으로 되어 있으나, 운영에 필요한 예산 지원 사항은 권고 조항으로 되어 있어 수련시설의 고유 목적 사업비율이 점점 낮아지는 결과를 초래했다.

6) 청소년복지지원법

「아동복지법」이 18세 미만의 아동을 대상으로 주로 아동의 생존·보호·발달에 초점을 두고 있고, 특히 아동양육시설에 거주하고 있는 아동의 양육·보호 및 절차에 관한 내용이 대부분이다 보니 청소년기에 필요한 자립·자활 능력의 기회 제공에 관한 내용이 부족하다는 인식이 나타났다. 또한 청소년 개개인이 인격적으로 존중받고 사회의 한 구성원으로서 생활할 수 있도록 하는 복지향상권을 인정하면서도 국가 전체의 제도적 개념에서의 청소년복지가 필요하다는 인식 또한 나타났다.

이러한 청소년복지는 가정이나 사회로부터 소외되었거나 적응하지 못하는 청소년뿐만 아니라 모든 청소년의 삶의 질 향상과 최적의 성장 및 발달에 목적을 두어야 하므로, 「헌법」 제34조 제4항의 "국가는 노인과 청소년의 복지 향상을 위한 정책을 실시할 의무를 진다."는 규정에 근거하여 2004년 「청소년복지지원법」이 제정되었다. 특히 이 법은 가출·학업중퇴·비행·저소득계층 청소년 등 특별한 보호가 필요한 청소년에 대하여 현행 「아동복지법」에서 제공하지 못하는 부분이나 생산적 복지 차원에서의 직업능력 부분을 강화하여 자립·자활할 수 있는 복지서비스에 대한 내용을 중심으로 제정되었다.

나아가 이 법에서는 국가 및 지방자치단체가 모든 일반 청소년에 대한 인권보장 및 건강·안전의 보장, 그리고 경제적 자립지원 등의 복지서비스를 제공해야 한다는 것을 의무화하였다(조성연 외, 2008, p. 96). 특히 청소년복지 증진을 위해서는 가정이 제 기능을 수행하여야 하지만 그렇지 못할 경우에는 국가에서 이들을 특별지원청소년으로 선정하여 가족이 제공하지 못하는 부분을 담당하여야 함을 명시하고 있다.

「청소년복지지원법」의 주요 내용은 다음과 같다. 첫째, 청소년의 차별금지를 통하여 청소년의 인권을 보장하고, 청소년 관련 정책 수립 절차에 청소년대표를 참여시키거나 그 의견을 수렴하게 함으로써 청소년의 자치권을 확대할 것을 규정하고 있다. 또한 청소년에게 각종 복지시설이나 프로그램의 이용 시 면제나 할인을 받을 수 있도록 우대하고 이를 위해 9세 이상 18세 이하의 청소년을 대상으로 한 청소년증의 발급을 규정하고 있다. 둘째, 지역사회 청소년 통합지원체계를 구축하고 운영함으로써 위기청소년을 조기에 발견하고 보호하도록 하고 있다. 지역사회의 청소년 관련 기관이 상호 협력하고 유기적으로 활동함으로써 청소년복지 및 보호를 효율적으로 수행할 것을 규정하고 있다. 위기청소년의 경우에는 당사자, 가족, 보호자의 교육·상담을 지원하고, 그들이 사회적·경제적 지원이 필요할 경우 이에 대해 적절하게 지원하는 내용을 언급하고 있는데, 특히 가출청소년, 학업중단청소년, 이주배경청소년에 대한 지원에 관하여 명시적으로 규정하고 있다. 셋째, 교육적 선도를 강조하여 해당 청소년에 대해 청소년 본인, 해당 청소년의 보호자 또는 청소년이 취학하고 있는 학교장의 신청이 있을 경우 청소년의 동의를 받고 선도를 실시할 수 있도록 하고 있다. 넷째, 청소년복지지원기관의 설립과 운영에 관한 내용으로 한국청소년상담복지개발원, 청소년상담복지센터, 이주배경청소년지원센터의 설립·운영에 있어서 필요한 부분을 규정하고 있다. 또한 청소년복지시설로서 청소년쉼터, 청소년자립지원관, 청소년치료재활센터의 설립과 운영에 관한 사항도 규정하고 있다.

이 법은 청소년의 복지와 직결되는 사항을 규정하고 있어 여타의 청소년 관련 법과 구별되고, 청소년을 아동과 구분하여 차별화된 지원의 필요성을 명시하였다. 또한 특별한 욕구를 가진 청소년을 위한 지원에 있어서 국가 및 지방자치단체의 책임과 의무를 명시적으로 규정함으로써 청소년복지의 발전에 기여하고 있다. 그 밖에도 기존의 요보호청소년에 대한 보호라는 소극적 복지정책 수준에서 벗어나 전체 청소년의 삶의 질 개선이라는 진일보된 복지수준에 초점을 두고 있다.

그러나 적지 않은 부분이 타 법률에서의 지원과 중복되고 구체적인 시행 방법과 체계가 잘 이루어지지 않고 있다(노혁, 2010). 예를 들어, 특별지원청소년의 선정과 심의 기준을 시행령에서 제시하고 있으나 구체적인 시행에는 어려움이 있다. 또한 전문 영역으로서 청소년복지 분야의 활용이나 복지 전문가의 활동에 관한 구체적인 내용이 없어서 실천 현장에서의 청소년의 복지 향상에 크게 기여하지 못하고 있다. 즉, 청소년에게 실질적으로 서비스를 제공하는 것과 관련해서 누가 어떤 절차를 거쳐 어떻게 제공해야 하는지에 대한 세부 조항이 전혀 없다. 실제로 이와 관련하여 국가와 지방자치단체가 필요한 시설의 설치 · 운영, 선도 프로그램의 개발 · 보급, 선도활동에 대한 지원 및 지도자교육 등 선도의 실효성을 확보하기 위한 노력을 강구하여야 한다고 추상적으로 규정하고 있지만, 제15조 '교육적 선도' 규정은 거의 사문화되어 있는 실정이다(김영한 외, 2013). 그 밖에도 청소년복지의 주요 사업인 청소년의 자립지원에 대한 내용이 누락되어 있다.

지금까지 살펴본 바와 같이, 청소년 관련 법의 제정은 많은 성과가 있음에도 불구하고 몇 가지 문제점이 있다. 첫째, 청소년 관계 법령은 청소년 및 청소년을 둘러싼 환경 변화를 적기에 담아내지 못하고 있다. 따라서 청소년 관계 법령의 조항을 축소하고 관련 내용을 시행령 및 시행규칙으로 이관하여 청소년을 비롯한 주변 환경의 변화에 탄력적으로 대응할 수 있는 법체계를 구비할 필요가 있다. 둘째, 청소년 관계 법령의 성격에 따라 정부 부처별로 담당 업무가 산재되어 있어 청소년 관련 정책의 통합적 관리 · 집행에 어려움이 있다. 청소년은 하나의 주체적 존재임에도 각 법령이 정하는 다양한 명칭에 따라 수많은 청소년이 존재하고, 이에 따른 각기의 정책이 분절적으로 추진되고 있다. 따라서 부처별로 추진 중인 청소년 관련 정책의 연계 · 협력 · 조정 시스템을 강화하여 정책의 효율성을 제고할 필요가 있다. 셋째, 청소년 관계 법령에서 정의하는 청소년의 연령이 각기 달라 청소년의 범위를 어떻게 볼 것인가라는 문제가 존재한다. 「청소년 기본법」(9~24세), 「청소년보호법」(19세 미만), 「소년법」(19세 이하), 「민법」(20세 미만) 등 관계 법령에서 정하는 청소년의 연령 정의가 모두 다르다. 이처럼 각각의 법 제정 목적이 모두 다르므로 획일적 연령으로의 통일은 어렵더라도 되도록 청소년의 연령을 조정하여 법 집행의 효율성을 제고할 필요가 있다. 마지막으로, 청소년 관계 법령에 명시되어 있는 정책 대상이 주로 청소년에게 집중되어 있어 정책의 효율성을 떨어뜨리고 있다. 청소년이 경험하는 다양한 문제는 반드시 청소년 자신만이 아니라 가정을 비롯한 지역사회, 사회구조 등 매우 다양한 요인으로부터 유발되므로 청소년을 둘러싼 1 · 2차 환경을 개선하고 지원하기 위한 내용까지도 포함하여 청소년 관계 법령을 정비할 필요가 있다.

2. 청소년 관련 제도

1) 복지서비스 전달체계

2010년 청소년정책이 여성가족부로 이관되면서 청소년복지서비스는 다음과 같은 전달체계하에서 제공되고 있다.

(1) 여성가족부

여성가족부는 청소년정책 담당 주관부서로서 청소년정책과, 청소년활동진흥과, 청소년자립지원과, 청소년보호과, 청소년매체환경과의 5개 부서에서 업무를 관장하고 있다. 특히 취약 · 위기 청소년을 대상으로 하는 청소년복지정책은 청소년자립지원과에서 총괄하고 있다. 여기서는 주로 청소년정책에 관한 기본계획을 수립 · 시행하고 청소년 육성과 활동 그리고 교류와 자립지원 등 복지와 관련된 활동에 중점을 두고 있다. 아울러 청소년을 유해한 환경으로부터 보호하는 업무도 주요 사업으로 추진하고 있다.

(2) 시 · 도 및 시 · 군 · 구

시 · 도 및 시 · 군 · 구의 경우 청소년 관련 업무는 아동 · 청소년 업무를 함께
담당하거나 사회복지과, 주민생활지원과 등 주로 복지업무를 담당하는 부서에
서 맡고 있다. 또한 지방청소년육성위원회 설치 운영 및 시 · 도 청소년업무 총
괄기능을 수행함으로써 중앙정부와의 청소년 업무 연계 추진체계를 구축하고
있다.

2) 청소년지원사업

(1) 지역사회청소년통합지원체계(Community Youth Safety-Net: CYS-Net)

현재 경제 여건 또는 가정환경이 열악하여 정상적인 학업활동이 어렵거나 정
상적인 생활에 필요한 여건을 갖추지 못한 위기청소년의 수는 증가하고 있지만
지역사회의 지원체계인 위기청소년 사회 안전망은 취약한 실정이다. 특히 위기
청소년을 방치하면 사회적 비용이 기하급수적으로 증가하리라는 우려 역시 생겨
나고 있다. 따라서 최근에는 사회적으로 큰 쟁점이 되고 있는 인터넷 중독, 학업
중단, 자활자립 등의 문제에 효율적으로 대응하고자 개별적 · 파편적으로 제공되
었던 위기청소년 지원서비스를 통합하여 맞춤형 · 원스톱(one-stop) 서비스 체제
가 구축되었다.

이 사업은 「청소년기본법」에 근거하여 실시되고 있고, 지원 대상은 위기청소
년뿐만 아니라 일반 청소년을 포함하고 있다. 주 대상은 교육, 경제, 의료, 법률
등에서 사회적 위기에 처해 가정, 사회로부터 보호받지 못하고 있는 위기청소년
과 그 가족 등이다. 또한 지역사회 내 청소년 관련 자원을 연계하여 위기청소년
에게 상담 · 보호 · 교육 · 자립 등 맞춤형 서비스를 제공함으로써 가정 · 사회로
의 복귀를 지원하는 것이 그 목적으로, 지역사회 중심의 네트워크 시스템과 청소
년 중심의 원스톱 서비스 체계를 구축하고자 하고 있다.

그 밖에도 CYS-Net 활성화를 위해서 지역연계망의 범위를 민간사회로 확대
함으로써 가출청소년이 주로 이용하는 PC방, 노래방, 찜질방 등의 업소를 주축
으로 위기청소년의 발견, 긴급구조 및 보호서비스 등을 제공해 왔다. 더불어 점

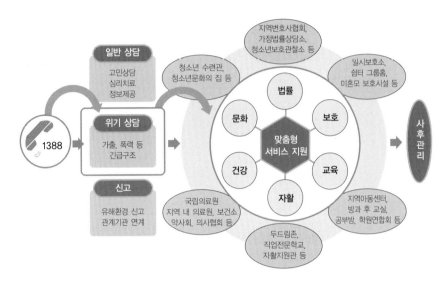

[그림 6-1] 지역사회청소년통합지원체계(CYS-Net) 서비스 체제

출처: 여성가족부(2010a).

차 의료, 법률, 자활 등의 전문 분야에서도 위기청소년에게 필요한 지원서비스를 제공하는 등 위기청소년을 다각적으로 지원하는 1388청소년지원단을 구성하여 운영하고 있다. 1388청소년지원단은 민간 사회 안전망의 역할을 담당하며 CYS-Net의 민관 협력체계를 만들어 나가는 기능을 수행하고 있다.

이 사업의 특징은 시·도, 시·군·구 등 일정한 행정구역 내의 청소년상담지원센터, 청소년쉼터 등 청소년 관련 기관 및 시설이 갖고 있는 다양한 전문 서비스와 활동 프로그램을 상호 연계하여 위기청소년에게 전문적이고 특화된 서비스를 체계적·종합적으로 제공하고 가정, 학교 및 사회로의 복귀를 지원하는 청소년 안전 시스템이라는 것이다. 특히 위기청소년을 조기에 발견하고 청소년상담센터에서 청소년의 위기 정도를 판정하여 위기 상황에 맞는 적절한 서비스를 CYS-Net을 통해 제공하는 서비스 체계를 구축하고자 한다.

CYS-Net 운영은 현재 150개의 시·도 및 시·군·구 청소년상담지원센터가 맡고 있고, 청소년의 발견·보호를 위해 필수적 구성기관이 되는 학교·교육청, 경찰관서, 노동관서, 국공립 의료기관, 보건소, 청소년쉼터, 청소년지원시설을 필수 연계기관으로 지정하여 협력하도록 하고 있다.

(2) 청소년상담복지센터

청소년상담복지센터는 청소년의 건강한 성장과 복지 증진을 목적으로, 청소년을 대상으로 하는 상담, 긴급구조, 자활, 의료 지원 등의 역할을 담당하고 있다. 각 지방자치단체는 지역 특성과 여건에 따라 직영(별도의 법인 설립 포함) 또는 청소년단체 등을 통한 위탁운영의 방법으로 이 센터를 지원하고 있다.

구체적인 서비스 내용을 살펴보면 청소년과 부모에 대한 상담·복지 지원, 상담·복지 프로그램의 개발 및 운영, 상담 자원봉사자와 청소년지도자에 대한 교육 및 연수, 청소년 상담 또는 긴급구조를 위한 전화 운영, 청소년 폭력·학대 등으로 피해를 입은 청소년의 긴급구조, 법률 및 의료 지원, 청소년의 자립능력 향상을 위한 자활 및 재활 지원 등이 있다. 아울러 시·도 청소년상담복지센터에서는 가출, 성매매, 가정폭력 및 학교폭력, 약물중독 등으로 위기 상황에 노출된 위기청소년을 위한 보호시설인 일시보호시설 운영도 담당하고 있다. 그 밖에도 긴급한 지원이 필요한 경우를 대비해 긴급지원서비스를 갖추고 있으며, 학교폭력 상담 및 신고·접수·처리 등을 목적으로 운영하는 '117 학교폭력 신고센터'의 운영을 지원하고 있다. 한편, 시·군·구 청소년상담복지센터에서는 학교폭력 원스톱 지원센터를 지정·운영하고 있다.

(3) Help Call 청소년전화 1388

2005년 국가청소년위원회의 출범과 동시에 청소년 긴급전화 1388, 가출청소년상담전화 1588-0924, 한국청소년상담원의 상담전화 및 청소년상담지원센터의 상담전화 등을 1388로 통합하여 지역사회청소년통합지원체계(CYS-Net)의 관문으로 운영하고 있다. 1388은 청소년은 물론 학부모, 교사 등 일반 국민이라면 누구나 청소년을 위하여 이용할 수 있는 전화로서 청소년상담, 긴급구조, 자원봉사 및 수련활동 정보 제공, 인터넷 중독 치료 등 청소년과 관련된 모든 문제에 대해 365일 24시간 원스톱 서비스를 제공하는 것을 목적으로 한다.

청소년전화 1388은 지역사회 청소년 사회 안전망의 관문으로서 전국의 청소년상담복지센터뿐만 아니라 각 지역의 정부기관, 경찰, 학교, 병원 등 다양한 기관과 연계하여 청소년이 처한 문제를 원인 진단부터 구체적인 해결책 제시까지

원스톱으로 지원하고 있다. 구체적으로는 청소년이 대인관계나 진로 등에서 고민과 애로사항이 있을 때, 청소년이 폭력, 가출, 학대 등의 위험에 처했을 때, 유해환경의 신고가 필요할 때, 그 밖의 청소년과 관련된 모든 문제에 있어 특별한 도움이 필요할 때 이용하는 전화로, 자원봉사활동이나 참여활동 등에 대한 정보 제공 및 안내 또한 제공하고 있다.

(4) 청소년 동반자(Youth Companion: YC) 프로그램

대다수의 청소년이 고민을 갖고 있음에도 청소년 관련 상담 전문가를 찾는 비율은 매우 낮은 수준이다. 따라서 위기에 처해 있거나 위험에 노출된 청소년 중 매우 적은 인원만이 상담과 관련된 전문적인 서비스를 받는 것으로 밝혀졌다. 그러므로 지금보다 좀 더 직접적이고 적극적인 형태로 청소년 관련 상담 전문가의 개입이 이루어져야 한다는 인식이 확산되었다.

이 프로그램은 「청소년기본법」과 「청소년복지지원법」을 근거로 한다. 지원대상은 9세에서 24세까지의 청소년으로 현재 심각한 문제를 보이고 있으나 변화 가능성이 높은 중학생과 고등학생이 주 대상이다. 또한 청소년 동반자가 위기청소년의 삶의 현장을 직접 찾아가 심리적 · 정서적 지지와 함께 지역사회 자원 연계서비스를 제공함으로써 위기청소년의 건전한 성장을 도모하고 중 · 고 위기군 청소년에 대한 일대일 상담 지원서비스를 제공함으로써 문제해결에 도움을 주는 동시에 위기요인을 개선하는 것이 목적이다.

특히 CYS-Net으로 유입된 중 · 고 위기군 청소년이 장기적 맞춤형 지원이 필요함에 따라 이들을 위해 지역사회의 청소년 협력 자원을 발굴 · 연계하며, 그들과 지속적인 관계를 형성하여 지원할 수 있는 전문가 활동의 필요성이 강조되었다. 따라서 청소년상담 분야에 자격과 경험을 갖춘 전문가인 청소년 동반자가 위기청소년을 위해 지역사회 청소년 협력 자원을 발굴 · 연계하며 그들과 지속적인 관계를 형성하여 지원할 수 있도록 프로그램을 마련하였다.

사업 내용을 살펴보면 다음과 같다. 기존의 서비스와 지원체계는 도움이 필요한 청소년이 기관 · 시설에 찾아가야 제공받을 수 있었거나 정보 부족, 권위자에 대한 불신 등으로 인하여 실제 수요자인 청소년과는 단절되는 경향이 있었다.

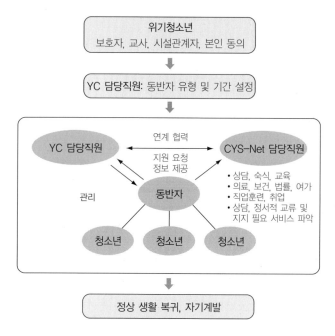

[그림 6-2] 청소년 동반자 사업 업무 흐름도

따라서 여기서는 청소년이 있는 현장에 동반자가 찾아가서 청소년이 필요로 하는 지원을 직접 연계해 주고 있다. 또한 원스톱 지원서비스를 통해 청소년이 동반자와 연결되었을 때는 청소년상담지원센터와 CYS-Net의 전체적인 정보 및 자원의 활용이 가능하다.

청소년 동반자의 역할은 다음과 같다. 첫째, 위기청소년과의 지속적인 상호교류를 통하여 심리적·정서적 지지를 제공함으로써 상호 신뢰감을 구축하고 자기계발 및 동기유발, 청소년기의 심리적 안정감을 부여한다. 둘째, 위기청소년과의 상담, 공통의 생활 체험, 체육활동, 문화 체험 등을 통하여 청소년의 과거 및 현재 생활환경을 고려해 문제요인을 분석함으로써 미래에 대한 방향 설정을 유도한다. 셋째, 위기청소년의 자기계발에 필요한 서비스를 지원하고, 긍정적인 인간관계 구축을 위한 토대를 제공하며 필요로 하는 지원기관에 연계해 준다. 넷째, 장기적으로는 위기청소년이 정상적으로 사회에 복귀하여 성공적인 삶을 유지할 수 있도록 지원한다.

이러한 청소년 동반자의 자격요건은 청소년상담사 3급 이상, 청소년지도사 2급 이상, 사회복지사 1급 이상, 상담심리사 2급 이상, 임상심리사 2급 이상, 직업상담사 2급 이상, 전문상담교사 2급 이상 등으로 대상 청소년에 대한 접근성 확보를 위하여 청소년 동반자는 사업 시행 지역 내에서 근무 가능한 자이어야 한다.

(5) 두드림존(Do Dream Zone)

최근 학업중단, 가출, 시설보호 등 성인기로의 자립 이행에 어려움을 겪고 있는 위기청소년이 매년 10만여 명을 넘어서고 있어 국가의 적극적인 개입의 필요성이 지속적으로 대두되고 있다. 이러한 취약청소년은 심각한 심리적·정서적 문제를 가지고 있을 뿐만 아니라 열악한 환경과 자립역량 부족 등으로 자립 이행의 장벽에 부딪히고 있다. 한 예로, 가출청소년은 낮은 자아존중감 및 자아개념, 주체성 부족, 의지력 부족 등의 특성을 보이고, 시설보호청소년은 일반 청소년에 비해 학교부적응, 폭력, 십 대 임신 등의 문제를 더 많이 가지고 있으며, 사회 적응의 준비나 기술 습득에서 취약점을 공통적으로 지니고 있다(신혜령, 2001). 그 밖에도 다문화청소년은 상급학교로 갈수록 취학률이 저하되고 있다.

이러한 취약 상황이 지속될 경우 이들 청소년은 청년실업, 근로빈곤층(working poor) 등 미래의 복지 수요자로 전락할 위험성이 증대되고 있다. 즉, 학업중단에 따른 저학력, 진로정보에 대한 접근성 제한으로 고용시장 진출의 어려움이 발생하고 경제 성장의 억제와 사회보장의 붕괴로 사회보장 비용이 확대될 가능성이 높다.

따라서 두드림존 프로그램을 통해 사회진출에 어려움을 겪는 취약계층 청소년의 자립 의욕을 고취하고 그들이 실제적인 자립기술을 습득하게 함으로써 청소년의 성공적인 사회진출을 위한 자립역량을 강화하고자 하였다. 또한 CYS-Net 내에서의 자립 프로그램 전문인력 양성 및 지역사회 자원연계를 통해 청소년상담지원센터의 취약청소년 자립지원 역량을 강화하고자 하였다.

두드림존의 의미를 살펴보면, 영문 'Do Dream'은 '꿈(Dream)을 가져라(Do)!'라는 뜻이며, 우리말 '두드림'은 '미래의 문을 두드리자. 그러면 열릴 것이다.'라는 의미다. 따라서 '꿈을 가지고 미래의 문을 두드린다.'는 내용으로 미래를 준비하는 청소년이 꿈과 비전을 가지고 도전하면 성공하는 미래가 열린다는 의미가 있다.

이 프로그램은 「헌법」 「청소년기본법」 그리고 「청소년복지지원법」에 근거하고 있고, 지원 대상은 만 15~24세의 학업중단청소년, 가출청소년, 학교부적응청소년, 대안학교청소년, 교정시설청소년, 보호관찰청소년, 보호시설청소년, 복지시설청소년, 다문화청소년 중 자립의 문제가 시급한 청소년이다.

이 프로그램의 특징은 사회적·심리적 위기·취약계층 청소년(가출, 비행, 가정해체, 학교부적응, 이주배경, 은둔 등) 가운데 사회진출 및 자립에 어려움을 겪고 있는 자립당면청소년 서비스지원체계라는 것이다. 또한 이 프로그램은 대상자 발굴, 개별자립지원계획 수립, 자립지원서비스 제공(자립동기 강화, 자립기술 습득, 사회진출 도약), 사후관리 단계에 이르기까지 전문적 사례관리를 통해 취약청소년의 자립역량을 강화하기 위한 종합적인 자립준비 지원체계다.

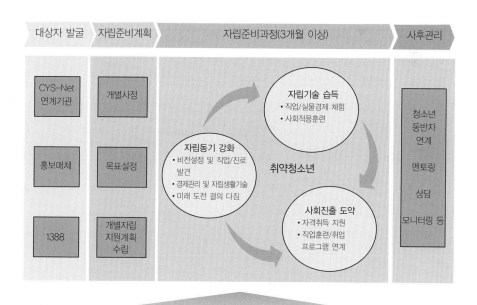

[그림 6-3] 취약청소년 자립지원서비스 흐름도

(6) 청소년방과후아카데미

여성가족부에서 운영하는 청소년방과후아카데미는 중앙과 지방, 지역사회, 학교와 연계하여 맞벌이·한부모·장애·취약계층 가정에 홀로 있는 청소년을 대상으로 한다. 그들에게 활동·복지·보호·지도를 제공함으로써 그들이 심리 발달 및 사회성을 도모하여 스스로 자립할 수 있도록 역량 배양을 지원해 주고, 주 5일 수업 시행에 따른 다양한 복지서비스를 제공한다. 그리고 이를 통해 궁극적으로 계층 간의 격차 완화 및 사회 통합을 실현하는 것에 그 목적을 둔다. 또한 이 프로그램은 부모의 양육 스트레스 감소 및 사교육비의 양극화 해소, 더 나아가서는 여성 인력의 사회진출 확대 등 많은 의미를 지니고 있다(김호순 외, 2014).

청소년에게 바람직한 발달 조건을 제공하기 위해서는 인지활동 중심의 학교 교육과정만으로는 부족하므로 신체적·심리적 지원과 더불어 소속감, 긍정적인 규범 등을 제공할 수 있는 방과 후 활동이 필요하다. 따라서 청소년방과후아카데미에서는 방과 후에 가정에 홀로 있는 청소년을 위하여 안전하고 안정적인 공간을 확보하고, 건전한 놀이문화 지도 및 체험을 실천하며, 보호자, 청소년, 지역사회가 원활하게 소통할 수 있도록 돕고, 학교교육만으로는 부족한 인성 및 창의성 등을 개발·운영하고 있다. 즉, 학습 위주의 교육이 아닌 청소년의 건전한 성장을 위한 다양한 체험활동을 운영하고, 지역사회 차원에서 청소년 활동·복지·보호 체계를 갖추기 위해 지역사회의 인적·물적 자원을 연계하여 통합적인 지원체계를 구축하고 있다. 따라서 청소년은 이 프로그램을 통해 스스로 삶의 방향을 확인하고, 이에 부합하는 사회적 기술을 체득하게 된다(김호순 외, 2014).

사업의 주요 세부 내용은 〈표 6-1〉과 같다.

청소년방과후아카데미 사업이 갖는 장점은 다음과 같다. 첫째, 청소년방과후아카데미는 교과 위주의 프로그램을 지원함으로써 학습, 돌봄, 문화 체험, 심리 정서 발달 등을 종합적으로 고려한 통합서비스 지원망을 구축하여 실현하고 있다. 둘째, 사업 초기부터 훈련된 전문인력을 배치하고, 정기적인 연수 및 교육 활동을 통해 전문성과 실무역량을 제고함으로써 다른 방과 후 서비스에 비해 운영 인력 측면에서 경쟁력을 확보하고 있다. 셋째, '한국청소년활동진흥원'을 중심으로 한 지원체계는 다른 방과 후 서비스 제공기관이 벤치마킹할 필요가 있을

표 6-1 청소년 방과 후 활동 세부 사업

구분	세부 내용
기본공통과정	자기주도학습(숙제지도, 책 읽기 등), 주요 과목 보충학습
전문체험과정	주중: 문화 · 예술, 스포츠, 과학 · 탐구 등 특기적성 교육 토요일: 주5일제 관련, 전문체험활동
재량활동과정	각 운영기관에서 재량으로 자유롭게 편성하여 운영하는 과정으로 학습 지원의 성격으로 운영 불가(동아리활동, 자치활동, 특별프로그램 등으로 운영)
특별지원과정	청소년캠프(방학), 부모교육, 초청인사 특별강의 등
생활지원	급식, 건강 관리, 상담, 생활일정 관리, 귀가지원 등

출처: 여성가족부 홈페이지(www.mogef.go.kr).

정도로 체계적이고 조직적이다. 넷째, 청소년방과후아카데미는 매년 컨설팅 및 자율 · 일괄 평정을 통한 운영방식, 시스템 그리고 내용을 수시 · 정기 검증하고 있으며, 우수기관에 대한 보상체계가 적정하게 이루어지고 있다. 다섯째, 국고 및 지방자치단체의 매칭 펀드 형태의 재정 지원방식으로 적정한 수준의 재정 지원 규모를 유지하고 있다. 마지막으로, 기존의 청소년시설이 갖는 인프라, 공간, 시설, 장비, 인력을 활용함으로써 다른 방과 후 서비스보다 다양한 프로그램을 제공하고, 자율적인 운영 및 분위기 형성이 용이하며, 쾌적하고 편안한 학습 · 생활 공간을 지원하고 있다(김호순 외, 2014).

그럼에도 아직까지 청소년방과후아카데미 지원이 이루어지지 않는 시 · 군 · 구 지역이 많고, 지역별로 편중되어 있으며, 전국적 확산이 이루어지지 못하고 있다. 또한 청소년방과후아카데미 사업 시행기관 중 일부는 다른 방과 후 서비스 제공기관과의 연계협력이 유기적이지 못하고, 지역사회 유관기관과의 사업 네트워크 형성에 취약성을 보이고 있다(김호순 외, 2014). 따라서 청소년의 방과 후 활동의 활성화를 위해서는 방과후아카데미의 지원이 확대되어야 한다.

chapter
07

chapter 07 청소년복지정책

21세기에는 경제와 문화를 비롯한 사회 전 분야에 걸쳐 세계화가 진행됨에 따라 청소년이 세계적 차원에서 경쟁 및 협동할 수 있는 세계시민으로서의 자질을 갖추는 것이 매우 중요하다. 또한 세계화를 추구하는 사회 환경의 변화 속에서 앞으로 전개될 미래에 대해 효과적으로 예측하고 준비하는 것은 청소년의 위상은 물론 국가 전체의 미래역량과도 직결된다. 따라서 미국, 영국, 호주 등의 국가에서는 10~20여 년에 걸쳐 청소년 장기 비전과 전략을 제시함으로써 미래사회에 대비하고 있다. 한 예로, 미국 청소년정책의 경우 기존의 청소년 문제행동 예방 · 치료 · 교정 중심의 정책이 고비용 · 저효율이라는 진단에 기초하여 최근 '긍정적 청소년 발달'을 강조하고 있으며, 대표적인 정책의 하나인 청소년 개발(Youth Development)은 긍정적인 방향으로 청소년의 잠재역량 개발을 도와줌으로써 지역사회에 공헌하고 청소년기와 성인기의 도전에 직면할 수 있도록 준비시키고 있다(여성가족부, 2011a).

우리나라의 청소년정책은 1990년대를 기점으로 과거의 문제청소년 중심의 선도와 보호 관점의 정책에서 벗어나 일반 청소년을 대상으로 한 정책을 실천하고 있다. 즉, 「청소년기본법」을 위시한 관련 법 제정을 통한 법적 인프라 구축, 청소년수련관, 청소년수련원, 청소년문화의 집과 같은 다양한 시설의 물적 인프라 구축, 청소년지도사ㆍ청소년상담사 등 전문자격 제도화를 통한 인적 인프라 구축 등을 통해 청소년정책이 정부정책으로서 독자적인 지위를 확보해 왔다. 또한 청소년에 대한 시각이 '사회 변화의 동반자(youth as partner)' 혹은 '자원으로서의 청소년(youth as resource)'으로 바뀌면서(이광호, 2005) 청소년 존재에 대한 새로운 인식을 바탕으로 사회 속에서 기여할 수 있는 인간으로서의 성장을 지향하는 청소년정책을 추구하고 있다.

청소년을 둘러싼 사회 환경은 빠르게 변화하고 있지만 이러한 변화에 대비한 청소년의 삶의 질 향상을 위한 정책적 지원과 여건 조성은 아직까지 충분하게 이루어지지 못하고 있다. 즉, 우리 사회에서는 청소년에 대해 미래의 인적자원으로 보는 시각과 문제아로 보는 시각이 아직까지도 공존하고 있고, 청소년과 관련된 여러 지표는 청소년의 균형 잡힌 성장과 거리가 있으며, 궁극적인 목표인 청소년의 행복도 역시 OECD 국가 중 최하위권에 머물러 있다. 특히 현재의 학교교육만으로는 우리나라 청소년이 세계시민으로 성장하는 데 한계가 있다.

변화하는 사회 환경 속에서 청소년기가 장기화되고 있는 반면, 가족의 기능은 점차 약화되고 있어 도움을 필요로 하는 위기청소년이 늘고 있고, 따라서 청소년복지정책에 대한 욕구가 지속적으로 증가할 것으로 전망된다. 그러므로 이 장에서는 지금까지의 청소년정책을 살펴보고 개선 방안을 제시하고자 한다.

1. 청소년복지정책의 개념 및 특성

1) 개념

정책이란 국가 혹은 정부가 개인의 기본적 욕구, 즉 의식주, 의료, 교육, 직업 기타 일상생활 등의 욕구를 충족해 주기 위해 행하는 궁극적 행동을 위한 지침이다. 따라서 청소년정책이란 정치, 경제, 사회 모든 분야에서 청소년의 지위와 권익을 향상시켜 이들이 건강한 사회인으로 성장 · 적응할 수 있도록 지원하는 포괄적인 국가정책을 의미한다(김경신, 박옥임, 임형택, 이인창, 김오남, 2007).

청소년정책은 지금까지 청소년복지정책, 청소년육성정책 등의 용어와 혼용되어 오고 있다. 이용교(1995, p. 11)는 청소년정책이란 "모든 청소년의 바람직한 상태를 목표로 하여 국가와 지방자치단체가 청소년의 사회적 욕구를 충족하고 청소년 문제를 해결하고자 법령과 시책을 통하여 밝힌 기본 방침"이라고 정의하고 있다. 이와 유사하게, 홍봉선과 남미애(2010, p. 260)는 청소년정책이란 "모든 청소년이 성장과 사회 적응 및 질 높은 삶을 영위할 수 있도록 청소년의 사회적 욕구를 충족하고, 청소년의 문제해결을 돕기 위해 국가와 지방자치단체가 청소년에 관한, 청소년을 위한 법령과 시책을 통해 밝힌 방침"이라고 정의 내리고 있다. 또한 조남억(2011)에 따르면 청소년정책은 청소년이 사회의 책임 있는 구성원으로 성장해 가는 데 있어서 자신을 권리와 행복 추구의 사회적 주체로 인식하고 이러한 분위기를 조성 · 지원하려는 정책적 노력을 총칭한다. 다시 말해서, 청소년정책은 모든 청소년을 위한 정책으로 국가 및 지방자치단체가 주체가 되어 청소년의 기본적 욕구 충족은 물론 교육, 건강, 소득, 고용, 활동 영역에서의 욕구를 충족하기 위한 대책이다.

한편, 청소년복지정책은 청소년복지 실천에 필요한 원칙과 방향을 정하거나 계획하는 것으로 "국가가 만 9세에서 24세의 청소년층을 대상으로 그들의 기본적 욕구를 충족해 주기 위하여 청소년 자신은 물론 그의 가족까지 원조하고 사회적 환경을 조성함으로써 삶의 질을 개선하도록 하는 사회적 서비스와 프로그램"(이소희 외, 2005, pp. 109-110)이다. 다시 말해서, 청소년복지정책은 사회복지정책 중 청소년 중심의 정책으로서 청소년의 욕구와 필요를 충족하기 위한 정책적인 서비스다. 이러한 정책은 과거에는 청소년의 건강한 성장과 발달을 위한 육성에 초점을 두었다면 현재는 복지적인 측면이 강조되는 경향을 보이고 있다.

청소년정책의 의의를 살펴보면 다음과 같다(조영승, 1999). 첫째, 청소년정책은 지 · 덕 · 체가 조화된 균형적 청소년 성장을 목표로 청소년이 바람직한 인격을 함양하고 미래사회에서 유능한 인재로 성장하도록 지원하고 조장한다. 둘째,

청소년정책은 청소년 행정활동의 방향과 내용을 제시함으로써 청소년육성정책을 효율적으로 집행하도록 한다. 셋째, 청소년정책은 청소년 문제의 해결과 전체 청소년의 균형적 성장을 추구하므로 청소년 문제의 유형과 청소년집단에 따라 세분화함으로써 각 집단에 적합한 최적의 정책을 만들고 집행한다. 넷째, 청소년정책은 청소년의 욕구를 반영하고 그들의 발달 특성에 적합하게 만들어진 정책이다. 다섯째, 청소년정책은 청소년헌장이나 「청소년기본법」 등에서 제시한 청소년 육성이념을 구현하기 위한 수단적인 성격을 갖는다. 마지막으로, 청소년정책은 공공정책으로서 청소년 육성 전반에 관한 일반정책과 더불어 부서별로 그 기능에 따라 청소년 육성에 관한 특별정책을 가지고 있다.

이에 덧붙여 청소년복지정책의 기능을 살펴보면 다음과 같다(노혁, 2010, pp. 208-209). 첫째, 청소년이 건강한 삶을 추구하는 것을 돕고 이를 통해 사회적 책임감과 권리를 균형 있게 성취하도록 돕는다. 둘째, 청소년의 사회적 욕구를 충족하여 궁극적으로 청소년 문제를 해결하도록 돕는다. 셋째, 창의적이고 유능한 인력 배출을 통해 노동력의 질적 수준 향상을 도모하고 양질의 민주시민을 양성함으로써 사회 발전에 기여한다. 마지막으로, 청소년을 대상으로 한 제도적 원조 또는 가정을 통한 소득 재분배 과정을 통해 사회복지의 궁극적 기능인 사회통합을 향해 나아간다.

2) 특성

노인 1명당 부양하는 젊은 세대의 수는 2005년 8.2명에서 2020년 4.6명 그리고 2050년에는 1.4명으로 급감할 것이라고 전망하고 있는 가운데 청소년 인구의 감소에 따른 청소년 개개인의 핵심역량 강화가 매우 중요한 정책과제로 등장하고 있다. 그러나 우리 사회에서 청소년과 청소년정책에 대한 관심은 여전히 미약한 수준에 머물러 있다.

우리는 흔히 청소년이라 하면 '문제'라는 단어부터 떠올리면서 아직 덜 성숙한 임시적 존재라는 부정적 고정관념을 갖고 있다. 즉, 청소년을 아직까지도 훈육이나 지도의 대상인 미성숙한 존재로 인식하는 경향이 있고, 특히 학교에서 공부만 해야 하는 대상으로 인식함으로써 21세기의 정보화·다양화 사회가 필요로 하는 자율활동과 다양한 경험을 축적할 수 있는 기회 제공의 필요성을 깨닫지 못하고 있다. 또한 많은 청소년이 입시에 내몰린 채 불안과 불만 속에서 살아가고 있고, 물질주의의 팽배와 상업적 경쟁의 심화로 청소년의 기본적인 권리가 무시되는 등 윤리의식의 퇴락, 이기주의의 심화와 같은 심각한 가치관의 혼란이 일어나고 있지만 이에 대한 대안은 마련하지 못하고 있다.

다행히 2000년대에 오면서 청소년의 존재 의의를 '공부하는 학생'과 '미래의 주역'으로 보고 문제청소년, 보호 대상으로서의 청소년을 강조하던 정책에서 벗어나 청소년의 자율권과 권리, 사회 참여, 독립적 존재로서의 인정 등을 강조하는 정책으로 변화하고 있다. 또한 법적 인프라 구축을 통해 청소년 관련 서비스를 제공하고 프로그램을 실시함으로써 청소년세대가 오늘의 구성원으로서의 사회적 지위와 권리를 획득하고 이를 통해 삶의 질을 향상시킬 수 있도록 방법을 모색하게 되었다.

여기서 명심해야 할 점은 청소년의 성장 환경과 경험이 기성세대와 다르고 이들이 살아갈 미래도 다르기 때문에 기성세대의 틀에 맞추어 청소년을 평가하는 것은 바람직하지 않다는 사실이다. 또한 청소년에 대한 정책적 지원은 성인에 비해 성장을 위한 잠재역량으로 축적될 가능성이 훨씬 높기 때문에 정책적 투자에 따른 효용이 그만큼 크다는 점을 명심해야 한다. 따라서 청소년기가 성취 욕구가 높아지는 시기이고 미래에 대한 가능성을 꿈꾸는 시기라는 발달 특성을 고려하여 청소년 정책을 국가정책에서 우선순위로 두어야 한다(김기헌, 2012).

2. 청소년복지정책의 발달 과정

우리나라 청소년정책의 발달 과정을 살펴보는 것은 향후의 청소년정책을 결정하는 데 중요한 지침이 되므로 이 과정을 세 단계로 나누어 자세히 살펴보고자 한다. 그리고 청소년정책의 진화 과정을 1992년부터 5년 주기로 시행된 한국청소년육성5개년계획에 나타난 주요 과제를 중심으로 살펴보고자 한다.

1) 청소년복지정책 발달단계

청소년정책이 본격적으로 시작된 시점은 1990년대다. 1987년에 제정된 「청소년육성법」은 이전의 요보호청소년을 대상으로 하는 청소년정책에서 대다수 청소년의 건전 육성을 위한 정책으로 초점을 바꾸도록 한 계기가 되었다. 또한 1990년에 제정된 청소년헌장은 법적인 구속력을 지니고 있지는 않지만 청소년의 권리에 대한 선언적 의미를 지닌다는 점에서 의의가 있다. 이후 1991년에 「청소년 육성법」을 폐지하고 「청소년기본법」을 제정하였으며, 청소년에 대한 10년간의 장기계획인 '한국청소년기본계획'도 마련하였다. 따라서 1990년대에 들어오면서 청소년정책이 문제청소년 중심의 소극적 행정에서 전체 청소년에 대한 적극적인 행정으로 전환되었다.

또한 제1차 청소년육성5개년계획(1993~1997년)을 시작으로 5년 단위로 청소년육성5개년계획을 실천하였고 1997년에 「청소년보호법」 제정, 2000년에 이 법에 기초한 「청소년성보호에관한법률」 제정, 그리고 2004년에 「청소년복지지원법」 제정을 이루면서 법적 체계를 갖추게 되었다.

(1) 맹아기(1961~1987년)

이 시기에는 사회 안정과 경제 발전 위주의 사회 분위기 속에서 청소년이라는 용어를 가진 별도의 정책은 존재하지 않은 채 청소년정책이 주로 학교교육을 중심으로 한 교육정책의 일부로 인식되어 왔다. 따라서 청소년 문제에 대해 주로 단속, 선도, 규제와 보호 위주의 대책을 모색하였고, 청소년정책의 법적 근거라 할 수 있는 법령도 「미성년자보호법」(1961), 「아동복리법」(1961), 청소년보호대책위원회규정(1964) 등이 전부였다.

1961년 제정된 「미성년자보호법」은 사회질서 유지의 일환으로 청소년의 풍기를 단속할 수 있는 법적 근거를 마련한 것으로 청소년 보호에 관한 최초의 법률로 평가된다. 또한 「아동복리법」(1961)은 사회적 보호가 필요한 요보호아동에 한하여 사회적 책임을 정하는 내용으로 구성되었는데, 이후 1981년에 「아동복지법」으로 전면 개정되면서 적용 대상이 요보호아동에서 모든 아동으로 확대되었다.

한편, 1987년에 제정된 「청소년육성법」은 '청소년 육성'이라는 용어를 사용한 최초의 법률로 법 적용 대상인 청소년의 범위를 9세에서 24세까지로 정하였다. 이 법은 최초의 청소년 관련 전문법으로서 청소년정책의 내용이 이전보다는 다소 적극적 정책으로, 사후통제 중심에서 사전예방 중심으로 바뀌게 하였다. 즉, 청소년정책은 종래의 단속·선도·보호의 관점에서 다양한 활동을 통한 '건전한 육성'으로 방향 전환이 이루어졌다(윤철경 외, 2008).

그러나 이 법은 청소년정책의 목적이 모호하고, 청소년시설이나 청소년단체에 대한 개념 정의도 추상적·선언적 규정 위주로 제시되어 그 실효성이 미흡하였다. 또한 전체 청소년에 대해서는 형식적이고 캠페인적인 성격의 활동 범위 내에서 비체계적으로 접근하였다는 점에서 청소년의 중요성은 전체적으로 인정하면서도 여전히 청소년 문제 자체를 처방하는 데에만 비중을 두는 수준의 업무를 수행한 것으로 평가된다(김광웅 외, 2009).

이 시기에는 청소년정책의 주요 골자가 지도·육성·보호, 교정으로부터 벗어나지는 못했으나 국가 차원에서 청소년정책에 대한 국가의 기본계획과 종합정책 수립에 대한 필요성을 공식적으로 논의하는 등 독립적인 청소년정책 영역의 틀이 마련되기 시작하였다.

(2) 형성기(1988~1997년)

청소년정책의 구체적인 실현을 뒷받침해 줄 수 있는 기틀인 「청소년기본법」은 1991년에 제정되어 청소년 육성에 관한 제도적 개념과 내용을 명백히 규정함으로써 청소년정책의 업무 영역을 확보하고 이론적 정체성을 정립하는 데 결정적으로 기여하였다(조영승, 1998). 즉, 이 법의 제정 이전까지는 청소년이 성인 중심으로 제시된 의무감과 책임감을 받아들여야 하는 존재로 인식되어 왔으나, 이 법의 제정 이후에는 청소년을 기본적인 인격을 지닌 존재로 인정함으로써 당시 청소년에 대한 인식의 변화를 가져왔다.

「청소년기본법」의 제정으로 기존의 '청소년의 보호·육성·선도 및 지원'은 '청소년 육성'으로 통합하여 정리되고, 청소년 육성은 청소년복지 증진, 청소년 수련활동 지원, 청소년 교류 진흥 및 사회 여건과 환경 개선 등으로 구체적으로 규정된다. 그러나 법령의 2/3 정도를 청소년 수련활동과 관련한 사항을 규정하는 데 할애함으로써 기존의 청소년정책 관련 영역을 청소년(수련) 활동을 중심으로 하고, 청소년복지와 교류 등에 한정하여 집중시켜 놓았다고 해도 과언이 아니다.

이 법의 제정으로 체육부의 청소년국도 체육청소년부의 청소년정책실로 확대 개편되면서 독립적인 청소년정책이 수립되었고, 청소년단체 및 지도자 육성기금이 조성되었으며, 청소년 수련시설과 청소년 교류활동의 활성화 터전이 마련되어 청소년정책의 발전기를 맞이하게 되었다. 이러한 정책적 노력은 일반 청소년의 여가 시간 활용을 통한 건전 육성과 보호, 그리고 사회 환경 개선과 여건 조성에 크게 기여하여 청소년정책이 오늘날과 같이 성장하는 데 밑거름이 되었다(윤철경 외, 2008).

한편, 1991년 '한국청소년기본계획(1992~2001년)'의 수립으로 장기적 · 종합적 · 독자적인 청소년정책의 기틀이 마련되었는데, 이 계획은 해방 이후 처음으로 일부 문제청소년 위주에서 벗어나 전체 청소년을 대상으로 수립된 장기적 종합계획으로서, 이를 통해 청소년정책 발전의 획기적인 전기를 마련하게 되었다. 이 기본계획에서는 청소년정책의 영역으로 청소년 활동, 청소년복지, 청소년 교류의 세 부문과 더불어 이 계획의 실행을 위한 법제 보강과 재정 확충까지 포함하는 다섯 가지 부문을 제시하였다.

그 밖에도 자유화 · 개방화 추세에 따라 증가하고 있는 청소년의 성장에 해로운 각종 유해환경으로부터 청소년을 보호하기 위해 기존 법률에 분산되어 있거나 규제가 없었던 사항을 종합하여 1997년에 「청소년보호법」이 제정되었다. 이 법에서는 음란성 · 폭력성의 유해매체물과 유해약물 등이 청소년에게 유통되는 것과 유해한 업소에 청소년이 출입하거나 취업하는 것을 규제하고 있다. 이 법의 제정으로 국가의 청소년정책은 문화체육부의 청소년정책실과 국무총리실 산하 청소년보호위원회의 양대 체제로 확대 개편되었다. 그런데 이후 문화체육부의 청소년정책실은 각 부처 청소년 육성업무를 기획 · 총괄하는 기구로서의 역할을 수행하고 청소년보호위원회는 청소년 유해환경 보호시책을 전담하게 됨에 따라 청소년정책은 육성정책과 보호정책으로 크게 이원화되었다.

(3) 발전기(1998년 이후)

이 시기는 1998년 제2차 청소년육성5개년계획의 수립 · 시행으로 우리나라 청소년정책의 정책 방향이 일대 전환점을 맞이한 시기다. 즉, 개정된 청소년헌장의 이념을 반영한 제2차 청소년육성5개년계획을 통해 비로소 청소년은 오늘의 구성원이자 당당한 동반자로서의 사회적 지위와 권리를 획득하였고, 이를 통해 정책 역시 삶의 질 향상을 위한 보편적인 방향으로 전환하게 되었다(김광웅 외, 2009). 또한 이 계획을 통해 새로운 세기를 위한 정책 비전과 전망이 제시되었고, 2004년에는 「청소년기본법」의 세부 영역에 해당하는 복지 분야와 활동 분야를 「청소년활동진흥법」 「청소년복지지원법」의 독립된 법으로 제정하면서 「청소년기본법」이 기본법으로서의 위상을 갖추도록 하는 개정이 이루어졌다. 그 밖에도 청소년을 보호하기 위한 법적인 체제의 연장선으로 「학교폭력예방및대책에관한법률」 「성매매알선등행위의처벌에관한법률」 「성매매방지및피해자보호등에관한법률」 등이 제정되었다.

이 시기의 가장 큰 특징은 개정된 「청소년기본법」을 중심으로 「청소년활동진흥법」 「청소년복지지원법」과 같은 관계 법률을 제정하였으며, 「청소년보호법」의 개정과 함께 청소년정책을 추진하는 4법 체제를 갖추어 청소년 활동, 청소년 복지, 청소년 보호에 대한 정책을 종합적 · 체계적으로 이룬 것이다. 그 내용을 살펴보면, 개정된 「청소년기본법」은 청소년 관련 정책 수립 시 청소년의 참여를 보장하고 있고, 「청소년활동진흥법」은 미래사회의 주역이 될 청소년이 수련활동을 비롯한 문화활동, 교류활동 등 다양한 청소년 활동을 통하여 자신의 기량과 품성을 함양하고 꿈과 희망을 마음껏 펼칠 수 있도록 제도적 기반을 마련하였다. 또한 「청소년복지지원법」에서는 청소년의 복지 향상에 대한 가정, 사회 및 국가의 책임과 의무를 정하고 이를 실천하기 위하여 필요한 사항을 정함으로써 미래사회의 주역이 될 청소년의 삶의 질 향상과 최적의 성장 · 발달을 도모하였다(김광웅 외, 2009). 이에 덧붙여 청소년 참여를 위한 법적 장치가 마련되면서 2007년부터 만 17세 이상에게 주민등록증을 발급하였고, 「공직선거법」상의 선거권자 연령이 19세 이상인 점을 감안하여 「국민투표법」상의 투표권자를 19세 이상의 국민으로 조정함으로써 청소년도 투표권을 갖게 되었다.

한편, 이원화되어 왔던 청소년 업무가 국가 청소년정책의 일원화를 통한 시너지 효과 창출을 위해 국가청소년위원회로 통합되면서 국가의 청소년정책을 총괄 계획하고 조정할 수 있는 지위를 확보하게 되었다. 그러나 2008년에 독립적으로 수행해 오던 아동정책과 청소년정책이 통합되어 아동·청소년정책으로 전개되면서 보건복지가족부의 아동·청소년정책실로 옮겨졌다가 2010년 여성가족부로 이관되었다.

2) 청소년육성5개년계획

청소년육성5개년계획은 무한한 잠재력과 가능성을 가진 미래의 인적자원인 청소년의 건강한 성장과 삶의 질 향상을 위한 정책의 방향 및 과제를 결정하는 정부의 기본적인 중장기계획이다. 5년 단위로 수립되는 이 기본계획은 범정부 차원의 포괄적·종합적인 국가기본계획으로, 중앙정부와 지방자치단체 수준에서 청소년을 위한 사업의 방향과 내용뿐만 아니라 청소년 단체 및 시설, 청소년 지도자 그리고 청소년의 삶에 직접적인 영향을 미치고 있다.

(1) 제1차 청소년육성5개년계획(1993~1997년)

제1차 계획에서는 가정과 학교의 역할 증대, 청소년 보호 및 선도, 건전한 청소년 활동의 지원, 청소년 교류의 활성화 그리고 국민 참여의 확산 및 추진체계 강화를 제시하였다. 따라서 청소년정책의 독자적인 영역을 설정하고 청소년시설 등 다양한 인프라를 구축하고자 하였다.

이 5개년계획은 한국청소년정책기본계획과 더불어 청소년육성정책이 국가의 독자적인 정책 위상을 확보하도록 하는 발판을 마련했고, 청소년 수련시설의 양적 증가와 함께 다양한 수련 프로그램을 개발했으며, 청소년전문지도자로서 국가자격제도인 '청소년지도사' 제도를 시행하는 성과를 나타냈다. 이 계획의 성과로 정부정책에서 청소년정책의 독자적인 영역을 설정하였고, 통합적 정책의 추진을 제시하였으며, 청소년 활동 영역을 구체화하였다. 또한 청소년 활동을 지원하고 교류를 확대 및 강화하였고, 국민 참여를 확산하고 추진체계를 강화하였으며, 청소년복지 영역을 구체화하였다.

그러나 정책 기조는 여전히 청소년을 학생 그리고 미래의 주역으로 보았고, 선도·보호·교화 위주의 정책이었으며, 청소년기를 미래를 위한 준비기로 바라보는 등 전통적인 청소년 육성 관점에서 크게 벗어나지 못했다. 또한 청소년의 다양한 이해와 요구, 수요를 반영하지 못함으로써 범부처 차원의 종합대책의 성격을 갖추지 못하였다(김기헌, 2012).

(2) 제2차 청소년육성5개년계획(1998~2002년)

제2차 계획은 청소년정책의 방향을 성인 주도가 아닌 청소년 참여에 바탕을 두고 정책 주체로서 청소년을 바라볼 것을 제안하면서 청소년에 대한 기본 발상과 정책 방향을 크게 전환하는 계기가 되었다. 즉, 청소년세대는 오늘의 구성원으로서 당당한 동반자적 사회 지위와 권리를 획득하였고 이를 통해 삶의 질 향상을 위한 보편적인 방향으로 정책을 전환하게 되었다. 또한 소수 문제청소년 보호 위주의 정책에서 벗어나 다수 청소년 육성정책을 시도하였고, 청소년을 정책의 주체로 인식함과 동시에 그들의 참여 통로를 확대하고자 많은 정책적 노력을 기울였다. 또한 청소년을 미래사회의 주인공으로뿐만 아니라 오늘의 사회 구성원으로 바라보면서 권리를 존중해야 한다는 사회적 인식을 전환시키고자 노력하였다.

여기서는 5개의 정책 분야로 청소년의 권리 보장과 자율적인 참여 확대, 청소년이 주체가 되는 문화·체육 중심의 수련활동 체제 구축, 국제화·정보화 시대의 주도능력 배양, 청소년의 복지 증진 및 자립지원, 그리고 가정과 지역사회의 역할 강화와 참여 확산을 제시하고 있다. 따라서 수요자 중심의 정책 방향은 물론, 청소년 참여와 시민으로서의 권리 부여, 지역사회 중심의 정책 방향을 제시하였고, 청소년 보호대책을 활성화하였다. 또한 청소년 수련활동 여건의 확충, 청소년지도자 양성 및 수련 프로그램 개발과 보급, 청소년보호대책 활성화, 청소년복지 지원 및 고충상담체제 구축, 청소년 국제교류 및 자원봉사활동 확대, 청소년 육성 재원 확충 및 법령 정비 등의 커다란 성과를 이루었다(윤철경 외, 2008).

반면, 청소년의 인권과 권리에 대한 사회적 인식을 제고하고 청소년의 다양한 사회 참여에 대한 국민적 공감대를 형성하는 데는 미흡하였다. 특히 정부 각 부처에서 추진되고 있는 다양한 청소년정책의 체계적인 연계와 협력이 제대로 이루어지지 않음에 따라 지역사회 중심의 추진체계 구축이 부진하였고 청소년 육성정책 총괄기능이 미약하였다(김기헌, 2012).

(3) 제3차 청소년육성5개년계획(2003~2007년)

제3차 계획은 세계화 · 정보화 시대를 맞이하여 증대하는 청소년의 사회적 욕구를 수용하고자 범정부 차원의 청소년육성정책을 요구하는 환경 변화에 맞추어 제1 · 2차 청소년육성5개년계획과는 달리 '참여, 소통, 체험'을 기본 이념으로 삼아 '청소년 삶의 실제적 변화와 청소년 관련 현장의 실질적 개선'에 초점을 맞추어 시행되었다. 추진 전략으로는 주류화 · 지역화 · 차별화 · 파트너십 전략을 채택하고, 정책과제로는 청소년 권리 신장 및 자발적 참여기반 구축, 주5일제 대비 창의적 청소년 활동 여건 조성, 취약계층 청소년복지 지원 강화, 청소년 건강보호 및 유해환경 정화, 그리고 추진체계 정비 및 범국민적 참여 확산을 제시하였다.

제3차 계획에서는 청소년을 오늘의 사회 구성원으로서 하나의 독립된 인격체로 인정하고 자율과 참여를 중시하는 청소년정책의 패러다임 변화를 가져왔으며, 창의적 활동을 위한 수련시설 확충과 수련 프로그램의 질적 개선, 그리고 청소년 행정조직의 개편과 강화 등에 역점을 두었다. 그 결과 청소년수련활동인증제 도입, 청소년활동정보시스템 구축, 청소년 인권에 대한 사회적 관심 고취, 위기청소년 사회 안전망 구축, 청소년 행정체계의 일원화, 청소년증 도입, 청소년 관련 법의 개정 추진, 청소년특별회의 시행 등 청소년정책이 국가의 주요 정책으로 자리 잡는 데 기여하였다.

이 계획의 성과는 청소년 참여를 구체화하고 청소년 관련 법체계를 정비하였으며, 청소년 정책 추진체계와 관련하여 시 · 도 및 시 · 군 · 구에 전담기구 설치의 근거를 마련하고 과학적인 정책 추진의 방향을 제시한 점이다. 반면, 국가청소년위원회의 청소년 관련 업무의 총괄 조정에 대한 성과는 미흡하였고, 지역사회 중심의 정책 환경 조성 역시 미흡하였다. 즉, 청소년수련활동인증제에 대한 활동 현장에서의 공감대 형성의 부족은 물론, 청소년활동종합정보시스템, 극소수의 청소년만 참여하는 청소년특별회의 운영, 중앙 청소년정책의 지방 전달체계 등에서 미흡함이 노출되었다(김기헌, 2012).

(4) 제4차 청소년정책기본계획(2008~2012년)

제4차 계획에서는 청소년정책 관련 환경의 변화로 청소년 역량 강화의 필요성 증대, 주 5일제 수업 전면 실시에 대비한 청소년 활동기반 강화, 사회적 관심이 필요한 위기·취약계층 청소년 증가, 입시 위주 교육으로 인한 다양한 활동 경험 부족, 청소년 유해환경의 증대, 청소년의 신체적·정신적 건강 위해요인 증가 등을 제시하였다. 특히 사회투자 관점에서 전체 청소년을 대상으로 한 '역량강화'와 소외청소년을 대상으로 한 '기회균등'을 핵심 정책이념으로 선정하였다.

이 계획에 의거하여 시행된 정책으로는, 첫째, 청소년 체험활동을 위한 지역사회 운영모델 시범사업이 추진되었고, 체험활동의 활성화를 유도하고자 자원봉사 터전, 청소년동아리가 지원되었으며, 청소년문화존 지원이 확대됨에 따라 청소년의 다양한 체험활동 활성화를 위한 기반이 확충되었다. 둘째, CYS-Net을 구축하고 위기청소년에 대한 지원을 강화하였다. 즉, 취약계층 청소년의 방과 후 활동은 물론 가출청소년 및 학업중단청소년에 대한 지원을 강화하였으며, 2011년 「청소년기본법」 개정으로 청소년 방과 후 활동 지원에 대한 법적 근거를 마련하고 청소년방과후아카데미사업을 확대하였다. 또한 학업중단청소년을 대상으로 자립지원 프로그램(두드림존)을 2008년 15개소에서 2012년 49개소로 확대하였다. 셋째, 인터넷 게임중독 예방을 위한 법과 제도를 개선하고 치료 지원을 강화하였다. 즉, 2011년 「청소년기본법」을 개정하여 '인터넷게임건전이용제' 도입에 대한 법적 근거를 마련하였고, 만 16세 미만 청소년에 대한 심야 시간 인터넷게임 제공 제한을 시행하였다. 마지막으로, 청소년정책의 효율적 추진을 위한 전달체계를 정비하여 '한국청소년활동진흥원'을 설치하였고, 지역 단위에서는 '청소년활동진흥센터'와 '청소년상담복지센터'가 허브 기능을 수행하게 함으로써 청소년정책의 지원을 체계화하였다.

이 기본계획은 청소년 핵심역량을 제시하여 청소년상(덕 · 체 · 지)에 관한 대안을 모색하였고, 청소년정책의 영역을 확대하였으며, 그 주요 현안인 성인기 이행에 관한 정책 방안을 제시하였다. 반면, 환경 변화에 따른 적절한 대응책을 포괄적으로 담는 데 한계가 있었다. 즉, 주 5일 수업제에 대비한 청소년의 여가 활용에 초점을 둠으로써 미래사회가 요구하는 청소년상과 필요 역량을 종합적 차원에서 제시하지 못하였다. 또한 청소년 역량 강화를 위한 청소년 지원 인프라가 부족하였고, 교육 · 노동 · 복지 등 범부처 간 사업 연계가 미약하였으며, 시범사업 위주로 추진됨으로써 청소년정책의 확장이 미흡하였고, 청소년 유해환경 예방을 위한 지역사회 안전 환경 조성도 미진하였다.

이와 같은 성과에도 여전히 낮은 청소년의 행복수준과 삶의 만족도, 불균형한 역량 및 신체적 · 정신적 건강, 그리고 교육과정 및 미래에 대한 부정적 가치관으로 인해 급변하는 사회경제적 환경 변화에 대응하도록 발전적인 청소년정책의 추진이 필요하였다. 따라서 2013년부터 2017년까지 향후 5년간 추진될 '제5차 청소년정책기본계획'에서는 '청소년이 행복한 세상, 청소년이 꿈꾸는 밝은 미래'를 비전으로 청소년의 역량 함양 및 미래 핵심 인재 양성, 청소년의 자기주도적 참여와 권리 증진, 청소년의 균형 있고 조화로운 성장, 청소년의 안전하고 건강한 생활환경 조성을 목표로 설정하였다.

3. 청소년복지정책의 내용

청소년복지정책은 1993년부터 청소년정책기본계획을 통해 청소년의 다양한 체험활동 활성화를 위한 기반 확대, 청소년 참여기구 운영의 활성화를 통한 청소년정책 참여의 기회 확대, CYS-Net 구축 및 위기청소년 지원 강화, 인터넷게임 중독 예방을 위한 법 · 제도 개선 및 치료 지원 강화 등의 성과를 거두어 왔다.

1) 위기청소년 유형별 서비스 제공

지난 5년간 청소년이 온라인 음란물 및 게임, 휴대전화를 이용한 성인매체에 접촉하는 횟수가 증가하였을 뿐 아니라 청소년의 건전한 성장을 위협하는 신종·변종 청소년 유해업소가 출현하고 퇴폐화 경향이 심화되고 있다. 또한 청소년자살, 청소년가출, 성문제 등의 청소년 문제가 심각해지면서 다양한 위기청소년에게 유형별 맞춤형 서비스를 제공하고 있다. 이를 자세히 살펴보면 다음과 같다(여성가족부, 2012b).

첫째, 지역사회 청소년 위기개입 강화를 위해 CYS-Net 운영에 있어서 허브기관인 청소년상담지원센터의 설치를 확대하였고, 1388청소년지원단의 역할 및 기능을 재정립하여 운영을 활성화하였다. 또한 위기청소년을 직접 찾아가 상담, 정서적 지원, 필요기관 연결 등 맨투맨 종합서비스를 제공하는 '청소년 동반자'를 확대하였고, 1388청소년지원단 중 의료지원단, 법률지원단 등 전문인력을 활용하여 위기청소년에 대한 지속관리를 추진하였다.

둘째, 저소득층 청소년의 공평한 출발 기회 보장을 위한 보건·복지 통합서비스 제공 및 문화활동 기회 확대로 보건복지부의 사회통합관리망과 연계하고 있다. 즉, 나홀로 청소년의 보호를 위한 방과 후 돌봄서비스인 '청소년방과후아카데미'를 통해 저소득층 맞벌이가정 청소년, 장애부모가정 청소년, 가정 형편이 어려운 청소년 등 취약계층 청소년을 대상으로 학습지도, 생활지도, 다양한 체험 프로그램뿐만 아니라 급식 및 귀가 지도 등에 이르기까지 생활 전반에 걸친 다양한 서비스를 지원하고 있다.

셋째, 가출청소년 보호 및 지원을 강화하기 위해 「청소년복지지원법」 시행령이 개정되면서 민간운영 청소년복지시설에 대한 신고제 도입과 연계하여 청소년쉼터의 설치·운영 기준을 구체화하였고, 야간보호 기능을 신설하였으며, 쉼터 설치와 찾아가는 거리아웃리치활동을 확대하였다. 또한 가출예방, 조기발견, 초기개입·보호, 가정·사회복귀 지원, 자립지원을 위한 표준화된 매뉴얼을 제작·보급하고, 쉼터 행정지원전산망 시스템을 개선하는 등 청소년쉼터 관리체계 개선을 추진하였다.

넷째, 정부에서는 최근 범람하고 있는 유해매체로부터 청소년을 보호하기 위하여 청소년 유해매체물에 대한 심의 · 결정 및 고시를 강화하는 한편, 여성가족부에 '사이버모니터링센터'를 설치하여 인터넷 유해정보에 대한 상시 모니터링 시스템을 구축하고, 모니터링 결과에 대한 고발 및 심의요청 등 시정조치를 강화해 왔다. 특히 2011년 11월부터는 개정 「청소년보호법」에 따라 '인터넷게임 건전이용제도'가 시행되어 만 16세 미만 청소년을 대상으로 심야 시간에 인터넷게임을 제공하는 것이 제한되고 있다. 또한 인터넷 중독 치유를 위해 인터넷 레스큐(RESCUE)스쿨과 가족치유캠프 등 치유특화 프로그램을 운영하고 있으며, 청소년 동반자를 활용하여 치료를 요하는 청소년에 대한 지속적 사후관리를 실시하고 있다.

다섯째, 북한이탈청소년의 문화적 · 심리적 불안감 해소와 우리 사회에 대한 이해 증진을 돕기 위한 지원서비스를 내실화하고자 하나원과의 MOU 체결을 통해 하나둘학교에서 기본 교과교육과 심리 · 정서 안정의 통합교육을 실시하고 있다. 또한 다문화청소년 지원체계 강화를 위해 「청소년복지지원법」 개정에 따라 하위 법령 개정으로 '이주배경청소년지원센터'의 설치 · 운영 등에 대한 세부 기준을 마련하였다. 특히 중도입국청소년의 학교진입 및 사회정착 등 사회에서의 초기 적응을 지원하기 위해 '레인보우 스쿨(Rainbow School)'을 운영하고, 다문화가족지원센터의 집합교육에 참여하기 어려운 다문화가족 자녀를 대상으로 방문교육지도사를 배치하여 숙제지도, 기본생활습관 지도 등의 서비스를 지원하고 있다.

마지막으로, 학교부적응에 따른 학업중단을 최소화하기 위해 시 · 도교육청에서는 학업중단 징후 학생을 찾아내 Wee센터에서 진단 및 전문상담을 실시하는 학업중단숙려제를 도입하여 숙려 기간 중에 학업중단 이후 학습, 자립지원 등의 정보를 함께 제공하도록 하였다. 학업중단숙려제의 전면 실시에 따라 학업중단 청소년 현황관리 및 개별사례 관리를 통해 학업중단서비스체계 내 유입 및 성공적인 학업복귀를 유도하는 등 지원기능을 강화하였고, 학업중단청소년을 대상으로 학업 · 진로 정보, 인터넷 강의 등을 제공하는 지능형 통합정보시스템을 구축 · 운영하였으며, 기숙형 대안캠프 운영을 확대하였다.

2) 창조적 인재 양성에 주력

OECD에서 제안한 3대 핵심역량(key competencies)의 기준에 따르면, 우리나라 청소년은 지적 역량은 매우 우수하나 이를 자신과 사회의 긍정적 발전에 활용하기 위해서 필요한 자율적 역량, 사회적 상호작용 역량은 낮은 수준이다. 따라서 문화적 · 교육적 · 사회적 인프라의 질적 · 양적 향상을 통해 청소년의 행복도를 증진시켜 삶의 질을 향상시키고자 청소년의 잠재역량 개발을 통한 창의적 인재 양성에 주력하고 역량개발을 위한 다양한 활동 인프라를 구축, 확대해 왔다. 이를 구체적으로 살펴보면, 청소년수련관을 포함한 다양한 시설을 확충함은 물론, 전국 16개 시 · 도의 '청소년자원봉사센터'를 지방청소년활동진흥센터로 개편하여 청소년 관련 종합정보서비스를 구축 및 제공하였다(여성가족부, 2011a).

그 밖에도 청소년 참여기구 운영의 개선을 위해 청소년참여위원회 선발 · 구성방법을 개선함으로써 대표성을 제고하고, 청소년참여위원회 · 청소년운영위원회 운영을 활성화했으며, 청소년 참여기구를 통해 지역사회 참여활동을 강화했다. 또한 온라인 · 미디어 매체를 활용한 청소년 참여의 확대를 지원하기 위해 SNS, 스마트폰 등 청소년에게 친숙한 매체를 활용하여 정책 참여기반을 마련하고 청소년 온라인 포털사이트를 운영하고 있다.

3) 청소년 권익 증진

청소년의 신체적 · 정신적 건강 환경을 조성하기 위해 청소년 건강 증진을 위한 대책을 추진하고, 청소년의 충분한 수면권 보장을 위한 홍보를 전개하며, 청소년의 건강한 식생활 정보 제공 등을 위한 홍보를 추진하고 있다. 또한 청소년증제도 내실화 및 홍보 강화를 통한 편의를 증진하기 위해 청소년증 관리 지침을 수립 및 배포하고, 청소년증제도 내실화를 위한 과제를 발굴하며, 각종 홍보매체를 통해 청소년증 홍보를 추진하고 있다. 그 밖에도 청소년 권리 증진을 지원하기 위해 청소년 권리증진사업 전담기구인 '청소년권리센터'를 운영하고, 청소년 권리 관련 실태조사, 교육 자료 및 프로그램 개발, 홍보사업 등을 수행하며,

청소년과 청소년지도자 대상 청소년 권리교육을 실시하고 있다.

4. 청소년복지정책의 문제점

청소년정책은 1990년대 국가정책으로 자리매김하면서 '덕, 체, 지의 조화'를 내걸고 「청소년기본법」 제정에 따라 5년 단위로 기본계획을 수립하여 법, 제도, 인프라를 갖춘 국가정책으로서의 위상을 정립해 왔다. 그동안 국가 차원에서 청소년복지와 관련하여 많은 노력과 가시적 성과가 있었지만 아직까지도 청소년 사업의 활성화 및 지원체계는 해결해야 할 과제를 안고 있다. 특히 이전까지는 청소년을 위한 유익환경의 조성보다 유해환경의 규제에 편중된 보호정책, 학교 중심의 청소년정책, 단기적이고 일회적인 청소년 활동정책이 대부분이었다.

1) 사회문화적 환경의 변화에 대한 적응의 미비

현재 우리나라는 경제, 사회, 노동시장의 양극화 현상이 가속화되고 있고, 저출산 · 고령화로 인한 연령 구조의 재편도 매우 빠른 속도로 진행되고 있으며, 급속한 개방화 추세에 따른 다문화사회로의 이행도 빠르게 추진되고 있는 상황이다. 또한 청소년이 새로운 문화산업의 생산과 소비 주체로 등장하였고, 주 5일제 수업에 따라 청소년의 여가 시간이 증대하고 욕구가 다양해지고 있다.

그러나 가족과 지역사회의 보호기능이 지속적으로 약화되고 있고, 향락산업의 팽창으로 청소년 유해환경이 증대되고 있으며, 사이버 공간을 통한 폭력과 일탈의 증가는 물론 보호와 지원을 필요로 하는 위기청소년의 증가 등 청소년 문제가 다양화되고 있다(김경화, 2008). 특히 청소년 관련 정책 자원이 학교를 중심으로 이루어졌음에도 불구하고 학업중단청소년이 연간 7만여 명씩 발생하는 현실을 볼 때 학업중단청소년을 위한 지원은 미흡한 실정이다.

이처럼 청소년정책이 제도적인 외곽을 갖추고 독립적인 정책 영역으로 성장해 왔음에도 불구하고 그 목표가 청소년의 균형 잡힌 성장과는 거리가 있는 결과를 보여 주고 있으며, 궁극적인 목표라고 볼 수 있는 청소년의 행복도는 OECD 국가 중 최하위권에 머물러 있다(김기헌, 장근영, 2012). 이는 기존의 중장기적 정부 차원의 청소년보호대책이 다양한 형태의 청소년 문제에 대해 미흡하게 대처해 왔음을 보여 주는 것이다. 또한 제4차 청소년정책기본계획을 통해 위기청소년을 위한 시설이 대폭 증대되고 시설 내에서의 지원 프로그램이 확충되었으나 각 청소년에 대한 맞춤형 지원 프로그램은 부족하고, 특히 위기청소년을 위한 지원정책이 제대로 홍보되지 않아 많은 수의 위기청소년이 지원을 받지 못한 채 방치되고 있다.

2) 정책 대상의 모호함

청소년 관련 법에서 언급하는 정책 대상에는 편차가 있다. 즉, 「청소년보호법」은 19세 미만, 「소년법」은 19세 미만, 「민법」은 20세 미만으로 규정하고 있다. 또한 「주민등록법」은 주민등록증을 17세 이상에게 발급하고 있으며, 「공직선거법」에서는 선거권자 연령을 19세로, 「국민투표법」에서는 투표권자를 19세 이상으로, 「근로기준법」에서는 연소근로자를 18세 미만으로 규정하고 있다. UN은 아동과 청소년의 연령을 14세를 기준으로 14세까지는 아동, 15세부터 24세까지는 청소년으로 구분하여 정책을 수행하고 있지만, 우리나라의 경우 청소년의 연령을 9세에서 24세, 아동의 연령을 0세에서 17세로 구분하여 아동과 청소년의 연령이 중첩된 상태에서 청소년정책 대상이 모호했으며, 정책의 법적 근거나 집행부서 또한 중첩될 수 밖에 없었다. 더불어 그동안 「아동복지법」을 근거로 한 아동보호복지정책은 보건복지부에서, 「청소년기본법」과 관련된 정책은 여성가족부에서 담당하다 보니 일부 정책은 중첩되기도 하였다.

따라서 청소년 연령 규정의 재정립이 요구되고 있다. 특히 최근 성인기 진입 시점이 지연됨으로써 24세 이후의 취업 이전까지의 청년에 대한 지원정책의 요구가 증가하고 있음을 고려한다면 연령 규정에 대한 연구가 필요할 것으로 보인다.

3) 청소년의 사회 참여 활성화의 미흡

아직까지도 우리 사회는 청소년을 미성숙한 존재라는 사회적 인식과 편견, 보호의 대상으로만 볼 뿐 참여의 주체로 인정하지 않으려는 성인의 의식 구조, 자율성과 권익보다는 훈육에 초점을 둔 교육방식 등의 이유로 청소년의 인권과 권리에 관한 인식이 부족하다. 또한 성적과 학벌을 중시하는 사회 분위기에 따른 입시 위주의 교육으로 청소년이 입시 공부 이외의 활동에 할애할 시간이 절대적으로 부족하다. 통계청(2009b)의 조사에 따르면, 중·고등학생의 하루 평균 학습 시간은 7~10시간이지만 사회 참여 및 봉사활동 시간은 1분에 불과하였다. 또한 OECD의 2009년 학업 성취도 국제조사(2009) 결과에 따르면, 우리나라 청소년의 학업 성취도는 높았지만 학업에 대한 흥미는 저조하였으며 역량 강화를 위한 동기가 부족하였다. 그 밖에도 청소년 활동의 필요성에 대한 전반적인 인식도 부족하여 형식적 참여에 그치고 있다. 따라서 청소년의 참여를 보장하기 위해 설치된 청소년 참여기구 역시 실질적인 청소년 의견 수렴과 대안 제시의 기능은 미약한 상황이다(김경화, 2008).

또한 청소년 교류 및 글로벌 리더십 개발이 미흡하다. 21세기 국제화·세계화의 시대에 부응하기 위해서는 청소년의 국제교류를 획기적으로 확대하여 실질적으로 글로벌화된 역량을 적극 함양할 필요가 있으나 여러 제약 조건으로 확대되지 못하고 있다. 즉, 교류 프로그램 및 관련 정보 제공 등이 민간단체와의 사업 중복 또는 침해요소가 될 가능성, 대상자 선발 기준에서의 갈등 문제, 교류 시행 주체의 정책 목표와 참가자의 참가 목적의 차이로 인한 교류정책의 효과성 측면 등에서 현실적인 한계를 보이고 있다(김경화, 2008).

여전히 우리나라 청소년의 정책 참여 범위와 참여청소년의 비율은 매우 낮은 편으로 특정한 청소년을 대상으로 실시하는 제한된 참여 수준을 보이고 있다. 또한 청소년의 참여에 실효성 있는 권한을 부여하지 않아 실질적인 참여라기보다는 형식상에 그치는 참여가 더 많다.

4) 전달체계의 문제점

청소년복지정책을 직접적으로 취급하는 정부 부처는 여성가족부와 보건복지부의 2개 부처이며, 여기에 유아 및 학교청소년을 포함하면 교육부가 추가되어 총 3개 부처가 된다. 또한 「정부조직법」에는 청소년 관련 업무가 규정되어 있지 않음에도 직제규정에서 청소년 관련 업무를 규정하고 있는 부처가 상당수에 달한다. 즉, 유해매체물은 문화체육관광부와 방송위원회, 인터넷 중독은 교육부와 행정자치부, 다문화가정은 교육부와 보건복지부의 업무가 서로 중복되고 있는 것처럼, 부처 간에 유사한 사업들이 시행되고 있다. 그리하여 여러 부처에 산재한 청소년사업의 연계·협력을 통한 시너지 효과 창출 및 총괄 조정 기능이 취약하며, 교육, 복지, 노동 등 청소년에게 필요한 범부처 사업을 연계·총괄 조정하여 시너지 효과를 창출하려는 노력이 미흡하다(여성가족부, 2011a).

따라서 주관 부처와 지방자치단체 간 연계체계, 청소년정책 전달체계의 재정비 등이 중요하다(김기헌, 2012). 특히 교육경쟁의 강화, 맞벌이가정의 증대에 따른 방과 후 보호의 문제, 청소년 폭력과 자살, 중독 등 청소년의 건강과 안전 문제, 사회 양극화·글로벌화에 따른 청소년의 주변화, 청년실업, 성인기 이행의 문제 등에 따른 청소년집단의 다양한 요구를 어느 한 부처의 정책만으로 대응하기는 어려운 실정이다.

5) 청소년 활동시설의 문제점

청소년정책이라는 목표를 달성하기 위해서는 정책 추진의 기반이 되는 다양한 시설과 인프라에 대한 투자가 우선되어야 한다. 그러나 재정 여건의 취약, 설비 및 지도인력의 부족, 기존 시설의 노후화, 프로그램의 열악함 등의 문제가 장기화되고 있다.

첫째, 청소년인구가 줄어들고 있지만 청소년정책의 중요성에 비춰 볼 때 청소년 관련 예산이 많이 부족하다. 청소년정책이 대다수 청소년 활동에 지원될 수 있는 공공정책으로 방향을 전환하기 위해서 여성가족부의 청소년 활동예산은 직접적인 청소년정책의 수행에 필수적인 자원임에도 불구하고 정부 부처의 예산비율로 볼 때 현저히 낮은 수준이라고 할 수 있다(김기헌, 2012).

둘째, 전문화 · 특성화된 프로그램이 미흡하다. 국제화 · 지방화 등의 사회 변화 속에서 전문화 · 특성화된 다양한 활동 프로그램 개발 및 보급의 필요성이 증대되고 있으나 통합적 · 역동적인 프로그램의 개발과 보급이 미비한 실정이다. 특히 대부분의 청소년은 주 5일 수업제의 실시로 늘어난 여가 시간을 늦잠을 자거나 컴퓨터게임을 하는 등의 비교육적 단순활동으로 보내고 있다. 또한 프로그램의 내용에 있어서도 대부분 단체활동 중심으로 이루어지고 있고, 각 지역의 인적 · 물적 · 문화적 요소를 충분히 연계하지 못한 채 비슷한 내용으로 진행되고 있어서 지역의 특성을 살린 프로그램의 개발 및 보급이 미흡하다(김경화, 2008).

셋째, 청소년을 돕는 인적자원이 미흡하다. 예를 들어, 인터넷 중독 예방교육 및 집단상담 수요는 증가하고 있으나 실제로 시 · 도 청소년(상담)지원센터에 인터넷상담을 위한 전담인력이 부족하여 중독 문제에 대한 적극적인 대응이 어려운 실정이다. 또한 아직까지도 청소년 지도인력의 연수, 배치 및 활용에 대한 체계적이고 통합적인 지원체계가 마련되어 있지 않다 보니 열악한 근무 여건과 대우로 이직자가 증가하고 있다. 그 밖에도 시설의 입지적 특성과 이용자 특성화, 차별화된 프로그램의 부족으로 인해 청소년 이용률이 저조한 상황이다(김경화, 2008).

5. 청소년복지정책의 활성화를 위한 제언

국가정책의 비전은 청소년이 능동적 주체자로서 행복한 삶을 살도록 함이다. 따라서 지금까지 다양한 청소년 관련 프로그램을 통해 청소년의 삶의 질을 높이고자 노력하였으나 청소년인구의 지속적인 감소, 가족 구조 및 형태의 다변화, 청년 노동시장의 위축 및 고용 불안정 등 청소년을 둘러싼 사회경제적 환경의 변화가 가속화됨에 따라 이에 대응할 수 있는 범정부 차원의 포괄적이고 종합적인 청소년정책의 필요성이 제기되었다.

저출산·고령화 추세에 따라 청소년 개개인의 핵심역량의 강화는 매우 중요한 정책과제가 되었다. 따라서 건강한 매체 환경의 조성을 통해 유해환경을 개선하고, 교과 중심이 아니라 활동을 중심으로 하며, 위기청소년의 실질적 보호 방안 및 자기주도적 역량개발 지원을 위한 활동기반을 마련하여 청소년의 사회 참여체계를 활성화해야 한다.

1) 법·제도의 정비

시대 환경과 청소년인구의 변화에 따라 거시적인 중장기정책이 수립·시행되어야 한다. 즉, 청소년 관련 정책 간에 연계·조정·협의를 강화할 수 있도록 「청소년기본법」을 비롯한 법률을 정비함은 물론 청소년 관련 정책이나 사업을 적극적으로 추진하기 위해 구체적인 법적 근거를 마련해야 한다. 한 예로, 정보통신 기술의 급속한 발전에 따라 다양한 형태의 유해환경이 증가하였기에 청소년에게 악영향을 미치고 있는 유해매체에 대한 심의를 엄격히 하고 규제를 강화해야 한다. 즉, 온라인 환경에 적합한 법률의 제정을 통해 인터넷 중독, 매체물 범죄 등 매체 역기능 해소를 위한 근거를 마련해야 한다.

이에 덧붙여 미래를 대비한 청소년 지원 인프라를 보강해야 한다. 청소년시설의 확충, 청소년단체의 육성, 유능한 청소년지도자의 양성 등 인프라 구축은 청소년정책의 핵심이다. 특히 주 5일 수업제의 활성화를 위해 생활권 내에서 쉽게 접근할 수 있는 중·소규모 공공수련시설을 확충하고 토요체험 프로그램을 개발·운영해야 한다.

다음으로 포괄적 청소년정책을 추진하기 위한 관리체계의 마련이 시급하다. 중앙부처와 시·도, 시·군·구는 청소년 행정체계를 갖추고 있긴 하지만 시·도와 시·군·구의 청소년 업무 담당 실무자가 일반 행정과 청소년 정책 관련 업무를 함께 추진하고 있어 청소년 업무의 특수성에 관한 이해가 부족하고 전문성을 확보하기가 쉽지 않으므로 전국 규모의 정책을 효과적으로 수행하기 어려운 실정이다(김정주, 최창욱, 2004). 따라서 각 부처에 산재해 있는 청소년복지정책을 범정부적이고 종합적인 통합관리로 총괄·조정하는 것이 매우 중요하므로 청소년 관련 정부기관 간에 소통과 교류를 활성화하고 지방자치단체와의 긴밀한 협조체계를 구축해야 할 필요가 있다. 또한 관련 조직 간의 협조와 조정 기능을 통해 청소년복지정책 영역에서의 중복지대와 사각지대에 대한 체계적·효율적 정책 수행을 모색해야 한다. 그 밖에도 위기청소년의 사회 안전망 구축을 통해 청소년 보호 및 성장 지원과 정책 대상의 다양성에 따른 다각적인 집중 지원체계를 활성화해야 한다.

특히 청소년기가 연장되는 분위기에 맞추어 청소년정책의 대상을 세분하여 대책을 마련할 필요가 있다. 즉, 청소년 전기·중기·후기로 세분해서 각 시기에 필요로 하는 대책을 마련하고, 특히 후기 청소년에 대한 관심이 증가하고 있는 사회 환경에 효과적으로 대응해야 한다. 따라서 향후 청소년정책 분야에서 후기 청소년 문제를 책임 있게 다루는 범부처 차원의 종합적인 지원체계를 구축하는 것이 필요하다.

2) 위기청소년에 대한 복지 및 자립 지원

소득의 양극화로 인해 가족 기능이 약화되면서 가정, 학교 등의 보호망에서 이탈하여 긴급한 사회적 지원을 필요로 하는 위기청소년이 증가하고 있다. 또한 다문화청소년이 겪는 어려움과 인터넷 중독으로 인한 청소년 건강에 대한 우려가 확대되고 있으므로 사회적 지원이 필요한 청소년에게 건강과 안전을 기반으로 하는 복지서비스를 강화해야 한다. 더불어 위기청소년이 비행청소년이 되지 않도록 예방 차원의 지원을 해야 하고 시설퇴소청소년이 사회에 적응하고 자립할 수 있도록 특별지원청소년의 사회 적응 및 자활을 위한 종합대책을 수립·시행해야 한다.

이를 위해서 도움을 필요로 하는 청소년에게 '다가가는' 복지지원체계를 구축해야 한다. 즉, CYS-Net을 통한 전문적인 상담을 확대하고 청소년상담 채널을 활성화함으로써 위기청소년의 지원서비스에 대한 접근성을 개선하고, 청소년 동반자 프로그램의 확대를 통해 고위험군 청소년에게 직접 찾아가는 서비스를 제공해야 한다.

또한 유형별 청소년의 위기 해결 방안을 모색해야 한다. 첫째, 저소득층 청소년을 대상으로 건강한 성장을 위한 경제적 지원을 강화하고, 드림스타트, 교육복지 우선지원사업 등을 통해 보건·복지·보육·교육 등 사례별 맞춤서비스를 실시해야 한다(이혜연, 2011). 아울러 주 5일 수업제에 맞추어 맞벌이·한부모가정 청소년을 위한 방과후아카데미 운영을 확대하고 특별지원청소년에게 다양한 문화예술 체험 및 캠프 참여 등을 통한 역량개발의 기회를 확대 제공해야 한다.

둘째, 인터넷 중독 청소년의 경우 전문적인 상담이 이루어질 수 있도록 인터넷 중독 전문상담 인력과 맞춤형 전문상담을 제공함으로써 상담·치료 환경을 개선해야 한다. 또한 청소년이 사이버상의 유해정보에 접근하는 것을 근본적으로 차단하기 위하여 인터넷, 방송, 간행물, 영상물 등 매체 분야별로 유해 사이트에 대한 모니터링을 실시하여야 한다. 그 밖에도 청소년 유해매체물을 건전한 방향으로 유도하고, 청소년이 스스로 유해매체에 대한 판단 능력을 가질 수 있도록 청소년 스스로 지킴이활동(Youth Patrol)과 미디어교육을 확대하는 등 유익한 매체 환경을 조성하기 위한 지원을 확대해야 한다(김두현, 2008).

셋째, 학업중단청소년을 위해 학업중단숙려제를 전국적으로 확대 실시하여 전문 상담 및 사례관리를 강화하고, 대안교육, 자립지원 프로그램 관련 정보를 제공하는 등 통합 시스템을 구축해야 한다. 따라서 진로탐색 및 진로개발 지원 강화 차원에서 학교와 지역사회가 연계하여 진로지도체계를 구축하고 학업중단청소년의 자립 및 자활을 지원해야 한다. 아울러 학교폭력 문제의 심각성이 고조됨에 따라 학교폭력피해학생에게 접근이 용이한 전문상담 및 지원 방안을 마련해야 한다.

넷째, 다문화청소년 및 탈북청소년과 관련하여 무지개청소년센터, 다문화가족지원센터의 연계를 강화함으로써 다문화청소년 종합지원체계를 확립해야 한다. 또한 중도입국청소년 등 다문화청소년의 재개념화를 통한 지원 대상의 포괄성을 제고할 필요가 있다.

마지막으로, 시설보호 및 시설퇴소 청소년의 자립이 어려운 과제로 등장하고 있으므로 이들의 자립을 위한 맞춤형 복지서비스를 강화해야 한다. 청소년의 성인기로의 이행이 점차 늦어지는 시점에서 자립의 지연은 사회적 의무 지체는 물론 세대 미형성으로 인한 저출산, 부모세대의 과잉 부담으로 인한 노후대비 부재 등 악순환의 고리를 낳을 수 있다. 따라서 국가 차원에서 청소년의 경제적 자립을 촉진하기 위한 정책적 개입을 하는 것이 시급하다. 또한 취업에 대한 정보와 함께 구직을 위해 필요한 훈련, 관련 자격증 등에 관한 종합정보시스템을 구축하여 이들의 자립을 도와야 한다.

3) 청소년의 참여 통로와 역량 강화 환경 마련

지식기반사회의 진전과 글로벌 경쟁의 보편화에 따라 청소년은 사회 환경 변화에 대응하기 위해 학업역량뿐만 아니라 생활역량, 직업역량 등 종합적인 역량의 개발을 필요로 하고 있다. 특히 2012년 주 5일 수업제의 실시로 여가 수요가 급증하면서 청소년 활동 분야에 대한 관심과 수요가 증가하는 분위기 속에서 양질의 다양한 청소년 체험활동 프로그램이 요구되고 있다.

따라서 청소년이 사회 구성원으로서 평등하게 대우받고 자유롭게 행동할 수 있는 여건을 조성하고, 청소년 스스로가 주인의식을 가지고 책임감을 기르며, 창조적인 활동을 할 수 있도록 자율과 참여를 적극 신장해야 한다. 그리하여 청소년의 정책 및 사회 참여를 활성화하고, 권리와 책임의식을 함양코자 청소년이 기획·주도하는 동아리활동을 활성화하는 것은 물론, 청소년이 직접 정책, 시설 운영에 참여하는 청소년 참여기구를 활성화해야 한다. 미국의 경우는 '아동·청소년·가족에 관한 회의'에 연방·주·지방자치단체 대표자, 아동·청소년·가족 전문가, 일반 대중 및 청소년 대표가 참여하여 정책을 제안하고 있다.

이를 위해서 공동체의식 함양을 위한 인성교육을 강화해야 할 뿐만 아니라 국제청소년성취포상제, 한국형청소년성취포상제 운영의 내실화와 청소년 국제교류의 기회 증대를 통해 세계시민 의식을 향상시켜야 한다. 아울러 청소년 인권을 국제 기준에 부합하도록 제도화해 나감으로써 그들이 글로벌 수준의 인재로 성장할 수 있도록 도와야 한다(배규한, 2012).

그 밖에도 미래사회가 요구하는 창의적 역량개발 및 성숙한 세계시민의 역량 증진을 위해 다양한 문화·체험활동 기회를 확대하고 청소년의 사회 참여를 활성화하며, 외국과의 문화·체험 및 교류 확대로 청소년의 글로벌 역량을 강화해야 한다. 특히 21세기는 '문화의 시대' 이므로 청소년이 다양한 문화체험활동에 접촉할 수 있는 기회를 확대하고, 참여와 체험을 통해 창의적인 문화 감수성을 함양하게 하며, 경쟁력 있는 문화 생산자로서 성장하도록 도와야 한다.

또한 청소년 역량개발을 위해 청소년의 여가 시간이나 방과 후 시간을 활용하여 '놀 터'와 '놀거리'를 확대하는 노력을 함으로써 청소년 활동을 청소년의 생활 가운데 중요한 성장의 과정으로 인식하고, 이를 체계적으로 지원하는 쪽으로 정책적 방향을 전환해야 한다. 즉, 「청소년활동진흥법」을 수정·보완하여 청소년 수련시설이나 단체 및 기관에서 청소년 역량개발을 위한 구체적인 과업을 추진하고, 이를 국가와 지방자치단체에서 지원할 수도 있도록 제도화해야 한다. 특히 지역사회에서 청소년의 역량개발을 위한 청소년 활동을 직접적으로 계획하고 실행하도록 예산 지원을 확대하고, 방과 후 활동과 관련하여 지역별로 '청소년(교육)활동기관 인증제' 등과 같은 제도적 장치를 마련함으로써 지역 내에서 학교와의 협력적 관계를 형성하거나 사회적 영향력을 확보해야 한다(조남억, 2011). 더불어 청소년지도자의 질적 개선을 통해 청소년에게 긍정적이고 생산적인 영향력을 미칠 수 있는 자원으로 키워야 한다.

4) 긍정적 발달

최근 청소년의 긍정적 발달에 대한 관심이 높아지면서청소년을 더 이상 문제행동의 주체가 아닌 사회의 문화적·경제적 자원인 동시에 성인과 함께 사회 변화를 이끌어 가는 적극적인 존재로 인식하고 있다.

청소년의 긍정적 발달이란 주어진 환경을 보다 효과적으로 이해하고 자신의 역할과 책임을 다할 수 있는 지식과 기술을 갖추는 것이며, 비록 주어진 상황이 어렵더라도 올바른 결정을 해 나가는 것이다. 또한 타인과의 우호적인 관계 형성을 통하여 서로 도움을 주고받을 수 있고 도전적인 상황에 직면했을 때 문제를 잘 해결할 수 있다는 믿음과 확신을 갖는 것이며, 타인의 감정에 깊이 공감하고 배려하는 능력을 발달시켜 나가는 것을 의미한다.

긍정적 발달 개념은 기존의 문제 예방적 접근방법에 대한 대안으로서 1990년
대 이후에 새롭게 등장한 개념으로, 경쟁력 있는 성인으로서의 삶을 위해 필요
한 적응 유연성(resilience)을 촉진하고, 긍정적 행동(사회 기능적 행동)을 증가시키
며, 위험요인으로부터 스스로를 보호하고 문제행동 개입을 감소시키는 데 초점
을 둔 개념이라고 할 수 있다. 이와 같은 관점에서 청소년정책의 목표 및 방향은
청소년의 긍정적 발달, 즉 적응 유연성을 향상시키는 데 초점을 두어야 할 것이
다. 이는 곧 다양한 개인 내적 및 환경적 위험요인 상황에서도 탄력적이고 유연
하게 적응할 수 있는 개인의 능력을 의미한다(한상철, 2009).

따라서 가정에서는 부모 및 형제자매와의 관계를 긍정적으로 형성해 나가고,
학교에서는 청소년이 보호와 지지를 받고 있다고 느낄 수 있는 환경이 조성되어
야 한다. 또한 교사나 친구와 친밀한 관계를 유지하도록 하고, 지역사회에서도
청소년의 발달에 관심을 가지며, 지역사회 구성원으로서의 책임 있는 역할을 제
공함으로써 청소년 자신이 가치로운 존재임을 느낄 수 있도록 기회를 제공해야
한다.

그 밖에도 국가 차원에서 청소년이 발달적 특성 및 사회적 위험 상황에도 불구
하고 환경에 탄력적으로 적응해 나가도록 조력하는 데 초점을 두어야 한다. 따
라서 청소년정책은 교과 중심이 아니라 활동 중심이며, 청소년의 자발적인 참여
와 경험 및 체험을 기초로 계획되고 실행되어야 한다.

청소년정책이 시설과 단체, 지도인력 양성에 초점을 두는 단계에서 청소년의
긍정적 발달을 촉진하는 방향으로 전환될 때, 청소년의 적응 유연성을 향상시킴
은 물론이고 위험행동을 예방하고 다음 세대인 성인기로의 진입을 보다 충실하
게 준비하도록 하는 계기가 될 것이다.

오늘날 청소년이 단순히 기성세대로부터 받는 권리만 누리는 것이 아니라 스
스로 권리를 주장할 수 있게 됨에 따라 청소년을 바라보는 시각 자체에서도 변화
가 나타날 수밖에 없게 되었다. 즉, 더 이상 기성세대는 청소년을 의존적 존재,
보호받아야 할 존재가 아닌, 스스로 결정할 수 있는 능력을 지닌 존재로 바라보

아야 할 것이다. 이렇게 볼 때 청소년은 권리의 주체인 동시에 아직 발달단계상의 불완전한 시기에 놓여 있다고 할 수 있다.

따라서 청소년에게 최대한의 정보를 제공하고, 청소년 스스로 최적의 선택을 하도록 지도할 수 있는 정책과 제도를 만들어야 한다. 그리고 청소년이 스스로 결정한 부분에 대해서는 최대한 지지해 주어야 하고, 청소년 스스로의 인권과 권리, 참여와 주체를 중시하는 사회복지서비스를 제공해야 한다. 무엇보다도 청소년을 사회복지의 객체가 아닌 주체로 다루어야 한다.

08 청소년복지의 과제

　21세기에 들어오면서 청소년은 새로운 문화 및 첨단산업의 생산과 소비 주체로 등장하고 있고, 유비쿼터스 시대의 도래와 함께 국가 정보화 수준을 앞당길 핵심 세대로 부상하고 있다(이민희 외, 2005). 따라서 UN, EU 등 국제사회는 독립적인 인격체이자 우수한 역량을 지닌 책임 있는 사회 구성원 및 사회 발전의 동반자로서 청소년의 위상을 새롭게 하고 있다. 또한 선진국에서는 1990년대부터 인적자원 개발의 중요성을 인식하여 미래국가의 성장동력에 대한 사회적 투자를 아동·청소년정책으로 수렴시켜 나가고 있다. 아동·청소년에게 사회적 투자를 확대하는 정책 방향은 전체 아동·청소년의 신체적·정신적 건강과 기본 역량을 향상시켜 궁극적으로 미래 성장동력으로서 사회 발전에 기여하게 할 것이다(이혜원 외, 2008).

　앞 장에서 살펴본 바와 같이, 우리나라의 청소년복지는 요보호청소년의 복지 증진과 일부 문제청소년의 선도 및 보호에 초점을 두는 것에서 벗어나 수련활동을 통한 모든 청소년의 건전육성과 「청소년활동진흥법」, 「청소년복지지원법」

등의 제정을 통한 모든 청소년의 복지 증진에 초점을 두고 있다. 그럼에도 불구하고 아직까지는 보편적 서비스의 제공이 제한되어 있을 뿐만 아니라, 그나마 제공되고 있는 서비스에 대한 접근성도 낮은 편이다.

또한 청소년 문제가 다양해지고 이에 따른 욕구가 변화하고 있으나 사회 환경의 대응은 매우 미흡한 실정이다. 특히 청소년 문제에 대한 근본적인 대책을 수립하는 국가의 대응이 다른 국가정책의 우선순위에서 밀려나 있어 문제의 근본 원인을 해결하지 못한 채 일시적인 대응에 급급하다 보니 위기청소년이 증가하고 있다. 게다가 청소년을 담당하는 정부부서 및 전문기관의 부재와 비효율적인 정책 운영에 따른 혼란과 비일관성, 개별적인 욕구에 부응하지 못하는 획일적인 정책, 그리고 예산 및 전문인력의 부족으로 파생되는 문제는 고위험청소년뿐만 아니라 일반 청소년의 복지까지도 위협하는 상황에 이르고 있다. 따라서 청소년 문제를 사전에 예방하는 예방적 접근에서부터 문제에 개입하여 치료하는 것뿐만 아니라 사후 개입까지도 책임질 수 있는 국가정책이 수립되어야 한다(김성이 외, 2010).

1. 청소년의 역량 강화

최근 들어 생애 발달주기 관점에서 청소년기에 개발해야 할 잠재적 역량에 대한 관심이 커지고 있는데, 특히 청소년의 '역량(competence)'은 일곱 가지로 요약할 수 있다(Pittman & Irby, 1996). 첫째, 시민적 역량(civic competence)으로서 청소년이 민주시민으로서 사회적 선을 위하여 타인과 협력하고 공동체 구성원으로서의 역할과 책임을 다하는 역량이다. 둘째, 사회적 역량(social competence)으로서 주변 사람들과 우호적인 관계를 유지할 수 있는 능력이며, 의사결정 기술, 대화기술, 책임성, 헌신적 참여, 갈등해결 능력 등을 의미한다. 셋째, 문화적 역량(cultural competence)으로서 집단 간 또는 개인 간에 존재하는 사회적·문화적·경제적 배경과 흥미의 차이를 인정하고 수용할 뿐 아니라 다른 문화를 이해하고 존중하는 것이다. 넷째, 신체적 건강(physical health)으로서 영양 섭취, 다이

어트, 운동, 피임, 위험행동 등에 대한 합리적 의사결정을 통해 신체적 건강을 유지하는 것이다. 다섯째, 정서적 건강(emotional health)으로서 자신의 감정 상태를 조절하고 주변의 다양한 상황에 긍정적으로 반응할 뿐 아니라 다양한 여가활동에 참여함으로써 스트레스를 관리하는 역량이다. 여섯째, 지적 역량(intellectual competence)으로서 학교교육, 그 밖의 교육기관에서 학습을 통해 기초지식, 비판적 사고, 창의력, 문제 해결력 등을 습득하고, 자기주도적으로 학습할 수 있는 역량을 말한다. 일곱째, 취업능력(employability)으로서 자신이 원하는 진로 목표를 달성하는 데 필요한 지식, 기술, 태도를 갖출 수 있는 역량을 말한다(김광웅 외, 2009).

1) 청소년복지에 대한 국가 책임의 인식

우리나라에서 청소년복지가 국가적 책임임을 인식한 것은 불과 20여 년도 채 되지 않았다. 1991년 「청소년기본법」의 제정을 시작으로 청소년과 관련한 각종 법이 제정되면서 청소년복지에 대한 국가적 책임을 인식하게 되었다. 그러나 이미 그동안 여러 부서에서 청소년 업무를 담당해 오면서 독자적인 운영이 불가능하였다. 또한 청소년을 의미하는 용어가 청소년, 미성년자, 연소자, 아동 등 매우 다양하고, 청소년에 대한 연령적 규정이나 제한이 아동과 중복되면서 때로는 아동복지정책의 일환으로, 때로는 사회복지정책의 일환으로 청소년복지정책이 시행되어 왔다.

청소년복지의 발전을 위해 가장 우선적인 과제는 청소년에 대한 사회적 인식의 전환이다. 청소년은 보호받아야 할 미성숙 세대가 아니라, 스스로 잠재력을 계발해 나가야 할 중요한 미래세대이고 지금 사회에 활력을 불어넣고 혁신을 일으키는 창조세대임을 인식해야 한다. 특히 청소년기는 아동기나 성인기와는 다른 독특한 발달적 특징을 지니면서 그 시기에 적합한 발달과업을 수행해야 하므로 청소년에게 적합한 복지정책을 수립하고 시행해야 한다. 따라서 청소년이라는 개념을 보다 확실하게 정의하고 통일된 연령 범위로 관련 법을 정비하며, 청소년복지의 개념을 보다 확대하여 청소년의 삶과 직결되는 교육, 노동, 문화, 보건 영역 등을 포괄하는 통합적인 청소년복지정책을 수립해야 한다.

특히 우리나라가 선진국으로 도약하기 위해서는 청소년정책의 중요성에 대한 사회적 공감대를 형성해야 한다. 정보사회의 선진국 진입을 위해서는 무엇보다 인적자원 개발이 중요하며, 청소년정책을 통해 국가의 미래를 창조해 내기 위해서는 청소년의 보호, 육성, 복지, 인권, 참여 등 제반 분야의 정책을 총괄하고 통합적으로 조정해 나갈 수 있는 전담 행정기구를 설립해야 한다.

현재 사회적 양극화에 따른 다양한 수요와 계층 간의 사회적 통합에 대한 문제가 대두되면서 소득의 양극화 현상으로 인해 심화되는 빈곤계층 및 저소득계층 청소년의 상대적 박탈감, 지역 간 불균형한 발전에 의해 커져 가는 교육 기회의 격차, 청소년에게 불충분하게 실시되는 진로교육이나 직업훈련에 대해 국가의 노력을 요구하고 있다. 이러한 요구가 제대로 수용되지 못할 경우 청소년은 여러 가지 일탈 현상을 나타낼 수 있고, 이는 사회불안을 야기할 수도 있다. 따라서 CYS-Net과 같은 국가 차원의 청소년 지원활동을 전국적으로 확대 · 실시하여 청소년의 복지 욕구에 적합한 맞춤형 서비스를 제공함으로써 청소년복지를 실현해야 한다.

세계적으로 21세기의 청소년에게는 융통성 있는 다양한 역량을 갖추고 책임 있는 성인으로 성장할 수 있도록 장기적이고 체계적인 노력을 요구하는 분위기다. 즉, 청소년에 대한 이해와 접근 방식을 문제해결과 예방에 집중하는 소극적 방향에서 벗어나 건강하고 책임감이 있으며 스스로 자신의 문제를 해결하는 청소년으로 성장하도록 하는 긍정적이고 적극적인 참여 및 체험활동에 더 많이 노출시키는 방향으로 관심을 전환할 필요가 있다(김성이 외, 2010, p. 319).

한 예로, 주 5일 수업제에 따른 청소년 여가활동의 중요성을 인식하고 이를 활성화해야 한다. 청소년에게 있어서 여가는 긍정적인 자아정체감을 갖게 함은 물론 긴장과 스트레스 해소 및 균형 있는 정서생활에 도움을 주고, 청소년의 인지 발달에 촉매제 역할을 하며, 협동심을 배우게 함으로써 지도력을 향상시키고 세대 간의 갈등을 완화해 준다. 또한 청소년에게 여가활동은 자기실현 및 자신의 잠재력을 확인하는 계기로서 단순한 휴식이 아닌 개인생활의 재충전과 자기발전을 위한 기회로 만들어 주어야 한다(김지혜, 2009).

따라서 국가 차원에서 다양한 여가활동 프로그램을 개발하고 이를 적극적으로 홍보하여 경제적 부담을 최소화하고 자유롭게 활동함으로써 청소년이 건강한 삶을 살아갈 수 있도록 지원해야 한다. 이러한 활동을 위해 청소년의 입장에서 바라보고 청소년층에 맞는 건전 여가활동과 질 높은 시설 확충은 물론 전문지도자의 배치가 필수적이다(김숙정, 2011). 또한 모든 청소년이 실질적으로 도움을 받을 수 있도록 의무교육의 확대, 무상급식의 제공, 청소년 활동의 제도화, 청소년 진로지도 및 자립지원서비스의 제도화 등 보편적 서비스를 확대하고 내실화하는 것이 필요하다(정규석, 김영미, 김지연, 2013, p. 412).

또한 청소년 대상 정책 추진 시 전기 · 중기 · 후기 청소년으로 대상을 세분화하고, 특히 후기 청소년 대책에 대한 관심이 증가하고 있는 사회 환경에 효과적으로 대응해야 한다. 이러한 추세 속에서 향후 청소년정책 분야에서 후기 청소년 문제를 책임 있게 다루는 범부처 차원의 종합적인 지원체계를 구축하는 것도 바람직하다. 동시에 청소년의 다양한 이해와 요구를 반영하고자 정책 추진체계를 읍 · 면 · 동 수준으로 확대 개편할 필요가 있고, 이에 따른 재정적 · 행정적 지원을 해야 하며, 지방자치단체와의 긴밀한 협조체계를 구축할 필요가 있다(김기헌, 2012).

이러한 변화 속에서 미래사회의 주도적 역할을 담당할 청소년에게 새로운 도전에 대응할 수 있는 핵심역량을 키워 주는 것은 국가의 중대한 책무이며, 이들을 각 분야 지도자로 성장시키기 위한 현실적인 대안으로 체계적인 민주시민 역량 함양을 위한 정책적 접근을 모색할 필요가 있다. 단, 청소년이 민주주의가 추구하는 보편적 규범, 인권과 환경 문제 등에 관한 교육을 통해 다양한 관점을 정립하고 세계시민으로서의 자질을 함양하도록 도와야 한다. 아울러 올바른 민주시민사회의 성장을 목표로 청소년을 위한 민주시민 역량과 관련된 교육과정 및 활동 프로그램을 개발하고 이를 적극적으로 지원할 수 있는 정책적 지원체계를 구축하며 실천적 과제를 단계적으로 추진하여야 한다.

2) 청소년 건강의 중요성 인식

청소년기는 제2의 성장기로 일컫는 만큼 급격한 성장을 바탕으로 다양한 측면에서 변화를 겪는 시기로서 신체적 건강뿐 아니라 정신적 건강도 체계적으로 관리받을 필요가 있다. 즉, 청소년기는 다양한 발달과업의 수행에 따른 정신건강의 문제에 취약한 시기로 이러한 정신건강의 문제는 성인기에도 지속적인 영향을 주게 된다. 따라서 청소년의 건강관리는 미래세대의 경쟁력과 직결되는 요인으로 개인의 건강을 향상시키는 것은 물론 사회적 비용을 최소화할 수 있는 효과가 있다.

과학기술의 발달과 지속적인 주변 환경의 개선은 삶의 만족도를 높였으나, 청소년을 둘러싸고 있는 수많은 유해환경과 과도한 입시 위주의 교육 환경은 오늘을 살아가고 있는 청소년의 건강한 성장과 발달을 위협하는 요인으로 작용하고 있다. 실제로 현재 우리나라 청소년의 건강수준은 그리 좋은 편이 아니다. 적지 않은 청소년이 체격은 커졌으나 체력이 떨어지고, 정신건강의 경우 우울감을 경험한 청소년은 남학생 25.2%, 여학생 37.1%이며, 심각하게 자살을 생각한 적이 있는 비율은 남학생 13.1%, 여학생 20.4%로 심각한 수준을 보이고 있다(교육과학기술부, 보건복지부, 질병관리본부, 2013).

또한 최근 생활환경에서의 급격한 변화로 정신건강상의 어려움을 호소하는 청소년의 수가 점차 증가하고 있다. 특히 가정불화, 인터넷 및 게임 중독, 또래집단으로부터의 심리적 · 정서적 공격, 학교폭력피해 문제 등에 따른 정신질환의 증가 추세는 청소년이 상당한 심리적 · 정서적 위협에 노출되어 있음을 시사한다. 이러한 스트레스로 인한 청소년기 우울증은 청소년이 성인에 비해 감정의 기복이 크고, 그것이 충동적인 행동으로 이어지기 쉽기 때문에 특히 청소년 자살과의 관련성이 높다. 따라서 정신건강상의 고위험 문제를 지니고 있는 학생에 대한 개입뿐만 아니라 일반 학생을 대상으로 하는 예방 프로그램도 중요하다.

無 희망

"이것도 일종의 우울과 연결되겠지만 희망이 없는 느낌? 무망감이라고 하죠?

그렇게 기쁘지도 않고 그렇게 슬프지도 않으면서 결단력 있게 학교를 그만둔다
든지, 죽는다든지 또는 열심히 산다든지 이런 거 선택하기 싫고 이대로 시간이
흘러가면 결혼은 할 거고, 졸업을 하고 나면 취업을 할 거고, 대학을 가서도 뭐
일단 대학은 다닐 건데, 별로 기대가 없는 그런 아이들이 좀 심각한 것같이 느껴
지고요." (강석영 외, 2014, p. 101)

이에 덧붙여 학교 밖 청소년의 건강은 더 심각한 상태를 보이고 있다. 학교 밖
청소년은 가정을 비롯한 사회적 보호체계에서 벗어나 있는 경우가 많아 학교청
소년에 비해 영양 공급을 비롯한 건강관리에는 소홀한 편이고, 건강에 유해한
환경에 노출되는 경우도 많다. 여성가족부(2012a)의 조사에 따르면, 학교 밖 청
소년은 학교청소년에 비해 청소년 유해업소 출입 경험이 잦고 음주, 흡연, 환각
성 물질 이용 등 건강에 유해한 행동을 하는 경우가 훨씬 더 많았다. 그럼에도 여
성가족부(2012b)의 내부 자료에 따르면, 학교 밖 청소년 대상 건강검진과 관련하
여 생애전환기 건강진단정책의 일환으로 만 15~18세 비취학 청소년에게 매년
실시 중인 건강검진 수혜자는 학교 밖 청소년 28만 명 중 3,000명 수준으로 약
1%에 불과하였다(보건복지부, 2014).

그러나 이들을 조기에 발견할 수 있는 지원체계의 부재 및 개입과 치료로부터
의 방치는 위기청소년에 대한 교육 기회의 감소로 이어짐에 따라 인지능력 저하
및 학업중단, 대인관계에서의 문제, 문제행동 및 사회적 부적응 등과 같은 다양
한 문제를 발생시키고 있다. 실제로 정신건강에 문제가 있는 많은 청소년이 제
도권 내에서 적절한 도움을 받지 못하고 있는 실정이다. 청소년기에 방치된 정
신건강의 문제는 성인기 이후에도 생활능력의 저하와 실업 같은 부정적 영향을
미쳐 추후 사회적 문제를 초래할 뿐만 아니라 많은 사회적 비용의 손실을 가져올
수 있다는 측면에서 우리나라 청소년의 정신건강 증진을 위한 정책적 대안 마련
이 매우 시급하고 중요하다.

따라서 청소년의 건강 실태와 건강관리 현황을 파악하여 이들의 여건에 맞는
맞춤형 건강복지서비스를 마련하는 것이 필요하다. 보건복지부에서는 2012년
2월 기준으로 전국 지방자치단체에 162개의 정신보건센터를 설치·운영하고 있

다. 정신보건센터에서는 각 지역 내 아동·청소년 보건서비스 제공체계를 구축하여 아동·청소년기 정신건강 문제의 예방, 위험아동·청소년의 조기발견, 상담치료를 통하여 청소년의 건강한 사회 구성원으로의 성장을 도모하기 위한 지역사회 현황 파악 및 연계체제 구축, 지역사회 요구도 조사, 아동·청소년 정신보건사업 대상자 발견 및 치료 등에 역점을 두고 있다(최인재 외, 2012). 이 외에도 청소년 정신건강 지원시설이 여성가족부 산하 청소년상담복지센터, 지역아동센터, Wee센터, CYS-Net과 청소년상담복지센터 등으로 분산되어 부처별로 다양하게 서비스를 제공하고 있다.

이와 같이 다양한 정신건강 관련 기관이 산재해 있음에도 불구하고 정책적 실효성 측면에서 문제점이 제기되고 있다. 예를 들어, Wee센터는 아직 체계적인 운영 시스템이 마련되어 있지 않고, 종사자의 전문성도 부족하여 학생청소년의 다양한 부적응적 행동, 정신적 문제를 포괄적으로 다루는 데 제한적이다. 즉, 정신과적 문제를 보이는 고위험군 학생과 학교 내 일반 폭력 및 성폭력, 자살, 자해와 같은 위기 상황에 대한 종합적인 개입이 어려운 실정이고(신의진, 2011), 사후관리체계 역시 부족하다. 청소년 정신건강사업도 지속적인 개입과 관리가 필요한 사업이지만 현실적으로 이러한 관리는 가능하지 않은 상태다.

또한 현재 각 부처에서 추진되고 있는 아동·청소년 정신건강 증진을 위한 사업은 다양한 명칭 아래 통합된 방향 없이 산발적으로 진행되고 있다. 최근 쟁점이 되고 있는 인터넷 중독에 대한 접근도 보건복지부에서 주관하는 '정신보건센터'와 여성가족부의 '청소년상담복지센터', 행정안전부 한국정보화진흥원의 '정보화 역기능사업'의 하나로 별도로 실시하고 있으며, 이에 대한 전문상담사 양성도 이분화되어 진행되고 있는 실정이다. 또한 위기학생에 대한 접근도 교육부의 'Wee센터', 보건복지부의 '정신보건센터', 여성가족부의 '청소년상담복지센터'에서 중복적으로 사업이 이루어지고 있는 상황이다. 이처럼 부처 사업 간에 연계가 이루어지지 않음에 따라 효율적이고 일원화된 지원체계를 마련하지 못하고 있어 서비스가 필요한 청소년에게 적절한 서비스가 제공되지 못하고 있다(이진석, 이선영, 김명정, 최혜원, 한혜민, 2011).

따라서 최근에는 정신건강에 문제가 있는 청소년의 규모가 점차 증가하는 경향을 보이고 있다. 특히 가정불화, 인터넷 및 게임 중독, 또래집단으로부터의 왕따와 학업 스트레스 등으로 인한 청소년의 자살률과 정신질환이 증가하고 있는 추세에 있다. 이러한 변화 추세는 우리나라 청소년이 상당한 심리정서적 위협에 노출되어 있음을 시사한다. 그 밖에도 이러한 정신건강 문제는 정신건강에 대한 기존의 잘못된 인식과 태도, 홍보 부족 및 관련 서비스에 대한 정보 부족에 기인할 수 있으며, 무엇보다 연령별, 증상별 그리고 대상별로 세분화된 치료와 재활을 수행할 수 있는 서비스 수행기관의 부족 및 이를 뒷받침할 수 있는 효율적인 서비스 전달체계가 부재하기 때문으로 볼 수 있다(최인재 외, 2012).

그러므로 청소년의 정신건강서비스를 책임지고 추진해 나갈 주체가 마련되어야 한다. 또한 정신건강 증진과 직접적으로 관련된 기관들, 예컨대 치료기관(병원·의원, 보건소 등 의료기관), 전문기관(청소년상담복지센터, 정신보건센터)과의 연계뿐 아니라 사회복지관, 지역아동센터, 건강가정지원센터, 기타 관련 기관 등 지역 단위 자원을 적극 활용할 수 있도록 기관 간의 긴밀한 협력체제가 필요하다(최인재 외, 2012).

아울러 학교 차원에서 청소년 정신건강 증진을 위해 학생의 역량 강화와 함께 담임교사의 역량 강화, 정신건강 검진사업의 실시, 부모교육, 학교에서의 전문화된 상담 제공, 교외 또는 관내 의료기관과의 연계 활성화 등이 필요하다. 지방자치단체 차원에서는 학교 현장이 정신건강 증진사업에 대한 이해도를 높이도록 하는 것이 중요하다(최인재 외, 2012).

미국과 호주의 경우, 국가 차원에서 아동·청소년 정신건강을 위해 별도의 법안을 마련하고 다양한 사업을 통합적으로 관리할 수 있는 관리체계를 두고 있다. 이러한 기본 체계 구성을 통해 사업이 효과적으로 이루어지고 있으며, 나아가 다양한 영역에서 체계적인 관리가 이루어지고 있다. 초·중·고등학교에서는 정신건강 과목을 필수과목으로 운영하면서, 초등학교부터 자신의 생각과 의사를 분명히 표현하는 의사소통법을 가르치고, 중·고등학교에 이르러서는 우울, 자살의 징후 또는 예방법, 자가진단법 등을 상세히 기술하고 있다. 아동·청소년은 성장하면서 얼마든지 정신건강상에 문제가 나타날 수 있으며, 이때는 적절한 도움과 치료가 필요하다는 사실을 배우는 것이다. 이와 같이 정신건강교육이 교과과정에 포함될 경우, 이것은 정신건강 증진과 정신질환에 대한 올바른 이해를 높이는 데 가장 효율적인 수단이 될 것이며, 궁극적으로 정신건강 문제의 조기발견, 치료 및 재활에 기여하여 사회적 비용을 절감하는 효과를 낳을 것으로 예상된다(최인재 외, 2012).

이에 덧붙여 학교 밖 청소년의 건강 증진을 위한 지원을 확대하여야 한다. 학교 밖 청소년은 건강관리에 취약한 경우가 많으므로 청소년 관련 기관과 보건소 간 연계 시스템 구축 및 활성화를 통해 건강상의 취약지대에 놓인 청소년에 대한 발굴과 지원을 확대할 필요가 있다. 이를 위해 CYS-Net을 중심으로 이들을 보다 적극적으로 발굴하고 지원하는 정책이 필요하다. 또한 의료서비스에 대한 접근성 확보와 양질의 서비스에 대한 요구도가 높은 만큼 이를 해결하기 위한 노력이 필요하다. 예를 들어, 거주 지역 주변에서 양질의 서비스를 제공하는 의료기관과의 연계를 통해 필요시 검진 및 진료를 받을 수 있도록 하고, 검진을 통한 질병 발견 시 향후 진료 지원 및 비용 등에 대한 구체적이고 체계적인 정보를 제공해야 한다. 또한 보다 전문화된 위기상담의 확대를 통해 우울과 자살을 비롯하여 학교 밖 청소년의 정신건강에 대한 예방 및 개입을 체계화할 필요가 있다.

3) 청소년의 권리 증진과 참여 확대

(1) 청소년 권리 증진

'UN 아동권리협약'은 1989년 UN 총회에서 회원국 만장일치로 채택된 국제인권조약으로서 아동 인권과 관련된 모든 권리를 규정하고 있다. 아동을 단순한 보호의 대상이 아닌 권리의 주체로 인식하였다는 점에서 아동·청소년 관련 인권 조약의 새로운 지평을 연 'UN 아동권리협약'은 우리나라를 포함한 193개국의 비준을 받음으로써 전 세계적으로 가장 많은 국가의 비준을 받은 국제법이 되었다. 이 협약은 1990년 9월 2일에 발효되었으며, 우리나라는 1990년 9월 25일에 서명하고 1991년 11월 20일에 비준하여 동년 12월 20일 협약 당사국이 되었다.

한편, 청소년이 가져야 할 여러 권리 중에 노동의 권리가 포함되어 있으나 청소년 시기는 노동보다는 학업의 중요성이 강조되는 시기라는 사회적 인식에 따라 지금까지는 청소년의 노동에 대한 권리와 중요성이 강조되지 않았다(박창남, 2005). 청소년노동의 권리에 대해서는 「근로기준법」에서 청소년의 근로시간 제한, 휴일근로 금지, 위험지역 근로금지 등의 보호를 받을 수 있다고 명시하고 있다. 또한 아동·청소년의 '일하면서 보호받을 권리'와 '일할 권리' 역시 보장하고 있어 우리나라에서는 15세 이상의 청소년은 일할 권리와 보호받을 권리를 동시에 가지고 있음을 보여 주고 있다.

성인의 경우, 그들의 노동의 권리에 대해서는 고용노동부라는 국가의 노동권리 보장기관과 각종 법률의 제정·개정의 안전망을 통해 보호받고 있다. 그러나 청소년 노동의 권리는 「헌법」에 명시되어 있음에도 불구하고, 아직까지 노동 현장에서의 인권피해는 심각한 수준으로 「근로기준법」상 최소한의 보호 조항조차도 보호받지 못하고 있는 실정이다(정아름, 2010).

최근에는 청소년의 아르바이트에 대한 관심이 높아지면서 아르바이트 참여율이 증가하고 있는데, 이때 노동 현장에서 청소년이 다양한 부당행위를 경험함에 따라 문제점이 대두되고 있다. 청소년이 노동 현장에서 경험하는 부당행위로는 최저 시급을 못 받거나, 처음 약속과는 다른 일을 시키는 행위, 일하다가 다치는 행위, 폭언 등 인격모독, 구타나 폭행행위 등이 있다. 심지어 청소년은 성희롱이나 성폭행의 경험도 하는 것으로 나타났다(김예선, 2006; 남미애, 홍봉선, 육혜련, 김은경, 2012).

청소년이 노동 현장에서 부당행위를 경험할 때 노동인권 침해 상황에 대해 관련 법을 숙지하고 이에 적절하게 대처하는 것이 매우 중요함에도 불구하고, 여전히 구체적인 권리구제 방안에 대한 인지도는 높지 않다(안선영 외, 2013). 특히 가족으로부터 분리되어 보호자가 없는 가출청소년은 이러한 부당행위를 경험하더라도 자신의 노동권보호와 제도에 대한 무지로 인해 자신의 권리보호를 주장하기보다는 일을 그만두거나 그냥 참고 견디는 행위로 대응함으로써 피해를 입곤 한다.

따라서 정부의 적극적인 홍보와 「청소년복지지원법」의 올바른 시행을 통해 청소년의 노동권리를 포함한 인권이 보장되고 청소년의 참여가 확대될 수 있도록 관련 시스템을 구축해야 한다. 청소년의 권리 증진을 위해서는 청소년권리에 대한 교육을 강화해야 하는데, 이러한 인권교육의 목적은 청소년에게 인간의 존엄성을 존중하도록 하고 인권의 기본적 원리를 주장하는 것으로, 이를 통해 인권의 보장과 인권침해를 예방 및 치유할 수 있는 토대를 마련하고자 함이다(홍봉선, 남미애, 2013). 아울러 청소년노동의 권리 보호를 위해 사회 참여를 촉진하는 사회적 지지망을 형성하는 것은 물론 일선학교와 청소년 단체를 통한 각종 교육과 캠페인활동 등을 통해 인권교육의 중요성을 알려야 한다.

특히 아르바이트 경험은 청소년이 사회생활을 배워 가며 자신의 잠재능력을 계발하고, 노동의 경험을 통해 긍지감과 성취감을 느끼게 함으로써 미래 자신의 직업관 형성에 긍정적인 영향을 미치기도 한다. 따라서 청소년 노동과 관련하여 보다 현실적이고 안전한 사회의 안전망을 확충하여 그들의 노동에 대한 권리를 보장받을 수 있게 해야 하며, 궁극적으로 긍정적인 직업관을 형성하여 그들이 미래 국가의 산업을 이끌어 갈 수 있는 원동력으로 성장하도록 도와야 한다.

(2) 청소년 참여 확대

청소년 참여는 국제적으로 강조되고 있는 시대적 조류로서 청소년 자신의 자아정체감 성취, 청소년이 속한 학교나 조직, 지역사회의 발전에 기여하므로 1998년 제2차 청소년육성5개년계획의 시작과 함께 청소년 참여가 청소년정책의 주요한 정책 영역으로 자리 잡기 시작하였다. 또한 「청소년복지지원법」에서 청소년은 외부적 영향을 받지 않고 자신의 의사를 자유롭게 표명하며 스스로 결정할 권리를 가진다고 규정함으로써 청소년의 인권을 보장하고 있고, 동시에 국가 및 지방자치단체는 청소년과 관련된 정책을 수립하는 절차에 청소년을 참여시키거나 의견을 수렴할 수 있도록 함으로써 청소년의 자치권을 확대하였다.

청소년 참여는 청소년의 욕구를 충족하는 서비스이자 복지 수단이므로 청소년의 욕구를 정확히 파악하여 적절한 서비스를 제공하는 수준에서 더 나아가 청소년이 참여하고 복지정책을 개발·집행하도록 해야 한다(조성연 외, 2008).

이러한 청소년 참여의 의의를 살펴보면 다음과 같다. 첫째, 청소년정책의 정확한 수요를 확보하는 것으로 청소년이 직접 사회에 참여함으로써 스스로 무엇을 원하는지에 정확하게 파악할 수 있다. 둘째, 청소년이 민주사회의 한 구성원으로서 당당하게 사회정책이나 활동에 참여하여 성숙한 책임의식을 갖도록 함으로써 청소년의 미래사회 참여능력을 향상시킬 수 있다. 셋째, 청소년의 사회참여를 촉진하고 이들에게 책임과 권한을 부여함으로써 청소년 개인의 성장뿐만 아니라 국가적 역량도 강화할 수 있다. 마지막으로, 청소년이 사회에 참여함으로써 스스로 단체, 학교, 국가에 대한 사회적 소속감을 형성할 수 있다(조성연 외, 2008).

그럼에도 아직도 청소년은 미성숙한 존재로 간주되고 있고 학교나 현장에서 자유로운 의사표명이 제한받고 있으며, 청소년과 관련된 정책을 수립하는 데 있어서도 청소년 참여는 극히 일부에서만 시행되고 있다(조성연 외, 2008). 이를 자세히 살펴보면, 최창욱(2013)이 전국 중 · 고등학생 6,543명을 대상으로 설문조사를 실시한 결과 전반적으로 청소년 참여활동 수준은 낮게 나타났고, 상대적으로 교육 현장 참여활동을 가장 많이 한 반면, 정책입안 및 정치적 참여활동 수준은 낮게 나타났다. 또한 청소년 참여활동에 대한 만족도가 낮은 편이고, 청소년 참여활동에 대한 교사, 청소년지도자, 부모의 지원수준도 낮게 나타났다. 한편, 이러한 참여와 관련된 애로사항은 시간 부족, 방법 모름, 정보 부족, 참여활동 프로그램 부족 등의 순으로 나타났으며, 청소년 참여활동 활성화를 위해 필요한 것은 사회 인식 개선, 다양한 프로그램 개발 및 보급, 입시제도 개선 등의 순으로 나타났다.

청소년 참여는 자신의 삶과 지역 공동체, 넓게는 사회생활에 영향을 미치는 결정에 청소년이 참여하는 것으로(천정웅, 2012), 청소년 자신의 자기개발과 발전을 위한 경험의 기회를 갖게 함은 물론 공동체 발전에도 중요한 역할을 수행하고 있다. 또한 단순히 의견을 제시하는 소극적인 참여부터 정책결정 과정에 권한을 갖는 존재로서의 적극적인 참여까지 여러 수준이 있을 수 있으며, 정치적인 참여뿐만 아니라 경제적인 참여, 사회적인 참여 등 형태 역시 다양하다.

UN은 2007년 '세계 청소년의 날'의 주제를 '개발을 위한 청소년의 참여'로 정하고 참여를 위한 여섯 가지 구체적인 행동을 제안하였다. 첫째, 청소년이 의사결정에 참여할 수 있는 기회를 높이기 위해 정보에 대한 접근권을 향상시킬 것, 둘째, 청소년이 자신의 권리와 책임을 배울 수 있는 기회를 강화하고, 사회적 ·

정치적 · 발달적 · 환경적 참여를 향상하며, 완전한 참여를 방해하는 장애물을 제거할 것, 셋째, 재정적 · 교육적 · 기술적 지원과 청소년 활동 장려를 통해 청소년단체를 원조하고 활동을 촉진할 것, 넷째, 청소년의 관심사에 영향을 주는 국가정책과 계획을 수립하고 그것을 이해 · 평가하는 데 있어서의 청소년의 기여를 고려할 것, 다섯째, 청소년단체 사이의 국가적 · 지역적 · 국제적 협력과 교류를 장려할 것, 여섯째, 국제적인 포럼에서 청소년의 참여를 강화하도록 정부에 요청할 것을 포함하고 있다(정규석 외, 2013, pp. 416-417).

따라서 청소년을 미성숙한 존재로 보고 성인 중심의 시각에서 보호 · 선도하고자 한 기존 정책의 틀에서 벗어나 참여 증진을 통해 청소년이 오늘의 사회 구성원으로서 행복을 추구하며 스스로 생각하고 활동하는 주체적인 삶을 영위하도록, 더 나아가 21세기 사회를 주도할 수 있는 자질과 능력을 배양하도록 도와주어야 한다(홍봉선, 남미애, 2013).

또한 청소년 참여활동에 대한 홍보를 통해 참여를 활성화해야 하는데, 이를 위해서 기존의 대중매체를 통한 청소년 참여의 유용성에 대한 홍보뿐만 아니라 SNS를 통한 홍보, 청소년 참여포털의 활성화 등이 필요하다. 이에 덧붙여 청소년 참여활동에 대한 구체적인 정보 제공이 필요하다. 청소년은 청소년 참여활동을 어디서 어떤 방법으로 해야 하는지 모르는 경우가 많으므로 기존의 청소년 활동 종합정보서비스 등의 기능을 강화하여 청소년 참여활동에 대한 다양한 정보를 제공해야 한다.

4) 청소년복지 관련 제도 개선

청소년복지가 체계적으로 실시되기 위해서는 복지행정체계가 정비되어야 하는데, 그동안은 정부가 바뀔 때마다 중앙단위 청소년 조직이 자주 변경됨으로써 조직이 불안정하고 행정을 전담하는 부서도 전무하였다. 지금도 여성가족부 외에 보건복지부, 교육부, 법무부, 노동부 등 다양한 부처로 업무가 분산되어 있다.

따라서 청소년복지행정의 원활하고 체계적인 운영을 위하여 중앙정부와 지방자치단체의 협조뿐만 아니라 지역사회 내의 유관기관 간의 상호 협력이 효과적으로 이루어질 수 있는 협력체제를 정비함으로써 종합적인 청소년복지행정을 이루어야 한다. 이를 위해 중앙정부의 부처별로 분산되어 있는 청소년복지 업무를 실질적으로 총괄·조정·협의할 수 있는 통합적인 행정 시스템을 구축하여 운영할 수 있는 방안을 모색해야 한다. 더불어 지방자치단체의 청소년복지행정체계도 정비하여 지역 중심의 청소년복지행정이 효과적으로 수행될 수 있는 기반을 마련해야 한다.

청소년복지를 구현하기 위해서는 이를 전담할 기관을 정하고 기관 간의 역할 분담과 함께 협력 방안을 체계화한 전달체계를 확립하는 일이 중요하다. 청소년복지의 업무가 청소년의 기초생활 지원, 학업 지원, 의료 지원, 직업훈련 지원, 청소년 활동 지원 등에 폭넓게 분산되어 있기 때문에 청소년복지기관과 행정기관, 교육기관, 의료기관, 직업훈련기관, 청소년 시설과 단체 등이 협력할 수 있는 전달체계를 확립해야 한다.

또한 청소년정책을 실제로 수행하는 행정적 제도도 개선하여 청소년만을 전문적으로 다루는 전담 행정체계를 지역별로 수립해야 한다. 즉, 지역사회 내에서 정부-학교-가정-사회단체-유관기관 간 청소년복지를 위한 공적 네트워크를 구축하여 생활권 내 지역사회에서 실질적인 서비스를 청소년에게 제공하는 것이 필요하다(김경신 외, 2007, p. 20).

5) 유해환경 정화 및 감시체제 강화

여성가족부(2011)의 조사에 따르면, 흡입제 최초 경험 연령은 11.3세로 발생연령이 하향화되는 추세를 보이고 있다. 또한 유해매체물에 대한 접촉 경험도 최초 경험 비율은 중학교 1학년생이 가장 많고, 온라인 사행성 게임과 청소년 이용불가 게임의 최초 경험 비율은 초등학교 6학년생 이하가 가장 많은 등 유해매체물 접촉 연령도 점차 저연령화되고 있다.

유해매체와 관련하여 여성가족부(2010b)의 조사에서 전년 대비 온라인 사행성 게임과 성인용 게임의 이용률이 증가하였는데, 특히 성인용 게임의 이용률이 크게 증가한 것은 청소년이 주로 이용하는 게임이 청소년 이용불가 판정을 받는 등

게임 환경의 변화와 관련이 있다. 그에 비해 온라인 사행성 게임과 관련된 환경은 크게 변화가 없는데도 전년에 비해 증가한 것은 청소년의 사행성 게임에 관한 관심이 증가했다는 것을 의미한다. 특히 일반 청소년에 비해 위기청소년의 매체 이용률이 높았는데, 이는 위기청소년이 음란물, 폭력물, 사행성 게임 등에 더 많이 접촉하고 있음을 보여 주는 결과로서 다른 문제행동으로 연결될 수 있는 가능성을 보여 주고 있다. 이에 덧붙여 유해매체 이용률에서는 2005년도에는 스포츠신문, 19세 방송, 음란사이트가 높은 접촉도를 보였으나 2010년도에는 온라인 사행성 게임과 성인용 게임, 음란 사이트에 대한 접촉도가 높게 나타났다. 이로써 이러한 유해매체 접촉이 과거의 오프라인 접촉에서 온라인 접촉으로 이동함과 더불어 청소년을 대상으로 한 온라인 유해물이 매우 다양하게 발달하고 있음을 예측할 수 있다.

또한 인터넷을 통한 유해 영상매체 및 인터넷 음란 사이트 운영 등 청소년 스스로가 유해환경을 조장하고 이를 상업화하는 주체가 되고 있다. 따라서 정부는 유해업소 등 유해환경 조장업소에 대한 철저하고 지속적인 단속과 처벌뿐만 아니라 청소년 스스로가 이러한 유해환경을 이용하는 사례가 발생하지 않도록 철저한 지도 계몽과 교육, 방지 및 차단 시스템을 마련하는 것이 필요하다.

한 예로, 한국전자통신연구원(2012)의 조사에 따르면 전국 초등학생을 대상으로 조사한 결과 휴대전화를 많이 사용하는 아이일수록 주의력결핍 과잉행동장애(ADHD)증세를 보일 위험성이 높고, 특히 어린아이 6명 중 1명이 스마트폰을 보유하고 있어서 게임중독도 빨라지고 있다(류화청, 2014 재인용). 따라서 청소년의 건전한 스마트폰 사용을 위해 중앙정부 차원에서 교육부는 「초 · 중등교육법」의 조항에 스마트폰 윤리의식 교육 프로그램과 시스템에 대한 실천 근거 및 재정 지원 근거 조항을 마련하여야 한다. 각 시 · 도교육청은 학교 내 스마트폰 윤리의식교육의 제도화에 필요한 행정 지침을 마련하여 윤리의식교육의 지도감독을 수행해야 한다. 아울러 스마트폰 윤리의식교육을 적극적으로 홍보하여 스마트폰 사용상의 윤리에 대한 인식을 키우도록 해야 한다.

또한 법과 제도를 통해 유해환경의 음성적인 영향력까지 차단할 수 있도록 해야 하고, 현재의 유해환경 고발 및 감시 모니터제 운영 중심인 청소년 유해환경

민간감시단제도를 정책적으로 강화해 나가는 등 민간의 노력을 활성화하고 지원해 주는 체계를 갖추어야 한다. 또한 청소년 유해환경 관련 업소에 대해 청소년 보호 책임을 강화하고, 청소년 보호의 의무를 위반하는 경우 강력한 처벌이 뒤따르도록 해야 한다(김경신 외, 2007).

이에 덧붙여 청소년 유해업소의 관리를 위한 시스템을 구축해야 한다. 이러한 시스템의 구축을 통하여 지역 주민, 학부모, 청소년 전문가, 교사 등에게 지역사회에 존재하는 청소년 유해업소에 관한 다양한 정보(유해성 정도, 유해성 내용, 위치 등과 같은 시설정보)를 제공함으로써 지역 주민 모두가 청소년 유해업소의 예방, 단속, 관리, 점검의 당사자라는 의식을 갖도록 해야 한다(강영배, 2013). 무엇보다도 중요한 것은 청소년의 여가 공간, 놀이 공간 및 휴식 공간을 활성화하여 친사회적 환경을 조성함으로써 청소년 스스로 유해환경이나 유해매체를 접하기보다는 긍정적인 여가활동을 할 수 있도록 이끌어 주어야 한다.

2. 위기청소년 지원 강화

1998년 외환위기와 2008년 글로벌 경제위기에 따른 경제침체 가속화의 영향이 실업 증가와 소득 하락으로 이어지면서 빈부 격차와 가족해체가 가속화되고 있고, 가족 기능이 저하되어 위기청소년에 대한 우려가 커지고 있다. 1차적 사회안전망인 가정과 학교가 붕괴됨에 따라 많은 청소년이 빈곤, 학업중단, 가정폭력 등의 다양한 위험요인에 노출되면서 위기청소년의 수가 증가 추세를 보이고 있고, 이는 가정은 물론 사회 전체의 문제로 확대되고 있다. 여성가족부의 자료에 따르면, 만 9~18세의 아동·청소년 중에 위기 대상은 13.7%를 차지하고 있다(이유진, 2011). 특히 경제위기로 위기가정(빈곤한 한부모·조손가정)이 증가 추세에 있어 아동·청소년의 절대빈곤율이 2001년 5.4%에서 2006년 8.5%로 증가하였고, 한부모 가구 수도 1990년 88만 9,000가구에서 2006년에는 137만 가구로 증가하였다.

또한 CYS-Net에서 2008년 1월부터 11월까지 이 체계를 통하여 지속적으로 관리받고 서비스를 제공받은 청소년의 수는 7만 5,972명(실인원)이었다. 이들 중에서 지원서비스를 받은 청소년의 위기 위험 정도를 분석한 결과, 대상 청소년의 31.1%가 고위험군 청소년이었고, 9.5%가 중위험군 청소년, 59.4%가 저위험군 청소년으로 밝혀졌다(강석영, 김동민, 2009). 이처럼 10명 중 3명꼴로 고위험군에 속한 청소년이라는 사실은 매우 심각한 상태임을 보여 주고 있다.

대다수의 위기청소년은 열악한 가정환경과 사회적 지원의 부족으로 신체적 · 정서적 · 인지적 발달에 있어서 어려움을 경험하다 보니 이 시기에 성공적인 성인이 되기 위해 필요한 지식, 행동, 태도 및 기술을 습득하지 못하고 있다. 이들은 종종 어린 시기의 가정 및 학교 생활에서 행동, 인지, 정서 등이 서로 얽혀 있는 역기능적 패턴을 보임에 따라 학교에서의 실패, 다양한 정신건강 문제, 십 대 임신은 물론 성인이 되어서도 빈곤생활의 악순환, 노숙자로의 전락의 가능성 등을 예상하게 하고 있다. 이러한 위기청소년의 다양한 문제행동 및 범죄에의 개입, 가출의 장기화 등은 향후 인적자원 개발이나 사회 통합 등과 관련하여 막대한 사회경제적 손실을 초래할 가능성이 있다.

위기청소년의 문제는 개인 · 가정 · 사회 요인이 복합적으로 작용하여 발생하므로 개인적 문제가 아닌 사회적 · 국가적 문제로 인식해야 한다. 우리가 이들에게 관심을 가져야 할 근본적인 이유는 조기에 적절한 개입과 지원이 제공되지 못할 경우 사회적 안정을 위협할 수 있는 잠재적 위험요소를 키워 나가게 되어 결국에는 국가의 사회적 부담이 커지고, 청소년 개개인에게도 독립된 성인의 삶으로의 이행이 어려워지기 때문이다. 외국의 경우 이러한 심각성을 인식하여 만 21～25세에 해당하는 청년들(미국 21세, 영국 25세, 호주 21세)에게 청소년쉼터와 같은 보호체계를 통해 보호서비스를 제공하면서 자립을 돕고 있다.

이처럼 위기청소년은 청소년기는 물론 성인기로의 이행 과정에 있어서도 버거운 과제 수행으로 어려움을 겪고 있지만, 분명한 사실은 대다수가 고위험 청소년이지 범죄청소년은 결코 아니므로 이들에게 조기에 적절한 서비스를 제공하면 성공적인 성인으로의 이행 과정을 통해 건강한 성인으로 성장할 가능성이 높다는 것이다. 뿐만 아니라 청소년인구 감소 추세에 따라 한 명의 청소년이라도 중요한 존재라는 인식이 확산되어 위기청소년에 대한 국가 차원의 적극적인 보호 및 지원 역시 요구되고 있다.

1) 위기청소년의 유형에 따른 맞춤형 서비스 구축

청소년 문제는 과거와는 달리 복잡한 형태로 그리고 보다 다양한 유형으로 지속적으로 증가하면서 위기청소년의 유형도 다양해지고 있다. 즉, 인터넷 중독 외에도 게임중독과 스마트폰 중독의 심각성이 대두되고 있고, 학교폭력과 기타 이유로 매년 6～7만 명의 학생이 학교를 떠나고 있으며, 가출청소년의 경우에도 집 없는 청소년, 보호체계 밖 가출청소년, 가출청소년가족(일명 가출팸) 등 새로운 유형이 등장하고 있다. 또한 최근의 청소년 문제는 폭력, 가출, 중도탈락, 집단따돌림, 성추행 및 성폭력, 인터넷과 게임 중독, 흡연, 음주 등의 일반적인 문제 외에도 은어 또는 비어 사용 등 새로운 문제가 나타나면서 빠른 속도로 확대되고 있다. 특히 과거 중·고등학생에게서 만연되던 다양한 청소년 문제의 발생 연령이 저연령화되고 있을 뿐만 아니라 문제의 심각성은 깊어지고 범위도 점차 넓어지고 있다.

위기가 발생하는 배경을 살펴보면, 과거에는 주로 경제적 요인 중에서도 빈곤과 개인적인 문제로 청소년이 위기에 처하는 경우가 많았으나 현재는 이러한 요인 외에도 가정, 학교, 지역사회 등 다양하고 복합적인 원인에서 발생하는 경우가 많다(강석영, 김동민, 2009). 예를 들면, 학업중단청소년의 증가, 가출, 자살 외에도 최근에는 인터넷 중독, 다문화가정 자녀, 북한이탈청소년 및 은둔형 외톨이의 사회 부적응 등 다양한 청소년 문제가 이슈로 등장하고 있는데, 이러한 문제는 다양한 위기 상황을 포함하고 있다. 또한 청소년가출은 학교중단과 불법적인 경제활동은 물론이고 자살, 약물남용, 성매매, 임신, 폭력 등 다양한 비행 및 사회적 범죄와 관련되어 있다.

한편, 고도화된 산업의 발달로 높은 수준의 기술을 요하는 지식사회에서 교육은 성인으로의 성공적인 이행 과정에 주된 요인임에도 불구하고 위기청소년의 경우 학업을 중단하는 경우가 적지 않다 보니 직업 선택의 폭이 좁아지면서 결국 직업 세계에서 배제되는 결과를 낳곤 한다. 학교중단청소년의 경우 2006년 이후 매년 7만 명 이상 발생하고 있는데, 이들 중 학교에 복귀하는 비율은 14%에 그치고 있다(보건복지가족부, 2009d). 이들은 학업중단 이후의 경제적 어려움을 해결하고자 아르바이트에 참여하지만, 주로 비교육적이고 유해한 불법 업종이 대부분을 차지하고 있고, 심지어 「근로기준법」상의 최저임금에도 못 미치는 저임금에 시달리면서(이경상, 박창남, 2006) 생활의 불안정을 겪고 있다. 게다가 학업중단은 사회적 취약계층의 대물림 현상을 초래하여 장기적으로 크나큰 사회적 부담을 초래하고 있다.

청소년의 위기 상황은 가정과 사회의 특성이 복합적으로 상호작용하면서 발생하므로 위기청소년에 대한 기존의 접근방법과는 다른 보다 능동적이고 통합적인 접근과 노력을 필요로 한다. 특히 위기청소년은 한 가지 문제만을 가지고 있다기보다는 가정 내 학대부터 가출, 폭력 등 여러 가지 문제를 동시에 가지고 있는 경우가 많으므로 가능하면 한 기관에서 전문화된 서비스가 원스톱으로 지원될 수 있도록 하는 것이 바람직하다. 또한 실제적인 긴급구호가 이루어지도록 하려면 많은 청소년을 다루고 있는 학교 교사, 지역아동센터의 사회복지사 등을 안전 모니터 요원으로 위촉하여 위기청소년을 조기에 발견 및 연계할 수 있는 시스템을 갖출 필요가 있다.

그 밖에도 다양한 청소년 문제는 개인적 문제가 아닌 사회적·국가적 문제로 인식해야 한다. 또한 조기발견과 조기개입 방안의 마련이 중요한데, 이것은 위기청소년의 조기발견이 범죄화를 예방하고 조기개입이 국가의 사회적 손실을 줄일 수 있기 때문이다.

2) 가족복지서비스 강화

현대사회로 들어오면서 증가하는 가족해체와 이에 따른 복잡하고 만성적인 사회문제는 가족복지서비스의 필요성을 강조하고 있다. 외환위기, 금융위기 등의 경제적 위기를 경험하면서 가족해체, 이혼율의 증가 등으로 가정에서의 보호와 양육이 어려워짐에 따라 가정이 아닌 그룹홈, 아동양육시설, 청소년쉼터 등의 보호체계에서 생활하고 있는 청소년의 수가 증가 추세를 보이고 있다. 남미

애 등(2007)이 청소년쉼터에 거주하고 있는 가출청소년을 대상으로 조사한 연구
에 따르면 조사 대상자의 1/4 정도는 가정 내 폭력 문제가 상당히 내재하고 있었
고, 조사 대상자의 약 1/5 미만은 청소년의 의사와 관계없이 부모와 연락이 두절
되어 가정으로부터 더 이상 보호를 받지 못하는 상태였다. 이에 덧붙여 돌아갈
집이 없는 청소년이 5명 중 1명꼴(20.3%)로 나타나 이들이 어떠한 지원도 제공받
지 못할 경우 노숙자로 전락할 가능성도 배제할 수 없었다.

　　따라서 가정의 기능을 강화하는 가족복지서비스가 요구되고 있다. 청소년의
안정적 생활과 성장·발달을 위해서는 가정의 안정화가 필수적이므로 국가 차
원에서 가족복지사업을 강화해 나가야 하고, 빈곤가정을 대상으로 한 복지정책
을 확대해 나가야 한다. 특히 이들 가정에 대한 생활자립지원금을 대폭 증액하
고, 직업훈련을 우선적으로 실시하여 취업을 알선하며, 상담기관과 연계하여 수
시로 상담할 수 있는 상담체제를 확립해 나가야 한다. 또한 자녀의 연령 및 성장
단계별로 올바른 자녀지도와 교육을 할 수 있도록 부모교육을 강화해야 한다(김
경신 외, 2007, p. 420).

　　아울러 관련 기관 간의 정보교류가 보다 원활하게 진행되어야 한다. 현재 아
동·청소년 긴급구호와 관련된 기관으로는 경찰, 지방자치단체, 아동보호전문
기관, 청소년지원센터 등이 있는데, 이들 기관 간의 정보 공유가 사실상 거의 이
루어지지 않고 있는 상황이므로 경찰과 지방자치단체의 적극적인 협조를 통해
청소년 보호의 효율성을 높여야 한다.

3) 자립지원체계 구축

　　위기청소년은 획일적인 삶을 요구하는 사회제도에 순응하며 살고 있는 일반청
소년에 비해 사회적 편견으로 인한 소외감 속에서 좀 더 빨리 자신의 미래를 계
획하고 준비해 나가는 과정을 경험하고 있다. 그럼에도 이들 역시 자신의 삶의
주인으로서 자신의 선택과 의지를 믿고 결정할 수 있도록 지지해 주어야 한다.

　　적절한 가정의 돌봄이 부족하여 심리적·사회적·경제적으로 취약한 상태에
처해 있는 위기청소년의 경우 제대로 된 자립준비 과정을 거치지 못하기 때문에

자립 이행에 어려움이 많다(신혜령, 2001; 조규필, 2011). 따라서 위기청소년의 사회 적응력을 높이고 이들이 생산적인 활동에 참여할 수 있도록 자립능력을 향상시켜 주기 위해서는 체계적인 자립준비 과정이 필요하다(조규필, 2014).

청소년 시기의 학업이 강조되는 사회 분위기 속에서 청소년의 자립을 위한 일자리 창출이나 청소년 맞춤형 교육은 등한시되고 있는 것이 사실이다. 자발적으로 혹은 불가피한 이유로 1차 안전망인 가족의 보호로부터 벗어난 가출청소년의 경우 스스로 생존의 문제를 해결해야 하는 시급한 상황에 놓여 있으므로 이들에게 있어 일에 대한 욕구와 노동권 보장의 필요성은 자립에 매우 중요한 요소다(육혜련, 2013). 따라서 위기청소년의 욕구를 반영한 자립 프로그램을 개발하고 자립훈련 프로그램을 통해 이들이 미래 산업 역군으로서 제 임무를 다할 수 있도록 지원해야 한다. 또한 지속적인 지원 시스템을 수립하여 청소년기 이후의 사회적 적응에 연계되도록 유도해야 한다.

청소년의 자립 이행 과정에 필수적인 자립준비 요소는 진로 · 직업 준비, 학업 · 교육, 일상생활 기술, 법 관련 문제, 자원 활용, 건강관리, 주거 문제, 경제관리, 사회성, 정의적 측면 등의 다양한 영역에 걸쳐 있다. 그러나 우리나라는 자립지원정책을 통해 제공되는 서비스가 주로 직업 · 진로 영역에 편중되어 있고, 그 외의 일상생활 기술이나 주거 문제, 경제관리 등의 자립지원 영역에 대한 정책은 전무한 실정이다(조규필, 2011). 특히 경제위기와 다문화사회 도래 등의 사회 변화는 위기청소년을 증가시키고 있으나 이들을 대상으로 한 진로개발 및 자립지원 프로그램은 미비한 수준이다. 이와는 대조적으로 미국의 경우, 위탁보호나 시설의 서비스가 종결되는 청소년이 성공적으로 자립할 수 있도록 전문가가 개인별로 자립준비 수준을 사정하고, 사례계획서비스 등의 자립준비 프로그램을 법제화하여 운영하고 있다(정익중, 2007).

취약청소년은 일반 청소년에 비해 상대적으로 불리한 취약성뿐만 아니라 그들의 자립 이행 과정에서 어떤 준비가 필요한지조차 제대로 파악하지 못하는 인식의 부재가 또 다른 자립의 걸림돌이 되고 있다. 그러므로 취약청소년을 위한 효과적인 자립준비 지원 시스템이 가동되기 위해서 우선적으로 개인별 자립준비 수준에 대한 객관적인 평가가 필요하다.

특히 위기청소년을 위한 효과적인 자립준비 지원 시스템이 가동되기 위해서는 우선적으로 위기청소년이 스스로 삶의 주인으로서 자신의 선택과 의지를 믿고 결정할 수 있게 지지해 주어야 한다. 아울러 진로개발 및 취업지원 프로그램의 활성화를 통해 단순히 아르바이트 수준에 그치는 것이 아니라 직업 기초능력을 키우고 노동시장에서 안정적으로 자리 잡을 수 있는 수준에 도달할 수 있게 지도해야 한다.

4) 전문인력 확보 및 역량 강화

청소년의 욕구에 적합한 청소년복지를 실천하기 위해서는 무엇보다도 전문성을 갖춘 청소년지도사나 청소년상담사 등과 같은 전문인력의 확보가 필요하다. 특히 청소년복지서비스는 인적자원을 통해 전달되는 만큼 서비스의 질적 개선을 위해 청소년복지 전문인력의 역량 강화와 복지 개선이 중요하다.

그러나 청소년복지 관련 기관 및 시설의 수가 증가하면서 청소년복지 전문인력의 수 또한 증가하고 있음에도 청소년복지 전문인력을 위한 전문성을 강화하려는 노력은 매우 미흡한 실정이다. 더불어 열악한 근무 환경과 근무 조건으로 이직률 또한 높아서 전문직으로서의 위상이 떨어지고 있다.

청소년과 사회는 끊임없이 변화하고 있으므로 청소년복지 전문인력에 대한 지속적인 교육을 통해 전문가로서의 역량을 강화시켜야 한다. 즉, 전문가로서 사려 깊고, 책임감이 있으며, 윤리적인 행동을 하도록 지속적으로 자신의 지식과 기술을 개발할 수 있게 도와야 한다. 이를 위해서는 전문적이고 체계적인 교육과 훈련을 받아야 하고, 워크숍에 참석하여 전문 기술을 개선하고 향상시켜야 한다. 또한 전문인력에게 합당한 사회적·경제적 대우를 해 주어서 자신의 직무나 조직에 만족하여 몰입할 수 있게 함으로써 전문적인 역할을 수행할 수 있도록 보수체계를 개선하여 업무의 지속성과 질적 개선을 도모해야 한다. 그 밖에도 청소년 전문인력이 전문성 향상을 위해 지속적으로 재교육을 받을 수 있는 체계적인 훈련 시스템을 마련해야 한다. 또한 전문성을 향상시키기 위해 청소년복지 담당자가 지속적으로 재교육을 받을 수 있는 체계적인 훈련 시스템을 마련하는 것도 필요하다(조성연 외, 2008).

　결론적으로, 복지 인프라 구축, 삶의 질에 대한 기대수준 향상 등 일반 욕구 및 복지 수요의 증가와 더불어 청소년의 개별적 권리 존중, 청소년 자율활동 확대 등을 통해 청소년 활동이 다양화되고 청소년복지가 일반화될 것이다. 따라서 청소년복지는 보다 통합적 관점으로 전개되어야 하고, 타 복지 영역과의 상호교환적 방향 설정이나 미래의 다양한 변화를 수용해 가는 적극적 관점을 갖춰야 할 것이다.

PART 2
청소년 문제의 이해

chapter 09 북한이탈청소년

chapter 10 청소년과 인터넷 중독

chapter 11 청소년과 성

chapter 12 청소년과 약물남용

chapter 13 학업중단청소년

chapter 14 청소년과 가출

chapter 15 보호체계 청소년

북한이탈청소년

1. 문제제기

북한이탈청소년이 다니는 어느 대안학교의 교장이 다음과 같은 말을 한 적이 있다. 북한에서 탈출하여 중국을 몇 년간 떠돌다가 우리나라에 정착한 아이들이 북한에서는 배고파서 살기 힘들었고, 중국에서는 공안에게 잡혀갈까 봐 무서워서 살기 힘들었는데 남한에 오니까 몰라서 못 살겠다고 하였다는 것이다. 같은 한국어를 쓰지만 생소하고 어려운 단어가 너무 많고, 길거리의 간판 등에서 확연히 드러나듯 영어가 일상적으로 쓰이고 있기 때문에 전혀 다른 언어권에 온 듯한 이질감을 갖게 되었다고 하였다. 상대방의 말을 잘 못 알아듣고 대화에 끼어들기 어려울 때 정말로 바보가 된 기분이리라. 게다가 워낙 다른 방식으로 굴러가는 사회 시스템 속에서 숨을 고르기 어려울 만큼 빠르게 전개되는 변화에도 적응하기가 어려울 것이다(김경준, 2008, p. 111).

1990년대 중반 북한의 식량 사정 악화를 계기로 북한이탈주민의 국내 입국 규모는 꾸준히 증가하기 시작하여 2007년 2월 마침내 '북한이탈주민 1만 명 시대'가 도래하게 되었고, 현재도 북한이탈주민의 입국 규모는 증가 추세에 있다. 또한 최근에는 자녀를 동반한 가족 단위 북한이탈주민의 국내 입국이 증가하면서 북한이탈청소년 비율이 크게 증가하였는데, 이는 자녀에게 더 나은 삶의 기회를 주기 위하여 자녀와 동반 입국하거나 부모가 먼저 탈북하여 정착한 후 북한이나 중국에 남아 있던 자녀를 데리고 오는 경우가 다수를 차지하고 있다(윤인진, 2009).

청소년기에 정체성 확립이라는 발달과업을 수행하는 것만으로도 버거운 북한이탈청소년에게 남한이라는 낯선 사회에서 새로운 적응을 해야 하고, 궁극적으로 자립능력을 터득해야 하는 현실은 어찌 보면 감당하기 어려운 삶의 연속이다. 특히 이들이 남한사회에 제대로 적응하지 못할 경우 개인적으로 행복한 삶을 영위하지 못함은 물론 비행, 범죄와 같은 비합법적인 행동에 개입됨으로써 사회통합을 저해할 가능성이 높다.

북한이탈청소년은 남한사회의 청소년과 마찬가지로 능력개발을 통해 자아실현을 해야 하는 주체이며, 사회의 중요한 인적자원으로서 결코 소홀히 다룰 수 없는 존재다. 따라서 이들을 위한 중장기적 프로그램을 마련하여 남한사회에의 올바른 적응은 물론 향후 입국할 새로운 북한이탈청소년의 적응을 도와줄 안내자 역할을 하도록 함으로써 통일된 한국사회에서 남북 간의 교량 역할을 할 잠재적인 인적자원으로 키워야 한다(양계민, 황순택, 2008).

2. 개념 및 특성

1) 개념

그동안 북한을 탈출하여 북한 이외의 지역에 체류하고 있는 북한주민에 대해 시대적·정치적 상황을 반영하여 탈북자, 북한출신주민, 한국이주북한동포, 탈북북한주민, 북한이주민, 새터민 등의 다양한 용어가 사용되어 왔다. 이들은 우리 사회를 이루고 있는 구성원으로 북한이탈이라는 한반도의 특수 상황을 함께 고려해야 하다 보니 분명히 우리 사회의 한 구성원임에도 북한을 탈출한 북한주민을 통칭하는 '북한이탈주민'이라는 법률적 용어로 정의·사용되어 왔다. 「북한이탈주민의보호및정착지원에관한법률」 제2조 제1항에서는 "북한에 주소, 직계가족, 배우자, 직장 등을 두고 있는 자로서 북한을 벗어난 후 외국의 국적을 취득하지 아니한 자"를 북한이탈주민으로 규정하고 있는데, 이 법은 국내거주 북한이탈주민과 해외 체류 북한이탈주민을 엄격하게 구분하지 않고 이들을 모두 대한민국의 보호를 받고자 하는 의사를 표시한 북한이탈주민으로 규정하고 있다(전문개정, 2010. 3. 26.).

　현재 우리 사회에서 북한출신이주민을 칭하는 공식적 용어는 이 법에 명시된 '북한이탈주민'이다. 그러나 탈북자나 북한이탈주민과 같은 용어는 정치적인 차별감을 주는 용어로 인식된다는 이유로 2005년 1월부터 통일부는 공식적인 용어로는 법률적 용어인 '북한이탈주민'이라는 명칭을 사용하되, 비공식적인 상황에서는 '북한이탈주민'이라는 명칭 대신 '새터민'이라는 명칭을 사용하도록 권장하기도 하여 현재는 북한이탈주민, 탈북자, 새터민 등이 혼용되고 있다. 여기서 새터민이란 '탈북'이나 '이탈'이 갖는 부정적인 이미지에서 벗어나 '새로운 터전에서 삶의 희망을 갖고 사는 사람'을 의미한다.

　북한이탈청소년은 「청소년기본법」 「청소년복지지원법」 및 「청소년보호법」에 따라 대한민국의 청소년으로서의 기본적인 권리를 보장받는다. 「청소년기본법」에 따르면, 청소년으로 분류될 수 있는 북한이탈청소년의 나이는 9세 이상 24세 이하로서 이들은 안전하고 쾌적한 환경 속에서 자기발전을 추구하고 정신적·신체적 건강을 해치거나 해칠 우려가 있는 모든 형태의 환경으로부터 보호받을 권리를 가진다. 「청소년복지지원법」은 인권보호와 사회경제적으로 소외된 청소년에 대한 지원 분야에서 북한이탈청소년에게 적용된다. 또한 이 법은 '특별청소년'을 규정하여 사회적·경제적 어려움에 처한 북한이탈청소년 지원의 근거를 제시하고 있어서 거주지 보호 기간인 5년이 종료된 북한이탈청소년과 보건복지부의 사회보장제도에 의해 보호받지 못하는 북한이탈청소년이 기초적인 성장과 사회경제적 생활을 지원받을 수 있는 근거를 마련하고 있다.

한편, 북한이탈청소년의 연령은 기본적으로 「청소년기본법」에 의거하여 9세에서 24세로 규정되어 있으나 연구자에 따라 다양하게 규정하고 있다. 그러나 이들에게 법적 연령 기준만을 적용할 것이 아니라 이들이 처해 있는 학업적ㆍ신체적ㆍ정서적ㆍ문화적 특수성을 고려하여 연령 범위를 확대하자는 주장이 제기되고 있다(길은배, 문성호, 2003). 한 예로, 김윤나(2008)는 북한이탈청소년이 처음 북한을 이탈하는 시기가 청소년기인 경우가 많고 제3국에서 체류하던 기간이 길어 남한에 입국했을 때 연령이 많아진 경우도 있음을 감안하여 북한이탈청소년의 연령 범주를 10세 이상 29세 이하로 정의하고 있다. 이러한 점은 남한사회 정규학교에 진학한 후 심각한 기초학력 부족이나 동료와의 연령 차이 등으로 정규학교를 중단하는 북한이탈청소년의 특수성을 고려한 것으로, 현재 북한이탈청소년이 24세 이상이라도 자립능력이 낮은 경우에는 보호와 정착 지원이 필요하다고 본 것이다.

이 장에서는 '북한이탈청소년'을 「북한이탈주민의보호및정착지원에관한법률」 제2조 제1항에 정의되어 있는 북한이탈주민 중에서 남한에 거주하고 있는 14세부터 24세 이하의 청소년으로 규정하고자 한다.

2) 특성

북한이탈청소년은 청소년기의 발달과업 수행 자체만으로도 매우 힘든 시기를 보내는데, 특히 이들에게 자신이 태어나고 자란 고향과 부모, 형제, 친구를 떠나 전혀 낯선 환경에서 인간관계를 처음부터 새롭게 시작해야 한다는 것은 충격 그 자체다. 또한 북한에 남아 있는 가족에 대한 그리움과 죄책감은 물론, 탈북자라는 신분 노출에 대한 스트레스, 연령 차이에 따른 자기비하, 한국사회의 부정적 인식 등으로 어려움을 겪고 있다. 특히 북한과는 많이 다른 학력경쟁이 극심한 남한사회에서 지금까지의 학력 결손을 보충하면서 학력경쟁에 들어가야 하는 등 이들 앞에 놓인 복합적인 문제는 청소년 개인의 노력만으로는 극복하기 어렵다.

구체적으로 살펴보면, 북한이탈청소년은 1990년대 이후 북한의 경제난과 탈북 후 중국 및 제3국에서의 생활 등 험난한 탈북 과정을 거쳐 남한에 입국한 후

유예된 정신적 성장을 단시간 내에 겪다 보니 정서적으로 더 민감해지면서 정체성의 혼란을 겪곤 한다. 또한 새롭고 낯선 상황에서 남한 일반인과 교감되지 않는 감정 및 상황 인식으로 단절과 소외감을 느끼기도 한다(양영은, 2009). 그 밖에도 본의 아니게 탈북 과정에서 어쩔 수 없이 북한사회의 생활과 학업을 중도 포기해야 하는 상황에 처하다보니 교육의 기회를 갖지 못했거나 학교에 진학하더라도 오랜 기간의 학업 공백으로 기초학력이 부족하며, 동료 학생과의 연령 차이 등으로 진로를 찾지 못하고 방황하는 청소년이 상당히 많다(김경준 외, 2008, p. 21). 이처럼 학교생활에 적응하지 못해 학업을 중도에 포기한다거나, 더 나아가 사회적 관계에 실패하여 미래의 삶에 대한 불확실성 속에서 자포자기하는 심정으로 하루하루를 살아가는 경우가 허다하다.

북한을 이탈하여 한국사회로 진입하는 청소년이 지속적으로 증가하고 있는 상황에서 정부는 이들이 남한사회에 잘 정착할 수 있도록 많은 지원 방안 및 정책을 지속적으로 마련하여 도움을 제공하고자 노력하고 있다. 즉, 청소년은 하나원 교육 기간 중 각각 인근의 삼죽초등학교와 2006년에 개교한 한겨레중·고등학교에서 위탁교육을 받으며 남한의 학교생활에 적응할 수 있는 능력을 키우고, 하나원에서의 교육이 끝나면 새로운 생활에 대한 기대와 적응에 대한 불안이 공존한 채 희망 지역 우선으로 거주지와 학교를 배정받아 남한의 학생과 함께 정규 교육과정을 이수하게 된다.

그러나 일반학교에 재학 중인 북한이탈청소년은 학습수준이나 학습능력의 차이로 인해서 자신의 나이보다 1~2년 낮추어 편입학하면서 학교생활에 잘 적응하지 못하고, 국어, 국사, 영어 등의 과목에서 학습의 어려움을 느끼곤 한다. 또한 초등학교에 비해 중·고등학교로 올라갈수록 학습능력이 떨어짐에 따라 학교생활에 적응하기가 쉽지 않으면서 성격이 내성적으로 변하기도 한다(박일권, 2005).

그 밖에도 상당수의 북한이탈청소년이 이미 북한에서나 탈북 과정에서 다양한 이유로 가족해체를 경험하였고 가족이 없는 무연고 청소년도 많은데, 이들은 부모나 보호자의 보호를 받을 수 없기에 정착에 더욱 어려움을 겪고 있다. 이들은 북한에서 이탈한 이후 수개월 혹은 수년 동안 떠돌이생활을 하면서 정상적인 교육을 받지 못하고 생사의 위기를 경험하기도 한다(이용교, 2006). 이들은 성인이 되어 집이 제공될 때까지 정부가 연결해 주는 대안학교나 특성화학교 이외에도 북한이탈청소년을 위한 그룹홈, 쉼터, 방과 후 학습지원 등의 대리보호체계에서 생활하게 되는데, 2011년 12월 기준 이들을 위한 그룹홈 시설은 13곳에 불과하다(김현아, 방기연, 2012; 한명자, 2012).

이에 덧붙여 최근 부모의 보호를 받을 수 없는 탈북청소년이 증가함에 따라 탈북청소년을 위한 종교 및 민간단체의 그룹홈이 증가하고 있으나(김현아, 방기연, 2012) 대부분의 북한이탈주민 생활공동체 프로그램이 규모의 영세성, 전문 인력의 부족, 통제 수단의 부재 등으로 운영상의 어려움을 겪고 있어서 이들의 남한 사회에의 적응은 쉽지 않은 실정이다.

3. 실태 및 문제점

1) 실태

(1) 현황

① 규모

북한이탈주민의 입국 규모가 증가하면서 자연스럽게 아동·청소년의 수도 증가하게 되었다. 북한이탈청소년의 입국 현황을 살펴보면 지속적으로 증가 추세를 보였고, 2011년에 총 501명이 입국한 것으로 나타났다(〈표 9-1〉 참조). 특히 가족 단위의 입국이 급속도로 증가하면서 북한이탈청소년의 수도 증가하고 있다.

표 9-1 연도별 북한이탈청소년 입국 현황   (단위: 명, 2012년 4월 기준)

연도 대상	2002년	2003년	2004년	2005년	2006년	2007년	2008년	2009년	2010년	2011년	합계
전체 (입국자 수)	1,141	1,282	1,898	1,382	2,026	2,551	2,801	2,914	2,401	2,706	21,102
6~20세 (입국자 수)	211	220	331	224	336	366	378	464	321	501	3,352

출처: 통일부(2012).

통상 학령기에 해당하는 만 6세에서 20세를 기준으로 전체 북한이탈주민 중 이들이 차지하는 비율은 16% 내외이고, 「청소년기본법」에서 규정하는 청소년 연령 상한선인 만 24세를 포함할 경우에는 20% 내외까지 그 비율이 증가하게 된다. 다시 말해, 북한이탈 아동·청소년(만 6~24세)은 전체 북한이탈주민 중 약 20%를 차지하고 있다(보건복지가족부, 2009b).

② 취학

탈북청소년의 입국이 매년 증가하면서 탈북청소년 교육 지원에 대한 정책 수요도 확대되고 있다.

북한이탈청소년의 누적 인원은 2005년 이래 증가 추세를 보이고 있고(〈표 9-2〉 참조), 학교에 재학하고 있는 학생도 꾸준히 증가하고 있다. 또한 북한이탈청소년 재학 현황을 보면 초등학생의 비율이 가장 높다(〈표 9-3〉 참조).

표 9-2　연도별 북한이탈청소년 누적 현황　(단위: 명, 2011년 4월 기준)

구분	2005년	2006년	2007년	2008년	2009년	2010년	2011년
탈북청소년 수 (6~20세)	724	841	1,050	1,319	1,478	1, 711	1,867
학교재학생 수 (6~20세)	421	474	602	966	1,143	1,417	1,681

출처: 통일부(2011).

표 9-3　북한이탈청소년 재학 현황　(단위: 명, 2012년 4월 기준)

구분	정규학교						대안교육시설 (전일제)	계
	초등학교		중학교		고등학교			
	남	여	남	여	남	여		
재학 현황	602	602	162	189	212	225	210	2,202
	1,204		351		437			
	1,992							

* 주: 대안교육시설은 전일제 민간교육시설을 지칭함.
출처: 교육과학기술부(2012).

〈표 9-3〉을 보면 정규학교에 재학하고 있는 청소년이 90%에 이르러 비교적 잘 적응하고 있는 것처럼 보이지만, 10%에 달하는 대안교육시설의 청소년도 주목해야 한다.

한편, 학교 중도 탈락도 적지 않게 나타나고 있다. 2012년 4월 교육과학기술부 자료에 따르면, 북한이탈청소년의 중도 탈락률은 2008년 10.8%, 2009년 6.1%, 2010년 4.9%, 2011년 4.7%로 점점 낮아지고 있다. 그러나 상급학교로 갈수록 중도 탈락률은 높아진다. 2011년을 기준으로 살펴보면 초등학생 중도탈락률은 2.5%였으나 중학생은 4.4%, 고등학생은 10.1%로 나타났다. 특히 2011년을 기준으로 볼 때 북한이탈청소년 중도 탈락률은 일반 고등학생의 중도 탈락률(1.8%)에 비해 약 5.6배 높은 비율을 나타내고 있다.

다음으로 북한이탈청소년의 학업중단 사유를 살펴보면 다음과 같다. 〈표 9-4〉에서 보는 바와 같이, 2009년까지는 기초학력이 부족하거나 연령에 비해 낮은 학년으로 배정됨으로써 학교에 부적응하는 것이 주요 이유였다. 그러나 2010년에 들어오면서 학교부적응에 따른 학업중단자의 수는 큰 폭으로 감소한 반면, 경제적 어려움, 장기결석, 진로 변경, 이민 등 출국 등의 사유에 의한 학업중단자가 늘어났다.

표 9-4 북한이탈청소년의 학업중단 사유   (단위: 명, %)

연도 학업중단 사유	2007년	2008년	2009년	2010년	2011
학교부적응(기초학력 부족, 고연령)	21(28.4)	20(33.9)	24(42.9)	8(11.9)	5(8.9)
장기결석	–	–	–	9(13.4)	13(23.2)
가정 사정(경제 사정, 가정환경)	10(13.5)	9(15.3)	9(16.1)	16(23.9)	–
진로 변경(검정고시, 대안학교)	14(18.9)	14(23.7)	6(10.7)	6(9.0)	12(21.4)
건강	3(4.1)	2(3.4)	3(5.4)	6(9.0)	–
취업	–	–	–	1(1.5)	–
이민 및 출국	–	–	–	12(17.9)	24(42.9)
기타	26(35.1)	14(23.7)	14(25.0)	1(1.5)	–
계	74(100.0)	59(100.0)	56(100.0)	67(100.0)	56(100.0)

출처: 교육과학기술부(2012).

이에 덧붙여 고등학교 졸업 후 대학진학률을 살펴보면 2009년에는 67.2%, 2010년에는 66.6%로, 이들은 북한이탈주민특별전형 및 학비 면제 등에 따라 대학 입학이 상대적으로 용이하다. 그러나 실제로 대학에 입학한 북한이탈청소년들 가운데 상당수가 장학금을 유지할 만큼 성적을 받지 못해 휴학하거나 제적되는 경우가 많아 학업을 중도에 포기하고 있는 실정이고 졸업률도 낮은 편이다.

③ 외상 경험 여부

북한이탈청소년은 입국 후 스트레스를 경험하는데, 사실상 이들은 남한에 입국하기 이전의 북한에서 생활할 때부터 매우 다양한 외상을 경험했던 것으로 알려져 있다. 즉, 북한이탈 과정에서 겪은 심리적·육체적 고통 및 질병, 체포나 북송에 대한 공포 등으로 귀국 전에 이미 심각한 외상 경험을 갖고 있다. 금명자 등(2004)의 연구에 따르면, 조사 대상인 북한이탈청소년 70명 중 79%가 북한 내에서나 탈북 과정에서 한 가지 이상의 외상적 경험을 한 것으로 나타났고, 특히 여자 청소년의 경우 체포에 대한 불안에 덧붙여 인신매매의 불안까지 이중의 고통을 겪은 것으로 보고되고 있다(양계민, 황순택, 2008; 전우택, 2005).

또한 백혜정 등(2007)의 연구에 따르면, 조사 대상자 120명 중 '북한 및 탈북 과정에서 식량 부족이나 심한 추위로 생명의 위협을 느낀 적이 있다.'고 응답한 비율이 63.8%였으며, '북한 및 탈북 과정에서 다른 사람이 고문당하거나 공개 처형되는 것을 본 적이 있다.'고 응답한 비율도 53%나 되어 절반 이상이 심한 외상 경험을 한 것으로 나타났다. 이에 덧붙여 '탈북 과정에서 북한이나 중국 경비병에게 검열을 받아 몹시 긴장한 적이 있다.'고 응답한 비율이 62.9%, '탈북 준비나 과정 중에 발각될 위험에 처했던 적이 있다.'고 응답한 비율은 56.5%로 나타나는 등 일반 청소년으로서는 경험하기 매우 어려운 심각한 외상을 경험한 것으로 나타났다.

(2) 특징

북한이탈청소년은 탈북과 남한 입국 과정에서 경험한 기아, 사고, 체포나 북송에 대한 공포, 가족의 상실, 그 이외의 다양한 심리적·정신적 스트레스로 남한사회에서 적응하는 데 다양한 어려움을 겪고 있다.

① 신체적 특징

북한이탈청소년은 북한에서의 부족한 영양 섭취와 탈북 과정의 어려움으로 인해 신체 발육이 남한 청소년에 비해 상대적으로 지연되고 있다. 이들은 영유 아기의 영양 결핍으로 신체 발육 부진 및 면역성 약화를 경험함은 물론, 가장 왕성한 성장기인 아동기와 청소년기에 수년에 걸쳐 중국 및 제3국에서 궁핍한 생활에 따른 영양 결핍을 겪음으로써 60% 이상이 만성 영양 결핍과 저체중을 보이고 있으며, 평균 신장은 남한의 청소년과 약 12~20cm까지 차이가 난다.

이러한 성장기의 영양 결핍에 따른 신체발육 부진이 성인이 된 이후까지 지속되면서 이들은 왜소한 외모를 갖고 있고, 이에 따라 부정적인 자아상과 열등감을 느끼곤 한다.

② 심리적 특징

북한이탈청소년은 남북한의 문화적 가치관의 차이에 따라 심한 심리적 혼란과 갈등을 겪고 있어서 남한사회라는 새로운 환경에서 인간관계를 형성하는 것이 쉽지 않다. 더욱이 북한사회와 남한사회를 비교하면서 자기혐오나 자기비하 또는 열등감을 갖고 생활하다 보니 수동적·부정적인 자아 형성은 물론 인간관계에서도 소극적이고 수동적인 모습을 보이고 있다. 그 밖에도 작은 키, 학습능력의 부족, 가족 간의 갈등, 북한에 있는 가족에 대한 걱정, 남한 사람의 냉대 등의 부정적 경험은 북한이탈청소년의 심리적 적응 및 건강한 자아 발달에 부정적 영향을 미치고 있다(양계민, 황순택, 2008).

특히 북한이탈청소년은 자신이 '북한 출신'이라는 사실에 대해 상당한 심리적 부담감을 안고 살아가고 있다. 이들은 북한 출신이라는 이유로 종종 과거 또는 현재에 집단따돌림을 당하거나 심한 놀림을 받았던 경험을 갖고 있고, 심지어 친구들이 자신이 북한 출신이라는 사실을 알지 못했으면 하는 바람을 갖고 있는 경우도 적지 않다.

> 북한에서 왔다고 하니까 애들이 갑자기 얼굴이 확 변하면서 없어지는 거예요. 어이가 없었어요. 서로 별로 안 놀려고 그래요. 다음날 선생님이 애들한테 중국에 있다가 왔다고 다시 말해 줬는데요, 애들이 말투가 이상하다고 뭐라 그러고 그랬어요(장문강, 2009, p. 208).

또한 이들은 성인과 마찬가지로 외로움이 심각한 문제로, 남한사회에 아는 사람이 거의 없고 또래집단이나 가족의 정서적 지지도 받을 수 없어서 입국 초기에 특히 많은 외로움을 경험하고 있다.

> 학교생활에서도 그렇고 아르바이트를 하는 곳에서도 그렇고 마음 놓고 말할 사람이 없습니다. 그러니까 많이 외롭습니다. 늘 혼자라는 느낌이 듭니다(이현심 외, 2012, p. 327).

또한 북한이탈청소년은 북한에서 겪어 왔던 기아의 고난과 가족과의 생이별, 낯선 남한문화로의 이주에 대한 걱정, 학교 적응 등 미지의 상황에 대한 불안 속에서 생활하다 보니 대다수가 불안 증상을 나타내고 있다. 특히 무연고청소년은 더욱 큰 심리적 스트레스와 부적응을 경험할 가능성이 높다. 즉, 갑작스러운 환경 변화와 사회적 조건 및 구체화되지 않은 미래에 대한 걱정, 친구관계에 대한 불안, 진학 및 가정에 대한 불안 등이 스트레스의 요인으로 작용하고 있다. 이러한 불안감은 초기에는 주로 남한사회에 대해 잘 알지 못하기 때문에 나타났지만 시간이 지날수록 친구관계나 학습에 대한 자신감 상실 등이 주요 원인으로 나타났다(장창호, 2001).

그 밖에 소외감의 문제로, 남한 사람과 만나는 과정에서 언어적 차이나 사람을 대하는 태도 또는 방식의 차이, 놀이문화의 차이 등으로 소외감을 느끼며, 학교에서도 강한 소속감을 느끼기 어려운 것으로 나타났다. 특히 자유로운 의사소통이 어려움에 따라 의사소통의 빈도가 줄어들면서 소외감이 일어나고, 자존감이 떨어지기도 한다.

학교에 가면 남한 친구들과 대화가 힘들었어요. 특히 인터넷 등에 관한 대화
는 정말 힘들었어요. 간혹 텔레비전에서 하는 말을 못 알아듣겠어요. 또 남한 친
구들과 대화가 힘들었고요. 제가 남한 친구들 말을 잘 알아듣지 못했어요. 그러
다보니까 아무래도 남한 친구들과 잘 어울리지 않게 되었고요(이현심 외, 2012,
p. 324).

이들 청소년은 이러한 경험을 자신의 의도적인 변화 노력을 통해 극복하는 경
우도 있으나 대부분이 정서적 측면에서 깊은 상처를 받아 타인에 대한 불신감을
갖게 되고, 자신감과 자아존중감의 상실로 자아정체감 형성에 부정적인 영향을
받게 된다.

③ 정착지원서비스

정부에서는 북한이탈청소년의 입국 초기 교육 및 지역사회 정착을 돕고자
2010년 「북한이탈주민의보호및정착지원에관한법률」을 개정하여 정착지원 업
무를 보다 종합적·체계적으로 수행할 수 있도록 '북한이탈주민지원재단'을 설
립하였다. 이 재단에서는 북한이탈주민에 대한 보호 및 정책 지원을 위한 사업
과 정부로부터 위탁받은 업무를 수행함으로써 이들의 자립 정착 및 통일 환경 조
성에 기여하고 있다. 또한 통일부는 북한이탈주민의 하나원 퇴소 후 사후관리에
중점을 두고 북한이탈주민의 지역 적응을 지원하고자 2009년부터 하나센터를
지정 운영하여 2010년 6월 기준 전국에 29개 센터가 개소하여 운영 중이다(통일
부, 2011). 그 밖에도 여성가족부는 2009년에 통일부 하나원과 협약을 체결하여
하나원 내 하나둘학교에 교사 파견을 지원하고 문화체험 학습을 지원하는 등 관
련 기관과의 지속적인 협조체계를 구축하여 효과적인 서비스를 제공하고 있다.
이와 함께 북한이탈청소년의 효과적인 지역사회 정착을 위한 사례관리 및 상담
등을 지원하고 있다(여성가족부, 2012b).

북한이탈청소년이 남한사회에 정착하기까지의 과정을 살펴보면 다음과 같다.
하나원에 입소한 만 7~12세 연령의 북한이탈청소년은 하나원 인근의 삼죽초등
학교에서 교육을 받으며, 만 12세를 초과한 청소년이라도 본인의 희망과 학력을

고려하여 입학 및 학년 배치를 의뢰한다. 또한 2006년부터는 학력 격차가 커서 일반학교 취학이 어려운 청소년이나 학교부적응청소년을 전문적으로 교육하기 위한 특성화학교인 한겨레중·고등학교를 설립하여 중등학교 취학기의 청소년에게 위탁교육을 받도록 하고 있다. 이 학교에서는 북한이탈청소년의 심리적 안정과 치료에 주력하고 이들이 남한의 청소년문화를 객관적으로 이해할 수 있도록 도와주며, 북한이탈청소년의 학습 기초를 다지는 데 주력함으로써 민주시민으로 살아가는 데 필요한 기본 자질을 함양하고자 한다(김경준 외, 2008).

또한 정부에서는 초·중등학교 및 대학교에 취학한 북한이탈청소년에 대한 교육비 지원제도를 시행하고 있다. 초·중등학교는 의무교육제도로 교육을 실시하고 있고, 고등학교와 국공립 대학교는 교육비를 전액 면제하고 있으며, 사립대학교는 입학·편입학 당시 35세 미만으로 거주지 보호기간(5년) 이내 또는 진학 자격을 획득한 지 5년 이내에 진학한 자에 대해 정부가 공납금의 반액을 지원하고 있다. 그 밖에 북한이탈청소년을 교육복지투자우선지역 지원사업의 주요 정책 대상으로 정하고, 이들의 학교 적응을 우선적으로 배려하고자 지역 내의 지역사회교육 전문가, 교육복지투자우선지역 지원사업 담당자를 통해 이들에 대한 교육 지원을 강화하고 학습 및 문화 체험 기회를 확대하기 위해 바우처 지원을 하고 있다.

이에 덧붙여 보건복지부에서는 2006년에 설립한 '무지개청소년센터'를 중심으로 지역사회의 각종 지원 프로그램과 연계하는 사업을 진행하고 있다. 무지개청소년센터는 북한이탈청소년을 포함한 이주청소년을 위한 지역사회 안전망 차원의 종합지원체계 구축과 확대, 이주청소년 및 다문화 관련 포털 사이트 운영, 관련 실무자 교육을 통한 인력 풀 확대 및 전문성 강화 등의 사업에 초점을 두고 있다. 또한 이 센터에서는 통일부 하나원 및 북한이탈주민 밀집지역 내의 관련 단체들과 연계하여 북한이탈청소년 개개인에 대한 사후관리 및 진로지도를 확대하고 있다(김경준 외, 2008).

그 밖에도 직업진로 지도와 관련하여 하나원의 자체 교육 프로그램과 한겨레학교에서 북한이탈청소년에 대한 초기 직업진로 지도가 이루어지고 있다. 이 교육과정을 통하여 직업기초검사 및 취업제도 이해, 직업정보 및 취업 안내, 진로

지도, 기초직업훈련 등이 이루어지고 있고, 직업훈련을 희망하는 경우 하나원에서 교육을 받는 동안 전문 진로상담요원의 지도하에 개인의 적성, 능력, 경력 등을 고려하여 적합한 직종을 선택하도록 도와주고 있다(김경준 외, 2008).

2) 문제점

북한이탈청소년은 입국 전부터 갖고 있는 심리적 외상을 초기에 적절한 방식으로 치료받지 못한 채 남한사회라는 낯선 사회적·문화적 환경 속에 적응하다 보니 누적된 심리적 부적응의 문제를 겪을 가능성이 높다. 특히 이들은 하나원에서 단기간의 적응교육을 받은 후 곧바로 남한사회에서 생활하게 됨에 따라 심리적 외상을 치유하지 못한 채 남한청소년과 무한경쟁체계 속으로 들어가면서 이중삼중의 어려움을 겪고 있다. 그러나 정부 차원의 지원은 주로 교육 부분에만 맞추어져 있고 심리적 적응을 돕는 프로그램은 갖추어져 있지 않은 상태다(양계민, 황순택, 2008).

(1) 개인적 요인

북한이탈청소년은 상당수가 이미 북한 내에서 또는 탈북 과정에서 다양한 이유로 가족해체를 경험하면서 그리움과 죄책감 등을 갖고 있고, 남한사회에 아는 사람이 거의 없다 보니 또래집단이나 가족으로부터도 정서적 지지를 받기 어려워 외로움을 안고 살아가고 있다. 특히 북한에 두고 온 가족에 대한 죄책감, 자아정체성의 상실 등으로 심리적 불안을 겪고 있고, 그들이 북한에서 형성하였던 가치관과 남한의 가치관을 혼동함으로써 자신의 뿌리가 흔들림을 느끼곤 한다. 그 밖에도 북한에서 형성한 사회적 관계망의 상실과 남한 사람들의 북한이탈주민에 대한 무관심 및 편견 때문에 사회적 지지망을 구축하는 데 어려움을 겪고 있다. 게다가 고립된 생활 경험과 적절한 지도감독이 없는 성장 과정에서 형성된 공격성 또는 폭력적인 행동, 자아통제의 어려움이 이들의 사회적 관계 형성을 어렵게 만들고 있다.

다음으로, 북한이탈청소년은 자신이 남한사회에서 어떤 존재인가 하는 문제로 자아정체감의 혼란을 경험하고 있다. 즉, 청소년기에 일반 청소년이 느끼는 자아정체성의 혼란은 물론 급속한 환경 변화에 따른 문화적 충격, 이념적 갈등에서 비롯된 편견과 차별 등으로 인하여 자아정체감 형성에 큰 어려움을 겪고 있다. 이에 덧붙여 이들이 탈북을 결심한 순간부터 겪은 열악한 물리적 환경에서 비롯된 고통과 신체적 손상, 불확실한 미래에 대한 불안, 낯선 경험에 대한 두려움, 죽음의 위기 등 육체적 · 정신적 위험에 노출되면서 정신적으로 충격을 가지게 되어 불안이나 공격성, 외상후 스트레스 장애의 위험성이 크다(전우택, 2005; 최영미 외, 2008). 이와 같이 아직 정체감이 확립되지 않은 시기에 겪게 되는 북한이탈청소년의 외상 경험은 성인탈북자보다 그 정신적 충격의 정도가 심하고, 이러한 충격은 성장 과정에도 지속적인 영향을 미치게 된다.

또한 북한이탈청소년은 자신이 '북한 출신'이라는 사실에 대해 상당한 심리적 부담감을 안고 살아가고 있다. 특히 이들이 남한 학교에 편입하면서 자신의 연령보다 훨씬 낮은 학년으로 배치되다 보니 나이 차이와 학력 차이를 동시에 느끼게 되고, 문화적 차이 때문에 의사소통에 어려움을 느끼는 등 소외감을 경험하면서 친구 사귀기가 어려워지며, 또래 간의 원만한 상호작용을 하는 데도 어려움을 느낀다. 또한 이들은 북한 출신이라는 이유로 종종 과거나 현재에 집단따돌림을 당하거나 심한 놀림을 받았던 경험 때문에 이를 밝히기를 꺼리고, 사실이 드러날 경우 받게 될 차별, 왕따 등에 대한 두려움을 갖는다. 이러한 두려움은 학교생활과 교우관계에서의 위축을 가져오고 자신감 상실 혹은 분노로 이어진다(정병호 외, 2006). 따라서 스스로 자신을 드러내지 않으려는 심리적 스트레스가 작용하게 되는데, 이러한 스트레스는 자신이 북한 사람이라는 사실이 밝혀지는 것에 대한 불안감으로 이어지고, 자신의 경험이나 심리적 고민을 털어놓을 수 있는 친구를 사귀는 데 어려움을 겪게 만들며, 결국 학교를 그만두는 길을 선택하게 한다(임상수 외, 2008).

이러한 심리적 적응 문제는 한국사회에 대한 충분한 정보 습득을 통한 이해가 부족한 채 하나원을 퇴소하고 지역사회에 배치되어 생활하면서 남북의 문화적 차이를 직감하게 됨에 따라 더욱 심화되곤 한다.

(2) 교육적 요인

교육은 남한사회에 잘 적응하기 위한 중요한 자원임에도 불구하고 북한이탈
청소년의 평균 학력은 남한의 일반 청소년에 비해 크게 떨어지며, 이는 상급학교
로 갈수록 심화되고 있다. 북한이탈청소년은 남북한의 교육체계 및 교육 내용의
다름으로 말미암은 학력 차이 문제, 늦은 취학에 따른 연령의 문제, 상급과정 진
학 시 진로지도의 문제, 교사나 친구와의 관계가 원만치 않은 문제 등으로 학교
체계 적응에 어려움을 겪고 있다(백혜정 외, 2006; 이수연, 2008).

⦂ 인권위 토론회 "북한이탈청소년 학교 적응 어려워"

국가인권위원회가 15일 북한이탈청소년(6~20세)의 교육권 증진을 위한 토론회를
개최하고 개선 방안 등에 대해 논의하는 자리를 가졌다.

황우여 새누리당 대표는 이날 오후 2시 서울 중구 인권위에서 열린 토론회에서
"탈북청소년에 대한 교육은 그들의 정체성과 청소년기의 특수성을 고려해 이뤄져야
한다"며 "아울러 한국사회 정착을 위한 재사회화 교육도 필요하다"고 전했다.

토론에 나선 탈북청소년 학교인 한겨레중·고등학교 이강주 교감은 "북한이탈주민
생활실태조사 기초분석 보고서에 따르면 탈북과정에서 학업을 포기한 경우가 85%"
라며 "실질적으로 학업을 받은 적이 없어 무학이라고 생각하는 학생이 전체 50%가
된다"고 말했다.

이 교감은 "이는 북한이 경제적으로 어려워 공교육이 붕괴되었음을 단적으로 나타
내는 사례"라며 "이러한 여건에서 탈북청소년들이 일반학교에서 정상적인 교육활동에
참여하고 친구들과 함께 또래 문화를 형성해 간다는 것은 사실상 어려운 실정"이라고
말했다.

이 교감은 이어 "일반학교에서 적응하지 못해 한겨레중·고등학교로 전학 온 학생
55명을 대상으로 설문을 실시한 결과 학업, 경제, 기타(부모의 권유) 등의 이유로 전
입한 경우가 전체의 64%였고, 학교폭력과 친구관계의 어려움 때문에 전입한 경우가
36%를 차지했다"고 말했다.

이강주 한국교육개발원 탈북청소년 교육지원센터 연구위원은 "탈북학생의 한국사

회 적응을 위해 탈북·남한 학생의 통합교육이 무엇보다 중요하다"며 "통합교육의 원활한 추진을 위한 학교·지역 단위의 기반 강화가 필요하다"고 말했다.

출처: 뉴시스(2012. 11. 15.).

대부분의 북한이탈청소년은 정규학교에 편입하고 있다. 그러나 정규학교에 북한이탈청소년을 지도할 전문적 자질을 갖춘 교사가 충분치 않고, 이들을 대상으로 특별한 교육 프로그램을 실시할 여건이 부족하다 보니 정규학교의 이러한 교육 현실은 고스란히 북한이탈청소년의 중도 탈락으로 이어지고 있다. 게다가 정규학교에 진학한 청소년조차 학력이 부진하거나 교사 및 동료와의 관계가 원만치 않거나, 또래보다 연령이 많아 학교생활이 불편하다는 등의 이유로 학업을 중단하는 경우가 적지 않게 발생하고 있다. 이러한 중도 탈락은 청소년의 교육 기회의 상실은 물론 개인과 사회의 장기적인 경제적·사회적 비용 지출로 이어져 우려를 낳고 있다.

북한이탈청소년의 높은 중도 탈락률의 원인을 살펴보면 다음과 같다. 첫째, 학습능력의 부족이다. 이들은 북한에서 경제난에 따른 학교교육체계의 붕괴로 제대로 된 교육을 받지 못했을 뿐만 아니라 중국 및 제3국을 배회하는 과정에서 교육적 혜택을 거의 받지 못해서 학습 공백이 심한 경우가 많다(이수정, 2008). 즉, 기초학습능력이 부족하고 북한과는 다른 남한의 교과목, 교육 내용, 교수-학습 방식 때문에 수업을 따라가기 힘들어하면서 자신감이 결여되고 학습능력이 떨어지곤 한다. 특히 초등학생보다 중·고등학생의 경우에 학력 격차가 심해지면서 학교 적응이 더욱 어렵다. 또한 입시 중심의 교육체계 속에서 학업의 어려움은 이들에게 더 큰 스트레스를 초래하고 있다.

둘째, 교우관계의 어려움이다. 이들은 새로운 사회에서 교우관계를 새롭게 형성해야 하는 부담감을 느끼는 것 외에도 학습능력이 부족하여 같은 학년의 친구보다 대체로 2~3세 많다 보니 학급 친구와 공감대를 형성하는 데에서도 어려움을 느낀다. 특히 나이 어린 학생에 비해 학업수준이 떨어져 자신감이 결여되곤 하는데, 이러한 자신감의 상실과 자기비하는 친구관계를 경직시킴은 물론, 심지어 학교를 포기하고 검정고시를 선택하게 하는 결과를 낳기도 한다. 또한 언어 소통의 어려움은 이러한 교우관계 형성을 더욱 어렵게 하고 있다. 이러한 또래 관계의 어려움은 이들의 학교 적응에 부정적인 영향을 주는 것으로 지적되고 있다.

셋째, 학교 환경의 문제로서, 북한에 대한 잘못된 정보와 부정적 인식으로 인한 교사의 편견과 무관심이 학교 적응을 어렵게 하고 있다. 특히 북한이탈청소년에 대한 이해를 목적으로 하는 교사 대상의 연수가 부족하고, 이들에게 필요한 교육용 보충 교재도 부족하다 보니 정규학교에서 일반 교사가 북한이탈청소년을 지도하는 데 어려움을 겪고 있다.

넷째, 진학과 진로 선택 및 준비에 어려움을 겪고 있다. 학교에 다니지 않는 북한이탈청소년이 사회에 진출하면서 겪는 어려움의 하나는 취업 및 그와 관련된 자격증 취득과 관련된 문제다. 하나원에서는 북한이탈청소년이 직업훈련을 희망하는 경우에 그들이 교육을 받는 동안 전문 진로상담요원의 지도로 자신의 적성, 능력, 경력 등을 고려하여 적합한 직종을 선택하도록 도와주고, 사회에 진출한 후에는 노동부의 새터민 취업보호 담당자를 통해 직업훈련기관을 알선받아 원하는 직업훈련을 받을 수 있도록 제도화하였다(통일부, 2006). 그러나 직업훈련 기간이 6개월 이내로 한정되어 있어 다양한 직종에 대한 직업훈련 욕구를 충족하기는 어려울 것으로 예상된다(길은배, 문성호, 2003; 김경준 외, 2008).

마지막으로, 학교를 다니지 않거나 중도 탈락한 탈북청소년의 경우 공부방, 무연고청소년 보호시설, 민간단체 등에서의 교육과정에 의존하고 있다. 그러나 영세한 민간단체의 규모, 전문인력의 부족, 교육인력의 잦은 변동으로 인해 교육의 연속성이 떨어지고 참여도 일정치 않다 보니 효과를 얻기 어려운 실정이다. 또한 정규학교에 적응하지 못하는 경우 대부분 대안학교나 검정고시 학원을 선택하지만 검정고시 학원의 수업도 따라가기가 벅차다 보니 그마저 포기하는 경우가 적지 않다.

(3) 법과 제도 관련 문제

지금까지 북한이탈주민 관련 정부정책은 주로 성인 위주로 실시되었고 청소년집단에 대한 지원은 주로 민간기관의 헌신적 노력 중심으로 이루어져 왔다. 먼저 법과 관련하여 북한이탈청소년의 진로 지원은 북한이탈주민 정착 지원에 관해 별도로 규정해 놓은 「북한이탈주민의보호및정착지원에관한법률」 및 그 시행령에 의거하여 이루어지는데, 이 법령에서는 원칙과 기준 등 기본적인 사항만을 제시하고 있을 뿐 세부 사항에 관해서는 부문별 관련 법령에서 정하도록 하고 있다. 또한 현재 북한이탈청소년 진로 지원과 관련하여 가장 큰 쟁점이 되는 학력인정 문제는 「북한이탈주민의보호및정착지원에관한법률」 및 그 시행령과 「초중등교육법」 시행령, 「고등교육법」 시행령에 규정되어 있다.

　다음으로 정책 시행과 관련하여 기본적인 방향성이나 통합적 지원체계가 없다. 즉, 북한이탈청소년 관련 사업을 진행하는 부처는 많으나 전담 부서는 없어 장기적 · 체계적인 정책 수립이 쉽지 않고, 부처 간의 상시적인 협의체계가 제대로 이루어지지 못하고 있어서 효과적인 지원이 어렵다. 현재 북한이탈청소년 진로지원 업무와 관련된 정부 부처는 통일부, 교육부, 보건복지부, 노동부의 4개 부처다. 통일부는 북한이탈청소년을 포함한 북한이탈주민과 관련된 정책 및 제도 전반을 총괄하며 부처 간의 조정 업무를 담당하고, 교육부는 북한이탈청소년의 교육 및 진학과 관련된 업무를 관장한다. 그리고 보건복지부는 북한이탈청소년의 보호 및 지원 업무를 담당하며, 노동부는 취업 관련 업무를 담당한다(김경준 외, 2008).

　현재까지 북한이탈청소년의 진로 지원과 관련된 기본정책 개발은 통일부가 중심이 되어 이루어지고 있음에도 불구하고, 북한이탈청소년 지원사업을 전담하는 부서가 없어서 이러한 정책을 수립 및 집행하기가 쉽지 않다. 또한 통일부조차 청소년 교육이나 보호에 있어서 전문성이 부족하고 예산도 충분치 않아서 전문적인 지원정책을 수립하거나 지속적으로 정책을 수행하는 데 어려움이 많다. 한 예로, 통일부 자체가 지역에 별도의 실행 조직이 없기 때문에 하나원 수료 후 지속적인 지원정책을 실행하기가 어려운 실정이다.

　이에 덧붙여 정부에서 북한이탈청소년의 중요성을 인식하여 다양한 방식으로 지원하려는 노력을 하고 있지만 그 지원은 주로 교육 부분에만 맞추어져 있고, 이들의 심리적 적응을 도와줄 수 있는 정부 차원의 시스템은 갖추어져 있지 않은 상태다. 물론 학교교육이 북한이탈청소년의 조속한 사회 적응에 매우 중요하고 결정적인 요소임은 부인할 수 없으나 학교교육이 이루어지기 이전에 이처럼 심리적 안정과 적응이 확보되지 않은 상태에서의 학업 및 사회 규범교육을 하는 것은 한계가 있다(양계민, 황순택, 2008).

4. 해결 방안

학교 친구들도 나를, 아니 북에서 온 친구들을 그저 같은 한국 사람으로 대해 주시면 합니다. 우리는 그저 평범하게 살고 싶지만 여러 가지로 표시가 나니까 조심을 많이 합니다. 특히 말씨가 차이가 나니까 다르게 보고 어디서 왔는지 물어봅니다. 차별을 받을까 봐 말을 잘 못합니다. 그저 똑같이 봐 주시면 좋겠습니다. 같은 시민으로 살고 싶습니다(이현심 외, 2012, p. 331).

북한이탈청소년은 개인적인 측면에서는 남한사회의 청소년과 마찬가지로 능력과 소질을 개발하여 자아실현을 해야 하는 주체이고, 국가적 · 사회적 측면에서는 사회의 중요한 인적자원이므로 이들에게 적합한 기회와 지원이 이루어져야 한다. 특히 이들은 미래 통일사회 구성원으로서 중요한 역할모델이므로 일회적이고 단순한 물질적 지원에서 벗어나 지속적이고 내적인 역량 강화에 초점을 둔 정서적 지지서비스, 가족관계 훈련, 사회적 지지망 구성 등의 다양한 복지서비스를 제공함으로써 보다 체계적이고 중장기적인 지도가 이루어지도록 해야 한다(문성호, 2005).

1) 정책 및 지원체계 확립

북한이탈청소년의 남한사회에의 적응을 돕기 위해 제공되는 제도 및 정책에 대한 검토가 요구되고 있다. 이들은 하나원에서의 사회 적응 기간이 짧다 보니 남한사회에 적응하는 데 많은 어려움을 겪고 있고, 대부분의 서비스가 남한사회에 정착하는 데 부족한 수준이다. 특히 만 20세 이상의 무연고 북한이탈청소년을 대상으로 그룹홈이나 사회복지시설의 보호 등 「청소년보호법」에 의거한 각종 지원이 가능해짐에도 불구하고 탈북 기간의 학습 공백과 심리적 어려움 등에 따라 현실적으로 사회적 독립이 쉽지 않다. 따라서 이들이 남한사회에 정착 및 자립할 수 있을 때까지 보호 및 지원 기간을 연장하는 것이 바람직하다.

　이를 자세히 살펴보면, 북한이탈청소년의 초기 적응교육을 강화하기 위해 적응 역량 강화를 지원함은 물론 진학 및 진로 지도를 지원해야 한다. 또한 학생 맞춤형 교육 지원을 통해 학생의 적응역량을 강화하고 교사의 지도역량 강화를 통해 학교교육의 내실화를 모색해야 한다. 그리고 학교 밖 교육의 지원과 관련하여 민간 교육시설의 지원 및 위탁교육을 활성화하고 대안학교 설립을 지원해야 한다.

　더불어 북한이탈청소년이 당당한 사회 구성원으로 성장할 수 있도록 장기적인 정책 목표를 확립하고 이들의 특수한 경험과 어려움을 고려한 종합적인 진로 지원 프로그램을 마련함으로써 사회에 기여할 수 있는 인재로 육성해야 한다. 이들 중 상당수는 자신이 경험한 남한사회의 편견과 선입견 때문에 스스로의 정체성을 잘 드러내지 않으려고 하므로 이들을 대상으로 편견 없애기, 다문화 및 평화 프로그램 등을 우선적·체계적으로 진행해야 한다. 또한 청소년의 발달 과정상의 발달과업을 제대로 수행하도록 돕는 전문적인 정책 수립이 필요하다. 즉, 하나원에서의 초기 정착교육부터 지역사회 정착까지, 교과지도부터 진로지도까지 단계별·영역별로 구체적인 목표를 설정한 후 체계적이고 유기적인 지원 시스템을 마련해야 한다.

　이에 덧붙여 민간 차원에서 다양한 관련 기관과의 연계를 통해 북한이탈청소년의 남한사회 적응에 효과적인 서비스를 제공하도록 하기 위해 정부 차원에서 우선적으로 민간기관에 대한 지원을 활성화할 필요가 있다(안권순, 2010). 아울러 민간단체에서는 북한이탈청소년에 대한 기초조사 및 심층상담 등을 통해 이들의 욕구와 문제를 정확하게 파악하여 이들의 욕구와 특성에 맞는 서비스를 제공하도록 폭넓은 네트워크를 구성·활용해야 한다.

　그 밖에도 다양한 북한이탈청소년의 욕구를 고려함과 동시에 학업수준, 잠재

능력이나 자원, 심리적 취약성, 문화정체성 수준의 개인차에 따라 진로에 대한
탐색과 결정, 지속적인 학업 수행과 진로상담을 도와주는 탄력적인 모듈식 지원
시스템이 필요하다(이수정, 2008).

2) 자아존중감 향상

북한이탈청소년은 초기에 적절한 방식으로 심리적 외상을 치료받지 못한 채
방치될 경우 심리적 부적응 문제를 겪을 가능성이 매우 크다. 즉, 이들은 탈북 과
정과 그 이후의 심한 긴장 속에서 생활하는 과정 중 심리적 상처를 형성하고, 해
결되지 못한 채 남아 있는 이 심리적 상처 때문에 갖게 된 불안, 긴장, 우울, 가족
에 대한 염려 등이 이들의 사회 적응을 방해한다. 따라서 북한이탈청소년의 원
활한 사회적응을 위해서는 단순히 학교생활이나 직업교육, 주거지 등의 외적 지
원뿐 아니라 심리적 · 정신적 외상을 다룰 수 있는 지원체제의 확립이 매우 중요
하다.

특히 북한이탈청소년이 탈북과 입국 과정에서 경험한 정신적 · 심리적 상처와
발달 장애를 치유하기 위한 심리상담서비스가 반드시 필요하다. 이들이 가진 심
리적 상처를 개인의 책임으로 방치할 경우 일탈 가능성이 높으므로 심리적 · 정
서적 문제를 입국 초기부터 파악하여 장기적으로 상담 및 치료를 받을 수 있도
록 하는 체계를 구축해야 한다. 이를 위해 자아존중감에 부정적인 영향을 미치
는 심리적 · 정신적 문제를 조기에 선별하고, 정기적으로 심리검사와 성격검사
를 실시하는 것이 바람직하다. 이러한 검사를 통해 일차적으로는 부적응의 가능
성이 엿보이는 청소년에게 보다 세밀한 관찰과 면담 등을 통한 모니터링을 실시
하고, 심리상담과 치료가 필요한 문제를 가지고 있다고 판단되는 경우 전문 심
리상담가에게 연결시킬 수 있는 네트워크를 구축하는 일이 시급하다(양계민, 황
순택, 2008). 이에 덧붙여 북한이탈청소년의 건강한 심리적응을 돕기 위해서는
개인마다의 적응준비도를 고려하여 각 개인에게 맞는 다양한 도움을 제시해야
한다(백혜정 외, 2007).

한편, 학교에서는 북한이탈청소년의 존중감을 높여 주는 정신건강 지원 프로

표 9-5 정부 부처의 탈북청소년 교육 지원 현황

정부 부처	지원 내용
통일부	• 하나원 운영: 초등 위탁교육(삼죽초등학교), 하나둘학교 운영 • 북한이탈주민지원재단 운영 • 하나센터 운영 • 한겨레학교 운영 지원 • 학력 인정 • 대학특례입학 및 장학금 지원
교육부	• KEDI 탈북청소년교육지원특임센터 운영 • 하나원 하나둘학교 교사 파견 및 협력학교 지원 • 한겨레학교 운영 지원 • 초 · 중등교육기관(학교)을 통한 맞춤형 교육 지원 • 학력심의위원회 운영 • 일반학교 편입 · 입학 및 교육비 지원
여성가족부	• 이주배경청소년지원재단 운영 • 하나원 통합문화캠프 교육지원 • 제3국 출생 탈북청소년(비보호) 교육 지원

그램을 마련하고 또래관계를 향상시켜 줄 사회기술훈련 및 서로 다른 문화를 이해하는 문화적 공감에 대한 프로그램에 접근해야 할 필요가 있다(김명선, 이동훈, 2013). 특히 청소년의 학업능력이 자아존중감과 긴밀한 관계가 있음을 고려하여 다양한 교육지원서비스를 제공해야 한다. 이와 관련하여 김연희(2010)는 남한 유입초기의 일대일 교육지원서비스, 사교육 바우처 제도, 안정적인 멘토링/튜토링서비스 등을 언급하고 있다. 또한 학교 또래관계 향상을 도모하는 프로그램을 활성화하여 긍정적인 또래관계 형성을 돕고 학교문화에의 적응 과정에서 나타나는 스트레스를 완화함으로써 소속감과 연대감을 통해 정서적 지지기반을 마련하도록 도와야 한다.

그 밖에도 북한이탈청소년이 지역사회 활동에 적극 참여함으로써 적극적인 기여자로서의 역할을 통해 자신의 정체감을 향상시킴은 물론 공동생활을 통하여 자율과 책임을 깨닫도록 하며, 새로운 사회 질서 및 규범을 익혀 민주시민으로 성숙하도록 돕는다. 이와 관련하여 박윤숙(2006)은 또래집단의 다양한 소집단 활동의 기회를 제공하여 사회적 지지망을 구축하고 지지 자원을 확보할 수 있도록 해야 한다고 제안하였다. 그리고 김형태(2004)는 북한이탈청소년이 남한의 청소년과 자연스럽게 교류하고 통합될 수 있는 프로그램과 서비스를 마련할 것을 제안하였다.

이에 덧붙여 북한이탈청소년이 가진 다문화적 경험에 초점을 두고 다문화교육을 실천하여 이들이 새로운 문화의 창조적인 문화 전달자로서의 자질과 역량을 키우도록 할 필요가 있다. 즉, 창조적인 문화해결 능력을 키움으로써 주류문화의 주변인이 아니라 수많은 다름 및 차이와 공존할 수 있는 유연성을 지닌 사람이 되도록 도와야 한다. 이를 통해 건전한 정체성을 확립하고 남한의 새로운 문화와 자유롭게 소통할 수 있는 힘을 기를 수 있도록 해야 하며, 이들이 적극적으로 자신의 정체성과 긍지 그리고 향후 통일을 대비한 역할을 찾아갈 수 있도록 시민성을 획득할 수 있게 하고 참여활동의 기회를 확대시켜 주어야 한다.

3) 교육 및 진로 프로그램 개발

탈북청소년 교육 지원을 담당하는 전문기관으로는 통일부 산하 북한이탈주민지원재단과 교육부 산하 탈북청소년교육지원특임센터, 여성가족부 산하 이주배경청소년지원재단이 대표적이다. 또한 민간교육시설, 무연고 탈북청소년 그룹홈 등도 북한이탈주민지원재단의 운영 예산 일부를 지원받아 탈북청소년 교육을 담당하고 있지만 그 운영에는 어려움이 많다.

무엇보다도 북한이탈청소년을 위한 차별화된 교육 프로그램을 개발하여야 한다. 즉, 먼저 이들이 남한학교에 들어가기 전에 집중적으로 학력 증진, 사회 적응, 신체 치료, 질병 치료, 정신적 안정 등에 관한 집중교육을 받아 학업에 적응할 수 있도록 도와야 한다. 또한 북한문화에 대한 전반적인 이해에 관한 교육 자료를 발간 및 교육하여 북한이탈청소년을 지도하는 전문인력을 양성해야 한다.

다음으로, 학습부진과 학업중단을 예방할 수 있도록 사회적응교육을 실시해야 한다. 즉, 학교 내 교육 지원과 관련한 개인별 전담교사(mentor)를 지정하여 학습·생활·인성 지도 등 종합적인 책임 지도를 실시하고 부진 과목을 중심으로 한 집중적인 보충교육을 통해 학업능력을 향상시켜야 한다. 또한 남한사회를 체험적으로 배울 수 있는 현장교육이 강화되어야 하는데, 예컨대 공공시설 및 대중교통 수단의 유형별 이용 방법, 각종 문화시설과 놀이시설 등의 소개와 이용 방법 등이다(문성호, 2005).

정규학교가 북한이탈청소년의 개인 특성을 고려한 지원을 하는 것이 어렵다 보니 대안학교를 선택하는 청소년이 많아지고 있다. 대안학교의 경우 20세가 넘어도 입학을 허가하는 경우가 대부분으로, 교육부 학력인증 대안학교인 여명학교의 경우 고등과정 재학생 대부분이 20~25세다. 따라서 이러한 실정에 따른 대안학교에 대한 지원이 시급하다. 현재 북한이탈청소년에게 있어 대안학교는 안정된 사회 정착을 위한 하나의 수단임에도 조직적·교육적 측면에서 지역사회와 연계된 프로그램은 턱없이 부족하다. 또한 북한이탈청소년이 다양한 문제와 욕구를 지니고 있음에도 대안학교는 학습 위주의 교육에 많은 시간을 할애하고 있고, 대부분의 교육과 프로그램이 대안학교 내에서만 이루어지고 있어서 청소년이 겪는 사회 적응에의 어려움을 해결하기에는 한계가 있다.

따라서 학습능력 향상을 위한 전문적인 대안교육 프로그램의 활성화를 위해 다양한 대안학교를 특성화학교로 인정하고 지원해야 한다. 특히 북한이탈청소년 대상의 대안학교는 정규학교 취학을 포기한 청소년이 계속 교육을 받을 수 있도록 대안교육시설의 교육안전망 기능을 강화하고, 학생들의 특성상 학교를 중심으로 다양한 지역사회서비스가 연계되는 통합서비스 제공체계를 갖추어야 한다. 그 밖에도 학교 밖 대안교육과의 연계를 위하여 탈북자 지원단체, 공부방, 지역아동센터 등 다양한 지역사회 교육복지기관과 협의체를 운영하여 학생 보호와 교육을 연계 지원해야 한다.

한편, 진로와 관련하여 이전의 임시방편적인 진로지도에서 벗어나 적응 초기에 북한이탈청소년의 특기와 적성을 고려한 진학 및 진로 지도를 실시함으로써 각자의 적성을 찾아 주고 향후의 진로 방향과 직업교육에 관해 알찬 정보를 제공하는 진로상담 및 직업교육을 체계적으로 진행해야 한다. 특히 이들이 이수한 직업교육과 취득한 자격증이 실제의 일자리로 연결되도록 해야 한다. 또한 취업과 연계할 수 있도록 전문계 고등학교(특히 마이스터고등학교), 기숙형 공립고등학교, 자율형 사립고등학교 등에의 편입학을 확대하고, 기숙사비 및 급식비를 전액 지원하여 진로 선택을 도와야 한다.

무엇보다도 북한이탈청소년의 사회통합을 위해서는 일반청소년이 북한이탈청소년을 바라보는 시각을 교정하는 프로그램도 적극 개발하여 일반청소년과 어울릴 수 있는 기회를 늘리는 것은 물론 한국사회의 문화에 쉽게 동화될 수 있도록 도와야 한다(안권순, 2010).

지금까지 살펴보았듯이, 북한이탈청소년의 다양한 생활 영역 속에 심리적 안정과 사회 적응에 필요한 지지가 제공되고 그에 따른 효과를 얻기 위해서는 이들에게 적절한 사회적 지지와 그에 속해 있는 사람들로부터의 긍정적인 지지가 제공되어야 함을 알 수 있다. 북한이탈청소년의 남한사회 적응은 이들 개인의 힘만으로는 이루어질 수 없으므로 국가 차원에서 이들의 남한사회로의 적응을 적극적으로 도와야 한다.

⋮ 참고할 만한 사이트

통일부: www.unikorea.go.kr
북한이탈주민후원회: www.dongposarang.or.kr
사이버통일교육센터: www.uniedu.kr

chapter

10 청소년과 인터넷 중독

1. 문제제기

현대사회에서는 컴퓨터의 보급으로 인터넷이 급속도로 확산됨에 따라 각종 정보기술을 활용한 지식정보의 습득이 보다 용이해지면서 사람들이 편리한 생활을 누리고 있다. 또한 최근에는 모바일, 스마트폰의 발달과 이를 이용한 소셜 네트워크 서비스(SNS)의 확산으로 생활은 더욱 사이버화되고 있다. 우리나라는 1994년 인터넷이 상용화된 이후 2011년 말 인구 대비 초고속 인터넷망(ADSL) 보급률이 100%를 넘어서 OECD 국가 중 인터넷 통신망 보급률이 최고 수준일 정도로 인터넷이 생활의 중요한 도구가 되었다. 또한 인터넷 강국으로서 전 국민의 76.3%가 인터넷을 사용하고 있고, 특히 십 대 청소년의 인터넷 이용률은 99.9%에 육박하고 있다(한국인터넷진흥원, 2009). 이에 덧붙여 여성가족부(2012b)의 조사에 따르면 2007년도에 68.0%였던 청소년 휴대전화 보유율은 2011년도에 90.1%로 상승하였으며, 특히 스마트폰 보유율이 2010년 5.8%에서 2011년

36.2%로 급격하게 증가하고 있는 것으로 나타났다.

이러한 추세 속에서 청소년은 컴퓨터나 인터넷에 있어서 다른 연령대에 비해 높은 사용률을 보여 주고 있다. 우리나라 청소년은 지나친 학습 시간으로 인해 문화생활과 여가활동의 기회가 제한되어 있어서 소극적인 여가활동을 주로 하고 있는데, 그중에서도 인터넷이나 게임 이용이 높다. 청소년에게 사이버 공간은 가정과 학교로 양분되어 있던 생활 속에서 다양한 세계를 경험하게 해 주는 활동과 놀이의 장소이자 새로운 방식의 인간관계를 추구하는 의사소통의 영역이며, 정보와 지식을 취득할 수 있는 학습매체이기도 하다. 즉, 청소년에게 인터넷은 다양한 국적, 성격, 배경을 가진 사람과의 접촉을 가능하게 해 주고 친구관계에서의 부족한 상호작용을 보충해 주며 자신의 욕구를 충족시켜 주는 친숙하고 일상적인 삶의 공간이 되고 있다. 또한 인터넷은 학업으로 인한 과도한 스트레스와 경쟁에 따른 심리적 압박을 해소할 수 있고, 현실 상황에서 이루지 못한 소망을 성취하거나 보상을 얻을 수 있는 도구이기도 하다.

그러나 인터넷이 가져온 지식정보사회의 혁신에도 불구하고, 한국정보화진흥원(2012)의 조사에서는 10~19세 청소년 중 인터넷에 중독된 청소년의 비율이 10.7%에 달하여 청소년 10명 중 1명 정도가 인터넷 중독 증상을 보이고 있는 것으로 나타났다. 또한 인터넷 중독 청소년의 인터넷 주 이용 목적은 온라인게임(59.3%)인 것으로 밝혀졌다. 특히 십 대의 인터넷 사용비율이 다른 어느 연령대보다 상대적으로 더 높게 나타났다. 물론 인터넷을 사용한다고 해서 모두가 인터넷 중독이 되는 것은 아니지만, 학업에 대한 스트레스를 해소하기 위한 청소년의 무분별한 인터넷 사용은 심각한 사회문제로 대두되고 있다. 또한 디지털 매체에 무방비 상태로 노출되어 있는 청소년은 인터넷으로 인해 정상적인 정체성 확립이 어려워져 성인보다 더 큰 후유증을 앓을 수 있다.

게다가 다른 중독은 주로 성인층에서 높은 유병률을 보이는 데 비해 인터넷 중독은 청소년층에서 더 심각한 문제로 나타나고 있다. 이는 향후 인터넷을 비롯한 디지털 미디어 기기를 본격적으로 사용하게 될 저연령층의 인터넷 중독 현상을 예상하게 하여 심각한 우려를 낳고 있다. 따라서 이 장에서는 인터넷 중독에 대해 자세히 살펴보고자 한다.

2. 개념 및 특성

인터넷은 컴퓨터를 매개로 한 의사소통이 이루어지는 거대한 네트워크라고 할 수 있다(임영희, 2003). 인터넷을 이용하면 시간과 공간의 제약 없이 원하는 정보를 실시간으로 제공받고 전 세계 사람과 만날 수 있는 기회를 가질 수 있기에, 인터넷은 생활의 효율성과 편리성 증대에 크게 기여하고 있다. 그러나 이러한 정보통신 기술의 발전은 개인의 고립화와 소외, 사생활 침해와 같은 문제를 불러왔고, 인터넷의 과도한 사용으로 '인터넷 중독'이라는 사회문제가 생겨났다.

1) 개념

일반적으로 중독(addiction)은 의존적 행동장애로서 알코올, 카페인, 마약류 등과 같이 인체에 흡수되는 화학물질의 남용, 금단 현상, 내성 등의 증상을 의미한다. 인터넷 중독(internet addiction)이란 "인터넷을 과다 사용하여 인터넷 사용에 대한 금단과 내성을 지니고 있으며, 이로 인해 이용자의 일상생활에 장애가 유발되는 상태"(한국정보화진흥원, 2011a)를 말한다. 또한 「국가정보화기본법」 제30조에서는 "인터넷 등의 지나친 이용으로 이용자가 일상생활에서 쉽게 회복할 수 없는 신체적·정신적·사회적 기능의 손상을 입은 것"으로 정의 내리고 있다.

인터넷 중독장애(Internet Addiction Disorder: IAD)는 골드버그(Goldberg, 1996)가 DSM-IV의 물질중독 기준을 준거로 처음 제시한 용어로서 '병리적이고 강박적인 인터넷 사용'으로 정리하였으며, 진단 기준에 내성, 금단 등의 요소를 포함했다. 또한 인터넷 중독을 처음 사회문제로 다룬 영(Young, 1996)은 "인터넷 사용자가 약물, 알코올 또는 도박에 중독되는 것과 유사한 방식으로 인터넷에 중독되는 심리적 장애"로 정의하면서, 인터넷 중독도 다른 중독 현상처럼 통제 상실, 갈망과 내성 증상, 가족불화, 학업 실패, 재정적 어려움, 실직 등의 사회문제를 야기할 수 있다고 하였다(임정은, 2011). 그 밖에 한국정보문화진흥원(2003)에서는 "인터넷을 과다 사용하여 인터넷 사용에 대한 금단과 내성을 지니고 있으며,

이로 인해 이용자의 일상생활에 장애가 유발되는 상태"라고 정의하였다. 이에 덧붙여 한국정보화진흥원(2011b)에서는 스마트미디어 중독을 스마트미디어를 과다하게 사용하여 인터넷 중독과 같은 증상을 보이는 것으로 설명하였다.

인터넷 중독과 관련하여 최근에는 인터넷의존(Internet Dependence), 웹홀릭(Webaholic), 훼바홀리즘(Webaholism), 인터넷 중독장애 등 다양한 용어가 혼용되고 있다(김혜숙, 2012). 한 예로, 인터넷 중독장애 학생은 성적이 떨어지고 대인간 갈등을 조장하는 등의 문제를 발생시키며, 인터넷 접속이 불량 또는 불가능할 경우 우울감과 불안감 등이 심리적 영역에 변화를 일으키게 된다. 특히 청소년기의 인터넷 중독은 심리적으로 자기통제력 감소, 양극성장애, 분노 조절의 미숙, 강박성 등으로 나타날 수 있다(김현수, 2012).

인터넷 중독이라는 개념은 아직까지 합의된 개념이 없는 상태다. 그러나 선행연구에 따르면, 인터넷 중독은 인터넷에 과도하게 몰입하는 특정 행동을 반복적·지속적으로 하여 일상생활에 문제를 일으키는 것을 전제로 하고 있다. 즉, 인터넷 중독은 지속적으로 과도하게 인터넷에 몰입하게 되면서 통제력을 상실하게 되고, 현실 공간보다는 주로 사이버 공간에서 대인관계가 이루어지며, 도박, 게임, 채팅 및 정보 수집이 과도하게 많이 일어나는 등의 다양한 행동 양상을 보임에 따라 일상생활에 여러 문제가 발생하는 현상이라고 정의한다(김혜숙, 2012; 장성화, 박영진, 2010). 또한 한국정보화진흥원(2010)의 연구에서도 인터넷 중독은 "인터넷 사용 중단에 대한 금단과 내성을 지니고 있으며, 이에 따라 일상생활의 장애가 유발되는 상태"라고 정의하고 있다.

이러한 정의를 볼 때 인터넷 중독은 인터넷의 지나친 사용으로 인하여 학교 성적이 떨어지거나 대인관계 형성에 어려움을 호소하거나, 인터넷 사용을 제지받으면 화를 내고 반항을 하는 등 자신의 감정을 잘 조절하지 못하게 되고 가상적 대인관계를 지향하며, 일탈행동까지도 초래하는 행동을 의미한다.

2) 유형

인터넷을 통한 만남이 이루어지는 사이버 공간은 입시 위주의 교육 환경, 심신을 달래 주는 여가생활의 부족 등으로 소외감과 고통을 느끼고 있는 청소년에게 현실에서의 좌절감을 분출하는 하나의 해방구로서, 능동적이고 새로운 경험을 하며 변화를 모색할 수 있는 공간이자 비교적 자유롭게 다양한 시도를 해 볼 수 있는 곳이다. 즉, 사이버 공간은 새로운 친구를 사귈 수 있는 기회, 관심과 취미가 유사한 사람과 어울릴 수 있는 기회, 현실과 다른 자아를 실험해 볼 수 있는 기회 등 다양한 욕구를 충족할 수 있는 기회를 제공하고 있다.

반면, 판단력과 결정력이 부족한 청소년은 사이버 공간에서 접하는 정보나 사람의 유해성 때문에 문제행동으로 빠져들 가능성이 있고, 특히 익명성이라는 특성으로 언어폭력, 사이버 성폭력, 해킹 등의 일탈행위를 할 위험이 있다. 또한 게임, 채팅, 서핑, 음란물 등 인터넷의 과도한 사용은 중독으로 이어지면서 일상생활에서 신체적 · 정신적 · 사회적 · 경제적으로 심각한 위험을 초래할 수 있다. 따라서 여기서는 인터넷 중독의 하위 유형에 속하는 게임 · 채팅 · 음란물 중독 등에 대해 자세히 살펴보고자 한다.

(1) 게임중독

게임중독은 인터넷 게임에 빠져서 정상적인 생활을 하지 못하는 것으로 강박적인 이용과 집착, 조절능력 상실, 내성과 금단 현상 같은 증상을 보인다. 즉, 액션 게임, 어드벤처 게임, 플레잉 게임, 시뮬레이션 게임 등에 접속하여 통제력을 잃고 병적으로 집착하여 그것을 사용하는 상태로, 현재 인터넷 중독 가운데 사회적 · 관계적 문제를 가장 많이 유발하고 있다(유은희, 하은혜, 2009). 2010년 부산의 한 중학생이 인터넷 게임을 못하게 하는 어머니를 살해하고 자살한 사건은 게임중독이 청소년에게 미칠 수 있는 심각성을 단적으로 보여 준 사례다.

게임중독 시 청소년은 현실 공간에서 부딪히는 입시경쟁이나 소외감에 따른 심리적 욕구불만을 게임을 통해 가상세계에서 충족하면서 게임에 몰입하게 됨에 따라 대인관계 속에서 경험할 수 있는 다양한 사회적 기술을 습득할 기회를 놓치기 쉽고, 가족이나 친구관계에 있어서도 부정적인 모습을 보이게 된다(이유경, 2002). 즉, 이들은 친구와의 불화나 따돌림을 경험하면서 고독감, 외톨이 성향 및 사회적 소외감을 많이 느끼고(정경아, 2001), 충동 통제력과 대처능력, 전반적인 학교생활에 대한 적응수준도 낮아져 친밀한 대인관계를 형성하지 못하며, 사회적 유대 또한 약해진다(이유경, 채규만, 2006). 더불어 학업에 대한 관심이 줄어들어 성적이 떨어지면서 심지어 등교 거부를 보이는 등의 사회적 부적응 증상을 보이기도 한다.

그 밖에 게임중독으로 식사를 거르거나 수면을 충분히 취하지 못하면서 건강을 해치곤 한다. 또한 현실에서 다양한 사회적 활동을 하지 못하고 가상세계에 오래 머물게 되면서 사회성에도 문제가 발생하게 되고, 더 나아가 가치판단이 미성숙한 단계에 머물러 현실과 가상 세계를 구별하지 못하는 상태에 이르기도 한다. 특히 온라인 게임에 중독되는 시기가 주로 초등학교 고학년 시기이므로 중학생 시기에 게임중독의 결과로 비행이 발현될 가능성이 높다.

(2) 채팅중독

채팅중독은 대화방, 채팅, 동호회 등의 사이버활동에 몰입하여 심각한 사회적·정신적·육체적·금전적 지장을 받고 있는 상태를 의미한다. 채팅에 중독된 청소년은 현실의 대인관계에서 과도하게 주도적이거나 상대방을 지나치게 배려하거나, 지나치게 참견하는 식의 부적응적인 어려움을 가지고 있고 타인에게 인정받고 싶은 강한 욕구도 갖고 있다. 또한 채팅중독 청소년은 대인관계에서 더욱 지배적이고 우월적이며 독립적인 역할을 하고자 하는 성향이 증가하고, 경쟁적·공격적·과시적일 뿐만 아니라 자기도취적·반항적이며, 불신적인 표현 성향이 증가하는 것으로 나타났다(김옥순, 홍혜영, 1999). 그 밖에 자존감, 공격성, 외로움, 우울, 가상 세계에서의 자기효능감, 대인관계 효능감 등도 높은 것으로 나타났다(김종범, 한상철, 2001).

(3) 음란물 중독

음란물 중독은 인터넷의 음란 사이트를 통해 음란 사진, 동영상, 소설 등을 습관적으로 보게 되는 증상으로서 인터넷 이용 시간, 경력 및 빈도가 증가할수록 인터넷 음란물에의 노출이 증가하는 경향이 있다(이소희, 성윤숙, 2001). 즉, 인터넷 음란물에 자주 접촉할수록 성적 사고의 빈도가 높아지고, 성적 자극에 대한 태도도 긍정적인 경향이 있다.

음란물에 중독된 청소년은 우울, 충동성, 공격성, 경험추구 성향, 탈억제 성향과 권태감이 높으며, 현실 세계에서의 자기효능감이 낮은 데 비해 가상세계에서의 자기효능감은 높다(이해경, 2002). 또한 음란물 중독 청소년은 또래 친구와의 질적인 관계 형성이 어렵고, 비행친구의 영향을 쉽게 받으면서 비행 경향성이 높은 반면, 학교 만족도는 낮아 음주, 흡연, 절도, 패싸움 등 일탈 경험을 많이 보이며, 특히 성비행과도 밀접한 관련을 보인다(남영옥, 2005).

표 10-1 한국형 인터넷 중독 진단척도(K-척도)의 인터넷 중독 분류

구분	특징
고위험군	• 인터넷 사용으로 인해 일상생활에서 심각한 장애를 보임 • 내성 및 금단 현상이 나타남 • 중·고등학생의 경우 1일 약 4시간 이상, 초등학생은 약 3시간 이상 접속 • 대개 자신이 인터넷 중독이라고 느끼며, 학업에 곤란을 겪음 • 심리적으로 불안정감 및 대인관계 기피, 우울한 기분을 느낌 • 자기조절에 심각한 어려움을 보이며, 충동성도 높은 편임 • 대인관계는 사이버 공간에서 대부분 이루어지며 현실세계에서는 대인관계에 문제를 겪거나 외로움을 느끼는 경우도 많음
잠재위험군	• 고위험군보다는 경미한 수준이지만 일상생활에서 장애를 보임 • 인터넷 사용 시간이 늘어나고 집착을 하게 됨 • 학업에 어려움이 나타날 수 있음 • 심리적 불안정감을 보이지만 자신이 아무 문제가 없다고 느낌 • 중·고등학생은 1일 약 3시간 정도, 초등학생은 약 2시간 정도 접속 • 계획적이지 못하고 자기조절에 어려움을 보임
일반사용자군	• 중·고등학생의 경우 1일 약 2시간, 초등학생은 약 1시간 정도 접속 • 대부분 인터넷 중독 문제가 없다고 느낌 • 심리적 정서 문제나 성격적 특성에서도 특이한 문제를 보이지 않음 • 자기 행동을 잘 관리한다고 생각함 • 대인관계에서 자신이 충분한 지원을 얻을 수 있다고 느낌 • 심각한 외로움이나 곤란함을 느끼지 않음

출처: 한국정보문화진흥원(2003).

3) 특성

청소년에게 인터넷은 학습 공간이자 놀이 공간으로 자기표현과 상호교류라는 청소년문화의 주요한 부분을 차지하고 있다. 즉, 청소년에게 인터넷 공간은 그들이 지각하는 스트레스 해소의 공간이자 익명성하에 출입이 자유로운 사이버 공간으로서 정보의 공유, 학업에의 활용, 스트레스 해소, 대인관계 형성 등 다양한 욕구를 해결할 수 있는 새로운 장소로 자리 잡으면서 청소년은 자신들만의 인터넷문화를 만들어 가고 있다. 최근에는 스마트폰의 확대·보급으로 청소년의 인터넷에의 접근이 용이해지면서 인터넷은 그들의 생활의 일부분이 되고 있다.

또한 또래집단의 영향력이 점차 확대되는 청소년기로 접어들면서 친구와의 관계를 유지하기 위해 인터넷에 더욱 몰입하게 된다. 특히 휴대전화는 학업에 대한 스트레스가 높고 놀이문화가 척박한 청소년에게 스트레스 해소 및 놀이, 관계 욕구를 충족하는 방식으로 빈번하게 사용되고 있다(윤상오, 이해경, 2006). 더불어 청소년은 또래관계에서 소외되지 않고 관계의 욕구를 충족하기 위해 휴대전화를 지속적으로 사용한다(박웅기, 2003).

인터넷은 청소년에게 정보의 대중화, 편리함 등을 제공하지만 입시 위주의 환경과 경쟁에서 오는 다양한 스트레스는 익명의 사이버 공간에서 일탈적인 사이버 커뮤니티와 접촉했을 때 일탈행동을 쉽게 유발한다. 즉, 청소년이 학습을 위한 정보 검색의 목적으로 인터넷을 사용하는 경우에 인터넷 일탈은 감소하는 결과를 보였지만, 채팅 및 메신저를 오래 사용할수록 폭언, 명의 도용, 사이버 성희롱 등과 같은 인터넷 일탈행동이 발생하기 쉬웠을 뿐 아니라 이러한 인터넷 경험이 일탈에 대한 허용적 의식을 높여 현실에서 보다 쉽게 비행행동에 가담하게 만들었다(김소정, 2010).

특히 초등학생의 인터넷 중독 문제가 심각한 사회문제로 드러나고 있다. 최근 이루어진 인터넷 중독 실태조사(한국정보화진흥원, 2012)에 따르면 청소년의 인터넷 중독률이 전체 연령대 중 가장 높았으며, 초등학생의 인터넷 중독률은 10.0%로 중학생의 인터넷 중독률(8.6%)보다 높은 것으로 나타났다. 특히 초등학교 고학년 시기인 만 10세에 접어들면서 인터넷 중독률은 7.9%에서 10.1%로 급격하게 상승하는 것으로 나타났다.

　그러나 최근 청소년은 인터넷을 통한 사이버 공간에서 왜곡되고 불필요한 정보를 습득하게 됨으로써 사회 현상을 왜곡하거나 문제에 부딪혔을 때 스스로 해결하기보다는 가상현실을 통해 해결하려는 모습을 보이곤 한다. 이러한 사이버 공간에서의 활동은 익명성으로 인해 타인을 배려하는 사회성을 감소시킬 수 있어 폐쇄적 행동 성향이 나타나게 할 수 있고, 인간 간의 교류가 즉흥적이고 일회적인 경우가 대부분이어서 현실 공간에서의 사회적 고립을 초래할 수 있다. 또한 청소년은 사이버공간에 몰입하여 자기 자신의 욕구에 맞게 자아를 변형시킴으로써 정체성을 잃음은 물론 현실 공간에서의 가족, 친구 및 타인과의 접촉을 피하게 되곤 한다(김현수, 2012). 그 밖에도 인터넷 공간은 종종 현실에서 직면하는 스트레스와 위기 상황을 그저 피하기 위한 현실 도피처로 이용되고 있다(전예은, 2011).

　사이버 공간에의 몰입은 심한 경우 인터넷에 중독되는 결과를 초래하는데, 이는 인터넷 자체의 속성뿐 아니라 다양한 심리적 요인이 복합적으로 작용하여 발생하는 증상으로 과도한 인터넷 사용은 청소년의 발달 및 성장에 심각한 악영향을 미친다. 즉, 인터넷의 과도한 사용은 개인적으로 신체적·심리적 문제를 유발하는 것은 물론 가상공간과 현실을 구분하지 못하게 만들면서 현실에서의 친밀한 대인관계 형성을 방해하고 가족이나 또래관계에 부정적 영향을 미치면서 다양한 일상생활에서의 기능장애를 초래하고 있다(장은진, 2012). 또한 인터넷 중독은 학습 결손과 낮은 성취를 가져오고, 합리적 의사결정 능력과 유연한 사회적 능력에 부정적인 영향을 미치며(송충진, 2008), 건강 악화, 가족 및 친구 관계에서의 갈등, 불규칙한 생활, 게임과 현실의 구분 곤란 등의 장애를 초래한다.

　한편, 인터넷에 몰두하는 시간이 점차 늘어나고 더욱 자극적인 내용을 찾게 되면서 인터넷 중독의 정도가 높아지고, 인터넷 이용에 더 많은 시간을 쏟게 되는 악순환이 되풀이된다. 일반적으로 대부분의 청소년이 인터넷에 접속할 때 자신의 의도보다 오래 접속하는 경향이 있고, 점점 더 많은 시간 인터넷에 접속해야 만족감을 느끼고, 내용도 더욱 자극적인 것을 찾아 나서게 된다. 그 밖에도 인터넷의 강박적 사용과 그에 대한 집착으로 인터넷을 하지 않으면 불안, 우울, 초조함에 시달리다가도 인터넷을 하게 되면 긴장이 해소되면서 안도감을 느끼곤 한다. 즉, 인터넷을 못하면 생활에 지장을 받거나 신경이 날카로워진다는 등의 과도한 반응을 보이게 되며, 심리적 의존이 생겨나게 된다.

이러한 인터넷 중독은 장기적으로 중독된 개인의 학습능력을 저하시키고 직업 경력을 단절시킴으로써 사회적 소외집단으로 전락시킬 가능성이 있고, 궁극적으로 국가 생산성 및 사회 통합을 저해할 우려가 있다.

3. 원인

선행 연구에 따르면, 인터넷 중독에는 중독을 강화하는 인터넷 매체의 속성과 인터넷을 사용하는 청소년의 심리적·사회적 요인, 가족 및 학교 등의 환경적 요인이 복합적으로 영향을 미친다(김광현, 장재홍, 2010; 아영아, 2010; 이유경, 채규만, 2006). 즉, 입시 위주의 교육 풍토에서 오는 과중한 스트레스는 청소년으로 하여금 쉽게 사이버 공간인 인터넷으로 도피하게 하고, 이러한 행동이 결국 이들을 인터넷 중독에 빠져들게 한다. 가정환경과 인터넷의 특성 등도 인터넷 중독을 초래하고 있으므로 여기서는 이를 자세히 살펴보고자 한다.

1) 개인적 요인

심리적 특징으로 인터넷 중독 청소년은 자기통제력의 미숙, 감각적 행동, 사회 내에서의 존재에 대한 회의감, 충동적 성향 등을 보인다. 청소년은 자신의 욕구를 인터넷을 사용하여 해결함으로써 중독 증세를 보이게 되고, 특히 익명성이 있는 사이버 공간에 자신의 욕구를 만족시켜 줄 수 있는 새로운 자아를 만들어 현실과 사이버 공간을 동일시함으로써 왜곡된 자아를 형성하곤 한다(김현수, 2012).

자아존중감은 인터넷 중독에 빠지게 하는 주요인이다. 자아존중감이 낮은 청소년은 일상생활 내 학업이나 사회적 관계에 있어서 부정적인 평가로 인해 감정이 상함에 따라 현실에서의 우울이나 불안을 회피하고자 인터넷을 사용하곤 한다. 이들은 인터넷을 통해 자신의 어려움을 해소할 수 있다는 중독적 사고를 가지게 되고, 인터넷 사용에 더욱 집착하게 되는 중독적 행동이 강화되면서 결과적으로 인터넷 중독에 이르게 된다(오원옥, 2007; 장재홍, 신효정, 2003). 특히 자기통제력이 낮은 청소년은 미래의 더 큰 만족을 추구하기보다는 인터넷상에서 즉각적인 만족만을 추구하려는 성향이 강하기 때문에 일반 사용자보다 인터넷 사용 시간이 길어지고 인터넷에 더 몰입하게 된다(남영옥, 2005; 전춘애 외, 2008).

또한 스트레스도 인터넷 중독을 초래한다. 청소년에게 인터넷은 스트레스 해소 공간인 동시에 익명성하에 출입이 자유로운 사이버 공간으로, 스트레스 수준이 높을수록 인터넷에 몰입하고 심한 경우 중독 수준에 이르곤 한다(김희숙 외, 2010; 아영아, 정원철, 2010; 조춘범, 2006). 특히 이은수(2012)의 연구에 따르면, 학업에 대한 스트레스를 해소하기 위해 인터넷으로 도피한 청소년이 인터넷 중독에 빠질 가능성이 크다.

2) 가정환경 요인

핵가족화 및 부모의 맞벌이로 인해 자녀와 관계를 확립하기 위한 소통이 어려워지면서 부모의 자녀에 대한 통제력이 약해지고 있다. 특히 부모와 자녀 간의 기능적 상호작용이 부정적이거나 부모의 양육 태도가 비합리적이라고 지각할수록 가족 유대감과 가족 응집성이 낮은 청소년이 인터넷에 중독되기 쉽다(김경우, 2009).

부모의 자녀양육 태도와 자녀와의 의사소통은 주된 가정환경 요인으로 작용하고 있다. 부모와의 의사소통이 부정적이고 일방적일수록 청소년 자녀가 쉽게 인터넷에 중독되며(김연화, 2005), 특히 부모가 인터넷 사용에 대해 부정적인 태도를 가지고 통제·감독을 많이 할수록 인터넷에 더 많이 중독된다고 보고되고 있다(전춘애 외, 2008). 그 밖에 부모의 정서적 지지가 낮고 부모가 애정을 갖고 양육하지 못한 경우에 청소년 자녀가 인터넷 중독에 빠질 가능성이 높은 것으로 나타났다(김경신, 김진희, 2003).

이에 덧붙여 부모와 자녀 간의 원만하지 못한 관계는 청소년의 온라인 게임중독에 중요한 영향을 미치고(김진희, 김경신, 2004), 가족폭력은 온라인 게임중독을 매개로 하여 청소년의 폭력비행에까지 영향을 미친다고 밝혀지고 있다(조춘범, 2010). 또한 청소년 시기에 부모로부터 받는 스트레스는 온라인 게임에 빠지게 하는 요인이 될 수 있다.

3) 사회 환경 요인

우리나라 청소년은 입시 위주 교육 환경의 지나친 경쟁에서 비롯된 스트레스를 풀 수 있는 여가 공간이 부족하고 건전한 놀이문화가 부재하여 쉽게 접할 수 있는 인터넷에 몰입하곤 한다. 또한 가정 내에서의 부모의 역할이 감소하고 또래집단 내에서의 사회적 지지기반이 약해지면서 청소년은 혼자 시간을 보낼 수 있는 인터넷에 빠지곤 한다. 그 밖에 급속한 정보통신의 발전에도 불구하고 올바른 정보통신 기술의 사용에 대한 교육이 부재한 것은 청소년으로 하여금 쉽게 인터넷에 빠지게 한다.

한편, 가정 내 컴퓨터 보급률이 증대하고 PC 게임방을 쉽게 접하게 되며, 컴퓨터에의 접근이 용이해지면서 인터넷을 여가와 오락 수준 이상으로 탐닉함에 따라 그 이용 시간과 이용 횟수가 증가하면서 인터넷 게임 중독으로 진행되기도 한다(이희경, 2003).

이처럼 사회문제로서의 청소년 인터넷 중독의 주요인은 올바른 정보통신 기술의 사용에 대한 원천적 교육의 부재, 그리고 이에 따른 부정적 사용자의 증가와 더불어 흥미거리 및 폭력물 등과 같은 비교육적 매체의 급속한 확산이다.

4. 실태 및 문제점

1) 실태

오늘날 청소년은 다른 어느 연령대보다 상대적으로 더 높은 인터넷 이용률을 보이면서 중독 수준에까지 이르는 심각한 추세를 보이고 있어 많은 우려를 자아내고 있다. 특히 여성가족부(2011d)에 따르면, 새로운 매체를 통한 유해환경과 신종·변종 유해업소의 확산으로 지난 5년간 청소년의 온라인 음란물·게임 접촉이 증가하였으며, 휴대전화를 이용한 성인매체 접촉도 증가하였다. 온라인 음란물 접촉률은 2007년 32.7%에서 2011년 37.3%로, 온라인 사행성 게임 접촉률은 2007년 32.0%에서 2011년 41.2%로, 그리고 휴대전화 성인매체 접촉률은 2007년 8.1%에서 2011년 12.3%로 증가하였다.

　미래창조과학부와 한국정보화진흥원이 실시한 2013년 인터넷 중독 실태조사에 따르면, 연령별 중독위험군은 유아동 6.4%(12만 3,000명), 청소년 11.7%(72만 2,000명), 성인 5.9%(144만 1,000명)로 청소년 중독위험군이 가장 높게 나타났다. 특히 2011년부터 2013년까지 유아동 인터넷 중독위험군(7.9% → 7.3% → 6.4%)과 성인 인터넷 중독위험군(6.8% → 6.0% → 5.9%)은 매년 감소 추세를 보인 반면, 청소년 인터넷 중독위험군(10.4% → 10.7% → 11.7%)은 상승하는 추세를 보이고 있다. 또한 한국정보화진흥원(2012)의 조사에서는 특히 고등학생의 인터넷 중독률이 가장 높게 나타났는데, 고등학생의 4.1%는 고위험군으로 초·중학생 고위험군(2.1%) 보다 2배 정도 높게 나타났다. 이러한 결과를 통해서 볼 때 높은 고등학생 중독률은 성인 인터넷 중독 문제로까지 이어질 수 있어 우려를 낳고 있다.

　이에 덧붙여 성별에 따른 청소년 인터넷 중독률은 2010년 남자가 13.8%, 여자는 10.8%로 나타나 인터넷 중독 성향이 여학생에 비해 남학생에게서 높은 것으로 나타났다(한국정보화진흥원, 2010). 특히 일반 청소년의 인터넷 중독률(10.4%)에 비해 200만 원 미만 저소득층 청소년(13.0%), 다문화가정청소년(14.2%), 한부모가정 청소년(10.5%)의 인터넷 중독률이 높아서 연령이 낮을수록, 그리고 저소득층, 다문화가정, 한부모가정 등 취약계층일수록 인터넷 중독이 심화되는 것으로 나타났다.

　다음으로, 청소년의 인터넷 이용 목적으로는 '게임'이 38.1%로 가장 높았고, '정보 검색'(25.1%), '메신저·채팅'(17.2%), '교육·학습'(6.6%) 등의 순으로 나타났으며, '게임'과 '메신저·채팅'을 위해 인터넷을 이용하는 비율이 성인에 비해 확연히 높게 나타났다. 청소년 미디어·인터넷 이용률은 2008년과 비교해 볼 때 만 12~18세의 경우 인터넷 게임 이용 경험이 60.5%에서 79.8%로 증가한 반면, 인터넷(이메일, 커뮤니티, 메신저, 블로그, 미니홈피) 이용률은 95.8%에서 86.4%로 9.4% 감소하는 경향을 보이고 있다(여성가족부, 통계청, 2011). 이와 관련하여 김경희(2012)는 인터넷을 정보를 얻거나 통신을 하는 데 사용하는 것보다 오락 용도로 사용할 때 인터넷 중독 가능성이 높아진다고 보고하였다. 그리고 차은진(2012)도 인터넷 중독 고위험 사용자군은 온라인 게임을 이용하는 경험이 90.8%로 나타난다고 밝혀 청소년의 인터넷 중독은 대부분 게임중독임을 시사하였다.

한편, 인터넷 중독의 심각성과 관련하여 보건복지부(2009a)의 청소년 건강행태 온라인 조사 결과에 따르면, 우리나라의 청소년 인터넷 이용자 중 13%(53만 명)가 인터넷 중독 위험성이 높고 청소년의 3.3%(13만 5,000명)는 고위험 상태로, 이들은 실제로 건강 악화, 일상생활 장애, 성격 변화, 스트레스 증가, 인터넷과 가상현실의 혼동, 경제적 손실 등의 부작용을 경험한다고 보고하였다.

이와 같이 어린 연령대에서 인터넷 중독률이 높게 나타난 것은 온라인 게임 이용과 관련된 것으로 어린 시절부터 인터넷에 노출된 결과다. 이와 관련하여 김현수(2012)는 청소년이 특히 중학교에 입학하면서 학교폭력과 집단따돌림 등으로 원만한 사회관계를 유지하지 못하고 주로 사이버 공간에서 이루어지는 사회관계를 찾음으로써 보다 높은 중독 비율을 만들어 낸 것으로 설명하고 있다.

게다가 최근에는 스마트폰이 확대·보급되면서 청소년이 더 쉽게 인터넷에 접속할 수 있게 되었다. 최근의 인터넷 관련 실태조사에 따르면, 10대의 96.5%가 스마트폰을 통해 인터넷을 사용하는 것으로 나타났으며, 인터넷 중독 고위험군의 43.8%가 컴퓨터가 아닌 스마트폰으로 인터넷을 이용하는 것으로 나타났다(한국인터넷진흥원, 2012). 이러한 결과를 볼 때, 컴퓨터보다 인터넷에 대한 접근성이 높은 스마트폰이 청소년의 인터넷 중독의 주범이라고 예측할 수 있다(김혜숙, 2012; 윤혜정, 권경인, 2011).

미래창조과학부와 한국정보화진흥원이 실시한 2013년 인터넷 중독 실태조사에 따르면, 청소년의 스마트폰 중독위험군이 25.5%(111만 7,000명)로 성인 8.9%(188만 1,000명)보다 약 2.9배 높게 나타났고, 특히 2011년 이후 매년 급상승하는 추세(11.4% → 18.4% → 25.5%)에 있어 이에 대한 대책 마련이 시급하다. 이

에 덧붙여 학령별 스마트폰 중독위험군은 중학생(29.3%), 고등학생(23.6%), 초등
학생(22.6%), 대학생(18.1%)의 순으로 높게 나타났다.

　여성가족부가 전국 초(4~6학년)·중·고등학생 1만 62명을 대상으로 실시한
'2013년 청소년 매체이용 실태조사'에 따르면, 휴대전화를 보유한 청소년 비율
은 전체의 91.5%로 집계되었고 청소년의 스마트폰 보유율은 81.5%로 지난
2011년 36.2%에서 2배 이상 증가하였으며, 특히 초등학교 4~6학년생의 스마트
폰 보유율도 72.2%에 달했다. 이와 같이 스마트폰 보유자가 증가함에 따라 주말
에 하루 1시간 이상 컴퓨터 게임을 이용하는 청소년은 감소한 반면, 스마트폰 게
임 이용자는 2011년 9.7%에서 20.5%로 증가하였다.

　한편, 스마트폰뿐 아니라 인터넷 등 각종 매체를 통해 성인물을 한 달에 1회 이
상 이용했다는 응답자는 전체의 25%였다. 초등학생 가운데 18.6%가 월 최소 1회
이상 성인물을 접한 것으로 나타났고, 일주일에 1회꼴로 성인물을 접했다는 비율
도 6.9%였다. 특히 휴대전화가 있는 청소년 중 '최근 1년간 휴대전화로 성인용
콘텐츠를 보내거나 받은 적이 있다.'고 답한 비율은 16.1%로 2011년 비율(4.5%)
의 3배를 넘었다. 그 밖에도 1년간 성인용 콘텐츠 접촉 빈도는 가끔(1~3회)이
58.9%로 가장 많았고 보통(4~6회) 19.6%, 자주(7~9회) 4.5%, 매우 자주(10회 이
상) 17.0%였다. 인터넷에서 성인물을 접할 수 있었던 주된 이유는 '아무 제재 없
이 이용 가능해서'(78%), '부모님이나 다른 성인의 주민등록번호를 이용해서'
(15.8%), '부모님이나 다른 사람 명의 휴대전화를 통해'(5.8%) 등의 순이었다.

　다음으로, 온라인 게임 이용 시간은 2011년과 비교하면 평일에 1시간 36분에
서 1시간 12분으로, 주말에는 2시간 48분에서 2시간으로 각각 감소했다. 또 16세
미만 청소년 가운데 11.1%는 심야 시간에 온라인 게임을 하지 않는 이유로 '셧
다운제'의 영향을 꼽았다. 특히 가정 내 컴퓨터에 성인 사이트 차단 프로그램을
설치하고 있는 가정은 41.9%에 불과해, 청소년이 다양한 매체 이용에 많은 시간
을 소비하는 상황에서 가정에서의 관리는 미흡한 것으로 나타났다.

　이와 같은 인터넷과 스마트폰의 폭발적인 사용 증가는 청소년 정신건강에 매
우 다양한 영향을 미치면서 중요한 문제로 대두되고 있다.

2) 문제점

청소년은 인터넷을 과도하게 사용하면서 심리적 · 신체적 어려움을 겪는 것은 물론 가상과 현실 공간을 구분하지 못하고, 학교생활, 가정생활 등에 몰두하는 시간이 감소하면서 친밀한 대인관계를 형성하기 어려워하며, 가족이나 또래관계에 부정적 영향을 받는 등 일상생활에서 장애를 보이고 있다. 또한 보건복지가족부(2009a)에 따르면, 인터넷 중독으로 인한 학습부진 · 생산력 저하 등 직간접적인 사회적 손실액이 매년 최대 2조 2,000억 원에 이르는 것으로 보고되고 있다.

(1) 일상생활 장애

신체적으로 왕성하게 성장하는 청소년기에 인터넷 중독으로 인해 불규칙적인 생활이 지속되면 신체적인 성장이 침체될 뿐만 아니라 수면장애, 위궤양, 위염과 같은 만성적인 질병에 시달리기도 한다. 특히 인터넷에 중독되면서 밤낮이 뒤바뀌고 일상생활 주기가 교란됨으로써 만성적 피로, 수면 부족에 따른 졸음, 안구건조증에 따른 시력 저하, 긴장성 두통, 거북목증후군, 테니스엘보 등 손목 부위의 통증 및 요통 등 다양한 신체적 문제가 발생함에 따라 청소년의 건강 악화를 초래하고 있다. 즉, 올바르지 못한 자세로 장시간 인터넷을 하면서 거북목증후군, 척추측만증 등의 신체 변형이 생기거나 운동 부족, 영양 결핍으로 신체건강이 약화될 수 있다. 거북목증후군은 평소 컴퓨터 모니터를 많이 보는 사람이 모니터를 내려다보는 자세를 지속하면서 목, 어깨의 근육과 인대가 늘어나 통증이 생김에 따라 학습능률이 저하되고, 피로, 팔저림, 목 통증, 어깨 통증, 두통 등의 증상을 보이는 것이다(장은진, 2012). 이 외에도 불규칙한 식습관으로 영양실조나 위장장애 현상이 나타나고, 운동 부족 및 과식으로 체중 증가가 발생하기도 하며, 심지어 혈압 상승이나 심장마비 돌연사 등이 나타나는 경우도 있다.

한편, 청소년은 인터넷을 하느라 중요한 약속을 어기거나 꼭 해야 할 일을 하지 못하는 등 생활에 지장을 받고, 인터넷 사용을 중지 또는 그 행위를 줄일 경우 불쾌감, 불안감, 초조, 우울감, 불면 등의 과도한 반응을 보이게 되며, 자신의 감정을 잘 조절하지 못하게 되면서 정신건강에 악영향을 받을 수 있다(전예은,

2011). 즉, 충동성이나 자아존중감 상실에 따른 일상생활의 혼란과 충동조절장애에 따른 정신질환적 위험성도 배제할 수 없다(박명철, 2012).

이에 덧붙여 심리적 측면에서 컴퓨터가 없으면 우울, 초조, 공허감을 느끼고, 인터넷 이용에 대해 충동적인 반응을 보이며, 자기통제력이나 자아존중감이 낮은 수준이고, 인터넷에서 무언가 새로운 일이 일어나고 있는 것 같은 생각에 사로잡혀 심각한 심리적 불안 증세를 보이기도 한다(장은진, 2012). 또한 충동적으로 행동하고 자기통제력이 부족하며 사소한 것에 공격적인 태도를 취하는 등의 증상을 보이는데(정영숙, 2011), 이는 아무런 제약이 없는 인터넷 공간을 활용해 죄책감 없이 해킹, 도용, 도박, 폭력 등의 범죄로 이어지게 만들 수도 있다(박정임, 2011). 특히 게임 안에서 자신의 존재를 인정받을 수 있고 현실 세계에서 경험할 수 없는 일을 할 수 있음에 따른 대리만족, 스트레스로부터의 회피, 성취감 등을 얻을 수 있어서 현실과 가상 세계의 구분이 모호해짐에 따라 인터넷 중독은 정신병리적 증상을 넘어서 사회적 문제로서 악화되고 있다.

(2) 가족 및 학교생활의 악화

오늘날은 핵가족이 대부분이고 기혼여성의 취업률 증가로 맞벌이가정의 수가 늘어나면서 자녀가 혼자 생활하는 시간이 많아지고 있는데, 이러한 가족 구조 및 생활문화의 변화는 인터넷 중독에 큰 영향을 미치는 것으로 나타났다. 즉, 가족과 함께하는 시간의 부족은 가족 간의 정서적 유대를 어렵게 만들고, 대부분 자신만의 공간에서 자기 소유의 컴퓨터를 사용하며 생활하는 환경 속에서 청소년은 남을 배려하고 함께 생활하는 능력보다 가상공간과 같은 자신만의 세계에 쉽게 빠지곤 한다.

또한 인터넷의 과다 사용에 따른 사이버 공간에의 몰입으로 현실 공간에서 가족, 친구 및 타인과의 접촉이 감소하고 있다. 즉, 가족행사에 자주 참여하지 못하면서 가족과 보내는 시간이 줄어들고 관계도 소원해지며, 인터넷 이용 시간 및 통신 요금의 증가로 부모와 잦은 언쟁을 겪으면서 갈등이 발생하고, 가족과의 대화가 단절되곤 한다(그린 i-Net). 한국정보화진흥원(2010)의 조사 결과에 따르면, 인터넷 사용으로 '가족과 마찰이 있다.' 또는 '자주 그렇다.'고 응답한 청소년은 고위험군 청소년이 70.6%, 잠재적 위험군 청소년이 54.7%에 달하였다. 특히 게임중독은 부모와 자녀 간의 신뢰감을 저하시키고 부모와 자녀 간 불화를 유발하곤 한다.

또한 인터넷 공간에서는 가상 세계에 집착하면서 익명의 상호작용을 하게 되므로 타인을 배려하는 사회성이 감소하여 폐쇄적 행동 성향을 보이게 된다. 즉, 현실에서의 친구관계에 무관심하게 되고, 직접 만나는 친구보다는 인터넷을 통해 알게 된 친구가 더 많고 그들을 더 가깝게 느끼면서 친구와의 직접적인 관계에서 멀어지는 등 친구관계의 단절 혹은 변화가 생기며, 대인관계를 형성하지 못한 채 고립되곤 한다. 그 밖에 친구관계에서도 게임이 주된 이야기 소재가 되곤 한다(장은진, 2012).

다음으로, 인터넷의 과다 사용에 따른 수면 부족과 피로는 규칙적인 생활 패턴을 깨고, 학교수업에 지각하거나 학교에서 수업 시간에 집중하는 것을 저해하고, 학습에 대한 흥미 결여로 과제 불이행의 횟수가 잦아지게 만들면서 성적을 저하시키며, 무단결석, 학업능력 저하 등의 문제를 초래한다. 서경환(2007)에 따르면, 인터넷 중독적 사용자가 가정에서 이탈의 경향을 더 보였고, 학교에서도 수업 시간에 문제행동을 더 보이고 규칙을 잘 지키지 않았으며, 대인관계에서도 많은 문제를 보인 것으로 나타났다.

(3) 청소년비행 초래

청소년은 인터넷에 중독되면서 인터넷 사용을 하기 위한 거짓말, 약속 어김 등의 일탈행동을 하는 것은 물론 가상 세계와 현실을 구분하는 데 있어서도 어려움을 겪곤 한다. 인터넷을 과도하게 사용하면 인터넷의 가상 세계를 실제인 것처럼 착각하여 현실감이 결여될 뿐만 아니라 인터넷의 익명성으로 인해 일탈과 범죄가 일어나기 쉽다.

인터넷에 중독된 청소년은 가정이나 사회 환경에서 해결하지 못한 문제에 기인한 각종 괴리감을 사이버 공간에서 해결하려 함으로써 사이버 공간에 대한 신뢰가 높아지고 원만한 대인관계가 불가능해지며, 오프라인 공간을 마치 사이버 공간인 것처럼 착오를 일으켜 부적절한 행동으로 표출함으로써 일반 범죄에 이르는 결과를 낳고 있다. 즉, 인터넷을 과도하게 사용하면서 인터넷의 가상 세계를 실제인 것처럼 착각하여 현실감이 결여됨에 따라 아무런 제약이 없는 인터넷 공간을 활용해 죄책감 없이 해킹, 도용, 도박, 폭력 등의 범죄를 일으키곤 한다 (박정임, 2011). 한 예로, 청소년은 PC방 출입을 위해 거짓말을 하고, 부모의 지갑에 손을 대기 시작하며, 금품 갈취 및 과감한 폭력적 행동을 취하기도 한다.

　또한 인터넷의 익명성으로 인터넷은 일탈과 범죄의 현장이 되기 쉽다. 한 예로, 타인의 주민등록번호를 아무 거리낌 없이 도용하거나 아이디를 훔치는 등의 일탈행동이 일어난다. 이와 관련하여 리셋증후군(reset syndrome)은 컴퓨터의 리셋처럼 현실 세계에서도 무엇인가 잘못되면 리셋할 수 있다고 착각하는 것을 말하는데, 정영숙(2011)은 청소년이 이러한 착각 때문에 더 쉽게 충동적으로 일탈행동을 저지르면서 사이버범죄의 가해 및 피해가 확대되고 있다고 밝혔다.

(4) 인터넷 게임중독의 저연령화 심화

　한국정보화진흥원(2010)에 따르면, 2010년을 기준으로 만 13세 이상 연령 청소년의 인터넷 중독률은 지속적으로 감소했으나 9~12세 아동의 인터넷 중독률은 오히려 11.1%에서 14.0%로 증가했다. 즉, 온라인 게임을 가장 많이 하는 연령층은 초등학생으로 밝혀졌고, 모든 연령대에서 게임 이용 시간이 줄어들었지만 초등학생의 이용 시간 감소량이 가장 적고 중학생이 가장 큰 것으로 나타났다(박병식, 2012).

　이러한 결과는 온라인 게임 건전 이용 유도정책의 대상 연령을 이전에 비해 더 낮추어야 할 필요성과 고이용자에 대해 개입해야 할 필요성을 시사한다. 실제로 현재 정책적인 관심이 집중되어야 할 대상은 초등학생이므로 온라인 게임 심야 이용 제한의 대상에 대한 검토가 필요하다.

5. 해결 방안

　인터넷 중독에서 비롯되는 사회경제적 비용은 연간 8조 8,000억 원에서 10조

1,000억 원에 이르며, 16세 미만 청소년의 인터넷 사용으로 발생하는 사회적 비용은 최대 9,000억 원에 달하고 있다(김현수, 2012). 또한 최근 개정된 『정신장애의 진단 및 통계 편람 제5판(DCM-5)』의 섹션 III에 앞으로 연구가 필요한 영역 중하나로 인터넷게임장애가 포함되어 인터넷 중독 문제가 청소년기의 일시적인 문제가 아닌 전 연령대의 정신병리적인 문제로 대두되고 있다. 따라서 인터넷 중독의 심각성을 고려하여 법제도 정비를 통해 포괄적이고 효과적인 대책을 수립해야 함은 물론, 가정과 학교, 사회 환경에서의 적극적인 개입 전략도 요구되고 있다.

외국의 경우, 인터넷 중독의 심각성을 인식하고 국가 차원에서 문제를 해결하고자 각종 정책을 마련하고 있다. 특히 청소년 인터넷 중독은 일시적인 학업부진 및 생활 곤란에 그치는 것이 아니라 장기적으로 사회적 낙오자가 될 가능성을 높이므로 미국의 경우 중독 관련 연구소 및 치료센터를 운영하여 인터넷 중독 예방 교육, 학교 대상의 예방사업 등을 하고 있다. 한 예로, 인터넷 중독치료센터 (Kimbery Young)를 설치하여 온·오프라인상에서 다양한 인터넷 중독 예방 및 치료를 위한 정보와 서비스를 제공하고 있다(김현수, 2012).

인터넷 중독은 일종의 병이지만 주변에서 관심과 노력을 기울이면 얼마든지 치료하고 나아질 수 있는 병임을 명심하고 이에 대한 체계적인 접근이 필요하다.

1) 법과 제도의 개선

국가 차원에서는 청소년 인터넷중독의 심각성을 인식하면서 다음과 같이 법령과 제도를 마련하고 있다.

첫째, 2011년 11월부터 여성가족부에서 청소년의 인터넷 게임중독을 예방하기 위해 「청소년보호법」의 일환으로 '셧다운제도'라고 하여 밤 12시부터 새벽 6시까지 심야 시간에 만 16세 미만 청소년의 인터넷 게임 접속을 제한하는 내용의 법안을 시행·실시하고 있다. 일명 '신데렐라 법'으로도 불리는 이 제도는 청소년이 성인에 비해 상대적으로 자기조절 능력이 부족한 점을 고려하여 심야 시간 청소년의 온라인 게임 이용을 강제적으로 규제함으로써 청소년의 수면 시간을 확보하고 게임 과몰입을 사전에 예방하는 것을 기본 목적으로 하고 있다. 따라서 인터넷 서비스를 제공하는 업체는 해당 시간대에 연령과 본인 인증 과정을 통해 청소년의 인터넷 게임 사용을 원천 차단하여야 한다(김현수, 2012).

그러나 이 제도의 실효성을 두고서는 논란이 계속되고 있다. 이는 이 제도의 적용 범위가 온라인 게임에만 국한되어 휴대전화 게임 등은 통제할 수 없고, 적용 대상인 온라인 게임도 청소년이 부모나 타인의 주민등록번호를 도용하여 쉽게 이용할 수 있기 때문으로(주석진, 2011), 이에 따른 제도의 보완책 마련이 요구된다. 아울러 이 제도가 만 16세 미만의 청소년에게만 적용되어 인터넷 게임 중독이 심각하게 나타나는 16세에서 18세에 이르는 고등학생은 법 적용에서 제외됨에 따라 그 실효성을 확보하기가 어렵다(김명엽, 2013).

또한 현재 인터넷 중독과 관련된 법령으로 「국가정보화기본법」 및 시행령, 「게임산업진흥법」 「청소년보호법」 등이 주무 부처와 규제 대상 및 내용이 상이한 채 공존하고 있으므로 인터넷 중독 예방 및 해소를 위한 관련 법제도의 보완이 요구되고 있다. 참고로 미국의 경우 「인터넷불법도박금지법」(2006)과 「아동인터넷보호법(CIPA)」(2000)을 제정하여 공립학교와 공공도서관에서는 인터넷의 안전성 정책과 미성년자의 유해 내용 접근을 금지하는 기술보호 조치 사용을 의무화함으로써 청소년의 무분별한 인터넷 사용을 제한하는 등의 제재를 가하고 있다(김현수, 2012). 따라서 우리나라도 외국의 사례를 검토하여 유해정보 제공에 대한 보다 엄격한 잣대를 적용할 수 있는 법을 마련해야 한다.

특히 유해매체 관련 법 제정이 요구되고 있다. 유해매체 관련 내용은 「청소년보호법」에 포함되어 있으나 유해매체의 변화 속도가 빠르다 보니 법과 제도가 이에 제대로 대처하지 못하고 있는 실정이다. 또한 「청소년보호법」에는 유해매체뿐만 아니라 유해약물, 유해업소, 유해행위에 관한 내용도 포함되어 있고 그 내용이 포괄적인 수준인 점을 인식하여, 「청소년보호법」을 매체에 관한 법, 약물에 관한 법 등으로 분리해서 별도의 특별법 성격으로 개편하는 것도 고려해 볼 만하다. 그 밖에 최근 사이버 공간이 확대되고 청소년에게 일상적인 것이 되면서 사이버폭력을 포함하여 사이버 공간에서 청소년을 보호할 수 있는 통합 법이 요구되고 있다. 이에 덧붙여 현재 인터넷 게임중독에 치우쳐 있는 청소년보호정책을 인터넷 중독 전체의 예방과 해결에 초점을 맞추어 개발·정비해야 한다.

둘째, 부처별로 흩어져 있는 인터넷 중독 문제를 전담할 기구를 마련해야 한다. 현재 청소년 유해매체와 관련된 정책은 여성가족부 이외에 다른 정부부처에서도 관여하고 있는데 그 내용은 〈표 10-2〉와 같다. 따라서 여러 부처는 서로의 업무 중복을 파악하고 조정함으로써 업무의 효율성을 높여야 한다.

셋째, 유해정보를 원천적으로 차단하기 위해 인터넷 중독 치료전문기관을 설립하여 아동·청소년 유해정보에 대한 철저한 분석과 차단책을 마련해야 한다. 이와 관련하여 2002년 과학기술부 내에 '인터넷 중독예방 상담센터'를 설립하였고, 한국정보문화진흥원을 통해 상담인력 전문가 양성, 인터넷 중독 연구, 인터넷 중독 상담 및 예방활동, 교육 콘텐츠 제작 및 보급, 인터넷 중독 치료 및 재활, 시스템 운영 등의 대응 방안을 모색하였다(김현수, 2012). 또한 2010년 8월에

표 10-2 부처별 역할 분담 및 주요 사업 추진 내용

부처	역할	추진 내용
행정안전부	인터넷 중독 예방 및 해소 총괄 (국가정보화기본법)	• 인터넷 중독 예방 및 해소 종합계획 수립 • 인터넷 중독 진단척도 개발 • 사이버청정학교, 아름누리상담콜, 인터넷 중독 쉼터캠프, 가정방문상담 등
문화체육관광부	게임과몰입 예방 및 해소 (게임산업진흥에관한법, 저작권법)	• 게임과몰입 예방 및 해소 대책 수립 • 게임과몰입 진단척도 개발 • 게임과몰입 상담교사 연수, 찾아가는 게임문화 교실, 저작권 연구학교 등
여성가족부	청소년 보호를 위한 상담 및 치료 (청소년기본법)	• 상담센터 및 병원과 연계한 상담치료 • 기숙형치료학교(인터넷레스큐스쿨), 가족숲 치유캠프 등
법무부	청소년 사이버범죄 예방	• 사이버범죄 예방 캠페인 등
방송통신위원회	유해정보 심의 및 삭제	• 유해정보 차단(그린 i-Net) 및 인터넷 시간 관리 소프트웨어 무료 이용 • 사이버청정학교 운영 등
교육부	교과 및 재량활동을 활용한 정보통신윤리교육 실시	• 시·도교육청 협의체 구성·운영 • 학생, 학부모, 교사 및 학교를 대상으로 부처별로 추진하는 사업의 조율 및 협력

교육과학기술부가 운영하는 '정보통신윤리교육' 사이트(ethic.edunet.net)를 개설
하여 인터넷 중독 위험에 처해 있는 학생에 대한 예방교육 및 치료는 물론 정부
부처와 유관기관이 보유하고 있는 유용한 콘텐츠와 정보를 학생, 교사, 학부모에
게 알리고 전 국민이 원하는 콘텐츠를 한 번에 찾아 이용할 수 있도록 원스톱 맞
춤형으로 서비스를 제공하고 있다.

　　마지막으로, 인터넷 중독 상담 프로그램을 활성화해야 한다. 인터넷 중독 상
담 인프라 강화를 통해 보다 적극적인 예방 및 상담 서비스를 할 수 있도록 인터
넷 중독대응센터, Wee센터, 청소년상담센터 등을 활용하여 개인 · 집단 상담 및
고위험중독자 대상 심화상담 프로그램을 확대 · 실시해야 한다. 여성가족부에서
는 인터넷 게임중독으로 학교생활은 물론 일상생활에 어려움을 겪는 13~17세
의 청소년을 대상으로 기숙형 치료 프로그램인 '인터넷 RESCUE 스쿨'을 실시
하고 있다. 이 프로그램에서는 인터넷과 단절된 환경에서 다양한 프로그램에 참
여함으로써 청소년이 인터넷 게임중독 상태에서 벗어날 수 있도록 집중 관리하
며, 개인상담은 물론 가족 · 집단 상담, 체험활동, 기타 집단활동 등으로 프로그
램을 다양하게 구성하여 상시 운영하고 있다. 따라서 인터넷 중독 청소년에게
실질적인 도움을 제공할 수 있도록 이 프로그램을 제도화해야 한다. 더불어 교
육 및 상담을 제공하는 전문적인 인력의 양성이 동반되어야 효과를 더욱 극대화
할 수 있다.

2) 가정에서의 개입

　　맞벌이가정이 증가하고 있는 추세와 여가 시간을 보낼 거리가 없는 일상 속에
서 청소년은 쉽게 접근할 수 있는 인터넷에 심취될 수밖에 없으므로 가정의 역할
이 중요하다. 즉, 가정에서 부모와 자녀가 대화하는 것과 더불어 부모가 인터넷
사용과 중독에 대해 올바른 지식을 가지고, 단순히 인터넷 사용을 차단하는 것이
아니라 기능적인 의사소통을 통해 올바른 인터넷 사용을 지도해야 한다(김혜숙,
2012). 특히 청소년 자녀의 인터넷 활용 목적과 이유를 파악하여 청소년의 다양
한 욕구에 맞는 활용 방안을 마련함으로써 좀 더 건강한 방식으로 욕구를 충족할

수 있도록 지도해 줄 필요가 있다.

또한 인터넷 외의 다른 활동들을 제공하는 것이 바람직하다. 예를 들면, 몸을 움직일 수 있는 운동이나 사회관계증진 프로그램, 취미활동 등을 통해 청소년의 행동범위를 넓혀 인터넷 사용시간을 줄이도록 지도해야 한다(조춘범 외, 2007).

아울러 정보사회에서 디지털 세대인 자녀를 지도하기 위해서는 부모의 컴퓨터 활용기술 습득 노력도 요구되므로 부모는 인터넷 문화기술을 스스로 높이고 넓혀 가려는 자기 노력을 기울일 필요가 있다. 특히 자녀가 또래집단, 스팸메일, 배너광고 등 여러 경로를 통하여 의식적·무의식적으로 사이버 음란물을 접촉할 수 있으므로 이러한 사실을 충분히 인지할 수 있도록 컴퓨터와 인터넷 활용기술을 습득할 필요가 있다.

이에 덧붙여 인터넷 중독 취약계층 청소년에 대한 협력적 대응 전략이 필요한데, 특히 다문화가정 청소년을 대상으로 한 인터넷 활용에 관한 올바른 지도가 필요하다. 다문화가정 청소년이 일반 양 부모가정 청소년에 비해서 인터넷 중독 고위험군 및 잠재위험군의 비율이 다소 높은 반면, 인터넷 중독에 대한 인지도는 떨어지는 것으로 나타났다. 다문화가정은 소득, 가족 내 언어 및 문화 충돌, 청소년 또래집단 내에서의 관계 유지의 어려움 등 다양한 문제에 노출되어 있을 뿐만 아니라 인터넷 중독을 해결하는 데 중요한 기능을 담당해야 할 부모의 역할 수행에 있어서도 장애가 초래될 수 있으므로 이주여성과 같은 다문화가정의 부모를 상대로 한 인터넷 중독교육이 필요하다. 따라서 이들을 인터넷 중독 취약계층으로 고려하여 중점 지원대책을 마련할 필요가 있다.

3) 학교에서의 개입

학교에서는 문제 발생 시 초기에 상담을 통해 문제를 해결하려는 능동적인 자세가 필요하고, 학생에게 각종 예방 프로그램에 참여하게 함으로써 청소년 스스로 문제를 해결할 수 있는 여건을 조성해 줄 필요가 있다(김현수, 2012). 따라서 적극적인 정보문화교육 및 정보윤리교육을 통하여 정보사회의 새로운 문화와 가치에 대한 교육을 실시함은 물론 인터넷 사용에 대한 올바른 지식과 정보를 제공하여 건강한 인터넷 사용을 권장해야 한다.

또한 교사는 인터넷의 과도한 사용과 사이버 음란물이 청소년에게 미치는 부정적인 영향을 충분히 인지하고 이를 생활지도 및 학생상담에 적극 활용하여야 한다. 즉, 그것이 청소년에게 미치는 폐해와 부정적 영향 그리고 도움을 받을 수 있는 전문상담기관 등을 미리 숙지하여 문제를 보이는 학생에 대한 적절한 대처 요령과 사전 예방 및 적절한 사후 대응이 가능하도록 하여야 한다. 그 밖에 학교 컴퓨터를 활용하여 학생의 음란 사이트 접속, 학생 간의 음란정보 제공 및 교환이 이루어지지 않도록 철저한 보안장치 및 방화벽을 구축함은 물론, 음란물 차단 소프트웨어를 설치하고 정기적인 업데이트를 통해 지속적인 점검을 하여야 한다.

그 밖에도 청소년의 사이버 비행을 예방하기 위해 우선적으로 청소년이 여가시간에 컴퓨터가 아닌 다른 활동에 참여하도록 유도해야 한다. 예를 들면, 학교에서는 청소년에게 체육 등의 다양한 활동을 통해 여가교육을 하는 것이 필요하고, 청소년의 건전한 여가활동을 위해 사회적인 차원에서도 다양한 환경을 조성하는 것이 필요하다(이호열, 김준화, 2008).

4) 사회 환경에서의 개입

인터넷 중독 예방 및 치료를 목적으로 국가 차원에서의 정비는 물론 지역사회 차원에서도 예방대책을 마련하도록 하고, 게임업체와 인터넷 포털 사이트 등 유관 민간기업의 사회적 책임에 관한 규정도 마련해야 한다. 또한 정부, 지방자치단체 및 학부모단체가 연결되는 민관 산학 거버넌스 구축을 통한 종합적인 인터넷 중독 대책의 수립은 물론, 청소년 인터넷 정보 보호 시스템의 개선 역시 요구되고 있다. 이를 위해 민관이 협력하는 추진체계를 구성하여 인터넷 중독의 위험성 고지, 인터넷 이용 시간 제한, 인터넷 사이트 안전등급 평가제 등을 실시하는 것이 바람직하다.

인터넷 중독의 정도가 심할수록 인터넷 윤리의식이 낮고, 사이버 비행을 많이 저지르는 경향이 있으므로 이를 막기 위한 규제 방안의 도입과 더불어 올바른 인터넷 윤리의식을 함양하고 인터넷의 건전 사용을 유도하는 정보윤리교육이 필

요하다. 즉, 인터넷이 갖고 있는 긍정적 · 부정적 측면을 고려하여 인터넷을 건전
하게 사용하도록 유도하는 교육을 실시해서 청소년 자신의 자정능력을 키울 필
요가 있다. 또한 각 연령단계에 맞는 통합적인 인터넷 윤리교육 프로그램을 학교
의 정규 교과목으로 도입하는 방안에 대한 검토가 이루어져야 할 것이다.

특히 시민단체를 중심으로 가상공간에서의 사이버 음란물 감시활동이 보다
적극적으로 수행될 필요가 있다. 아울러 효과적으로 사회적 개입을 촉진하기 위
해서는 청소년 스스로가 가상공간을 감시하는 청소년순찰대(Youth Patrol: YP)
활동이 활성화되도록 다각적인 지원 방안을 모색할 필요가 있다.

이와 관련해서 행정안전부, 여성가족부, 문화체육관광부, 방송통신위원회가
협력하여 SNS, 스마트폰 등 신종 매체의 중독성을 파악하고 실태를 조사하고 이
를 바탕으로 이러한 매체의 올바른 사용을 설명하는 안내책자를 개발 및 보급하
는 것이 시급하다. 특히 아동 · 청소년의 발달단계에 맞게 신종 매체의 중독 예방
교육용 콘텐츠 및 프로그램을 개발 · 운영하며, 이에 대한 교육 및 대국민 홍보를
실시하는 것이 요구되고 있다.

또한 학교, 언론매체 등 다양한 경로를 통하여 인터넷 중독의 위해성에 대한
적극적인 홍보가 이루어져야 한다. 그 밖에도 스마트폰 사용에 대한 내용을 포함
한 인터넷 중독 예방교육을 가정과 학교에서 실시하고, 정부 차원에서는 예방교
육을 활성화할 수 있는 전반적인 제도를 마련해야 한다(김혜숙, 2012).

특히 인터넷 중독에 심각한 수준을 보이고 있는 저소득층, 한부모 · 다문화 ·
조손 가정의 자녀, 장애청소년 등 인터넷 중독 취약계층을 대상으로 가정방문 상
담을 실시하고, 상담센터 등 기관 연계를 통해 가정방문상담 대상자를 사후 관리
하며, 올바른 인터넷 사용에 대한 교육을 실시해야 할 것이다.

chapter

11 청소년과 성

1. 문제제기

인간이 살아가는 데 있어서 성은 중요하고, 또한 존중되어야 한다. 특히 청소년기에 변화하고 있는 신체와 자연스러운 성적 충동의 증가에 따라 성에 관심을 갖게 되는 것은 극히 자연스러운 현상이다. 건강한 성정체감의 형성은 청소년의 자아정체감을 형성하게 하는 것은 물론이고, 그들이 건강한 성인으로 성장하게 하는 데도 매우 중요하다. 그럼에도 불구하고 대다수의 청소년은 자신의 성에 대한 호기심과 기존의 도덕관념 사이에서 괴로워하기도 하고, 자기 자신에 대해 죄책감을 갖기도 한다. 따라서 성의 문제는 단순히 청소년의 관심사로 그치는 것이 아니라 청소년의 정신적·신체적 건강, 성인기의 사회생활 및 결혼생활, 자아실현 등에 영향을 미칠 수 있다.

최근 유해환경의 확대, 왜곡된 성 정보의 범람, 성 가치관에 대한 이중적 태도 등은 심각한 청소년 성문제를 유발하고 있다. 특히 1990년대 이후 개방된 성문화와 대중매체, 인터넷 등의 다양한 통로를 통해 성 관련 정보에 용이하게 접근할 수 있게 됨에 따라 청소년의 성에 대한 태도는 적극적·개방적인 양상을 보이고 있다. 즉, 청소년의 주 생활공간이 오프라인에서 온라인으로 이동하면서 청소년은 음란물에 무차별적으로 노출되고, 성에 대한 감정과 욕구를 자유롭게 표출시키는 문화가 정착되면서 성행동에 대해서도 윤리적·도덕적 기준이 덜 엄격해지고 있다. 또한 물질만능주의의 팽배와 향락적 문화의 범람 속에서 청소년은 원하는 것을 얻기 위해 자신의 성을 상품화하려는 유혹에 쉽게 빠져들곤 한다.

지금까지 우리 사회에서는 성을 성인의 전유물로 여기고 청소년을 무성적 존재로만 간주함으로써 발달 과정에서 일어나는 청소년의 자연스러운 성행동에 대해서는 외면하거나 무시해 왔고, 그들의 성적 관심에 대해서는 억압하는 경향이 있었다. 따라서 청소년의 성에 대한 개방적인 태도나 빈번한 성행위와는 달리, 성행위에 따른 실제적인 문제, 즉 피임, 임신, 출산, 낙태, 성병 등에는 무방비 상태에 놓여 있어 왔다고 해도 과언이 아니다. 또한 청소년은 사회에 넘쳐나는 왜곡된 성 정보에 노출된 채 성에 대한 주체적 판단력을 확립시키지 못함으로써 십 대 임신, 성범죄 및 성매매 증가 등의 성적 일탈행동을 유발하고 있다.

현재 「성폭력범죄의처벌및피해자보호등에관한법률」이 제정되고 성폭력에 대한 사회적 인식도 많이 변했으나 성폭력은 여전히 줄어들지 않고 있다. 특히 성폭력피해자의 절반이 19세 이하의 여자 청소년이고 흉악 범죄자 중에 19세 이하 청소년이 적지 않다는 점으로 미루어 청소년 성폭력 문제의 심각성이 증대되고 있음을 알 수 있다. 또한 청소년의 성과 관련된 사회적 서비스나 개입은 통제적·소극적·사후적 성격이 강하고, 예방적 차원에서 행해지는 학교 중심의 성교육도 프로그램과 전문인력의 부족으로 미흡한 수준에 그치고 있다(홍봉선, 남미애, 2013).

청소년기에 올바른 성의식과 행동을 형성하는 것은 건전하고 성숙한 사회 구성원으로서의 역할을 감당하는 데 필요한 과제 중 하나다. 따라서 청소년의 성과 관련된 문제의 실태와 문제점을 파악하여 건강한 청소년 성문화를 정착시키기 위한 방안을 제시하고자 한다.

2. 개념 및 특성

1) 개념

청소년의 성문제를 이해하기 위해서는 성에 대한 구체적인 개념부터 파악해야 한다. 흔히 성은 섹스(sex), 젠더(gender) 그리고 섹슈얼리티(sexuality)의 세 가지 용어로 설명하고 있다. 먼저, 섹스는 생물학적 성을 나타내는 용어로 신체 구조, 특히 성기의 생김새에 따른 남녀 간의 성정체성을 지칭한다. 다음으로, 젠더는 성별, 성차, 성역할 등의 의미로 사회적·문화적으로 여성과 남성에게 부과된 일련의 특징 및 행동 유형을 의미하는 '사회적 성'이라 할 수 있다(이소희 외, 2005). 마지막으로, 섹슈얼리티는 개인이 성에 대해 가지고 있는 감정, 사고, 환상, 꿈, 가치관, 신념 등을 의미하는 성에 대한 전반적인 태도를 나타내는 개념으로 성 정체감(gender identity)과 관련이 있다. 즉, 우리가 여성이나 남성이 된다는 것에 대해 어떻게 생각하고 느끼는지에 관한 성적인 느낌이나 관계, 우리 자신이 정의하는 방식, 성적 욕망, 정체성, 성의식 등을 말한다(구은미 외, 2009).

청소년 성문제는 청소년의 성과 관련된 의식적·행위적 측면에서의 모든 규칙 혹은 규범의 위반행위라고 할 수 있는데(이소희 외, 2005, p. 424), 이러한 성문제에는 성매매, 성폭력, 성착취 등 여러 가지 유형이 있다. 이는 「청소년보호법」과 「청소년의성보호에관한법률」에 '청소년 성매매'로 명시되어 있는데, 이전에는 청소년 성매매를 원조교제, 청소년 매춘, 청소년 매매춘, 청소년 윤락, 청소년 성매수라는 말과 혼용하기도 하였다.

「청소년의성보호에관한법률」 제2조에 따르면, '아동·청소년의 성을 사는 행위'는 "아동·청소년의 성(性)을 사는 행위를 알선한 자 또는 아동·청소년을 실질적으로 보호·감독하는 자 등에게 금품이나 그 밖의 재산상 이익, 직무·편의 제공 등 대가를 제공하거나 약속하고 성교행위, 구강·항문 등 신체의 일부나 도구를 이용한 유사 성교행위, 신체의 전부 또는 일부를 접촉·노출하는 행위로서 일반인의 성적 수치심이나 혐오감을 일으키는 행위, 자위행위 등 어느 하나에 해당하는 행위를 아동·청소년을 대상으로 하거나 아동·청소년으로 하여금 하게 하는 것"을 말한다. 다시 말해서, 청소년 성매매는 돈을 매개로 한 미성년자와 성인의 성적 결합 및 만남을 의미하는 것으로 성인이 성의식이 미숙한 청소년을 대상으로 하는 성범죄다.

최근에 증가하고 있는 인터넷 성매매는 인터넷 채팅을 매개로 하여 이루어지는 새로운 유형의 성매매다. 이는 인터넷을 이용하여 청소년을 성교 등의 상대방이 되도록 유인하는 행위, 타인을 청소년과의 성교 등의 상대방이 되도록 유인하는 행위, 대가의 제공을 나타내어 청소년을 성교 등의 상대방이 되도록 유인하는 행위, 대가를 받을 것을 나타내어 사람을 청소년과의 성교의 상대방이 되도록 유인하는 행위 등을 모두 포함한다(성윤숙, 박병식, 2009).

성폭력이란 성을 매개로 인간에게 가해지는 일련의 강제 및 통제 행위로서 신체적·언어적·정신적 폭력을 포괄하는 넓은 개념으로 해석된다(김승권 외, 2002). 이는 '성적 자기결정권'을 침해하는 것으로서, 아동·청소년 성폭력은 19세 미만의 아동·청소년을 대상으로 성적 행위를 하도록 허용하거나 유도하는 것으로 특정한 성적 행위만이 아닌 광범위한 의미를 포함한다. 「아동·청소년의성보호에관한법률」에서는 '아동·청소년 대상 성폭력범죄'라는 용어를 사용하고 있다.

그 밖에 청소년 대상 성범죄에는 청소년에 대한 강간, 강제추행, 성을 사는 행위, 아동·청소년 이용 음란물 제작·배포, 아동·청소년 매매행위, 아동·청소년에 대한 강요행위, 알선영업 행위, 공중 밀집장소 추행, 통신매체 이용 음란행위, 카메라 이용 촬영 등이 해당된다.

2) 특성

청소년기는 신체적으로 성 호르몬의 분비가 왕성해지면서 성적 변화가 일어날 뿐 아니라 성인과 같은 생식능력을 갖게 되면서 성인의 역할이 가능해지는 시기다. 즉, 여성호르몬(에스트로겐)과 남성호르몬(안드로겐, 테스토스테론)이 활발히 공급되면서 신체적으로 급성장함과 동시에 성적인 충동이 고조되기 시작한다. 이성에 대한 관심도 증가하는데, 이러한 이성관계를 통한 친밀감 형성은 청소년기의 중요한 발달과업 중 하나다. 따라서 청소년의 성은 청소년을 이해하는 출발점이자 청소년 문제의 근원인 동시에 건강한 성 정체감과 자아정체감을 형성하는 에너지이기도 하다.

　반면, 청소년기는 성적 관심과 성적 욕구가 증대됨에 따라 불안과 초조, 긴장 등의 심리적 갈등과 스트레스를 가장 많이 겪는 시기이다 보니 청소년은 성적인 문제로 크고 작은 고민을 하고, 이러한 정신적인 괴로움이 일탈로 이어지기도 한다. 특히 현대사회에서 청소년은 과거에 비해 빠른 신체적 성숙을 보이는 반면, 교육 기간의 연장으로 사회적으로 허용되는 방법으로 성 욕구를 해결할 수 있는 기간까지의 시간은 상대적으로 길어짐에 따라 성적 갈등과 고민이 더욱 증가하고 있다. 뿐만 아니라 성에 대한 판단력이 미숙한 나이에 음란물을 경험할 경우 호기심에 이를 모방하고 행동으로 옮길 가능성이 높아 위험한 결과를 초래할 수 있다(김영화, 최영진, 2012).

　청소년은 쉽게 성적 충동을 느끼고 성에 대해서 보다 허용적인 태도를 갖게 되지만, 단순한 쾌락과 흥미 위주의 매체를 통한 왜곡된 성 관련 지식의 터득으로 성도덕은 문란해지고 소극적인 성교육 실시로 성에 대해 제한적인 지식을 갖게 되면서 임신, 낙태, 성폭력 등 성 관련 문제를 야기할 수 있다. 최근의 십 대 출산율, 성범죄율, 성매매 등이 증가하고 있는 추세는 이를 잘 보여 주고 있다. 또한 또래친구 집단의 성에 대한 태도가 청소년의 성에 대한 태도에 커다란 영향을 미치고 있다.

　대부분의 청소년은 자신의 성적 변화와 이에 따른 고민을 잘 견뎌 내지만, 일부 청소년은 여러 가지 문제를 겪곤 한다. 청소년이 성에 대한 잘못된 가치관을 갖게 되는 경우 개인적 측면이나 사회적 측면에서 많은 손실을 입을 수밖에 없다. 개인적 측면에서는 청소년에게 막대한 신체적·정신적 손상을 입히며 자아 발달에 부정적인 영향을 줌으로써 청소년의 건전한 인간관계 형성 및 성장을 크게 저해할 수 있다(조성연 외, 2000). 또한 황금만능주의·쾌락주의에 물들게 하고 성문란을 부추겨서 가정해체뿐만 아니라 사회의 건전한 성윤리를 파괴하기도 한다.

게다가 과거와는 달리 지금의 청소년은 대중매체의 발달로 개방된 성문화와 성상품화 현상 속에서 다양한 통로를 통해 성과 관련된 지식 및 정보에 접근하는 것이 용이하다. 특히 정보통신망의 발달로 인터넷상에서 거래가 쉽게 이루어지는 성매매의 발생이 급속히 증가하면서 우리 사회의 성 개방 풍조를 촉진하고 있다. 이러한 대중매체와 인터넷을 통한 접근에 있어서의 용이성 및 신속성의 증가는 가치관을 형성해 나가고 있는 청소년에게 성에 대한 무분별한 노출이 이루어지게 함으로써 왜곡된 성의식을 갖게 하고 심각한 성문제를 야기하기도 한다(백혜정, 김은정, 2008; 홍봉선, 남미애, 2013).

최근 청소년 대상 성매매가 이루어지는 주된 경로는 인터넷으로 나타났다. 익명성과 비대면성의 특성이 강한 채팅 사이트를 통해 인터넷 성매매가 증가하고 있고, 성매매의 형태도 다양해지고 있으며, 처음 성매매에 유입되는 연령도 점차 낮아지고 있고, 상습적 성매매청소년이 증가하고 있으며, 위기청소년뿐 아니라 일반 청소년으로까지 그 범위가 확대되는 등 최근 청소년 대상 성매매 사건은 급격한 증가 추세에 있다(성윤숙, 박병식, 2009).

청소년을 대상으로 하는 성폭력 또한 증가하고 있다. 청소년이 성폭력의 피해자가 되는 경우 성폭력은 성에 대한 관점도 변화시켜 부정적인 남성관과 성적 혐오감, 증가된 이성교제와 결혼에 대한 비관적 전망 등을 갖게 한다(신기숙, 2011). 특히 청소년기 연령의 성폭력피해자는 아직 성장 · 발달단계에 있기 때문에 성인에 비해 더 심각하고 장기적인 영향을 받으므로 청소년 성폭력피해의 심각성에 대한 대책이 요구되고 있다.

3. 유형

청소년의 성문화와 관련된 다양한 문제 중 현재 사회적으로 가장 우려가 되고 있는 십 대 임신, 청소년 성매매 그리고 성폭력에 대해 자세히 살펴보고자 한다.

1) 십 대 임신

"배가 불러 오고 입덧을 해도 복통인 줄 알고 9개월이 다 돼서야 병원에 가서 임신인 줄 알았다." "임신인 줄 모른 채 교복의 조끼가 터질 듯해 겨우 단추를 끼우고 학교에 다녔다."는 십 대 미혼모의 이야기는 바로 우리 사회 청소년의 성의 현주소를 보여 준다.

현대 산업사회로의 이행과 함께 전통적인 가치관이 붕괴되면서 청소년의 무분별한 혼전 성관계가 늘어나고, 대중매체의 자극에 따른 성개방화 추세로 청소년의 성행동이 활발해지면서 십 대의 임신이 증가하여 사회문제가 되고 있다. 이러한 십 대 임신은 미성숙한 연령에서 임신한 것으로 혼전 성관계에 대한 도덕관념의 약화, 피임에 관한 정확한 정보 제공의 부족, 그리고 청소년기의 성적 충동에 대한 조절능력의 미약함으로 발생하고 있다(김성이 외, 2010).

십 대 청소년의 임신과 출산은 아동양육과 심리적 · 경제적 어려움으로 청소년 개인과 사회 전체의 사회경제적 비용을 증가시키고 있다. 십 대 임신은 대부분 부모 역할을 수행할 준비가 되어 있지 않은 상태에서의 뜻하지 않거나 원하지 않은 임신으로 정신적인 고통과 경제적 문제 그리고 건강 문제를 동반한다. 정신적 건강과 관련하여 뜻하지 않은 임신은 당사자에게 수치심, 공포감, 죄의식, 소외감을 갖게 하고, 십 대 산모의 신체적 미성숙으로 임신 자체의 위험성이 증가하여 임신중독증, 저체중아, 선천성 기형, 신생아 사망률의 증가 위험도 높다. 뿐만 아니라 십 대 임신의 결과로 출생한 아기는 정상 임신으로 출생한 아기에 비해 영아 사망률과 유병률이 훨씬 높고, 미숙아인 경우도 적지 않다. 또한 원하지 않는 임신에 대한 해결책의 하나인 낙태는 청소년에게 상실감, 죄책감, 무력감, 우울증 등의 심리적 문제와 함께 신체적 질환과 불임 등의 새로운 문제를 초래하기도 한다.

또한 사회경제적 측면에서 대부분의 십 대 미혼모는 임신 중기 이후부터 학업을 포기한 상태에서 가출했거나 가정과도 결별한 경우가 적지 않고, 미혼부로부터 유기되어 혼자서 자녀를 출산 · 양육하는 경우가 많다. 따라서 이들은 기본생활의 유지, 산전 및 산후 관리, 자녀 출산 및 양육, 사회에서의 고립 등의 복합적인 문제를 안고 있다(이소희 외, 2005). 특히 학업중단과 저학력으로 취업의 기회가 줄어들게 되면서 불투명한 진로 때문에 경제적 빈곤 상태에 놓이기 쉽고, 사회나 가정의 도움과 지지가 없는 경우에는 가출이나 재임신을 하게 되며, 손쉽게 돈을 벌 수 있는 유흥업에 종사하기 쉬워 또 다른 사회문제를 유발할 수 있다.

2) 청소년 성매매

1990년대 중반부터 왜곡된 성문화가 확산되면서 인터넷, 휴대전화 등의 첨단 통신 매체를 이용한 청소년 성매매가 빠르게 증가하고 있다. 특히 과거에는 생계비 마련과 같은 경제적인 이유가 성매매의 주된 이유였던 반면, 최근에는 성에 대한 호기심이나 욕구 충족 혹은 유흥비 마련과 같은 요인들로 성매매가 증가하고 있다. 그 밖에 최근 성매매를 하는 청소년이나 성인은 단지 금전을 매개로 한 성관계를 넘어 자신의 이익추구를 위해 여타의 비행까지 감행함으로써 성매매를 각종 범죄의 발판으로 이용하고 있어 심각한 사회문제를 낳고 있다(오은복, 2003; 유문무, 2005; 이소희 외, 2005).

성매매청소년의 특징을 살펴보면, 대부분이 성적 호기심이 많고 과거에 성매매 경험이 있으며, 가출했거나 학교중단 상태다. 성폭력피해로 낮아진 자아존중감은 자포자기의 심정으로 성비행이나 성매매에 쉽게 빠지게 하는 직접적 요인이 되고 있다. 이들 청소년은 물질주의적 가치관, 청소년 성매매를 부정적으로 여기지 않고 죄의식을 전혀 느끼지 않는 잘못된 가치관 등을 갖고 있다. 또한 생계비, 용돈, 유흥비 마련 등이 성매매를 하는 이유로 밝혀지면서 용돈이 필요한 청소년이나 생활비가 필요한 가출청소년에게 가장 유혹적인 아르바이트로 성매매가 떠오르고 있다(성윤숙, 박병식, 2009).

일반 성매매와 구분되는 인터넷 성매매의 특징은 다음과 같다. 첫째, 성매매 제안 공간이 확대된다는 점으로, 보다 광범위한 일상적인 공간에서 청소년은 본인의 의사와 무관하게 거래 제안을 받고 있다. 둘째, 성매매 유형이 다양해지고 있다는 점으로, 인터넷 공간에서는 시간과 공간을 초월해서 여러 부류의 사람 간에 접속이 가능한 채팅의 특성을 이용해 다양한 유형의 성적 거래가 진행되고 있다. 셋째, 인터넷이 사전 정보교환의 수단으로 이용되고 있다는 점으로, 신분노출이 염려되는 게시판이나 공고를 이용하기보다는 인터넷을 이용한 개인 간의 쪽지나 대화를 자주 활용하여 성매매가 이루어지고 있다. 넷째, 성에 대한 놀이 개념이 부각되고 있다는 점으로, 인터넷 공간에서는 성매매를 조장하거나 청소년을 대상으로 성을 묘사하는 것에 대해 놀이나 유희의 개념을 강조하고 있으며, 그 결과 청소년 성매매가 확산되고 있다(박경래, 2008; 성윤숙, 박병식, 2009).

청소년 성매매의 최근 경향을 살펴보면 성매매청소년 중 학생의 비중이 증가하고 있고, 성을 사는 성인의 연령이 하향 추세를 보이고 있으며, 성매매에 대한 청소년과 성인의 도덕적 불감증이 만연되어 있다. 특히 성매매청소년의 연령이 급속히 낮아지고 있고, 그 형태도 전통적인 매춘행위에서 벗어나 휴대전화나 컴퓨터를 통한 사이버매춘에서 원조교제로 점점 다양화·음성화되고 있다(홍봉선, 남미애, 2013). 최근에 청소년 성매매는 인터넷의 발달로 익명성에 의해 쌍방의 조건에 맞추어 신속하고 간편하게 이루어지고 있으며, 보이지 않는 곳에서 폭넓게 확산되고 있다(김영화, 최영진, 2012).

청소년 성매매는 청소년 개인에게 신체적·정신적 손상을 초래하여 자아 발달에 부정적인 영향을 줌으로써 청소년의 건전한 인간관계 형성 및 성장을 크게 저해할 수 있다. 또한 자신의 성을 돈벌이의 수단으로 여겨 성 가치관을 왜곡할 뿐만 아니라 임신, 낙태 혹은 성병에 의한 신체적 손상을 초래할 수도 있다. 뿐만 아니라 성매매 시 상대방으로부터 받은 모멸감과 자기부정의 경험, 사회로부터의 소외감, 타인에 대한 불신감 등에 따라 정서적 문제가 발생하고, 부모나 미래의 배우자에 대한 죄의식으로 부정적인 자아개념을 형성하게 된다(조성연 외, 2000). 이러한 부정적인 자아개념은 타인과의 건전한 인간관계를 형성하는 데 장애가 되며, 자신의 미래에 대한 의지를 소멸시키거나 약화시킴으로써 청소년의 건강한 성장과 발달에 치명적으로 부정적인 영향을 미친다(정규석, 김영종, 2003). 사회적인 측면에서도 청소년 성매매는 매춘산업 등 성의 상품화에 또 다른 공급경로를 제공함으로써 이를 더욱 부추겨 사회의 건전한 성윤리를 파괴하고 있다.

3) 청소년 성폭력

성폭력이란 일반적으로 상대방의 동의 없이 강제적으로 성적 행위를 하거나 성적 행위를 하도록 강요·위압하는 행위 및 성행위를 유발시키는 선정적 언어로 유인하는 행위 또는 위계에 의한 행위를 의미한다. 특히 청소년 대상 성폭력이란 청소년에 대한, 또는 청소년 사이에서 일어나는 성희롱, 성추행, 성폭행 등을 의미하는데, 이는 인격을 침해한 범죄이고 심각한 사회문제다.

청소년의 성경험 시기가 빨라지고 있고 인터넷을 통한 청소년 성매매도 심각한 수준에 이르고 있는 현실에서 성을 상품화하고 폭력을 행사하는 수준도 점점 더 심각해지고 있다. 전영실 등(2007)에 따르면, 지난 10년 동안 성폭력 범죄는 두 배 가까이 늘어 연간 최대 1만 3,000여 건에 이르고 있으며, 특히 미성년 성폭력 가해자가 늘어나고 있어 초·중·고등학교에서 발생하는 성범죄의 수위가 높아지고 있음을 보여 준다.

청소년기의 성폭력 경험은 경험 후에 외상후 스트레스 장애(PTSD)를 겪을 위험이 크고, 성인이 되어서도 심각한 장애로 남을 수 있기 때문에 심각하다. 즉, 청소년 성폭력의 피해자는 신체적 피해와 같은 신체적 외상뿐만 아니라 일생을 통해 불안, 두려움, 우울, 분노 등의 심리정서적 후유증에 시달리게 되고 사회생활 및 대인관계상의 어려움을 겪곤 한다. 특히 자아가 확립되지 않고 감수성이 예민한 청소년기에 성폭력 경험을 하게 되면 육체적·정신적으로 감당할 수 없는 심각한 상태에 이르게 되면서 자신에 대한 자아존중감 상실로 삶을 포기하거나 무기력증에 빠지기가 쉽다.

이에 덧붙여 사이버 성폭력은 인터넷상에서 상대방에게 일방적으로 성적 메시지를 전달하여 불쾌감이나 위압감 등의 피해를 유발하는 행위를 말한다. 원치 않는 성적인 언어나 이미지를 사용함으로써 위협적·적대적·공격적인 통신 환경을 조성하여 상대방의 통신 환경을 저해하거나 현실 공간에서의 피해를 유발하는 경우로 온라인 성폭력이라고도 한다.

이러한 사이버 성폭력의 유형은 다음과 같다. 첫째, 사이버 성희롱이다. 둘째, 전화나 전자메일을 통해 집요하게 성적 희롱을 하거나 대화방 또는 토론방을 찾아다니면서 괴롭히는 행위인 사이버 스토킹이다. 셋째, 사이버 명예훼손이다. 마지막으로, 음란한 사진, 음란한 만화를 포함하는 사이버 음란물 게시 등이 있다(조은경 외, 2011).

4. 실태 및 문제점

1) 실태

우리나라는 2011년 언론에서 아동 성폭행 사건을 다루고 공론화함에 따라 사람들이 아동·청소년을 대상으로 한 성폭력의 심각성을 인식하고 있으나 성폭력범죄는 날로 증가하고 재범률은 감소하지 않는 추세를 보이고 있다. 그럼에도 불구하고 청소년 관련 성문제는 개인 간에 익명으로 이루어지는 특성 때문에 현황 파악이 어려울 뿐만 아니라 전반적인 윤곽이나 그 추세를 파악하는 것도 쉽지 않다.

최근 대검찰청 통계자료(2012)에 따르면, 2011년에 청소년 성범죄자 수는 1,883명이었는데 2012년에는 2,164명으로 약 15% 증가하여 지난 2011년에 비해 2012년 한 해 동안 청소년 성범죄자 수가 281명이 더 늘어난 것으로 조사된다. 뿐만 아니라 2012년 전체 성범죄자 2만 2,034명 중 청소년 성범죄자가 2,021명에 달하여 이 숫자는 전체 성범죄자의 9.17%에 이를 정도로 심각한 양상을 띠고 있다.

(1) 성에 관한 태도

성 관련 태도에 있어서 혼전 성관계에 대해 조사한 결과(여성가족부, 2012a), 청소년에게서도 전반적으로 성 개방적인 성향이 나타나고 있으며, 남성일수록, 고등학교로 올라갈수록 성 개방적인 성향이 큰 것으로 나타났다. 그러나 이성과의 포옹/키스 등 성적인 접촉에 대해서는 찬성(46.2%)이 반대(19.1%)보다 많았지만 혼전 성관계는 해서는 안 된다는 의견이 많은 것으로 나타났는데, 이는 전통적인 성문화가 디지털 세대인 청소년에게도 여전히 영향을 미치고 있음을 보여 준다. 반면, 백혜정과 김은정의 조사(2008)에서 두 사람 간에 애정이 있거나 결혼을 약속한 사이라면 혼전이라도 성관계를 가질 수 있다는 응답의 비율이 과반수에 가깝게 나타났는데, 이는 시간의 흐름에 따라 청소년이 혼전 순결에 대해 좀 더 개방적인 사고를 하고 있음을 시사하고 있다.

한편, 성 관련 고민이나 문제가 있을 경우 혼자서 해결한다고 응답한 청소년이 조사 대상자의 38.4%로서 가장 많았고, 친구나 선배(24.9%), 어머니(16.5%), 아버지(3.9%), 형제자매(2.6%), 전문상담 기관(2.0%)의 순이었으며, 학교 교사(1.0%)라는 응답이 가장 적었다(여성가족부, 2012a). 따라서 부모나 학교 교사, 전문상담 기관보다는 혼자 해결하거나 친구 또는 선배와 상담하는 비율이 높게 나타났는데, 이러한 결과는 청소년이 성에 관한 왜곡된 이미지와 부정확한 지식을 갖게 될 가능성이 높음을 시사한다.

(2) 성행동 경험

이성교제가 활발해지고 성에 대한 개방성이 높아지면서 성관계를 경험하는 학생이 점차 늘어나고 연령은 낮아지고 있다. 여성가족부(2012a)의 조사에 따르면, 청소년 성관계 경험률은 3.1%이고 최초로 성적인 접촉을 한 연령은 14.0세, 성관계를 한 연령은 15.1세이며, 첫 성관계 경험 대상은 60.2%가 이성친구라고 응답했다. 성관계를 가지게 된 계기는 서로가 원해서라는 응답이 69.7%로서 가장 많았고, 상대가 싫어했지만 강제적으로(14.6%), 술 등에 취하여 나도 모르게(9.4%)의 순으로 나타났다. 특히 음주 등으로 인한 우발적인 성관계도 적지 않은 비율을 차지하고 있음은 주목할 필요가 있다. 이에 덧붙여 성관계를 통해 임신을 하거나 임신을 하게 한 경험이 있는 청소년은 전체 성관계 경험자 중 24.1%로 나타났다. 또한 성관계 경험이 있는 중학생은 매우 소수이지만, 성 관련 지식의 부족으로 원치 않은 임신을 하게 되는 경우가 고등학생보다 많은 것으로 추측된다.

다음으로, 성관계 경험이 있는 청소년 중 금품이나 편의 제공을 대가로 하여 이성과 성관계를 가진 청소년은 27.7%로서 전체의 1/5 수준에 달하였다. 특히 다른 사람으로부터 금품이나 편의 제공을 대가로 한 조건만남을 제안받은 경험이 있는 청소년은 2.1%로서 소수였고, 자신이 직접 조건만남을 제안한 경험이 있는 청소년은 0.9%로서 극히 소수에 머물렀다. 또한 조건만남의 제안이 성매매로 연결된 비율이 24.7%로 나타났고, 자신이 제안한 조건만남이 실제 성매매로 연결되었다고 응답한 비율은 58.3%로서, 조건만남을 제안한 경험이 있는 청소년은 극히 일부에 불과하지만 그것이 성매매로 연결될 확률은 매우 높은 수준임을 알 수 있다.

이러한 조건만남을 제안받은 경로는 친구나 선후배의 소개(26.0%), 휴대전화를 통한 채팅 및 문자 메시지(25.9%)가 유사한 수준이었고, 길거리 및 공원(16.6%), 채팅 및 이성교제 사이트(15.6%), 식당, 술집, 나이트클럽 등 업소(12.0%), 조건만남 전화서비스(2.1%)의 순으로 나타나 휴대전화와 컴퓨터(인터넷)가 청소년의 조건만남의 주요 경로가 되고 있음을 알 수 있다. 특히 휴대전화 채팅 및 문자 메시지라는 응답이 중학생은 41.7%, 고등학생은 15.3%로 나타나 중학생의 조건만남을 위한 휴대전화 활용도가 고등학생에 비해 월등하게 높은 수준임을 알 수 있다.

(3) 성폭력 경험

성폭력피해와 관련한 여성가족부의 조사(2012a)에 따르면, 지금까지 다른 사람으로부터 성희롱, 성추행, 강간 등 성폭력피해를 당한 경험이 있는 청소년은 4.4%로 나타났다. 또한 자신에게 성폭력을 행사한 가해자는 평소 친분관계에 있는 아는 사람이 55.0%로서 모르는 사람보다 많았고, 대체로 학년이 낮을수록 아는 사람으로부터 성폭력을 당하는 사례가 많은 것으로 밝혀졌다. 이에 덧붙여 자신이 성폭력을 행사한 피해자는 평소에 알던 사람이 75.7%로서 전체의 3/4을 차지하였다. 이러한 조사 결과를 통해서 볼 때, 청소년에게 성폭력을 행사한 가해자와 청소년이 성폭력을 행사한 피해자가 모두 평소에 모르는 사람인 경우보다는 알고 지내는 사람인 경우가 다수임을 알 수 있다.

특히 성폭력 유형 중 사이버 성폭력의 발생 빈도가 매우 높고 지속적으로 나타났다. '원하지 않는 음란메일이나 메시지를 받는 등의 사이버 성폭력의 피해를 입은 적이 있다.'는 응답자가 76.8%로 가장 높게 나타났고, '불쾌한 성적 농담이나 성적 욕설 등의 성희롱을 경험'한 경우가 22.2%, '추근거리거나 의도적인 신체 접촉, 키스나 포옹 등의 성추행을 경험'한 경우가 21.7%, '강간'이 0.5%로 나타났다(임주현, 2005).

그러나 청소년은 성폭력피해에 대해 적극적으로 대응하지 않는 것으로 나타났다. 성폭력피해를 당한 뒤 이를 신고한 청소년은 12.7%에 머물러 대다수가 신고하지 않고 있고, 특히 자신이 성폭력피해를 당한 사실을 부모가 알고 있다고 응답한 청소년은 39.6%로서 부모가 모르고 있는 경우가 더 많았다. 사이버 성폭력의 경우 93%의 청소년이 '그냥 지워 버린다'고 하였고, 성희롱의 경우도 '같이 농담을 한다'가 42.2%, '참고 모른 척한다'가 31.1%, 성추행의 경우는 '없었던 일로 묻어 버린다'가 95.7%로 나타나 대부분의 피해자가 성폭력피해에 적극적으로 대응하지 않은 것으로 나타났다(임주현, 2005). 특히 성희롱의 경우 '같이 농담을 한다'가 가장 높게 나타나 성희롱이 학생 사이에서 일상적인 농담의 형태로 이루어지고 있고, 성적 언어에 대한 청소년의 태도가 느슨해진 것을 알 수 있다. 성추행에 적극적으로 대처하지 않는 이유로는 52.3%가 어떻게 해결할지 몰라서라고 답변하였는데, 이는 성추행 발생 시 대처 방안에 대한 사전정보나 청소년에게 실질적인 도움을 줄 수 있는 곳이 없다는 의미로 여겨지고 성추행에 대응하는 것 자체를 많이 불편해하고 있음을 말해 준다.

(4) 성매매

「성매매특별법」 시행 이후 청소년 성매매의 80% 이상이 인터넷 채팅을 통해 이루어지고 있고, 그 수치도 현저히 증가하는 가운데, 성매매사범 중 20% 정도가 청소년을 대상으로 한 성매매로 밝혀졌다. 2007년 국가청소년위원회가 발표한 청소년 대상 성범죄자 신상공개자료 분석 결과에서도 성범죄자와 대상청소년이 만나게 된 방법으로 인터넷이 82%나 되는 비율을 차지하였다(성윤숙, 박병식, 2009).

여성가족부(2010b)에 따르면, 성매매를 했던 일반 청소년의 가장 주된 이유는 '성에 대한 호기심과 욕구'(37.4%), '사고 싶은 것을 사려면 돈이 필요해서'(33.0%)의 순으로 이들의 성매매가 더 이상 생계 유지만을 위한 수단이 아님을 보여 주고 있다. 또한 '성에 대한 호기심과 욕구'를 성매매를 하는 주요 이유로 꼽은 정도는 일반 청소년과 위기청소년 모두에서 중학생(일반 청소년 40.1%, 위기청소년 23.7%)이 고등학생(일반 청소년 34.7%, 위기청소년 19.6%)에 비해 높아, 어린 청소년의 경우 성매매에 대한 동기가 자신의 호기심이나 욕구 충족에 있음을 보여 주고 있다.

최근 사회문제로 대두되고 있는 인터넷 성매매와 관련하여 성윤숙과 박병식(2009)의 조사에 따르면, 인터넷 성매매를 하게 된 계기는 응답 여자 청소년 43명 중 절반 이상인 23명의 청소년이 가출 후 생활비가 필요해서라고 응답하였고, 용돈이나 유흥비를 마련하기 위해 성매매를 하게 된 청소년은 8명인 것으로 나타났다. 첫 성매매 연령은 16~17세가 56%로 가장 많았고, 13~15세도 30%로 나타났으며, 성매매 횟수 '10회 미만'(37%)보다 '10회 이상 50회 미만'(40%)이 더 많았고 '100회 이상'이 21%에 달해 상습적 성매매 청소년이 증가하고 있음을 알 수 있다.

그 밖에 가출은 청소년 성매매로 연결되는 주요 경로로 밝혀지고 있다. 성윤숙과 박병식의 조사(2009)에 따르면, 심층면접 대상 43명 중 88%(38명)가 가출 경험이 있는 것으로 밝혀졌다. 그러나 가출청소년 가운데 얼마나 많은 수가 성매매에 유입되는지 추산하기는 어렵다.

가출한 10대 성매매에 내몰려… "또래포주도 있다니"

"13살 ㄱ양은 가출해 찜질방 등을 전전하다 함께 어울리던 두 10대 청소녀로부터 조건만남을 할 것을 요구받았다. 이들은 번 돈의 일부를 조건만남을 주선했던 10대 청소년한테 주었고, 원룸을 얻어 함께 살았다. ㄱ양이 조건만남을 거부했지만, 폭언·폭행에 대한 두려움으로 계속하게 되었고 모든 돈도 빼앗겼다." "15살 ㄴ양은 자신들을 '가출팸'이라고 소개한 아이들의 '기지'로 가서 숙식을 제공받았다. 이들은 10대 여자 셋과 남자 다섯이 모였는데, 그중 가장 나이가 많은 18살 남자가 '대장' 역할을 했다. 이 10대 청소년들은 조건만남을 알선하였고 청소녀들이 성매매를 해서 그 수익으로 생활해 왔다. '대장'은 모두 나간 사이 ㄴ양을 때리고 성폭행하며 조건만남을 강요했다."

가출 10대 청소녀들이 '또래포주'로부터 당하고 있는 사례다. 여성인권상담소를 비롯한 전국의 40여 개 단체는 최근 '김해 여고생 살해사건' 담당재판부인 창원지방법원 제4형사부에 의견서를 냈다. 이 사건은 20대 남성 3~4명이 가출 여중생 및 여고생 4명에게 조건만남을 시키고, 김해의 한 여자고등학교 1학년이었던 피해자(15)가 이들에게 맞아 사망한 사건을 말한다. 여성단체들은 "언론은 이 사건을 또래집단에서 일어난 무자비한 살인과 폭행으로 보고 있지만, 이는 우리 사회에서 청소년, 특히 10대 청소녀가 어떤 위기 상황에 몰려 있는지를 단적으로 보여 주는 중요한 사건이라 의견서를 낸다"고 밝혔다.

– 중략 –

이들은 "사건의 표면적 실체보다 그 아래 묻혀 있는 어린 청소녀의 절규에 귀 기울여 달라"며 "여중생이 사건에 가담될 수밖에 없는 이유는 사회적 안전망도 질서도, 그 어떤 보호체계도 없는 무시무시한 사회 속에서 살아남기 위한 참혹한 몸부림이었다"고 밝혔다. 여성단체들은 "10대 가출 청소녀는 사회적 안전망이 붕괴된 가운데 방치되고 버림받았다"며 "가정의 위기 속에서 사회의 냉담한 무관심 속에 버려진 청소년이 올바르게만 자라나기만을 바라는 것은 사회적 모순"이라고 지적했다. 10대 청소녀는 성매매의 표적이 되고 있다. 여성단체들은 "현행 「근로기준법」상 18세 미만은 부모와 후견인의 동의서 없이 편의점이나 일반식당 등에서는 아르바이트를 할 수 없기에 가출한 청소녀는 온전히 거리를 전전하고, 먹고 잘 수 있는 곳을 찾다가 결국 성매매의 표적이 되고 만다"고 설명했다.

여성단체들은 "먹고 살기 위해 또 다른 가출 청소녀의 성매매를 알선하게 되고 결국 '또래포주'라는 심각한 범죄를 저지르게 되는 것"이라며 "가출 청소녀가 여전히 성매매를 선택할 수밖에 없는 이유는 세상에서 자신을 필요로 하는 유일한 곳이 성매매뿐이었다는 것이고, 이들의 이 같은 호소를 우리 사회는 잊지 말아야 한다"고 강조했다.

출처: 오마이뉴스(2014. 11. 4.).

(5) 성교육

청소년이 지난 1년간 성교육을 받은 기관은 학교(90.8%)가 가장 많았고, 이어서 청소년·사회복지 시설(6.3%), 기타 전문기관(4.3%), 의료기관(2.4%)의 순이었다. 또한 성교육 경험률과 관련하여 최근 1년간 성교육을 받은 경험이 있는 청소년은 75.6%로서 전체의 3/4 수준에 달하였고, 학년별로는 중학교 2학년의 성교육 경험률이 87.6에 달하는 반면, 고등학교 3학년은 53.7%에 머물러 학년이 올라갈수록 성교육 경험률은 감소하는 추세를 나타내었다. 또한 청소년이 처음 성교육을 받은 시기(평균)는 초등학교 5학년 무렵이었고, 성교육 경험자 중 76.2%가 초등학교 무렵에 성교육을 받은 것으로 나타났다(여성가족부, 2012a). 그 밖에 백혜정과 김은정(2008)의 연구에 따르면, 95%가 학교에서 성교육을 받은 경험이 있다고 응답하여 학교에서의 성교육이 일반화되어 있음을 알 수 있다.

성교육의 내용을 살펴보면, 성매매 예방 및 대처 방법(63.4%), 이성교제(58.7%), 임신과 출산, 피임 및 인공유산(53.1%), 성역할과 양성평등(48.4%), 성질환 예방과 대처(47.3%), 성관계 및 혼전 순결(36.3%) 순으로 나타나, 학생이 학교에서 비교적 다양한 내용의 성교육을 받고 있음을 알 수 있다. 다만 교육방법에 있어서 교사의 강의(74.9%), 비디오 시청(67.7%)이 대다수를 차지한 반면, 활동위주의 교육은 4.3%에 그쳐 교육 내용에 대한 문제점이 제기되고 있다.

성교육의 도움 정도에 대해서는 도움이 되었다는 응답(33.2%)이 도움이 되지 않았다는 응답(17.8%)보다는 많았지만, 그저 그렇다는 유보적인 응답(49.0%)이 다수를 차지하였다. 또한 학년별로는 도움이 되었다고 응답한 청소년은 중학교 1학년은 43.8%에 달하는 반면, 고등학교 3학년은 24.6%에 머물러 대체로 학년이 올라갈수록 성교육의 도움 정도에 대해서 부정적으로 평가하고 있음을 알 수 있다. 그 밖에 지난 1년간 받은 성교육의 부족한 점에 대해서는 없다는 응답이 45.2%로서 다수였고, 이어서 교육 및 강의 방식이 재미없었다(31.3%), 교재 내용이 부실했다(8.5%), 교육 시간이 부족했다(7.6%)의 순이었으며, 담당교사 및 강사가 비전문적이었다(3.0%)가 가장 적었다(여성가족부, 2012a).

2) 문제점

앞의 실태조사에서 보는 바와 같이, 청소년은 이성친구와 교제하는 경우가 증가하고 있고, 성에 대해 개방적이며, 성 경험의 시기가 빨라지고 있고, 심지어 혼전 성관계에 대해서도 허용적인 사고를 갖고 있다. 따라서 청소년 성 경험은 점차 저연령화 추세에 있고 인터넷을 통한 성매매가 증가하면서 성폭력, 임신, 낙태, 미혼모 등의 문제가 발생하고 있다. 특히 저속한 잡지, 불법음란 비디오, 음란 사이트, 채팅 등은 청소년의 왜곡된 성 지식과 무분별한 성행위를 조장하고 있고, 충동적인 성범죄를 부추기는 폐단을 낳고 있다.

(1) 성 경험의 저연령화

최근 들어 과거에 비해 청소년의 성에 대한 관심이 높아지고 있을 뿐만 아니라 성 개방의식이 확산되고 있고 신체적 성숙의 시작과 완료 시점도 점점 빨라지고 있다. 이에 따라 청소년이 음란물을 처음으로 접하는 연령도 낮아지고 위험행동에 노출될 수 있는 시기 역시 과거에 비해 점차 빨라지고 있다. 여성가족부(2012a)의 조사에서는 대부분의 성인용 매체 이용이 중학교 1학년에 시작하는 것으로 나타났다. 정신적 성숙이 따르지 않는 이른 시기의 성행동은 이에 따라 야기될 수 있는 임신, 질병, 학업중단, 사회 참여 기회 박탈 등의 부정적 결과에 대해 미성숙하고 무책임한 대응으로 이어지기 쉽다.

또한 청소년은 성에 대한 개방적인 태도나 빈번한 성행동과는 달리 성행동에 따른 십 대 임신, 낙태, 출산, 성병, 성폭력, 미혼모 등의 실제적인 문제에 대해서는 무방비 상태에 놓여 있다. 최근 무절제한 성개발 풍조, 성 가치관의 혼돈, 성규범의 약화, 무지 등으로 미혼모의 수는 점차 증가하고, 이러한 증가 추세는 앞으로도 지속될 전망이다. 이에 덧붙여 미혼모의 연령이 어린 경우에는 미혼모나 자녀에게 여러 가지 문제가 발생할 위험성이 높다. 즉, 미혼모는 일반 임신에 비해 적절한 의료적 검진과 산전관리가 미흡하여 임신중독, 빈혈, 조산아·미숙아·기형아 분만 또는 자연유산이나 사산 등의 위험을 경험할 비율이 훨씬 높다. 또한 태어난 영아는 아동학대의 위험과 함께 지적장애, 과잉행동 등과 같은 문제를 가질 비율이 높다(김성이 외, 2010, p. 267). 따라서 어린 시기에 성매매를 포함한 위험한 성행동에의 노출의 심각성을 인식해야 한다.

(2) 유해한 성문화 환경

청소년의 성문제를 조장하는 부정적인 사회적 환경이 만연되어 있다. 청소년은 주변의 향락업소는 물론 컴퓨터를 통한 사이버 음란물이나 음란통신, 음란 비디오테이프 등을 통한 퇴폐문화 때문에 성적 유해환경에 쉽게 노출되고 있다. 이러한 유해매체에의 노출은 청소년에게 왜곡된 성의식을 형성하도록 하고, 왜곡된 성의식을 형성한 청소년은 또다시 온라인을 통해 보다 자극적인 성적 유해매체에 더 많이 접근하는 경향을 보이는 동시에 실생활에서도 잘못된 성행동을 하곤 한다. 특히 유해음란물에 대한 청소년의 접촉 비율이 높은 것은 왜곡된 성의식 및 행동이 일부 비행청소년뿐 아니라 일반 청소년의 문제로까지 확대될 수 있음을 시사한다(백혜정, 김은정, 2008; 이성식, 2004).

이에 덧붙여 인터넷 성매매가 증가하고 있다. 인터넷을 통한 성매매 비율은 2000년 44.8%에서 2006년 90% 이상으로 급격하게 증가하였고(보건복지가족부, 2008a), 특히 상습적 성매매 청소년의 수가 증가하고 있다. 이러한 성매매의 증가는 접근성이 용이하고 익명성이 보장되는 인터넷 채팅과 휴대전화 사용 증가 등의 매체환경의 변화 때문으로, 이에 따라 청소년의 삶의 황폐화가 심각한 수준에 이르고 있다. 또한 경기불황에 따른 빈곤가정의 가출청소년 증가도 한 요인으로 작용하면서 청소년 인터넷 성매매가 급속히 확대됨에 따라 이는 일부 비행청소년만의 문제가 아니라 경제적 어려움에 처한 청소년이면 누구나 손쉽게 성매매로 유입될 가능성을 높이는 것이다. 그 밖에도 성매매를 계기로 한 인권침해 및 범죄행위가 증가하고 있어서 심각성은 더욱 심화되고 있다(성윤숙, 박병식, 2009).

(3) 지원체계의 미비

우리 사회는 다양한 성문제에 따른 사회서비스가 부재하다. 청소년 성문제에 대응하여 국가적·사회적 차원에서 여러 가지 서비스와 정책이 행해지고 있으나 대다수가 단편적이고 일시적이거나 사후적·치료적 접근이 강하고, 그나마 예방적 차원에서 시행되고 있는 프로그램의 경우에도 접근성이 용이한 일부 청소년에게만 적용될 뿐이다.

현재 성폭력피해자를 지원하기 위한 사회복지 지원체계는 성폭력상담소와 보호시설이 있으나, 성폭력상담소의 경우 청소년의 접근성이 높지 않고 홍보가 부족하다. 또한 학교에서는 성폭력 예방 및 성교육을 실시하고 있으나 관례적인 수준에 불과하고 성폭력피해 학생을 위한 별도의 적절한 상담지원체계나 재활 프로그램은 거의 없다. 오히려 성폭력 사실을 알릴 경우 전학이나 자퇴를 요구하여 피해학생이 불이익을 받는 경우가 적지 않다(임주현, 2005).

한편, 인터넷 성매매 청소년을 위한 사회적 지원체계에도 문제점이 있다. 현재 성매매 피해 청소년을 보호하는 체계는 시설 중심의 지원체계로, 여성가족부 산하 청소년쉼터, 청소년지원시설 등을 중심으로 성매매에 노출된 청소년이 기관(쉼터)에 입소하여 개인에게 필요한 서비스를 제공받고 있다. 청소년쉼터 외에 성매매에 노출된 청소년이 도움을 받을 수 있는 기관으로는 1388 전화를 운영하는 청소년상담지원센터나 여성가족부산하 성매매피해여성상담소 등이 있다. 그러나 청소년상담지원센터는 성매매에 대한 전문성이 다소 미흡하고, 성매매피해여성상담소는 청소년의 접근성이 다소 떨어진다(성윤숙, 박병식, 2009). 또한 청소년은 장기적이고 종합적인 지원이 필요함에도 불구하고, 여러 이유로 시설입소를 거부하는 경우가 많아서 사회적 보호체계에서 벗어나 있는 경우가 적지 않다.

그 밖에도 이러한 지원체계에서 일하는 전문인력이 부족하다. 현재 성매매 현장에서 성매매 노출 청소년을 상담하고 법률 지원까지 가능한 인력은 주로 성인 성매매상담소 인력인데, 이들은 청소년에 대한 경험보다 성인 여성에 대한 경험이 더 많다 보니 청소년에 대한 전문성이 떨어지는 경향이 있다.

(4) 성교육의 질적 문제

인터넷, 방송과 같은 매체를 통해 음란물을 접하는 청소년이 많아지면서 학교에서 가르치는 성 지식은 청소년이 이미 친구나 인터넷을 통해 습득한 정보수준에도 미치지 못함에 따라 청소년의 현실을 적절히 반영하지 못한 성교육이 이루어지고 있다. 또한 입시 위주의 사회에서 성교육은 등한시되고 있고, 그나마 실시되고 있는 성교육에 대해 청소년조차 흥미를 느끼지 못하고 있다(구은미 외, 2009).

지금까지 우리나라에서 실시·발행된 성교육 프로그램이나 지침서는 상당수가 생물학적 지식 중심, 순결교육 중심, 기성세대 중심의 성격이 강하다. 그러나 오늘날의 우리나라 청소년의 성행동이나 성문제는 종전의 성교육 방식으로는 다루는 데 한계가 있다. 따라서 현재의 환경 변화를 충분히 반영한, 청소년의 욕구와 관심에 적합하고 청소년이 적극적으로 참여할 수 있는 성교육으로의 전환이 요구되고 있다.

5. 해결 방안

청소년기에 올바른 성의식과 성행동을 형성하는 것은 건전하고 성숙한 사회 구성원으로서의 역할을 감당하는 데 매우 중요하다. 그러므로 국가 차원에서 청소년이 책임 있는 성행동과 성역할을 수행하여 명확한 성 정체감을 형성하도록 도와야 하고, 청소년을 하나의 성적 인격체로서 존중하며 그들의 성적 권리를 보호해야 한다. 또한 청소년은 자신의 행동에 대한 책임을 이행할 의무가 있다. 따라서 구체적인 성교육 프로그램을 통해 성에 대한 이해를 높이고, 성 관련 문제가 발생할 경우 사회의 적극적 도움체계와 사회복귀체계를 통해 올바른 사회 구성원으로 살아갈 수 있도록 도와야 한다.

1) 청소년의 성을 바라보는 시각의 전환

성에 대한 관심과 욕구는 청소년기의 정상적인 발달과업으로, 이를 어떻게 성취하는지에 따라 성 정체감, 자존감, 자아정체감 등에 긍정적 혹은 부정적 영향을 미치게 된다. 그럼에도 불구하고 아직까지도 사회에서는 청소년기의 성적 충동이나 욕구는 자연스러운 발달 과정이라고 주장하면서도 동시에 부정적·이중적 입장을 취해 왔다. 또한 사회에서는 성에 대해 금기시하는 경향이 있어서 가정, 학교 및 사회에서는 올바른 성교육의 필요성을 인식하면서도 청소년이 성에 대해 아는 것에 부담을 갖는다. 따라서 청소년은 올바른 성 지식의 부재와 인터넷 음란 사이트의 범람에 따라 올바른 성 정체성을 형성하지 못하고 있다.

청소년에게 성은 의사소통의 한 방법이며 인간관계를 배워 가는 방식이므로 청소년의 성적 주체성을 인정하고 올바른 성에 대한 인식과 생명존중의 사회 분위기를 형성해야 한다. 즉, 성차별, 성 고정관념, 성에 대한 이중적인 성의식과 성규범을 타파하고 남녀평등의 관점에서 성규범을 새로이 정립할 필요가 있다. 진정한 남녀의 성관계란 동의와 사랑을 기반으로 하고 남녀의 성규범은 다를 수 없다는 태도를 갖게 함으로써 성에 관한 편견을 불식시키고 자신의 성뿐만 아니라 타인의 성을 존중할 수 있는 태도를 배우도록 지도해야 한다(김영화, 최영진, 2012, p. 128).

또한 청소년에게 사회적 관행이나 기성세대의 압력에 구속받지 않고 자신의 의지나 판단에 따라 책임감을 갖고 자신의 성적인 행동을 결정할 권리인 성적 자기결정권을 인식시키고 성적 주체로서 책임 있는 선택을 하도록 교육시켜 삶의 모든 영역에서 스스로 주체가 될 수 있도록 지지해 줌으로써 건강한 사회 구성원으로서 성장할 수 있게 도움을 주어야 한다(구은미 외, 2009).

그 밖에 청소년이 올바른 성윤리를 확립하도록 도와야 한다. 성적 일탈행동을 하는 청소년은 왜곡된 성의식을 가지고 있을 가능성이 높고, 현재는 비록 성적 일탈행위를 보이지 않는 청소년이라 하더라도 왜곡된 성의식을 가지고 있다면 이후에라도 성적 일탈행동을 할 가능성이 높아지므로 청소년으로 하여금 올바른 성의식을 확립하도록 하는 것이 우선시되어야 한다. 더욱이 청소년기에 형성된 성의식은 성인기까지도 지속되는 경우가 많으므로 청소년이 올바른 성의식 및 가치관을 확립하는 것은 매우 중요하다.

2) 법과 제도의 개선

(1) 법

청소년을 유해환경이나 성폭력범죄로부터 보호하고자 하는 법에는 「청소년기본법」 「청소년보호법」 「청소년의성보호에관한법률」 「성폭력범죄의처벌및피해자보호등에관한법률」, 「윤락행위등방지법」, 「아동복지법」 등 다양한 법이 존재하는데, 청소년 적용 연령이 법조항마다 다르다 보니 법 집행이 혼선을 빚고 있다. 따라서 청소년의 성에 관한 문제를 다루는 단일 법체계로 일원화하여 일관성을 유지해야 한다.

특히 2010년 개정된 「아동·청소년의성보호관한 법률」은 성매수를 목적으로 아동·청소년을 유인한 성인까지 처벌하도록 했지만, 그 처벌은 1년 이하 징역 또는 1,000만 원 이하 벌금에 지나지 않는다. 또한 입법적으로 가해자 처벌의 수준이 여전히 낮고, 그것마저도 일정치 않고 예측이 어려운 것이 현실이다. 따라서 청소년 대상 성매매범죄 가해자에게 선진국과 같이 엄격한 제재가 요구되고 있다.

청소년 성매매 예방업무의 효율적 추진을 위해 전담조직을 설치하고 여러 부처에 분산되어 있는 청소년 성보호 관련 업무를 통합적으로 추진해야 한다. 성범죄에 대한 국가정책은 사전예방정책과 사후대응정책으로 나뉘는데, 사전예방정책으로는 성교육, 형벌 외에 성범죄자의 재범 방지를 위한 교정 및 치료 프로그램의 운영이 있다. 그리고 가해자에 대한 사후대응정책으로는 전자발찌의 착용, 신상정보 공개, 취업 제한, 성충동 억제 약물 투여, 교정 및 치료 프로그램 등이 있고, 피해자에 대한 보호와 지원정책으로는 정신과치료 프로그램, 쉼터 제공, 법률 지원 등이 있다. 성폭력 관련 범죄피해에 대한 보호와 지원에 관한 포괄적인 정책은 여성가족부에서 담당하고 있고, 성폭력범죄자의 처벌에 관한 정책은 법무부에서 담당하고 있다. 따라서 유기적인 관계 속에서 이러한 정책이 일관성 있고 지속적·체계적으로 이루어지도록 해야 한다.

다음으로, 청소년 유해매체물 접촉에 대한 적극적인 규제가 요구되고 있다. 청소년은 이러한 유해매체물을 비교적 손쉽게 이용하는데, 동영상의 경우 많게는 80% 이상 경험한 것으로 나타났으며, 이러한 간접 성행동을 많이 하는 청소년일수록 이들의 직접 성행동은 물론 강제 성행동 피해·가해 경험도 증가하는 것으로 나타났다(백혜정, 김은정, 2008). 따라서 청소년의 청소년 유해매체물 접촉에 대한 적극적인 규제와 유해매체로부터 청소년을 보호할 수 있는 적극적인 대책이 강구되어야 한다.

그 밖에 청소년을 사이버 성폭력으로부터 보호할 수 있도록 법적 조처를 강화하고 인터넷을 이용한 성매매가 청소년에게 미치는 치명적 · 장기적 영향을 고려하여 이를 사전에 예방 · 차단하는 조치가 요구되고 있다. 즉, 인터넷 성매매 근절을 위한 전담조직 설치, 채팅 사이트에 대한 모니터링 및 단속 강화, 성매매 피해 청소년 대상 맞춤형 지원 확대, 성매매 우려 사이트에 대한 인터넷 실명제 확대가 필요하다(성윤숙, 2011).

앱 이용 청소년성매매 활개…유인행위 신고는 되레 감소

인터넷 채팅과 스마트폰 앱을 이용한 성매매가 활개를 치는 가운데 아동 · 청소년을 대상으로 한 성매매 유인행위 신고 건수는 되레 감소세로 나타났다. 따라서 청소년을 대상으로 한 성매매 유인행위에 대한 처벌을 강화하고 신고의 실효성을 높일 필요가 있다는 지적이 나온다.

13일 경찰청 '117 신고센터'에서 집계한 청소년 성매매 유인행위 신고 건수는 2010년 573건, 2011년 545건에서 2012년 688건으로 늘었다가 지난해 579건, 올 들어 9월까지 420건으로 감소세를 보이고 있다.

아동 · 청소년 대상 성매매 범죄 대부분이 기존의 성매매 집결지가 아닌 인터넷 채팅과 스마트폰 채팅 앱을 통해 이뤄지고 있어 신고를 활성화할 방안 모색이 시급하다.

여성가족부는 지난 2010년 인터넷에서 이뤄지는 아동 · 청소년 성매매 유인행위를 즉각 신고할 수 있도록 만든 '유스 키퍼(Youth Keeper)' 프로그램을 개발한 바 있다. 이것은 인터넷 채팅 도중 성매수 행위를 제의받으면 즉각 증거화면을 캡처하고 경찰청으로 신고 접수가 가능한 프로그램이다. 하지만 유인행위 신고 건수의 감소 현상은 3,000만 원을 들여 만든 시스템이 제대로 작동하지 않는다는 것을 방증한다.

또 여성가족부는 2012년 3월부터 아동 · 청소년을 대상으로 성매매를 유인하는 것 등의 성범죄를 신고하면 포상금을 지급하는 제도를 운영하고 있다. 하지만 절차가 복잡해 지난해 9월까지 신청이 전무했던 것으로 알려졌다. 지난해 9월 신청 절차가 간소화된 이후 현재까지 포상금이 지급된 건은 5건에 불과하다.

아동 · 청소년의 성을 사거나 유인해 성매매를 강요하고 알선하는 경우, 수사기관에 신고해 기소나 기소유예 처분을 받으면 신고자는 70~100만원의 포상금을 지급받는다.

– 중략 –

한편, 지난 2010년 개정된 「아동·청소년의성보호에관한법률」에 따르면 아동이나 청소년을 대상으로 인터넷 등을 통해 성매매를 유인하거나 부추긴 사람은 1년 이하 징역이나 1,000만원 이하 벌금에 처해진다.

출처: 헤럴드경제뉴스(2014. 10. 13.).

(2) 제도

청소년 대상 성폭력범죄의 예방을 위해서는 피해가 발생하기 전에 미리 예방하거나 이미 피해가 발생한 후에는 피해 아동·청소년에게 2차 피해가 발생하지 않도록 지원하는 것이 중요하다. 따라서 지역사회에서 아동·청소년을 보호할 수 있는 안전망을 구축하여 적극적인 예방사업을 전개해야 한다.

첫째, 여성가족부 내에 성매매피해 청소년의 원활한 사회복귀를 위한 맞춤형 지원체계를 구축하는 것이 필요하다. 이 체계는 성매매피해 청소년의 발견부터 정착에 이르기까지 이들을 지속적·통합적으로 지원하는 통합지원체계로서 갖추어져야 한다. 특히 성매매의 유혹에 빠질 가능성이 높은 청소년을 보호하기 위한 청소년쉼터, 청소년상담실 등의 보호체계를 확대함과 동시에 이를 전문적·체계적으로 운영할 수 있는 방안을 마련해야 한다.

이를 위해서 성매매노출 청소년을 위해 관련 기관 및 시설, 의료·법률서비스 체계와 협력체계를 구축하여 상호 원활하게 업무 협조를 할 수 있도록 해야 한다. 또한 성범죄 경력이 있거나 재발이 예상되는 성범죄자를 종합적으로 전담관리하는 원스톱 시스템을 구축하고 전담관리를 통해 관리 대상자를 지속적으로 관찰·관리하며, 정신과적 치료나 화학적 치료에 대한 적정성 여부 등을 판단하여 조치를 취하도록 해야 한다.

특히 위기청소년과 최전방에서 만나고 있는 일시쉼터에 성매매 예방 기능을 추가하여 가출청소년이 성매매로 전락하지 않도록 지속적으로 예방 및 지원보호를 제공해야 한다. 이를 위해서는 성매매노출 청소년을 위해 현장을 거점으로 성 착취에 대한 위기개입, 긴급보호, 홍보 등과 같은 정보 제공 등을 할 수 있도록 내용적인 콘텐츠가 구성되어 있어야 하며, 청소년의 성폭행 및 성매매와 관련된 전문가가 일시쉼터에 상주해야 한다.

둘째, 성폭력피해 아동 · 청소년 전용 쉼터를 확대해야 한다. 친족에 의한 성폭력피해 아동 · 청소년이 증가하고 있으나 시설에서 보호받을 수 있는 피해청소년 수는 100~200명 정도에 그치고 있다. 따라서 이들의 2차 피해 방지를 위해서 피해 아동 · 청소년이 가정처럼 학교에 다니면서 생활할 수 있도록 별도의

표 11-1 성매매 청소년 지원체계

	위기청소년교육센터 (청소년성장캠프)	가출청소년 쉼터	청소년지원시설
주무부처	여성가족부 권익증진국 아동청소년 성보호과 (구 보건복지가족부 업무)	여성가족부 청소년정책과 청소년자립지원과 (구 보건복지가족부 업무)	여성가족부 권익증진국 권익지원과
근거법	「아동 · 청소년성보호에관한 법률」	「청소년기본법」 「청소년복지지원법」	「성매매방지및피해자보호 등에관한법률」 「아동 · 청소년의성보호에관 한법률」
목적	치료, 재활교육을 통해 성매매 재유입 차단 및 자립 지원	가출청소년 보호, 건강한 사회 구성원으로 복귀 지원	성매매피해 청소년 보호 및 지원
특징 및 주요 기능	• 성매매피해 청소년을 대상으로 한 교육 프로그램 • 한국여성인권진흥원으로 중앙업무 이관(2011) • CYS-Net에 연계하여 사후 관리	• 가출청소년 일시보호 • 무료숙식 및 의료서비스, 상담 등 제공 • CYS-Net에 연계하여 사후 관리	• 성매매피해 청소년에게 숙식 · 보호 · 상담 제공 • 의료 · 법률 지원 및 자활을 위한 직업훈련 · 진학교육 지원 등 • CYS-Net에 연계하여 사후 관리
이용 대상	19세 미만 성매매피해 청소년	9~24세 가출청소년	19세 미만 성매매피해 청소년
시설 수	전국 11개소	전국 85개소(단기, 중기, 장기 포함), 이 중 39개소 (45.9%)가 청소년 대상	전국 13개소

주거 공간을 제공하고 상담, 치료, 보호, 학업 및 자활 등 원스톱 서비스를 제공하여 조기 사회 적응 및 복귀를 추진하고자 성폭력피해 아동·청소년 전용 쉼터가 마련되어 있다. 이 쉼터는 「성폭력방지및피해자보호등에관한법률」에 근거한 것으로 전국에서 경북과 경남에 각각 1개소씩 총 2개소가 운영되고 있는데, 더 많은 피해청소년을 돕기 위해서는 쉼터를 확대해야 한다(여성가족부, 2012b).

그 밖에 현재 미혼모시설 및 육아시설에 대한 국가의 노력이 너무 열악하고, 특히 미혼모시설은 거의 민간에 의존하고 있는 실정이다. 따라서 공립 미혼모시설의 확충이 필요하다. 즉, 임신청소년이 임신 기간에 거주하며 학업에 정진할 수 있도록 시설, 병원, 교육의 연계 지원이 이루어져야 한다. 십 대 미혼모의 대부분은 가출 상태로 부모의 보호를 받지 못하는 경우가 많으므로 이를 해결하기 위해 숙식보호, 분만비 보조, 의료혜택, 직업훈련에서 취업 알선, 아동의 보호양육에 관한 경제적 지원 등 현실적 생계 문제를 해결할 수 있도록 구체적인 제도를 마련해야 한다(이소희 외, 2005).

셋째, 위기청소년교육센터를 활성화해야 한다. 위기청소년교육센터는 성매매 피해 청소년에 대한 치료·재활교육을 강화함으로써 성매매 재유입을 방지하고 건강한 사회인으로 복귀할 수 있도록 지원하는 것을 목적으로 한다. 현재 중앙 및 전국 10개 지역 위기청소년교육센터에서 성매매피해 청소년에 대한 교육 및 상담 등의 지원사업을 함으로써 청소년이 성매매에서 벗어나 독립된 인격체로서 자기 존재의 귀중함을 깨달아 미래에 대한 가능성을 열 수 있도록 돕고 있다. 따라서 이를 확대하여 접근이 용이하도록 해야 한다.

넷째, 해바라기아동센터를 확대해야 한다. 이 센터의 운영은 「성폭력방지및피해자보호등에관한법률」에 근거하고 있다. 만 19세 미만의 성폭력피해 청소년을 대상으로 피해 아동·청소년 및 가족에 대한 전문 피해상담, 임상심리사에 의한 심리평가, 산부인과와 정신과 전문의 등에 의한 의료, 자문 변호사에 의한 법률 및 소송을 지원하고 있다. 또한 아동·청소년 성폭력 예방을 위한 다각적인 교육·홍보 등의 예방사업도 전개하고 있는데, 2015년 현재 전국에 8개소가 있다. 따라서 이 센터를 활성화하여 성폭력예방사업을 보다 적극적으로 실시해야 한다.

마지막으로, 청소년성문화센터의 활성화가 요구되고 있다. 청소년이 성에 대한 정보를 주로 성인물, 음란성 게임, 미디어 또는 또래를 통해 얻고 있는 데 비해 기존 학교의 성교육은 이론 중심의 단편적인 지식 전달 위주로 진행되어 그 효과성이 결여됨에 따라 2007년부터 청소년성문화센터에서 청소년의 눈높이에 맞는 실질적인 성교육을 제공하고 있다. 따라서 이러한 성문화센터를 확대하여 청소년이 자연스러운 출입을 통해 올바른 성 지식을 쌓는 데 도움을 주어야 한다.

3) 성교육의 활성화

청소년기의 성적 호기심은 자연스러운 현상으로, 성교육의 필요성에는 공감하고 있음에도 불구하고 아직까지 제대로 된 성교육을 시행하지 못하는 이유는 청소년의 성적 욕구와 권리를 어디까지 인정할 것인가에 대한 기본적인 관점을 공유하지 못하고 있기 때문이다(구은미 외, 2009). 또한 학교에서 제공하는 성교육의 내용이 실제 청소년으로 하여금 성문제에 대해 올바로 이해하고 성 관련 태도를 변화시키는 데 도움이 되지 못하고 있다.

무엇보다도 중요한 것은, 성은 거래의 대상이 아니고 성매매는 분명한 성폭력 범죄임을 알리는 교육과 인식의 확산이다. 특히 청소년으로 하여금 성적 자기결정권을 갖도록 하고, 자신을 소중하게 여기는 자아존중감 향상 프로그램, 건전한 이성교제에 대한 지침을 제공할 수 있는 예방적 프로그램 등을 통해 자신과 상대방의 안전에 대처할 수 있도록 교육해야 한다. 또한 성적 충동을 일으키는 유해매체에 대한 비판적인 사고를 기르도록 하고, 왜곡된 성 가치관을 예방하는 교육을 실시하며, 청소년 성매매가 청소년 자신의 삶에 미치는 부정적 영향에 대해 정확히 인식하게 함으로써 청소년 성매매 유입 상황에 적극적으로 대처할 수 있도록 교육해야 한다(조성연 외, 2008).

대다수의 청소년은 과학적 성 지식의 부재와 그릇된 정보로 인해 필요 이상으로 갈등을 겪는다. 따라서 신체 및 성에 관한 정확하고 체계적인 지식을 전달하는 교육을 통해 이들의 왜곡된 성 지식을 교정해야 한다. 특히 이러한 성 지식은 지적 학습이 가능한 시기부터 시작하여 청소년기에 이르기까지 각 발달단계에 적합한 내용을 다양한 교육매체를 통해 전달하는 것이 바람직하다. 더불어 건전한 성 가치관, 성 윤리의식에 관한 교육을 통해 책임과 자율을 동반하는 성적 주체성을 기르도록 지도해야 한다.

다음으로, 성교육 방법에 있어서 눈높이에 맞는 다양하고 실질적인 프로그램 및 매체를 개발하는 것이 시급하다. 지금까지의 주입식 성교육에서 벗어나 일방적인 강의나 비디오 시청이 아닌 활동과 토론 중심의 교육으로 변화되어야 하고, 초등학생부터 고등학생에 이르기까지 각 발달단계에 맞게 시청각적 체험 형태의 다양한 매체를 활용한 체계적인 성교육이 이루어져야 한다. 이를 위해서는 전문 성교육 교사의 양성, 학교나 청소년 보호체계로 찾아가는 성교육, 그리고 학교 교사를 상대로 한 연수 프로그램의 개발·운영이 이루어져야 한다. 또한 학교 성폭력 예방교육 강화와 외부 전문 성폭력상담소 확대, TV 등의 매체를 통한 교육을 통해 성폭력 예방교육을 강화해야 한다.

그 밖에 성교육을 위한 학교와 민간단체의 공조체제가 형성되어야 한다. 청소년 성폭력을 예방하고 피해를 최소화하기 위해 학교에 전문상담소 간의 연계망을 구축하여 성폭력피해 청소년이 조속히 체계적인 도움을 받을 수 있도록 해야 한다. 이를 위해서는 연계망이 구축된 민간단체에 대한 정보를 적극적으로 홍보하여 청소년이 이를 활용할 수 있도록 사회 분위기를 조성해야 한다.

4) 사회복귀에 대한 지원

대다수의 성폭력피해 청소년은 사회체계로의 복귀가 쉽지 않다. 따라서 청소년 미혼모에 대한 모성보호권과 그들의 학습권이 존중받도록 도와야 한다. 2011년 각 교육청을 통해 위탁교육시설, 미혼모시설 등과 연계하여 학업을 지속한 미혼모는 61명으로 실제 미혼모 현황에 비하면 턱없이 미흡한 수준이다. 통계청 자료에 따르면, 2010년 19세 이하의 출산이 2,500명 정도로 집계되었으며, 이들 중 실제로 학습권을 보장받고 있는 청소년은 약 2.5%인 것으로 추정되고 있다(김영화, 최영진, 2012, p. 122).

또한 아직까지 십 대 양육모를 위한 지원체계나 프로그램이 거의 없는 실정이다. 그러나 십 대 양육모의 증가 추세를 볼 때 출산지원금이나 이들이 학업을 마칠 수 있도록 미국과 같은 학업지원 프로그램, 양육수당 등을 제공하며, 출산 후 자립을 도와줄 수 있는 재정 및 직업 지원, 주거 제공 등의 다각적인 지원체계가 마련되어야 한다(구은미 외, 2009).

청소년의 의사를 최대한 존중하여 태어난 아기에 대한 도움을 주어야 하고, 양육 선택 시 형성된 가정에 대해서는 사회복지와 연계하여 경제적 자립지원 및 지속적인 모니터링이 이루어져야 한다. 또한 청소년의 의사를 존중하여 상담 후 취업 혹은 학업복귀 등에 대한 지원이 이루어져야 한다.

온라인 상담기관 안내 – 성폭력상담소, 성상담소

탁틴내일: www.tacteen.net

한국성폭력상담소: www.sisters.or.kr

성포털 아우성상담실: www.aoosung.com

인구보건복지협회 사이버상담실: www.yline.re.kr

서울시립청소년성문화센터: www.ahacenter.kr

chapter 12 청소년과 약물남용

1. 문제제기

우리는 일상생활에서 차, 커피, 탄산음료 등의 카페인 성분이 있는 음료는 물론이고 술, 담배와 의학적으로 처방된 약물을 접하고 있는데, 이러한 약물은 우리의 신체적·심리사회적 기능에 영향을 미치고 있다. 특히 청소년은 공부를 하면서 졸음을 쫓고자 약물을 복용하기도 하는데, 이러한 유해약물의 사용은 청소년의 신체적·정신적 건강을 해침은 물론 가족 문제와 사회적 문제를 야기하고 있다.

청소년기의 음주, 흡연 및 약물 사용 등은 법적으로 규제되고 있으나 약물남용청소년이 증가하고 있고 특히 저연령화되고 있어서 많은 우려를 자아내고 있다. 음주의 경우 청소년의 절반 이상이 중학교 졸업 이전에 술을 마시기 시작한 것으로 나타났고, 최초 음주 시기의 평균 연령도 1998년 15.1세에서 2006년 13.1세로 낮아져 우려를 자아내고 있다(김광기, 2008). 또한 청소년은 술이나 담배와 관련된 TV 또는 인터넷 광고에 노출되어 있고, 그것을 구하기도 어렵지 않다 보니 술과 담배에 쉽게 노출되어 있다.

이러한 약물남용은 청소년의 신경 및 신체 조직의 손상과 신체 발육의 지연, 신체기능의 부조화를 초래할 뿐만 아니라 환각, 망상, 조현증 등 정신장애를 일으킬 수도 있다. 또한 약물남용은 학교생활에서 무단결석이나 성적 저하 등의 결과를 초래하고, 또래집단을 형성하여 자연스럽게 사용함에 따라 각종 비행은 물론 범죄로까지 이어질 수 있는 심각성을 갖고 있으며, 폭행, 절도, 기타 비행이나 범죄를 저지를 가능성이 높다는 점에서 사회적 폐해를 초래할 수 있다(홍봉선, 남미애, 2013). 그 밖에 청소년은 성인보다 중독으로 진행되는 속도가 더 빠르고 통제가 어려워 약물중독에 따른 피해가 더 크고, 성인기의 건강 및 사회적 문제를 초래할 수 있으므로 이 시기에 문제를 예방하는 것은 매우 중요하다.

이 장에서는 청소년 관련 약물 중에서 빈번한 사용으로 문제가 되고 있는 청소년 음주 및 흡연을 중심으로 살펴보고자 한다.

2. 개념 및 특성

1) 개념

일반적으로 약물이란 의학적으로 사용되는 약품뿐만 아니라 인간의 행동이나 정신 상태를 바꾸는 모든 화합물 혹은 항정신성 약물을 총칭하는 개념이다(김성이 외, 2010). 이런 약물에는 술과 담배는 물론이고 본드, 시너, 부탄가스 등의 흡입제, 대마, 메스암페타민, 헤로인 등 인간의 정신기능에 영향을 미치는 마약류도 포함된다.

세계보건기구(WHO)에서는 약물을 "한번 사용하기 시작하면 자꾸 사용하고픈 충동을 느끼고(의존성), 사용할 때마다 양을 늘리지 않으면 효과가 없으며(내성), 사용을 중지하면 온몸에 견디기 힘든 이상을 일으키고(금단 현상), 개인에게 한정되지 않고 사회에도 해를 끼치는 물질"로 정의하고 있다(한국마약퇴치운동본부, 1998).

이러한 약물과 관련하여 몇 가지 용어가 혼용되고 있다. 약물사용(drug use)은 의사의 처방 유무에 상관없이 질병 치료의 효과가 있고 위험성이 적은 약물을 사용하는 것으로서, 약물 본래의 효과 이외의 다른 효과는 개인이나 사회에 별다른 위험이나 해악을 주지 않는 경우의 약물사용을 의미한다. 약물오용(drug misuse)은 일반적으로 의학적인 용도로 의사가 처방한 약물을 복용 지시에 따르지 않고 환자가 임의로 사용하거나 처방된 약물을 제대로 또는 지시대로 사용하지 않는 것을 의미한다. 즉, 질병을 치료하기 위해 처방된 약을 용법이나 용량을 지키지 않고 과용하거나 적게 복용함으로써 기대한 효과를 얻지 못하는 경우를 의미한다. 약물남용(drug abuse)은 의학적 상식, 법규, 사회적 관습으로부터 벗어나 쾌락이나 사용자의 기분 전환을 목적으로 약물의 의도된 목적과는 상관없이 계속해서 다른 용도로 사용하거나 향정신적 약물과 비의학적 약물을 빈번하고 과도하게 사용함으로써 개인의 신체적 · 정신적 · 사회적 기능에 손상을 일으키는 것을 의미한다. 그 밖에도 약물의존(drug dependence)은 약물을 지속적 · 주기적으로 사용함으로써 약물에 대한 신체적 · 심리적 의존성이 발달하여 약물사용자가 약물사용을 중단하기 어려운 상태를 의미한다(김주일, 2006). 약물중독(drug addiction)은 약물사용에 대해 강박적으로 집착하며, 일단 사용하면 끝까지 지속하는 조절 불능 상태에 이르고, 해로운 결과를 알면서도 강박적으로 약물을 사용하게 되는 상태를 말한다. 한마디로, 지속적으로 나타나는 약물사용에 대한 강한 열망과 통제 불가능이 특징적으로 나타나는 심리적 · 신체적 의존 상태라고 할 수 있다. 이러한 약물중독은 악성 약물에서 강성 약물로 전이되는 것이 보편적이고, 한번 사용하게 되면 습관성과 의존성이 강해지면서 중단하기가 쉽지 않다.

한편, 청소년 유해약물이란 청소년의 사용을 제한하지 않으면 청소년의 심신을 훼손할 우려가 있는 약물로 「주세법」에 의한 주류, 「담배사업법」에 의한 담배, 「마약류관리에의한법률」에 의한 마약류, 「유화학물질관리법」의 규정에 의한 환각물질 등으로 정의하고 있다(김성이 외, 2010). 특히 청소년과 관련하여 「청소년보호법」에서는 청소년 유해약물을 주류, 담배, 마약류, 환각물질, 그리고 기타 중추신경에 작용하여 습관성, 중독성, 내성 등을 유발함으로써 인체 내 유해

작용을 할 수 있는 약물 등 청소년의 사용을 제한하지 않는 경우 청소년의 심신을 심각하게 훼손할 우려가 있는 약물로 지정하고 있다(노혁, 2007). 이에 덧붙여 우리나라 청소년이 가장 많이 사용하는 약물은 알코올이고 그다음이 담배이며, 본드, 가스와 같은 유해화학물질과 마약류는 주로 일부 청소년만이 사용하고 있는 것으로 나타났다(김주일, 2006).

따라서 청소년의 약물남용이란 부적절한 약물을 반복적 · 지속적으로 사용하며, 이러한 약물사용으로 학교와 관련된 문제는 물론 일반적인 기능에 장애를 가져오는 상태를 말한다.

2) 특성

청소년은 성인과는 달리 자아통제력이 부족하고 약물을 사용할 때 옳고 그름에 대한 인식이 부족하여 약물남용에 쉽게 빠지곤 한다. 따라서 WHO를 비롯한 많은 국가에서 청소년에게 심각한 신체적 · 정신적 · 사회적 해로움은 물론 국가적 손실을 초래하는 알코올 사용과 흡연의 폐해를 예방하고 감소시키고자 강력한 사회적 대응책을 마련하고 있다. 우리나라에서도 최근에 청소년의 음주 사망사고가 잇달아 발생하고 있고, 음주와 흡연의 시작 연령이 낮아지고 있는 추세 속에서 청소년의 건강을 지키기 위한 정책과 제도의 필요성이 강조되고 있다.

청소년에게 약물사용 행위는 여러 가지 의미가 있다(김주일, 2006). 첫째, 흡연과 음주를 통해 성인이 되었음을 상징적으로 표현하고자 한다. 둘째, 또래집단에서의 약물사용 행위는 새로운 경험을 가능하게 하고, 부모나 성인의 권위 또는 간섭으로부터의 해방 및 거리 유지를 위한 좋은 연습의 기회를 제공한다. 마지막으로, 청소년의 발달과업 성취와 관련해서 나타나는 여러 문제의 해결에 부분적으로 도움이 되기도 하는데, 특히 교육과정에서의 스트레스와 긴장의 해소에 단기적으로 긍정적인 기능을 하는 경우가 많다.

(1) 흡연

담배 속에 있는 니코틴(nicotine)이라는 독성물질은 혈압 상승, 심장박동 증가,

구토, 호흡 증가 등의 증상을 보이면서 장기적으로 청소년의 신체적·정신적 건강에 부정적인 영향을 미치고 있다. 흡연의 독성은 성장기 세포에 더 민감하게 작용하여 혈압 상승, 구토, 기침, 가래, 천식 등 호흡기계 증상을 일으킴은 물론 폐기능 감소, 폐발육 저하로 운동능력을 저하시키고, 우울증, 정서장애 등의 정신적 문제를 야기한다. 또한 성인이 되었을 때 암, 심장병, 중풍의 발생 위험이 증가하고, 특히 여고생의 흡연은 성인기까지 이어져 그 피해는 2세에까지 미치게 된다.

청소년기는 신체의 세포조직과 장기가 성숙하는 과정에 있기 때문에 니코틴과 같은 유해물질에 저항할 힘이 부족하고, 혈관계 문제와 저산소혈증으로 질병 및 장애에 노출될 가능성이 더욱 높다. 청소년이 담배의 독성물질 또는 화학물질과 접촉하는 경우 손상 정도가 성숙한 세포나 조직에 비해 크며, 16세 이전에 담배를 피우는 경우 그 피해는 20세 이후에 담배를 시작하는 경우보다 피해 정도가 3배 더 높은 것으로 보고되었다(신승철, 2003). 또한 어린 나이에 흡연을 시작한 청소년의 경우 조기 사망률이 높고, 실제로 이들의 평균 수명은 비흡연자보다 최소한 10년 이상 단축되는 것으로 알려져 있다. 그 밖에 청소년기의 흡연은 성인기의 만성폐쇄성폐질환(COPD)의 위험성을 증가시키고, 흡연 기간은 흡연과 관련된 각종 암의 발생과 관련이 있다. 한 예로, 13세에 흡연을 시작한 경우 23세에 시작한 경우에 비해 50세에 폐암에 걸릴 위험성이 3.5배 더 높은 것으로 나타났다(USDHHS, 1994; 최은진 외, 2007 재인용).

한편, 청소년흡연과 정신건강의 관계를 살펴보면, 흡연청소년이 비흡연청소년에 비해 정신건강 문제가 심각한 것으로 나타났다. 특히 흡연청소년은 비흡연청소년에 비해 주요우울, 자살 충동과 스트레스, 불안장애, 주의력결핍 과잉행동장애(ADHD) 및 품행장애와도 밀접한 관계를 갖고 있는 것으로 나타났다(김현옥, 전미숙, 2007). 특히 흡연 경험은 인터넷 중독과 관련이 있어서 흡연 경험자가 비흡연 경험자에 비해 높은 스트레스를 갖고 있고 이러한 스트레스가 인터넷중독으로 발전해 가는 경향이 있다(김동순 외, 2014).

흡연은 또 다른 문제로 연결되는 경우가 많다. 흡연은 음주나 각종 마약사용에 대한 입구 역할을 하기 때문에 그 피해가 심각하다. 담배를 피우는 청소년은 자연스럽게 또래집단을 형성하고, 술이나 다른 약물까지 탐닉하게 됨에 따라 각종 비행을 유발하게 된다. 따라서 청소년흡연은 사회규범에서 첫 일탈행위로서 다음의 범죄로 쉽게 연결되며, 청소년의 불안한 심리와 비행에 연관되어 있기 때문에 사회적 차원으로까지 파급될 수 있다(김현옥, 1999). 특히 흡연을 일찍 시작할수록 흡연행동을 중단하기가 어려워지고 장기간 지속적으로 유지되기 때문에 흡연량이 많아지게 되면서 니코틴중독이 더 심화되고 청소년일탈이 이루어지는 계기가 될 수 있다.

이러한 청소년의 조기 흡연은 흡연과 관련된 질병을 조기에 발생시키고 성인기의 생활 습관으로도 이어지면서 평생의 건강을 위협할 잠재적 요소가 되어 궁극적으로 사회적 비용을 증가시킴으로써 국가의 발전과 경제에 악영향을 미치게 된다.

(2) 음주

최근 우리나라 청소년의 음주 행태에는 음주 시작 연령의 저연령화, 고위험 음주율의 증가, 남녀 간 음주율의 차이 감소와 같은 문제 현상이 두드러지게 나타나고 있어 관련 정책의 마련이 시급한 실정이다. 질병관리본부에서 발표한 2013년 청소년건강행태온라인조사에 따르면, 중·고등학생의 음주율은 남학생 19.4%, 여학생 12.8%로 나타났다. 문제는 청소년기에는 알코올의 심각성을 인식하지 못한 상태에서 무분별하게 받아들이기 때문에 지속적인 음주가 알코올 의존증으로까지 자연스럽게 발전할 가능성이 높고 향후 성인의 삶에까지도 치명적일 수 있다는 것이다.

알코올은 중추신경 억제제인 약물로서 신체적·사회적·심리적으로 심각한 결과를 초래하여 사망이나 만성질환, 장애, 생산성 손실 등을 초래한다. 특히 청소년의 뇌 발달에서 신경세포 간의 접속 고도화나 전두엽 등은 16세 때 완성되는데, 이 시기에 술을 마시면 뇌의 손상을 가져와 학습장애를 일으킬 가능성이 높고, 성장 호르몬 분비가 억제되어 발육부진 등 성장장애를 초래할 수 있다. 또한 청소년에게는 성인보다 적은 알코올 양으로도 심장, 장, 간 등에 장애가 발생할 수 있고, 삶의 질에도 부정적 결과를 초래할 수 있다. 청소년은 신체 조직들이 아직 완전히 성숙되지 않은 상태이기 때문에 알코올에 의한 조직 파괴가 더욱 심각하다.

　이를 자세히 살펴보면 다음과 같다. 첫째, 청소년이 알코올을 섭취하면 성인보다 뇌손상의 정도가 크며 후유증도 심각하다. 즉, 알코올을 섭취하면 성장 호르몬 분비가 억제되어 발육부진 등 성장장애를 초래하고, 이는 뇌신경세포에까지 확산되어 뇌의 마비 현상이 일어나 운동신경이 약해지며, 판단력마저 흐려질 수 있다(최은진 외, 2007). 학업에 열중해야 할 시기에 알코올을 접하게 되면 기억력 또는 사고능력의 저하를 가져와 학습능력을 떨어뜨리고, 성장기에 지속적으로 술을 마실 경우 기억력과 관계되는 해마가 위축되어 더 이상 재생되지 않는다. 게다가 뇌기능의 이상으로 평형 및 방향 감각, 판단력 등이 손상되어 음주 후 사고 발생이 잦은 편이다.

　둘째, 음주는 스트레스, 우울, 자살 시도 등의 정신건강 문제와 밀접한 관련이 있다(손애리 외, 2011; 윤명숙, 조혜정, 2011; 전종설, 2008). 청소년기에 지속적으로 알코올을 섭취하면 우울증이나 두려움 혹은 공격적인 성향을 가지게 됨으로써 폭력 또는 자살 등 청소년 비행이나 범죄로 이어질 가능성이 높고, 성인보다 더 빨리 알코올 의존으로 발전할 가능성이 높다. 특히 이른 나이에 술을 마시기 시작하면 더 빨리 알코올 중독으로 진행될 수 있으며, 다른 약물을 시도할 가능성이 높아지게 된다.

　셋째, 청소년이 음주를 하면 판단력이 흐려지고 기억력 감퇴가 생겨 학습 저하의 결과를 가져오면서 정상적인 학교생활이 불가능해져 결석 및 성적 하락의 학업 문제와 낮은 학업 성취를 유발한다(송선미, 2007). 또한 청소년음주는 가족, 친구, 교사와의 갈등을 일으키며, 금품 갈취, 기물 파손, 외박 또는 가출 경험 등의 청소년 일탈행위를 유발하는 등 다양한 청소년 문제행동과 직간접적으로 연결되어 있다(김용석, 2004).

　특히 청소년은 일반적으로 음주를 흡연보다 먼저 시작하고 보편적으로 지속하는 경향이 있어서 알코올은 다른 약물이나 비행으로 가는 통로약물(gateway-drug)로서의 기능을 하는데, 청소년의 음주가 흡연보다 더 우려가 되는 것은 음주 후 원치 않는 폭력이나 성행동이 일어날 가능성이 높다는 데 있다(손애리,

2003). 김재엽과 이근영(2010)의 연구에서는 음주와 흡연 경험이 많을수록 학교폭력 가해수준이 높아지는 것으로 나타났고, 권현용과 김현미(2009)의 연구에서도 학교폭력 가해학생의 경우 상습적인 음주를 하는 경우가 많다고 보고하였다. WHO 자료(2006)에 따르면, 이스라엘의 경우 11~16세를 대상으로 조사한 결과 음주 경험이 있거나 폭음(한 번에 5잔 이상)을 하는 청소년의 경우 학교폭력의 가해자가 될 가능성이 2배 이상 높았다(조혜정, 2012). 특히 음주 상황에서의 폭력은 비음주 상황에서의 폭력보다 피해자에게 더 심각한 손상을 가져올 수 있고, 피해자의 신체뿐만 아니라 정서에도 외상을 남길 수 있으므로 음주 상황에서의 폭력 문제는 심각하게 다루어야 한다.

(3) 약물중독

청소년이 약물을 사용하게 되는 동기를 살펴보면, 호기심 혹은 모험심에서 실험적으로 단기간 적은 양의 약물을 사용하거나 또래집단에서 즐거움을 공유하기 위해, 혹은 집단의 한 구성원이 되기 위해 약물을 사용하는 경우가 적지 않다. 이와 관련하여 김주일(2006)은 다음과 같이 설명하고 있다. 청소년은 음주와 흡연을 통해 자신이 성인이 되었다는 것을 상징적으로 나타내고자 하고, 성인으로 인정받고 싶은 욕구를 과시적으로 나타내고자 한다. 또한 또래집단에서의 약물사용 행위는 새로운 경험을 가능하게 하고, 부모나 성인의 권위 및 간섭으로부터 해방되거나 그들과 거리를 유지하기 위한 좋은 연습의 기회를 제공한다. 그밖에도 약물사용은 청소년의 발달과업 성취와 관련해서 나타나는 여러 문제에 있어서 일시적인 해결책이 되곤 하는데, 특히 경쟁이 치열한 교육과정에서 스트레스와 긴장이 발생했을 때 약물사용이 이러한 문제의 단기적 해소 방안으로 작용하기도 한다.

한편, 이러한 약물사용이 중독 상태에 이르면 청소년의 신체적 · 정신적 발달에 손상을 미치면서 호흡기, 소화기 신경계 장애를 초래함은 물론, 정체감 혼란을 초래하고, 독립심의 박탈과 의존심의 확대, 충동 통제의 어려움 등으로 낮은 자아존중감을 형성하게 할 수 있다. 또한 약물남용으로 발생하는 과도한 수면이나 늦은 귀가, 학업 성적의 저하, 반항적인 태도, 잦은 말다툼 등은 청소년에게 가족 및 대인관계에서의 갈등을 야기하고, 학교생활에 있어서 지각, 잦은 결석, 성적의 저하, 학교 교사와의 갈등 증가 및 친구관계 변화 등은 학업에서 역기능적인 결과를 초래한다.

또한 가족에게서 결핍된 소속감과 유대감을 제공하는 또래집단은 약물남용이 장기화되면서 청소년이 위험한 행동에 가담하게 할 가능성을 높인다. 즉, 판단력과 사고능력의 저하로 또래 간의 말다툼과 폭행, 패싸움으로 이어지면서 또래집단에게서 소외되기도 하고 무분별한 성행동과 비행에도 가담하는 경향이 있다.

약물사용은 술, 담배와 같은 가벼운 물질에서부터 본드, 필로폰 등으로 발전해 나가는 경향이 있고, 청소년은 약물 구입을 위해 거짓말, 절도, 강도 등의 범죄행위를 저지르기도 한다(조성연 외, 2009). 그 밖에 비행 또래집단과의 연계 및 지속적인 관계는 청소년을 약물중독으로 이끄는 통로가 되기도 한다.

3. 원인

청소년의 흡연과 음주는 여러 가지 요인이 상호작용하면서 약물남용 행위로 나타나는데, 그러한 요인으로는 개인적 요인, 가족 요인, 사회 환경적 요인 등이 있다.

1) 개인적 요인

자아기능 결핍으로 사고기능이 결여되고 판단력이 부족하며 충동적이고 통제능력이 부족한 청소년은 약물을 초조감, 불안감, 두려움 등을 극복하기 위한 대처 기제로 활용하곤 한다. 또한 청소년의 낮은 자아존중감과 정체감의 혼란은 약물을 남용할 가능성을 높인다(김성이 외, 2010). 중독에 빠진 청소년은 우울증이나 낮은 자존감과 같은 정서적 문제를 지니고 있거나 대인관계에 어려움이 있고, 소외를 경험하고 자기표현을 잘 하지 못하거나 이전에 다른 중독 경험이 있는 경우가 있으며, 의존적이고 공격적인 특성을 갖고 있다(조성연 외, 2009).

특히 스트레스가 약물남용의 원인이 되고 있는데, 청소년의 스트레스 원인은 성적 문제(54.9%)가 가장 높았고, 다음으로 가족(16.8%), 진로(14.3%) 등의 순으로 나타나(나승일, 2012) 학교 성적으로 인한 스트레스 발생 시 흡연이나 음주 등의 약물을 사용하는 것으로 나타났다. 그 밖에 흡연 유혹을 잘 극복하지 못하거나 의존적인 청소년 자신의 성격이 약물사용을 부추기는 것으로 나타났다.

2) 가족 요인

가족은 청소년이 도덕적 사회규범을 내면화하고 적합한 행위 유형을 습득하는 데 결정적 역할을 담당하고 있다. 따라서 청소년의 약물사용 행동은 부모나 형제자매의 영향을 많이 받는데, 청소년의 경우 성장 과정에서 부모나 주위의 중요한 사람에 대한 동일시와 모방을 통해서 약물사용 행동이나 약물사용에 대한 태도가 형성되기 때문이다. 한 예로, 흡연자가 비흡연자보다 담배를 피우는 부모가 더 많으며, 가족 내에 흡연자가 많을수록 흡연에 대한 긍정적인 태도를 가지는 것으로 밝혀졌다(심영애, 1990). 따라서 부모의 흡연 여부가 청소년의 흡연 여부에 큰 영향을 미치고, 특히 흡연을 시작하는 단계에서 중요한 영향을 미친다.

또한 불화가 심한 가정, 한부모가정, 그리고 음주와 약물중독으로 기능이 마비된 가정은 가족의 사회기능과 통제력이 약화되면서 청소년이 약물사용에 빠지기 쉽게 만든다. 이러한 가정에서는 부모가 자녀의 약물사용에 대해 무관심한 태도를 갖기도 한다. 특히 부모의 지도감독 부족, 비일관적인 양육 태도, 부정적인 대화 유형 등은 청소년자녀가 약물사용을 일찍 시작하게 하는 것으로 나타났으며, 부모의 관심도가 낮을수록 청소년의 약물사용 경험률은 높은 것으로 나타났다(김성이 외, 2010). 예를 들어, 부모의 음주는 중학생 자녀의 음주에 대한 태도나 음주행동에 직간접적으로 영향을 미친다(김남선, 권미경, 2011). 또한 부모가 지속적으로 약물을 사용하는 정도는 자녀의 약물사용에 큰 영향을 주는 요인으로 작용할 수 있다(김혜숙 외, 1994).

그 밖에 부모의 일방적인 지시나 명령, 훈계나 설교, 비난 등의 부모와 자녀 간의 역기능적인 의사소통 및 부모의 처벌적인 훈육방식, 가족 구성원 간의 불안정한 애착 형성, 가정생활에 대한 낮은 만족도 등도 약물사용에 영향을 미칠 수 있다(김희영 외, 2004).

3) 사회 환경적 요인

청소년의 약물사용에 영향을 미치는 요인으로는 또래집단이나 교사와의 관계, 약물사용에 대한 사회의 허용적인 분위기 등이 있다. 무엇보다도 청소년기에 또래집단에서의 소속감과 친밀감은 중요한 의미를 지니는데, 청소년은 친구관계를 통해 친밀감을 형성하지만 동조 압력을 받는 경우도 적지 않아서 친밀감을 유지·강화하고자 약물남용을 하게 된다. 즉, 친구를 따라서 약물을 사용하기 시작하는데, 이처럼 또래 친구는 약물사용을 시작하게 하는 원인을 제공하고 지속적인 사용을 부추기는 역할을 담당한다. 특히 초기 청소년기의 비행 및 약물남용 친구와의 접촉은 성행동, 흡연, 음주 그리고 비행과 같은 위험행동의 중요 요인으로 작용할 가능성이 높다(김성이 외, 2010). 또한 약물을 사용하는 친구가 있을수록 약물에 대해 수용적인 태도를 지니는 경향이 있다(장환식, 2005). 이러한 친구와의 잦은 접촉과 약물사용에 대해 허용적인 분위기 속에서 청소년의 약물사용이 일반화되고 있다.

한편, 청소년의 학교생활에 대한 만족도와 학교부적응 역시 청소년의 약물사용을 부추기고 있다. 즉, 학교생활에 대한 불만족, 낮은 학교 성적, 학교생활에의 부적응 등도 청소년의 약물사용을 심화시키는 요인으로 작용하고 있다.

그 밖의 요인으로 약물남용에 대한 사회의 관용적 태도나 법적 제도의 미비를 들 수 있는데, 우리나라의 경우 술에 대한 관용적인 태도 및 집단적인 과음과 폭음을 당연시하는 분위기 속에서 청소년의 음주도 하나의 통과의례로 여기는 경향이 있다(김성이 외, 2010). 특히 약물 구매의 용이성은 물론이고 주류광고, 주류판촉 및 스폰서 활동 등은 음주에 대한 느슨한 태도를 부추기고 있다.

4. 실태 및 문제점

우리나라 청소년의 약물남용 실태를 정확하게 파악하기는 쉽지 않지만 음주율과 흡연율은 매우 높은 수준으로 보고되고 있다. 여성가족부(2012a)의 종합실태조사에 따르면, 흡연과 음주에 대한 규제 강화와 더불어 청소년 사이에서도 흡연과 음주 경험자는 감소하는 추세이지만, 아직도 전체 청소년의 24.6%가 흡연경험이 있고 53.0%가 음주 경험이 있는 것으로 나타났다.

1) 실태

(1) 흡연

2009년 이후 청소년의 흡연 경험률은 전반적으로 감소하고 있는데 2009년 27.4%에서 2010~2011년 동안 정체 현상(각각 20.0%, 26.3%)을 보이다가 2012년에 24.6%로 다시 소폭 감소하였다. 성별로는 남자는 1.7%, 여자는 3.9%로서 여자의 감소 폭이 더 컸고, 여자는 남자와는 달리 매년 소폭으로 꾸준히 감소하는 추세를 나타내었다. 학교급별로는 중학생이 3.5%, 고등학생이 2.5% 감소하여 중학생의 감소폭이 더 컸다.

교육과학기술부, 보건복지부와 질병관리본부(2012)의 조사에 따르면, 우리나라 중·고등학교 청소년의 흡연율은 2012년 기준 11.4%로 나타났고, 최근 30일 동안 매일 흡연한 사람의 비율을 의미하는 청소년 매일 흡연율은 6.1%인 것으로 나타났다. 이러한 수치는 청소년 10명 중 1명 이상이 현재 담배를 피우고 있으며, 그중의 절반이 매일 담배를 피우고 있어 현재 흡연청소년의 비율이 매우 높음을 말해 준다. 성별로는 남학생은 16.3%, 여학생은 5.9%로 알려져 있다.

처음 담배를 시작하는 연령도 1998년 15세에서 2012년 12.6세로 저연령화되고 있으며, 매일 흡연을 시작하는 연령도 13.6세로 점차 낮아지는 경향을 보이고 있다. 이러한 결과는 우리나라 청소년흡연 문제가 심각한 상황임을 보여 주는 것으로, 흡연은 청소년의 건강에 우선적으로 악영향을 미치게 되고, 궁극적으로 청소년 비행행동도 빠르게 나타나게 할 수 있는 가능성을 보여 주고 있다.

이에 덧붙여, 담배 구매의 용이성과 관련하여 「청소년보호법」에서 청소년에게 담배 판매를 금지하고 있음에도 청소년이 편의점이나 가게 등에서 담배를 직접 구매하는 비율이 2009년 이후로 증가하고 있고, 상당수의 청소년은 담배 구입을 위해 신분증을 위조하거나 도용하는 것으로 나타났다(여성가족부, 2011d). 특히 현재 흡연을 하는 학생 중 자신이 피운 담배를 편의점이나 가게 등에서 직접 구매한 남학생은 49.5%로 거의 절반에 가깝고, 편의점이나 가게 등에서 담배를 사려고 시도한 학생 중 구매가 가능했던 남학생은 81.2%, 여학생은 80.2%로 남녀 모두 비슷하여 구매가 용이함을 보여 주고 있다.

한편, 2011년을 기준으로 지난 12개월 동안 학교에서(수업 시간, 방송교육, 강당에서의 교육 등 모두 포함) 흡연예방 및 금연 교육을 받은 적이 있는 사람의 비율을 의미하는 청소년 연간 흡연예방교육 경험률은 54.1%인 것으로 나타났다(교육과학기술부, 보건복지부, 질병관리본부, 2012). 이러한 수치는 우리나라 청소년 중 절반 정도만이 흡연예방교육을 받은 경험이 있고, 나머지 절반의 청소년은 흡연예방교육을 받은 경험이 없음을 의미하여 흡연예방 교육의 실시가 미흡함을 보여 주고 있다.

(2) 음주

지난 1년간 1회 이상 음주를 경험한 청소년이 거의 절반을 차지하여 우리 사회에서 청소년의 음주가 매우 만연된 문제행동임을 보여 주고 있음에도 불구하고, 음주 경험률은 2009년 이후 일관되게 감소하고 있고, 이와 같은 추세는 앞으로도 지속될 것으로 보인다. 이러한 청소년 음주인구의 감소 현상은 정부의 규제 강화와 더불어 사회적으로 높아져 가고 있는 건강에 대한 관심을 반영하고 있는 것으로 보인다.

교육과학기술부, 보건복지부와 질병관리본부(2012)에 따르면 첫 음주 경험 연령은 12.8세로 지난 8년간 비슷한 연령대를 보이고 있으나, 평생 음주 경험률은 47.0%, 남학생이 51.0%, 여학생이 42.6%로 2006년 이래 감소 추세를 보이고 있다. 최근 30일 동안 한 잔 이상 술을 마신 적이 있는 사람의 비율을 의미하는 현재 음주율은 청소년에게서 20.6%로 나타났다. 2008년부터 2011년까지를 비교해 볼 때 성별로는 남자가 6.8%, 여자가 11.5% 감소하여 여자의 감소 폭이 더 높은 수준이었고, 학교급별로는 중학생이 11.3%로 고등학생 7.8%보다 더 많이 감소하였다. 그 밖에도 질병관리본부(2011) 조사에 따르면, 최초 음주 경험 연령이 중학생의 경우 10.5세, 고등학생의 경우 13.6세로 청소년 음주자의 상당수가 초등학교 시기에 음주를 시작함을 알 수 있다.

이와 같이 우리나라 청소년의 현재 음주율은 매년 조금씩 낮아지고 있지만, 1회 평균 음주량이 중등도 이상(남자는 소주 5잔 이상, 여자는 소주 3잔 이상)에 해당하는 청소년 위험 음주율의 경우 2005년 44.2%에서 2011년 48.8%로 증가하는 추세다. 이러한 수치는 청소년 5명 중 1명이 현재 술을 마시고 있고, 그중 절반은 중증도 이상의 음주행위를 나타내고 있다는 것을 보여 준다(이경상 외, 2012).

한편, 주류 구매율 및 구매 용이성을 살펴보면, 주류 구매율이 2009년 27.5%에서 2010년 28.3%, 2011년 31.1%로 증가하였다(여성가족부, 2011d). 또한 현재 음주하는 학생 중 자신이 마신 술을 편의점이나 가게 등에서 구매한 남학생은 32.4%로 여학생 28.8%보다 높았으며, 편의점이나 가게 등에서 술을 사려고 시도한 학생 중 구매할 수 있었던 학생은 남녀 모두 82.6%로 구매의 용이함을 보여 주고 있다.

그 밖에 청소년은 음주 후에 비행행동이 증가하는 것으로 밝혀졌다. 즉, 청소년이 음주 상태에서 성폭행이나 성추행, 말다툼, 오토바이나 차 운전 등의 부적절한 행동을 취했던 경험이 2009년에 비해서 2011년에 약 2배 증가한 것으로 나타났다. 여성가족부(2012a)의 조사에 따르면, 청소년이 술을 마신 상태에서 어떤 유형의 문제행동을 경험했는지를 조사한 결과 기억상실 경험자가 19.0%로서 가장 많았고, 이어서 외박 및 가출(15.3%), 물건 파손(9.9%), 말다툼(9.3%), 오토바이 및 차 운전(4.8%), 싸움(4.1%), 절도(2.8%), 가족에 대한 폭력/폭언(2.0%)의 순이었으며, 성추행 및 성폭행 경험자(1.8%)가 가장 적었다.

한편, 2011년을 기준으로 지난 12개월 동안 학교에서(수업시간, 방송교육, 강당에서의 교육 등 모두 포함) 술(알코올)에 대한 교육을 받은 적이 있는 사람의 비율을 의미하는 청소년 연간 음주예방교육 경험률은 35.2%인 것으로 나타났다(교육과학기술부, 보건복지부, 질병관리본부, 2012). 이는 우리나라 청소년 3명 중 1명만이 음주예방교육을 받은 경험이 있으며, 3명 중 2명 정도는 음주예방교육을 받은 경험이 없음을 의미한다.

(3) 기타

여성가족부(2012a)의 조사에 따르면, 청소년이 약물을 처음 이용한 시기는 환각성 물질사용이 초등학교 6학년으로서 가장 빨랐고, 담배와 알코올은 모두 중학교 2학년 때였지만 담배가 다소 빠른 편이었다. 초등학교 때 약물이용을 처음 시작한 청소년은 담배와 알코올은 30%에 못 미쳤지만, 환각성 물질은 과반수 이상(62.7%)에 달하였다. 약물 유형별 처음 이용 시기의 성별 차이를 보면, 담배와 알코올 이용은 남자가 여자보다 다소 빠른 편이었지만 환각성 물질 이용은 남녀 간에 차이가 없는 것으로 나타났다.

약물 유형별 지난 1년간 이용 빈도를 보면, 담배와 환각성 물질의 이용 빈도가 알코올의 이용 빈도에 비해 월등하게 높은 것으로 나타났다. 일주일에 1번 이상 이용하는 비율이 담배는 44.9%, 환각성 물질은 26.9%에 달하는 반면, 술(알코올)은 8.4%에 머물렀다. 이로써 청소년기에 담배와 환각성 물질의 중독성이 알코올보다 상대적으로 높은 수준임을 알 수 있다.

약물을 처음 이용하게 된 계기는 담배와 환각성 물질은 호기심에서 시작한 경우가 가장 많았고(각 52.8%, 39.1%), 알코올은 호기심과 가족 및 친척의 권유가 유사한 응답률(28.7%, 27.6%)을 나타내었다. 따라서 제사나 가족 행사 등에서 주변의 권유로 처음 술을 맛본 이후에 알코올을 시작한 청소년이 상당수에 달함을 알 수 있다. 이러한 알코올과는 달리 담배는 친구나 선후배의 권유로 시작한 경우가 더 많았다.

약물의 입수 경로를 살펴보면, 담배는 친구나 선후배로부터 얻는 경우가 과반수였고(51.0%), 알코올은 집에 있는 술을 이용하는 경우가 가장 많았다(36.4%). 즉, 약물을 얻는 경로가 대부분 집 또는 가게 및 업소, 친구 및 선후배에 집중되어 있었고, 다른 사람에게 부탁하거나 인터넷을 통해 구입하는 경우는 상대적으로 드문 것으로 나타났다. 그 밖에 구입 시도와 관련하여 담배와 술을 자신이 직접 가게에서 구입하려고 시도한 경험자의 비율은 각각 10.4%, 12.0%로서 유사한 수준이었다.

2) 문제점

최근 우리나라 청소년의 흡연과 음주 현황을 살펴보면 시작 연령의 저연령화, 흡연과 음주에 대한 관대한 인식, 구입의 용이함, 약물사용 예방책의 미비와 같은 문제가 대두되고 있다.

(1) 흡연 및 음주 시기의 저연령화

첫 흡연 시기는 일반 청소년의 경우 중학교 1학년과 2학년이 각각 22.7%로서 가장 많았고, 그다음이 초등학교 6학년(14.2%)이었으며, 위기청소년의 경우는 중학교 1학년이 20.0%로서 가장 많았고, 초등학교 6학년(16.1%), 중학교 2학년 (15.2%)의 순이었다. 특히 첫 흡연 경험 시기가 1998년에 15.5세에서 2006년에는 12.4세까지 낮아지다가 2012년에는 13.1세로 점차 흡연 시작 연령이 저학년으로 내려가는 경향을 보이고 있다. 이에 덧붙여 여자 고등학생의 흡연율은 2005년 13.5%, 2006년 13.6%로 여성 성인의 흡연율인 5.8%와 2.3%보다 높아, 이를 통해 향후 여성 흡연율의 증가 가능성을 예측할 수 있다.

다음으로, 청소년의 음주 시작 연령은 2012년 13.4세로 나타났다. 특히 15세 이전에 음주를 시작한 경우는 21세 이후에 음주를 시작한 경우보다 알코올의존성 및 알코올남용으로 발전될 가능성이 5배 이상 높은 것으로 보고되고 있어서 이와 같은 알코올사용의 저연령화는 성인기의 심각성을 예견하고 있다(최은진 외, 2007).

(2) 흡연 및 음주에 대한 관용적 태도

청소년은 흡연과 음주의 사교적 기능을 상대적으로 높이 평가하고, 음주가 흡연보다는 유해하지 않은 것으로 여겨 알코올에 대해 느슨한 태도를 보이고 있다. 여성가족부(2012a)의 조사에 따르면, 음주를 해서는 안 된다고 응답한 청소년이 절반에 못 미쳐(47.3%) 청소년에게 술이 해롭다거나 청소년이 음주를 해서는 안 된다는 사회적 규범에 대한 인식이 매우 낮은 것을 알 수 있다.

지난 1년간 약물 유형별 예방교육을 받은 청소년의 비율은 흡연예방교육(61.4%)이 가장 높았고, 음주예방교육(34.3%) 경험자는 흡연예방교육 경험자의 절반에도 못 미쳐 청소년을 대상으로 한 약물예방교육이 주로 흡연에 편중되어 있음을 알 수 있다. 또한 예방교육을 받은 청소년의 비율과 관련하여 흡연과 음주 모두 중학생이 고등학생보다 많았고, 학년이 올라갈수록 점진적으로 감소하는 추세를 나타냈다. 이러한 사실은 약물이용 청소년이 중학생보다 고등학생이 많고 학년이 올라갈수록 증가함을 고려할 때, 고등학생 및 고학년을 대상으로 한 약물 예방교육이 미비함을 보여 주고 있다.

(3) 구입의 용이함

청소년이 술을 입수하는 주된 경로는 자기 집(36.4%)이었고, 술을 마시는 장소도 집(33.1%)이 가장 많은 것으로 나타났다(여성가족부, 2012a). 이러한 결과는 음주 경험을 갖고 있는 청소년의 많은 수가 자신의 집에 있는 술을 자신의 집에서 마셨음을 보여 주고, 적지 않은 가정의 부모가 청소년 자녀의 음주에 대해 관대하거나 무관심한 태도를 보이고 있음을 나타낸다. 또한 술과 담배의 구입이 쉽게 이루어지는 것을 보면, 편의점이나 상점의 관리자에 대한 지도와 단속이 느슨함을 시사한다.

청소년 주류 구매의 용이성과 관련해서는 전체 청소년집단에서 공통적으로 술을 구매하려 할 때 판매자의 반응에 대해 나이를 물어보지 않았다는 응답이 가장 많은 것으로 보고되었다. 특히 나이를 물어보지 않았다는 응답은 여자 청소년(41.7%), 인문계 고등학생(44.1%), 읍·면 지역 청소년(46.8%)에게서 상대적으로 많이 나타났다(최은진 외, 2007). 이와 같은 술 구입에서의 용이함은 청소년의 술에 대한 접근을 부추기고 있다.

(4) 약물사용 예방책의 미비

청소년의 약물남용은 청소년 비행이나 범죄와 밀접한 상관관계가 있고, 그것이 습관화될 경우 약물중독의 위험도 배제할 수 없기 때문에 중요한 사회적 문제로 대두되고 있다. 이에 따라 사회적 관리의 필요성에 대한 관심이 높지만 이에 대한 종합적인 정책은 미흡한 수준이다(김주일, 2006). 흡연과 음주에 관한 예방교육을 실시하는 기관은 학교가 90% 안팎으로서 절대 다수를 차지하였고, 병원 및 보건소, 청소년·사회복지 시설, 기타 전문단체는 10%에도 못 미침에 따라 흡연과 음주 예방교육이 지역사회 차원에서 소극적으로 운영되고 있음을 알 수 있다.

지금까지 청소년 음주·흡연예방정책을 보면, 청소년 음주예방과 관련된 법제도가 부처별로 산재되어 있으나 체계적으로 추진할 근거가 없어서 예방의 효과는 미미한 수준이다. 또한 1995년 「국민건강증진법」의 제정과 함께 음주에 따른 피해를 줄이기 위해 주류광고 규제, 음주운전 처벌규정의 강화, 「청소년보호법」에 의한 청소년 음주단속, 주류용기의 경고문 표기, 절주교육의 의무화 등 일련의 정책을 수행하고 있으나 우리나라의 음주 규제정책은 주로 간접정책의 형태를 띠고 있어(천성수 외, 2003) 청소년의 음주를 예방할 환경 조성이 어려운 실정이다. 또한 이익집단의 견제로 인해 국가의 음주 규제정책을 수립하기도 쉽지 않다(천성수, 2001).

더욱이 「학교보건법」 제9조에서는 학교의 장이 학생의 체위 향상, 영양관리, 질병의 치료 및 예방, 약물남용의 예방 등을 위하여 필요한 지도를 하여야 한다고 규정하고 있으나, 실시 내용과 빈도에 대한 구체적인 지침은 없다. 또한 2005년 보건복지부에서는 흡연, 음주 등 건강생활과 질병예방을 주요 골자로 한 새국민건강증진종합계획을 수립하였고, 금연정책과 절주정책을 개발하였으며, 중장기적 알코올통제정책인 '파랑새 플랜'을 개발하였다. 그러나 금연 및 금주와 관련된 다수의 정책이 성인 대상의 정책에 집중되어 있고, 청소년 음주·흡연예방을 위하여 특성화된 정책계획이 없어서 체계적으로 청소년 음주·흡연예방 정책과 사업을 수행하기에는 매우 부족하여 효과를 기대하기 어렵다(최은진 외, 2007).

그 밖에 처벌규정이 약하고, 전 국민 대상 지침을 보급하고 확산하려는 노력이 부족하며, 청소년의 건강보다는 문제행동 규제 중심으로 접근함으로써 호응을 얻지 못하고 있다. 무엇보다도 청소년의 눈높이에 맞는 예방교육의 부재로 청소년이 약물의 피해로부터 보호받지 못하고 있다.

5. 해결 방안

청소년의 흡연과 음주경험률은 매년 조금씩 감소 추세를 보이고 있음에도, 여성가족부(2012a)의 조사에서 아직도 전체 청소년의 24.6%가 흡연 경험이 있고, 53.0%가 음주 경험이 있는 것으로 나타남에 따라 약물예방교육과 이에 따른 적극적인 치료대책이 요구되고 있다. 특히 청소년이 흡연의 유해성을 몰라서 이용하는 것이 아니라 알면서도 이용하고, 청소년의 음주 시작 연령이 점점 빨라지고 있으며, 음주하는 청소년도 증가하는 추세는 청소년 흡연 및 음주 예방을 위한 정책의 개선을 요구하고 있다.

1) 법과 제도의 마련

「청소년보호법」 시행령 제20조에서는 청소년 유해약물을 판매하는 자는 상대방의 연령을 확인하도록 하고 있고, 제22조에서는 청소년 유해약물 등에 유해표시를 의무화하도록 하고 있다. 하지만 이러한 법적 규제가 있음에도 청소년의 유해약물 구입이 어렵지 않은 실정이므로, 보다 철저한 법 적용이 이루어져야 한다.

예를 들어, 편의점에 진열된 담배는 성인뿐 아니라 아동·청소년에게도 무차별적으로 홍보가 이루어지고 있음에도 여전히 규제 대상에서 제외되고 있고, TV, 잡지 등의 매체에서 볼 수 있는 담배 및 주류 광고 역시 제한을 받지 않고 있는 실정이다. 또한 이러한 약물과 관련된 정책이 각 부처에서 분산 추진되고 있어서 유해약물 및 유해환경으로부터 청소년을 보호하는 안전망은 미흡한 수준이다(이경상 외, 2012).

아울러 청소년에게 흡연이나 음주를 권하는 태도는 대중매체의 영향이 적지 않다. 주류광고뿐만 아니라 방송에서 볼 수 있는 음주행동은 청소년의 잘못된 음주행동을 유도한다. 이에 외국은 음주와 관련하여 국가적 차원에서 강력한 정책을 실시하고 있다. 즉, 미국의 경우 대부분의 주에서 술을 마실 수 있는 연령을 만 21세로 정하고, 만 21세 이하의 청소년에게 술을 팔면 주에 따라 최고 1,000달러(약 120만 원)의 벌금과 영업 취소 등의 강력한 처분을 받게 된다. 또한 정부와 학교, 알코올 전문기관 등이 협력해 청소년 음주를 관리 · 감독하고, 부모 대상의 음주교육 지침과 같은 체계적인 교육 프로그램을 운영하고 있다. 또한 프랑스와 독일에서는 청소년이 어린 나이에 자연스럽게 술을 접하는 것을 막기 위해 TV에서 술광고 자체를 없애도록 하였다(조선일보, 2012. 6. 5.).

그러나 우리나라의 경우 최근에 많은 공영방송에서 흡연 장면이 사라진 것은 다행이지만, 음주 장면 규제에 대한 과제는 아직 남아 있고, 청소년 음주 · 흡연 예방정책으로 소수의 제한된 정책과 사업만이 실시됨으로써 효과를 기대하기 어려운 상황이다. 이는 증가하는 청소년의 음주율과 흡연율에 반영되고 있다. 이러한 예방대책은 개인의 가정과 학교에서의 정책만으로는 부족하고, 사회적 차원의 시스템이 뒷받침해 주지 않는 한 청소년의 음주나 흡연이 감소되기는 어려울 것으로 전망된다.

첫째, 청소년의 흡연과 음주 예방정책이 정착되고 효과를 기대할 수 있기 위해서는 무엇보다도 약물사용에 대한 인식의 전환이 절실하다. 술 권하는 문화에 대한 인식전환 캠페인을 확대하고, 공공장소나 대중교통 등에서 아동 · 청소년에게 쉽게 술과 담배를 노출시키는 주류광고에 대한 제한이 필요하며, 흡연 · 음주가 청소년의 건강과 생활에 미치는 유해성과 폐해에 대해 인터넷 · TV 광고, 시트콤, 애니메이션 형식의 TV 캠페인 및 다큐멘터리 영화 등의 다양한 매체를 활용하여 공익광고 및 홍보를 실시해야 한다. 또한 약물사용 금지에 대한 단순한 강압적인 방법보다는 약물의 유해성에 대한 정확한 정보를 제공함으로써 청소년 스스로 약물사용이 그릇된 사회적 행동임을 인식하여 의식을 변화시키도록 지도해야 한다. 그 밖에 학교 안팎에서 청소년 활동을 활성화하고 청소년이 스트레스를 해소하도록 할 수 있는 다양한 대체 프로그램을 개발해야 한다.

둘째, 청소년 중심의 정책과 제도를 강화하고 체계적으로 실행할 수 있는 계획과 기반 마련이 시급하다. 이를 위해 정부 차원에서 여성가족부의 CYS-Net이

중심이 되어 보건복지부는 청소년 유해약물 치료병원을 지정하도록 하고 법무부와 검찰청은 치료 대상자를 연계하도록 해야 한다. 또한 1388 청소년전화를 통해 사법체계에 들어오지 않은 치료 대상자를 조기 발굴하려는 노력도 필요하다(여성가족부, 2012a). 다행히 여성가족부(2012a)의 조사에서 중독성이 높은 흡연의 경우 금연 상담·치료를 받은 경험이 30.1%로 나타났고, 금연을 계획하고 있는 청소년도 88.2%에 이르는 것으로 나타났다. 따라서 중독에서 벗어나고자 하는 청소년을 신속하게 지원할 수 있도록 상담 및 치료·재활 프로그램을 개발하고 금연 패치 제공 등 실효성 있는 서비스를 제공해야 한다.

셋째, 약물의 구입 경로를 보면 상점이나 업소에서 청소년이 직접 구입한 경우가 적지 않은 것으로 나타났다. 「청소년보호법」 제28조에서 약물 판매 시 나이와 본인 여부를 확인하도록 규정하고 있음에도 불구하고 이를 지키지 않는 업주나 종사자가 적지 않은 것을 알 수 있다. 따라서 주류 및 담배 판매업소 업주와 종사자 교육, 그리고 대리구매에 대한 단속 강화가 요구되고 있다(여성가족부, 2012a). 또한 업소 내에 「청소년보호법」 위반 시의 처벌사항을 의무적으로 표시하도록 법제화할 필요가 있다. 그 밖에 청소년 대상 주류·담배 판매에 대한 신고포상제도를 효과적으로 활성화하는 한편, 청소년을 대신하여 주류·담배를 구매하는 행위를 처벌하는 「청소년보호법」상의 규제가 실효성을 갖도록 단속을 강화해야 한다.

넷째, 청소년의 건강을 보호하고 그들이 건강한 성인으로 성장할 수 있도록 약물사용 예방정책의 체계적인 집행이 필요하다. 이를 위해서는 가정과 학교, 지역사회의 연합된 노력이 필요하며, 정부의 관련 부처 간 연계 및 협력체계의 구축이 필요하다. 즉, 지역사회 내에서 음주, 흡연으로 청소년이 겪는 위기 상황의 심각성을 인식하고 효과적으로 개입할 수 있도록 연계체계를 구축하는 것이 필요하다. 청소년과 직접적으로 연관된 가정과 학교의 부모 및 교사는 물론, 지역사회의 의료기관, 법률기관, 복지기관, 행정기관 실무자의 협력적인 연계를 통해 청소년의 음주와 흡연의 위기 상황에 개입하는 체계를 마련하는 것이 필요하다(김재엽, 이근영, 2010). 아울러 고위험군 청소년을 대상으로 치료재활 프로그램을 개발하고 시행해야 한다.

다섯째, 규제정책을 강화해야 한다. 주류에 청소년에 대한 경고문구 · 사진 등을 부착하는 것을 강화하는 것이 필요하다. 또한 포장 · 디자인을 포함한 주류의 광고 제한 강화가 필요하고, 학교 인근 지역과 대중교통 시설 주변에서의 광고 · 판촉물 배포금지도 강화하는 것이 필요하며, 판매자에 대한 처벌 강화 역시 필요하다. 청소년 주류의 대리구매자에 대한 처벌규정도 마련되어야 한다. 그리고 청소년에게 음주 장소를 제공하고 청소년의 음주를 방치하는 데 대한 처벌규정도 강화되어야 한다.

외국의 경우, 미국에서는 17세 이하로 보이는 사람에 대해 판매자가 신분증을 제시하도록 요구하는 것이 의무화되어 있고, 일본에서는 미성년자의 음주를 방치한 부모와 보호자에게 벌금을 부과하고 있으며, 아일랜드에서는 주류 제공 책임이 있는 성인은 물론 술을 마시는 청소년에게도 책임을 부여하고 있다. 또한 광고 규제도 엄격하게 적용하고 있어서 영국에서는 청소년을 대상으로 하거나 청소년에게 매력 있게 보이는 광고를 규제하고 있고, 이탈리아에서는 연예인의 주류광고 출연을 금지하고 있다. 그 밖에도 프랑스는 주류광고 금지와 함께 주류회사의 스포츠 행사 협찬도 제한하고 있다. 이러한 대책은 국내 주류업체가 연간 지상파 TV, 라디오, DMB, 신문, 잡지 등에 약 1,000억 원 이상의 광고를 진행하고 있는 우리나라와는 대조적인 현상이다(경향신문, 2013. 7. 17.).

마지막으로, 청소년의 약물사용에 대한 효율적인 대응을 위해서는 체계적이고 중장기적인 정책의 추진이 필요하다. 또한 청소년 유해약물 예방 및 치료의 철학적 기반을 세우고, 교육 · 환경 · 제도를 아우르는 체계적인 정책을 통해 중장기적으로 접근함으로써 정책을 추진해 나가는 것이 필요하다. 그 밖에 학교 안팎에서 청소년 활동의 활성화 등 청소년이 스트레스를 해소할 수 있는 다양한 프로그램을 마련하여 건강한 청소년문화 조성에 노력해야 한다.

2) 부모교육

가정 내의 음복, 음주 · 문화가 청소년에게 영향을 미친다는 점에서 부모를 대상으로 한 청소년 음주예방교육을 실시하고 강화하는 것이 필요하다. 흡연의 경

우는 음주에 비해 수치는 낮지만, 청소년이 집에 있는 담배를 집에서 피운 경우
가 적지 않고 술 역시 집에 있는 것을 마신 것으로 밝혀짐에 따라 가정에서 흡연
과 음주가 용이함을 알 수 있다(여성가족부, 2012a). 따라서 부모교육 프로그램을
통해 금주·금연에 관한 가정교육의 중요성과 가정 내 술과 담배에 대한 철저한
관리의 필요성을 강조할 필요가 있다.

즉, 청소년을 자녀로 둔 가정에서 청소년 흡연 및 음주와 관련하여 부모의 역
할을 강화하고, 가족 유대감을 강화하는 등의 가족 간 유대감 강화 프로그램을
시행하는 것이 필요하다. 또한 부모, 교사, 성인 등으로 교육 대상을 확대해서
청소년의 약물사용의 유해성과 관련한 예방교육을 실시하여야 한다.

3) 예방교육

그동안은 청소년의 흡연과 음주를 건강 문제로 인식하고 교육과정 내에서 접
근하기보다는 문제행동으로 인식하면서 규제 대상으로 바라보는 시각과 접근이
지배적이었다. 또한 성인의 대리구매나 구매를 대행하는 업체까지 성행하고 주
류·담배 구입을 목적으로 청소년이 신분증을 위조·변조하는 사례가 빈번하게
발생하고 있으나 이와 같은 범죄 예방을 위한 접근은 미흡한 실정이다. 따라서
단순히 금연교육과 규제보다는 청소년이 스스로 자신의 건강을 지키고 보호할
수 있도록 청소년의 눈높이에 맞고 공감을 이끌어 낼 수 있는 예방교육을 마련하
는 것이 시급하다.

약물중독을 막는 가장 효율적인 방법은 약물중독 청소년의 발생을 예방하는
것이다. 여러 연구에서 다양한 약물예방교육이 청소년의 약물예방에 대한 긍정
적인 태도를 높이고 약물에 대한 충동감을 낮추는 것은 물론, 약물에 대한 지식
과 태도의 변화에도 효과가 있다고 밝히고 있다(이병호, 손애리, 2008). 따라서 청
소년기에 스스로 통제하면서 약물을 다루도록 하기 위해 청소년이 약물에 관한
지식과 정보를 습득하고 약물사용에 대한 태도를 형성하도록 도와야 한다.

이를 위해서는 다각적인 차원에서 약물중독 예방교육을 실시해야 할 뿐만 아
니라 대다수의 청소년이 학생임을 감안할 때 학교 교과과정에서 예방교육을 다

루어야 한다. 기존의 약물 유해성에 관한 지식과 정보 전달 위주의 교육에서 벗어나 청소년의 발달단계에 적합하게 약물에 대한 정확한 지식과 정보를 제공해야 한다(강은영, 2004). 예를 들어, 과학과 생물 교과서에 흡연과 음주에 관한 과학적인 내용을 실어 청소년이 이해할 수 있도록 돕고, 사회 및 윤리 교과서에 약물사용과 관련된 사회적 규제와 정책, 문제해결 방법을 소개하는 것도 한 방법이 될 수 있다.

특히 약물중독 시작 연령이 점차 낮아지는 추세를 고려하여 초등학생과 중학생을 대상으로 적극적인 약물중독 예방교육 프로그램을 실시해야 한다. 앞서 살펴보았듯이, 중학생의 흡연율과 음주율은 고등학생에 비해 매우 낮지만 이러한 위험행동은 급격히 증가하므로 이를 중재하기 위한 개입은 적어도 중학교 저학년 이하에서 집중적으로 이루어져야 효과를 볼 수 있다(손애리, 2010). 특히 약물사용으로 인한 사이버폭력이 빈번하므로 초등학교 저학년부터 공격성, 분노 등의 감정을 다루고 자기통제 능력을 강화시킬 수 있게 하는 체계적인 프로그램을 제공하는 것이 바람직하다(조혜정, 2012).

그 밖에도 또래집단과의 접촉이나 압력에 의해, 또는 또래집단의 인정을 받기 위해 청소년이 약물을 사용하는 경우가 적지 않으므로 학교에서는 올바른 친구관계 형성 프로그램은 물론, 또래집단의 인정을 받는 데 약물 이외의 긍정적인 대안을 사용하는 방법, 친구의 강력한 권유나 압력을 거부할 수 있는 저항기술 및 자기주장훈련, 그리고 또래집단의 협력적인 지지와 기회를 제공하는 체계적인 프로그램을 개발하고 활성화해야 한다(김미진, 2006; 정슬기, 김승수, 2009). 따라서 건설적인 문화활동을 통해 친밀감 및 소속감의 욕구를 충족할 수 있도록 청소년 사회성 증진을 위한 보다 체계적인 프로그램 및 환경을 제공해야 한다. 이에 덧붙여 청소년의 또래 친화력을 활용하여 약물을 사용하지 않아야 또래 사이에서 존경을 받을 수 있다는 청소년문화를 조성하려는 노력이 병행되어야 한다(이경상 외, 2012).

교육부, 보건복지부, 여성가족부, 법무부 등 관련 부처가 협력해서 흡연 · 음주 예방교육을 확대해야 한다. 특히 초등학교 저학년부터 카페인이나 감기약을 포함한 생활 속의 다양한 약물에 대한 오용 · 남용과 유해성을 이해할 수 있도록 돕기 위해 발달단계에 맞는 교재를 마련하여 초등학교에 보급함으로써 체계적인 예방교육을 실시해야 한다. 또한 청소년쉼터, 소년원이나 보호관찰소 등에 보호 중인 위기청소년을 중심으로 한 음주와 흡연 및 마약류 등 약물 오용·남용의 유해성과 그 폐해에 대한 체계적인 교육 역시 실시해야 한다. 특히 주류 구입을 목적으로 신분증을 위조하는 것이 심각한 범죄행위임을 알리는 등 법에 대한 교육 역시 청소년 대상 음주예방교육에 포함될 필요가 있다.

학교에서의 약물예방교육의 체계적 보급을 위하여 초·중·고등학교 보건교육과정 내 약물예방교육 내용을 강화해야 한다. 어려서부터 약물예방교육이 실질적으로 실시될 수 있도록 표준화된 프로그램을 개발하여 교육을 실시하여야 한다. 보건복지부, 국가청소년위원회 등 관련 부처의 연계망을 구축하여 효율적인 사업을 실시하고 정규 교육과정 외에도 재량활동시간, 방과 후 프로그램 등을 활용하여 비정규 교육활동 등을 통해 약물예방교육 활동이 지역사회와 연결되도록 해야 한다.

또한 약물중독은 예방도 중요하지만 조기발견도 중요하므로 학교에서 적절한 진료센터로부터 필요한 도움을 받을 수 있도록 의뢰할 기관과의 연계를 모색해야 한다. 그리고 이를 위해 교육을 담당할 전문교사를 배출하여 전문기관과 연계함은 물론 학교에서 약물중독청소년을 대상으로 맞춤식 상담·교육을 활성화하는 것도 필요하다.

이러한 예방교육은 체계적이고 전문적인 지식을 갖춘 인력이 진행하여야 하는데, 현재까지는 약물 관련 문제에 대한 이해, 중독예방, 치료, 재활기술 등에 대한 전문인력이 절대적으로 부족하여 전문적인 서비스의 제공이 미흡한 실정이다. 따라서 국가 차원에서 학교 약물예방 교재를 개발하고 이를 적절하게 활용할 수 있는 전문인력을 확보하는 것이 시급하다.

chapter
13　**학업중단청소년**

1. 문제제기

　　교육을 통하여 자신의 잠재력을 개발하고 진로를 준비하는 청소년이 대부분
의 시간을 보내는 학교는 청소년기의 삶 그 자체로 각 개인의 성장 욕구를 충족해
줌은 물론, 청소년이 가정과 또래집단을 거쳐 보다 다양한 사회 경험을 체험하게
함으로써 자신의 능력을 개발할 수 있게 하는 공간이다. 즉, 학교는 학생의 사회
화 과정을 돕고, 삶에 필요한 지식과 기술의 습득, 진로 탐색 및 준비는 물론 학교
밖에 존재하는 다양한 사회문제로부터 학생을 보호하는 기능을 담당하고 있는 곳
으로, 학교생활을 통해 청소년은 성인으로 전환하는 준비를 갖추게 된다. 따라서
청소년의 학교생활에서의 적응 여부는 그들이 향후 미래사회의 한 구성원으로서
사회에 잘 적응하며 살아가는 역량을 보여 줄 수 있는 중요한 요인이다.

　　그러나 입시 중심의 교육제도는 청소년의 개인적 욕구를 무시한 채 과도한 경
쟁을 유발함으로써 학교교육에서 소외된 청소년을 양산하고 있다. 즉, 입시 위

주의 교육과정에 따른 경쟁적인 교육 상황에서는 학습 내용을 따라가지 못하는 상당수의 학생이 상급학교 또는 상급학년으로 진학할수록 학업 성취의 실패 경험을 겪으면서 무기력을 학습하게 되고, 원만한 학교생활을 영위할 수 없게 된다. 또한 학생들은 개개인의 독특성과 인성적 측면이 무시당한 채 성적, 진학에 대한 본인 또는 부모의 열망, 기대와 현실 간의 차이로 많은 스트레스를 받고 있다. 이러다 보니 많은 청소년이 학교에서의 생활규범에 잘 적응하지 못하고, 교사나 친구와의 관계가 원만하지 못하며, 학업능력 성취도 어렵다. 따라서 이들은 학교에서 소외되면서 자신의 가치를 존중받고 자아정체감을 확립하는 데 어려움을 겪기도 하며, 심지어 학교부적응을 겪곤 한다. 즉, 학교생활에서 자신의 욕구를 충족하지 못하게 됨에 따라 교육체계에 적응하지 못하는 학생이 늘고 있고, 급기야 이들은 학업을 중단하기도 한다.

2009년 기준 대학진학률은 81.9%로, 대표적인 고학력 사회인 우리나라에서 학업중단청소년은 해마다 6～7만여 명씩 발생하고 있는데, 이러한 학업중단은 청소년 개인뿐 아니라 가정 및 사회에 적지 않은 영향력을 미치고 있다. 청소년 개인에게 중·고등학교 시기는 단순히 학업을 계속한다는 의미 외에 자아정체감을 형성시켜 나가는 때이며, 사회성이나 원만한 대인관계 기술을 습득하고 집단생활 등과 같은 다양한 사회기술을 배워 나가는 시기다. 이러한 중요한 시기에 학업을 중단하게 되면 청소년은 성장 가능성과 발달 저해라는 부작용으로 낮은 자아개념을 형성하게 될 것이며, 장기적으로 사회적 기술의 결여는 청소년의 삶의 질을 저하시킬 것이다. 또한 이들은 학교교육을 중도에 그만둔 이후 심각하고 다양한 어려움에 노출될 가능성이 크고, 이에 따라 야기되는 비행 및 범죄 등의 사회문제는 사회적·국가적 비용을 증가시키기 때문에 우려를 자아낼 수 있다(조규필, 2013).

특히 외형적으로는 학교를 그만두지 않았지만 실질적으로 배움을 중단한 상태이거나 중퇴 의도를 가진 청소년, 즉 잠재적 학업중단청소년이 증가하고 있다(고기홍, 2003; 정연순, 이민경, 2008). 잠재적 학업중단은 학교중퇴로 이어질 확률이 높은 것으로 알려져 있기 때문에 잠재적 학업중단청소년 문제의 심각성을 간과할 수 없다. 특히 잠재적 학업중단 상태가 학교중퇴라는 실제적 학업중단으로 나타나기까지 상당 기간 지속되기 때문에 잠재적 학업중단청소년의 조기 진단과 예방상담의 필요성 역시 강조되어야 한다(정민선 외, 2011).

　청소년은 국가의 중요한 미래 자원임에도 불구하고 저출산 시대에 학령기 인구는 줄어드는 반면, 학업중단청소년이 증가하는 현실을 직시하여 국가 차원에서 청소년의 학업중단에 대한 예방 및 대처 노력이 요구되고 있다.

2. 개념 및 특성

1) 개념

　1990년 중반 및 후반부터 학업중단청소년에 대한 관심이 지속되었는데, 주로 학교를 떠난 중도탈락자, 자퇴생, 탈학교청소년, 학업중퇴 · 학업탈락 · 등교거부 청소년 등으로 혼용해 왔다. 그러나 이러한 용어는 정상적인 학교로부터 벗어난 일탈이나 패배를 의미하는 부정적인 의미를 내포하고 있고(조성연 외, 2008), 용어를 사용하는 데 혼란을 가지고 올 수 있어서 2002년 이후 정부 차원에서 '학업중단청소년'으로 지칭하게 되었다. 2003년에는 「청소년기본법」에 학업중단청소년 지원에 대한 법적 근거가 마련되었고, 2012년에 개정된 「청소년복지지원법」에는 학업중단청소년 지원을 위한 역할이 명확히 제시되어 있다.

　학업중단청소년은 자의든 타의든 상관없이 어떤 이유에서든 정규 학교교육과정을 끝내지 않고 중도에 학업을 중단하고 학교를 그만둔 청소년을 의미한다(권이종, 2010; 조성연 외, 2008). 이와 유사하게, 이병환(2002)은 "정상적인 학교생활을 중도에 포기하는 학생"을 총칭하는 개념으로 정의하였고, 금명자(2008)는 "더 이상 학교를 다니지 않아 정규 교육과정을 중단한 학생이었던 자"로 정의하였다.

　특히 구은미 등(2009)은 일반적으로 학업중단은 학교중도탈락, 중퇴, 학교중단 등의 용어와 혼용되고 있는데, 학업중단이란 정규학교의 교육과정을 마치기 전에 자의 또는 타의로 학교를 그만두는 것을 말하며, 학교중도탈락이란 여러 가지 이유로 학교를 다니지 못하는 것을 일컫는 말이라고 설명하고 있다. 특히 학업중단은 학업을 중단하는 것으로서 청소년 자신, 가정, 학교, 사회에 존재하는 여러 요인이 복합적으로 작용하여 학업을 중단하게 되는 일종의 사회일탈 현상이라고 설명하고 있다.

이러한 학업중단은 일반적으로 자신의 결정과 의지에 따른 자발적 중단과 외부 여건에 따른 비자발적 중단으로 나뉘는데, 특히 노혁(2010)은 이를 자발형과 비자발형으로 설명하고 있다. 먼저, 자발형은 탈학교형과 초학업형으로 나뉜다. 탈학교형은 원천적으로 학교제도 자체가 맞지 않아서 중퇴하는 청소년을 의미하고, 초학업형은 학업 성취 기대수준이 학교에서의 학업수준보다 높아서 새로운 진로를 모색하는 중퇴청소년을 말한다. 다음으로, 비자발형은 개인부적응형과 환경불가피형으로 나뉜다. 개인부적응형은 학업, 비행, 심리, 정서, 교육 및 교사와의 관계 등의 문제 때문에 학교정책과 학업에 적응하지 못해 중퇴하는 청소년을 의미하고, 환경불가피형은 가정의 경제적 곤란과 부정적인 사회 환경에 영향을 받아 중퇴하는 청소년을 말한다. 이러한 자발적 학업중단 현상은 학교부적응이나 생활상의 곤란으로 학교를 그만두는 경우가 대부분이었던 전통적 유형과는 대조적으로 1990년대 중후반부터 주목을 받기 시작하였다(추병식, 2003).

이에 덧붙여 학교 부적응이란 개인과 환경 간의 상호관계 또는 상호 적응에 불균형이 이루어져 개인이 환경에 적응하지 못하게 된 상황이 발생한 것을 의미한다. 즉, 개인의 욕구가 학교라는 생활 영역 내 환경과의 관계에서 수용 또는 충족되지 못함으로써 욕구불만이나 갈등이 심해지면서 이에 따른 긴장을 해소하기 위하여 학교에서 이탈하려는 행위를 말한다. 이러한 학교부적응은 학업중단의 중요한 이유가 되는데, 엄격한 교칙은 물론 성적 상위 학생을 기준으로 삼는 교과과정 자체가 청소년을 학교 밖으로 내몰고 있는 것이다.

2) 특성

해마다 수만 명의 청소년이 학교를 떠나 길거리를 배회하면서 학업중단 현상은 우리 사회의 주요한 청소년 문제로 떠오르고 있다. 『교육통계연보』(2011)에 따르면, 학업중단청소년은 해마다 6~7만여 명씩 발생하고 있고, 최근 5년간 학교를 중도에 그만둔 청소년의 수는 약 32만 명이다. 2008년 약 7만 3,000명, 2010년 약 6만 1,000명으로 소폭 감소하였으나 2011년 7만 6,000명으로 전년도에 비해 23%가 증가함으로써 학업중단청소년에 대한 사회적 관심과 대책이 요구되고 있다. 특히 고등학교 학업중단청소년은 매년 증가 추세를 보이고 있는 반면, 2004년 이후 중·고등학생의 복교율은 20~43% 수준에 불과한 것으로 나타났다(교육과학기술부, 2012). 이에 덧붙여 한국교원단체총연합회(2009. 8. 27.)의 보고에 따르면, 2003년 OECD 보고서에 나타난 우리나라 중학생의 학교에 대한 소속감 지수는 G8에 속하는 미국, 영국, 프랑스, 독일, 이탈리아, 일본, 러시아연합, 캐나다 중에서 가장 낮은 점수를 기록한 일본(465점)보다도 더 낮은 수준인 최하위(461점)로 보고되었다. 이는 학교에 대한 소속감을 갖지 못하여 정신건강 문제나 행동 문제를 일으키는 학교부적응청소년이 학업을 중단하고 학교를 떠나는 사례가 빠르게 늘고 있음을 보여 주는 것이다(전미영, 2013).

이러한 학업중단은 학생이 학교라는 환경과의 갈등에서 겪는 심리·정서·행동상의 어려움으로, 이들이 학교생활에 적응하지 못하여 겪는 위기다. 특히 학교를 그만두는 청소년이 내세우는 주된 학교중단 사유로 1980년대까지는 주로 경제적 문제에 기인한 '가사'가 많았으나 1990년대 말부터는 '품행'과 '학교부적응'이 주요한 원인으로 나타나고 있으며, 최근에는 '학습부진' 및 '교사·교우 관계' 등에 따른 학교부적응으로 인한 중단이 과반수를 차지하고 있다(성윤숙, 2005).

특히 학업중단청소년과 관련하여 두드러지는 특성은 경제 성장에 따른 전반적인 생활수준과 교육수준의 향상으로 인해 빈곤·비행 등에 의한 전형적인 학업중단의 경우는 감소하고 있는 반면, 전통적 중도탈락자와 개인적 특성에서 차이를 보이는 자발적인 중도탈락자는 증가하고 있다는 점이다(김민, 2001). 자발적 학업중단청소년은 주로 취업을 선택하거나 학교 이외에서의 교육 및 기술 습득을 선택하는 청소년으로서, 금명자 등(2004)은 대다수의 자발적 학업중단청소년이 취업이나 기술 습득을 통한 사회진출을 목적으로 학업중단을 원하고 있음을 보여 준다고 하였다. 이와 같이 학업중단의 이유가 다양해지고 학업중단 의사를 가지고 있는 잠재적 학업중단청소년과 학업중단청소년도 늘어 가고 있는 것이 지금의 현실이다.

한편, 학교를 중도 탈락한 청소년은 대부분이 학업중단 이후 학교를 대신할 대안을 찾지 않았고, 자신의 진로를 위한 준비의 시간은 거의 없는 상태다(김상현, 양정호, 2013). 이들 청소년은 학교를 그만둘 당시 해방감과 기대감을 가지지만 중도탈락 이후에는 무기력감, 자기비하감, 어디에도 소속되지 못한 것에 따른 불안, 부모와의 갈등, 비행의 유혹 등으로 심리정서적인 어려움을 겪곤 한다. 심지어 자신의 의지대로 자발적으로 학교를 떠난 청소년일지라도 학력을 중시하는 사회적 분위기로 말미암아 학교를 떠나는 순간 부적응자나 낙오자, 실패자로 낙인찍히기 쉬워서 다음 발달단계로의 이행에 많은 어려움을 겪는다. 이처럼 자의든 타의든 간에 학교 중도탈락은 청소년의 발달에 있어 중요한 사건이며 위기임에 틀림없다.

이에 덧붙여 학업을 중단한 이후 대부분의 청소년은 학업 지속에 대한 불안과 갈등, 불완전 고용이라는 현실의 장벽에 막혀 어떻게 해야 할지를 결정하지 못한 채(이경상, 박창남, 2006) 미래를 방임하는 경향을 보인다(김동민 외, 2003). 즉, 학업중단이 지속되면 많은 청소년은 어디에도 소속되지 못한 채 방황과 정체성 혼란을 경험하며(구본용, 2002; 오승근, 2009), 학교나 가정 어디에서도 제대로 된 지원을 받지 못한 채 문제아로 방치되어 배회, 은둔 등의 니트(Not in Education, Employment or Training: NEET) 형으로 전락하는 비율이 58.5%나 된다(김선아, 2010).

특히 학업중단청소년은 학업중단 이후 한동안 방황 기간을 거치며, 방황이 길어질수록 비행에 연루되는 비율이 높아져 이는 심각한 사회적 문제로 이어질 가능성을 높인다. 학업중단 후 6개월 정도가 지나면 점차 학업중단 또래와 어울리면서 비행이나 범죄에 연관될 가능성이 높아지고(금명자 외, 2005) 가출, 폭력, 비행, 성매매 및 성폭력, 인터넷 중독, 우울뿐 아니라 자살과 범죄 등의 다양한 청소년 문제를 일으키는 원인이 되기도 한다(전경숙, 2006).

학업중단은 청소년 개인뿐 아니라 그들을 둘러싼 가족, 또래, 학교 및 사회 영역 전반에 걸쳐 부정적인 영향을 미친다. 일반적으로 학업중단은 청소년 개인에게서 교육 기회를 박탈하고 진로 탐색 및 선택, 사회성 기술의 발달 등 청소년 시기에 달성해야 할 발달과업을 성취할 기회를 잃게 하여 장기적으로는 안정적인 성인생활을 유지하는 데 많은 어려움을 겪게 한다(김영희 외, 2013). 즉, 학업중단은 건전한 사회관계를 형성할 수 있는 기회가 결여됨으로써 단순히 학교를 중단한 것이 아니라 삶의 발달 과정에서 필요한 기술 습득 및 기회를 상실하고 다양한 위험에 노출될 가능성을 높인 것을 의미하며, 사회생활에서 경험하게 되는 여러 가지 부정적인 사건을 발생시키는 원인이 되기도 한다. 특히 유교 의식이 강한 우리 사회에서 학업중단청소년이 있는 가정의 경우, 부모의 자녀지도에 대한 자신감 상실, 부모와 자녀 간의 관계 악화 등 자녀의 학업중단이 가족 전체의 스트레스로 다가올 뿐만 아니라 가정의 붕괴로 이어지는 등 사회 전체의 문제로 확대되기도 한다(강석영, 양은주 외, 2009).

　진학률이 높은 우리나라의 현실에서 학교를 중도에 그만둔 청소년이 정상적인 노동시장에 진입하여 성공적인 사회생활을 하기란 쉽지 않다. 학교를 그만둔 청소년은 취업의 어려움, 낮은 수입, 열악한 근무 조건과 여기서 파생되는 다양한 고통을 경험하기 쉽다(구은미 외, 2009). 또한 이들은 불완전 시간제 근로의 고용 형태하에서 저임금, 열악한 환경 등의 부당한 대우에 시달리거나 불건전한 유흥업소에 유입되어 종사하게 될 가능성이 높다(이경상, 2003). 이에 덧붙여 이들을 위한 사회보호망도 제대로 갖춰져 있지 못하다 보니 학업중단청소년 중 극히 일부분만이 대안학교, 직업훈련기관과 같은 진로지원시설에 소속되어 있을 뿐 대다수는 기관에 소속되지 않은 상태에서 방임되거나 자신의 향후 진로를 스스로 설정해 나가고 있다(조성연 외, 2009, p. 232).

　따라서 학업중단청소년은 성인이 되어서도 실직이나 안정적이지 못한 일자리를 반복하여 전전하면서 빈곤층에 머물러 있을 가능성이 높다. 결국 청소년의 학업중단은 청소년 개인의 손실뿐 아니라 사회적 손실도 크게 증가시켜 직간접적인 사회복지 비용이나 범죄 비용 등의 국가의 부담 증가는 물론 국가의 미래 경쟁력 강화에도 큰 부담으로 작용한다(김동민 외, 2003; 성윤숙, 2005; 황순길 외, 2011). 그러므로 잠재적 학업중단청소년의 조기발견과 학업을 중단하기 전 단계에서의 개입을 통해 그들의 학교 적응을 도움으로써 학업중단을 예방하고, 자발적 학업중단청소년의 사회적 자립을 도와 그들이 건강한 사회의 구성원으로 성장하도록 지원해야 한다.

3. 원인

학업중단은 청소년을 둘러싸고 있는 개인 · 가정 · 또래 · 학교 요인 등 다양한 요인이 복합적으로 나타나는 특징이 있다.

1) 개인적 요인

낮은 자아개념과 통제력 부족은 학업중단을 유발하는 중요한 요인이다. 낮은 자아존중감을 가진 학생은 학교 안에서 학교 자체를 거부하거나 교육적 열의가 낮고, 성취 동기도 낮은 수준이다 보니 학업 성취에 대한 열의가 부족하여 학교에서 낮은 성적을 받게 되고, 이는 다시 자아존중감의 상실을 가져오게 함으로써 학교에 대한 결속을 약화시키게 된다. 결국 성취 경험의 부재로 학업 성취도가 낮은 편이고, 정서적 불안정으로 주의가 쉽게 흐트러져 집중력이 부족하므로 무단결석과 같은 행동이 반복됨에 따라 학교와 멀어지면서 학업을 중단하게 된다.

또한 학업중단청소년은 일반적으로 충동적인 문제해결을 하기에 학교에서 타인과의 관계를 원만하게 형성하는 사회관계 기술이 미숙하여 교사 및 친구와의 관계가 원만하지 못할 가능성이 클 뿐만 아니라 교사나 친구로부터 소외감을 느끼게 되고 결국 문제행동을 일으키기도 한다. 특히 낮은 통제감은 분노의 즉각적인 표출로 나타나면서 또래와의 갈등을 유발하고 학교에서 문제청소년으로 낙인 찍히게 하는 등 복합적인 요인으로 작용하고 있다. 또한 학업중단청소년은 학습부진, 학습 의욕의 저하, 학습 무능력을 보이면서 학교에 대한 소속감을 가지지 못하거나 부정적인 태도를 취하고 의식적으로 기피하는 모습을 보이기도 하고, 주위의 관심을 끌기 위해 고의로 교내 규범을 어기거나 퇴폐적인 행동을 하기도 하며, 조금만 어려운 상황에 부딪혀도 자신감을 상실하여 자포자기하거나 무관심한 태도를 보이는 특성을 나타낸다(김혜경, 2008; 박지은, 2005). 이에 덧붙여 이들은 미래에 대한 기대수준이 낮고 의사소통 기술도 부족한 편이다(이자영 외, 2010).

2) 가정요인

청소년이 학업을 중단하도록 하는 가정요인으로는 낮은 사회경제적 지위(SES), 소원한 한부모가정, 결손가정, 가족의 무관심, 자녀에 대한 낮은 기대수준 등이 거론되고 있다(강석영, 양은주 외, 2009; 양미진 외, 2007; 전경숙, 2006). 즉, 한부모가정, 조손가정 등의 낮은 사회경제적 지위에 따른 경제적·구조적 결핍은 물론, 부모의 자녀에 대한 낮은 기대, 무기력한 부모와 무관심, 부모의 방임적 양육 등의 낮은 지지도 자녀의 학업중단과 관련이 있는 것으로 나타났다.

이를 자세히 살펴보면, 구조적 측면에서 부모의 이혼, 별거, 사망, 재혼 등에 따른 가족 구성원의 결여와 낮은 사회경제적 지위 등은 청소년의 학업중단을 초래하는 요인이다(강석영, 양은주 외, 2009; 양미진 외, 2007). 또한 가족 구성원 간의 갈등, 바람직하지 않은 양육 태도와 방식, 낮은 기대, 무관심 등은 가정기능의 결손을 의미한다.

특히 대다수의 학업중단청소년은 가정으로부터의 경제적 지원이 부족한 것으로 나타났다. 가정의 경제 상황이 어려운 청소년이 학교를 중도 탈락할 확률은 가정이 여유가 있는 청소년에 비해 높게 나타났는데, 저수입 가정으로서 가족 간의 유대관계가 매우 낮은 경우에 중도탈락이 쉬운 경향이 있다. 빈곤가정의 청소년은 잦은 이사와 전학으로 새로운 환경에 적응이 힘들게 되고, 경제적으로 어려운 가정 형편을 돕다 보니 학교를 다닐 수 없게 되기도 한다. 반면, 가족 구성원이 정서적으로 지지해 주고 격려해 주고 학업에 관심을 보일수록 청소년의 학업중단율이 낮으며, 화목한 가정에서 일관된 양육 태도로 훈육을 받는 경우도 학업중단율이 낮은 것으로 나타났다(조성연 외, 2009).

이러한 가정요인에 의한 학업중단은 결과적으로 청소년기의 상대적 빈곤에 따른 박탈감으로 작용하여 청소년기에 큰 상처로 남곤 한다.

3) 또래요인

청소년기는 또래와의 관계를 아주 중요시하는 시기이므로, 청소년에게 또래는 학업중단의 위험요인으로 작용할 뿐만 아니라 중요한 정보 제공자로서의 역할도 수행하곤 한다. 친구관계의 어려움과 배신, 따돌림을 당하는 경험, 그리고 잦은 전학으로 인한 친구관계 형성의 어려움 등의 또래관계의 어려움은 학업중단의 주된 요인이다(정민선 외, 2011). 또한 학교에 친한 친구가 없어서 스트레스를 받거나 주변에 학업을 중단한 친구가 있는 경우 청소년은 그 영향을 받게 되며, 비행 경험이 있는 친구나 처벌 경험이 있는 친구와 친한 경우에도 학업중단율이 높다(조성연 외, 2009).

또래집단 중에서도 같은 경험을 공유하고 있는 경우 또는 비밀을 함께 유지하거나 의존할 수 있는 경우 또래집단과의 연대가 강한 것으로 나타났다. 이들은 학교 밖에서 학업중단 경험을 공유하는 친구와 어울리기 좋아하며, 교우관계 형성에 있어 학교에 소외감을 느끼는 친구나 진학에 관심이 적은 친구와 사귀는 경향이 있다(양미진 외, 2007; 전경숙, 2006). 이로 인해 학업을 중단하는 청소년은 학업중단 이전에 비행청소년이나 먼저 중퇴 경험을 한 또래와의 관계를 형성하게 되며, 이는 학업중단의 가능성을 높이는 요인으로 작용한다(김민, 2001).

4) 학교요인

최근에는 학교교육 내지 교육제도 자체에 적응하지 못하고 학교를 그만두는 청소년이 증가하고 있다. 즉, 권위주의, 획일주의, 집단주의적으로 비민주적인 방식으로 운영되는 학교체계, 입시 위주의 경쟁적인 분위기, 비현실적인 학교 교칙, 학습 내용에 대한 불만, 교사의 차별과 낙인 등의 요인이 구조적으로 학생을 학교 밖으로 몰고 있다(조성연 외, 2009).

대다수의 학업중단청소년은 공부가 싫고, 학교 성적이 낮고, 학교에 대한 필요성을 느끼지 못하면서 학습에 대한 흥미가 부족하다. 따라서 잦은 결석, 지각은 물론 교칙 위반 등으로 학교에 대한 불만이 쌓이면서 학교 등교에 대한 두려움은 물론, 학교생활에 부적응을 보이게 된다. 그 밖에 교사의 지적과 징계, 차별에 대한 불만이 커지면서 교사와 학교에 대한 적대감과 갈등이 심화되고 있다. 따라서 무단결석이 반복되고 학교를 중단하는 결과를 낳곤 한다(강석영, 양은주

외, 2011; 이자영 외, 2010). 종합해 볼 때 학업중단청소년은 점차 가정요인보다는
학교요인이나 사회 환경 요인이 더 많은 영향을 미치고 있다.

4. 실태 및 문제점

1) 실태

(1) 현황

최근 가출이나 자퇴 등으로 학교 밖에서 떠도는 학업중단청소년의 비행이 사
회문제로 등장하고 있다. 이들은 가정이나 학교 등 사회 안전망 테두리 밖에서
지내면서 범죄의 유혹에 빠지기 쉬우나 그 실체를 파악하기조차 쉽지 않은 존재
다. 교육통계(2009)에 따르면, 2006년 이후 계속적으로 학업중단청소년이 증가
하고 있으며, 학업중단 의도가 있는 청소년은 약 93만 명으로 추정하고 있다(정
민선 외, 2011).

이를 자세히 살펴보면 다음과 같다. 교육부의 교육기본통계(2014)에 따르면
2013년 3월부터 2014년 2월까지 학교를 그만둔 청소년은 6만 568명(0.9%)이었
다(〈표 13-1〉 참조). 전반적으로 2009년을 기점으로 초 · 중학교 학업중단청소년
의 숫자는 줄어들고 있다가 2011년에 다시 학업중단 수가 증가하고 있는 추세
로, 학교이탈청소년 수는 약간 줄었지만 비율은 거의 차이가 없었다. 특히 인문
계 고등학교의 중단비율이 2011년도에 급격하게 증가한 것으로 나타났다(한국
청소년상담복지개발원, 2012). 학업중단청소년이 매년 6~7만 명을 육박하고 이들
이 2~4년 이상 학업중단 상태를 유지한다고 추산하면, 매년 20만 명에 해당하
는 학업중단청소년이 학교 밖에 놓여 있다.

또한 학교를 그만두지는 않았지만 학업을 포기한 상태로 몸만 교실에 있거나
학교에 적만 두고 있는 잠재적 학업중단 포기자까지 포함하면 그 수는 더 증가할
것으로 추정된다(오정아 외, 2014). 교육과학기술부(2012)의 연구에 따르면, 학업
을 중단하고 싶어 하는 잠재적 학업 중단율을 조사한 결과 초등학생 28.8%, 중학

표 13-1 연도별 초·중·고등학생 학업중단율 (단위: 명, %)

연도	초등학교			중학교			고등학교		
	학생 수	중단자	중단율	학생 수	중단자	중단율	학생 수	중단자	중단율
2014	278만 4,000	1만 5,908	0.6	180만 4,189	1만 4,278	0.8	189만 3,303	3만 382	1.6
2013	295만 1,995	1만 6,828	0.6	184만 9,094	1만 9,094	0.9	192만 87	3만 4,934	1.8
2012	313만 2,477	1만 9,163	0.6	191만 572	1만 7,811	0.9	194만 3,798	3만 7,391	1.9
2011	329만 9,094	1만 8,836	0.6	197만 4,798	1만 8,866	1.0	196만 2,356	3만 8,887	2.0

출처: 교육부, 2014년 교육기본통계.

생 48.6%, 고등학생 48.6%로 나타나 학업중단에 노출된 정도는 매우 심각한 수준인 것으로 파악된다. 현재 학교 밖 청소년의 누적 인원은 약 36만 여 명으로, 그중 소재조차 파악되지 않는 청소년은 약 28만 여 명으로 추산된다(윤철경 외, 2013). 이들은 비행과의 관계도 상당히 높은 것으로 나타났다. 즉, 대검찰청 범죄분석 결과에 따르면 일반학생의 범죄율이 0.7%인 반면, 학교 밖 청소년의 범죄율은 23.0%로 무려 32배나 더 높았으며, 이들의 사회적 비용은 한 해 약 2,539억 원인 것으로 추산된다(조규필, 2013). 이러한 결과는 과거에 비해 학급당 학생 수나 교원 1인당 학생 수 등 교육 여건이 좋아지고 있음에도 매년 1% 안팎의 비율이 유지되고 있어서 교육당국이 학업중단청소년 문제에 적절히 대응하지 못하고 있음을 보여 주고 있다.

교육부의 2012학년도 초·중·고등학교 학업중단 현황 조사에 따르면, 자퇴가 3만 3,553명(96.05%)으로 대부분을 차지했고, 퇴학 1,045명(2.99%), 특수교육대상자 중 유예 322명(0.92%), 면제 14명(0.04%)의 순이었다. 자퇴 사유는 학교부적응이 1만 7,454명(49.96%)으로 절반에 달했다. 이들 중 9,887명(28.30%)은 학업 관련, 1,019명(2.92%)은 학교규칙, 486명(1.30%)은 대인관계 문제로 학업을 중단했다. 한편, 재입(취)학, 편입으로 학교에 복귀한 학생은 2만 7,693명(40.61%)이었다. 초등학생은 1만 3,733명(81.61%)으로 대부분 학교에 돌아온 것으로 나타났지만, 중학생은 8,760명(53.33%), 고등학생은 5,200명(14.88%)으로 학년이 오를수록 복귀율이 떨어졌다.

한편, 학업중단청소년을 유형별로 살펴보면, 이미 위기 상황이 발현된 고위기

군과 방치할 경우 위기 발현 가능성이 높은 잠재위험군으로 나누어 볼 수 있다. 고위기청소년의 주요 발현 위기 유형은 인터넷 중독(25.8%), 가출(23.1%), 학업중단(21.3%), 자살 충동(12.4%)의 순이며, 그중 39%는 두 가지 이상의 위기 유형을 지니고 있는 것으로 나타났다(여성가족부, 2011c). 이와 관련하여 윤철경 등 (2010)이 학업중단청소년 209명을 대상으로 한 조사에서는 은둔형 12.7%, 배회형 21%, 소일형 13.2% 등으로 나타나 50%에 육박하는 청소년이 니트형으로 보고되었다. 특히 학업중단 직후에는 60.3% 이상이 아무것도 하지 않고 노는 것으로 나타났다(오혜영, 2011).

그 밖에 학교폭력피해로 인한 등교거부 충동 여부에 대한 분석 결과 3,560명 중 416명이 충동을 느꼈다고 응답하였다. 이들의 등교거부에 대한 분석 결과 '전혀 없다 47.8%를 제외하고 '1년에 1~2번' 23.1%, '한 달에 1~2번' 9.1%, '일주일에 1~2번' 8.4%, '지속적으로 10회 있다' 11.5%로 나타나 학교폭력피해에 따른 학교중단 가능성의 심각성을 보여 주고 있다(이재욱, 2012). 특히 학교폭력의 저연령화 현상이 심각해지고 있어서 학교중단청소년의 증가 추세를 우려하고 있다.

(2) 특징

① 학업중단 이후 심리적 어려움

학업중단 이후 청소년이 겪은 심리적 어려움은 미래에 대한 불안감(33.5%), 사회적 편견(16%) 등으로 나타났으며, 시간이 지날수록 사회적 편견에 대한 어려움이 가장 크게 증가하는 것으로 보고되었다(윤철경 외, 2010). 한국청소년개발원(2006)에서 실시한 '학교 밖 청소년 실태조사'에 따르면, 먼저 학교 밖 청소년을 바라보는 사회의 편견과 차가운 시선으로 자퇴생에 대한 사회적 편견이 심하고 부정적인 시선이 따갑다고 느끼고 있었다. 또한 학교 밖 청소년은 학업중단으로 교사, 친구와 관계가 단절됨을 힘들어했고, 부모를 비롯한 가족 및 친척과 갈등을 겪고 있었으며, 학교를 다니지 않는 현실로부터 고립감과 정서적 외로움을 호소하고 있었다. 그 밖에 방향성의 상실에 따른 미래에 대한 막막함과 불안감을 언급하였다.

이와 관련하여 오혜영 등(2011)에 따르면, 대인관계의 어려움과 회피적 반응은 물론 '망가지는 내 모습이 초라하다' '죄책감이 들고 비하감이 든다' 와 같은 자신에 대한 연민과 비하감 등이 보고되었다. 미래에 대해서도 '사회에 나가는 것이 두렵다' '세상이 내 뜻대로 되지 않는다는 것을 느낀다' 와 같은 불안감, 통제 불능 등의 느낌을 보고함에 따라 미래와 자신, 타인에 대한 인식 폭이 좁아지고 부정적으로 변하는 것을 알 수 있다. 그 밖에 우울이나 자살 충동 등 정신건강과 관련된 다양한 증상을 보고하기도 하였다.

이러한 결과는 학업중단 이후 학교 밖에서 경험하는 냉담한 사회 현실과 이에 대한 인지적 해석 과정, 부정적인 정서 경험 등을 복합적으로 보여 주고 있다.

② 학업중단 이후 생활상

청소년의 학업중단 이후의 생활상과 관련하여 윤철경 등(2010)에 따르면, 26.1%가 찜질방, PC방, 고시원 등 여기저기에서 생활하는 것으로 조사되었으며, 15.9%가 친구나 선후배집, 5.8%가 친척집 등으로 이동하였고, 집에 머문 경우는 16%에 그치는 것으로 조사되었다. 이들의 가족 형태로는 이혼가정 36.6%, 재혼가정 10.9%, 부모의 사별 6.4%로 나타나 54% 이상이 한부모 혹은 재혼가정으로 나타났다. 또한 오혜영 등(2011)은 사이버상담실에 올라온 학업중단청소년의 사례를 분석하였는데, 이들 사례는 학업중단 이후 '자식 취급을 안 한다' '대화가 없다' '욕설, 폭력' 등으로 심각한 가족 갈등을 보여 주어 가족체계가 안전하지 않고 충분히 돌보아 주는 지지적 분위기가 부재하거나 부족한 것으로 나타났다. 특히 거주지 불안정의 문제는 숙식 문제, 신체건강 문제 등 다양한 문제로 이어질 수 있어서 우려를 자아내고 있다.

이에 덧붙여 윤철경 등(2010)은 학업중단 이후 보호관찰이나 소년원 또는 소년교도소 경험이 있는 경우가 38.8%에 이르는 것으로 보고하였고, 오혜영(2011) 역시 학업중단청소년 스스로 이전보다 일탈, 비행 등의 문제행동이 악화된 것으로 보고하였다. 한 예로, 금명자 등(2004)은 학업중단청소년 1,010명을 추적 조사하여 학업중단 직후와 1년 후 비행 정도가 크게 달라짐을 보고하였다. 즉, 학업을 중단한 중학생의 5.5%가 보호관찰을 받고 있었는데, 1년이 지난 후에는

10.8%로 두 배 가까이 보호관찰 비율이 증가하였으며, 인문계 고등학교 학업중단생의 경우에도 2.6%가 유흥업소 아르바이트에 종사했지만 1년이 지난 후에는 10.7%가 종사하는 것으로 보고하였다.

　이러한 조사 결과를 통해서 볼 때, 학업중단 이후 절반이 넘는 청소년이 학업중단 직후 아무것도 하지 않고 방황하는 경우가 많으며, 이러한 상태가 지속되면서 급격하게 비행이나 탈선을 경험하고 있음을 알 수 있다. 이는 학업중단 직후부터 학업중단청소년에게 적절한 보호와 감독, 적극적인 개입과 돌봄이 필요하며 지속적이고 장기적인 접근이 필요함을 시사한다.

　다음으로, 학업중단청소년의 근로 현황과 관련하여 고용노동부(2009)에 따르면 대안학교나 진학을 원치 않는 학업중단청소년은 89.2%가 아르바이트를 경험한 적이 있으며, 이들 중 대부분이 음식점, 전단지 배부, 주유소, PC방 등 단순한 업종에서 평균 시급 3,997원을 받으면서 일하는 것으로 조사되었다. 특히 학업중단청소년 20명의 근로 경험을 심층 분석한 전경숙(2006)에 따르면, 학업중단청소년이 제대로 된 안정된 근로 조건이나 임금을 누리지 못하는 경우가 많으며, 쉽게 큰 돈을 벌 수 있는 직종인 유흥업소 종업원으로 취업함에 따라 자칫 일탈과 비행 문제로 심화될 수 있음을 보여 주고 있다.

　또한 학업중단이라는 특수한 상황과 고용주의 부당한 대우가 맞물려 욕설, 임금체불, 성희롱, 상해 등 인권침해 현상도 심각한 것으로 보고되었다(전경숙, 2006). 특히 건전 취업장일지라도 대부분 아르바이트와 같은 임시일용직에 취업하고 있어 취업 안정성이 떨어지고(고기홍, 2003; 금명자 외, 2004), 정규직이라도 근로 환경, 시간, 임금수준이 매우 낮은 편이어서 원하는 직업에 못 미치는 것으로 나타났다(고기홍, 2003; 고용노동부, 2009). 이들의 취업 문제는 성인기에도 이어져 직업 선택의 폭이 제한되고 사회적 차별을 경험하는 등 사회적 불이익을 감수하여야 하기 때문에 자립은 매우 어려운 실정임을 알 수 있다(오혜영, 2011).

　한편, 학교로의 복귀와 관련하여 보건복지가족부(2009d) 조사에 따르면, 학업중단청소년 중 절반 이상인 52.5%가 일정 수준의 학력을 인정받기 위한 진학 및 복학을 희망하였다. 윤철경 등(2010)의 조사에서도 학업중단청소년 중 49%가

검정고시로 학력을 취득하고 싶어 하고, 16%가 복학을 희망하며, 2%가 대안교육시설을 희망하는 등 학업을 계속하고 싶다는 비율(67.2%)이 창업(7.4%)이나 취업(13.2%)에 비해 월등히 높은 것으로 나타났는데, 이는 학력 위주의 우리나라 사회의 현실을 반영하고 있는 것으로 보인다. 또한 중도에 학교를 그만두기는 하였으나 이들에게 있어서 학업복귀는 가장 중요한 과제임을 알 수 있다.

2) 문제점

학교는 개인의 성장 욕구를 충족해 줄 수 있는 사회기관임에도 불구하고 입시과열과 성적 위주의 교육과정으로 청소년의 정서적인 욕구를 충족하지 못하고 있으며, 교우 및 교사와의 관계에 있어서 갈등을 유발하여 학교부적응학생을 양산하고 있다. 따라서 교육 당국은 모든 학생이 저마다의 개성과 능력을 살려 즐거운 학교생활을 할 수 있기를 기대하며 다양한 정책과 제도를 마련·추진하고 있으나 다양한 이유로 학업을 중단하거나 중단 위기에 놓인 학생이 증가하고 있다. 「청소년복지지원법」 제17조 '학업중단청소년에 대한 지원'에서는, 청소년이 학업에 복귀하고 자립할 수 있도록 시책을 마련하고 시행하여야 한다고 명시하고 있다. 그러나 이러한 법적 규정에도 불구하고, 학교를 나온 청소년의 대부분은 신체적·정신적 건강과 관련하여 제도적으로 방치됨으로써 많은 어려움에 직면하고 있는 실정이다.

(1) 학업중단학생의 증가

최근에 학교교육 내지 교육제도 자체에 적응하지 못하고 학업을 중단하는 청소년이 증가하고 있는데, 실제로 성적(학습 의욕, 능력) 문제를 이유로 학업중단을 한 청소년이 가장 많은 부분을 차지하고 있다(구자경, 2003; 조용태, 2003). 즉, 대다수의 학업중단청소년은 낮은 학업 성취도로 인해 학교에서 낙제생이라는 낙인이 찍히고, 이에 따라 학업에 대한 흥미를 상실하고 학교의 규칙과 분위기에 적응하지 못하여 학교와의 유대감이 약화되면서 학업중단에 이르게 된다(전경숙, 2006). 이러한 과정을 통해 학업중단청소년은 학교에서 자신이 거부되었다고 인식하게 되고, 학교에 대한 부정적인 태도를 가지게 된다. 또한 학업을 중단한 청소년이 다시 학교로 복학하더라도 낮은 학업 성취로 학업복귀에 어려움을 겪고 낙인찍히는 악순환의 반복으로 인해 학교 적응에 많은 어려움을 겪게 된다(정연순, 이민경, 2008).

이와 같은 이유로 학교부적응으로 학업을 중단하는 청소년은 학교체계와의 연계가 약해지기 때문에 비행과 범죄에 쉽게 빠져들 가능성이 높다. 즉, 학업중단청소년의 증가는 가출이나 청소년범죄를 증가시킬 우려가 있고, 더 나아가 범죄로 인한 사회비용과 복지비용의 증가는 물론 가정의 붕괴로도 이어지는 등 그 파급효과가 크다.

'거리의 아이' 20만명… 어디서 뭘 하는지 실태조사도 통계도 없어

6만 명의 십 대가 학교를 떠나고 있다. 학교에 적응하지 못하거나 가사·질병 문제로 학업을 중도에 포기한 아이들이다. 그러나 이들의 이후 행적에 대한 정확한 통계나 실태조사는 없다. 아이들이 갈 시설도 부족하고, 사회적 관심도 겉돌고 있다. 해마다 쏟아지는 '탈학교' 아이들이 그대로 사각지대에 방치되고 있는 것이다.

– 중략 –

문제는 탈학교 아이들이 어디서 어떻게 살고 있는지 추적한 실태조사가 거의 없다는 점이다. 한국청소년정책연구원 윤철경 선임연구위원은 "그나마 대안학교를 가거나 검정고시를 보거나 직업훈련을 받는 아이들에겐 미래가 있지만 거리에 방치된 대다수의 탈학교 아이는 각종 비행과 범죄에 노출되는 문제를 안고 있어 대책이 시급하다"고 말했다.

극히 일부의 탈학교 아이를 수용 중인 대안학교도 답이라고 할 수는 없다. 적지 않은 수의 비인가 대안학교가 비싼 학비로 학부모에게 큰 부담을 지우고 또 다른 차별·소외감·열등감을 낳고 있기 때문이다. 현재 전국에는 정부가 인가한 48개의 대안학교가 있고, 여기서는 재학생의 학력이 공식 인정된다. 반면, 자율적으로 운영되고 학력 인정이 안 되는 비인가 대안학교는 전국 120~130곳에 5,000여 명의 학생이 다니는 것으로 교과부가 추정하지만, 이는 정부 차원의 정확한 집계는 아니다.

실제 학교 안에서 학업중단 위기를 겪는 아이들은 더 많다. 이들은 당장 큰 문제를 일으키지 않아도 학업에 흥미를 느끼지 못하고 학교를 뛰쳐나가고 싶어 하는 아이들이다. 수업 시간 내내 엎드려 자거나 교실 구석진 자리에서 온종일 이어폰을 꽂고 공상에 빠진 무기력한 아이들도 적지 않다. 즉, 이들은 학교·가정·사회 모두에 발을 내딛지 못하고 부유하는 이른바 '무중력 아이들'이다.

아이들이 학교에 마음을 붙이지 못하는 이유는 뭘까.

50명 안팎의 탈학교 아이들이 다니고 있는 대안교육공간 '공간민들레'의 김경옥 대표는 "1800년대 생긴 근대 학교시스템이 21세기를 사는 아이들에게 맞지 않기 때문"이라고 말했다. 단순 작업을 반복하며 소품종 대량생산을 하던 산업혁명 시기엔 성실·근면·복종형 인간을 대량으로 양성하는 근대 학교시스템이 맞을 수도 있었지만, 다품종·소량생산 시대인 21세기에는 지금과 같이 통제와 관리 중심의 획일적 교육시스템은 시대착오적이라는 것이다. 비인가 대안학교인 '아름다운학교'의 연병훈 교장은 "일반학교에는 입시 외에 다른 교육이 없기 때문에 뒤처지는 아이들은 스스로를 낙오자로 여겨 버텨내기 힘들다"고 말했다.

전문가들이 내놓은 해법은 공교육부터 겨냥하고 있다. 김경옥 대표는 "사회적·문화적·경제적 상황이 얽혀 있어 교육 문제를 한 가지 방안으로 풀기는 힘들다"며 "최소한 공교육 안에서도 일종의 자기 길 찾기 같은 교육과정이 강화되어야 할 것"이라고 말했다. 굳이 대학이 아니어도 인간다운 삶이 가능하고, 그것이 어떤 것인지 아이들이 사유할 수 있는 시간이 제공돼야 한다는 것이다.

윤철경 연구위원은 "공립학교시스템이 단계적으로 색다른 교육과정을 가진 작은 학교로 바뀌어 아이들이 자기 적성에 맞는 학교를 찾아갈 수 있도록 해야 한다"며 "현재의 학교체제에 적응하지 못하는 아이들에게는 특별히 이런 작은 학교를 시급히 제공해야 한다"고 말했다.

출처: 경향신문(2012. 12. 28.).

(2) 복교의 어려움

학교를 중도에 탈락한 청소년 중 일부는 여러 가지 이유로 다시 학교로 돌아오기를 원하며, 실제 해마다 다시 학교로 돌아오고 있다. 교육인적자원부와 한국교육개발원(2010)에 따르면, 중도탈락청소년의 10% 정도가, 서울시교육청의 조사(2011)에 따르면 학업중단학생들의 22.3%가 학업복귀를 나타냈다. 윤철경 등(2010)의 조사에서도 학업중단청소년이 창업이나 취업보다는 복교에 대한 관심을 보여 주고 있는 것으로 나타났다.

청소년은 학업을 중단한 이후 중도탈락에 대한 사회적 인식이 자신이 예상한 것보다 좋지 않고, 그렇다고 자신이 선택할 수 있는 대안도 별로 없는 상태에서 학교를 다닐 때와는 달리 스스로 자신을 관리하는 것에 곤란을 겪게 됨에 따라 복교를 희망하곤 한다. 이들의 학업복귀는 자신의 학교로의 복교, 대안교육시설 선택, 검정고시 선택 등 매우 다양한 형태로 이루어지지만, 현실적으로 여러 가지 어려움이 있고 특별한 대안이 없는 한 학업중단이 반복될 가능성이 높다(한국직업능력개발원, 2011).

실제로 학교에서는 복교생 비율이 낮고 복교 후 재탈락률이 높은 것으로 나타났는데, 이는 이들의 적응에 관심이 적으며 이들을 위한 지원도 거의 이루어지지 않고 있음을 시사한다. 오히려 학교 내에서 복교생이 미칠 수 있는 부정적인 영향을 걱정해 이들을 지원이 필요한 대상으로 보기보다 감시와 규제가 필요한 선도 대상으로 보고 엄격하게 대하곤 한다(안영숙, 안태용, 2011). 이를 자세히 살펴보면, 청소년은 복교 후 교사의 부정적 시선, 후배인 동급생과의 관계, 학교규칙 준수, 학업, 친구들의 탈선 유혹과 같은 어려움을 겪는 것으로 나타났다(성정미, 2009; 안영숙, 안태용, 2011). 따라서 복교를 희망하는 학생 중에는 자신이 다녔던 학교로의 복학을 원하지 않는 경우가 많았는데, 그 이유로는 친구보다 하급생이 되는 것도 참아내기 어렵고 다시 그 학교에서 적응하기가 어려울 것이라는 생각 때문에 복학을 망설이는 경우도 적지 않았다. 실제로 학업복귀 후 청소년은 교사와 동료 학생과의 의사소통에 어려움을 겪었으며, 전반적인 학교생활, 즉 교내활동, 클럽활동, 기타 사회적 활동에 융화하지 못했고, 무력감·부적합함을 느끼고 있었다. 이러한 내용을 통해서 볼 때 학교를 중도 탈락하는 청소년에 대한 교육적·사회적 문제의식에 비해 힘들게 학교로 돌아온 청소년에 대한 준비와 지원은 제대로 이루어지지 않고 있음을 알 수 있다.

그 밖에 복교 대신 검정고시를 준비하는 경우에도 어려움을 겪고 있다. 한 예로, 김지혜(2008)에 따르면 검정고시 과정과 관련하여 이들이 경험한 어려움은 시간관리 능력 및 정보의 부족, 합리적 의사결정의 어려움, 자신감 부족 등인 것으로 나타났다. 또한 최동선과 이상준(2009)에 따르면, 장기간의 학업 손실을 경험하고 학업 성취도 역시 높지 않은 학업중단청소년이 검정고시에 합격한다는 것은 어려운 일이며, 성공 경험이 거의 없는 학업중단청소년이 검정고시 합격이라는 목표를 위한 노력을 이어 가는 것 역시 어려운 일이다.

(3) 학업중단청소년 지원체계의 미비

최근에는 학업중단청소년을 위한 정부의 관심과 정책적 지원이 증가하고 있는 추세로, 여성가족부에서는 「청소년기본법」에 관련 법령을 제정하고 학업중단청소년의 사회진출을 위한 자립 프로그램(Do Dream Zone Project)을 지원하고 있으며, 2012년 「청소년복지지원법」 개정안에서는 '학업중단청소년지원에대한법률'을 추가함으로써 학업중단청소년 지원을 위한 제도적 장치를 마련하였다. 교육부는 학업중단을 고민하는 청소년을 위한 교육청 차원의 Wee센터와 Wee스쿨을 운영하고 있으며, 학업을 중단하기 전에 숙고할 기회를 제공하는 학업중단숙려제도를 여성가족부와 함께 추진 중에 있다. 그리고 고용노동부에서는 학업중단청소년들의 취업교육을 지원하는 뉴스타트 프로젝트를 운영하고 있다. 이 외에도 쉼터, 직업전문학교나 대안학교 등의 시설이 운영되고 있어 학업중단청소년이 도움을 받을 수 있는 다양한 기관과 지원정책이 시행되고 있다(한국청소년상담원, 2009).

이러한 제도, 기관 및 정책의 개발·추진에도 불구하고 실제 현장에서 학업중단청소년은 이러한 제도나 기관을 활용하고자 하는 의지나 동기가 빈약한 실정이다. 그 이유는 학업중단청소년이 자립이나 학업복귀를 결정하기 이전에 많은 갈등과 방황을 거치며 다양한 감정 분출과 충동, 시행착오를 많이 겪게 되기 때문이다(오혜영 외, 2011; 윤철경 외, 2010). 특히 이들은 개인적인 자원뿐 아니라 환경적 자원도 빈약하여 자신을 돌보고 바람직한 방향으로 자신을 이끌어 가는 역량이 부족하기 때문에(금명자, 2008; 성윤숙, 2005) 이들을 건강하게 이끌어 줄 건강한 성인의 개입이 필수적인데 이러한 개입이 미비한 수준이다.

또한 학업중단 직후 이들의 불안정한 상태를 제대로 다루어 주며 시행착오를 줄이고 좀 더 적응적으로 사회에 복귀하도록 돕는 상담자의 효과적인 개입 방안이 미비한 실정이다. 실제로 학업중단청소년 중 성공적으로 학업에 복귀하거나 자립한 청소년을 보면, 성공에 이르기까지 자신의 가치를 알아주고 자신의 이야기를 들어주며 어려움을 경험할 때마다 이를 버틸 수 있게 도와주는 상담자 혹은 멘토의 개입이 효과적이었음이 보고되었다(박현선, 2010; 오혜영 외, 2011). 오혜영 등(2011)이 사이버상담 사례를 분석한 자료에 따르면, 학업중단청소년은 자신이 쓸모없는 존재라는 생각과 무가치감, 열등감, 분노, 짜증, 우울, 힘듦과 같은 정서 및 사회적 낙인, 주변 사람과의 관계 악화, 대인관계 회피, 가족 상황 악화, 거주지 불안정, 미래에 대한 불안과 같은 어려움을 호소하는 것으로 나타났으며, 이러한 어려움을 누군가에게 호소하고 도움을 받고 싶어 하는 것으로 나타났다. 심지어 불면증, 자살충동이나 자살시도 등과 같은 정신건강상의 문제를 보이기도 한다(전영실 외, 2013). 따라서 이들이 학업중단 이후 겪게 되는 다양한 부정적 정서와 특성을 이해할 필요가 있다.

5. 해결 방안

학업중단은 어느 한 시점에서 발생하는 하나의 사건이라기보다 학생이 학교 안팎에서 겪는 일련의 긍정적·부정적 경험에 나타나는 역동적 과정으로 이해하는 시각이 필요하다(권이종, 2010). 즉, 청소년의 학업중단 배경에는 청소년이 통제하기 어려운 부모와 가정의 문제, 학교의 엄격한 규율과 규범은 물론, 청소년기의 발달적 특성 중 충동성, 문제해결과 의사소통 능력의 부족 등이 맞물려 작용하고 있다. 따라서 학업중단청소년을 문제아가 아닌, 복합적 위기를 맞고 있지만 이를 극복하고 발달할 수 있는 존재로 보아야 한다.

학업중단의 예방은 매우 중요하다. 그 이유는 학업중단 이후 적절한 보호나 지원을 받지 못하고 니트족으로 전락하는 경우가 절반에 이르고, 부정적인 자아정체감, 낮은 학력에 따른 열등감, 취업 후의 낮은 소득 등으로 사회의 낙오자로 전락하기 쉬우며, 비행화로 인한 개인적 · 사회적 악영향은 막대한 사회적 비용을 발생시키기 때문이다. 따라서 잠재적 학업중단청소년을 조기에 발견해야 하고 이들이 학업을 중단하기 전 개입을 통해 학교 적응을 도와서 학업중단을 예방해야 한다.

또한 학업중단 직후부터 학업중단청소년에게 적절한 보호와 감독, 적극적인 개입이 이루어질 수 있는 지속적이고 장기적인 대책이 요구되고 있다.

1) 학업중단청소년에 대한 체계적 개입

학업중단은 어느 한 요인으로 인해 발생하는 것이 아니고 학생 개인, 가정, 학교, 사회 등 다양한 요인이 복합적으로 작용하여 발생한다. 따라서 개인이 갖고 있는 어려움을 조기에 보다 체계적으로 파악하여 효과적으로 지원할 수 있도록 종합적인 개입체계가 필요하다. 특히 학업을 중단하는 과정에서 경험한 학교교육에 대한 실망, 교사와의 갈등, 또래와의 힘겨운 관계, 비행으로 인한 처벌과 내처짐, 그리고 학업중단 이후 경험한 차디찬 현실에 대한 인식은 이들에게 새로운 시도 내지는 변화에 대한 회피, 저항 및 불안을 가져다줄 수 있다.

따라서 학업중단 경험 과정에서 겪게 되는 다양한 부정적 정서와 특성을 종합적으로 이해함으로써 학교 안팎에서 도움을 줄 수 있는 기관과 서비스 등을 잘 연계하여 이들이 학교로 돌아와 학업을 마칠 수 있도록 기회를 제공해야 한다. 아울러 학업중단청소년의 특성, 요구, 상황 등 이들의 삶에 대한 좀 더 체계적인 지원정책을 마련해야 한다(이미원, 유현실, 2013).

이와 관련하여 전문가들은 현장에서 만나는 학업중단청소년 대부분이 단기간의 가벼운 심리치료부터 장기간의 복합적인 상담서비스를 필요로 함을 강조하고 있다. 즉, 학업중단청소년이 경험하는 현실 세계의 어려움을 극복하고 나아갈 수 있도록 그들의 심리적 강인함을 증진시키고 정신건강상의 위기 상황에 체계적으로 개입할 필요가 있다. 더불어 실제 현실에서의 여건이 학업중단청소년에게 보다 적응적인 환경이 될 수 있도록 사회 안전망을 넓히고 사회적 인식을 제고하는 작업이 요구되고 있다(오혜영 외, 2011). 그 밖에 고입 또는 고졸 검정고시에 응시하는 경우 학업단절이 없도록 청소년에게 학습 기회를 제공하고 학력을 인정받는 데 필요한 교육 환경을 제공함으로써 이들이 학습 결손 및 생활관리 등의 어려움을 극복할 수 있도록 체계적인 지원을 해야 한다(염철현, 2009).

특히 학교부적응 유형이 학업 관련 부적응, 대인관계 부적응, 학교규칙 관련 부적응 등 다양하므로 유형별 적절한 개입이 요구되고 있다. 학교에서 이러한 부적응학생 발견 시 교사는 학교사회복지사나 지역사회의 다양한 자원, 즉 지역사회복지 전문가, CYS-Net, Wee센터, 드림스타트 센터 등과 연계하여 학생의 부적응 관련 문제에 대한 정확한 진단과 개입수준, 개입방법 등을 설계할 수 있도록 도와야 한다. 또한 학교사회복지사나 지역사회 연계 전문기관을 통해 가족관계나 양육방식, 현재 가지고 있는 문제점 등을 파악할 수 있는데, 이때 청소년의 자존심이나 낙인에 유의하여 개별적인 상담을 진행하도록 해 주는 것이 중요하며, 청소년의 동의를 구하는 것도 중요하다(김윤나, 2012b). 이와 관련하여 황순길 등(2011)은 학업중단청소년의 적응적인 학업복귀를 돕고 이후의 부정적인 행동을 감소시키기 위한 학업중단청소년 기숙형 대안캠프 프로그램을 개발하여 이들의 학업적응과 이후의 건강한 발달을 도모하였다.

아울러 잠재적 학업중단청소년의 잦은 지각과 조퇴, 무단결석, 또래관계의 어려움 등은 학업중단을 예측할 수 있는 중요한 위기 징후이므로 이들을 대상으로 한 조기발굴 및 조기개입을 통해 청소년의 학업중단을 예방해야 한다. 빠른 개입은 당면 문제가 복합되면서 학업중단 결정을 내리기 전에 좀 더 적응적으로 해결하는 데 효과적이므로 청소년과 가장 가까이 있는 교사나 학부모를 대상으로 학업중단 위기 징후와 조속한 상담 연계에 대한 교육을 실시해야 한다. 또한 청소년이 학업중단 의사를 보이는 경우 청소년의 관계망에 대해 다각적인 개입이 이루어질 수 있도록 학교 교사, 부모, 친구 등에 대한 통합적인 접근이 요구되며, 필요시에는 적절한 조기개입이 이루어지도록 학교상담실이나 Wee센터, 지역청소년지원센터와 연계하는 것이 바람직하다(정민선 외, 2011).

그 밖에 학업중단 이유 중 친구관계의 어려움을 많이 드러내고 있으므로 학업중단을 예방하기 위해 소속감을 느낄 수 있는 동아리와 같은 소규모 집단을 연결시켜 주고 안정될 수 있도록 지원해 주는 것이 바람직하다. 이를 위해서는 학교 안팎에서 청소년의 지지체계를 평가하고 구축하는 개입방법을 구축해야 한다(정민선 외, 2011).

2) 학교 환경의 개선

의무교육인 초등학교와 중학교를 마치고 고등학교로 진학하게 되면서 청소년의 학교부적응 양상은 본격적으로 그리고 더욱 심화되어 드러나기 시작한다. 일부 청소년은 학교에서 누적된 징계에 따라 학교를 떠나거나 학교에서의 시간이 아깝고 힘들다는 자발적 의사에 따라 학업을 중단하고 있다. 이러한 학교부적응으로 누적된 학습부진은 청소년이 학교로부터 멀어지게 하는 중요한 요인이 된다.

그 밖에 학업중단청소년은 교사의 학생에 대한 관심 부족, 처벌체계가 비효율적이고 불공평하다는 생각, 반복되는 무단결석, 정학 등의 학교 처벌, 부정적인 학교 경험, 학업 성취의 어려움, 학교 상담기능의 약화 등으로 학교를 떠나곤 한다. 학교에서 대체로 교사는 많은 학생을 책임지다 보니 학생이 출결 문제를 보일 경우 벌점, 지적, 징계 등의 처벌 위주로 접근하게 되며, 이에 따른 학생의 불만은 높은 수준에 달하고 있다.

따라서 학교 내에서 학습부진학생에 대한 학습상담, 학습 코칭, 심리상담 등을 실시하고, 보다 전문적인 도움이 필요한 학생에 대해서는 학부모 상담을 거쳐 관련 기관에 연계하는 등 체계적인 지원책을 마련해야 한다. 또한 학업중단청소년이 학교로 돌아올 수 있도록 학교 내의 행정체계와 처벌체계에 대한 개선을 조속히 해야 하며, 이들이 다시 학교로 돌아왔을 때 이미 겪은 학업중단을 또다시 겪지 않고 학교생활에 잘 적응하도록 구체적이고 실질적인 정책을 마련해야 한다. 즉, 복교하는 학생이 학업에 관심과 흥미를 가질 수 있도록, 그리고 공부를 해야 하는 이유를 찾을 수 있도록 학교 내에서 체계적이고 지속적인 복교 프로그램을 마련하여 이를 이수하도록 권장해야 한다.

또한 청소년과 가장 가까이 있는 교사를 대상으로 학업중단 위기 징후와 상담 연계에 대한 교육을 실시하여 잠재적 학업중단청소년에 대한 파악과 체계적인 상담이 이루어지도록 해야 한다.

3) 제도적 개선

매년 증가하는 추세에 있는 학업중단청소년에 대한 지속적이고 광범위하며 체계적인 대책을 마련함에 있어서 학교, 상담, 복지 등 다양한 실천 현장의 협력 못지않게 정책 당국 간의 협조가 절실하다. 특히 이러한 지원대책에서 일차적인 체계를 담당하는 여성가족부와 교육부의 유기적인 협조체계가 요구되고 있고, 다양한 청소년을 위한 지원체계를 갖고 있는 고용노동부, 보건복지부 등과의 협조 또한 필요하다.

가정적 · 사회적 문제의 복합적 요인으로 위기학생이 급증하면서 학교, 교육청, 지역사회가 연계하여 국가 차원의 학생 안전망을 구축 · 운영해야 할 필요성이 대두되고 있다. 이에 따라 교육부에서는 학업 문제로 어려움을 겪는 학생 중 학교에서 지원하기 어려운 수준인 학생 등을 대상으로 시 · 도별 학습클리닉센터를 구축하여 체계적인 지원을 추진하고 있다. 또한 학교폭력 가해 · 피해 등의 어려움을 겪는 위기학생을 대상으로 학교 내 Wee클래스, 교육지원청 단위 Wee센터를 통해 상담을 지원하고 있으며, 보다 전문적인 검사나 지원이 필요한 경우에는 병원 등 외부 전문기관으로의 연계를 추진하고 있다. 이에 덧붙여 장기결석 또는 고위기 학생 등을 지원하기 위해 기숙형 대안교육을 제공하는 Wee스쿨을 운영하고 있다. 여기서 Wee는 We(우리) + Education(교육) + Emotional(감성)의 합성어로, Wee프로젝트는 감성과 소통의 학생생활 지원서비스로서 학생 개인의 역량 극대화 및 품격 있는 인재 양성을 목적으로 한다.

Wee프로젝트는 학교, 교육청, 지역사회가 연계된 안전망을 구축 · 운영하여 학업중단 및 위기 학생을 예방하고 지원하기 위한 다중의 학생안전통합시스템으로서 정서불안, 학교폭력(성폭력), 학교부적응, 일탈행동, 학습부진 등 위기학

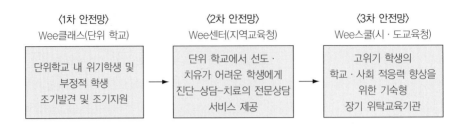

<1차 안전망>
Wee클래스(단위 학교)

단위학교 내 위기학생 및
부정적 학생
조기발견 및 조기지원

<2차 안전망>
Wee센터(지역교육청)

단위 학교에서 선도·
치유가 어려운 학생에게
진단–상담–치료의 전문상담
서비스 제공

<3차 안전망>
Wee스쿨(시·도교육청)

고위기 학생의
학교·사회 적응력 향상을
위한 기숙형
장기 위탁교육기관

* 1,530개교(2009년) → 2,530개교(2010년) → 3,530개교(2011년)

[그림 13-1] Wee 프로젝트 체계

출처: 공숙자(2010), p. 489.

생에 대한 3단계 안전망으로 구축되어 있다. 그리고 1차 안전망에는 단위학교의 Wee클래스, 2차 안전망에는 지역교육청차원의 Wee센터, 3차 안전망에는 시·도교육청 단위로 Wee스쿨을 두고 있다.

그 밖에도 학교규율 등의 문제와 관련하여 자율과 책임 중심의 '학교문화 선진화 방안'을 마련하고 학생자치활동 활성화를 통해 민주적·자율적 학교문화 조성을 지원하고 있다. 또한 또래상담, 또래조정, 학생자치법정 등 자율적인 문제해결 능력 향상 및 학칙 제정·개정 과정에서의 학생 참여 확대 등을 강화하고 있다.

이러한 노력에도 불구하고 대다수의 학업중단청소년이 적절한 서비스를 제공받지 못한 채 방치되어 있다. 따라서 이들이 미래의 사회 자원으로 성장할 수 있도록 유관 부처가 협력을 강화해야 한다. 이를 위해서 학업중단청소년의 사회 적응 이후의 Wee센터와의 협력 사례관리, 자조모임, 멘토링 연계 등을 추진하여 사후관리까지 연계할 필요가 있다. 구체적으로는 취업희망 청소년을 대상으로 자격 취득, 직업훈련 프로그램 제공 및 고용주 면담, 급여관리 방법 제공 등 다양한 사례관리 내용이 포함될 수 있다. 또한 지역의 공공시설, 문화관, 수련시설, 문화 체험 등의 일정 부분을 지원하는 방안도 고려해야 한다.

다음으로, 2012년 6월부터 전국적으로 시행되고 있는 학업중단숙려제는 청소년기에 신중한 고민 없이 학업을 중단하는 사례를 방지하기 위해 도입된 제도로 학업중단 징후 또는 의사를 밝힌 고등학생 및 학부모에게 Wee센터(클래스), 청

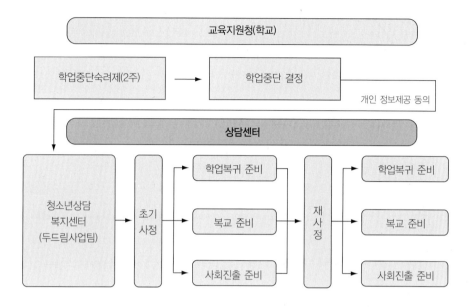

[그림 13-2] 중도 탈락하는 학생에 대한 대책

출처: 교육과학기술부(2012).

소년상담지원센터 등의 외부 전문상담을 받으며 2주 이상 숙려하는 기간을 갖도록 하는 제도다. 즉, 학업중단의 위기에 놓인 학생을 대상으로 학교생활 등에서의 어려움을 진단하고 학업중단 이후의 경로와 앞으로의 진로계획 등에 대한 정보를 제공하며 심층적인 상담을 통해 재고의 기회를 갖게 한다는 차원에서 학업중단숙려제는 의미 있는 제도라고 할 수 있다.

이 제도가 보다 활성화되기 위해서는 학교와 Wee센터, 청소년상담지원센터 등 외부 전문상담기관과의 연계가 잘 이루어져야 한다. 또한 학업중단 희망학생이 관련 기관에 연계되었을 때 지원받게 될 상담 등 서비스에 대한 안내 관련 내용의 홍보 및 정보 제공도 보다 적극적으로 이루어져야 한다.

마지막으로, 두드림 · 해밀 프로그램은 여성가족부와 한국청소년상담복지개발원이 지원하는 학교 밖 청소년 지원사업으로, 학교를 그만두었다는 이유로 사회에서 소외되는 것을 방지하고 미래를 향해 도약할 수 있도록 돕고자 한국청소년상담복지개발원과 50여 개의 지역 청소년상담복지센터에서 이 프로그램을 진행하고 있다. '두드림·해밀'은 '미래의 문을 두드려 맑게 갠 하늘을 연다'라는 의미의 순 우리말로, 서비스 대상은 만 13~24세 청소년으로 정규학교를 그만 둔 청소년, 학업중단숙려 대상 청소년 및 자립준비가 필요한 취약계층 청소년 등이다.

이 프로그램에서 제공하는 서비스를 살펴보면, 청소년 자립준비 및 학업복귀에 필요한 프로그램의 개발·보급, 청소년 대상 맞춤형 서비스 제공, 온라인 관리 시스템 운영, 전문인력 양성교육 실시, 지역사회 자원 연계 및 지원 등이다. 이를 위해 개인 혹은 집단으로 이루어지는 상담 프로그램과 미래의 목표를 스스로 정하고 그것을 향해 나아갈 수 있도록 하는 다양한 교육 및 체험학습을 통해 청소년의 역량과 자립심을 키워 주고 있다. 현재도 이 프로그램을 통해 많은 청소년이 학업에 복귀하거나 성공적인 사회진출을 해내고 있다.

청소년과 가출

1. 문제제기

전체 인구에서 9~24세의 청소년인구가 차지하는 비율은 1980년 36.8%를 정점으로 지속적으로 감소하여 2000년대에 대두된 저출산 현상이 가세함에 따라 2008년에는 20%대 수준으로 감소하였다. 이와는 대조적으로, 사회적·경제적 위기로 증가하는 가정해체 속에서 가정에서 올바른 양육을 제공받기가 점점 어려워지고, 학교에서조차도 부적응학생이 증가하고 있으며, 청소년 문제를 체계적으로 다룰 국가 차원의 제도적 장치가 미비한 실정이다 보니 위기청소년은 증가 추세를 보이고 있다. 특히 글로벌 경제위기에 따른 경제침체의 가속화와 이로 인한 실업 증가, 취업의 어려움, 소득 하락 등으로 가정이 해체되고 가족 기능이 저하되면서 집을 떠나는 청소년의 수가 20만 명에 이르고 있고(김향초, 2009), 매년 신고되는 가출청소년의 수만 2만 명을 넘고 있다.

문제는 청소년가출이 단순히 가출로 끝나는 것이 아니라 학교중단, 비행 및 폭력에의 연루, 약물남용 등의 다양한 문제를 낳고 있다는 점이다. 특히 백혜정과 방은령(2009)의 조사에 따르면, 장기가출청소년은 가정환경이 열악한 정도가 높았고 일탈행동이나 청소년 유해업소에서 일한 경험, 가출 후 폭행과 같은 피해 경험도 상대적으로 많은 것으로 나타났다.

특히 몇해 전부터 가출청소년과 가족(family)의 합성어인 가출팸이라는 새로운 사회적 현상이 언론에 기사화되면서 사회적 우려를 자아내고 있다. 2012년 고양시에서 발생한 암매장 사건은 십 대 청소년이 범인으로, 다세대 주택 반지하 방에서 모여 살던 9명의 청소년이 12시간 동안 친구를 구타하여 살해한 사건이었다. 이들은 집을 나와 가출팸을 만들고 주로 모텔, 고시텔, 월세방 등에서 자기들만의 규칙을 정하여 마치 가족처럼 생활하고 있었다. 이처럼 가출은 비행, 폭력의 위험에 노출됨과 동시에 2차 · 3차 범죄로 가는 경로이기에 심각한 문제를 초래할 수 있다. 따라서 청소년가출은 개인적 문제가 아닌 사회적 · 국가적 문제로 인식해야 한다.

우리가 가출청소년에 대해 관심을 가져야 할 근본적인 이유는 조기에 적절한 개입과 지원이 제공되지 못할 경우 사회적 안정을 위협할 수 있는 잠재적 위험요소를 키워 결국에는 국가의 사회적 부담이 커지고, 청소년 개개인에게도 독립된 성인의 삶으로의 이행이 어려워지기 때문이다. 뿐만 아니라 노인인구의 증가 및 청소년인구의 감소 추세는 청소년의 인적자원 개발과 관리가 더 이상 청소년정책만의 문제가 아니라 우리 사회의 가장 중요한 쟁점이 되고 있기 때문이다. 다시 말해서, 청소년 개개인이 우리 미래를 책임진다는 인식하에 이들이 건강한 사회인으로 성장할 수 있도록 돕기 위한 국가적 차원의 노력이 필요하다.

2. 개념 및 특성

1) 개념

현재까지도 가출청소년의 유형에 관해 다양한 견해가 논의되고 있고, 가출청소년, 거리청소년, 노숙청소년 등 여러 용어가 혼용되고 있다.

먼저, 윤현영 등(2006)은 주류사회 생활양식의 수용과 변화 동기, 가족과 학교와의 관계 등을 기초로 노숙형과 가출형으로 구분하고 있다. 전자는 거리에서 생존방식을 터득하고 거리생활이 일상적인 생활양식으로 굳어진 청소년을 의미하고, 후자는 가족 및 학교와 관계를 유지하고 주류사회의 가치와 생활 습관을 알고 있으며 변화의 경계에 놓여 있는 청소년을 의미한다.

한편, 이용교 등(2005)은 가족과의 연결, 보호시설 이용 동기 및 청소년의 안정성과 사회 적응능력에 근거하여 이를 좀 더 세분하여 유형화하고 있다. 첫째, 노숙형은 가족과의 연결이 끊어진 경우가 많고, 장기가출로 거리에서 생활하는 것이 익숙하며 보호시설에 대한 지식이나 이용 동기가 떨어지는 유형이다. 둘째, 거부형은 구속을 거부하고 자유를 추구하여 가출한 경우로 보호시설의 규칙에 대해 거부감을 가지고 있다. 셋째, 탐색형은 자신의 능력과 의지를 어느 정도 신뢰하지만 귀가하기 어렵고 쉼터에 입소할 동기가 있는 유형이다. 넷째, 전환형은 집에 돌아가서 지내는 것과 가출해서 지내는 것을 반복하지만 보호시설을 필요로 하지 않는 경향이 있다. 다섯째, 안정형은 안정적으로 성장하다가 갑자기 가정해체를 겪으면서 집을 떠나게 되지만 보호시설에서 돌봄을 잘 받아 안정을 찾는 유형이다. 마지막으로, 치료형은 정신질환이나 약물중독 등 전문적인 치료가 필요하여 일반쉼터의 서비스 대상으로는 적합하지 않다. 이러한 유형들 중에서 여기서 언급하는 만성가출청소년은 노숙형과 거부형의 특징을 갖고 있다.

이와 유사하게, 남미애, 홍봉선, 양혜진(2007)에 따르면, 노숙청소년이란 가족 및 사회와의 관계가 심각하게 단절된 채 가출 후 오랜 시간을 보내며 거리에서의 생존방식에 익숙해져 있고, 보호시설을 비롯한 사회서비스에 거부적인 태도를 보이는 청소년을 의미한다. 또한 최순종(2011)은 가족이나 사회와 유대가 없거나 약하여 거리의 범죄 등의 위험에 노출된 청소년을 거리청소년이라 표현하고 있다. 이들은 주로 길거리에서 장기간 생활하면서 자신들만의 독특한 생활양식을 형성하고 있고, 사회의 관심에서 벗어나 있을 뿐만 아니라 자신도 사회와 관계를 맺고자 하는 의지가 없고, 어떠한 보호시설에서도 접근하기 어려운 청소년이다. 따라서 이들은 일탈과 범죄의 위험에 노출되어 있다. 이들은 이미 가출하여 오랜 시간을 보내며 거리에서의 생존방식에 익숙해져 있고, 보호시설을 비롯한 사회서비스에 대해 거부적인 태도를 보이므로 비교적 오랜 시간 꾸준한 접근으로 신뢰관계를 형성하고 생활 전환을 격려한 후에야 사회복귀가 가능하며, 가족과의 단절과 해체가 심각한 수준이므로 보호체계의 도움이 지속적으로 필요한 집단이다.

이와 같이 가출청소년의 유형은 구분하기가 쉽지 않고 특히 장기가출에 대한 공통된 정의는 없는 상태로 상습가출, 재가출, 만성가출 등 여러 용어가 혼용되고 있다. 유성경 등(2000)은 1회 가출과 2회 이상 가출로 구분하고, 2회 이상 가출을 만성가출로 정의하였다. 반면에, 구자천(2008)은 가출 빈도 4회를 기준으로 4회 미만을 단순가출, 4회 이상은 상습가출로 구분하고 있는데, 상습가출집단은 단순가출집단에 비해 거주지의 변경, 낮은 질의 주거 형태(월세, 보호시설), 낮은 경제 수준, 높은 적대감과 낮은 불안수준의 특성을 보이고 있다. 그 밖에 박윤희(2010)는 현재의 쉼터 운영에 관한 국가 운영 지침에 의거하여 6개월을 기준으로 구분하였는데, 단기가출의 경우는 총 가출 기간이 6개월 이내인 가출청소년이고, 장기가출의 경우는 6개월 이상인 가출청소년이다.

2) 특성

현재 청소년 문제는 개인적 요인, 가정요인, 사회요인 등의 복합적이고 다양한 문제로 위기청소년의 수가 날로 증가하면서 청소년범죄의 증가와 가정의 붕괴 등 사회 전체의 문제로 확대되고 있다. 특히 청소년가출의 경우 특정 위기청소년만의 문제가 아니라 가정에서 많은 스트레스를 받고 부모-자녀 관계가 원만치 않은 경우, 일반 가정의 청소년 누구에게나 발생할 가능성이 있고 비행, 성매매, 약물남용 등 다양한 청소년 문제와도 밀접한 관련이 있다. 가출행위 자체가 심각한 비행은 아니지만, 집을 떠난 청소년을 위한 사회적 안전망이 없는 현실에서 가출청소년의 비행 가능성은 높아지고, 한번 가출이 재가출로 이어지면서 심각한 비행청소년 내지 만성가출청소년으로 전락하게 만든다.

최근 청소년가출은 가출이 초등학교 시기로 점점 빨라지는 저연령화 현상, 충동적인 일회성 가출이 아닌 재가출로 이어지는 반복화 현상, 그리고 가출 기간이 6개월 이상으로 점점 길어지는 장기화 현상이 두드러지고 있다(국가청소년위원회, 2007; 정경은, 2008). 이러한 현상은 청소년이 가출 후 겪게 되는 어려움과 위험이 더 심각한 수준임을 보여 준다.

그러나 가출청소년의 특성상 조사 대상자를 찾는 것 자체가 어려우므로 발생수의 정확한 통계치를 구하기 어렵다. 따라서 대다수의 조사가 가출신고 실적이나 청소년쉼터 입소청소년을 대상으로 한 추정치를 통해 추세와 현황을 파악하고 있는 실정이다. 더 심각한 문제는 통계 자료에 드러나지 않는 잠재적 가출청소년으로 인해 가출 발생률이 계속 증가하고 있다는 사실이다.

문제는 청소년의 가출행동이 아동 · 청소년의 신체적 · 정신적 · 사회적 기능을 손상시킴으로써 청소년 개인의 장래는 물론, 가족의 역기능을 강화하고, 사회적 측면에서 학교와 지역사회에 악영향을 미치고 있다는 점이다. 즉, 청소년 가출은 개인적 문제가 아닌 광범위한 집단에서 발생하는 사회적 문제로, 청소년이 건강한 사회 구성원으로서 자리매김하고 생산활동에 적극적으로 동참하는 것을 어렵게 함으로써 청소년 자신뿐 아니라 사회적으로도 큰 손실을 초래하고 있다. 따라서 청소년의 가출을 일시적이고 우발적으로 발생하는 문제가 아니고 성장하는 청소년 자신의 장래와 관련된 것으로서 단순히 개인이나 가정 또는 학교의 문제가 아닌 사회적 · 국가적 문제로 인식해야 한다.

청소년은 가출 이후 가정이나 학교와 같은 기관으로부터 보호와 감독을 받는 경우가 줄어들다 보니 안전의 사각지대에 놓이게 된다. 이러한 가출은 개인의 일탈로 끝나지 않고 청소년을 학교중퇴자로 전락시키고, 거리생활로 인한 사회적 방임이나 범죄피해, 부당한 노동 조건 등과 같은 부정적인 사회 경험 및 비행집단과의 교류 등을 증가시키면서 다양한 사회문제를 낳고 있다. 특히 백혜정과 방은령(2009)의 조사에 따르면, 장기가출청소년은 가족 내 빈곤, 학대, 방임 때문에 가족으로부터 탈출하는 경우가 대부분인데, 일반 청소년에 비해 방임이나 학대 수준이 높은 경향을 보이는 등 가정환경이 열악한 정도가 높아서 가출생활에서 겪는 여러 가지 어려움에도 불구하고 대부분 가정에 복귀할 계획이 없는 것으로 나타났다. 또한 가출 기간이 길고 상습가출로 이어지며, 2차 비행으로 연결될 위험이 높다. 박윤희와 이상균(2010)에 따르면, 가출청소년은 흡연율, 음주 경험, 성경험, 성폭력피해 경험, 자살 시도 경험, 법적 처벌 등 모든 문제행동 영역에서 높은 경험률을 보이고 있다.

대다수의 가출청소년은 성인기로의 이행 과정을 거쳐 가는 데 필수적인 자원인 부모의 도움이 결여된 상태에서 생존에 필요한 서비스조차 충족되지 못한 채 성인이 되기 위한 과정을 스스로 헤쳐 나가야 하는 이중의 어려움에 부딪히게 된다. 이들은 가족해체로 인해 가족 연결망이 붕괴되었고, 가정폭력, 학대 등의 높은 스트레스 상황을 경험하면서 부모 및 가정으로부터 자립에 필요한 교육·훈련 및 사회화를 배울 기회조차 갖지 못하였다. 또한 교육체계로부터 이탈됨에 따라 심각하게 학습이 지체된 것은 물론 약물남용, 통제되지 않는 행동 등으로 사법체계에 연루되곤 한다.

이러한 추세 속에서 장기가출청소년은 자립을 도와줄 부모나 가족의 도움이 전무하고 학업수준이 낮으며 직업에 필요한 기술도 습득하지 못함에 따라 자립에 대한 준비가 전혀 안 된 채 하루하루 생존을 이어 가고 있다고 해도 과언이 아니다. 또한 그나마 마련되어 있는 관련 정책 및 지원 프로그램에 관한 정보가 부족하여 활용 가능한 서비스조차 제대로 이용하지 못하면서 사회에서 소외되고 있다. 따라서 이들은 자립에 필요한 대학 입학, 취업 등의 과제를 수행하지 못하면서 사회에서 점점 더 뒤처질 것으로 예상된다. 이는 향후 인적자원 개발이나 사회 통합 등과 관련하여 막대한 사회경제적 손실을 초래할 가능성으로 이어진다.

문제는 대다수의 장기가출청소년이 학업중단으로 직업 선택의 폭이 좁아지면서 결국 직업 세계에서 배제되는 결과가 초래된다는 사실이다. 즉, 가출이 장기화되면서 좋은 일자리를 얻을 기회가 원천적으로 봉쇄되고, 그에 따라 시간제나 단순노무직 등 저임금의 불안정한 직업군에 종사하게 되어 생활의 불안정이 초래된다. 박윤희(2010)에 따르면, 이들은 의식주와 생활비를 스스로 벌어서 충당해야 하는 어려움 속에서 생존을 위협받다 보니 생존형 범죄를 저지르게 되고, 이로 인해 사회적 낙인을 얻게 되며, 이것이 2차·3차 범죄로 이어져 개인적으로는 돌이킬 수 없는 좌절을 경험하게 된다. 또한 가출청소년이 참여할 수 있는 경제활동은 매우 제한적이어서 가출생활에 필요한 충분한 수입을 얻지 못함으로써 부적절한 경제활동에 대한 유혹에 쉽게 빠지게 된다. 즉, 가출이 장기화되면 생존을 위해 노동시장에서 단순노무직, 서비스 업종 등과 같은 저임금의 불안정한 직업에 종사하게 되고, 따라서 최소한의 인간다운 삶을 영위하는 것조차 어려워지면서 생존을 위협받는 현실 때문에 종종 생존을 위한 범죄로 이어지게 된다. 그러다 보니 이들은 보호체계로부터 점점 더 이탈하게 되어 제자리로 돌아가거나 건전한 방법으로 자립할 수 있는 기회를 놓치게 된다.

또한 가출 빈도가 높은 만성가출청소년은 가출 이후 생활하면서 겪는 여러 가지 어려움에도 대부분 가정에 복귀할 계획이 없으며, 집에서 고통을 받는 것보다는 차라리 가출생활을 하는 것을 선택하고 있다. 일부 청소년은 부모의 거부로 돌아갈 가정이 없는 경우도 있는데, 이들 대부분은 가출 기간에 적절한 개입서비스를 제공받지 못할 경우 노숙자 및 비행청소년으로 전락할 가능성을 배제할 수 없다. 따라서 가출청소년을 포함한 위기청소년을 위한 장기적인 안목에서의 지지체계 마련이 시급하다.

그러나 가출청소년에 대한 국가 차원의 개입은 쉼터 및 일시보호 등을 통한 사후 개입에 치중되어 있고, 지금까지도 가출청소년에 대한 사회적 보호망이 제대로 구축되지 못해서 이들은 범죄의 사각지대에 방치되어 있다. 또한 가정과 학교에서 청소년가출을 저지할 만한 효과적인 지도 방안이 미흡하고, 그나마 제공되고 있는 가출청소년에 대한 보호서비스 및 보호 · 지원을 위한 인프라도 부족한 실정이어서 이들의 재가출과 비행으로의 확대를 막기에는 역부족이다.

3. 원인

청소년가출은 개인적 문제가 아닌 광범위한 집단에서 발생하는 사회적 문제로 청소년 자신뿐 아니라 사회적으로도 큰 손실을 초래하고 있는데, 이러한 청소년가출에는 개인적 요인, 가정요인, 학교 및 또래 요인 등이 복합적으로 작용하고 있다.

1) 개인적 요인

가출청소년은 비가출청소년에 비해 자아개념이 낮은 수준이고 자신감이 결여되어 있으며, 정서적으로 불안하고 대인관계가 원만치 못하며, 자신의 환경에 대해 낮은 통제감을 느끼고 있다. 남미경과 이경님(2009)은 낮은 자아존중감이 가출 충동을 예측하게 하는 주요 요인이라고 설명하고 있다. 즉, 부정적 자아개념과 반사회적 성격이 강하고 충동성과 우울 성향이 높은 청소년이 상대적으로 가출 충동이나 가출 경험의 빈도가 높은 것으로 나타났다. 또한 흡연, 음주, 무단결석, 폭력과 같은 문제행동 경험이 많은 청소년일수록 가출 시도를 많이 하는 것으로 확인된다(오승환, 2010).

또한 청소년기는 발달단계상 심리적으로 불안정하고 자아정체성의 위기를 겪는 시기로, 스트레스에 대처하는 것이 성인보다 어렵기 때문에 불안이나 우울이 증폭되면서(조성희, 김세영, 2010; 한상철, 2010) 그로부터 벗어나고자 가출을 하지만, 가출 후 우울이나 불안은 지속되거나 가중된다. 즉, 학대나 폭력을 피해 가출한 청소년은 의식주 문제를 고민해야 하고 노동시장에서 착취를 당하는 등 가출 후의 현실로 인해 불안한 정서적 수준이 더욱 높아지며, 우울증 발병률도 높아진다(조성희, 김세영, 2010). 특히 청소년 시기의 가출은 사춘기 시절의 반항심이나 불만을 표출하는 수준을 넘어서 자살로까지 이어질 수 있는데, 가출 경험이 있는 청소년 중 절반 정도는 자살을 생각해 보았거나 자살행동을 시도해 본 경험이 있다고 밝히고 있어(노혜련 외, 2005) 가출청소년의 자살 심각성에 대한 우려를 낳고 있다.

2) 가정요인

가정은 청소년의 가출에 가장 큰 영향을 미치는 요인으로 부모와의 관계, 부모의 학대와 방임, 가족의 알코올중독 등이 주요인이다. 최근 조사에서도 가출청소년의 절반 이상(51.3%)이 '부모와의 갈등' 을 가출의 주요 원인으로 꼽고 있다(여성가족부, 2011d).

더 심각한 점은 가정적 요인이 가출청소년의 귀가를 방해하고 만성가출자의 증가로 이어지게 한다는 점이다. 김은영과 송민경(2009)의 조사에 따르면, 구조적 측면에서 조손가족, 형제가족 등 부모가 부재한 청소년이 현저하게 귀가하지 않는 것으로 나타났고, 한부모가정의 청소년이 양 부모가정의 청소년보다 가출 경험이 높은 것으로 나타났다(문재우, 2012). 또한 백혜정과 방은령(2009)에 따르면, 가정의 경제적 수준이 낮고 양 부모가정이 아닌 경우 장기가출자의 비율이 상대적으로 높았으며, 재혼가정 출신의 장기가출자는 상대적으로 가족으로부터의 지지 정도는 낮고 학대 및 방임 정도는 높은 것으로 인식하는 경향이 강하였다. 또한 가정 내 위험요인이 많은 환경에서 성장할수록 청소년은 적응 유연성이 낮아지면서 가출 충동이 생겨나고 심지어 가출행동을 감행하기도 한다(정재우, 안도희, 2013).

이 밖에도 이수림 등(2011)에 따르면, 첫 가출 시 귀가의 계기는 부모가 찾으러 오는 경우가 대부분이지만 가정복귀 후 가정에서는 가출에 대한 징계와 이전 생활의 반복이 일반적인 것으로 나타났다. 즉, 부모의 부정적 태도와 이전부터 있었던 부모의 폭행 등과 같은 문제행동의 지속, 가족관계에서의 갈등 등이 지속되면서 첫 가출 때보다 가족 내의 문제가 더 심각해지고, 이는 결국 재 가출을 유도하곤 한다.

3) 학교 및 또래 요인

청소년이 가장 많은 시간을 보내는 곳이 학교임에도 불구하고 학교부적응, 교사의 억압적 태도와 처벌, 학업에 대한 흥미 부족, 학업 성적 저하 등의 학교환경에서의 부정적인 경험은 청소년가출에 위험요인으로 작용하고 있다(오승환, 2010; 정경은, 문성호, 2008).

또한 가출이나 비행 경험이 있는 친구와 어울리는 경우 가출 가능성이 높아지는 것으로 나타났다. 청소년은 또래집단과의 동일시를 중요하게 생각하므로 가출이나 비행 경험이 있는 친구와 어울리면서 부모와 지속적인 갈등을 일으키게 되어, 그 결과 가출을 시도하는 경우가 많다(정규석 외, 2013).

4. 실태 및 문제점

1) 실태

외환위기와 금융위기를 겪으면서 사회적·경제적 어려움이 가중되고 이에 따라 가족 가치관과 자녀양육 태도가 변화하면서 자의반 타의반으로 가족보호망에서 이탈하는 청소년이 증가하고 있다. 여성가족부(2010a)의 자료에 따르면, 만 9~18세의 아동·청소년 중에서 위기 대상은 93만 6,626명으로 같은 연령의 아동·청소년 중 13.7%를 차지하고 있는데, 이 중에서 초등학생은 1만 6,408명, 중·고등학생은 72만 218명으로 추정하고 있다(이유진, 2011).

먼저, 경찰청 통계(2008) 자료에 따르면, 14세에서 19세 청소년을 대상으로 가출 발생 건수는 2006년 9,390건, 2007년 1만 2,240건, 2008년 1만 5,337건으로 갈수록 늘어나는 것으로 집계되었다. 그러나 이 자료는 어디까지나 경찰에 신고 접수된 발생 건수 집계 자료로 실제로 가출청소년의 수치는 훨씬 더 많을 것이라 추정하고 있다. 청소년쉼터를 이용한 청소년이 2007년 한 해만 해도 22만여 명에 이르러 가출 신고 수의 18배 이상을 차지하고 있다.

또한 여성가족부(2010b)의 자료에 따르면, 일반 청소년은 13.7%, 위기청소년은 73.0%가 가출 경험이 있는 것으로 나타났으며, 지난 1년간 가출 경험 비율은 일반 청소년은 5.1%, 위기청소년은 40.9%로 나타났다. 이처럼 전반적으로 위기청소년의 가출비율이 일반 청소년의 가출비율에 비해 높지만, 평균 가출 연령에서는 일반 청소년과 위기청소년 모두 평균 13.9세로 큰 차이가 없는 것으로 나타났다.

다음으로, 가출청소년의 규모를 추정함에 있어 백혜정과 방은령(2009)의 조사에서 전체 응답자 중 가출 경험이 있다고 응답한 조사 대상자의 비율(11.6%)을 초등학교 4학년~고등학교 3학년에 해당하는 전체 청소년 인구에 대입한 결과, 약 47만 명이 1회 이상의 가출 경험이 있는 것으로 나타났다. 또한 여성가족부(2010b)의 자료에 따르면, 가장 오래 한 가출 기간과 관련하여 일반 청소년(평균

23.5일)과 위기청소년(평균 78.4일)이 큰 차이를 보이면서 위기청소년의 가출 장기화가 잘 나타나고 있다. 이에 덧붙여 조사 대상 청소년의 27.2%가 6개월 이상 가출한 것으로 나타났는데, 이처럼 가출 기간이 늘어나면 학업중단의 가능성이 커지고 가정과 학교에서 멀어지게 되며 비행또래와의 접촉도 증가하면서 폭력, 성매매 등의 비행에 빠져들 가능성이 높아져 우려를 낳고 있다.

한편, 2000년대에 들어오면서 특히 초등학교 고학년의 가출이 적지 않은 수치를 보이고 있고, 최초 가출 연령이 평균 14세가 안 되어 어린 나이에 집을 떠나 위험한 환경에 노출되고 있다(여성가족부, 2010b). 특히 여성가족부와 한국청소년쉼터협의회(2010)가 전국 79개 청소년쉼터의 가출청소년 553명을 대상으로 조사한 결과 이들의 최초 가출 연령에서 13세 이하가 44.9%를 차지하였고, 남자 평균 13.3세(2007년 13.2세), 여자 평균 13.8세(2007년 14.5세)로 나타나 초등학교 시기에 가출이 시작되고 있음을 보여 주고 있다. 한편, 이들의 총 가출 횟수는 남자 평균 9.5회, 여자 평균 5.9회이고, 가출 기간은 남자 평균 181.1일, 여자 평균 182.3일이었으며, 약 27.2%가 6개월 이상의 장기가출자로 가출의 반복성과 장기화 경향을 나타내고 있다. 이러한 가출의 저연령화와 관련하여, 박윤희와 이상균(2010)의 조사에서는 최초 가출 연령이 어릴수록, 최초 가출 기간이 길수록, 가출 횟수가 많을수록 가출이 장기화되는 것으로 나타났다.

다음으로, 안전망으로서의 가족 기능의 약화는 가출청소년을 양산하고 있다. 여러 조사에 따르면, 쉼터청소년의 가출 이유는 학대부모, 부모-자녀 관계의 악화, 부모의 양육 태도에 대한 부정적 지각 등의 가정적 요인이 크게 작용하고 있다(강석영, 김동민 외, 2009; 남미애 외, 2007; 백혜정, 방은령, 2009; 이수림 외, 2011; 주동범, 임성택, 2009). 백혜정과 방은령(2009)의 조사에서는 가출 충동 요인이 '부모님이 싫어서'(66%), '부모님이 나에게 욕을 하거나 때림'(52.4%), '부모님이 지나치게 간섭함'(45.1%), '부모님이 서로 자주 싸움'(44.2%), '가정 형편이 어려움'(43.2%), '부모님이 나한테 관심이 없음'(39.1%) 등의 순으로 밝혀짐에 따라 가족기능상의 문제점을 보여 주고 있다. 이와 유사하게, 여성가족부(2010b)의 조사에 따르면 청소년가출의 주된 이유로는 '부모 간의 불화'(21.3%), '부모의 폭행'(13.0%), '부모의 지나친 간섭'(10.3%) 등 가족적 요인(59.8%)이 가장 많았고, 그

다음은 '답답해서'(11.6%) 등의 심리적 요인(21.3%)으로 나타났다.

이에 덧붙여 가출청소년의 가족 환경을 살펴보면 한부모(34.5%), 재혼가정(15.9%), 친척 및 형제(15.6%), 시설위탁부모(5.6%) 등 71.6%가 원부모가 아닌 다른 사람과 살았던 것으로 나타나 대다수의 쉼터 청소년이 가족해체로 가출하였음을 알 수 있다(여성가족부, 2010b). 특히 청소년쉼터에 거주하는 청소년을 대상으로 한 조사(남미애 외, 2007)에 따르면, 조사 대상자의 1/4 정도가 친부모와 생활, 1/3 이상은 부모 중 한 사람과 생활, 나머지 25%가량은 부모가 아닌 다른 사람과 생활하고 있었던 것으로 나타나 대다수의 쉼터 이용 청소년이 해체가족 출신으로, 가족해체가 위기청소년을 발생시키고 있음을 보여 준다. 덧붙여 조사대상자의 1/4 이상이 '기초생활보장 수급자'로 밝혀졌다. 이는 가정에서의 경제적 빈곤이 장기간 이어지면서 부모의 무기력, 생활상의 무질서로 방임, 학대, 갈등이 잦아지고, 결국 가출에 이르게 만든다는 것을 보여 주고 있다.

가출을 야기하는 가정요인에는 구조적 요인과 기능적 요인이 모두 작용하고 있다. 한 예로, 남미애 등(2007)의 조사에서 쉼터 거주 청소년의 가출 전 가족 형태를 살펴보면 한부모와 함께 산다는 응답이 가장 높은 35.1%였으며, 친부모와 함께 사는 경우 26.0%, 재혼가정 17.5%, 친척 및 형제 13.5% 등의 순이었다. 즉, 조사 대상자의 1/4 정도만이 친부모와 함께 살고 있었을 뿐 3/4 정도는 해체가족이었음을 알 수 있다. 특히 1/3 이상은 부모 중 한 사람과 생활하고 있었고, 1/5가량은 부모가 아닌 다른 사람들 또는 본인 혼자 생활한 것으로 조사된 결과를 통해서 볼 때 가정해체가 가출청소년을 증가시키고 있음을 알 수 있다.

또한 이 조사에 따르면 부모와의 갈등, 무관심, 신체적 폭력 등이 청소년의 가출을 부추기는 요인으로 나타났다. 조사 대상자의 26%는 부모가 자신을 심하게 때린 적이 있고, 18.5%는 부모가 어디 있는지 모르며, 22%는 되돌아갈 집이 없다고 응답하였다. 이를 통해서 볼 때 조사 대상자 4명 중 1명 꼴로 가정 내에 폭력 문제가 상당히 내재되어 있고, 10명 중 3명 정도는 부모의 적절한 보호와 관심을 받지 못하고 있다고 인식함으로써 가정에서의 소외감과 거부감, 원망 등이 내재되어 있음을 짐작할 수 있다.

그 밖에 빈곤가정에서 가출청소년이 많이 발생하고 있는데, 그 이유는 가정경제의 어려움이 청소년에게 물질에 대한 욕망을 부추길 뿐만 아니라 경제적 스트레스로 심성이 각박해지게 만들고, 부모 또한 자녀양육에 대한 관심과 노력이 충분치 못하기 때문이다. 즉, 빈곤 자체보다는 장기적인 경제적 빈곤생활에 따른 부모의 무기력, 음주벽, 생활상의 무질서 등 2차적으로 파생되는 방임과 갈등이 청소년을 가출로 유도하기 쉽다. 남미애 등(2007)의 조사에 따르면, 쉼터 이용 청소년의 가정경제 수준은 조사 대상자의 1/4 이상이 '기초생활보장 수급자'였고, 조사 대상자의 58.9%가 자신의 가족의 경제적 수준이 '하'라고 인식함으로써 이들이 빈곤과 상당히 밀접한 관련이 있음을 짐작하게 한다. 또한 강석영과 김동민 등(2009)의 조사에서도 가정경제 수준이 '매우 어려운 편'이라고 지각하고 있는 청소년이 고위험군으로 분류되는 비율(16%)이 가장 높은 것으로 나타났다. 이러한 결과를 통해서 볼 때, 청소년은 경제적 어려움으로 가족이 제공하는 안정적·정서적 지지 등의 자원이 결여되면서 가출을 하나의 탈출구로 여기고 있었다.

이처럼 가정 문제로 가출하게 되면, 가출 전의 가정에서의 갈등이 전혀 해결되지 않을 경우 이들이 귀가를 방해 내지 거부하게 되면서 가출 기간이 장기화됨에 따라 점점 더 심각한 수준의 위기청소년이 양산된다. 여성가족부(2010b)의 조사에 따르면, 쉼터청소년 중 57.0%가 귀가를 원하지 않은 것으로 나타났다. 이는 반복되는 가정 문제로 인한 부모에 대한 불신과 두려움, 방임 경험 등이 장기가출의 원인이 되고 있음을 시사한다. 그럼에도 가출이라는 특수한 상황의 위기에서 가출청소년 자체가 신분 노출을 꺼리며 유동적인 경우가 많다 보니 이들의 규모에 대한 정확한 파악은 현실적으로 불가능에 가깝다.

이러한 조사 결과를 종합해 보면, 가출하는 청소년의 수가 매년 10% 이상 증가 추세에 있고, 평균 13.9세라는 비교적 어린 나이에서부터 첫 가출을 시도하고 있음을 알 수 있다. 이러한 가출청소년의 증가 추세 속에서 청소년가출 문제는 다양한 측면에서 심각성을 보이고 있다. 즉, 가출을 경험한 위기청소년이 일탈행동의 경험과 관련하여 더 높은 비율을 보임에 따라 가출 후 일반 청소년이 재가출의 반복으로 위기청소년이 될 경우 청소년비행에 가담할 가능성이 높아지고, 이는 더 큰 범죄에 연루될 잠재적 가능성을 보여 준다.

2) 문제점

청소년이 가출을 하게 되면 일시적으로 해방감 및 자유, 모험심, 또래와의 깊은 유대관계를 느끼기기도 하지만, 시간이 지날수록 의식주를 해결해 나가기 어렵고, 그에 따라 건강 악화, 폭력, 범죄, 약물남용, 성 관련 문제 등 다양한 문제행동에 빠지기가 쉬우며 사회적인 냉대를 경험하는 경우도 많다(김향초, 2009). 특히 가출이 장기화될수록 청소년은 학업중단과 같은 교육 문제, 생계해결을 위한 부적절한 경제활동, 건강 문제, 약물남용, 범죄 경험, 성매매, 자살 충동 등과 같은 다양한 비행 관련 행동과 사회적 문제를 야기하곤 한다. 이러한 경험은 개인의 신체적·정서적 발달에 매우 부정적인 영향을 미칠 뿐 아니라, 더 나아가 건전한 사회를 형성·유지하는 데에도 위기를 초래할 수 있다.

(1) 저연령화

가장 심각한 문제 중 하나는 가출청소년의 저연령화 현상으로, 2000년대에 들어오면서 특히 초등학교 고학년의 가출이 적지 않은 수치를 보이고 있다. 여성가족부(2010b)의 조사에 따르면, 최초 가출 연령은 14세 미만으로 저연령화를 보이고 있고 초등학교 고학년의 가출 경험 역시 증가하고 있는 것으로 나타났다. 이는 단순히 가출청소년의 수가 증가하는 데 그치지 않고 첫 가출의 연령이 저연령화되고 있다는 점에서 우려를 낳고 있다. 이렇게 어린 나이에 집을 나서는 이유는 개인, 가정, 학교, 또래집단 등 다양하지만, 이 중에서도 가족 요인이 가장 중요하다. 즉, 핵가족화가 지속되고 있고, 특히 2008년 금융위기에 따른 경제 구조의 변화로 가정에서의 경제적 빈곤이 장기간 이어지면서 부모의 무기력, 생활상의 무질서로 인한 방임, 학대, 갈등이 잦아지고 보호·양육의 기능이 약화되고 있다.

이와 같이 어린 나이에 가출을 하다 보면 가출이 빈번해지고 거리에서 지내는 시간이 많아지면서 유해환경에 접할 기회가 많아지게 된다. 여성가족부와 한국청소년쉼터협의회의 조사(2010)에 따르면, 가출청소년 조사 대상자의 27.2%가 가출한 지 6개월 이상이 된 것으로 나타나 가출의 장기화 현상이 심각함을 보여 주고 있다. 이들 대부분은 어린 나이에 가출을 시작하여 귀가를 하더라도 변하지 않은 가정환경 때문에 재가출로 이어지곤 하는데, 가출 빈도가 증가할수록 귀가하여 가정에 머무는 기간은 짧아지고 가출 지속 기간은 증가하는 경향이 있다.

이른 나이에 집을 나와 장기간 거리에서 지내다 보니 유해매체에 대한 접촉이 용이해지면서 신체적 · 정서적 손상을 입음은 물론, 거리에 산재해 있는 각종 위험에 노출될 기회가 많다. 그리고 비행 및 유해환경을 접할 기회가 잦다 보니 귀가가 점점 더 어려워지면서 장기가출자로 전락할 가능성이 높고, 심한 경우에는 성인 노숙자와 유사한 위험성을 안은 채 살아가게 된다. 이들은 신체적으로 성장하는 청소년 시기에 불규칙한 식사와 영양 부족으로 발육에 지장을 받게 되고 거리생활로 인해 충분한 휴식과 영양을 공급받지 못함으로써 신체적 건강 문제를 보인다(윤현영 외, 2007). 특히 가출 후 외로움을 달래거나 어려운 생활에서의 힘든 과정을 지탱하고자 흡연, 음주, 약물 등을 접하다 보니 신체적 건강을 위협받고 있다.

또한 이들은 가출 이전부터 열악한 환경에 놓여 있었던 경우가 대부분으로, 가출 이후에 더 많은 위험에 노출되는 경우가 많아 이들의 정신건강상의 문제가 야기되고 있다. 스튜어트 등(Stewart et al., 2004)에 따르면, 가출청소년의 83%는 학대를 받은 경험이 있고, 18%는 외상 후 스트레스 장애다. 이를 통해 역기능적 가정에서의 양육이 결국 가출청소년의 정신병리와 연관됨을 알 수 있다. 남미애(1998)의 연구에서도 여자 가출청소년의 정신건강 문제를 살펴본 결과, 전체 응답자의 25.3%가 정서적으로 불안정하여 산만한 행동을 하거나 우울 및 대인 기피 경향, 강박적 사고 및 행동 경향을 보이는 것으로 나타났다.

그 밖에 이들은 청소년기에 수행해야 할 과제 및 독립적으로 살아가는 데 필요한 다양한 기술을 개발할 수 있는 기회를 잃어버리곤 한다. 대다수의 가출청소년은 당장의 의식주 해결이 어렵고 여러 가지 난관에 부딪히다 보니 학업에 대한 생각을 뒷전으로 미루게 됨에 따라 점점 더 교육받을 기회를 놓치고 있고, 학업에 대한 흥미도 잃으면서 결국 학업중단에 이르고 있다(김경준 외, 2006; 김지혜, 안치민, 2006). 백혜정과 방은령(2009)의 조사에 따르면, 조사 대상자의 절반은 학업중단 상태에 있거나 자퇴 또는 상급학교에 미진학하여 학교에 다니지 않고 있었고, 대부분 학업을 다시 시작할 의지도 없는 것으로 나타났다.

특히 가출 기간이 장기화될수록 학업중단 기간 역시 장기화되면서 학교로 복귀할 가능성은 줄어들게 되는데, 이는 가정과 학교라는 청소년의 중요한 생활 근거지에서 청소년이 분리되는 것을 의미한다. 문제는 가출로 인한 교육 기회의 상실이 이들의 취업능력을 저하시키고, 그에 따라 성인이 된 이후에도 실업이나 빈곤 등의 문제를 가져올 가능성이 높아지게 되어 사회적 비용을 크게 증가시킬 우려가 있다는 점이다.

(2) 비행 및 범죄 관련 경험의 증가

가출 시기의 저연령화는 가출 횟수를 증가시키고 가출 기간을 장기화시키면서 만성가출청소년을 양산하고 있을 뿐만 아니라 이들의 재가출을 초래한다. 또한 일탈행동 및 범죄에 놓일 가능성이 커지면서 가출 후 겪게 되는 일탈행동 및 범죄는 훨씬 심각한 것으로 드러났다(김지혜, 2005; 남미애 외, 2007; 백혜정, 방은령, 2009; 주동범, 임성택, 2009). 김지혜(2005)에 따르면, 가출 기간이 길어질수록 부정적인 사회 경험의 증가, 사회적 낙인 인식의 심화, 비행집단과의 교류 증대 등의 상황적 요인이 발생하면서 결과적으로 비행이 증가하고 있다. 이처럼 가출은 청소년이 유해환경에 놓이면서 비행과 범죄에 노출되는 기회가 되며, 이에 따라 자신을 보호하지 못하고 학업을 지속하지 못하는 경우가 많다. 이러한 사실은 남미애 등(2007)의 조사에서 가출청소년의 최종 학력이 중학교 중퇴가 가장 많다는 결과가 뒷받침하고 있다.

이를 자세히 살펴보면, 남미애 등(2007)이 가출 전후 청소년이 경험한 문제행동을 조사한 결과, '폭행' '돈 뺏기' '돈이나 물건 훔침' '성인 유흥업소 출입' '이성과의 혼숙' 등 대부분의 비행이 가출 전보다 가출 후에 증가하였으며, 특히 가출 빈도가 높을수록 비행 횟수도 증가한 것으로 나타났다. 그 외에도 성매매와 관련하여 성윤숙과 박병식(2009)이 십 대 성매매피해 청소년 43명을 직접 인터뷰 조사한 결과 38명(88%)은 가출 경험이 있었고, 이 중 53%인 23명은 가출 후 생활비 마련 등을 위해 성매매를 한 것으로 밝혀짐에 따라 가출이 청소년 성매매로 연결되는 주요 경로임을 알 수 있다. 특히 첫 인터넷 성매매 연령의 경우 16~

17세가 56%로 가장 많고, 13~15세도 30%로 나타나 대부분 저연령인 것이 확인되면서 청소년 성매매의 심각성을 여실히 보여 주고 있다.

청소년이 가출한 후에 도움을 요청할 곳이 마땅치 않으면 거리생활을 하게 되는 등 보호체계에서 벗어나 여러 위험에 노출될 가능성이 높아지게 된다. 대다수의 가출청소년은 처음 가출 시 거리 또는 공원을 배회하거나 찜질방 또는 PC방 등을 전전하다가 가출청소년 집단에 노출되고, 이들이 제공하는 왜곡된 정보에 의존하여 가출생활을 유지하게 된다.

청소년은 가출 시 가정이나 학교와 같은 기관으로부터 보호 및 감독을 받는 기회가 적어 안전의 사각지대에 놓이게 되면서 생존을 포함한 여러 가지 이유로 범죄·비행을 저지를 가능성도 높아지지만, 반면에 거리에서 범죄·비행의 피해자가 될 가능성도 높아진다. 국가청소년위원회(2007)의 조사에서는 가출 후 타인으로부터 피해를 입은 경험률이 위기청소년 집단의 경우 17.3%로 나타나, 청소년이 가출 후 비행을 저지르는 것뿐만 아니라 거리에서 폭행과 같은 피해 경험을 당하는 경우도 적지 않음을 보여 주고 있다. 또한 청소년 성매매에서 폭행, 성병 감염, 성폭행, 협박 등을 비롯하여 납치, 사기, 갈취 등 인권침해 사례가 빈번하게 발생하고 있다(성윤숙, 박병식, 2009). 특히 장기가출청소년은 가출 후에도 일탈행동이나 청소년 유해업소에서 일한 경험, 가출 후 폭행과 같은 피해 경험이 상대적으로 많았던 것으로 나타났다(박윤희, 2010). 이처럼 거리에서 비행이나 범죄에 연루될 가능성이 높을수록 이들의 삶은 일반적인 발달 궤도에서 벗어나기 쉽고, 이는 이들이 건강한 사회 구성원으로 성장하는 데 걸림돌이 되기도 한다.

(3) 서비스 및 서비스 제공체계 부족

대다수의 가출청소년이 거리에서 장기간 생활하면서 각종 유해환경에 빠지지 않도록 하기 위해서는 1차적으로 가정의 기능을 수행하는 가정과 유사한 곳에서 지속적으로 성장·발달하도록 도와야 한다. 그러나 현재 운영되고 있는 대부분의 보호체계는 소수의 청소년만을 수용할 수 있을 뿐이어서 대다수의 위기청소년이 보호체계의 도움을 받지 못한 채 위험 상황에 방치되고 있다. 일반 청소년의 가출 경험이 증가 추세임에도 불구하고 국가 지원을 받는 전국 청소년쉼터의 수는 2014년 기준 110개소에 불과하여, 전국적으로 극소수의 가출 위험군 청소년에게만 그나마 최소한의 서비스 혜택이 제공되고 있을 뿐 대다수의 청소년은 이러한 서비스로부터 배제되어 있는 상태다.

게다가 가출청소년에게 서비스를 제공하는 청소년쉼터에 대해서는 최소한의 법적 근거만 있을 뿐, 설치 기준, 쉼터 유형, 인력에 대한 부분은 부재하여 청소년쉼터 운영에 어려움을 겪고 있다. 또한 가출예방 및 조기개입은 가출 발생 추세를 감소시킬 수 있는 가장 확실한 방법임에도 실무자가 거리에서 가출청소년 및 가출의 위험을 안고 있는 청소년을 조기에 발견하고 적절한 서비스를 제공하여 가정으로의 귀가를 돕는 일시쉼터가 전국적으로 10여 곳에 불과하여 가출예방 및 조기개입을 실천하기에 많이 부족한 형편이다.

특히 턱없이 부족한 예산과 실무자의 과다한 업무에 따른 높은 이직률은 입소 청소년의 욕구수준에 걸맞는 서비스로의 질적 수준을 높이지 못해 쉼터 환경에 대한 불만이나 적응상의 문제를 표출시키곤 한다. 문제는 이러한 요인들로 인해 청소년쉼터와 같은 보호체계에서 재가출한 청소년의 경우 사회 안전망에서 더 이상의 보호를 받을 수 없으며, 그것은 곧 사회적으로도 낙인찍히는 결과를 초래한다는 점이다.

그 밖에 운영 주체가 대부분 민간기관이어서 재정적 열악성과 범국가적 시스템 구축 등의 미비로 복합적이면서도 다중의 위험에 노출되어 있는 가출청소년에 대한 서비스 제공에 한계가 있다. 즉, 청소년의 자립생활을 준비할 수 있는 전문적·체계적인 프로그램과 서비스가 상당히 부족하며, 자립생활을 지도할 전문 인력 또한 부족한 실정으로 보호체계 내에서의 보호에 급급하여 사후관리 실천이 전무한 실정이다.

(4) 보호체계에의 낮은 인지도

일반 청소년은 물론 위기청소년조차도 도움 요청의 첫 단계에 해당되는 청소년상담센터, 청소년전화 1388, 청소년쉼터 등의 보호체계에 대한 인지도가 낮은 것으로 밝혀짐에 따라 어려움에 처한 청소년이 활용 가능한 서비스조차 제대로 이용하지 못하고 있음을 알 수 있다. 실제로 국가청소년위원회(2007) 조사에서 청소년 관련 시설이나 서비스를 이용한 경험은 일반 청소년 1.9%, 위기청소년 은 22.3%로 나타나 극히 소수만이 이러한 시설이나 서비스를 이용하고 있음을 알 수 있다.

　이를 자세히 살펴보면, 청소년쉼터에 대한 인지율은 위기청소년이 65.2%(잘 안다: 36.8%, 알고 있으나 장소와 이용방법을 모른다: 28.4%)로 일반 청소년 48.5% (잘 안다: 13.3%, 알고 있으나 장소와 이용방법을 모른다: 35.2%)보다 높게 나타났다. 반면에, 이러한 쉼터에 대해 일반 청소년 집단 51.3%, 위기청소년 집단 34.2%는 전혀 모르는 것으로 나타났다. 청소년상담센터에 대한 인지율은 위기청소년이 60.8%(잘 안다: 29.0%, 알고 있으나 장소와 이용방법을 모른다: 31.8%)로 일반 청소년 52.3%(잘 안다: 13.1%, 알고 있으나 장소와 이용방법을 모른다: 39.2%)보다 높게 나타난 반면, 일반 청소년 47.5%, 위기청소년 38.6%는 이러한 상담센터에 대해 전혀 모르는 것으로 나타났다. 그 밖에 청소년 전화 1388에 대한 인지율은 위기청소년이 58.9%(잘 안다: 30.3%, 알고 있으나 장소와 이용방법을 모른다: 28.6%)로 일반 청소년 51.9%(잘 안다: 16.9%, 알고 있으나 장소와 이용방법을 모른다: 35.0%)보다 높게 나타난 반면, 일반 청소년 47.9%, 위기청소년 40.4%는 이러한 전화에 대해 전혀 모르는 것으로 나타났다.

　또한 청소년쉼터 입소자를 대상으로 한 남미애 등(2007)의 조사에서도 단기·중장기 쉼터청소년 중 45.5%가 청소년상담지원센터를 전혀 모르고 있고 14.6% 만 실제 이 센터를 이용하였으며, 일시쉼터 청소년의 경우 50.0%는 청소년상담지원센터에 대해 모르고 있고 7.2%만이 이 센터를 실제로 이용한 것으로 밝혀졌다. 다시 말해서, 청소년쉼터에 머물고 있는 청소년조차도 청소년상담지원센터에 대한 정보가 희박함을 알 수 있고, 청소년 전화 1388 역시 유사한 결과를 보여 주고 있다. 이러한 조사를 통해서 볼 때 현재 청소년쉼터에 입소하고 있는 청소년은 CYS-Net에서 가장 먼저 접하게 되는 청소년 전화 1388이나 청소년상담지원센터를 거치지 않고 청소년쉼터로 곧바로 연결되는 것으로 나타나 이러한 보호체계가 서비스 체계의 초기 관문으로서의 역할을 제대로 수행하지 못하고 있음을 알 수 있다.

대다수의 가출청소년은 가출 후 상당 기간이 경과된 후에야 이러한 서비스에 대해 알게 되는 경우가 많다. 그 이유는 청소년쉼터를 포함한 보호체계가 청소년 사이에 잘 알려져 있지 않고, 설사 이러한 체계에 관한 정보를 갖고 있더라도 자신이 신뢰할 수 있는 곳인지에 대해 판단하는 것도 쉽지 않기 때문이다. 아울러 이러한 보호체계의 환경 요인과 관련하여 자유를 구속하고 행동을 제약하는 곳이라는 부정적인 견해를 갖고 있어서 이를 이용할 생각조차 없는 청소년도 적지

가출팸

가출팸이란 가출 패밀리의 약자로 청소년이 가출한 이후 가출 관련 카페나 실시간 채팅을 통해 3~5명의 일행(은어로는 '이랭')을 구해 함께 생활하다 가족(팸)을 이루어 원룸, 고시원이나 모텔 등에서 생활하는 것을 의미한다. 2011년에 들어 각종 언론 매체에서 가출팸에 대한 보도를 한 이후 가출팸에 대한 사회적 관심이 증가하고 있지만, 사실 가출팸은 훨씬 전부터 존재한 것으로 추측해 볼 수 있다. 각종 포털 사이트에 '가출팸'이라는 단어를 검색한 결과, 2002년 2월 25일자에 작성된 카페 글 중 '가출팸'이라는 단어가 들어간 글을 찾아볼 수 있었다.

가출팸이라는 단어의 출현 또는 가출팸 현상의 정확한 시초를 알 수는 없지만, 이러한 현상은 채팅 및 카페와 같은 인터넷 매체의 발달로 등장한 것이라고 추측할 수 있다. 왜냐하면 인터넷의 접근성은 처지가 비슷한 가출청소년들이 쉽게 모일 수 있는 사이버 공간을 제공하며, 인터넷의 익명성은 부모나 경찰의 추적을 피할 수 있도록 해 주기 때문이다. 이러한 인터넷 공간에서 청소년은 쉽게 약속을 정하고 오프라인 공간에서 만나게 된다.

가출팸은 가출청소년에게 새로운 가족을 의미하며, 신체적 위험이나 심리적인 두려움을 해결할 수 있게 해 주는 대인관계를 제공한다. 그러나 기출청소년은 가출팸을 구성하는 과정과 구성 이후의 생활에 있어 범죄에 노출되거나 직접 범죄에 나서게 되는 경우가 발생하게 되며, 여자청소년의 경우 청소년 또는 성인에 의해 성폭행 및 성매매를 강요당하는 경우도 있다.

출처: 시사저널(2011. 3. 28.).

않은 실정이다(김향초, 2009). 따라서 위기청소년을 위해 마련되어 있는 보호체계에 관한 정확한 홍보대책이 시급하다.

5. 해결 방안

　가출청소년 대부분은 가정 내에서 살기가 힘들어 생존을 위해 도망쳐 나온 경우가 많고, 가출팸을 형성하는 청소년 역시 일시적·충동적 가출이 아니라는 점을 인지해야 한다. 따라서 이들을 무작정 귀가 조치하는 것은 최선책이 아니라 오히려 그들을 더 힘들게 하는 조치임을 충분히 숙지하면서 이 문제에 접근해야 한다. 또한 일시적이고 단순형의 가출청소년은 조속한 가정복귀 지원을 주목적으로 하는 반면, 장기적이고 탈출형의 가출청소년은 가정복귀가 현실적으로 어렵기 때문에 귀가가 아닌 자립을 위한 장기대책을 마련하는 등 가출청소년의 유형에 따른 다양한 종합지원 대책을 수립해야 한다. 이에 덧붙여 가출요인은 지극히 개별적이고 개인·가정·학교 차원의 복합적인 요인이 상호작용하는 결과이므로 각 청소년의 개별적인 가출 위험요인을 다양한 경로를 통해 신속하게 사정하고 적절한 개입의 수준을 점검하는 개별화된 개입 전략을 마련해야 한다.

1) 법과 제도의 재정비

　가정, 학교 및 지역사회가 청소년의 양육과 보호에 대한 책임을 다하지 못하여 다양한 청소년 문제가 발생하는 것은 국가 차원의 청소년보호 대책의 필요성을 강조하는 것이다. 즉, 가출청소년도 자신의 삶에서 최선의 것을 선택할 권리가 있음을 명심하고 가출청소년이 국가의 미래 자원이라는 인식하에 국가와 사회는 이들의 성장과 발달에 필요한 모든 지원을 제공해야 한다.
　현재 우리나라에서는 가출청소년을 지원하는 단일한 법이 있는 것이 아니라 「청소년복지지원법」에서 특별지원청소년에 포함하여 다루고 있다. 「청소년복지지원법」 제2조에서는 "'특별지원청소년'이라 함은 청소년의 조화로운 성장과 정상적인 생활에 필요한 기초적인 여건이 미비하여 사회적·경제적 지원이 필요한 청소년을 말한다. 다만 「국민기초생활보장법」 등 다른 법률의 적용을 받는 청소년을 제외한다."라고 정의하고 있다. 특별지원의 대상은 심의 과정을 거친 선정에 의해 9~18세의 보호자가 없거나 실질적으로 보호자의 보호를 받지 못하는 청소년, 학교에서 학업을 중단한 청소년, 교육적 선도 대상자 중 비행예방 지원이 필요한 자, 정부가 정한 가구 소득이 낮은 자가 중복되지 않는 대상으로 되어 있다(이민희, 2009).

또한 「청소년복지지원법」에는 가출청소년을 위한 청소년쉼터의 설치·운영 규정이 있어 쉼터에 대한 어느 정도의 법적 지위가 마련되어 있다. 「청소년복지지원법」 제14조 제3항은 "국가 및 지방자치단체는 예산의 범위에서 제1항의 규정에 의한 청소년쉼터의 설치·운영 및 활동에 소요되는 경비의 전부 또는 일부를 지원할 수 있다."라고 규정하고 있다. 그러나 이것만으로는 다양한 욕구를 가진 가출청소년에 대한 보호와 지원을 행하기에 매우 제한적이다. 특히 일시쉼터, 중장기쉼터에 대한 근거 및 세부 규정이 마련되어 있지 않아서 쉼터의 특성화가 이루어지지 못하고 있다. 더구나 쉼터에서 제공되어야 할 서비스 내용에 대한 언급이 전무하여 보호체계 실무자가 업무 수행 시 법적 근거가 미비함에 따라 청소년에게 서비스를 제공하면서 각종 어려움에 부딪히곤 한다.

따라서 이들을 보호하기 위한 구체적인 법 제정을 통해 가출청소년쉼터에 대한 조항을 구체적으로 명시하여 청소년이 집 밖의 보호체계에서 적합한 서비스를 제공받을 수 있도록 기회를 제공해야 한다. 일시·단기·중장기 쉼터 등 가출청소년쉼터의 유형에 따른 기능, 인력 자격 및 배치 기준, 시설 기준에 대해 명시해야 하고, 「아동복지법」이 근간이 되어 운영되는 아동보호전문기관 또는 아동 치료보호시설과 동일한 수준으로 예산을 책정하고 제도적 장치를 마련해 청소년쉼터에서 질 높은 복지서비스가 제공되도록 해야 한다. 또한 가정에서 보호될 수 없는 24세까지의 청소년을 대상으로 가정을 대신하여 건강하게 자립하기 전까지 보호·발달을 돕고, 더 나아가 교육, 고용, 거주지, 기타 적절한 지지와 서비스를 제공하여 성인기로의 전환을 도우며, 자립을 준비할 수 있게끔 지원하도록 명시되어야 한다.

한편, 대부분의 가출청소년은 아동기부터 가족 문제를 겪고 있으므로 이들의 부모에게 책임을 부여하고 이를 수행치 못할 경우 친권을 박탈하는 것에 대해 고려해야 한다. 학대가정에서 가출한 청소년의 경우, 위험한 집으로 돌려보낼 것이 아니라 적극적인 보호를 제공해야 하고 학대한 부모에 대한 친권 박탈에 대한 법 조항을 신설해야 한다. 또한 귀가청소년에 대해 부모가 바람직한 방법으로 대응하고 자녀와 적절하게 의사소통하며, 기존의 잘못된 가족 내 문제를 바로잡도록 가족개입 프로그램을 개발·실천해야 한다. 이를 위해 1차적 예방 차원에서 가족 기능을 강화하기 위한 교육 프로그램을 마련하여 실시하고, 2차적 예방 차원에서 편부 또는 편모, 재혼가정 등의 위기가정 부모에 대한 집중적인 개입 프로그램을 마련하는 것이 효과적일 것이다(강석영, 김동민 외, 2009).

아울러 부모와의 갈등이 주요 가출 충동의 원인이므로 단순 귀가 지원이나 보호자 인계는 재가출로 이어져 장기가출자를 양산시키는 결과를 낳을 수도 있다. 따라서 가출청소년의 부모에게 소정의 교육을 의무적으로 이수하게 하는 제도를 적극적으로 검토할 필요가 있다. 다시 말해서, 가출은 청소년 개인의 문제가 아니라 부모도 함께 책임져야 하는 사회적 문제라는 인식하에 부모역할 재훈련, 상담 및 심리치료 등을 의무적으로 받도록 하고, 이에 불응 시 처벌까지도 고려해 보아야 한다. 미국의 경우, 부모의 방임이 지나칠 경우 주정부가 자녀의 친권을 박탈하여 주정부가 맡아서 청소년을 위탁보호체계에 보내 생활하게 하기도 한다. 그 밖에 청소년쉼터 실무자에게 입소청소년의 부모와의 상담 권한을 부여하여 귀가 전에 일정 시간 부모와의 상담을 통해서 자녀와의 관계 개선을 실천하도록 명문화하는 작업도 바람직하다.

2) 보호체계 개선

남미애 등(2007)의 조사에 따르면, 일반청소년은 물론 위기청소년조차도 국가에서 제공하는 서비스에 대해 알지 못해서 제공받을 수 있는 도움조차 받지 못하고 있었다. 따라서 가출청소년에게 제공되고 있는 보호체계에 대한 홍보 및 접근 방법 등의 개선이 요구되고 있다.

청소년이 가출 충동을 느끼는 경우 충동에 대처하고자 도움을 청할 수 있는 공공기관 및 관련 서비스에 대한 정보를 알고 활용하도록 보호체계 및 지원프로그램에 대한 적극적인 홍보활동이 요구되고 있다. 가출청소년이 도움을 요청할 곳이 마땅치 않을 경우 거리생활을 통해 여러 가지 위험에 노출되고 안전의 사각지대에서 벗어나게 될 가능성이 높아진다. 따라서 이들을 주 대상으로 하는 지원정책 및 프로그램에 대해 적극적이고 다양한 홍보활동을 펼침으로써 보호체계 안에서 벗어나지 않도록 해야 한다.

가출청소년이 가출에 대한 정보를 수집하는 경로는 주로 주변 친구, 가출 후 만난 가출선후배, 인터넷 사이트 등으로 객관성이 결여된 정보를 접하는 경우가 대부분이다. 따라서 이러한 서비스에 대한 적극적인 홍보활동을 통해 올바른 정보를 제공하는 것이 급선무이고, 가출에 대한 유익하고 신뢰할 만한 정보를 쉽게 전달할 수 있는 다양한 경로를 확대해야 한다. 특히 가출 위험이 있는 청소년에게 보호시설과 지원 프로그램이 충분히 각인될 수 있도록 일회성에 그치지 않고 지속적이고 정기적인 홍보가 시행되어야 한다.

청소년쉼터는 가출청소년의 일시보호 및 숙식 제공, 상담 · 선도 · 수련 활동, 학업 및 직업훈련 지원활동, 청소년의 가출예방을 위한 거리아웃리치(상담) 활동, CYS-Net과의 연계 협력 강화 그리고 청소년전화 1388 및 청소년상담지원센터와의 연계를 통한 상담 및 선도 · 보호 서비스를 제공하고 있음에도 많은 청소년이 아직까지도 이러한 쉼터의 역할을 잘 모르고 있다. 또한 이들의 조기발견을 위해 드롭인센터와 이동일시쉼터를 활용하여 가출의 위험이 있는 청소년을 대상으로 한 적극적인 접근을 시도하고 있지만 그 수가 전국 10개소에 불과하여 소수의 청소년에게만 아웃리치활동의 혜택이 돌아가고 있다.

따라서 청소년이 필요한 서비스에 쉽게 접근할 수 있도록 최소 전국 16개 광역시 · 도에 일시쉼터를 설치하고 적극적인 아웃리치활동을 전개하여 가출을 사전에 예방토록 하는 것이 효과적이다(이민희, 2010). 또한 청소년쉼터와 지역사회 내 학교 간 연계를 통한 가출예방교육을 정기적으로 실시하고, 사이버상담센터와 같은 온라인 위기상담을 확대함으로써 가출의 예방 및 조기발견에 주력해야 한다.

　더불어 지역사회 자원을 활용하여 보호, 의료, 자립 등의 통합서비스를 제공하는 CYS-Net 연계망을 적극적으로 활용함으로써 지역사회 내의 학교, 병원, 보호기관, 복지기관 등을 통해 취약가정을 파악하고 이에 대한 적극적 지원, 위기가정에 대한 신속한 대처 등으로 청소년의 가출을 보다 효과적으로 예방해야 한다.

　이에 덧붙여 가출청소년 중 시설에서 이탈되거나 시설에서 보호받지 못하는 청소년을 보호체계로 연결시키는 활동이 매우 중요하므로 이들을 조기 발견하기 위해 현장으로 직접 찾아 나서는 거리아웃리치활동을 활성화하여 가출청소년이 현장에서 쉽게 도움을 청할 수 있는 환경을 조성하는 것이 바람직하다. 이를 위해서는 아웃리치활동을 관리·지원하는 전문조직을 구성하고, 정기적인 교육과 워크숍을 통해 아웃리치활동을 담당하는 실무자에게 가출청소년에 대한 전문적인 지식을 축적토록 함으로써 자신이 갖고 있는 풍부한 현장 실무 경험과 접목하여 가출청소년에게 보다 양질의 서비스를 제공할 수 있도록 해야 한다.

　그 밖에 가출청소년에게 안전하고 교육적인 장을 제공하는 중요한 역할을 담당하고 있는 청소년쉼터 및 일시보호소에서 제공하는 서비스에 관한 홍보를 강화해야 한다(이수림 외, 2011). 이를 위해 학교를 통한 안내문 배포나 청소년이 많이 모이는 거리와 상점, 예컨대 24시간 운영 패스트푸드점이나 PC방, 찜질방과 같은 곳에서의 홍보, 공중파 방송이나 인터넷 포털 사이트 등을 통한 대대적인 광고 등과 같이 청소년 보호기관의 존재와 그 역할에 대해 보다 구체적인 홍보계획을 세워야 한다(백혜정, 방은령, 2009).

　둘째, 예방교육에 있어서 개인적·가족적·사회적 측면의 종합적인 접근이 포함되어야 한다. 개인적 요인으로는 개인의 문제 발생 시 대처기술의 향상과 의사소통 기술의 향상이 필요하다. 또한 가족적 측면에서는 부모-자녀 관계 회복을 위한 노력이 필요하고, 이를 위해 부모 대상 교육도 병행하는 것이 바람직하다. 특히 가출의 주원인이 가정환경인 만큼 가정 및 양육환경의 개선을 위한 지원·중재 프로그램을 실시하여야 한다. 즉, 위기청소년의 부모나 보호자에 대한 상담과 교육을 실시하고, 특히 가출청소년과의 상담 시 부모의 참석을 의무화하는 법적 근거를 마련하는 등 적극적인 개입·지원체계를 구축해야 한다.

3) 청소년쉼터의 서비스 개선

가정이 청소년 자녀에게 더 이상 보호와 양육의 안전망 역할을 하지 못하고 오히려 밖으로 밀어내는 요인으로 작용하고 있어서 정부에서는 가출청소년의 예방 및 이들에게 다각적인 보호와 도움을 주는 것을 목적으로 청소년쉼터를 설치·운영하고 있다.

「청소년복지지원법」에 규정되어 있는 청소년쉼터는 일시쉼터, 단기쉼터, 중장기쉼터로 분류된다. 이에 대해 자세히 살펴보면 다음과 같다.

일시쉼터는 청소년을 거리의 위험으로부터 보호하고자 청소년이 있는 현장에 접근하여 구호 및 보호를 하고, 가출하였거나 가출의 위험이 있는 청소년에게는 즉각적으로 개입하여 이들을 조기 발견한 후 심리적 안정과 상담을 제공함으로써 가출과 가출의 장기화를 예방하며, 가출청소년을 사회 안전망과 연계하는 것을 목적으로 한다. 이 일시쉼터의 주요 기능을 보면, 첫째, 가출예방 차원으로 위기개입 상담, 진로지도, 적성검사 등 상담서비스를 제공한다. 둘째, 적극적 발견 및 보호 차원으로 거리아웃리치(상담)를 통하여 가출청소년을 적극 구조·발견한다. 셋째, 사회서비스와의 연계로 단기·중장기쉼터, 대안학교, 직업훈련기관 등과 연결해 주거나 취업정보를 제공(교육청 및 고용노동부 협조)하고 있다. 넷째, 보호시스템으로의 접근 유도로 기본적 먹거리, 응급치료 등 기본적인 생활에 필요한 서비스를 제공하고 있다.

단기쉼터는 청소년을 안전하게 보호하고 청소년이 가정 및 사회에 복귀하도록 돕는 것을 목적으로 안정된 공간에서의 청소년 보호, 청소년 심신의 회복과 변화에의 동기화, 전문적 사정과 서비스 판별, 가정복귀와 사회복귀를 위한 기초적 서비스 지원 등의 기능을 수행하고 있다. 이용 대상은 집을 떠나 있는 가출청소년으로서, 청소년을 보호하고 양육하는 가족 기능이 일시적 또는 장기적으로 상실되어 안전한 보호가 필요한 청소년이다. 서비스 내용을 살펴보면, 첫째, 의식주, 의료 지원, 법적 지원, 문화여가활동, 생활지도, 정서 지원, 둘째, 가족상담, 가족 지원, 귀가 지원, 가정복귀 지원, 셋째, 진로상담, 사회적응 지원, 교육 지원, 직업 지원, 대안생활 지원 등의 사회복귀 지원, 넷째, 청소년의 욕구 파악 및 맞춤형 서비스 지원, 다섯째, 쉼터의 직접서비스 및 외부 자원을 연계·활용한 간접서비스 제공, 마지막으로 재가출 및 비행 예방을 위한 사후관리 실시다.

중장기쉼터는 청소년의 안전한 보호, 청소년의 학업 유지 및 자립지원 그리고 청소년의 사회복귀를 돕는 것을 목적으로 가정이 없거나 가정으로 돌아갈 수 없는 가출청소년 중 학업 및 자립 의지가 있고 동기 부여가 가능한 청소년을 대상으로 2년 이내의 기간에 보호 지원을 제공하고 있다. 서비스 내용을 살펴보면, 첫째, 기초생활관리 서비스로 취침 및 기상, 식사, 공동생활 규칙 준수 등의 의식주 생활 관리, 소비지출 관리, 저축 관리 등 경제생활 관리, 정기적 건강검진, 응급치료, 질병 치료 등의 건강관리 그리고 다양한 문화체험, 취미생활 지원, 봉사활동 등의 문화체험활동을 제공한다. 둘째, 직업지원서비스로 진로탐색검사, 직업적성검사 등 직업능력평가가 있고, 직업정보 탐색, 구직 전략 세우기 등 취업 준비가 있으며, 인턴십 체험, 직업전문학교, 자격증 취득교육 등의 취업훈련과 구직활동 지원, 직업생활 유지 지원 등의 취업지도가 있다. 셋째, 학업지원서비스로 학력 취득을 위한 검정고시 준비, 중·고등학교 복학 지원 및 학교 적응 지원, 개인학습 지도 및 학습방법 교육 등, 그리고 학비 지원이 있다. 마지막은 상담서비스로, 개별 사례관리, 개인상담, 사례회의, 집단상담 및 교육훈련 프로그램을 제공하고 있다.

가출청소년은 고위험청소년이지만 범죄청소년이 아니어서 적절한 서비스 제공 시 재활률도 높고 건강한 성인으로 성장할 가능성이 크므로 청소년쉼터의 역할이 매우 중요하다. 특히 청소년쉼터는 단순히 가출청소년을 보호하는 곳이 아니라 가정에서 양육받지 못하는 청소년의 신체적·지적·심리적·정서적·사회적 발달을 강화하면서 이들이 정상적인 삶을 영위하도록 돕는 곳이다.

청소년쉼터의 서비스 개선 방안은 다음과 같다.

첫째, 청소년쉼터는 가출청소년이 국가적 자원이며 투자해야 할 대상이라는 관점을 명심하여 가출 기간에 청소년이 안전하고 건강한 생활을 유지함은 물론 건강한 성인으로 발달할 수 있도록 심리적 안정과 기본적 욕구를 충족하는 것을 최우선으로 해야 한다. 또한 청소년쉼터가 단순히 숙식을 제공하는 기능에만 머물러서는 안 되며, 보호 기간에 보다 안전하고 유익한 환경을 제공함으로써 가출청소년이 손상된 발달기능을 회복시킬 수 있도록 청소년쉼터의 인적·물적 자원에 대한 지원책이 마련되어야 한다.

둘째, 쉼터 실무자의 강도 높은 근무 형태와 낮은 임금에 의한 높은 이직률은 쉼터 운영방식이나 청소년과의 관계 형성 및 지도에서의 미숙과 혼란을 가져올 수 있고, 초보 실무자를 대상으로 한 빈번한 연수 및 훈련에 따른 비용을 높여 시간적·경제적 손실을 초래할 수 있다(백혜정, 방은령, 2009, p. 62). 따라서 청소년 쉼터 유형에 맞는 적정 수의 전담인력 배치 및 근무 조건의 개선을 통한 업무의 질적 개선이 요구된다. 가출청소년 또는 위기청소년이 역량을 갖춘 실무자를 만나는 것이 무엇보다 중요함을 감안할 때, 장기간의 현장 경험을 바탕으로 가출청소년에 대한 특성 파악과 대처능력이 뛰어난 현장 전문가의 처우 개선은 물론 실무자의 업무 역량 강화를 위해 다양한 재교육 및 연수 프로그램을 활성화하고, 이에 대한 참여도를 높이는 방안을 강구할 필요가 있다.

셋째, 청소년 쉼터나 보호시설 기능의 중요성을 인식하고 24시간 보호체계로서의 기능을 강화할 수 있도록 현실적인 예산 책정이 이루어져야 한다(백혜정, 방은령, 2009). 현재까지 정부나 지방자치단체는 청소년쉼터의 기능과 역할을 제대로 인식하지 못한 채 종사자 배치 기준이나 시설에 대한 예산 지원 규모를 결정함으로써 현실성이 매우 부족한 실정이다. 따라서 수용 인원이 적더라도 24시간 보호업무를 실천할 경우 기본적으로 갖추어야 할 쉼터의 시설, 인적자원 등을 고려하여 기본적인 기능과 역할을 유지할 수 있는 수준에서 예산을 책정해야 한다.

넷째, 쉼터가 종합적이고 지속적인 서비스를 제공하도록 하기 위해서는 서비스의 질적 수준을 향상시켜야 한다. 즉, 청소년쉼터의 유형에 따른 서비스 내용을 구체적으로 마련하고 가정복귀와 사회복귀 대상에 따른 차별적 사례관리 시스템을 구축하는 것이 요구되고 있다. 단순가출청소년에게는 가정복귀에 초점을 두어야 하고, 집 없는 청소년에게는 대체가정 및 자립을 위한 지원에 초점을 두어야 하며, 가정복귀가 어렵거나 가정의 해체, 학대 등으로 귀가할 수 없는 청소년에게는 사회 적응을 돕기 위해 장단기 지원체계를 구축해야 한다. 특히 귀가가 불가능한 장기가출청소년의 경우 중장기 보호하에서 규칙적인 생활을 훈련할 수 있도록 중장기쉼터의 확대와 이들의 자립지원을 도와줄 전담 인력의 배치도 수반되어야 한다. 이에 덧붙여 중장기쉼터는 자립지원 기간을 최대 2년, 19세까지로 한정하기보다는 청소년이 실질적인 자립준비를 완료할 때까지 대상의 연령이나 자립지원 기간을 제한하지 않는 방향으로 운영하는 것이 바람직하다.

아직까지는 대부분의 쉼터에서 열악한 예산 지원으로 청소년 보호 및 관리에 치중하다 보니 다양한 프로그램의 도입과 전문가 확보가 어려워 청소년에게 취업 지원 및 직업훈련, 대안교육 등 사회 적응을 위한 종합적이고 체계적인 서비스 제공도 부족한 것이 현실이다(정익중, 백혜정, 2009). 따라서 중장기쉼터를 활성화하여 진로상담 및 교육 지원 등의 자립지원 프로그램을 통해 다양하고 집중적인 서비스를 제공함으로써 이들이 자립생활을 영위할 수 있도록 돕는 것이 바람직하다. 한 예로, 실제로 쉼터에서 생활하는 청소년 중 과반수가 학업을 중도에 포기한 것으로 나타났는데, 이러한 학업중단은 이후 성인기의 실업 및 빈곤으로 이어질 확률을 높이므로 이들에게 학업을 지속할 기회를 최대한 확보해 줄 필요가 있다. 이를 위해 일반학교 및 대안학교 등 다양한 교육기관과의 연계를 통해 가출청소년이 의무교육 기간인 중학교 과정까지는 마치도록 하고, 이후에는 각자의 선택에 따라 상급학교나 직업훈련 기관으로 진학할 수 있도록 지원책을 마련해야 한다(백혜정, 방은령, 2009, p. 239).

4) 자립준비의 활성화

최근에는 가정복귀가 현실적으로 어려운 가출청소년에게는 되도록 빨리 자립할 수 있도록 지원하는 것이 더 바람직한 해결책이라는 인식이 확대되고 있다. 따라서 입소 때부터 자립준비 계획을 수립하고, 거주 기간에 지속적으로 자립준비 프로그램을 경험할 수 있도록 도와주어야 한다. 이를 자세히 살펴보면, 퇴소 전 훈련 프로그램에서는 개별적인 생활계획, 심리적·정서적 문제 개입은 물론 학업지원, 진로지도 등에 관해 체계적으로 자립준비를 갖추게 하고, 퇴소 후의 자립생활에 대한 정보 제공을 통해 관련 정보를 미리 인지하도록 함으로써 퇴소 이후 자신의 미래에 대한 불안감을 감소시키고 자신감을 갖도록 하여 이들의 사회 적응을 도와야 한다(이혜연 외, 2007).

또한 자립 시 당면 과제인 경제적 어려움을 덜 수 있도록 거주 기간의 연장, 주거해결 및 자립정착금 지원 제도 등을 정착시켜야 한다. 한 예로, 김남욱(2008)은 중장기쉼터에서 2년 이상 거주하는 청소년이 21.1%로 나타나 퇴소 후 갈 곳이 없는 청소년이 많다는 사실을 밝히면서, 가출청소년의 경우 최대 2년의 거주 기간에 자립준비를 하는 것은 거의 불가능하므로 기간의 연장이 필요함을 강조하고 있다.

한편, 학업을 원하는 청소년을 위해서는 학습클리닉을 통해 학습능률이 저하된 청소년의 기초학습능력을 배양하고 해밀 프로그램을 통해 검정고시 및 복교준비를 지원하여 학습능력을 향상시키는 기회를 제공하는 것이 바람직하다. 반면에, 자립을 희망하는 청소년을 위해서는 두드림존 프로그램의 내실화를 통해 진로 설정 및 자립 동기화 부여 등 자립역량을 강화하고, 자립 동기가 고취되면 고용노동부의 취업 성공 패키지 프로그램(직업훈련, 취업 지원 등)으로 연계되도록 도와야 한다. 그 밖에 아직까지는 아동양육시설 퇴소청소년에게만 제공되는 '디딤씨앗통장' 프로그램이 일정 요건을 갖춘 가출청소년에게도 퇴소 후 자립지원을 위하여 제공되도록 프로그램을 확대해야 한다. 더불어 이들의 경제적 어려움을 완화하기 위해서 자립정착금 지원제도 역시 자리 잡도록 해야 하고, 효율적인 집행을 위해 퇴소청소년의 특성과 자립이 가능한 조건 등을 고려한 지급방법 및 사후관리 등에 대해 구체적인 실행 방안을 모색해야 한다.

이러한 자립준비는 일률적인 자립준비 프로그램이 아닌 퇴소청소년 개개인의 적성을 살릴 수 있도록 개인의 적성이나 능력에 맞는 맞춤형 프로그램으로 개발되어야 하고, 퇴소청소년 사례관리를 통해 체계적인 사후관리를 실시해야 한다.

15 보호체계청소년

1. 문제제기

국내외를 막론하고 대부분의 사회에서는 청소년이 성인이 되어 독립하기까지 필요한 다양한 과업을 수행함에 있어서 20대 중반까지도 부모의 보호와 도움을 통해 점진적으로 성취해 가는 추세를 이해하는 분위기다. 이와는 대조적으로, 글로벌 경제위기에 따른 경제침체 가속화와 이로 인한 실업 증가, 취업의 어려움, 소득 하락 등으로 가정이 해체되고 가족 기능이 저하되면서 가정 밖에서 생활하는 청소년이 전체 청소년의 수에 비해 규모가 크지는 않지만 점차 증가 추세를 보이고 있기에 국가 차원의 관심이 증대되고 있다.

한편, 사회에서는 여러 가지 이유로 보호체계에서 성장하는 청소년이 만 18세에 이르면 성인으로 간주하면서 이들에게 아동복지체계로부터 독립하여 스스로 살아갈 것을 기대하고 있다. 이들은 부모와 가정으로부터 자립에 필요한 교육 · 훈련 및 사회화를 배울 기회가 전혀 없는 상태에서 사회에서도 장기간 배제된 채 보호체계 내 생활을 이어 가다가 법적 연령 제한으로 인해 퇴소하면서 성인기로의 진입이 갑작스럽게 이루어짐으로써 또 다른 유형의 고위험 청소년집단이 되고 있다(신혜령 외, 2003).

이러한 청소년에 대해 관심을 가져야 하는 근본적인 이유는 이들이 보호체계를 떠나 더 이상 서비스 체계의 도움 없이 성인으로 전환되었을 때 본인은 물론 국가적으로도 큰 사회적 손실을 감당해야 하기 때문이다. 즉, 이들에게 조기에 자립에 필요한 적절한 개입과 지원을 제공하지 못하면 청소년 개인 차원에서 독립적인 성인으로서의 정상적인 삶을 이행하기 어렵게 될 뿐만 아니라 사회적 안정을 위협할 수 있는 잠재적 위험요소를 키워 나가게 되고, 국가 차원에서도 사회적 부담이 커지게 된다.

2. 개념 및 특성

1) 개념

요보호아동이란 보호자가 없거나 보호자로부터 이탈된 아동, 또는 보호자가 아동을 학대하는 경우 등 그 보호자가 아동을 양육하기에 부적당하거나 양육할 능력이 없는 경우의 아동을 말한다(「아동복지법」 제22조). 이러한 아동에게는 국가의 특별한 보호가 요구되며, 이에 따라 입양, 가정위탁, 시설보호 등 다양한 형태의 보호서비스가 제공되고 있다(보건복지가족부, 2009c). 특히 시설보호란 부모가 여러 가지 사정으로 그 역할을 수행할 능력이나 의사가 없는 경우 일정한 시설에서 일시적 또는 장기적으로 집단 보호하는 것을 말한다. 따라서 시설아동은 시설보호를 통해서 기본적인 생리적 욕구를 충족받고 사회화 및 교육 등의 생활 전반에 대한 지도를 받으며, 나아가 직업훈련을 겸하여 받음으로써 자활의 능력을 키우고자 하는 곳에서 양육받고 있는 아동이라고 할 수 있다. 시설아동은 「아동복지법」에서 아동으로 규정하는 만 18세까지 시설에서 보호·양육되며, 특수상황에서 교육이나 보호가 계속 필요할 때에는 시설보호를 연장받을 수 있는 권리가 부여되기도 한다.

한편, 시설퇴소청소년은 「아동복지법」 제16조 제1항에 따라 보호조치 중인 아동의 연령이 만 18세에 달하였거나 보호 목적이 달성되었다고 인정되어 해당 시·도지사, 시장, 군수·구청장 또는 아동복지시설의 장이 보호 중인 아동의 보호조치를 종료하거나 시설에서 퇴소하게 되는 청소년이라 할 수 있다. 단, 대학 이하의 학교(대학원은 제외)에 재학 중인 청소년, 직업능력개발훈련시설에서 직업 관련 교육 및 훈련을 받고 있는 청소년, 그 밖의 각종 아동복지시설에서 해당 아동을 계속하여 보호·양육할 필요가 있다고 대통령령으로 정하는 경우 보호기간이 연장될 수 있다.

이 장에서는 보호체계에서 퇴소를 앞두거나 퇴소하여 성인기로의 전환 과정에 놓여 있는 청소년에 초점을 두고자 한다. 즉, 법적으로 보호받을 수 있는 연령기준인 만 18세가 지나서 아동양육시설, 청소년쉼터, 그룹홈, 위탁가정 등의 보호체계로부터 퇴소함으로써 전통적인 아동복지체계로부터 더 이상 서비스를 제공받지 못하는 청소년에 대해 다룬다.

다음으로, 자립이란 개별적으로 개인의 독립이라는 의미를 강조하면서 남에게 의지하지 않고 스스로의 힘으로 해 나가는 것을 의미한다. 이와 관련하여 신혜령(2001, pp. 22-23)은 자립은 친부모를 떠나 대리보호를 받고 있는 위탁가정, 공동생활가정 혹은 아동양육시설에서 18세가 되어 떠나는 시설청소년이 성공적인 상호 의존의 성취로 자신의 '독립된 상태'를 이끄는 것으로, 개별적 '독립'이라는 의미보다 다른 사람들과의 대인관계와 지역사회 자원을 잘 활용하며 스스로를 지켜 나갈 수 있는 심리적·사회적·경제적 독립 상태를 의미한다.

따라서 보호체계청소년의 자립은 자신의 삶을 주체적으로 통제할 수 있고 영향력을 행사할 수 있으며, 타인 및 지역사회와의 긍정적인 상호작용을 할 수 있는 독립적이고 자유로운 상태에 이르는 것을 의미한다.

2) 특성

가족 구조의 변화에 따른 핵가족화는 가족의 보호기능을 약화시키고 있고, 경제 구조의 변화로 가족이 빈곤, 실직, 경제적 갈등의 문제를 야기하면서 가족해체를 초래함에 따라 부모가 있음에도 부모의 양육을 받지 못한 채 집 밖에서 생활하는 청소년을 증가시키고 있다. 심지어 청소년에게 있어서는 가정에서의 양육이 오히려 건전한 성장과 발달을 저해함으로써 부모 내지 가족체계가 더 이상 실질적인 안전망의 역할을 하지 못하는 경우가 늘고 있다. 이러한 청소년을 보호하기 위한 사회적 보호조치인 보호체계는 단순히 수용보호 차원이 아니라 청소년의 건전한 성장과 인격 발달을 위해서 그들이 겪고 있는 문제를 근본적으로 해결하여 청소년을 가족으로 복귀시키는 데 목적이 있다.

아동양육시설, 청소년쉼터, 그룹홈, 위탁가정 등의 보호체계에서 지내는 청소년의 경우 법적 연령 기준에 의거하여 18세가 되면 말 그대로 서비스체계에서 그냥 떨어져 나가 성인으로 취급받으면서 모든 공식적인 보호서비스로부터 제외됨에 따라 심리적 · 사회적 · 경제적으로 위축되면서 심각한 위기에 처하곤 한다. 즉, 성인기로의 이행 과정을 거치면서 가장 필요한 자원인 부모의 도움이 결여된 상태에서 성인이 되기 위한 과정을 스스로 헤쳐 나가야 하는 이중의 어려움에 부딪히게 된다.

> 퇴소함과 동시에 "넌 어른이야." 그런 느낌. 정부가 퇴소하는 사람들에게 "넌 혼자 살아야 돼." 그렇게 내모는 것 같아요. 그건 너무 잔인한 것 같아요. 아직 학생인데. 그리고 법으로 24세까지는 청소년이란 말이에요. 정부는 우리를 돌봐야 할 의무가 있어요. 그렇지만 어른 취급하는 것. 이 상황들이 당황스럽고. 뭘 어떻게 해야 하는지 모르겠고. 당장 나가는 날 어디서 어떻게 살라고요. 우린 아직 청소년인데……(김대원, 2010, p. 57).

집 밖의 거주지에서 생활하고 있는 청소년은 자의든 타의든 가족으로부터의 분리라는 고통을 겪는 것은 물론 보호체계에서 성장하면서 일반 청소년이 상상할 수 없는 다양한 어려움을 경험하는 가운데 성인기로의 이행이 얼마나 힘든 과제인지 실감하고 있다. 미국의 경우 매년 18~21세의 청소년 2만여 명이 법적인 성인이 되어 위탁보호체계를 퇴소해야 하는데, 이들 중 많은 수가 어떠한 지지도

받지 못하고, 가족과의 연계도 결여되어 있으며, 성공적인 자립생활을 위해 필요한 기술조차 습득하지 못한 채 보호체계를 떠나다 보니 퇴소 후 성인으로 살아가면서 실업자, 노숙자, 정신질환자, 범죄자, 이른 나이에 부모 되기 등의 가능성이 높은 것으로 조사되었다(Courtney et al., 2001; Heybach & Platt, 2000).

이들 대부분은 가족의 해체로 가족 네트워크가 붕괴되었고, 가족으로부터 거부되었다는 분노와 잦은 거주지의 이동에 따른 부담으로 인해 타인 및 지역사회에서 애착관계를 경험하기 어려워짐에 따라 정상적인 사회생활을 힘들어 하고 있다. 특히 보호체계 청소년의 가족 대부분은 이들에게 필요한 경제적·정서적 지원과 지지를 제공할 수 있는 능력이 없거나 이러한 지원을 제공하려는 의지조차 없는 경우가 허다하다. 그 밖에도 잦은 거주지의 이동으로 인한 교육 기회의 결여 및 학업부진에 따른 학교중퇴, 취업훈련의 부족 등은 이들의 경제적 독립을 어렵게 함은 물론, 불확실한 미래, 불안정 및 경제적 기회의 결여를 초래하여 청소년의 자립에 커다란 장애가 되고 있다(김경준, 서정아, 정익중, 2007; Anderson, 2003; Loman & Siegal, 2000).

부모의 양육과 보호를 받지 못하여 보호체계에 거주하고 있는 청소년은 또래 십 대와 유사한 욕구를 갖고 있다. 즉, 자신을 보호해 주는 성인으로부터 지속적인 지지를 제공받기 원하고, 또래와 마찬가지로 의미 있는 직업을 얻고자 하고, 민주시민으로서의 역할과 개인적 목표를 달성하고자 하며, 자신의 잠재능력을 계발해야 하는 많은 도전을 받는다. 그러나 자신의 의사와는 상관없이 성장 과정에서 가족을 떠나 보호체계에 입소하면서 가정 및 사회로부터 정서적 소외 및 좌절을 겪으면서 낮은 자존감을 보이고, 사회적 기술이 부족하며, 부적응으로 인한 진학과 취업 포기 등으로 사회에서의 중도탈락을 경험하는 경우가 많다(국가청소년위원회, 2008a).

또한 이들은 새로운 보호체계에 거주하면서 개인적 특성이 고려되지 못한 채 단체생활을 함으로써 높은 생활 스트레스를 겪고 있고 종종 자신을 돌보아 주는 실무자의 잦은 교체를 경험하면서 지속적인 관계 유지가 어렵고 준비되지 않은 퇴소를 통해 보호체계에서 사회로 던져짐으로써 이전에 경험했던 체계와의 관계가 또다시 단절된다. 게다가 이들은 자신의 적성과 능력에 맞는 직업 선택 및 취업활동에 필요한 기술 습득 등의 자립준비와 훈련 또한 충분히 제공받지 못한 채 연령 제한으로 보호체계에서 퇴소하게 된다.

퇴소청소년의 경우 보호체계 내에서의 보호가 종결된다는 것은 공식적인 사회 지원체계로부터 떨어져 나가는 것을 의미한다. 즉, 이들이 성인기로 전환하는 과정에서 보호체계 퇴소 후 국가의 보호와 지원의 내용이 변화되거나 심지어 중단됨으로써 뜻하지 않은 적응이 요구되기도 하고, 자신의 적성과 능력에 맞는 직업 선택 및 취업활동에 필요한 기술 습득 등의 자립준비와 훈련을 충분히 받지 못함에 따라 미래의 복지 수요자로 전락할 가능성이 높아지고 있다(김범구, 2009).

퇴소청소년은 일반 청소년에 비해 성인으로부터의 지속적인 도움이 당연히 더 많이 필요함에도 연령 제한으로 인하여 보호체계에서 퇴소 시 거주지를 포함한 기본적 자원, 교육 기회, 정신건강 상담과 같은 치료서비스와 지지서비스를 제공받을 수 있는 진입로가 많이 제한·축소된다(Keller et al., 2007).

이러한 현실 속에서 이들은 공공정책의 주요 대상이 되어야 함에도 18세가 되면서 독립된 삶을 살아가도록 강요당하면서 국가정책의 대상에서도 제외되고 있다. 오히려 사회에서는 보호체계에서 생활하는 청소년이 또래의 일반 청소년에 비해 훨씬 이른 나이에 독립을 성취하고 성인이 되기를 기대하고 있다. 즉, 연령 제한으로 퇴소하는 청소년의 경우 시간적으로도 자립 시기가 일반 청소년에 비해 5~10년 정도 일찍 시작되다 보니(김미연, 2009) 자립준비가 안 된 채 성인기로 들어감으로써 높은 학력과 취업능력을 갖추고 있는 또래 젊은이에 비해 성인기로 들어가기 전부터 이미 불이익을 안고 있고, 지식산업화 사회로의 진행으로 인한 전환기의 연장 추세는 이러한 불공평한 차이를 더욱 악화시키면서 이들을 점점 더 취약한 집단으로 전락시키고 있다.

퇴소청소년 중 자립 의지가 약한 일부 청소년은 사회로부터의 냉혹함을 견디지 못하여 사회 적응에 실패하면서 위기청년으로 전락하는 경우도 적지 않다. 또한 이들은 성공적인 결혼생활이 쉽지 않고, 결혼 전에 부모가 될 가능성이 있으며, 경제적 안정과 만족할 만한 가족관계를 유지하는 데 어려움을 겪곤 한다(Osgood et al., 2005).

3) 자립

보호체계청소년에게 있어서 자립(self-reliance)은 18세에 보호 기간이 종료되면서 의존에서 벗어나 점차적인 독립 및 자신의 삶에 대한 책임이 요구되는 과업으로 변화하는 중요한 발달과제다. 이러한 자립에 관심을 갖는 이유는 이 시기의 사회 적응이 인생 전체에 큰 영향을 미치기 때문이다. 즉, 자립은 이들이 보호체계에 입소하면서부터 체계적으로 준비해야 하는 요인이다.

자립은 사회적 차원에서 사회생활에 필요한 금전관리와 가사 등의 기본적인 생활능력뿐 아니라 인간관계를 형성하고 대화능력을 발전시키는 것을 의미하고, 심리적 차원에서 자신을 긍정적으로 받아들이고 사회에서 주체적으로 살아가는 자립심, 자기결정 등을 할 수 있는 능력을 의미하며, 경제적 차원에서 적절한 직업을 통해 생활에 필요한 수입을 얻는 능력을 의미한다(조순실, 2010). 다시 말해서, 보호체계청소년의 자립은 자신의 삶을 주체적으로 통제할 수 있음은 물론, 정당한 지위를 갖는 사회의 구성원으로서 타인 및 지역사회와 긍정적인 상호작용을 함으로써 사회 속에서 책임 있는 행동을 하며 살아가는 정신적·사회적·경제적으로 독립적이고 자유로운 상태를 의미한다.

이에 덧붙여 조성호(2008, pp. 119-120)는 위기청소년을 대상으로 한 기존의 청소년 자립 개념이 직업적·경제적 자립만을 강조하는 너무 협의적인 성격을 지닌다고 비판하면서 경제적 자립 못지않게 사회적 자립과 심리적·정서적 자립 및 교육적 자립의 중요성을 강조하였다. 이를 자세히 살펴보면 다음과 같다.

(1) 심리적·정서적 자립

위기청소년은 불우한 가정환경을 배경으로 자라났거나 기본적인 양육이 결핍되어 있는 경우가 많아 심리적·정서적으로 매우 취약하다. 따라서 이들의 심리적·정서적 취약성이 제대로 치유되지 않는다면 다른 형태의 자립(예: 경제적 자립)은 무의미해질 수 있다. 그러므로 위기청소년의 자립지원에 있어서 심리적·정서적 자립을 이룰 수 있는 효과적인 개입 프로그램의 도입이 매우 중요하다고 할 수 있다.

(2) 사회적 자립

위기청소년의 경우, 경제적 자립을 위해 일자리를 얻어도 막상 사회적인 관계, 즉 대인관계를 맺는 능력이 현저히 부족하여 많은 어려움을 호소하게 된다. 이러한 사회적 상호작용에서의 어려움은 청소년의 경제적 자립을 위협하는 가장 큰 요인 중 하나다. 청소년의 사회적 자립은 일터에서의 자신의 역할과 의무 및 책임에 대한 이해, 사회적 관습 및 질서, 규칙의 수용, 갈등 상황을 의사소통을 통해 원활하게 해결하는 능력 등을 제대로 발휘하여 결과적으로 자립 현장에서 사회 구성원으로서 적응적으로 기능할 수 있게 되는 것을 말한다. 위기청소년은 힘든 직무 수행에 대한 인내심, 일터 조직의 전반적 이해도, 지속성 면에서 많은 어려움을 호소하므로 사회로 진입하는 과정을 단계적으로 익히고 연습할 수 있는 사회적 자립을 지원해 주어야 한다.

(3) 교육적 자립

학교와 같은 정상적인 교육 환경에서 이탈하거나 학교를 다니더라도 적응하지 못하는 청소년 역시 취업을 하기 위해서는 최소한의 기본적 교육과정 이수가 필수적이다. 위기청소년이 학교나 가정으로 복귀하지 않고 스스로의 힘으로 자립을 성취하기 위해서는 '교육'이 반드시 수반되어야 한다. 왜냐하면 이들이 일하고자 하는 취업 현장에서는 최소한의 교육 수준(예: 고등학교 졸업 이상의 학력)이나 자격증을 요구하는 경우가 많기 때문이다. 따라서 위기청소년이 비록 정규 교육과정에서 이탈해 있기는 하지만, 이들의 성공적인 자립을 촉진·지원하기 위해서는 학교교육, 검정고시, 자격증 취득 등과 같은 교육적 자립지원이 반드시 필요할 것이다.

이처럼 종합적인 자립을 획득하기 위해서는 보호체계청소년이 퇴소 이전부터 성인의 발달과업을 수행하기 위한 준비를 갖추어야 한다. 이와 관련하여 메크(Mech, 1994)는 성인기로의 이행에 대한 지원이 최소한 거주지 알선, 직업 구하기, 직장 유지, 건강보호의 접근성, 예산 및 돈 관리 등의 영역에서 실제적인 도움이 되어야 한다고 설명하고 있다. 또한 성인 초기로의 전환을 위해서는 자기지향, 자기표현, 개인적 솔선성, 결정에 대한 책임감 등과 관련된 행동을 격려하고 지지해야 한다고 강조하였다(손혜옥 외, 2008 재인용).

더불어 자립준비를 자기관리 기술과 자원관리 기술로 설명하고 있다. 즉, 자기관리 기술은 일상생활에 기본적으로 필요한 기술로서 개인위생 및 용모와 의복 관리, 음식 준비 등의 일상생활 능력을 비롯하여 심리적 · 정서적 자립을 위한 대인관계 능력, 책임감, 계획성, 자신감 등을 포함한다. 한편, 자원관리 기술은 자원의 습득, 이용 그리고 자원의 할당을 위해 필요한 기술로(Cook, 1986; 신혜령, 2001 재인용), 성인기를 준비할 때 지역사회 내에서 더불어 살아가며 지역사회 자원을 동원하고 활용한다는 면에서, 그리고 청소년기에 필요한 사회화의 과정이라는 면에서 중요한 의미를 지닌다. 이 기술에는 사회적 · 경제적 자립을 위한 것으로 주택관리, 금전관리, 소비기술, 직업, 건강관리 영역이 포함된다(김남욱, 2008).

이처럼 자립이란 청소년 자신의 건강, 심리는 물론 또래, 가족, 학교, 지역사회와의 사회적 관계를 형성하고, 진로, 자립생활에 필요한 기술을 습득하는 것을 의미하는 것으로 기술과 지식의 범주를 모두 포함한다.

3. 실태 및 문제점

1) 실태

국내외 퇴소청소년에 관한 연구 결과에 따르면, 보호체계에서 퇴소하는 청소년은 주거와 취업에 있어서 매우 불안정한 상태에 놓여 있고 경제적 어려움도 커서 자립할 수 있는 성인으로 전환하는 데 많은 어려움을 겪고 있는 것으로 보고되고 있다(강현아 외, 2009; 원지영, 2008; 이혜연 외, 2007; 이혜은, 최재성, 2008). 따라서 이들의 퇴소 후 생활 실태를 살펴보고, 이들에게 제공되는 지원정책을 살펴보고자 한다.

(1) 현황

보호체계청소년은 퇴소 후 다음과 같은 어려움을 겪고 있다.

첫째, 사회성 부족을 보이고 있다. 이혜연 등(2007)의 연구에 따르면, 퇴소청소년이 현재 함께 살고 있는 사람을 조사한 결과 공동생활(43.1%)이 가장 많았고, 혼자(26.6%), 동성친구와 함께(9.7%), 형제 혹은 자매와 함께(6.9%), 부모와 함께(6.5%), 퇴소한 친구와 함께(2.0%), 아동보호시설(1.6%)의 순으로 나타났다. 이처럼 퇴소청소년은 가족이 아닌 이들과 공동생활을 하거나 혼자서 생활하고 있다 보니 대인관계 기술을 습득할 기회가 적다. 특히 사회생활에 필요한 효과적인 대인관계 기술을 갖추지 못했다고 응답한 사람이 30.6%에 이르고 있고 직장 동료나 친구와의 갈등을 다루는 방법을 알지 못한다고 응답한 사람도 24.5%로 나타났는데, 이는 이들의 대인관계 기술 부족이 타인과의 관계 형성에 장애가 될 뿐만 아니라 궁극적으로 학교 및 직장 생활에도 어려움을 초래할 수 있음을 짐작하게 한다.

둘째, 학업이 자립에 중요한 요인이다 보니 퇴소청소년은 고등교육기관으로의 진학에 대한 욕구가 높아지고 있음(이동욱 외, 2011)에도 낮은 학업능력뿐만 아니라 학비, 생활비 등의 비용 부담 등 여러 요인 때문에 대학 진학을 선택하기가 쉽지 않다. 특히 대학에 재학 중인 경우 학비를 장학재단, 시설후원, 아르바이트의 순으로 마련하고 있고 학교에 다니는 동안 생활비는 아르바이트, 시설의 후원, 부모나 형제의 도움의 순으로 마련하고 있어(보건복지가족부, 중앙아동자립지원센터, 2008) 이들이 대학에 재학 중이더라도 안정적으로 학업에 전념하기가 쉽지 않음을 알 수 있다. 뿐만 아니라 퇴소청소년과 보호체계에 남아 있는 연장청소년 간의 학력 차이도 확대되고 있다(보건복지가족부, 중앙아동자립지원센터, 2008; 이동욱 외, 2011). 즉, 퇴소청소년의 최종학력은 고졸이 46.4%, 대학 재학 혹은 졸업이 27.8%로 나타난 반면, 연장청소년은 고졸이 16.1%, 대학 재학 혹은 졸업이 41.0%로 나타났다(이동욱 외, 2011). 이는 보호체계에서 일단 퇴소하면 대학 진학을 시도하기가 점점 어려워지고 있음을 예측하게 한다. 또한 재학 형태 면에서 퇴소청소년 간에 큰 차이를 보이고 있다. 대학에 재학 중인 퇴소청소년 가운데 50% 정도만이 재학 중이었고 45.7%가 휴학 및 중퇴(휴학 24.2%, 중퇴 21.5%)인 반면, 연장청소년의 경우 91.5%가 재학 중이었으며, 휴학 및 중퇴율은 7.9%(휴학 6.1%, 중퇴 1.8%)로 낮은 비율을 보이고 있다(보건복지가족부, 중앙아동자립지원센터, 2008). 이러한 연구 결과는 학비, 생활비, 주거비 등 재정적 지원이 없이 대학을 다니는 것 자체가 힘들다는 것을 보여 주고 있다.

셋째, 경제적 어려움으로 보건복지부와 중앙아동자립지원센터(2008)의 조사에 따르면, 취업 신분과 관련하여 비정규직의 비율이 26.9%로 나타나 취업 신분 자체가 안정적이지 못함을 보여 주고 있다. 이에 덧붙여 취업 중인 1,103명의 퇴소청소년 중 45.5%가 영업직 및 판매직과 같은 서비스 업종에 근무하고 있었고, 26.2%는 단순 조립, 공장 생산직과 같은 업종에 근무하고 있는 것으로 조사되어서 단순반복 · 서비스 업종의 비율이 높은 수치를 보이고 있음을 알 수 있다. 최근 1년간의 이직 경험에 대한 조사에서도 응답청소년의 37%가 이직 경험을 갖고 있었고, 2회 이상 실직 경험도 23.2%나 되어서 불안정한 취업 상황에 있는 청소년이 상당수 있었음을 보여 주고 있다. 이와 유사하게, 이혜연 등(2007)의 연구에서도 조사 대상자 중에서 18~23세의 청소년 중 46.5%, 24~29세의 청년 중 25.9%가 조사 당시에 무직으로 나타나 퇴소청소년의 사회경제적 취약성을 여실히 보여 주고 있다. 특히 고용 형태와 관련하여 정규직이 46.6%, 임시 계약직 44.1%, 일용직 9.3%로 나타나 안정적인 직장을 얻는 데 어려움을 겪고 있었다.

심각한 주거 상황과 관련해서는 보건복지가족부와 중앙아동자립지원센터(2008)의 조사에서 퇴소청소년의 31.3%가 월세로 살고 있었고, 회사나 학교기숙사(17.6%), 전세(16.4%), 자립생활관(9.9%)의 순으로 나타났다. 특히 소수의 비율(6.7%)이지만 친구 집이나 고시원, 쪽방 등 극히 불안정한 주거 상황을 포함하여 대략 12.0%의 조사 대상자가 주거지가 일시적이거나 불안정한 상태로 밝혀짐에 따라 매월 생활비에서의 주거비 지출이 심각한 경제적 어려움을 초래하고 있었다. 이와 유사하게, 이동욱 등(2011)의 조사에서도 개인 지원의 경우 기숙사에서 생활(20.3%), 월세(12.5%)의 순으로 나타났고, 정부 지원의 경우 전세주택(7.3%), 공동생활가정(매입임대주택, 0.6%), 영구임대주택(0.5%)의 순으로 나타나 주거 환경이 불안정함을 보여 주고 있다.

한편, 생활비 마련과 관련하여 이동욱 등(2011)의 조사에서 자신의 주요 생활

비 조달처로 아르바이트(37.6%)가 가장 많았고, 시설후원(17%), 친인척 지원
(12.9%), 자립정착금(11.2%), 지정후원금(5.3%) 등이 그 뒤를 이었다. 그러나 시
간이 지날수록 많은 퇴소 및 연장 청소년이 생활비를 마련하기 위해 학업과 아르
바이트를 병행함으로써 어려움을 겪고 있다.

그 밖에도 선행 연구(강현아, 2010; 보건복지가족부, 중앙아동자립지원센터, 2008)
에 따르면, 이들 중 일부는 국가의 보조금에 의존한 경험을 갖고 있는 것으로 조
사되었다. 보건복지가족부와 중앙아동자립지원센터(2008)의 조사에서 퇴소 후
동사무소에서 생계비나 의료비를 신청하는 등「국민기초생활보장법」에 의한 급
여를 받은 적이 있거나 현재 받고 있는 청소년은 모두 19.1%로 나타나 적지 않은
인원이 아동복지시설을 퇴소한 이후에 다시 국가의 도움을 받고 있는 것으로 밝
혀졌다. 또한 현재 급여를 받고 있는 청소년이 10.1%, 과거에 받은 적이 있는 청
소년이 9.0%로 18세 퇴소 후 5년 이내에 겪는 의식주와 관련된 생계의 어려움이
매우 심각함을 알 수 있다.

이러한 연구 결과는 퇴소 후 자립이 어려운 청소년에 대해서 사회 적응 기간
동안 이들을 지원하는 서비스 체계가 갖추어져 있지 않다 보니 적지 않은 인원이
보호체계 퇴소 후에도 다시 국가의 급여를 받는 빈곤계층으로 진입하는 것으로
분석된다. 이러한 어려움은 또다시 빈곤의 악순환이 반복될 가능성을 보여 준다.

양육시설 아이들 '가혹한 사회 진출기'

부모에게 버림받고 아동양육시설이나 그룹홈 등에서 생활한 '보호대상아동'이 만
18세가 되자마자 아무런 준비 없이 세상에 내던져지고 있다. 이들에게 지급되는 자립
정착금은 단돈 500만원으로, 이 돈이면 제대로 된 주거지조차 마련이 불가능하다. 아
무런 대책 없이 사회로 떠밀려 나온 이들은 아르바이트로 생계를 유지하며 또다시 사
회의 구석으로 몰리고 있다. 지난 2011년 A시의 한 양육시설에서 나온 김유미(가명,
21세, 여) 씨는 생산직으로 공장에서 2년여를 일하다 최근 퇴사했다. 김 씨가 이른바
'시설' 출신임이 알려지면서 회사 측이 사직을 권고한 것이다. 별다른 직업을 구할 수

없었던 김 씨는 패스트푸드점, 서점 등을 돌며 아르바이트로 생계를 이어 가고 있다. 이듬해 B시의 또 다른 시설에서 퇴소한 박영우(가명, 20세, 남) 씨는 대학 진학을 선택했다. 하지만 장학금을 타지 못했던 박 씨는 결국 한 학기만에 휴학고, 준비하고 있는 경찰공무원 시험도 책값과 학원비 등을 낼 엄두가 나지 않아 아르바이트직을 전전하고 있다. 「아동복지법」에 따르면 도내 보호시설에서 머물다가 만 18세로 보호조치가 종료되면 자립정착금 500만원이 일시금으로 지급된다. 부모도 집도 없는 10대 청소년은 푼돈을 손에 쥔 채 또다시 세상에 버려지고 있는 것이다.

　사회에 떠밀려 나온 이들이 할 수 있는 일은 거의 없다. 이렇다 보니 대부분의 보호대상아동 출신 청소년은 수년 내에 기초생활수급자로 전락하고 있다. 아동자립지원사업단에서 2008년부터 2012년까지 퇴소한 아동 1,861명을 상대로 파악한 결과, 2008년 11명(4.1%)이던 보호대상아동 출신 기초생활수급자는 2012년 77명(27.9%)으로 크게 늘었다.

- 하략 -

출처: 경인일보(2014. 10. 1.).

(2) 지원정책

2011년 「아동복지법」은 전면 개정을 통해 아동양육시설을 "보호대상아동을 입소시켜 보호·양육 및 취업훈련, 자립지원서비스 등을 제공하는 것을 목적으로 하는 시설"(제52조)로 정의하였고, 자립지원 관련 조항을 신설함으로써 자립지원에 대한 법적 근간을 이루었다. 이는 정부가 아동복지시설 퇴소청소년의 자립을 돕기 위해 체계적인 자립지원제도를 구축하고 실행하고자 하는 아동복지시설 운영의 방향성을 제시한 것이라 할 수 있다. 그러나 보호 과정에서 제공되는 자립준비와 지원에 대한 규정은 법적 근거를 가지지 못하고 아동복지 안내를 통한 지침으로 자립지원 프로그램(2006)이 추진되어 왔을 뿐이다.

현재 「아동복지법」에 의거하여 아동보호시설 퇴소청소년을 위한 다양한 자립지원서비스가 마련되어 있다. 즉, 아동복지시설에서 생활하고 있는 아동은 18세가 되면서 시설에서 퇴소해야 하지만, 대학 이하 재학 및 직업훈련시설 등에서 교육·훈련 중인 자와 학원에서 교육 중인 20세 미만인 자, 장애·질병 등의 이유로 연장을 요청한 자 등은 보호 목적이 달성될 때까지는 연장보호를 받을 수 있다. 또한 퇴소연장아동에게는 취업 준비 또는 취업 후 일정 기간 보호를 위한 자립지원시설(자립생활관)을 통해 주거를 제공하고 있으나 이용률이 낮아서 시설 환경 개선 및 자립생활관 이용 기간을 24세에서 25세까지로 확대하고, 최장 5년까지 이용할 수 있도록 하였다. 그 밖에도 시설퇴소 시에는 침구나 취사도구를 구입할 수 있도록 일정액의 시설아동 자립정착금을 지원하고 있으며, 전국 16개 아동자립지원센터에서는 퇴소하게 되는 연장아를 대상으로 취업지도, 직업교육, 사회생활에 대한 상담 등의 서비스를 제공하고 있다(국가청소년위원회, 2008a).

퇴소청소년을 위한 자립지원서비스의 내용은 다음과 같다. 첫째, 재정 지원과 관련하여 자립정착금을 지원하고 있다. 청소년이 만 18세에 이르러 대리양육이나 위탁보호로부터 자립해야 할 때 주거 마련과 생활용품 구입에 필요한 비용을 지원하는 것으로 지방자치단체에 따라 지원 금액이 100만원에서 많게는 500만원까지 다양하다. 그러나 자립정착금이 시·도별로 차이가 있고, 지원액이 낮아 자립 정착에 큰 도움은 되지 않고 있는 실정이다.

또한 2007년 4월부터 아동복지 시스템에서 대리양육이나 위탁보호되고 있는 아동을 위한 장기적인 자립계획의 일환으로 아동복지지원계좌(CDA) 지원을 통해 퇴소 후 생활비를 지원하고 있다. 이는 시설아동, 소년소녀가장아동 등 보호를 필요로 하는 아동이 보호자나 후원자의 지원으로 월 3만 원 이내의 기본적립금을 적립하면 정부에서도 17세까지 같은 금액을 지원해 18세 이후 사회진출 시 자립자금으로 사용할 수 있도록 한 것이다. 그러나 연간 최대 금액이 72만 원에 불과하여 가까운 장래에 퇴소해야 하는 청소년에게는 경제적으로 큰 도움이 되지 못하고 있다.

둘째, 주거지원정책으로 전세자금 지원, 전세주택 지원, 영구임대아파트나 공동생활가정 입주 지원, 대학기숙사 배정 지원, 자립생활관 등 자립지원시설을 제공하고 있다. 여기서 자립지원시설이란 아동복지시설에서 퇴소한 자를 취업 준비 기간 또는 취업 후 일정 기간 보호함으로써 자립을 지원하는 것을 목적으로 하는 시설을 일컫는다.

셋째, 자립지원센터를 통해 아동복지시설 퇴소청소년에게 취업정보를 제공함은 물론, 정서 함양을 위한 상담, 지속적인 사례관리를 실시하고 있다. 중앙아동자립지원센터 외 전국 15개 시·도에 위치한 자립지원센터는 퇴소청소년의 현황 파악과 사례관리를 위한 서비스 전달체계를 구축하고 시설퇴소 예정 청소년 및 3년 이내 퇴소자, 연장아동을 대상으로 취업을 비롯한 주거, 교육, 의료 등에 대한 서비스를 제공하고 있다.

넷째, 2008년부터 아동복지시설 내에 자립지원 업무를 전담하는 자립지원 전담요원을 배치함으로써 양육시설을 비롯한 보호치료시설, 직업훈련시설 등에서 자립지원 프로그램을 활성화하고, 퇴소 준비를 위한 주거 지원과 자립정착금, 대학입학금, 아동발달 계좌 등의 제도적 지원이 아동별로 이루어질 수 있도록 하는 최소한의 인력을 확보하게 되었다. 이러한 자립지원 전담요원은 아동의 시설 입소와 함께 개인별로 자립지도 계획을 세우고 연령에 따라 생활기술을 지원하는 역할과 고등학교 시기부터 체계적인 진로 및 취업 지도를 제공하여 청소년이 퇴소 이후 성공적으로 사회에 적응하고 자립생활을 유지할 수 있도록 지원하는 역할을 담당하고 있다.

2) 문제점

보호체계 청소년의 경우, 만 18세가 되면서 지역사회나 국가로부터의 보호와 지원이 중단되는 환경 변화에 적응하지 못한 상태에서 자립준비가 안 된 채 퇴소하게 됨에 따라 자립지원과 퇴소 후 사회 적응 문제가 제기되어 왔다. 또한 보호체계에서 퇴소를 앞두고 있는 경제적·사회적 자원이 부족한 청소년은 자신의 미래에 부딪힐 문제에 대해 큰 위기의식을 갖고 있다. 실제로 청소년기 후반에서 초기 성인기까지는 성인의 지도와 지지하에 책임감을 점차적으로 기르면서 독립을 실천하는 시기임에도 이들에게는 부모의 지지가 전혀 없다 보니 집 밖에서 생활하면서 살아가는 것 자체가 힘든 삶으로, 당장의 의식주 해결에 급급하여 자신의 미래에 대한 계획을 수립한다는 것은 생각조차 할 수 없는 실정이다. 따라서 먼 훗날처럼 여겨지는 성인이 될 때를 대비해서 독립생활을 준비해야 한다는 사회적 요구는 어찌 보면 이들에게는 아주 생소한 이야기에 불과하다.

문제는 부모 지원의 결여, 교육의 부족, 기술의 부족 등으로 인해 성인기로의 전환이 일반 청소년에 비해 훨씬 힘든 과정이다 보니 이들에게 노출된 많은 위험 상황이 성인기에 도달하면서 해결되기는커녕 오히려 시간이 더 많이 걸리고, 일부는 이 과정에서 이탈하는 모습을 보이기도 한다는 것이다. 즉, 보호체계에서 퇴소하는 청소년 중 상당수가 자립에 대한 준비가 충분치 못해 경제적인 위기뿐만 아니라 심리적 충격까지 경험하며 사회에 적응하는 데 어려움을 겪고 있다. 따라서 일반 청소년에 비해 비행과 문제행동, 취업 경험의 부족, 의료서비스의 미비, 시설 출신에 대한 사회적 편견 등 다양한 어려움에 노출되어 있고, 의식주와 생활비를 스스로 벌어서 충당해야 하는 어려움 속에서 생존형 범죄를 저지르게 되며, 이에 따라 사회적 낙인을 얻게 되면서 2차ㆍ3차 범죄로 이어져 개인적으로는 돌이킬 수 없는 좌절을 경험하게 된다(박윤희, 2010).

(1) 개인적 요인

보호체계 청소년은 입소 이전부터 부모와의 분리를 경험함으로써 분노와 불안의 감정, 상실에 따른 슬픔의 감정 등의 심리적 어려움을 갖고 있고, 열등감, 낮은 자아존중감 및 보호체계에서의 삶으로 인한 사회적 낙인의 두려움을 갖고 있다(홍봉선, 남미애, 2007). 주 양육자와의 분리를 여러 차례 경험하는 것은 아동의 심리적ㆍ정서적 측면에 심각한 영향을 줄 수 있으며, 특히 대인관계와 사회성에도 악영향을 미친다. 또한 이들은 부모와의 관계가 부정적이고 일반 청소년에 비해 부모로부터 폭행을 많이 당하기도 하며, 부모와 갈등을 빚는 경우도 많다(이상현, 윤명성, 2007).

가정이 아닌 보호체계에서 생활하는 청소년의 경우 아동기의 상실, 보호자로부터 거부당한 경험과 가정 밖의 집단적 양육 환경 속에서의 생활로 인해 자아발달이 균형을 잃고 사회성과 통제성 등의 손실을 입기 쉽다(손혜옥 외, 2008; 이강훈, 2003; 이혜연 외, 2007; 장경희, 2008). 이들은 어린 나이부터 불안정하거나 양육이 상실된 가정환경과 보호체계에서 생활하다 보니 원가족과의 관계 단절에 따른 고립감이나 정체성의 혼란 등을 경험하면서(정선욱, 2002) 청소년기에 부모 혹은 부모 역할을 해 주는 사람을 지속적으로 신뢰하지 못하고 의지할 수 없었던 경험으로 인하여 종종 심리적 의존성을 보이곤 한다.

특히 보호체계가 집단거주 환경이다 보니 이들은 통제된 집단 환경에서의 상호작용과 낮은 수준의 정서적 관계로 인하여 개성 또는 정서적ㆍ신체적ㆍ창조적 능력을 발달시킬 기회를 놓치기 쉽다. 또한 청소년의 심리사회적 욕구를 충족할 만한 인적ㆍ물적 자원과 경험이 매우 부족한 실정이다. 따라서 시설병적 성격, 즉 의타심, 이기심, 반발심, 열등감, 심적 불안감 등의 성격을 형성하게 되고, 원만한 대인관계 형성 능력, 인내심, 성취감, 사회 적응력 등이 결여되기 쉽다(표갑수, 2000).

그 밖에도 보호체계에서 생활하는 청소년은 성격 발달에 도움을 줄 만한 정서적 자극원이 없고, 사회적 접촉을 할 수 있는 기회도 드물게 제공되기 때문에 사회성 발달에 적지 않은 지장을 초래함으로써 개방적이고 따뜻한 대인관계를 형성할 수 있는 기회와 개인의 특성이나 창의력을 개발할 수 있는 기회를 갖지 못하곤 한다.

이에 덧붙여 이들은 성장 과정에서 가족을 떠나 시설에 입소하지만 종종 보호체계 실무자들의 잦은 교체를 경험하고, 연령 제한으로 인한 퇴소 조치로 보호체계에서 사회로 전환함에 따라 이전에 경험한 체계들과의 관계가 중단되며, 보호의 연속성을 상실하게 된다(이혜연 외, 2007). 따라서 퇴소청소년은 가족으로부터 거부되었다는 분노와 잦은 거주지 이동으로 인한 부담을 갖게 되며, 이것은 이들로 하여금 타인 및 지역사회와의 애착관계를 경험하기 어렵게 하여 정상적인 사회생활을 힘들게 하고 있다. 이러한 생활환경의 영향으로 형성된 성격은 종종 심리적 의존성을 보이며, 퇴소 후 어떠한 보호막도 없이 세상에 버려졌다는 느낌으로 마음의 상처를 갖고 있다 보니 매사에 소극적인 경향을 보이면서 자립 의지 역시 낮은 수준이다.

그 밖에도 이들은 일반적인 학업 성취도 향상요인으로 지적되고 있는 청소년에 대한 교육적 지위(사교육, 인지적 자극, 물리적 학습 환경), 교육적 기대, 부모-자녀 간 애착 정도, 부모의 생활감독 및 지지 정도 등이 결여되어 있다 보니 낮은 학업 성취도 수준을 보이고 있다(김광혁, 2006). 즉, 이들은 보호체계에 들어오기

전부터 교육적 방임 상태에 놓여 있었을 뿐만 아니라 여러 보호체계를 거치면서 학교도 자주 바뀌어 학습부진을 겪고 있고, 위탁보호체계로부터 퇴소할 때까지 고등학교 과정을 끝내지 못하는 청소년의 수도 적지 않은 것으로 밝혀졌다 (Loman & Siegal, 2000).

(2) 퇴소 관련 당면 문제

보호체계 청소년은 퇴소 이후 자립하는 과정에서 사회 적응을 준비하지 못한 채 혼자 살아가는 데 필요한 기초 지식도 갖추지 못한 상태에 있다. 따라서 이들은 전반적인 자립생활 능력이 부족하여 일상생활에서 스스로의 문제를 해결하면서 살아가는 데 많은 어려움을 느끼고 있다.

첫째, 취업의 어려움을 겪고 있다. 보호체계 퇴소청소년은 학업을 중단하는 경우가 적지 않다 보니 취업 자체가 어렵고 생산직과 서비스직을 제외하고는 취업 선택의 기회가 적으며, 고용이 불안정하고 소득수준이 낮은 것으로 나타나 의식주와 관련한 생계의 어려움이 심각함을 알 수 있다(신혜령 외, 2009; 이혜연 외, 2007). 보건복지부와 중앙아동자립지원센터(2008)의 조사에 따르면, 일부 보호체계 퇴소청소년에게서 기능직이나 단순노무직 비율이 높게 나타나 취업 상태가 대체로 불안정하고 저임금 아르바이트로 생계를 유지하고 있어서 빈곤층으로의 진입 가능성이 높은 것으로 나타났다. 이혜연 등(2007)의 연구에 따르면, 18세에서 23세 사이 퇴소청소년의 46.5%가 현재 무직이라고 응답하여 퇴소청소년의 사회경제적 취약성을 잘 보여 주고 있다. 더구나 18세에서 23세의 퇴소청소년 중 최근 1년간 이직 횟수가 3회 이상인 경우가 33%에 달하여 퇴소청소년이 취업하더라도 빈번한 이직 또한 청소년의 사회 적응을 저해하는 요인이 되고 있음을 알 수 있다. 더불어 퇴소청소년에 대한 구직단계의 지원이 부족하기 때문에 소득수준이 낮고 빈곤계층에 진입할 가능성이 있는 청소년도 상당수 있는 것으로 나타났다. 특히 월소득 분포에서 최저생계비보다 적은 46만 원 이하라고 응답한 퇴소청소년이 15.8%로 나타났고, 「국민기초생활보장법」에 의한 급여를 받은 경험이 있는 경우도 19.1%로 나타났다. 그 밖에 취업과 관련해서도 본인의 적성에 맞는 취업보다는 생계를 위한 취업이 용이하다 보니 적성이나 대우 등의 문제로 직장 적응에 따른 어려움을 겪으면서 이직률이 높아져 결과적으로 사회에 적응하는 데 어려움을 겪는 악순환이 거듭되고 있다.

둘째, 주거의 어려움을 겪고 있다. 시설퇴소청소년은 퇴소 후 자립생활과 관련하여 거주할 집 문제(55.6%)가 가장 부담이 되는 것으로 나타났다(김통원 외, 2005). 또한 주거 현황에 대한 조사(신혜령 외, 2009)에서 조사 대상자 중 12.0%가 고시원이나 친구 집, 쪽방 등에서 생활하고 있었고, 보호체계에서 퇴소하여 원가정으로 복귀하는 경우는 25.3%에 불과하여 대다수가 가족의 도움을 받을 수 없기 때문에 주거 환경이 불안정하고 월세, 회사나 학교 기숙사, 전세, 자립생활관 등의 주거 형태를 띠고 있는 것으로 나타났다.

국가 차원에서는 아동보호시설 퇴소청소년에 대해 「아동복지법」에 의거하여 다양한 자립지원서비스가 마련되어 있지만, 실제로 자립지원 혜택을 제공받는 청소년은 극소수에 불과하다. 또한 주거지 마련과 관련해서 제공하는 임대아파트의 대기 기간이 너무 길어 신청자가 거의 없으며, 공동생활가정 입주 또한 '또 다른 시설' 과 같은 형태이므로 입주를 꺼리는 등 제공되고 있는 자립지원서비스에서도 여러 문제점이 등장하고 있다.

셋째, 진학 관련 어려움을 겪고 있다. 보호체계 퇴소청소년의 경우 일반 청소년에 비해 훨씬 낮은 대학진학률을 보이고 그나마 2년제 대학에 진학하는 경우가 높으며, 대학에 진학하더라도 경제적인 문제로 휴학을 하거나 중퇴를 하는 경우가 45.6%로 나타나고 있다(신혜령 외, 2009). 시설퇴소청소년이 대학에 진학하는 경우에는 사회생활이 안정될 때까지 시설보호를 받으며, 퇴소와 관련된 사회진출을 연장할 수 있는 기간을 확보할 수 있어 자립으로의 전환을 준비할 수 있다.

마지막으로, 사회적 관계망이 결여되어 있다. 부모와의 분리에 따른 가족의 불안정성, 거주지의 잦은 이동, 가족 간의 갈등을 경험한 퇴소청소년에게는 새로운 환경에의 대처방법과 기술을 정기적·지속적으로 조언해 줄 수 있는 후원자를 만들어 주는 사회적 지지가 매우 중요한 요인이다. 특히 보호체계에서의 실무자는 거주청소년에게 커다란 사회적 지지 역할을 수행하는 존재임에도 열악한 근무 환경에 따른 잦은 교체로 거주청소년이 타인과 안정적이고 지속적인 관계를 유지하는 것 자체를 어렵게 만들고 있다.

(3) 제도적 문제

아동복지정책은 보호시설에서 청소년을 어떻게 보호할 것인지에만 초점을 맞추고 있을 뿐 어떻게 자립시킬 것인지에 대해서는 체계적인 관심을 두지 않고 있다. 즉, 아직까지는 퇴소청소년의 경제·주거 지원에 편중되어 있고, 자립준비와 관련된 예산 지원도 매우 부족하다. 따라서 학업, 직업, 주거와 관련된 체계적이고 실질적인 지원을 제공하지 못할 뿐만 아니라 퇴소청소년의 자립지원을 위한 전담 관리체계의 부재로 비체계적·비전문적 자립지원 프로그램이 운영되고 있다. 실제로 자립지원 혜택을 제공받는 청소년은 극소수에 불과한 실정이고, 그나마 제공되고 있는 자립지원서비스에서도 여러 문제점이 등장하고 있다.

첫째, 퇴소청소년의 자립생활을 지원할 서비스에 대한 법적 근거가 마련되지 않아서 이들의 사후관리가 전혀 이루어지지 못하고 있는 실정이고, 보호 종결 시 정부와 이웃, 지역사회 내의 공식적·비공식적 지원이 단절되거나 멀어지게 되어 있어서 청소년이 자립생활에 위기를 겪게 된다(박은선, 2005). 즉, 「아동복지법」의 보호 과정에서 제공되는 자립준비와 지원에 대한 규정은 법적 근거를 가지지 못하고 아동복지 안내를 통해 지침으로 자립지원 프로그램이 추진되어 왔을 뿐이다. 2008년부터 아동복지시설에 자립지도 전담요원이 배치되기 시작하면서 자립지원 프로그램이 활성화되고 퇴소 준비를 위한 주거 지원과 자립정착금, 대학입학금, 아동발달 계좌 등의 제도적 지원이 아동별로 이루어질 수 있게 하는 최소한의 인력이 확보되었다. 그러나 공동생활가정이나 가정위탁지원센터의 경우 전담인력의 배치가 이루어지지 않아 자립지원 프로그램이나 자원 연계 등이 수행되기에는 어려운 실정이다.

둘째, 자립정착금이 부족하다. 청소년의 퇴소 시 자립정착금을 지급하고, 13개 자립지원시설(자립생활관)을 운영하며, 16개 시·도의 자립지원센터를 운영하는 것 외에는 이들을 위한 서비스나 정책이 거의 전무한 실정이다. 또한 현실적으로 퇴소청소년에게 현재 지급되는 자립정착금은 주거 마련 비용과 생활용품 구입 비용 등의 자립정착에는 턱없이 부족한 액수다. 더욱이 자립지원금의 경우 시설퇴소와 동시에 지급하는 것을 원칙으로 하지만, 사실상 이제까지 시설 퇴소 후 일정 기간이 경과한 후 지급되어 온 것이 일반적이다(이혜연 외, 2007).

셋째, 안정된 주거지 확보가 어렵다. 국가와 지방자치단체가 퇴소청소년에게 지급하는 자립정착금은 100만 원부터 500만 원까지 지방자치단체마다 큰 차이가 있는데, 이 금액은 7평 원룸의 전세금에도 턱없이 부족하다. 따라서 안정된 주거를 마련하지 못하는 퇴소청소년은 숙식을 제공하는 직장을 찾기 쉬운데, 이러한 일자리는 영세규모의 제조업체나 식당숙박업소 등으로 근로 조건이 열악하거나 성적 서비스의 제공을 요구하기도 한다(이용교, 2012).

또한 국민임대아파트나 영구임대아파트 등에 퇴소청소년 우선순위라는 조항이 있지만, 퇴소청소년은 ‘결혼하지 않은 단독가구’ 이다 보니 입주 대상자 선정 기준에서 낮은 점수를 받아 사실상 입주하기 어려운 실정이고, 퇴소 시 받는 ‘자립정착금’도 국민임대아파트의 보증금에 못 미치는 수준이다. 그 밖에도 이미 여러 부처에서 퇴소청소년을 위한 ‘전세주택지원’이나 ‘공동가정’ 등의 주거 관련 프로그램을 제공하고 있지만, 이러한 프로그램에 대한 홍보 부족 때문에 실무자조차 모르다 보니 이들에게 적절한 정보를 제공하기가 어렵다(김대원, 2010).

넷째, 퇴소청소년은 갑작스럽게 상승하는 생활비를 감당하기 어렵다. 아동복지시설에서 보호받았던 아동은 국가와 지방자치단체로부터 생계급여를 받고, 의료급여와 교육급여 등을 받는다. 그러나 퇴소와 함께 이들은 복지시설에서 받던 모든 국민기초생활보장 급여를 받지 못하고, 갑작스럽게 늘어나는 생계비, 주거비, 의료비 등을 감당하기 어려워진다. 특히 건강이 나쁘거나 질병이 생긴 경우에 값비싼 의료비를 감당할 여력이 없다.

다섯째, 퇴소청소년의 자립 과정은 시간이 걸리고 힘든 과정인데, 현재 국가와 지방자치단체는 퇴소청소년의 사후관리를 사실상 방치하고 있다. 현행 「아동복지법」 시행령 제8조에서는 “시·도지사 또는 시장, 군수, 구청장은 아동복지지도원 또는 관계공무원으로 하여금 제5조 또는 제8조의 규정에 의하여 대리양육·위탁보호를 받거나 귀가 조치한 아동의 가정을 방문하여 당해 아동의 복지 증진을 위하여 필요한 사후지도를 하게 하여야 한다.”라고 규정하고 있다. 이 규정에 따르면, 국가와 지방자치단체가 보호 중인 아동이나 귀가 조치한 아동의

'사후지도'를 할 의무가 있음에도 불구하고 아동복지시설을 퇴소한 아동의 사후관리에 대해 명확하게 명시하지 않고 있고, 이들을 보호했던 아동복지시설 역시 퇴소 이후에는 사후지도에 대한 법적 책임이 전혀 없기에 이들의 자립은 방임되어 있는 셈이다.

따라서 퇴소청소년이 자립지원시설에 입소하거나 보호시설 연장이라는 대안을 선택하더라도, 그것은 단순히 보호 기간의 연장에 그칠 뿐 자립을 위한 체계적이고 지속적인 사회 지원의 부족으로 실제적인 지원은 거의 없다 보니 자립에 따른 문제는 고스란히 개인의 몫으로 남게 되고, 현실적으로 홀로서기가 유일한 생존 수단으로 간주되고 있다.

결론적으로, 시설퇴소청소년은 원가족과의 관계로 인한 심리적인 어려움을 가지고 있고, 퇴소 이후 독립적인 생활을 위한 자립준비가 부족함을 알 수 있다. 이들은 퇴소 이후 정규직 비중이 낮고 고용이 불안정하며, 낮은 소득수준과 기초생활수급 급여를 받은 경험을 가지기도 해 생계의 어려움을 경험하고 있음을 알 수 있다. 또한 이들은 퇴소 후 거주하게 될 안정된 주거지 확보가 어렵고, 가족의 지지와 사회적 지지가 부족한 상태에서 자립을 해 나가는 데에도 어려움을 겪고 있는 것을 알 수 있다.

4. 해결 방안

앞서 살펴본 것과 같이, 보호체계에서 퇴소하는 청소년 중 상당수가 성인으로 전환해 가는 과정에서 자립에 대한 준비가 충분치 못해 경제적 위기는 물론 심리적·정서적 충격까지 경험하며 사회에 적응하는 데 많은 어려움을 겪고 있다. 뿐만 아니라 일반 청소년에 비해 문제행동, 취업 경험의 부족, 시설 출신에 대한 사회적 편견 등 다양한 위험에 노출되어 있어서 사회적 부담이 증대되고 있다.

보호체계 청소년은 원가족의 보호를 받으면서 성장하는 일반 청소년과는 달리 원가족과의 관계에서, 그리고 시설생활에서 분리, 상실, 단절됨에 따라 정신적·정서적 건강, 신체적·도덕적 안전과 관련된 위험에 더 많이 노출되기 때문에 이들의 퇴소 이후 자립을 위한 준비 과정에 여러 요인이 미치는 영향은 대단히 중요하다.

따라서 다양한 사회적 자원을 연계하여 개별적인 퇴소청소년의 욕구에 부합하는 다양한 프로그램을 제공하는 것이 중요하다. 아울러 주거, 의료, 교육, 직업훈련, 일상생활 기술, 사회성 등 광범위한 영역에서 자립지원서비스를 제공할 필요가 있다. 한 예로, 강철희(2001)는 퇴소청소년의 자립 강화의 주요 요인으로 안정적인 거주지 마련, 시설 실무자의 지속적인 관심과 애정, 직업훈련 프로그램의 다양화와 전문화 등을 언급하고 있다. 따라서 퇴소청소년에 대한 자립 안정화 방안은 정서적·경제적 측면을 고려한 체계적인 프로그램은 물론 가족지지체계의 결여에 따른 어려움을 극복하도록 돕는 공식적·비공식적 지지서비스가 절대적으로 시급하다.

1) 퇴소청소년을 위한 법과 제도 마련

퇴소청소년의 자립지원에 관한 법적 근거를 마련하여 이들을 위한 취업이나 주거, 진학, 의료 등의 자립지원 프로그램이 적극적으로 실시될 수 있도록 해야 한다. 우선, 보호체계 퇴소청소년에게 제공되는 서비스와 관련하여 법적 근거를 마련하고 관련 제도를 개선하여 정책적 측면에서 자립지원정책 강화, 자립정착금 지원의 개선, 주거 공간 지원 확대와 개선, 사후관리 강화, 자립지원 실무자 전문성 강화와 처우 개선 등이 마련되어야 한다.

지금까지 이루어진 퇴소청소년에 대한 선행 연구 결과를 종합해 보면, 자립으로 전환하는 퇴소청소년에게는 주거, 취업, 진학, 의료 등의 물질적 지원뿐 아니라 가족과 보호체계 보호자의 관계를 통한 정서적 지지가 필요함을 시사하고 있다. 따라서 청소년의 심리적 특성과 지속적인 적응을 위한 청소년 자신의 기술 향상에 기초한 종합적이고 체계적인 제도 개선이 요구되고 있다. 이러한 자립준비 프로그램은 퇴소청소년의 욕구 파악에 근거하여 장기적인 시각을 갖고 체계적으로 개발되어야 이들의 자립능력을 향상시킬 수 있다.

또한 정부 차원에서 우리의 미래를 책임져야 할 사람에 대한 무조건적인 투자라는 자세를 갖고, 특히 보호와 지원이 필요한 청소년에게 보다 실질적인 혜택이 돌아갈 수 있도록 자립지원 관련 정책을 법적으로 제도화하도록 추진하는 것이 시급하다. 즉, 국가 및 지방자치단체에서 보호체계 청소년에 대한 자립지원을 적극적으로 추진하도록 하는 규정을 법에 구체적으로 명시하여 청소년 자립지원에 필요한 충분한 예산 확보를 통해 지역별 자립지원서비스의 편차를 해소해야 한다. 아울러 구체적인 법 제정을 통해 보호체계의 특성을 살려 청소년이 집 밖의 보호체계에서 적합한 서비스를 제공받을 수 있도록 기회를 제공해야 할 뿐만 아니라 다각적이고 체계적인 자립지원 방안을 마련해야 한다.

2) 서비스 전달체계의 강화

보호체계 퇴소청소년이 궁극적으로 사회의 부담이 되지 않기 위해서는 국가 차원에서 체계적인 서비스와 프로그램을 마련하여 건강한 사회인으로 살아갈 수 있도록 준비를 시켜야 한다. 이를 위해 효과적인 자립지원을 위한 서비스 전달체계를 강화해야 한다.

첫째, 청소년 관련 법에 기초하여 자립지원을 위한 정부 부처 간의 유기적인 협력을 모색하고 기관 간 업무가 중복되는 영역을 재정리하며 기관 간 연계를 강화할 필요가 있다. 한 예로, 현재 정부는 가출청소년을 위한 연계 협력 방안으로 CYS-Net을 통해 원스톱 서비스를 제공하고자 노력하고 있음에도 불구하고, CYS-Net과 CYS-Net 수행의 허브 기관을 맡고 있는 상담지원센터의 경우 가출을 포함한 모든 위기청소년을 위한 보호체계의 역할을 함으로써 가출청소년에 대한 집중적인 지원이 충분히 이루어지지 못하고 있고, 가출청소년을 보다 집중적으로 다루는 쉼터와 상담지원센터 간의 연계가 원활히 이루어지 않아 업무가 중복될 경우 갈등이 발생하기도 한다(백혜정, 방은령, 2009). 기관 간 업무 중복에 의한 갈등을 해소하기 위해서는 각 기관의 역할을 명확히 할 필요가 있고, 연계체계에 대한 종합적인 검토가 필요하다. 아울러 자립정책을 지원하는 담당자의 업무에 관한 인식 부족과 비전문성으로 인하여 원활한 지원이 이루어지지 못하고 있으므로 담당자와 보호체계 실무자의 합동교육을 통해 지원전달체계를 활성화하는 것이 바람직하다.

둘째, 자립지원센터에서는 전문인력의 확충을 통해 전문성을 확보하고 재정 증액을 통한 효율적인 자립지원서비스를 제공하는 것은 물론, 보호체계청소년의 자립에 필요한 외부 자원인 지역사회 내의 학교, 취업알선센터, 사회복지관, 기업, 직업훈련시설 등을 개발·연계하여 종합적이고 체계적인 서비스를 마련하여야 한다. 특히 보호체계 내의 자립지도 전담요원과의 업무 연계를 통해 퇴소 전후의 자립준비와 퇴소 후의 사례관리를 구체화하여 사회복지서비스, 학업지원서비스, 고용, 건강서비스를 연계 지원하는 역할을 담당해야 한다.

이에 덧붙여 2007년부터 배치되기 시작한 아동복지시설의 자립전담요원의 경우, 지역에 따른 자립서비스의 질적 차이를 확대하지 않기 위해서라도 모든 지역에 시설별 전담요원이 빠른 시일 내에 배치되어야 한다. 특히 대부분의 그룹홈이나 중장기쉼터의 경우 자립준비를 도와줄 수 있는 전담인력 없이 일반적인 상담 제공 및 보호에만 급급한 수준이다 보니 복합적이고 다양한 위기청소년의 욕구를 충족할 수 없어서 이들의 서비스에 대한 만족도가 낮은 편이다. 아울러 현재 시설당 1명씩 전담인력을 배치하고 있는데 시설의 규모 및 아동 수에 비례하여 실질적인 자립지원 업무가 가능하도록 인력을 추가 배치하는 것도 고려해야 한다.

마지막으로, 자립지원체계의 다양화가 이루어져야 한다. 퇴소청소년의 사회적응을 위해서는 본인의 노력도 중요하지만, 무엇보다도 먼저 정부 차원에서 이들을 위한 자립지원 관련 예산을 충분히 확보하고 집행함으로써 전문인력을 통한 수준 높은 자립지원서비스를 제공해야 한다. 또한 지역사회, 기업, 민간단체 등에서도 민간자원 네트워크를 구축하여 이들의 자립을 위한 재정 지원을 모색해야 할 뿐만 아니라 이들의 취업활동 및 사회활동 지원, 후원자 연계 등에 적극 참여하여 이들에 대한 사회적 편견을 제거하는 데 주력해야 한다.

3) 자립지원제도 마련

보호체계청소년의 퇴소 후 사회적응을 위해서는 정부 차원에서 다음과 같은 체계적인 자립 관련 지원제도를 마련해야 한다.

첫째, 퇴소 연령의 연장이 필요하다. 현대사회에서 성인이 되어 자립하기까지의 기간이 연장되는 추세와 이 기간의 부모의 지원이 일반화되고 있는 시점에서 퇴소청소년을 대상으로 18세라는 연령 제한 때문에 준비가 덜 된 상태에서 퇴소조치를 하는 것은 이들의 자립을 지연시키고 있다. 따라서 콜린스(Collins, 2001)가 언급하였듯이, 이들로 하여금 너무 어린 나이에 아무런 지원도 마련하지 못한 채 퇴소하여 자립하기를 유도하기보다는 대학진학이나 자립생활 프로그램 등의 프로그램을 통해 자신의 미래를 위해 준비할 수 있는 시간을 주는 것이 필요하다(강현아 외, 2009 재인용). 실제로 학업을 지속하고자 하는 퇴소 청소년이 증가하면서 대다수의 퇴소청소년이 퇴소 연령의 연장을 희망하고 있다. 보건복지가족부와 중앙아동자립지원센터(2008)의 조사에서도 이들이 현재보다 2~4년 늦게 퇴소하길 원하는 것으로 나타났고, 이는 학력이 높아질수록 희망 퇴소 연령도 높아지는 것으로 나타났다. 또한 대학을 다니는 동안 퇴소 시기를 늦추길 원하는 것으로 보여 앞으로 대학진학이 증가할 경우 연장청소년의 증가 역시 예상된다.

18세가 되더라도 청소년이 보호와 감독을 받을 수 있는 보호체계에 남아 있는 것이 자립으로의 전환에 큰 도움이 되므로 퇴소 연령의 연장을 통해 적어도 고등학교를 졸업하고 직장생활을 하거나 대학진학 시 학업에 집중할 수 있는 기간을 부여하여 좀 더 준비가 된 상태에서 사회 적응을 하도록 유도하는 것이 바람직하다. 이와 관련하여 김대원(2010)은 1~2년 정도 퇴소 연령을 늦출 것을 제안하고 있다. 그러나 보건복지가족부와 중앙아동자립지원센터(2008)가 지적한 바와 같이, 보호체계에서의 보호 기간의 단순 연장은 연장청소년과 퇴소청소년 간의 학업, 취업 및 생활 지원에 있어서 형평성의 문제를 발생시킬 수 있으므로 퇴소청소년의 거주 기간 연장에 대한 다각적인 검토가 요구된다.

둘째, 주거 문제의 해결이다. 실무자를 대상으로 한 전세주택 지원에 관한 홍보 및 교육을 통해 청소년에게 적절한 정보를 제공하고 안정된 주거를 마련하도록 도와야 한다. 특히 현재의 복잡한 지원 절차를 간소화하여 접근성을 개선하기 위해 자립생활관을 적극적으로 홍보함으로써 자립생활관의 역할에 대한 올바른 인식과 부정적인 이미지 개선의 방안을 마련해야 한다.

셋째, 자립정착금 지원을 현실화해야 한다. 퇴소를 준비하는 청소년과 이미 퇴소한 청소년 모두에게 정부의 자립정착금은 상당히 중요한 의미를 갖고 있으므로 자립을 정착시키기 위한 현실적인 액수의 조정이 요구되고 있다. 또한 지역별로 지급되고 있는 자립정착금액의 차이와 관련하여 지역별 형평성을 맞추어 최소 금액 기준을 정하되 해당 지방자치단체에서 일반 주택지에 있는 단칸방 혹은 원룸을 전세로 임대할 수 있는 금액으로 산정하는 것이 바람직하다. 아울러 자립정착금 지급방법에 있어서도 보호체계 청소년의 특성에 맞게 일시 지급, 일정 기간 단계별 지급 등 다양한 방법으로 지급함은 물론 자립정착금이 지원 목적에 맞게 사용될 수 있도록 사전 경제교육을 실시하고, 철저한 사후관리가 이루어져야 할 것이다.

4) 자립준비 프로그램 개발

보호체계 퇴소청소년에게는 단순한 일터 제공이나 단기간의 자립훈련 과정보다는 자립능력의 향상을 목표로 한 체계적이고 종합적인 자립준비 프로그램을 통한 집중적이고 지속적인 지지와 지원이 제공되어야 한다. 다시 말해서, 퇴소청소년에 대한 자립준비 프로그램은 청소년의 정서적인 측면과 경제적인 측면은 물론 청소년 개인의 기술 향상능력까지도 고려하여 통합적으로 구성되어야 한다(이혜은, 최재성, 2008).

첫째, 보호체계 청소년의 왜곡된 자아개념의 전환이 필요하다. 청소년이 겪은 불안한 보호 경험은 인지 발달은 물론 도덕성 발달에도 영향을 미친다(신혜령 외, 2009). 따라서 자기 자신은 물론 가족 및 사회에 대해서도 부정적인 인식을 갖고 있는 이들에게 자신에게 관심을 가져주는 성인과의 지속적이고 긍정적인 관계를 형성할 수 있도록 하는 프로그램을 통해 왜곡된 자아개념을 바로잡아 긍정적인 자아상을 발달시킬 수 있는 기회를 제공해야 한다. 특히 가족의 역할을 대신해 줄 수 있는 보호체계 실무자와의 긴밀한 관계 형성은 이들의 독립생활 준비에 가장 기본적인 환경을 제공함과 동시에 이들이 긍정적인 성인상을 갖게 하므로 매우 의미가 있다.

둘째, 자립 의지의 강화가 필요하다. 보호체계에서 생활하는 청소년 중 과반수 이상은 학업능력의 부족, 학교체계와의 갈등 등 때문에 학업을 중도포기한 상태로, 이는 훗날 성인기의 실업 및 빈곤으로 이어질 가능성이 높으므로 이들에게 적절한 수준의 학습지도 프로그램을 개발하여 이들이 학업을 지속할 수 있도록 기회를 제공해야 한다. 또한 진로에 대한 체계적인 준비를 통해 자립 의지를 강화시켜야 한다(박은선, 2005; 손혜옥 외, 2008; 황미정, 2009). 특히 진로에 대한 의식과 태도를 발달시키고 이와 관련된 경험을 쌓도록 하는 것이 매우 중요하므로 일찍부터 체계적인 진로지도를 실시하여 자신의 진로 및 직업에 대한 계획을 세우도록 해야 한다. 또한 일상생활에서 적절한 역할과 과제를 부여하여 이를 책임지고 수행하도록 하는 등 스스로 할 수 있는 기회를 많이 제공하여 자발성과 문제해결 능력을 키우도록 도와야 한다. 아울러 청소년에게 직업에 대한 실제적이고 다양한 정보를 제공하여 자신의 적성에 맞는 직업을 탐구하게 함으로써 미래에 대한 설계를 구체화할 수 있도록 도와야 한다.

셋째, 학업지원 프로그램이 필요하다. 우선, 보호체계에서 생활하는 청소년에게 상담이나 다양한 활동 경험을 통해 교육의 중요성을 깨닫게 하고, 일반 학교 및 대안학교 등 다양한 교육기관과의 연계를 통해 이들이 최소한 의무교육 기간인 중학교 과정까지는 마치도록 도와주어야 한다(백혜정, 방은령, 2009). 또한 이들에게 성공적인 경험을 통한 성취 동기를 부여하고, 기본 과정을 마치게 되면 각자의 자립 의지에 따라 스스로 선택하여 상급학교나 직업훈련 기관으로 진학할 수 있도록 지속적인 지원대책을 제공하는 것이 중요한데, 이를 위해 학업 지원에 대한 체계적인 프로그램을 개발하는 것이 시급하다.

넷째, 직업관을 심어 주어야 한다. 청소년이 보호체계에 거주하는 동안 직업과 일의 중요성을 인식시키고 올바른 직업관을 확립시키며, 다양한 직업의 종류와 내용에 관한 정보를 제공하고, 자신의 적성과 능력에 맞는 직업을 선택할 수 있도록 취업과 관련된 체계적인 교육 프로그램을 개발해야 한다. 또한 자신이 선택한 직업에 대해 정보 수집, 자격증 취득, 현장 실습 등의 준비를 갖추도록 훈련과정을 마련함으로써 체계적인 자립준비를 도와야 한다. 예를 들어, 다양한 직업훈련 프로그램, 청소년상담실과의 연계를 통한 체계적이고 전문적인 상담 제공,

인턴십 프로그램을 통한 취업 준비의 활성화 등이 필요하다. 그 밖에도 지역사회 및 자원제공 기관과의 연계망을 구축하여 취업 현장을 발굴하고 취업 탐색에 대한 정보를 제공하고, 기존의 직업훈련시설에의 접근성을 개선하며, 이러한 시설을 최대한으로 활용하여 취업 환경 변화에 맞는 직업훈련 교과목을 구비해야 한다.

다섯째, 취업정보 네트워크를 강화해야 한다. 청소년의 욕구, 희망 직업이 다양해짐에 따라 기존 보호체계에서 지원하는 자립준비 프로그램의 효과는 크지 않으므로 이들이 취업뿐만 아니라 진로와 연관된 다양한 정보를 제공받을 수 있도록 도와야 한다. 이를 위해서 학교에서의 직업교육, 노동부의 직업훈련교육 그리고 정부 부처의 청소년 지원사업 간의 다각적인 연계가 절실하다. 또한 지역사회 내의 기업체와 연계하여 취업 전에 취업 실습 기회를 갖도록 유도하고, 기업체와의 정보 공유를 통한 취업정보 네트워크를 강화하여 청소년 스스로 구직정보를 찾게끔 하는 적극적인 취업 자세를 갖추도록 도와야 한다. 더욱이 퇴소 후에도 주거, 취업, 교육 등 다양한 프로그램을 통해 자립할 수 있도록 일정 기간 사후관리를 해 줌으로써 이들의 미래에 대한 불안을 감소시키고 사회 적응을 도와야 한다.

여섯째, 기초생활관리 프로그램이 필요하다. 이들은 일상생활에 대한 관리가 제대로 이루어지지 않고 불규칙한 생활 패턴으로 인해 사회화에 필요한 기본적인 소양이 부족한 경우가 많다. 따라서 보호체계에서 거주하고 있는 청소년들에게 이전의 불건전한 생활방식을 버리고 건강한 생활 습관을 습득하고 바람직한 사회기술을 훈련받을 수 있도록 기회를 제공해야 한다. 특히 이들에게는 퇴소 이후의 자립생활을 영위하기 위해서 자신의 생활을 스스로 관리하고 유지할 수 있는 능력이 필수적인데, 이러한 독립준비 프로그램에는 금전관리, 건강 및 안전, 거주지 확보 및 관리, 음식과 영양 상태, 지역사회 자원에 대한 정보, 직업 경력에 대한 계획 그리고 사회기술 발달을 위한 원조 등 다양한 내용이 포함되어야 한다. 또한 직업 세계에 관한 준비 과정을 통해 청소년으로 하여금 유능한 직업인, 사회인으로 성장·발달할 수 있는 자세와 능력을 길러 주며, 직업활동을 할 때 필요한 업무 수행능력 및 바람직한 인간관계 형성능력을 습득하게 해야 한다.

참고문헌

강석영, 김동민, 하창순(2009). 청소년상담연구 146: 2009년 전국 청소년 위기상황 실태조사. 부산: 한국청소년상담원.

강석영, 양은주, 이자영(2009). 잠재적 학업중단청소년을 위한 개입프로그램 개발. 부산: 한국청소년상담원.

강석영, 이창호, 이동훈(2014). 전문상담교사가 인식한 학교정신건강 문제 및 개입에 관한 질적 연구. 청소년상담연구, 22(1), 93-123.

강소영, 정철우(2013). 청소년 문화활동이 학교폭력 피해경험에 미치는 영향. 한국범죄심리연구, 9(3), 5-25.

강영배(2013). 지역사회 청소년을 위한 친환경 조성 방안 -청소년 유해업소 근절 대책을 중심으로-. 청소년행동연구, 18, 53-80.

강은영(2004). 약물남용 예방교육의 실태와 효율화 방안. 서울: 한국형사정책연구원.

강철희(2001). 시설보호아동의 자립준비 실태에 관한 연구: 퇴소를 준비하고 있는 아동과 퇴소 후 자립지원시설에 거주하는 아동을 대상으로. 청주: 한국아동복지학회.

강현아(2010). 시설 퇴소청소년의 레질리언스에 영향을 미치는 요인. 청소년학연구, 17(2), 155-179.

강현아, 신혜령, 박은미(2009). 시설퇴소 청소년의 성인전환단계에 따른 자립 및 사회적응 현황. 한국아동복지학, 30, 41-67.

고관우, 남진열(2011). 초기 청소년의 체험활동 참여 영역에 따른 공동체의식과 학교생활적응에 미치는 영향. 한국청소년복지연구, 13(4), 231-250.

고기홍(2003). 학업중단청소년의 문제와 상담적 개입방안. 학생생활연구, 23(1), 117-136.

고용노동부(2009). 2009 청소년 아르바이트 실태조사. 서울: 고용노동부.

고용노동부(2011). 2011 청소년 아르바이트 실태조사. 서울: 고용노동부.

공숙자(2010). Wee 프로젝트 개요 및 실제. 상담과 지도, 45, 489-499.

교육과학기술부(2008). 2008 교육통계분석자료집. 서울: 교육과학기술부.

교육과학기술부(2009). 2009년도 학생 정신건강 관리방안. 서울: 교육과학기술부.

교육과학기술부(2010a). 2010 교육통계서비스. 서울: 교육과학기술부.

교육과학기술부(2010b). 학업중단 현황 심층분석 및 맞춤형 대책연구. 서울: 교육과학기술부.

교육과학기술부(2011a). 2011 교육통계분석자료집. 서울: 교육과학기술부.

교육과학기술부(2011b). 탈북청소년 주요 통계자료. 서울: 교육과학기술부.

교육과학기술부(2012a). 위기학생 진단 및 교육적 지원에 관한 연구. 서울: 교육과학기술부.

교육과학기술부(2012b). 주5일수업제의 정책 방향과 과제. 서울: 교육과학기술부.

교육과학기술부, 보건복지부(2009). 학교부적응·학업중단청소년 예방 및 지원 방안. 국무회의보고자료.

교육과학기술부, 보건복지가족부, 질병관리본부(2009). 2008년 청소년건강행태온라인조사. 서울: 질병관리본부.

교육과학기술부, 보건복지부, 질병관리본부(2010). 2009년 청소년건강행태온라인조사. 서울: 질병관리본부.

교육과학기술부, 보건복지부, 질병관리본부(2011). 2010년 청소년건강행태온라인조사. 서울: 질병관리본부.

교육과학기술부, 보건복지부, 질병관리본부(2012). 2011년 청소년건강행태온라인조사. 서울: 질병관리본부.

교육부(2013. 9. 4.). 2012학년도 초·중·고 학업중단 현황 조사결과 발표. 교육부 보도자료.

교육부(2014). 2014년 교육기본통계. 세종: 교육부.

교육인적자원부(2003). 교육통계연보. 서울: 교육인적자원부.

교육인적자원부, 보건복지부, 질병관리본부(2005). 2004년 청소년건강행태온라인조사. 서울: 질병관리본부.

교육인적자원부, 한국교육개발원(2010). 교육통계연보. 서울: 교육인적자원부.

교육통계서비스(2012). 한국교육통계연보. 서울: 교육통계서비스.

구본용(2002). 학교를 떠난 청소년의 특성과 상담개입전략. 학교를 떠나는 아이들. 부산: 한국청소년상담원.

구은미, 박성혜, 이영미, 이혜경(2009). 21세기 아동·청소년복지 서울: 학지사.

구자경(2003). 청소년의 심리사회적 특성이 학교자퇴생각에 미치는 영향. 청소년학연구, 10(3), 309-330.

국가청소년위원회(2006). 청소년활동실태조사. 서울: 국가청소년위원회.

국가청소년위원회(2007). 위기청소년 유해환경실태조사. 서울: 국가청소년위원회.

국가청소년위원회(2008a). 청소년백서. 서울: 국가청소년위원회.

국가청소년위원회(2008b). 우리나라 청소년의 행복지수 값은 53.08점으로 나타나. 서울: 국가청소년위원회.

권영길, 차상운(2013). 주5일 수업제로 인한 청소년의 여가활동에 대한 인식. 인권복지연구, 13, 81-102.

권이종(2010). 학업중단 아동과 청소년의 문제점과 해결방안. 한국아동청소년가족포럼 제4회 정책토론회 미간행 발표 자료. 부산: 한국청소년상담원.

권일남, 김태균, 전명순(2012). 청소년활동 개념 재정립에 관한 연구. 청소년시설환경, 19(3), 3-15.

권일남, 정철상, 김진호, 김영철(2008). 청소년활동지도론. 서울: 학지사.

권일남, 최창욱(2011). 청소년활동 개념 재정립에 관한 연구. 서울: 한국청소년정책연구원.

권현용, 김현미(2009). 학교폭력 가해청소년의 심리사회적 요인에 관한 질적 분석. 한국동서정신과학회지, 12(1), 1-12.

금명자(2008). 우리나라 학업중단청소년에 대한 이해. 한국심리학회지: 사회문제, 14(1), 299-317.

금명자, 권해수, 이희우(2004). 탈북 청소년의 문화적응 과정 이해. 한국심리학회지: 상담 및 심리치료, 16(2), 295-308.

금명자, 주영아, 이자영, 김태성, 김상수, 신현수(2005). 학교 밖 청소년 평가도구 개발. 부산: 한국청소년상담원.

길은배, 문성호(2003). 북한이탈청소년의 남한사회 적응 실태 및 지원 방안 연구. 서울: 한국청소년개발원.

김갑숙, 강연정(2007). 여자청소년의 신체관련변인, 자존감, 내적 통제력이 섭식장애행동에 미치는 영향. 한국가정관리학회지, 25(3), 77-87.

김경신, 김진희(2003). 청소년이 지각한 부모 자녀 관계변인이 인터넷중독에 미치는 영향. 한국가정학회지, 6(1), 15-25.

김경신, 박옥임, 임형택, 이민창, 김오남(2007). 청소년복지론. 서울: 청목출판사.

김경우(2009). 청소년 인터넷중독에 영향을 미치는 요인과 대처방안에 관한 연구. 한국컴퓨터정보학회 논문집, 14(9), 157-165.

김경준(2005). 청소년복지정책 현황과 개선방안 연구. 서울: 한국청소년개발원.

김경준(2008). 청소년복지정책의 방향설정에 관한 연구. 미래청소년학회지, 5(2), 1-21.

김경준, 김지혜, 류명화, 정익중(2006). 청소년 유형별 복지욕구실태와 지원방안. 서울: 한국청소년개발원.

김경준, 서정아, 정익중(2007). 특별지원청소년 세부 선정 절차 및 지원방법 연구. 서울: 한국청소년정책연구원.

김경준, 오성배, 강태중, 정유성, 이부미, 조정아(2008). 북한이탈청소년 종합대책 연구III: 북한이탈청소년들의 진로실태와 정책방안 연구. 서울: 한국청소년정책연구원.

김경화(2008). 청소년 사업의 당면과제 및 발전방안. 청소년복지연구, 10(2), 159-179.

김경희(2012). 청소년의 인터넷중독 관련변인 분석. 목포대학교 대학원 박사학위 논문.

김광기(2008). 청소년음주, 이대로 둘 것인가. 청소년음주문화실태 세미나 미간행 발표 자료. 서울: 여성가족부 청소년보호위원회, 서울 YMCA 청소년약물상담실.

김광웅, 이종원, 천정웅, 이용교, 길은배, 전명기, 정효진(2009). 한국 청소년정책 20년사 -한국 청소년정책의 성과와 전망-. 서울: 한국청소년정책연구원.

김광혁(2006). 빈곤이 아동의 학업성취에 미치는 과정 분석. 한국사회복지학, 58(4), 265-290.

김광현, 장재홍(2010). 청소년 인터넷게임 과다사용집단 상담프로그램에 인터넷게임 중독 정도, 스트레스 지각 및 스트레스대처방식에 미치는 효과. 한국심리학회지: 상담 및 심리치료, 22(1), 213-232.

김기헌(2012). 향후 청소년정책 방향과 주요과제. 19대 국회에 청소년정책을 묻는다. 한국청소년정책연구원 개원 23주년기념 특별세미나 미간행 발표 자료. 서울: 한국청소년정책연구원.

김기헌, 이경상(2006). 청소년 생활시간 활용실태 및 변화. 서울: 한국청소년개발원.

김기헌, 장근영(2012). 차기정부 청소년정책 방향과 과제. 서울: 한국청소년정책연구원.

김기헌, 장근영, 강홍렬(2006). 2020 미래사회와 청소년 I (총괄분야) -청소년을 둘러싼 사회환경 변화와 정책과제-. 서울: 국가청소년위원회.

김기헌, 장근영, 임희진, 김혜영, 윤옥경(2011). 제5차 청소년정책기본계획 수립을 위한 연구. 서울: 여성가족부.

김기헌, 조혜영, 장근영, 이창호, 고원, 강홍렬(2007). 청소년 희망세상 비전2030: 종합보고서. 서울: 국가청소년위원회.

김남선, 권미경(2011). 부모의 음주 정도에 따른 중학생의 음주관련 태도 및 지식 비교. 한국모자보건학회지, 15(2), 206-215.

김남욱(2008). 가출청소년의 자립준비에 영향을 미치는 요인 -중장기청소년쉼터를 대상으로-. 가톨릭대학교 대학원 석사학위 논문.

김대원(2010). 아동양육시설 퇴소청소년의 자립초기 삶에 대한 질적 연구 -경기도 아동양육시설 퇴소청소년을 대상으로-. 서강대학교 대학원 석사학위 논문.

김동민, 금명자, 권해수, 이소영, 이희우, 이광호(2003). 학업중단청소년 지원협의체 구성 및 운영연구. 부산: 한국청소년상담원.

김동순, 김유숙, 김소희, 장영희, 장미선, 박종(2014). 우리나라 청소년의 흡연 경험과 인터넷중독과의 관련성. 한국전자통신학회논문지, 7(4), 937-944.

김두현(2008). 새 정부의 아동·청소년정책 방향과 과제. 청소년학연구, 15(4), 117-140.

김명선, 이동훈(2013). 탈북청소년의 남한사회 적응 특성에 관한 연구. 재활심리연구, 20(1), 39-64.

김명엽(2013). 게임 셧다운제의 문제점과 개선에 관한 연구. 입법정책, 6(1), 62-88.

김미숙(2013). 청소년건강 장려 및 신체활동 촉진을 위한 해외사례 고찰 -미국 프레지던트 챌린지와 독일 스포츠 뱃지를 중심으로-. 한국체육교육학회지, 18(2), 133-147.

김미연(2009). 그룹홈 청소년의 자립의지에 영향을 미치는 요인에 관한 연구. 숭실대학교 대학원 석사학위 논문.

김미진(2006). 청소년 약물남용의 사회복지적 개입방안에 관한 연구. 조선대학교 대학원 석사학위 논문.

김민(2001). 자발적 학업중도탈락현상 발생요인에 대한 분석 연구. 서울: 한국청소년개발원.

김민정, 김정규(2006). 게슈탈트 집단치료가 가출청소년의 자기개념, 우울, 불안에 미치는 영향: 여자 가출청소년을 중심으로. 한국심리학회지: 일반, 25(2), 41-57.

김범구(2009). 민간자원 활용현황 및 과제. 취약아동청소년 자립지원 활성세미나 미간행 발표 자료.

김범수(2001). 자원봉사의 이해. 서울: 학지사.

김상현, 양정호(2013). 학업중단 경험이 있는 고등학생의 학업중단 배경과 복교 후 학교생활에 대한 연구.

한국교육문제연구, 31(1), 81-113.

김선숙, 안재진(2012). 청소년 자원봉사활동이 공동체 의식에 미치는 영향 -자아존중감과 또래애착의 매개
　　역할을 중심으로-. 사회복지연구, 43(1), 339-363.

김선아(2010). 학업중단청소년 유형별 현황 및 맞춤형 정책 개발. 한국청소년정책연구원 세미나 미간행 발
　　표 자료. 서울: 한국청소년정책연구원.

김선애(2010). 청소년복지의 실천적 정립을 위한 고찰 -아동복지실천과의 비교를 통한 청소년의 개발적 복
　　지접근을 중심으로-. 청소년복지연구, 12(4), 279-299.

김성규(2011). 동아리활동이 청소년들의 자아존중감과 교우관계에 미치는 영향. 경운대학교 대학원 석사학
　　위 논문.

김성이, 조학래, 노충래, 신효진(2010). 청소년복지학. 파주: 양서원.

김소정(2010). 인터넷 경험이 청소년 비행에 미치는 영향. 사회복지연구, 41(3), 57-79.

김숙정(2011). 주5일수업제 전면 도입과 향후 과제. 교육정책포럼, 217, 4-6.

김승권, 조애저, 김유경, 김연수(2002). 가정폭력 성폭력 상담소 및 보호시설의 기능 역할 강화방안. 서울:
　　한국보건사회연구원.

김애순(2005). 청년기 갈등과 자기 이해. 서울: 시그마프레스.

김연화(2005). 부모 자녀간의 의사소통 및 또래관계와 아동의 인터넷중독 정도. 충북대학교 대학원 석사학
　　위 논문.

김연희(2010). 북한이탈청소년의 학교 중도탈락 영향의 경로구조 연구. 한국청소년연구, 21(1), 33-55.

김영지, 김희진, 김진숙, 김진호, 안재희, 이경자(2008). 국제기준 대비 한국청소년의 인권수준 연구 Ⅲ: 청소년 인
　　권실태의 국제비교. 서울: 한국청소년정책연구원.

김영한, 조아미, 이승하(2013). 청소년 문제행동 저연령화 실태 및 정책 과제 연구. 세종: 한국청소년정책연
　　구원.

김영화, 최영진(2012). 오늘의 청소년 그들은 누구인가? 파주: 정민사.

김영희, 최보영, 이인회(2013). 학교 밖 청소년의 생활실태 및 욕구분석. 청소년복지연구, 15(4), 1-28.

김예선(2006). 청소년동아리활동이 학교생활만족도에 미치는 영향에 관한 연구. 숭실대학교 대학원 석사학
　　위 논문.

김옥순, 홍혜영(1999). 정보사회와 청소년 1: 통신중독증. 서울: 한국청소년문화연구소.

김용석(2004). 청소년 음주와 비행 간의 관계에 대한 탐색 -공통요인들의 역할을 중심으로-. 정신보건과 사회
　　사업, 18, 33-59.

김응수, 주석진(2010). 도시와 농촌지역 청소년의 학교부적응에 영향을 미치는 요인에 관한 비교연구. 청소
　　년학연구, 17(11), 183-203.

김윤나(2012a). 글로벌시대 시민청소년을 위한 활동정책의 현황과 발전과제. 시민청소년학연구, 3(2), 29-54.

김윤나(2012b). 학교부적응청소년 지원정책 사업에 관한 정책참여자의 평가. 청소년복지연구, 14(2), 1-23.

김윤나, 박옥식(2009). 청소년활동의 효과에 관한 분석. 청소년복지연구, 11(1), 79-99.

김윤나, 손진희, 최윤진(2008). 청소년활동의 종단적 변화특성 및 관련 요인. 한국청소년연구, 19(4), 139-167.

김은영, 송민경(2009). 단기쉼터 이용 가출청소년의 귀가 결정요인에 관한 생존분석. 청소년학연구, 16(1), 343-370.

김재엽, 이근영(2010). 청소년의 음주 및 흡연 경험이 학교폭력 가해행동에 미치는 영향: 부모-자녀 상호작용의 조절효과를 중심으로. 청소년복지연구, 12(2), 53-74.

김정주, 김용대, 성기원(2003). 지역사회에서 청소년동아리활동 실태와 지원방안 연구. 서울: 한국청소년개발원.

김정주, 최창욱(2004). 청소년육성 기능강화 및 행정체계 발전방안. 서울: 문화관광부, 한국청소년개발원.

김종범, 한상철(2001). 인터넷중독 하위집단의 특성연구: 자존감, 공격성, 외로움, 우울을 중심으로. 한국심리학회지: 상담 및 심리치료, 13(2), 207-219.

김주일(2006). 청소년 약물문제의 사회적 관리 -청소년약물남용 예방을 중심으로. 한국학연구, 24, 34-36.

김지혜(2005). 가출청소년의 노동시장 참여와 비행. 한국청소년연구, 16(2), 207-234.

김지혜(2008). 학업중단청소년의 진로장벽과 진로준비행동에 관한 질적 연구. 숙명여자대학교 대학원 석사학위 논문.

김지혜(2009). 가족중심 청소년 여가활동 활성화 방안 연구. 명지대학교 대학원 석사학위 논문.

김지혜(2012). 청소년 봉사활동이 자아존중감과 자아탄력성을 매개로 공동체 의식과 삶의 만족도에 미치는 영향: 봉사활동 시간과 주관적 만족을 중심으로. 청소년복지연구, 14(1), 41-62.

김지혜, 안치민(2006). 가출청소년의 학업중단 영향 요인과 대책. 한국청소년연구, 17(2), 133-157.

김진화(2002). 청소년문제행동론. 서울: 학지사.

김진희, 김경신(2004). 청소년의 인터넷중독에 대한 생태학적 접근. 한국청소년연구, 15(1), 137-166.

김통원, 김경륜, 김성천, 박은미, 이상균(2005). 아동복지시설 발전방안 개발연구. 서울: 보건복지부, 안양: 한국아동복지연합회.

김향초(2009). 가출청소년의 이해와 상담. 서울: 학지사.

김혁진(2012). 주5일수업제에 따른 청소년활동 활성화 방안 연구: 청소년활동 관점에서 바라본 주5일수업제. 콜로키움자료집 12-S09. 서울: 한국청소년정책연구원.

김현수(2012). 청소년의 인터넷중독과 해결방안에 관한 고찰. 한국중독범죄학회보, 2(1), 73-86.

김현아, 방기연(2012). 그룹홈 종사자의 무연고 탈북청소년과의 거주경험에 관한 질적 연구. 한국청소년연구, 23(3), 137-170.

김현옥(1999). 일 지역 중·고등학생의 흡연실태. 한국학교보건학회지, 12(1), 149-167.

김현옥, 전미숙(2007). 청소년의 흡연, 음주와 정신건강과의 관계. 한국보건간호학회지, 21, 217-229.

김현철, 최창욱, 민경석(2010). 초·중·고 창의적 체험활동과 청소년활동정책의 연계방안 연구. 서울: 한국청소년정책연구원.

김형태(2004). 북한이탈청소년의 남한사회 적응유형에 관한 통합적 비교 연구. 숭실대학교 대학원 박사학위 논문.

김혜래(2007). 중학생의 진로결정 실태와 진로성숙도의 생태체계적 변인에 관한 연구. 학교사회복지, 13, 51-74.

김혜래(2010). 청소년복지정책의 발전방향. 2010 춘계공동학술대회 미간행 발표 자료. 서산: 한국청소년복지학회.

김혜숙(2012). 청소년의 스트레스와 인터넷 사용이 인터넷 중독에 미치는 영향 –대구광역시 중학생을 중심으로–. 대구가톨릭대학교 대학원 석사학위 논문.

김혜숙, 김순진, 송종용, 최은(1994). 청소년 약물남용 예방상담: 실천이론연구. 부산: 한국청소년상담원.

김혜원(2010). 저출산과 청소년 인구감소에 따른 청소년 삶의 변화: 가정과 교육관련 내용을 중심으로. 춘계공동학술대회자료집, 145-172.

김호순, 강동균, 이필만(2014). 청소년 방과 후 활동 종합지원을 위한 통합 운영모형에 따른 전달체계 개발. 청소년학연구, 21(1), 395-415.

김희수, 홍성훈, 윤은종(2005). 청소년이 지각한 부모-자녀 간의 의사소통과 자기효능감 및 진로결정과의 관계. 한국청소년연구, 16(2), 37-65.

김희숙, 최연희, 유성자(2010). 고등학생의 자아정체성 스트레스 및 인터넷중독 정도와의 관계. 정신간호학회지, 19(2), 173-185.

김희영, 김경희, 권혜진, 최혜정, 이종화, 김수강(2004). 중학생과 고등학생의 오락용 약물사용에 관한 비교 연구. 청소년학연구, 11(3), 271-298.

나승일(2012). 청소년 흡연에 영향을 미치는 요인에 관한 연구. 서울시립대학교 대학원 석사학위 논문.

남미경, 이경님(2009). 청소년의 가출충동에 영향을 미치는 생태학적 변인. 한국가정관리학회지, 27(4), 41-54.

남미애(1998). 여성가출청소년의 심리사회적 문제에 관한 연구. 청소년학연구, 5(3), 63-90.

남미애(2007). 중장기청소년쉼터 발전방안 연구. 서울: 국가청소년위원회.

남미애, 홍봉선(2013). 청소년복지론. 고양: 공동체.

남미애, 홍봉선, 양혜진(2007). 가출청소년 및 청소년쉼터 실태조사. 서울: 국가청소년위원회, 한국청소년쉼터협의회.

남미애, 홍봉선, 육혜련, 김은경(2012). 청소년쉼터 설치 및 운영내실화 방안 연구. 서울: 여성가족부.

남영옥(2005). 중학생의 인터넷 중독, 게임중독, 음란물중독의 심리사회적 특성 비교. 청소년학연구, 12(3), 363-388.

노혁(2007). 청소년복지론(2판). 서울: 교육과학사.

노혁(2010). 청소년복지론(3판). 서울: 교육과학사.

노혜련, 김형태, 이종익(2005). 가출청소년의 자살생각과 행동에 영향을 미치는 심리사회적 변인에 관한 연구. 한국청소년연구, 16(1), 5-33.

대검찰청(2010). 2010년 범죄분석. 서울: 대검찰청.

도종수(2011). 청소년 자원봉사활동이 주관적 행복감에 미치는 영향. 청소년복지연구, 13(4), 21-45.

도종수, 성준모(2013). 청소년활동경험이 사회성 발달에 미치는 영향. 청소년복지연구, 15(2), 145-173.

류화청(2014). 청소년의 스마트폰중독에 따른 윤리의식 활성화 방안. 인권복지연구, 13, 103-122.

맹영임, 이광호, 이진원(2012). 주5일수업제에 따른 청소년활동 활성화 방안 연구. 서울: 한국청소년정책연구원.

문성호(2005). 북한이탈청소년의 남한사회 적응과 청소년복지의 과제. 청소년복지연구, 7(1), 5-17.

문성호, 문호영(2009). 청소년 자원봉사활동의 실태 및 효과에 관한 비교연구. 청소년복지연구, 11(1), 101-120.

문영희(2003). 청소년 자원봉사활동에 대한 사회복지교육의 이론적 함의에 관한 연구. 지역사회개발학회, 28(1), 123-144.

문재우(2012). 우리나라 청소년의 가출충동과 가출경험에 영향을 미치는 요인. 대한보건연구, 38(1), 19-34.

문화체육관광부(2008). 2008년 한국인의 의식 · 가치관 조사. 서울: 문화체육관광부.

문화체육관광부(2010). 국민여가활동조사. 서울: 문화체육관광부.

문화체육관광부(2012). 국민생활체육실태조사. 서울: 문화체육관광부.

미래창조과학부(2014). 13년 인터넷중독 실태조사 및 14년 추진계획. 2014년 3월 24일 보도자료. 과천: 미래창조과학부.

박경래(2008). 인터넷 성매매의 실태 및 인식에 관한 연구: 존스쿨교육대상자를 중심으로. 형사정책, 20(2), 301-332.

박관숙(2012). 청소년 자원봉사활동이 시민의식 형성에 미치는 효과. 순천대학교 대학원 석사학위 논문.

박명철(2012). 청소년 인터넷 중독의 접근방법에 관한 연구. 한국컴퓨터정보학회 하계학술대회 논문집, 20(2), 207-208.

박병식(2012). 범부처 청소년정책 추진현황 분석. 한국청소년정책연구원 세미나 미간행 발표 자료. 서울: 한국청소년정책연구원.

박설희(2013). 문화복지정책에 관한 연구 -청소년의 문화예술 향유 접근방법을 중심으로-. 단국대학교 대학원 석사학위 논문.

박웅기(2003). 대학생들의 이동전화 중독증에 관한 연구. 한국언론학회, 47(2), 250-281.

박윤숙(2006). 북한이탈청소년의 사회적 지지 특성과 남한사회 적응에 관한 연구. 서울여자대학교 대학원 박사학위 논문.

박윤희(2010). 장 · 단기 가출청소년의 개인 및 가족특성의 차이에 관한 연구. 가톨릭대학교 대학원 석사학위 논문.

박윤희, 이상균(2010). 청소년가출의 장기화에 영향을 미치는 요인. 사회복지리뷰 15, 157-186.

박은선(2005). 아동양육시설 퇴소청소년들의 자립생활 준비를 위한 일반주의 실천 접근에 관한 연구. 서울여자대학교 대학원 박사학위 논문.

박일권(2005). 탈북 청소년 적응과 교사의 역할에 관한 연구. 경남대학교 대학원 석사학위 논문.

박재숙(2009). 학교위험요인이 청소년의 학교중퇴 의도에 미치는 영향: 인터넷 과다사용의 매개효과를 중심으로. 청소년복지연구, 11(3), 1-23.

박재숙(2010). 학교청소년의 수련활동과 자원봉사활동, 자아존중감, 공동체의식의 관계. 청소년학연구, 17(4), 157-182.

박재홍, 김성환(2011). 청소년기 뇌 발달과 인지, 행동 특성. 생물치료정신의학, 17(1), 11-20.

박정임(2011). 학생의 인터넷중독 및 휴대폰 중독 수준에 따른 우울, 충동성, 가족관계 질의 차이. 계명대학교 대학원 석사학위 논문.

박지현, 최태산(2008). 청소년의 신체이미지가 자존감에 미치는 영향. 한국놀이치료학회지, 11(1), 117-129.

박진규(2012). 청소년문화. 서울: 학지사.

박창남(2005). 아동·청소년 노동권침해법령 개선방안연구. 지역사회학, 7(1), 231-249.

박현선(2010). 고위험군 청소년을 위한 멘토링프로그램의 효과분석. 사회복지연구, 41(1), 175-201.

방송통신위원회, 한국인터넷진흥원(2008). 인터넷이용 실태조사. 과천: 방송통신위원회.

방송통신위원회, 한국인터넷진흥원(2012). 제4차 스마트폰 이용실태조사. 서울: 한국인터넷진흥원.

배규한(2012). 21세기 청소년정책의 방향과 기조. 2012 청소년 정책방향 정립을 위한 대토론회 미간행 발표자료. 서울: 한국청소년단체협의회, 한국청소년상담지원센터협의회, 한국청소년쉼터협의회, 전국청소년활동진흥센터협의회, 한국청소년수련시설협회.

배문조, 전귀연(2002). 청소년의 가출충동과 관련된 특성 연구: 개인, 가족, 학교환경, 또래관계를 중심으로. 대한가정학회지, 40(1), 23-35.

배임호, 양영은(2010). 학업중단 북한이탈청소년의 적응과정에 관한 질적 연구. 사회복지연구, 41(4), 189-224.

배정이, 최숙희(2009). 청소년의 물질남용 실태조사. 정신간호학회지, 18(1), 21-30.

배주미, 정익중, 김범구, 김영화(2010). 취약청소년 자립지원 모형개발. 부산: 한국청소년상담원.

백혜정, 길은배, 윤인진, 이영란(2006). 북한이탈청소년종합대책연구1 −남한사회적응과정을 중심으로−. 서울: 한국청소년정책연구원.

백혜정, 길은배, 윤인진, 이영란(2007). 남한 내 북한이탈청소년의 심리적응에 영향을 미치는 적응준비도에 관한 연구. 한국청소년연구, 18(2), 183-211.

백혜정, 김은정(2008). 청소년 성의식 및 행동 실태와 대처방안 연구. 서울: 한국청소년정책연구원.

백혜정, 방은령(2009). 청소년가출현황과 문제점 및 대책연구. 서울: 한국청소년정책연구원.

보건복지가족부(2009a). 아동·청소년 매체환경의 유해요인에 따른 사회비용. 서울: 보건복지가족부.

보건복지가족부(2009b). 아동청소년백서. 서울: 보건복지가족부.

보건복지가족부(2009c). 아동청소년복지시설의 개선방안. 서울: 보건복지가족부.

보건복지가족부(2009d). 학교부적응·학업중단청소년 예방 및 지원방안. 2009년 6월 23일 국무회의 보도자료. 서울: 보건복지가족부.

보건복지부(2007). 국민건강영양조사. 서울: 보건복지부.

보건복지부(2010). 2009년 청소년건강행태 온라인조사. 서울: 보건복지부.

보건복지부(2011). 2011년 정신보건사업 안내. 서울: 보건복지부.

보건복지부(2012). 아동복지 사업안내. 서울: 보건복지부.

보건복지부(2014). 2014 건강검진 사업안내. 세종: 보건복지부.

보건복지부, 중앙아동자립지원센터(2008). 퇴소청소년의 실태 및 자립지원 방안연구. 서울: 보건복지부, 중앙아동자립지원센터.

보건복지부, 중앙아동자립지원센터(2011). 보호아동 실태조사를 통한 자립지원의 방향과 과제. 서울: 보건복지부, 중앙아동자립지원센터.

서경환(2007). 인터넷의 중독적 사용이 청소년 문제행동에 미치는 영향. 한국교원대학교 대학원 석사학위 논문.

서울특별시교육청(2011). 서울 초 · 중 · 고교 학업 중단 학생 실태조사와 예방 및 복귀지원을 위한 정책 대안개발 연구. 서울: 서울특별시교육청.

서혜은(2009). 경제자본, 사회자본, 문화자본이 학생의 자아존중감에 미치는 영향. 한양대학교 교육대학원 석사학위 논문.

설민희(2009). 청소년의 문화활동이 심리사회적 적응에 미치는 영향. 한국청소년문화연구소, 21, 140-172.

성윤숙(2005). 학교중도탈락청소년의 중퇴과정과 적응에 관한 탐색. 한국청소년연구, 16(2), 295-343.

성윤숙(2011). 청소년 인터넷 성매매 실태와 대응방안. NYPI Youth Report, 15.

성윤숙, 박병식(2009). 여성청소년의 인터넷성매매 실태와 대응방안 연구. 서울: 한국청소년정책연구원.

성정미(2009). 복교청소년의 학교적응을 위한 게슈탈트심리치료 집단프로그램 개발. 한남대학교 대학원 석사학위 논문.

손애리(2003). 서울시 중학생의 폭음실태와 건강 위험행동과의 상관성 연구. 한국알코올과학회지, 4(2), 49-59.

손애리, 이연숙, 양미영(2011). 고등학생의 음주가 우울에 미치는 영향: 자아존중감의 조절효과. 한국알코올과학회지, 12(1), 113-122.

손혜옥, 최외선, 이미옥(2008). 시설청소년의 자립준비도에 영향을 미치는 요인. 한국가족복지학, 13(4), 185-203.

송선미(2007). 비행청소년과 일반청소년의 정서성과 정서조절 전략이 문제성 음주에 미치는 영향. 연세대학교 대학원 석사학위 논문.

송수지, 김정민, 남궁지영(2012). 청소년동아리활동경험이 자아개념 성장에 미치는 영향. 한국청소년연구, 23(1), 121-147.

송충진(2008). 청소년들의 인터넷중독 경향이 합리적 의사결정에 미치는 영향 연구. 법교육연구, 3(1), 103-133.

신기숙(2011). 성폭력 피해아동의 피해경험. 한국심리학회지: 일반, 30(4), 1255-1287.

신승철(2003). 음주·흡연·마약·음식과 구강건강. 서울: 단국대학교 출판부.

신의진(2011). Wee 프로젝트 운영기관의 정신건강서비스 지원 역량강화를 위한 정책 제안 연구. 서울: 한국교육개발원.

신혜령(2001). 시설청소년의 자립지원에 관한 연구: 청소년과 보육사의 인식 비교를 중심으로. 이화여자대학교 대학원 박사학위 논문.

신혜령, 김성경, 안혜영(2003). 시설퇴소아동 자립생활의 영향요인에 관한 연구. 한국아동복지학, 16, 167-194.

신혜령, 박은미, 강현아(2008). 아동복지시설 퇴소청소년 자립지원을 위한 정책프로그램 개발 연구 보고서. 서울: 보건복지가족부.

신혜령, 박은미, 노충래(2009). 아동청소년복지시설의 개선방안. 서울: 한국보건복지인력개발원.

심영애(1990). 서울시내 남녀고교생의 흡연에 관한 태도 조사연구. 지역사회간호학회지, 2(1), 311-313.

심은실, 김영혜(2011). 초등학생의 스트레스와 외현적-내면적 문제행동의 관계: 자동적 사고의 매개효과. 초등교육연구, 24(4), 97-119.

아영아(2010). 청소년의 인터넷중독에 영향을 미치는 인터넷 환경요인의 조절효과. 신라대학교 대학원 박사학위 논문.

아영아, 정원철(2010). 청소년의 학업 및 가족갈등 스트레스가 인터넷중독에 미치는 영향 -스트레스 대처능력의 조절효과 중심으로-. 청소년복지연구, 12(4), 257-277.

안권순(2010). 북한이탈청소년의 남한사회 적응을 위한 지원방안 연구. 청소년학연구, 17(4), 25-45.

안선영, 김희진, 강영배, 배경내, 조혜영, 박민경(2013). 청소년 직업체험 및 아르바이트 실태조사연구 I. 서울: 한국청소년정책연구원.

안영숙, 안태용(2011). 복교청소년의 학교적응 사례 연구. 청소년학연구, 18(8), 237-263.

양계민, 황순택(2008). 입국초기 새터민 청소년들의 심리적 건강상태에 관한 탐색적 연구. 한국청소년연구, 49, 338-358.

양영은(2009). 학업중단 북한이탈주민 청소년의 적응과정에 관한 질적 연구. 숭실대학교 대학원 석사학위 논문.

여성가족부(2007). 위기청소년 유해환경실태조사. 서울: 여성가족부.

여성가족부(2008). 2008 청소년백서. 서울: 여성가족부.

여성가족부(2010a). 청소년 유해환경 접촉 종합실태조사. 서울: 여성가족부.

여성가족부(2010b). 청소년백서. 서울: 여성가족부.

여성가족부(2011a). 청소년백서. 서울: 여성가족부.

여성가족부(2011b). 청소년 유해환경 접촉 종합실태조사. 서울: 여성가족부.

여성가족부(2012a). 청소년 유해환경 접촉 종합실태조사. 서울: 여성가족부.

여성가족부(2012b). 2012년도 청소년사업 안내. 서울: 여성가족부.

여성가족부(2013). 청소년백서. 서울: 여성가족부.

여성가족부, 통계청(2011). 2011 청소년종합실태조사. 서울: 여성가족부, 통계청.

여성가족부, 한국청소년쉼터협의회(2010). 2010년 가출청소년 및 청소년쉼터 실태조사. 서울: 여성가족부, 한국청소년쉼터협의회.

여성가족부, 한국청소년정책연구원(2011). 청소년 아르바이트 근로보호 정책방향과 과제. 서울: 여성가족부, 한국청소년정책연구원.

염철현(2009). 학력인정 다양화 방안을 위한 법제 연구. 교육법학연구, 21(2), 175-194.

오승근(2009). 학업중단청소년을 위한 국가 정책의 비판적 고찰 -보건복지가족부의 정책을 중심으로-. 미래청소년학회지, 6(4), 1-21.

오승환(2010). 청소년가출에 대한 생태체계적 영향 요인 -가출충동과 가출경험을 중심으로-. 청소년복지연구, 12(4), 301-324.

오원옥(2007). 고등학생의 인터넷중독에 영향을 미치는 요인. 아동간호학회지, 13(1), 81-89.

오은복(2003). 청소년성매매에 대한 실업계여고생의 인식과 경험가능성에 관한 연구. 아주대학교 대학원 석사학위 논문.

오정아, 김영희, 김정운(2014). 청소년의 학업중도포기 과정. 청소년학연구, 21(5), 141-168.

오혜영(2011). 학업중단청소년을 위한 상담·복지의 통합적 지원 모형. 부산: 한국청소년상담원.

오혜영, 지승희, 박현진(2011). 학업중단에서 학업복귀까지의 경험에 관한 연구. 청소년상담연구, 19(2), 125-154.

원지영(2008). 아동복지시스템 퇴소 청소년들의 자립현황과 자립 지원정책에 대한 고찰: 우리나라와 미국의 사례를 중심으로. 청소년학연구, 15(7), 79-107.

유문무(2005). 청소년 성매매 현상의 원인과 대책. 한국공공관리학보, 19(2), 163-194.

유성경, 송수민, 이소래(2000). 청소년의 가출. 부산: 한국청소년상담원.

유승엽, 이영주(2004). 청소년 자원봉사자의 효율적인 관리방안에 대한 연구. 남서울대학교 논문집, 10(3), 409-423.

유안진, 이점숙, 김정민(2005). 신체상, 부모와 또래애착, 탄력성이 청소년의 생활만족에 미치는 영향. 한국가정관리학회지, 23(5), 123-132.

유은희, 하은혜(2009). 인터넷 중독 유형에 따른 청소년의 온-오프라인 친구관계: 게임, 채팅, 음란물을 중심으로. 한국청소년연구, 20(2), 5-29.

윤명숙, 조혜정(2011). 청소년 음주행위가 자살생각에 미치는 영향에 관한 종단연구. 청소년복지연구, 13(3), 43-66.

윤상오, 이혜경(2006). 휴대전화 중독에 대한 심층인터뷰. 한국정보문화진흥원 휴대전화 중독원인분석 보고서. 서울: 한국정보문화진흥원.

윤여각, 박창남, 전병유, 진미석(2002). 학업중단청소년 및 대안교육 실태조사. 서울: 한국교육개발원.

윤인진(2009). 북한이주민 생활과 의식 그리고 정착지원 정책. 서울: 집문당.

윤철경, 김영지, 김기헌, 오성배(2008). 신정부 청소년정책 발전방향과 과제. 서울: 한국청소년정책연구원.

윤철경, 류방란, 김선아(2010). 학업중단현황 심층 분석 및 맞춤형 대책 연구. 서울: 교육과학기술부.

윤철경, 유성렬, 김신영, 임지연, 엄아람, 최은희(2013). 학업중단청소년 패널조사 및 지원방안 연구. 서울: 한국청소년정책연구원.

윤현영, 권선중, 황동아(2007). 청소년쉼터에 입소한 가출청소년 건강실태 조사연구. 서울: 국가청소년위원회.

윤현영, 김지혜, 황동아(2006). 가출청소년을 위한 아웃리치 매뉴얼. 서울: 국가청소년위원회.

윤혜정, 권경인(2011). 휴대전화중독 청소년들의 특성 및 중독과정 촉진요인. 상담학연구, 12(2), 577-598.

은지용(2002). 청소년봉사활동 반성경험이 시민성에 미치는 효과 연구. 서울대학교 대학원 박사학위 논문.

이강일(2007). 서울시 청소년 문화향유 실태에 관한 연구. 청소년문화포럼, 15, 196-217.

이강훈(2003). 육아시설퇴소예정아동의 자립지원활성화 방안에 관한 연구. 대구가톨릭대학교 대학원 석사학위 논문.

이경상(2003). 국가발전과 청소년대안교육: 학업중단청소년들의 진로설정 실태 및 지원방안. 한국청소년학회 2003년 추계학술대회 미간행 자료. 서울: 한국청소년학회.

이경상(2009). 취약기 아동·청소년 보호자립 실태조사. 서울: 보건복지부, 한국청소년정책연구원.

이경상, 김기헌, 김가람(2011). 청소년 아르바이트 근로보호 정책방향과 과제. 서울: 여성가족부.

이경상, 김지연, 최수미, 이순래(2012). 청소년 흡연·음주 실태와 정책적 대응방안. 서울: 한국청소년정책연구원.

이경상, 박창남(2006). 학업중단 이후 첫 번째 아르바이트 참여 실태 및 지원방안. 한국청소년연구, 17(2), 265-289.

이광호(2005). 새로운 통합적 청소년정책 -청소년 '육성과 보호' 패러다임에서 '성장과 참여' 패러다임으로의 전환-. 한국청소년시설환경학회 국제심포지엄 미간행 자료. 서울: 한국청소년시설환경학회.

이동욱, 유주형, 김규훈(2011). 시설퇴소아동 실태조사 및 분석. 서울: 보건복지부, 아동자립지원사업단.

이명숙(2002). 부산지역 청소년의 자원봉사활동 만족도에 영향을 미치는 요인 연구. 부산대학교 석사학위 논문.

이미원, 유현실(2013). 학교중단청소년의 '나의 삶 찾기' 과정: 천안시 거주 청소년 중심으로. 청소년상담연구, 21(1), 341-370.

이미정, 강현미, 김영순 역(2010). 다문화교육과 인간관계[Multicultural Education and Human Relations]. D. W. Johnson & R. T. Johnson 저. 서울: 교육과학사. (원저는 2007년에 출판).

이민희(2009). 새로운 청소년통합지원 체계와 가출청소년쉼터 기능의 탐색. 청소년보호지도연구, 16, 169-193.

이민희(2012). 주5일 수업제도 전면 시행 후 경기지역 청소년의 여가시간 실태에 관한 연구. 청소년시설환경, 10(4), 119-127

이민희, 주동범, 김홍주, 임지연(2005). 청소년정책과 학교교육 정책의 연계·협력 방안 연구 -청소년활동의 연계·협력을 중심으로-. 서울: 한국청소년개발원.

이병호, 손애리(2008). 학교의 알코올통제정책이 중학생의 음주지식, 태도 및 행동에 미치는 영향. 한국알코올과학회지, 9(2), 103-111.

이병환(2002). 학업중단청소년의 사회적응 방안. 한국교육, 29(1), 175-196.

이상일(2009). 동아리활동이 진로계획에 미치는 영향 -관악합주부를 중심으로-. 계명대학교 석사학위 논문.

이상현, 윤명성(2007). 위기청소년의 가정과 학교생활 특성에 관한 연구, 사회과학연구, 14(1), 89-118.

이성식(2004). 청소년 인터넷음란물 접촉이 성폭력에 미치는 영향에서의 조건효과. 청소년학연구, 11(2), 22-45.

이성은(2009). 청소년의 자원봉사활동과 자아존중감의 관계에 대한 종단적 연구. 사회복지연구, 40(2), 313-335.

이소희, 도미향, 정익중, 김민정, 변미희(2005). 청소년복지론. 파주: 나남.

이수림, 송미경, 김은영, 손현동(2011). 쉼터 거주 가출 청소년의 가출 이전과 이후의 경험에 관한 연구. 한국심리학회지: 상담 및 심리치료, 23(2), 491-519.

이수연(2008). 새터민청소년의 학교적응에 관한 질적 분석. 청소년학연구, 15(1), 81-113.

이수정(2008). 새터민의 학력인정 방안 모색을 위한 관계자 워크숍 지정토론문. 새터민의 학력인정 방안 모색을 위한 관계자 워크숍 미간행 자료집. 서울: 한국교육개발원, 교육과학기술부.

이순자(2006). 청소년의 자원봉사활동이 자기효능감에 미치는 영향. 광운대학교 대학원 석사학위 논문.

이영오, 김영주(2011). 방과후 체육활동이 중학생의 학교생활 적응에 미치는 영향. 한국스포츠학회지, 9(2), 93-105.

이용교(1995). 한국청소년정책론. 서울: 인간과복지.

이용교(2006). 새터청소년을 위한 자립지원정책의 개선방안 연구. 청소년복지연구, 8(1), 51-67.

이용교(2012). 한국청소년복지론. 파주: 정민사.

이용교, 홍봉선, 윤현영(2005). 청소년보호시설 설치 및 운영기준 마련을 위한 연구. 서울: 국가청소년위원회.

이유경, 채규만(2006). 컴퓨터 게임중독과 청소년의 사회적 관계 및 적응과의 관계. 한국심리학회지: 임상, 25(3), 711-726.

이유진(2011). 위기아동·청소년 긴급구호체계 개선방안. 서울: 한국청소년정책연구원.

이유진, 배규한(2014). 청소년보호의 시대적 중요성과 미래의 바람직한 방향. 서울: 한국청소년정책연구원.

이은수(2012). 학업스트레스와 인터넷 중독의 관련성: 부모양육태도 중재효과 중심으로. 가톨릭대학교 대학원 석사학위 논문.

이자영, 강석영, 김한주, 이유영, 양은주(2010). 학업중단 위기청소년이 지각한 학업중단의 위험 및 보호요인 탐색: 개념도 연구법의 활용. 청소년상담연구, 18(2), 225-241.

이재욱(2012). 학교폭력의 원인과 해결방안-학교폭력예방 및 대책에 관한 법률의 실효성 검토와 법교육의 중요성 인식을 중심으로. 고려대학교 대학원 석사학위 논문.

이주석, 유승훈, 성은모(2013). 청소년 체험활동에 대한 정부 정책의 사회경제적 가치 추정. 미래청소년학회지, 10(2), 103-123.

이지은(2010). 청소년국제교류활동과 지구시민교육 -양천구 사례를 중심으로-. 경희대학교 대학원 석사학위 논문.

이진석, 이선영, 김명정, 최혜원, 한혜민(2011). 학생정신건강관리 체계운영실태분석을 통한 문제점 확인 및 개선방안 연구. 서울: 서울대학교 산학협력단, 청주: 충청북도교육청.

이태자, 유운식(2012). 세계화가 청소년의 삶과 청소년분야에 끼친 영향: 글로벌 관점. 글로벌청소년연구, 2(2), 41-71.

이해경(2002). 청소년들의 음란물, 음란채팅, 폭력게임 중독 경험에 대한 비교분석. 청소년학연구, 9(1), 91-114.

이현숙(2000). 청소년의 자원봉사활동 경험이 이타성에 미치는 영향. 명지대학교 대학원 석사학위 논문.

이현심, 박주현, 최덕경(2012). 북한이탈청소년들의 한국생활 적응에 관한 현상학적 연구. 청소년복지연구, 13(4), 309-341.

이혜연(2011). 위기가정 아동·청소년 복지지원방안. NYPI Youth Report. 서울: 한국청소년정책연구원.

이혜연, 서정아, 조흥식, 정익중(2007). 아동복지시설 퇴소청소년의 실태와 적응과정 연구. 서울: 한국청소년정책연구원.

이혜연, 서정아, 조흥식, 정익중(2007). 아동복지시설 퇴소청소년의 실태와 적응과정 연구. 서울: 한국청소년정책연구원.

이혜원, 이봉주, 김혜래, 오승환, 정익중, 하승수, 이지수, 하경희, 김성천, 이상희, 심한기, 최은미(2008). 청소년권리와 청소년복지. 파주: 한울.

이혜은, 최재성(2008). 아동양육시설 퇴소청소년의 경제적 안정성, 거주 안정성, 삶의 만족도에 관한 연구. 청소년학연구, 15(2), 209-233.

이호열, 김준화(2008). 청소년 사이버일탈행동에 대한 여가교육의 방향 모색. 한국여가레크레이션학회지, 36, 437-448.

이희경(2003). 청소년의 게임이용요인과 개인·사회적 요인이 게임몰입과 게임중독에 미치는 영향. 청소년학연구, 10(4), 355-380.

임상록, 고명수, 구승신, 신후경, 윤영미, 이명순, 이복희, 이양훈, 정옥희(2010). 청소년복지론. 서울: 학지사.

임상수, 정순미, 서승희(2008). 새터민 아동을 위한 교육 멘토링. 서울: 교육과학사.

임주현(2005). 청소년성폭력 실태조사에 따른 사회복지지원방안. 성공회대학교 대학원 석사학위 논문.

장경희(2008). 시설청소년 자립지원방안에 관한 연구. 경희대학교 대학원 석사학위 논문.

장문강(2009). 새터민청소년의 학교적응에 관한 연구 -다문화교육관점을 중심으로-. 청소년문화포럼, 19, 196-232.

장성화, 박영진(2010). 휴대폰중독 수준에 따른 청소년들의 정신건강, 자기통제력, 자아존중감의 관계 연구. 한국교육포럼, 8(3), 25-41.

장은진(2012). 성별에 따른 인터넷중독이 학업성취도와 정서행동발달에 미치는 영향. 고려대학교 대학원 석사학위 논문.

장재홍, 신효정(2003). 청소년 인터넷중독 예방프로그램의 효과. 한국심리학회: 상담 및 심리치료, 15(4), 651-673.

장창호(2001). 탈북청소년의 적응에 관한 사회사업적 고찰. 한국사회복지, 5, 203-235.

장환식(2005). 청소년의 흡연태도 및 흡연행동에 영향을 미치는 요인에 관한 연구 –서울소재 중고등학생을 중심으로-. 성균관대학교 대학원 석사학위 논문.

전경숙(2006). 10대 학업중단청소년의 근로실태에 관한 실증적 고찰 연구 –가출경험 잠재적 학업중단을 중심으로-. 청소년상담연구, 14(1), 3-22.

전미영(2013). 인지행동 집단상담프로그램이 학교부적응을 보이는 중학생의 학교적응력 분노감 대인관계 능력에 미치는 영향. 대전대학교 대학원 석사학위 논문.

전영실, 강은영, 박형민, 김혜정, 황태정, 정유희(2007). 성폭력범죄의 유형과 재범억제방안. 서울: 한국형사정책연구원.

전영실, 김지영, 박성훈(2013). 비행 학업중단청소년 패널조사 및 지원방안 연구. 서울: 한국청소년정책연구원.

전예은(2011). 중학생의 인터넷중독 성향이 시간과 정신에너지관리에 미치는 영향. 고려대학교 대학원 석사학위 논문.

전우택(2005). 통일연구에 있어 사회정신의학 영역. 통일연구, 9(2), 37-52.

전재일, 천수혜(2008). 청소년의 여가활동과 또래 애착이 학교생활 적응에 미치는 영향. 사회복지개발연구, 14(2), 163-187.

전종설(2008). 청소년의 약물의존과 정신장애 이중진단에 관한 조사연구 –미국청소년을 중심으로-. 청소년학연구, 15(6), 251-270.

전춘애, 박철옥, 이은경(2008). 청소년의 인터넷중독 관련변인 탐색 연구. 상담학연구, 9(2), 709-726.

정경아(2001). 게임중독청소년의 특성 분석 개인의 필요성 판단을 위한 연구. 전남대학교 대학원 석사학위 논문.

정경은, 문성호(2008). 청소년가출에 대한 동향 분석. 미래청소년학회지, 5(1), 219-241.

정규석, 김영미, 김지연(2013). 청소년복지의 이해. 서울: 학지사.

정규석, 김영종(2003). 다체계적 관점에서 본 청소년 성매매의 원인과 대처방안. 사회과학연구, 19(1), 77-90.

정무성, 김은아(2013). 문화복지 참여에 따른 청소년의 문화자본과 사회자본이 삶의 질에 미치는 영향에 관한 연구. 미래청소년학회지, 10(3), 141-159.

정민선, 김현미, 유순덕(2011). 잠재적 학업중단청소년의 학업지속요인에 관한 질적 분석. 청소년상담연구,

19(1), 87-105.

정병호, 양계민, 이향규, 임후남, 황순택(2006). 새터민 청소년 사회적응력 제고를 위한 교육방안 마련 연구. 수원: 경기도교육청.

정석원, 정진철(2012). 청소년의 다문화교육 경험과 사회적 친밀감이 다문화수용에 미치는 영향. 다문화교육연구, 6(5), 51-68.

정선욱(2002). 시설보호 청소년의 원가족 관계 경험이 심리사회적 적응에 미치는 영향. 한국아동복지학, 14, 145-168.

정슬기, 김승수(2009). 음주에 대한 건강신념과 환경요인을 중심으로 한 중·고등학생의 음주행동 영향요인 비교. 한국알코올과학지, 10(1), 15-32.

정아름(2010). 청소년 노동인권에 관한 연구 −청소년 아르바이트를 중심으로−. 청소년문화포럼, 24, 164-188.

정연순, 이민경(2008). 교사들이 지각한 잠재적 학업중단의 유형과 특성. 한국교육, 35(1), 79-102.

정영숙(2011). 청소년의 인터넷중독 경향과 학교생활적응에 관한 연구. 관동대학교 대학원 석사학위 논문.

정영숙, 신민섭, 이승연 역(2009). 청소년심리학(제12판)[*The Adolescent: Development, Relationships, and Culture*]. F. P. Rice & K. G. Dolgin 저. 서울: 시그마프레스. (원저는 2001년에 출판).

정옥분(1998). 청년발달의 이해. 서울: 학지사.

정익중(2007). 청소년기 자아존중감의 발달궤적과 예측요인. 한국청소년연구, 18(3), 127-166.

정재우, 안도희(2013). 청소년의 가정환경 요인, 적응유연성 및 가출충동이 가출행동에 미치는 영향. 교육심리연구, 27(3), 647-671.

정준교(2005). 청소년의 자원봉사와 아르바이트의 관계에 관한 연구 −여가생활만족도, 삶의 생활만족도와 자아존중감을 중심으로−. 제2회 한국청소년패널 학술대회 미간행 발표 자료. 서울: 한국청소년정책연구원.

정하성, 유진이(2012). 청소년문화. 파주: 양서원.

정효진(2010). 한국 청소년정책담당 중앙행정기관의 역사적 변천과정에 관한 연구. 명지대학교 대학원 박사학위 논문.

조규필(2011). 취약청소년 자립준비요인 탐색 및 시사점. 청소년복지연구, 13(2), 97-120.

조규필(2013). 청소년 학업중단 대책방안. 충청남도 청소년정책 지역토론회 미간행 자료집.

조규필(2014). 취약청소년 자립준비도 척도개발 및 타당화. 청소년복지연구, 16(2), 273-310.

조규필, 박현진, 김래선, 김범구, 양대희, 이현진, 황수진(2011). 학업중단청소년의 학교재적응 과정 연구. 중등교육연구, 59(4), 969-1000.

조남억(2011). 한국사회 청소년활동정책 변화과정에 대한 성찰과 새로운 방향 모색. 미래청소년학회지, 8(2), 23-42.

조성연, 유진이, 박은미, 정철상, 도미향, 길은배, 김민정(2008). 청소년복지론. 서울: 창지사.

조성연, 이용교, 방은령(2000). 청소년의 원조교제에 관한 탐색적 연구. 청소년복지연구, 29(2), 99-116.

조성호(2008). 위기청소년 지원방안 연구. 서울: 보건복지가족부, 부천: 가톨릭대학교 산학협력단.

조성희, 김세영(2010). 가출경험 청소년의 우울불안에 영향을 미치는 요인에 관한 연구. 청소년학연구, 17(11), 289-315.

조순실(2010). 그룹홈 퇴소청소년의 자립을 향한 삶의 경험 연구. 숭실대학교 대학원 석사학위 논문.

조아미, 신택수(2012). 성장혼합모형을 활용한 청소년활동 참여수준의 유형과 특성 분석. 한국청소년학연구, 23(2), 161-184.

조애리 역(2008). 문화코드, 어떻게 읽을 것인가: 문화연구의 이론과 실제[*Introducing Cultural Studies*]. E. Baldwin, B. Longhurst, S. Mccracken, M. Ogborn, & G. Smith 저. 파주: 한울. (원저는 2007년에 출판).

조영승(1998). 청소년육성법론. 서울: 교육과학사.

조영승(1999). 청소년육성정책. 청소년학총론. 파주: 양서원.

조영승(2003). 청소년수련활동의 의미와 청소년의 법적 지위에 관한 연구. 청소년학연구, 10(4), 317-354.

조은경, 강석영, 이대형, 유춘자, 김경민, 전소연(2011). 손에 잡히는 성(性). 부산: 한국청소년상담원.

조춘범(2006). 청소년의 가정폭력 경험이 인터넷중독에 미치는 영향: 스트레스 대처의 조절효과를 중심으로. 청소년학연구, 13(5), 1-52.

조춘범(2010). 청소년의 가정폭력경험 및 부모-자녀 상호작용이 폭력비행에 미치는 영향 -인터넷 게임중독의 매개효과 검증-. 청소년복지연구, 12(1), 93-121.

조춘범, 송아영, 이순호(2007). 청소년의 인터넷중독에 관한 연구 -우울의 매개효과와 문제해결능력의 조절효과를 중심으로-. 한국사회복지조사연구, 16, 73-103.

조혜정(2012). 청소년의 음주와 폭력간의 인과관계에 대한 종단 연구 -성별 간 다집단분석-. 청소년복지연구, 14(4), 1-23.

주동범, 임성택(2009). 청소년의 문제행동 경험이 가출경험에 미치는 영향. 청소년학연구, 16(1), 51-72.

주석진(2011). 청소년의 인터넷중독을 결정짓는 위험요인과 보호요인에 관한 연구. 숭실대학교 대학원 박사학위 논문.

진은설, 임영식(2009). 청소년활동경험에 관한 현상학적 연구. 미래청소년학회지, 6(4), 211-234.

진은설, 임영식(2011). 청소년활동의 참여동기와 활동집단의 특성 그리고 활동만족도의 관계. 청소년복지연구, 13(3), 281-303.

질병관리본부(2009). 2008년 청소년건강행태 온라인조사 통계. 청원: 질병관리본부.

질병관리본부(2010). 2009년 청소년건강행태 온라인조사 통계. 청원: 질병관리본부.

질병관리본부(2011). 2010년 청소년건강행태 온라인조사 통계. 청원: 질병관리본부.

질병관리본부(2012). 2011년 청소년건강행태 온라인조사 통계. 청원: 질병관리본부.

천성수(2001). 주류의 건강증진세 부과에 대한 타당성 분석. 한국알코올과학회지, 2(2), 77-97.

천성수, 손애리, 송창호, 정재훈, 이주열, 김선경, 김연주, 복혜란(2003). 대학생의 폭음(binge drinking)에 대한 주기적인 실태조사 및 대학생 음주문제 예방정책 개발. 서울: 보건복지부.

천정웅(2000). N세대의 컴퓨터 몰입과 사이버일탈. 인터넷문화: 청소년참여와 사이버일탈. 서울: 한국청소년개발원.

천정웅(2012). 청소년복지론 -발전적 관점. 파주: 양서원.

최동선, 이상준(2009). 학교중단청소년을 위한 진로개발 지원 방안. 서울: 한국직업능력개발원.

최영미, 김석웅, 오수성(2008). 크로싱-탈북자 및 새터민에 대한 심리적 이해와 상담 개입: 탈북 새터민청소년들의 심리적 특성 및 학교적응문제 -부모교육 프로그램 내용을 중심으로-. 한국심리학회 연차학술발표대회 논문집, 304-350.

최윤미, 박희경, 손영숙, 정명숙, 김혜원, 최해림, 백화정, 강순화, 이은경, 이규미, 이은순, 정현희(2000). 현대청년심리학. 서울: 학문사.

최은진, 서미경, 박순우, 이영미, 박수진(2007). 청소년 음주·흡연예방 중장기계획 연구. 서울: 한국보건사회연구원, 국가청소년위원회.

최인재, 김지정, 임희진, 강현철(2011). 2010 청소년 가치관 국제비교 조사. 서울: 여성가족부, 한국청소년정책연구원.

최인재, 모상현, 강지현(2012). 아동·청소년 정신건강 증진을 위한 지원방안 연구 I: 총괄보고서. 서울: 한국청소년정책연구원.

최창욱(2013). 청소년 참여활동 실태와 활성화방안. 청소년정책리포트, 44.

최형임, 이재성, 문영경(2012). 청소년의 동아리활동 만족도가 학교생활적응에 미치는 영향 -자아탄력성의 매개효과. 미래청소년학회지, 9(1), 23-45.

추병식(2003). 학교붕괴의 탈근대적 의미. 청소년학연구, 10(3), 49-64.

통계청(2008). 2008 청소년 통계. 대전: 통계청.

통계청(2009a). 2008년 혼인·이혼 통계. 대전: 통계청.

통계청(2009b). 생활시간 조사. 대전: 통계청.

통계청(2009c). 2009 청소년통계. 대전: 통계청.

통계청(2010). 청소년상담지원현황. 대전: 통계청.

통계청(2011a). 2011 청소년통계. 대전: 통계청.

통계청(2011b). 청소년 인터넷 사용시간. 서울: 통계청.

통계청(2012a). 청소년상담지원현황. 대전: 통계청.

통계청(2012b). 2011년 혼인·이혼 통계. 대전: 통계청.

통계청(2012c). 생활시간조사. 대전: 통계청.

통일부(2006). 통일백서. 대전: 통계청.

통일부(2011). 한마당(북한이탈주민) 관련 통계. 서울: 통일부.

통일부(2012). 북한이탈주민 국내입국현황. 서울: 통일부.

표갑수(2000). 아동 · 청소년 복지론. 파주: 나남.

한국교육개발원(2010). 교육통계연보. 서울: 한국교육개발원.

한국마약퇴치운동본부(1998). 마약류 약물남용 예방교육 교재. 서울: 한국마약퇴치운동본부.

한국문화진흥원(2002). 인터넷중독 예방상담 및 예방프로그램 개발결과보고서. 광주: 한국문화진흥원.

한국아동청소년가족포럼(2010). 학업중단 아동과 청소년의 문제점과 해결 방안. 정책 토론 자료.

한국인터넷진흥원(2009). 2008 인터넷 이용실태 조사. 서울: 한국정보화진흥원.

한국인터넷진흥원(2012). 스마트폰 이용 실태조사. 과천: 방송통신위원회.

한국정보문화진흥원(2003). 인터넷중독 자가진단검사 K-척도와 예방교육 프로그램. 서울: 한국정보문화진흥원.

한국정보문화진흥원(2008). 인터넷중독 정책동향 및 법제도 연구. 서울: 한국정보문화진흥원.

한국정보화진흥원(2010). 인터넷중독의 예방과 해소를 위한 법제 정비 방향. 서울: 한국정보화진흥원.

한국정보화진흥원(2011a). 2011 인터넷중독 실태조사. 서울: 한국정보화진흥원.

한국정보화진흥원(2011b). 스마트폰 중독 진단척도 개발연구. 서울: 한국정보화진흥원.

한국정보화진흥원(2012). 2011 인터넷중독 실태조사. 서울: 한국정보화진흥원.

한국직업능력개발원(2002). 중 · 고등학교 중도탈락생을 위한 대안교육기관의 직업교육 강화 방안. 서울: 한국직업능력개발원.

한국직업능력개발원(2011). 학교중단청소년을 위한 진로개발 지원방안. 서울: 한국직업능력개발원.

한국청소년개발원(2006). 청소년문화론. 서울: 교육과학사.

한국청소년상담복지개발원(2012). 학업중단청소년 유형별 상담 매뉴얼 개발. 부산: 한국청소년상담복지개발원.

한국청소년상담원(2006). 위기청소년을 위한 지역사회안전망의 현재와 미래. 부산: 한국청소년상담원.

한국청소년상담원(2008). 상담사례연구집. 부산: 한국청소년상담원.

한국청소년상담원(2009). 맞춤형 학습클리닉 프로그램 매뉴얼 개발. 부산: 한국청소년상담원.

한국청소년정책분석평가센터(2011). 주5일 수업제 대비 청소년 여가활동에 대한 욕구 및 실태 분석. 이슈리포트, 제4호.

한국청소년정책연구원(2007). 한국청소년 행복지수 조사연구. 서울: 한국청소년정책연구원.

한국청소년정책연구원(2011). 청소년 매체이용 실태조사. 서울: 여성가족부, 한국청소년정책연구원.

한국청소년진흥센터(2008). 청소년활동 욕구 및 실태조사. 서울: 한국청소년진흥센터.

한명자(2012). 무연고 북한이탈청소년의 사회연결망 형성과 의미: 근거이론에 의한 접근. 경남대학교 대학원 석사학위 논문.

한상철(2006). 청소년문제행동: 심리학적 접근. 서울: 학지사.

한상철(2008). 청소년학: 이해와 지도. 서울: 학지사.

한상철(2009). 청소년활동정책의 방향과 대안모색: 긍정적 청소년발달의 촉진방안. 2010 춘계공동학술대회 미간행 발표 자료. 서산: 한국청소년복지학회.

한상철(2010). 청소년 가출 후 문제행동 개입 감소를 위한 보호요인의 완충효과 분석. 미래청소년학회지, 7(1), 125-149.

함인희(2011). 인생, 행복, 성공 영역의 미래세대 가치관 변화에 따른 대응방안. 미래세대 가치관 대응방안 워크숍 미간행 발표 자료. 서울: 미래기획위원회, 한국청소년정책연구원.

허성호, 정태연(2010). 자원봉사활동이 청소년기 발달에 미치는 영향. 한국청소년연구, 21(3), 143-164.

허신도(2012). 청소년 환경변화와 청소년활동진흥센터의 역할. 2012 청소년 정책방향 정립을 위한 대토론회 미간행 발표 자료. 서울: 한국청소년단체협의회.

허혜경, 김혜수(2010). 청년발달. 서울: 학지사.

현택수(2006). 문화복지와 문화복지정책의 개념에 관한 연구. 사회복지정책, 26, 101-122.

홍봉선, 남미애(2007). 청소년복지론. 고양: 공동체.

홍봉선, 남미애(2010). 청소년복지론(3판). 고양: 공동체.

홍봉선, 남미애(2013). 청소년복지론. 고양: 공동체.

황미정(2009). 빈곤청소년 진로준비에 영향을 미치는 요인: 개인적 변인, 환경적 변인, 진로관련 변인을 중심으로. 가톨릭대학교 대학원 석사학위 논문.

황순길, 정현주, 이은경, 김범구, 양대희(2011). 학업중단청소년 기숙형 대안캠프 프로그램 개발. 서울: 한국청소년정책연구원.

Anderson, G. R. (2003). Aging out of the foster care system: Challenges and opportunities for the State of Michigan. *Michigan Applied Public Policy Research Program*. http://www.ippsr.msu.edu/AppliedResearch

Bandura, A. (1964). The stormy decade: fact or fiction. *Psychology in the Schools, 1*, 224-231.

Clark, W. (2007) Delayed transitions of young adults. *Canadian Social Trends. Statistics Canada Catalogue No. 11-008*. http://www.statcan.gc.ca

Courtney, M. E., Piliavin, I., Grogan-Kaylor, A., & Nesmith, A. (2001). Foster youth transitions to adulthood: A longitudinal view of youth leaving care. *Child Welfare, 80*(6), 685-717.

Elkind, D. (1978). Understanding the young adolescent. *Adolescence, 13*, 127-134.

Goldberg, I. (1996). Internet addiction. electronic message posted to research discussion list. http://www.emhc.com/mlists/research.html

Havighurst, R. J. (1972). *Developmental Tasks and Education* (3rd ed.). New York: David MaKay.

Heybach, L., & Platt, S. (2000). *Termination of older youth from foster care: A protocol for Illinois*. Chicago, IL: Chicago Coalition for the Homeless.

Keller, T. E., Cusick, G. R., & Courtney, M. E. (2007). Approaching the transition to adulthood: Distinctive profiles of adolescents aging out of the child welfare system. *Social Service Review, 81*(3), 453–483.

Leathers, K., & Testa, M. F. (2006). Foster youth emancipating from care: Caseworkers's reports on needs and services. *Child Welfare, 85*(3), 463–498.

Loman, L. A., & Siegel, G. L. (2000). *A review of literature on independent living of youths in foster & residential care.* St. Louis, MO: Institute of Applied Research.

Osgood, D. W., Foster, E. M., Flanangan, C., & Ruth, G. R. (2005). *On your own without a net: The transition to adulthood for vulnerable populations.* Chicago, IL: The University of Chicago Press.

Petersen, A. C., Richmond, J. B., & Leffert, N. (1993). Social changes among youth: The United States experience. *Journal of Adolescent Health, 14,* 632–637.

Pittman, K., & Irby, M. (1996). *Preventing problems or promoting development: Competing priorities or inseparable goals?* Takoma Park, MD: International Youth Foundation.

Settersten, R. A., & Ray, B. (2010). What's going on with young people today? the long and twisting path to adulthood. *Future of Children, 20*(1), 19–41. http://www.futureofchildren.org

Stein, M. (2008). Resilience and young people leaving care. *Child Care in Practice. 14*(1), 35–44.

Stewart, A. J., Steinman, M., Cauce, A. M., Cochran, B. N., Whitbeck, L. B., Hoyt, D. R. (2004). Victimization and posttraumatic stress disorder among homeless adolescents. *Journal of American Academy Child and Adolescent Psychiatry, 43*(3), 325–331.

Thompson, A., & Kent, G. (2001). Adjusting to disfigurement: Processes involved in dealing with being visibly different. *Clinical Psychology Review, 21,* 663–682.

Young, K. S. (1996). Internet Addiction: The emergence of a new clinical disorder. Paper presented at the American Psychological Association, Toronto, Canada: APA.

Zarret, N., & Eccles, J. (2006). The passage to adulthood: Challenges of late adolescents. *New Directions for Youth Development, 111.*

경기신문(2014. 3. 30.). 월요논단: 아이들이 살아가는 이유. http://www.kgnews.co.kr /news/articleView.html?idxno=377189

경인일보(2014. 10. 1.). 양육시설 아이들 '가혹한 사회진출기'. http://www.kyeongin. com/?mod=news&act=articleView&idxno=903112

경향신문(2012. 12. 28.). '거리의 아이들' 20만 명… 어디서 뭘 하는지, 실태조사도 통계도 없어. http://news.khan.co.kr/kh_news/khan_art_view.html?artid=201212282115385

경향신문(2013. 7. 17.). 초등생이 알코올중독? 임신하고 마신 술이 대물림! http://news. khan.co.kr/kh_news/khan_art_view.html?artid=201307171703405&code=900303

뉴시스(2012. 11. 15.). 인권위 토론회 '북한이탈청소년 학교적응 어려워'. http://www. newsis.com/article/view.htm?cID=&ar_id=NISX20121115_0011609783

시사저널(2011. 3. 28.). '팸' 만들어 위험한 동거까지 ―가출 청소년 24시 동행 취재 / 흡연·음주에 본드 흡입도 수시로… 범죄의 유혹에도 쉽게 넘어가. http://www. sisapress. com/news/articleView.html?idxno=54719

오마이뉴스(2014. 11. 4.). 가출한 10대 성매매에 내몰려 '또래포주도 있다니'. http:// www. ohmynews. com/NWS_Web/View/at_pg.aspx?CNTN_CD=A0002049817

여성신문(2012. 1. 13.). 방학 맞은 청소년 성형 열풍 '나만 안 하면 손해 아닌가요?'. http:// www. womennews.co.kr/news/52155#.VNmJR03ol9M

정책뉴스(2013. 3. 25.). 문화예술로 학교폭력 치유, 문화부―청예단―신한생명 MOU. http://www. ajunews.com/common/redirect.jsp?newsId=20130325000261

조선일보(2012. 6. 5.). 술에 너그러운 문화, 범죄 키우는 한국: 美, 청소년 음주 부모에 범금… 英, 만 21세 미만엔 술 못팔아. http://news.chosun.com/site/data/html_dir/ 2012/06/05/2012060500038.html

한국경제(2011. 12. 22.). 생색내기 봉사는 가라… 대학생 팀장 따르며 '솔선수범'. http:// www. hankyung.com/news/app/newsview.php?aid=2011122220251

헤럴드경제뉴스(2014. 10. 13.). 앱 이용 청소년 성매매 활개… 유인행위 신고는 되레 감소. http://news. heraldcorp.com/view.php?ud=20141013000031&md=20141015005108_BL

법무부 http://www.immigration.go.kr/

보건복지부 http://www.mv.go.kr/

여성가족부 http://www.moge.go.kr/

출입국 외국인정책본부 http://www.immigration.go.kr/

통계청 http://kostat.go.kr/

통일부 http://www.unikorea.go.kr/

행정안전부 http://www.mopass.go.kr/

찾아보기

[인 명]

Aristoteles 17

Bandura, A. 19

Courtney, M. E. 397

Elkind, D. 28
Erikson, E. H. 29

Hall, G. S. 17
Havighusrst, R. J. 19
Heybach, L. 397

Kohlberg , L. 31

Loman, L. A. 410

Osgood, D. W. 398

Petersen, A. C. 19
Piaget, J. 26
Platon 17
Platt, S. 397

Siegal, G. L. 410
Stein, M. 59

[내 용]

Wee센터 357, 359
Wee스쿨 359
Wee클래스 359
Wee프로젝트 359

가출팸 364, 382
개인적 우화 28
거리아웃리치활동 387
교육적 자립 400
기숙형 대안캠프 357

노숙청소년 365
늦은 성숙 23

다문화교육 115
단기쉼터 388

대리서비스 74
대중문화 99
두드림 · 해밀 프로그램 361
드롭인센터 386
드림스타트 센터 357

만숙 23
무지개청소년센터 239
문화복지 110
문화산업 92, 97

보건복지가족부 402, 410, 418
보완서비스 74
북한이탈주민 229
빠른 성숙 23

사이버 공간 254, 261
사이버 성폭력 288, 292, 302
사이버문화 101
사춘기 15
사회적 자립 400
상상적 관중 28
새터민 229
성 정체감 281
성적 주체성 300
시설보호 394
시설아동 394
시설퇴소청소년 395
신체상 22
심리적 · 정서적 자립 399

아동양육시설 405
온라인 위기상담 386
위기청소년교육센터 305
음주예방교육 322, 325
이동일시쉼터 386
인터넷 RESCUE 스쿨 275
인터넷 실명제 302
인터넷 중독장애 255
일시쉼터 384, 388

자립 395, 399
자립전담요원 417
자립정착금 지원 제도 392
자립정착금 412, 419
자립지원 프로그램 412
자립지원서비스의 내용 406
자립지원센터 417
자아중심성 28
잠재적 학업중단청소년 336
장기가출청소년 367
정보처리 능력 27
정보통신윤리교육 사이트 275
정신건강 문제 42
정체감의 위기 30
조숙 23
주 5일 수업제 118
중앙아동자립지원센터 402, 410, 418
중장기쉼터 384, 389
지원서비스 74

청소년 가치관 국제비교 조사 54
청소년 교류활동 127
청소년 동반자 165
청소년 문화활동 128
청소년 수련활동 126, 127
청소년 전화 1388 381
청소년 해외체험 프로그램 136
청소년거리문화축제 113
청소년기 15
청소년문화교육 107, 114
청소년문화존 106
청소년복지 활동 71
청소년상담지원센터 381
청소년성문화센터 306
청소년의 여가활동 138
청소년의 주관적 행복지수 53
청소년지도사 143
청소년활동진흥센터 142, 144
청소년희망센터 53
체험활동 교육 프로그램 122

통로약물 315
특별지원청소년 383

학교 부적응 338
학교중퇴 336
학습클리닉 392
학업중단숙려제 360
해바라기아동센터 305
행복지수 121
흡연예방교육 321, 325

저자 소개

김향초(Kim Hyang-cho)
이화여자대학교 사학과 학사
University of Hawaii at Manoa 사회복지학 석사
Washington University in St. Louis 사회복지학 박사
현 협성대학교 사회복지학과 교수

〈주요 저서 및 논문〉
『가출청소년의 이해』(학지사, 1998)
『가출청소년의 이해와 개입방법』(나눔의집, 2001)
『미국 가출청소년 프로그램의 이해』(나눔의집, 2002)
『가출청소년의 이해와 상담』(학지사, 2009)
『위기청소년의 성인되기』(학지사, 2013)
「가출청소년보호시설 매뉴얼개발」(청소년보호위원회, 2002)
「보호체계청소년의 퇴소 후 생활 실태와 당면과제에 관한 연구」(협성논총, 2011) 외 다수

청소년 복지론
Welfare for Youth

2015년 6월 30일 1판 1쇄 발행
2017년 5월 25일 1판 2쇄 발행

지은이 • 김향초
펴낸이 • 김진환
펴낸곳 • (주) 학지사
　　　　04031 서울특별시 마포구 양화로 15길 20 마인드월드빌딩
대표전화 • 02)330-5114　　　팩스 • 02)324-2345
등록번호 • 제313-2006-000265호

홈페이지 • http://www.hakjisa.co.kr
페이스북 • https://www.facebook.com/hakjisabook

ISBN 978-89-997-0712-4 93330

정가 19,000원

이 도서의 국립중앙도서관 출판시도서목록(CIP)은 서지정보유통지
원시스템 홈페이지(http://seoji.nl.go.kr)와 국가자료공동목록시스템
(http://www.nl.go.kr/kolisnet)에서 이용하실 수 있습니다.
(CIP 제어번호: CIP2015016552)

교육문화출판미디어그룹 학지사

심리검사연구소 인싸이트 www.inpsyt.co.kr
원격교육연수원 카운피아 www.counpia.com
학술논문서비스 뉴논문 www.newnonmun.com